KB231359

우리 시대
노동의
생애

■ 일러두기

-주요 인명, 도서 제목 등은 외래어 표기용례에 따라 맨 처음, 주요하게 언급될 때 원어를 병기했다.
-도서 제목 등은 원 제목을 번역 표기하는 것을 원칙으로 하되, 국내에 번역 출간 및 소개된 경우 그 제목을 따랐다.
-본문에 포함된 인용문은 원문을 그대로 싣는 것을 원칙으로 하되, 인명 등의 외래어 표기는 본서의 표기 원칙에 따라 수정하였으며, 부가 설명이 필요한 경우 괄호 안에 인용자의 설명을 덧붙였다.
-주요 인용구 뒤에는 괄호를 두어 간략한 출처를 표시했다. 상세한 서지 사항은 책 뒤 〈참고문헌〉 참조.

자본, 시장, 그리고 노동

우리 시대 노동의 생애

조계완 지음

앨피
book

차례

제1부 '노동', 시장의 질주를 비판하다

1 '경제적 채찍' 시장

2 노동의 시선 : '시장 키즈'를 넘어서

제2부 노동 세계의 거대한 전환

1 또 하나의 계급, 비정규직

제5부 시장과 ‘노동의 힘’

***

"그러나 그의 사진에 핏발 선 팍팍한 노동만 있는 건 아니다. 봉제 공장에서 해맑은 얼굴로 서 있는 사진 속의 여성 외국인노동자는 여느 한국 노동자처럼 한 사회의 '생산'을 직접 담당하는 아름다운 노동자다. 모로코 노동자가 머나먼 고향에 두고 온 가족의 빛바랜 사진을 들고 있을 때, 가내공장 앞뜰에서 반바지 차림의 외국인노동자 대여섯 명이 풀꽃처럼 웃고 있을 때, 작은 거울 속에서 이주노동자가 이발하고 있을 때, 허름한 숙소에서 나뒹구는 이불처럼 이주노동자들이 여기저기 쓰러져 잠들어 있을 때, 그의 사진은 따스한 휴머니즘으로 빛난다."

<카메라로 보듬은 외국인노동자>, 《한겨레 21》 제396호

내가 국내 이주노동자들의 일상을 풍경화처럼 스케치한 다큐멘터리 사진작가의 작품을 보고 썼던 글이다. 그렇다. 아무리 팍팍하고 서글픈

노동이라도 핏발 선 분노와 우울만 있는 건 아니다! 이 책에 담긴 우리 시대 '노동의 생애' 또한 우울한 풍경으로 가득하지만, 노동자가 한 사회의 생산을 담당하는 아름다운 사람이라는 것만큼은 분명한 사실이다. 이주노동자들의 모습을 담은 사진첩이 따스한 휴머니즘으로 빛나듯, 노동 그 자체는 사회적으로 가치 있는 무언가를 만들어 낸다는 점에서 근원적으로 휴머니즘을 품고 있다.

영국의 철학자 토머스 홉스는 "전쟁의 본질은 실제 싸움에 있는 것이 아니라, 모든 시간에 걸쳐 확실성이 없다는 것"이라고 했다. 그의 말대로라면 불확실성으로 가득 찬 우리 시대 '노동의 생애'야말로 치열한 전쟁터일 것이다. 이른바 '87년 체제'가 형성된 뒤 20년 동안 한국 노동자와 노동조합운동에 도대체 무슨 일이 벌어진 것일까? 이 기간 동안 한국은 압축적인 고도성장을 달성했지만, 노동자들은 경제성장의 향연에 '초대받지 못한 손님'이었다. 세계 최장의 노동시간을 감수하며 회사만 보고 죽도록 일했던 노동자들은 신자유주의 물결에 휩쓸려 해고당하거나 비정규직으로 떨어지고 실질임금도 삭감되었다. '노동자'라는 말은 더 이상 아무런 힘도 발휘하지 못할 뿐 아니라 오히려 기득권 집단으로 비난받고 있다.

이제 '더 나은 세상이 가능하다'는 희망은 완전히 사라져 버린 것일까? 1990년대 이후 자본과 시장의 질주는, '노동이 사회와 세상을 바꿀 수 있다'는 1987년 이후 지속된 신념에 파열구를 냈다. 세계화에 따른 구조조정과 고용조정 압력, 비정규직 확산으로 상징되는 고용 체제의 변화가 노동 세계에 거대한 변화를 몰고 온 결과, 이제 노동자들은 고용 불안과 시간의 압박 속에 하루하루를 살아가는, 과거와는 전혀 다른 형태의 삶을 이어 가고 있다. 그중에서도 특히 '고용 불안'의 파괴력은 어마어마하다. 1997년 외환위기 이후 자본은 단기 수익에 매달려 비용 절감 중심의 구조조정을 지속하는 등 변화를 거듭하고 있는데, 노동운동은 출구를 찾지 못하고 있다. 이 과정에서 고용 체제가 크게 뒤흔들리면서 이른바 '고용의 위기'가 눈앞에 닥쳤다. 비정규직은 나만의 문제가 아니라 내 아내의 문제이자 우리 가족의 문제이며, 나아가 우리 자녀 세대의 문제이다.

'즐거운 노동'은 정녕 유토피아에서나 가능한 허황한 꿈에 불과할까? '경쟁'이라는 철의 규율에 얽매인 '노동 사회'에서 벗어나 문화 사회의 노동을 즐길 수는 없을까? 우리 사회는 모든 사람이 인간다운 생활을 영위하고 함께 나누어도 좋을 만큼 충분한 경제적 생산력을 이미 달성했다. 그럼에도 필요 이상으로 넘쳐나는 어마어마한 부를 소유한 소수의 사람과, 최저임금 몇 백 원 인상에 목숨 걸고 분신하거나 한 달 내내 몸이 부서져라 일하는 사람이 공존하는 기괴한 풍경, 이것이 내가 오랫동안 우리 시대 '노동의 생애'를 생각해 보게 된 연유다.

***

"발터 벤야민은 희귀한 책뿐만 아니라, 희귀한 문장들까지 모으는 수집가였다. …… 그는 원고의 준비 작업으로 자신이 어떤 자료를 수집했는지를 알리고 있다. '나는 다만 600개가 넘는 인용문들을 정했을 뿐입니다.' 이것을 중심으로 그는 자기의 글을 쓰고, 자신의 구체적이고 이론적인 사유를 그룹으로 나누고, 그것들을 서로 깊이 있는 해석들과 연결지었다."

―베르너 풀트, 《발터 벤야민》

잘 알려진 대로 문학평론가 발터 벤야민의 가장 큰 야심은 인용문으로만 이뤄진 글을 쓰는 것이었다. 내가 벤야민과 같은 야심을 품었던 것은 아니지만, 이 책에도 수많은 주석과 인용문이 등장한다. 모름지기 연구자는 노동과 자본·시장에 관한 수많은 '사실들facts'에 탐욕을 부려야 마땅하다. 그러나 때로 사실 그 자체는 아무것도 가르쳐 주지 않기에, 이를 해석하고 그로부터 교훈을 이끌어 내려면 다른 책들에 의존할 수밖에 없었다. 그 책들은 나에게 이른바 '제퍼슨의 양초'와도 같았다. 미국의 정치가이자 철학자인 토머스 제퍼슨은 일찍이 지식을 양초에 비유한 바 있다. 양초가 다른 양초에 불을 나눠 준다고 해서 자신의 불꽃이 약해지지 않듯, 지식도 마찬가지라는 것이다. 새로운 불을 찾아 나서려면 기존의 불꽃들에 의존할 수밖에 없기에, 나 또한 다른 사람들의 지식이 응축돼 있는 여러 책에서 많은 불꽃을 빌려 왔다. 그렇게 노동과 자본, 시장에 관한 여러 사람의 생각과 주장을 거울삼아 우리 시대의 노동을 성찰하다 보니 200년, 100년 전 서구 노동자의 삶과 풍경을 자주 인용하게 되었다. 이는 단지 '흘러간 옛 노래'를 다시 부르자는 것이 아니라, 역사적 비교를 통해서 우리 시대 노동의 생애를 명징하게 드러내 보이려는 노력이었다.

한국 사회에서는 1987년 노동자대투쟁 이후 짧은 시간 승리의 언어로 가득한 노동의 시詩가 울려 퍼진 뒤, 25년이라는 긴 세월 동안 지루하고 우울한 노동의 산문散文이 이어지고 있다. 바야흐로 이 땅에는 '자본의 시대'가 도래했고, 세상은 온통 '금융', '삼성', '기업', '주식', '부동산', '수익', '실적', '연봉' 같은 이야기들이 넘쳐난다. 그 이야기들 속에 반드시 있어야 할 하나의 목소리, 노동을 말하는 논객의 차분한 목소리가 빠져 있는 것이 늘 아쉬웠다.

노동의 생애를 이해하고 처방전을 제시하기 위해, 노동시장을 둘러싸고 경제·정책·개별 노동자·집단적 노동조합 등 여러 분야에서 벌어지는 긴장과 갈등, 그리고 상호작용의 역학 관계에 주목했다. 이 중 어느 한 영역에 갇혀 있으면 노동시장의 전체 그림을 이해할 수 없으므로, 전체 시장경제의 틀 속에서 일반적인 시장의 작동 원리를 들여다보고자 했다. 이러한 노력이 얼마나 잘 구현되었는지 확신할 수 없지만, 배후에 '시장'을 놓고 그것을 뿌리 삼아 '노동'의 이야기를 풀어 가는 과정에서 놓치지 않으려고 애썼던 '시장과 노동의 (사회·경제·정치적) 관계'라는 관점이, 이 책의 모든 페이지에 살아 있기를 바란다.

***

"현재로 가까워질수록 기억과 현재의 기록이 제공하는 정리되지 않은 많은 사실들을 체계 있게 서술하는 일은 더 어려워진다. 과거에 관한 이야기를 할 때는 나무들과 구별되는 숲이 명료하게 떠오른다. 그러나 현재는 온통 나무들로만 가득 차 있어서 방랑자는 그 속에서 자주 길을 잃어버린다. 20세기 전반 노동자의 상태 변화를 평가하려고 시도하는 경우에도 단순하고 조잡한 사실이나 숫자를 열거하기는 쉽지만 그를 넘어서 그것이 의미하는 바를 분석하는 것은 어려운 일이다. 더구나 이 시대에는 엄청난 단절이 있었으며 어떠한 평가에 의하더라도 완전히 비정상적인 시대였기 때문에 이 작업은 한층 더 어렵다."

–조지 콜, 《영국 노동운동사》

영국의 노동운동사가인 조지 콜은 《영국 노동운동사》를 쓸 때 다소 장황해질 위험을 무릅쓰고 '폭넓게' 스토리텔링 글쓰기를 지향했다. 나 역시 노동을 씨줄로, 자본을 날줄로 해서 한국의 (노동)시장이 어떻게 작동하고 있는지, '노동－시장－자본'이라는 '영원한 트라이앵글 eternal triangle'의 적절한 교직을 통해 2010년대를 살아가는 한국 노동자의 생애를 여러 가지 측면에서 그려 보고자 했다.

탁월한 경제사가 로버트 하일브로너는 자신의 저서 《세속의 철학자들》이 높은 인기를 누린 것에 대해, "경제학은 이 세계를 이해하기 위한 최고의 진입 지점이다. 그리고 경제사 및 경제사상은 경제학을 뚫고 들어가는 최고의 방법이다."라고 말했다. 이 말에 빗대어 감히 말하자면 '시장은 이 세계를 이해하기 위한 최고의 진입 지점이다. 그리고 노동은 시장을 뚫고 들어가는 최고의 방법이다.'

이 책은 곳곳에서, 현대 경제학 분야의 살아 있는 고전들을 쓴 거인들의 어깨에 올라타 노동의 생애를 조망한다. 존 메이너드 케인스, 조지프 스티글리츠, 폴 크루그먼, 존 갤브레이스, 로버트 하일브로너, 조지프 슘페터, 장하준……. 이들은 모두 학술적인 이야기를 대중적으로 전달하는 데 뛰어난 재능을 가진 경제학계의 별들이다. 한 가지 흥미로운 점은 이들이 수사적인 언어로 경제를 표현하는 재능은 물론, 수리경제학 모형에도 뛰어난 이해와 능력을 갖고 있었다는 사실이다. 수리적 모형에 대한 농익은 이해가 바탕이 되었기에 그것을 대중적인 말로 쉽게 표현할 수 있었던 것이다.

폴 크루그먼은 《불황의 경제학 The Return of Depression Economics》(1999) 서문에서 "이 책에는 딱딱한 방정식도 없고 어려운 도표도 없으며 알쏭달쏭한 전문용어도 없다. 필자 역시 명망 있는 경제학자로서 아무나 읽기 어려운 글을 쓸 수 있는 능력을 충분히 가지고 있다. 그리고 그 읽기 어려운 글들―필자 자신의 것과 다른 사람들의 것을 포함해서―덕분에 이 책에서 제시하려는 생각들에 이를 수 있었던 것도 사실이다. …… 경제학에서 쓰는 방정식이나 도표들이 지적 체계를 만드는 데 발판이 되지 못하는 경우가 뜻밖에도 많다. 일단 그 체계가 일정 수준까지 만들어져 있다면 이제 그 발판은 치워 버리고 쉬운 말들로만 설명할 수 있어야 한다."고 했다. 하지만 이런 주제를 다룬 글이 막힘없이 술술 읽히기를 바라는 건 과욕일 것이다.

처음 책을 구상하면서 저널리즘적 글쓰기와 학문적 글쓰기의 두 지점 사이에서 적절한 중간 지대를 찾고자 했지만, 집필하는 내내 이 둘은 조화를 이루기보다 삐걱거릴 때가 많았다. 영화 〈흐르는 강물처럼〉의 마지막 대사처럼 "그 모든 것들은 하나가 되어 녹아들고, 그것을 통하여 강물이 흐르는" 식의 일관된 체계를 갖춘 글을 쓰고 싶었으나, 쓰는 내내 지루하고 때로는 막막하고 간혹 질서가 흐트러지고 엉망으로 뒤죽박죽 엉켜 버리곤 했다. 어쩌면 이 모든 것은 애초부터 불가능한 성취였을지도 모르겠다.

그럼에도 책을 쓰는 내내 사람들에게 쉽게 다가갈 수 있도록 노동을 이야기해야 한다는 압박감에 시달렸다는 점만은 말해 두고 싶다. 고故 정운영 선생은 《노동가치이론 연구》에서 "노동가치이론이 정치경제학 서클의 비표를 부착한 특정 집단의 암호로 통용되는 데에 반대한다."며 "이 방면의 독서에 사전 준비가 없거나 그 메시지의 실천에 헌신을 다짐하지 않은 사람들도 쉽게 다가설 수 있는 대상이 되어야 한다."고 말한 바 있다. 그동안 '노동'이란 제목이 들어가는 책의 상당수는 학술서 아니면 노동조합 활동가 서클의 비표를 부착하고 있기 일쑤였다. 이 책이 노동과 시장을 비판하는 쪽이든, 옹호하는 쪽이든 독자들에게 성찰과 사유의 공간을 제공한다면 더 바랄 것이 없겠다.

지금 우리는 노동 연구자와 노동조합 활동가가, 점점 많아지는 나쁜 소식을 기록해야만 하는 우울한 시대를 살고 있다. 여기 실린 글들이 얼마나 오랜 시간 세월의 풍화를 견뎌 낼 수 있을지 장담할 수 없다. 다행히 몇 해 동안이라도 사람들에게 읽힌다면, 그것은 필자의 노력 덕분이 아니라 자유시장을 비판하면서 '노동'을 붙들고 고민하는 사람들이 더 많아졌거나, 적어도 줄어들지 않았음을 방증하는 것이리라.

이 책은 깊이보다는 넓이와 두께를 지향한다. 일반적인 사회과학 서적이 기본 개념과 분석 방법을 제시한 뒤, 여러 갈래로 나눠 글의 주제를 요리하면서 때론 전진하고, 때론 우회로를 거치며 최종 목적지에 이르러 명확한 논지를 드러내기 마련이지만, 이 책을 읽는 독자들은 때때로 온갖 거미줄이 눈앞을 가로막는 것 같은 느낌을 받을 수도 있다. 그럴 때는 몇 개의 장을 건너뛰어도 좋다. 독자들이 어느 장을 펼쳐 보아도, 어떤 산길을 선택하더라도 목적지는 유사할 테니 말이다.

마침표를 찍고 나서 다시 훑어보니 딱딱하고 허술한 구석이 곳곳에서 눈에 띈다. 한국 사회의 총체적인 노동의 벽화를 그려 내겠다는 야심보다는, 대중적인 '노동경제 교양서'나 '노동자의 교양 경제학'으로 읽히면 좋겠다는 소박한 바람에서 시작한 작업이, 독자들에게 성가시고 힘겨운 책 읽기의 괴로운 노동을 강요하는 결과가 된 것은 아닌지 두려운 마음이 앞선다.

그럼에도 비정규직·노동시간·여성·노동조합·자본의 생애·법인기업·자본주의 자유시장 등 이 책에서 다룬 다양한 주제들이 결국엔 시장과 노동이 만나는 지점으로 수렴되기를, 전체를 관통하는 어떤 질서가 알게 모르게 존재하기를, 무릇 글이 갖추어야 할 기본 덕목인 생생함·명료함·풍부함·호소력 중에서 한 가지라도 충족하기를, 바랄 뿐이다.

***

"이 저술은 시기적으로도 연결되지 않고 구성이 바뀌기도 하는 등 무질서하게 준비된 것으로, 이 책은 많은 점에서 꼴사납고 산만한 것일지도 모르겠다. 그러나 일단 탄생한 아이를 완전히 다시 개조하는 것은 어려운 일이고 세상에 알려지지 않은 채 사라져 버리거나 보기 흉하게 자라는 것을 그대로 사람들에게 보여 주어야만 할 것이다."

–모리스 돕, 《자본주의 발전연구》

볼품없고 산만했던 원고가 한 권의 책으로 탄생하기까지 편집자의 세심한 작업이 큰 힘이 되었다. 나의 게으름에도 불구하고 오랜 시간 참고 기다려 준 앨피출판사의 인내와 격려에 감사를 전한다.

이 책에는 숱한 사람들의 관심과 애정, 노동과 땀방울이 배어 있다. 돌이켜 보면 힘겨운 나날이었다. 여러 모로 수양이 덜된 늦깎이 대학원생을 10년 넘게 안타까운 눈으로 바라보며 지도해 주신 정주연 고려대 경제학과 교수님, 김성희 고려대 경제학과 연구교수님, 동학同學 하익준·안정화·손정순·성재민 박사에게 특히 고마움을 표한다. 2000년 이후 10여 년 넘게 직장 생활을 하면서 공부까지 한답시고 도서관에 처박혀 지내느라 집안을 거의 돌보지 못한 나를, 언짢은 말 한마디 없이 참아 준 아내와 민수·현우 두 아들에게도 고맙다는 말을 전한다.

유년 시절 초등학교 운동장에서 변변한 공 하나가 없어서 돌멩이를 차며 놀고 있으면 마을 노인들이 "배 꺼질라, 뛰지 마라"고 타이르시곤 했다. 그 전라도 벽촌 마을을 떠나 난생 처음 탔던 용산행 완행열차를 지금도 잊을 수가 없다. 몇 마지기 땅에 기대어 평범하게 살다가 오로지 자식들을 공부시키겠다는 일념 하나로 완행열차에 몸을 싣고 서울에 올라온 뒤, 20년 넘게 온갖 먼지와 냄새를 뒤집어쓴 채 도시 하층민으로 저임금 노동을 감당하며 힘겨운 '노동의 생애'를 살아오신 나의 부모님, 나이 열넷 소녀 시절에 동대문 봉제공장 시다로 들어가 오십이 넘은 지금도 그 공장을 떠나지 못한 채 미싱을 타고 있는 두 누나에게 이 책이 작은 힘이 된다면 더 바랄 것이 없겠다.

2012년 4월

조계완

노동의 생애, 그 불안하고 지친 삶

2012 한국 노동시장의 풍경

"대공황이라고는 하지만, 이상하게도 딱히 눈에 띄는 현상은 보이지 않았다. 굳이 애써 관찰한다면 그전보다 길거리의 사람 수가 준 것을 알 수 있을 것이고, 문 닫은 가게들이 눈에 띌 것이며, 거지들이 확실히 더 많이 보일 것이다. 여기저기에 늘어선 무료 급식 줄이 보일 것이며, 기차의 차량 수와 침대차가 줄어들고, 더 이상 아무 연기도 나오지 않는 공장 굴뚝이 많다는 것을 알 수 있다. 하지만 이런 것들 말고는 별로 보이는 것이 없다. 많은 사람들이 추운 바깥에 나가느니 그저 집에 들어앉아 몸을 녹이려고 했다."(하일브로너·밀버그, 265쪽)

경제역사가 로버트 하일브로너Robert Heilbroner가 《자본주의, 어디서 와서 어디로 가는가The Making of Economic Society》〈대공황〉 편에 1930년대 대공황을 묘사한 누군가의 글을 재인용한 내용이다. 하일브로너는 뒤에 "그러나

무심한 관찰자에게는 잘 보이지 않았겠으나, 국내총생산이 거의 절반으로 줄어들었고, 그 결과 실업률이 하늘로 치솟았다."고 덧붙였다.

2012년 한국의 노동 세계도 딱히 눈에 드러나는 것 없이 평범한 일상이 이어지는 듯 보인다. 하지만 속을 들여다보면 전체 임금노동자의 절반이 저임금 비정규직이고, 임금 문제와 고용·실업 문제를 비롯한 장기파업 문제로 여기저기서 아우성이다. 지금 터지고 있는 '노동문제 labour problems'는 소리 없는 아우성인가?

여기, 한국 노동시장의 모습을 한눈에 보여 주는 간명한 수치가 있다. 통계청의 '경제활동인구조사'에 따르면 2012년 2월 한국의 전체 임금노동자는 1722만 명, 자영업자(549만 명) 등 비임금 취업자까지 포함한 총 취업자는 2378만 명이다. 15세 이상 인구로 시야를 넓히고, 업체 규모와 노동인구의 지위 상태를 자세히 살펴보면 노동의 세계를 좀 더 명확하게 이해할 수 있다. 전체 15세 이상 인구 4045만 명(2010년 3월) 중에서 '1차 임금노동자'(100인 이상 종사자 사업체의 정규직)는 7.2퍼센트, 2차 임금노동자(1차 임금노동자 외의 모든 임금노동자)는 33.9퍼센트이며, 자영업자 등 비임금 취업자는 16.7퍼센트, 실업자와 학생·주부 등 비경제활동인구를 합친 미취업자는 42.2퍼센트다.(장지연, 2011) 이를 여러 가지 인구 특성별로 세분화해 보면 다음과 같다.(〈표 1〉 참조)

〈표 1〉은 '한국의 노동'를 간명하면서도 풍부하게 보여 주고 있다. 1, 2차 노동시장의 임금노동자 분포는 기업 규모별 임금격차와 불평등, 나아가 고임금 노동과 저임금 노동의 두께를 드러내고 있으며, 성별·연령별·교육 수준별 지표는 시장에 참여하고 있는 노동인구의 각 지위별 구성의 부피와 넓이를 보여 준다. 이 지표에 2011년 8월 현재 전체 임금

구분	전체(%)	성별(%)		연령별(%)			학력별(%)		
		여성	남성	30세 미만	30~ 49세	50세 이상	고졸 미만	고졸	대학 이상
1차 임금 노동자	7.2	3.6	10.9	5.7	11.5	3.1	1.0	5.5	15.3
2차 임금 노동자	33.9	30.6	37.3	30.7	44.1	24.2	20.0	36.3	44.5
비임금 취업자	16.7	12.7	21.0	2.9	18.9	23.7	17.8	18.1	14.0
미취업자	42.2	53.1	30.8	60.7	25.5	49.0	61.3	40.1	26.2
전체 (명)	4045만 5100	2067만 2100	1978만 3000	9736만 2000	1654만 1700	1417만 7100	1227만 5100	1566만 8200	1251만 1700

* '1차 임금노동자'는 100인 이상 사업체에 종사하는 정규직 노동자, '2차 임금노동자'는 그 외 임금 노동자(100인 이하 사업체에 종사하는 정규직 및 비정규직 노동자 및 전체 비정규직 노동자).
자료 : 통계청 경제활동인구조사(만 15세 이상) 원자료(2010년 3월)
출처 : 장지연(2011)

노동자 1751만 명 중에서 정규직 886만 명, 비정규직 865만 명(김유선, 2011a)이라는 숫자를 겹쳐 놓으면 한국 노동시장의 풍경은 더욱 명확하게 드러난다.

이를 알기 쉽게 풀어 보면 실업자(약 80만 명) 신세에서 벗어나 취업을 하더라도 저임금 비정규직(약 860만 명)이 될 수밖에 없고, 비정규직에서 해고당하고 장사에 나서더라도 가게에 앉아 돈만 까먹는 영세 자영업자(약 600만 명)의 삶을 살아가야 하는, 스스로 생각해도 한탄스런 처지를 면치 못하는 약 1000만 명 이상(위 세 가지 형태 중 중복 제외)의 노동인구가 2012년 한국 노동시장에 존재하고 있는 것이다. '노동-자본-시장'의 세 축이 서로 갈등하고 충돌하고 때로는 타협하며 상호작용하는 '영원한 트라이앵글'의 한복판에, '실업자-비정규직-영세 자영업자'라는 또 다른 '박탈의 트라이앵글'이 존재하고 있으며, 1000만 명 이상의 인구가 이 트라이앵글에 갇힌 채 팍팍한 삶을 전전하고 있다.

1953년부터 2010년까지 60여 년간 한국 경제는 평균 7.6퍼센트의 고도성장을 달성했다. 실질국내총생산(GDP)은 1953년 222억 원(2005년 가격 기준)에서 2010년 1000조 원을 웃돌게 되었고, 1953년 69달러에 머물렀던 1인당 국민총소득(GNI)도 2010년에 2만 달러를 넘어섰다. 같은 기간 동안 전 산업에서 차지하는 비중으로 본 우리나라 제조업 규모는 무려 664.3배나 확대됐다. 그러나 빠른 소득 증가에도 불구하고(기대수명과 소비 수준 지표를 제외하고) 소득 불평등 및 양극화 등 각종 노동·사회 지표social indicators는 1990년대 이후 빠르게 악화되고 있다.[1]

2011년 세밑과 2012년 벽두에 '분노', '저항', '거부', '점령'이란 말이 곳곳에서 울려 퍼지고, 자본의 탐욕에 대한 시민들의 거대한 저항과 분노가 폭발하면서 자본주의 역사의 새 전환점이 운위되었다. 과연 2011

---

1 조윤제 외(2012)에 따르면, 대표적인 소득불균등지표인 '지니계수Gini Coefficient'는 시장소득 기준으로 1990년 0.266에서 2010년 0.315로, 가처분소득 기준으로는 1990년 0.256에서 2010년 0.289로 크게 높아졌다. 가처분소득은 근로·사업소득 등 시장소득에서 조세 등을 공제하고 공적 이전소득을 합산한 것이다. 빈부격차와 계층 간 소득분포의 불균형 정도를 나타내는 지니계수는 0과 1사이의 값을 가지는데, 값이 0에 가까울수록 소득분배의 불평등 정도가 낮고 1에 가까울수록 불평등 정도가 높다.

년은 한 시대를 마감하는 위기가 도래하면서 혁명의 기운이 번졌던 한 해였을까? 다음은 김영훈 민주노총 위원장의 2012년 신년사이다.

"2011년의 분노는 끝나지 않았습니다. 2012년에도 변혁을 향한 세계의 저항은 계속 꿈틀댈 것이며, 도처에서 조직될 것입니다. 시장 만능을 앞세운 권력과 자본의 일방 통치는 결국 몰락할 것입니다. 사회 전반을 타락시켰던 무한경쟁과 탐욕의 정신도 공동체와 사람(노동)의 가치 앞에 거부당하고 말았습니다. 모두에게 유익하고 누구나 성공할 수 있다는 경쟁의 신화는 거짓으로 판명됐습니다. …… 분노는 전 세계를 배회하며 정의와 평등을 요구하고 있습니다. 한국의 보수권력과 자본도 당황하고 상기된 표정이 역력합니다. 2012년 총·대선이 겹친 정치 국면은 마침내 민중의 분노가 폭발하는 격렬한 진앙점이 될 것입니다."

이른바 '2012년을 점령하라'는, 한껏 격앙되고 흥분이 넘쳐나는 메시지다. 하지만 전투적인 목소리가 요란하고 파업이 빈발할수록, 이는 노동조합의 힘이 그만큼 부족하다는 것을 반증할 뿐이다. 분노와 저항의 날 선 메시지와 달리 한국의 노동과 노동조합은 힘이 없으며, 그마저도 급속히 소진되고 있다.

'월스트리트를 점령하라'는 시위와 함성, '1퍼센트의 탐욕에 대한 99퍼센트의 거대한 분노'의 바탕에는, 노동과 시장 그리고 자본의 상호작용이 뭔가 크게 잘못되거나 뒤틀려 있다는 사실이 깔려 있다. 비정규 노동 문제가 명백하게 보여 주듯이 노동시장이 철저하게 고장 나 있는 것이다. 비정규·저임금 노동은 우리 시대 가장 골치 아픈 주제로서 기업 이사회에서부터 신문의 여론 면, 학교 및 시민운동단체 강의실과 회의실 등에서 주요 토론 주제가 되고 있다.

이런 상황에서 우리는 2011년 '노동'을 둘러싼 사회적 연대와 참여, 그리고 인간적인 노동에 대한 열망을 목도하고 또 기대했다. "시사주간지 《한겨레 21》[2] 송년호가 흥미로운 제안을 했다. '올해의 인물'을 독자들이 뽑아 달라는 거다. 후보군으로 '톱 4'를 제시했다. 김진숙, 안철수, 박원순, 외부세력이다. 이건 정말 난형난제다. 누구 하나 올해의 인물로 부족함이 없다. 김진숙 민주노총 부산본부 지도위원은 광야를 불사른 '한 알의 불씨'였다. 309일을 높이 35미터의 아찔한 부산 한진중공업 타워크레인에서 홀로 버티며 부당한 노동자 정리해고 철회와 비정규직 없는 세상을 외쳤고, 결국 이겼다. 한 개인의 헌신이 수십만, 수백만을 움직일 수 있음을 증명했다. 사람과 노동의 소중함을 새삼 일깨웠다."[3]

하지만 '소금꽃나무' 김진숙은 강고한 여성 투사로서만 대중들에게 각인되고 있는 건 아닐까? 사람들은 조직이나 집단, 사회경제의 구조적인 문제보다는 영화 〈라이언 일병 구하기〉처럼 한 개인의 삶과 투쟁, 희생 혹은 저항에 흥분하고 열광하기 마련이다. 김진숙이라는 한 개인의 외롭고 고독한 기나긴 투쟁은 스토리텔링이 있는 감동적인 서사임이 틀림없다. 그러나 그녀가 외치고자 했던 건 비정규 노동 문제와 정리해고 철폐였다.

---

2 이 책에 실린 글들 가운데 몇 편은 《한겨레 21》 및 《이코노미 인사이트Economy Insight》의 지면(2000~2011)에 이미 게재된 글을 기초로 대폭 수정, 보완한 것임을 밝혀 둔다.

3 정재권, 〈2011년, 아름다운 사람〉, 《한겨레신문》 2011년 12월 30일. 이 칼럼은 다음과 같이 이어진다. '마지막으로 외부세력. 여태껏 불온함과 동의어였던 이 얼굴 없는 존재들은 올 한 해 변화의 큰 동력이었다. '어디선가 누군가에 무슨 일이 생기면' 어김없이 나타나 판을 벌였다. 부산 한진중공업에서, 제주 강정마을에서, 서울 홍익대에서, 수원 쌍용자동차에서 연대와 이타심을 실천했다. '사람의 혁명'으로 세상을 흔들었다. 미국 시사주간지 《타임》이 올해의 인물로 선정한 '시위대protester'의 한국판이다. 어쩐지 타인 같은 느낌을 주지만 실은 너와 나, 우리의 다른 이름이다."

인용한 칼럼에서 '얼굴 없는 외부세력'이 변화의 원동력으로 언급되고 있긴 하지만, 그럼에도 사람들은 '소금꽃나무'의 영웅적인 싸움에 시선을 집중할 뿐 정리해고와 비정규직 세상이라는 엄혹한 현실을 혁파하기 위한 집단적인 싸움에 적극적으로 나서지는 못하고 있다. "우린 날마다 희망을 봅니다. 우리 모두의 새해 희망은 오직 공장으로 돌아가는 것뿐입니다." 2011년 12월 세밑, 한진중공업 '희망버스'에 이어 경기도 평택시 쌍용자동차 공장 앞에 '희망텐트'가 쳐졌다. 그러나 희망버스와 희망텐트의 '희망'에 앞서, 영하의 강추위와 칼바람 속에서 이어진 쌍용차 정리해고 철회 및 복직투쟁은 우리 사회의 '미온적인 관심' 속에 3년 가까이 지난한 싸움이 이어지고 있다.

번영과 형평성 모두 후퇴한 '새로운 일상'

바야흐로 '새로운 일상New Normal'의 시대다. 경제학자이며 《포브스》지 칼럼니스트인 데이비드 말패스David Malpass는 오늘날의 경제 환경을 한 마디로 '음울하다'고 표현했다. " '새로운 일상'이란 취약한 기반에 경제성장은 느리고 높은 실업률로 대변되는 생활환경을 말한다. 새로운 일상은 평균 생활수준이 눈에 띄게 하락하여 번영과 형평성 모두에서 후퇴한 상황을 말한다."(포브스 외, 344쪽)

일찍이 토머스 칼라일Thomas Carlyle도 경제학을 일컬어 '음울한 과학dismal science'이라고 한 바 있지만, 경제가 음울한 시대에 노동도 매우 우울한 풍경에 휩싸여 있다. 노동과 저항의 어휘는 사라지고 시장과 자본의 언어가 일상을 지배하고 있다. 특히 노동시장과 기업 조직 내부, 나아가 법·제도적 측면에서 임금·고용을 둘러싼 거래 조건과 규칙은 거대한 변화의 소용돌이에 들어서 있다. 자본과 노동이 서로 각각의 파트너에게 갖는 기대가 바뀌고, 자본의 일방적인 주도 속에 노동자들은 고용 불안에 시달리고 있으며, 노동조합과 노동자들은 앞 세대 노동자들이 싸워서 얻어 낸 것들을 점차 잃어 가고 있다.

이러한 노동시장 변화의 한복판에는 '기업'이 있다. 미국의 노동경제학자 폴 오스터만Paul Osterman은 기업 내부의 구조조정이 고용계약의 거대한 전환transformation을 낳고 있다고 말한다.(Osterman, pp.90~91) 단기 이윤 극대화를 추구하는 사용자는 '해고'라는 무기로 노동자를 위협하고, 자본의 공세와 대대적인 구조조정 흐름 속에서 노동조합운동은 주도권을 빼앗기고 있다.

"노동은 인간의 본질이자 역사와 문명을 만들어 온 원천이다. 또한 자본의 '바깥'에 있는 것이 아니라 오히려 자본의 원천이다. 즉, 노동은 자본이고, 자본은 노동이다."(브레이버만, 323쪽) '자본의 생애'를 모르면 '노동의 생애'를 제대로 파악할 수 없다. 노동은 생산물시장의 파생수요이기에, 생산과 시장의 변화에 따라 함께 출렁일 수밖에 없다. 세계화의 전 지구적 확산, 노동시장 유연화 압력, 시장논리의 전면화, 탈규제, 민영화 물결 속에서 노조는 자본의 대등한 파트너가 더 이상 아니라 부차적인 '하위 당사자'에 머무르고 있다.

이제 1997년 외환위기 이후 약 15년간 한국 노동시장에서 무슨 일이 벌어지고 있는지를 파악하고, 실증적이며 이론적인 분석을 통해 무엇을 해야 할 것인지를 논의해야 할 때이다.[4] 최장집 교수는 1990년대 이래 대학의 지적 풍경에서 노동문제 연구가 사양산업화하여 거의 사라지다시피 했다고 지적한 바 있다. "저성장, 고용 불안, 빈부격차, 양극화 등 오늘날 한국 사회의 가장 중요한 문제의 중심에 노동시장 문제가 있다. 그것은 정규직/비정규직 문제, 중소기업 내지 영세사업장 노동문제, 실업자들의 문제로 국한되지 않는다. 노동시장의 높은 유동성과 짧은 고용주기, 빠른 기술 진보, 고령화―저출산으로 특징되는 노동인구의 구조 변화, 경쟁의 치열함 등은 누구도 고용 불안과 실업으로부터 자유롭지 못하게 만들었고, 이러한 변화는 중산층 이하 모든 사회구성원의 안정적 지위와 삶의 조건을 뿌리부터 뒤흔들어 놓았다. 누구도 이러한 경제 환경에 적응하지 못하면 시장경쟁에서 탈락하는 열패자의 운명을 면치 못하게 된 것이다. 그러나 문제의 중요성에도 불구하고 노동시장에 대한 학문적 관심과 진지한 연구는 상대적으로 희소한 것이 현실이다."_(최장집, 2006)

20세기가 '노동의 시대'였다면 21세기는 '자본의 시대'인가? 20세기 노동의 시대 프로젝트는 실패한 것일까? 물론 노동과 기업(자본) 사이에 '시장'이 있다. 이 책은 자본의 생애와 노동의 생애를 동시에 추적한다. 시장을 매개로 자본과 노동이 맺고 있는 '(사회경제적) 관계'를 들여다보고, 경제와 시장의 변화라는 맥락 안에서 노동의 생애를 그려 보고

---

4 미국의 사회학자 마이클 부라보이Michael Burawoy는 이론과 현실의 조화를 강조하면서 이렇게 말한 바 있다. "사실은 스스로 말하지 않는다. 구체적인 상황으로부터 결론을 이끌어 내는 과정은, 작동하고 있는 결정적인 힘들을 미리 지적하고 있는 이론적인 틀의 도움을 통해서야 비로소 수행될 수 있다.…… 어떤 사람들의 이해관계를 옹호한다고 주장하면서도 사실은 그 사람들의 생생한 경험에 자신들의 연구를 정초하지 않은 채 그 사람들의 머리 위에서 관념만을 주고받는 지식인들이 있다면, 그들은 적합성을 잃고 엘리트주의에 빠질 위험이 있다."(부라보이, 29~30쪽)

자 한다. "노동과 자본은 자본주의사회의 양극을 이룬다. 이는 각 기업의 내부에서 시작하여 사회구조를 지배하는 거대한 계급적 이중성으로서 전국적 규모라든가 국제적 규모로 실현된다. 그렇지만 이 양극성은 두 계급 사이에서 필연적 동일성으로 통일된다. 화폐든 상품이든 생산수단이든 그 형태와 관계없이 자본은 노동이다. 즉, 자본은 '과거에 수행된 노동'이며, 생산순환의 각 국면에 선행하는 객체적 생산물은 자본가에 의해 점유되고 확장적 자본축적에 사용됨으로써만 자본이 된다. 동시에 자본가가 생산과정을 움직이려고 '구입하는' 살아 있는 노동으로서의 노동은 자본이다."_(브레이버만, 323쪽)

소설가 알베르 카뮈는 "노동이 없으면 모든 생명이 부패하게 된다. 그리고 노동이 영혼을 상실할 때 삶은 질식하고 죽음에 이른다."고 말했다. 노동은 단순히 생계를 이어 갈 수단일 뿐만 아니라 한 사람의 내적 생활에서 가장 중요한 부분이기도 하다. 프란츠 파농Frantz Fanon은 1950년대 아프리카 알제리의 민족해방전선이 장악한 해방 지역의 노동을 이렇게 묘사하였다. "우리가 그 흥미로운 실험을 성공적으로 완수할 수 있었던 지역, 혁명이 탄생시킨 인간형을 볼 수 있었던 지역의 농민들은 노동에 지성을 가미하면 노동이 더욱 즐거워진다는 사실을 아주 명확하게 이해하고 있었다. 우리는 노동이란 단지 힘을 발휘하는 것도 아니고 특정한 근육을 사용하는 것도 아니라는 점, 그리고 인간은 근육과 땀만이 아니라 두뇌와 가슴을 이용하여 노동한다는 점을 대중에게 납득시킬 수 있었다."_(파농, 218쪽)

지금 우리 시대의 노동은 '즐거운 노동'인가? 세상은 우리가 아는 것보다 훨씬 더 깊고 풍부하며, 비정규직의 세계도 생각보다 훨씬 복잡할 수 있다. 그러나 '노동 유연화', '21세기 새로운 대안적 노동 형태' 등의 여러 가지 진단과 설명 너머에 존재하는 비정규 노동의 진실은 '불안정한 반쪽 저임금'이란 사실이다. '저임금·비정규 노동'은 우리 시대 노동 생애의 과로한 행로를 보여 주는 대표적인 언어이다.

은수미는 저임금·비정규직 노동시장을 '두 개의 노동, 두 개의 시장, 두 종류의 시민'이 존재하는 곳이라고 불렀다. 정규직과 비정규직으로 구분되는 '이중 노동시장dual labour market', 양극 분해된 '이중 구조화된 사회two-tier society'라는 것이다.(은수미, 2011) 비정규직, 사내 하청, 저임금 여성 노동자는 노동의 얼굴에 찍힌 차별의 낙인이다.

2차 세계대전 이후 30여 년간 지속돼 온 노동과 자본의 공존 체제는 이미 허물어졌다. 지금의 노동체제는 삶의 불안정을 사회경제적 지위가 낮은 주변부 노동자와 중소 하청기업 노동자들에게 전가시키는 체제다. 대기업 정규직의 중심부 노동자들이 향유하는 고용안정과 높은 임금은 다른 주변부 노동자들의 어깨에 짐으로 떨어진다. 그들은 두터운 주변부에 둘러싸여 보호받고 있는 셈이다. 우리나라의 비정규직들은 정규직과 사실상 동일한 노동을 하면서도 고용, 임금, (기업 및 사회) 복지의 세 가지 측면에서 한꺼번에 '3중의 차별'을 받고 있다.

30여 년 전 사회학자 김경동은 '일하는 삶의 결the quality of working life'이라는 개념을 주창하며, 일하는 '모든' 사람들의 삶의 결을 염려하지 않고서는 인간다운 삶의 발전을 이룰 수 없다고 말했다. "일하는 삶의 결을 높이려면 사람으로서 사람답게 유기체를 유지하고 성장시킬 수 있는 물질적인 삶을 누리도록 해야 한다. 이를 위해 적절한 노동 보상을 고려하는 것은 너무나 당연하며, 덧붙여 이와 함께 공평의 원리를 반드시 추구해야 한다. 한 일에 대해 받는 보상이 기본 욕구 충족의 기준에 적합해야 함은 물론이고, 사회적으로 규정된 기준에도 적합해야 한다. 곧 같은 일을 하는 다른 사람들, 그리고 다른 일을 하는 사람들과의 관계에서도 지나친 편의偏倚가 배제된 조건에서 보상이 이루어져야 하는 것이다.”_(임종철·배무기 편, 384쪽) 그러나 노동시장이 정규직과 비정규직으로 분단되면서 어깨 걸고 싸우던 연대 정신은 사라지고 노동조합은 노동자들 간의 분열이라는 불편한 진실을 대면하고 있다.

하일브로너는《자본주의, 어디서 와서 어디로 가는가》,〈황금시대, 종말을 고하다〉에서 “1970년에서 1990년 사이의 20년간은 희망과 위대한 성취가 가득한 시대였건만, 지구 경제의 성장률이 절반으로 떨어지면서 무력감만 가득 안겨 주고 끝났다.”라고 말했다. 우리 시대의 노동조합운동 역시 1987년 대투쟁 시기 이후 무력감이 가득한 시대를 지나고 있는 듯 보인다.

“사랑하는 조합원 동지 여러분! 2008년 정세는 어느 때보다 팽팽한 긴장을 요구하고 있습니다. 갈수록 노동을 소외시키는 신자유주의 시장화의 고삐를 확실하게 틀어쥐는 해로 만들어야 합니다. 80만 조합원이 총 단결하여 파상적 공세로 밀고 들어오는 신자유주의 노동수탈 체제에 파열구를 내야 합니다. 지난 시기 지지부진했던 민주노총의 위기와 낡은 관행, 사업 작풍에 대한 뼈아픈 성찰과 반성으로 민주노총은 1500만 노동자의 희망으로 우뚝 일어서야 합니다.”(2008년 1월 25일, 민주노총 이석행 위원장 담화문)

'노동의 생애'를 지키는 최후의 보루

선언과 구호는 넘쳐나지만 한국의 노동자와 노동조합은 어둠 속에서 길을 찾는 기나긴 모색의 시절을 보내고 있다. 1980년대, 그 뜨거웠던 '불의 연대'에 지하 팸플릿 문건 〈선봉〉과 〈깃발〉 등은 변혁·전망·건설을 소리 높여 외쳤지만, 지금의 노동자들은 오랜 침잠과 모색, 그리고 외롭고 쓸쓸한 고투의 시기를 보내고 있다. 정녕 1987년 노동자대투쟁은 "노동운동의 때늦은 개화"였으며, 한국 노동운동은 1990년대 초부터 "뒤늦은 성장과 때 이른 침체"(임현진·김병국, 1991)의 도상에 들어선 것일까?

"왜 한국의 노동자는 시민citizen도 계급class도 아닌가"라는 문제의식에서 한국 사회 노동자를 연구하게 되었다(김동춘, 4쪽)는 김동춘의 발언은, 한국 노동자 및 노동조합이 처한 열악한 사회경제적 기반을 압축적으로 보여 준다. 한국의 노동조합은 사회적 고립을 면치 못하고 있다. 기업별 노조 체제에서 노동조합운동은 '기득권 집단이기주의'로 비난받고 있고, 사회개혁 투쟁에 제대로 나서지 못하고 있다. 개별 노동자들 또한 공장에서는 (계급적) 노동자지만 집에 돌아와서는 자녀를 서울대에 보내고 아파트로 돈을 벌고 싶은 '아버지'이자 소시민 가장의 삶을 살아갈 뿐이다.

한국의 노동자와 노동운동은 '시장'이라는 유령과 힘겨운 싸움을 벌이고 있다. 1979년 영국의 마거릿 대처 수상이 "길은 오직 시장밖에 없다"며 외쳤던 '대안부재론(TINA)There Is No Altanative'이 횡행하는 시절이다. 법·제도로부터 아무런 규제regulation도 제약도 받지 않는 자유시장이 판치고 있고, '더 많은 시장의 자유' 속에 그동안 노동자들을 보호해 왔던 각종 규제들은 사라지고 있다. 시장근본주의가 지배하는 시장독재 시대에 노동조합운동은 무엇을 할 수 있고, 또 해야 하는가? 이제 우리는 '사회'를 재발견해야 한다. '경제'와 시장이 아니라 '사회'가 중요하다!

노벨물리학상 수상자이자 휴머니즘을 외친 정치적 활동가이기도 했던 아인슈타인은 미국에 기반을 둔 좌파 학술 잡지 《먼슬리 리뷰》 창간호(1949년 5월호)에 실은 〈왜 사회주의인가?Why Socialism?〉라는 제목의 글(《먼슬리 리뷰》 2009년 5월호에 재게재)에서 다음과 같이 말했다.

"'사회'라는 추상적인 말은 자신이 동시대 및 이전 세대의 모든 사람들과 직접적 및 간접적으로 맺는 모든 관계들의 총합이다. 물론 개인은 혼자서 생각하고 느끼고 애써 노력하고 노동할 수 있다. 하지만 육체적·지적·감정적 존재로서 누구든지 사회에 매우 크게 의존하고 있어서 사회라는 틀을 벗어나서는 자신에 대해 생각하거나 이해하는 것이 불가능하다. 사람들에게 음식, 옷, 집, 노동 도구, 언어, 생각의 형식과 내용들을 제공해 주는 것이 바로 '사회'이다. 한 개인의 삶은, '사회'라는 작은 단어 뒤에 숨어 있는 모든 과거와 현재의 수백만 명의 사람들이 노동하고 성취해 낸 것을 통해 가능해진다."(Einstein, p.57)

오늘날 저임금의 '비정규 노동'은 광범위하게 확산되면서 점점 비정규가 아니라 오히려 정규적이고 전형적인 고용 형태로 바뀌고 있다. 노동시장이 급변하면서 민주노총은 2000년 이후 해마다 '올해를 관통하는 사업'으로 비정규 노동 문제와 고용안정, 산별노조 건설과 산별 교섭 구축을 내걸고 있다. 노동조건을 낮추는 '바닥을 향한 경주'가 일어나면서 이에 대응해 힘겨운 싸움을 벌이고 있는 것이다. 이제는 '노동자 내부 구성'에 주목해야 한다. 즉, 노동자 일반이 아니라 고용 형태에 따라 '어떤' 노동, '어떤' 노동자를 위한 운동인지 여부가 노동운동의 정당성을 가르는 잣대가 되고 있다. '정규직－대기업－남성' 중심의 노동운동은 노동운동의 대의에서 벗어난 조직이기주의로 지목받고 있다. '비정규·중소 영세사업장·여성·이주노동자'를 위한 운동을 지향해야 한다는 요구가 갈수록 커지고 있다. 그도 그럴 것이 우리는 지금 수많은 '노동하는 빈민들'을 목격하고 있다.

"미국과 유럽에서 대다수의 삶이 대체로 호전되었다는 주장을 이제는 더 이상 바랄 나위가 없다거나 축하할 일만 남았다는 주장으로 오해해서는 안 된다. …… 미국의 경우 8명 중 1명이 오늘날 그들의 정부가 정한 기준으로 판단했을 때 가난하게 살고 있다. 그리고 그보다 훨씬 더 많은 사람들이 빈곤층으로 떨어질 처지에 놓여 있다. '돈의 고통money anguish'이라고 일컬어지는 상태다. …… 가장이 하루 종일 열심히 일해도 가난에서, 가족 빈곤선에서 벗어날 수 없다. 오늘날 수백만 명에 달하는 빈곤층과 차상위빈곤층은 부자들이 꿈에도 생각해 보지 않은 노동환경에서 일하며, 고약한 냄새가 나는 도살장에서 닭을 자르거나 건설 일용직 자리를 얻으려고 새벽부터 길모퉁이에 줄을 서거나, 버커킹에서 조간 근무를 하려고 새벽 4시에 자는 아이들을 깨워 동트기 전에 보육원 버스에 태운다. …… 수많은 사람들이 넉넉한 돈을 소유한 사회에서, 어떻게 여전히 엄청난 수의 사람들이 열심히 일하고도 한두 푼에 비참함을 느끼고, 최저임금을 받아 하루치 빵을 사는 데 몽땅 쓰며 살고 있는가 말이다."(이스터브룩, 302~307쪽)

최영기(2007)는 1987년 노동자대투쟁 이후 노동운동은 매우 성공적이었고 노동자들의 지위 향상·분배 개선·경제 민주화에 크게 기여했으며, 이 점이 1987년 이후 노동운동이 갖고 있던 진보성과 역동성의 근원이라고 말했다. 하지만 그는 "그렇지만 노동운동은 새로운 정치경제 모델의 설계자는 될 수 없었다."며 "1997년 이후 시장규율market discipline 앞에서 노동운동의 요구 조건과 투쟁방식은 힘을 잃어 갔다. 거침없이 질주하는 구조조정이나 시장의 힘을 제어하기에는 이미 역부족이었다. 수익률을 좇아 공장 이전과 글로벌 소싱, 인수합병(M&A)이 빈발하는 경쟁 환경에서 조직노동의 경제적 요구와 고용안정 요구는 뒷전으로 밀려났다. 오히려 고용 형태의 다양화라는 형식으로 노동 계층이 분화됨에 따라 기본적인 연대의 틀조차 허물어져 갔다."고 말했다.

2000년대 이후 한국 노동운동은 출구를 찾지 못하고 있고, "한국 노동조합운동의 파산은 단지 유예되고 있을 뿐"이라는 말마저 횡행한다. 어쩌면 지금 한국의 노동자와 노동운동은 '이행의 계곡'을 힘겹게 지나고 있는지도 모른다. 산별노조의 흐름 속에서 기존의 남성–대공장–정규직 중심의 노동운동은 재생과 부활의 길을 찾을 수 있을까? 비정규직 노동자는 새로운 노동운동의 진원지로 등장할 수 있을까? 민주화가 한판의 승부가 아니듯 노동운동도 장기적으로 '마음을 얻는 싸움'에 나서야 한다. 강한 노동조합과 산별노조만이 개별 노동자들의 '노동의 생애'를 지켜 주는 보루로서 사회적 불평등을 감소시키는 역할을 담당할 수 있다.

이 책에는 100년 전 또는 200년 전 영국과 미국 노동자의 이야기가 많이 등장한다. 이는 과거의 좋았던 시절을 회고하거나 자본주의 황금기 시절의 영광을 향수 어린 낭만적 감상으로 되돌아보려는 것이 아니다. 예전 노동의 생애에 비추어 봄으로써 우리 시대 노동의 초상을 더욱 정확하게 확인하려는 시도이다.

이와 관련해 《산업혁명사La Revolution Industrielle au XVIIIe Siecle》의 저자 폴 망투Paul Mantoux는 "노동자들의 상태를 고의로 미화하거나 어둡게 묘사하지 않는다 하더라도 획일적으로 그려 내는 것보다 더 그릇된 인상을 주는 것은 없다. 우리는 과거 노동자와 오늘날 노동자의 상태를 비교할 때 흔히 그 차이를 과장하고 싶은 유혹에 빠진다."고 말한 바 있다. "저술가들이 자꾸만 구시대 공업을 목가적으로 묘사하는 것은, 현재의 악폐를 비난하고 사람들의 마음을 과거의 전통으로 끌어들이기 위해서이다. 과거야말로 '황금시대'였다는 것이다. 그 시대 노동자들은 오늘날보다 더 단순하고 건강한 생활을 했고, 그래도 가족생활을 유지할 수 있어서 자기 집에서 본인이 원하는 시간에 자기 힘에 맞게 일했으며, 자신이 소유하거나 임대한 몇 에이커를 경작하는 것으로 여가를 메우고, 친숙한 사람들 속에서 평화로운 생활을 영위하며 '사회의 존경할 만한 일원, 선량한 아버지이자 남편, 아들'로 살았다는 식의 이야기를 감동적이고 교훈적인 태도로 읊조리는 것이다."(망투, 상권, 64쪽)

1960년대에 《노동계급 등장의 역사The Rise of the Working Class》를 쓴 위르겐 쿠진스키Jurgen Kuczynski는 "(연구자가) 노동자에 대한 연민이 없다면 지적 파산을 면하기 어렵다. 내가 이토록 긴 문장을 인용한 것은 적어도 인용문이 보여 주는 생생한 문체나 아름다운 문구 때문이 아니다."(쿠진스키, 74쪽)라고 말했다. 사람들이 단순히 안락하게 사는 것만이 아니라 '함께 그리고 위엄 있게, 사람다운 삶'을 꾸려 나갈 수 있는 사회가 필요하다. 이 책에 수록된 수많은 인용문들이 그런 사회경제를 만들어 나가는 데 영감을 줄 메시지를 담고 있다고, 나는 믿는다.

제1부

'노동', 시장의 질주를 비판하다

"시장근본주의 이데올로기는 대량 실업을 경험한 사회에, 경기침체의 수렁 속에 빠져 있는 사회에 아무런 호소력이 없다. 많은 지역에서 궁핍한 삶을 살아가는 사람들에게, 젊은이들에게 아무 호소력이 없다."

– 조지프 스티글리츠

'경제적 채찍' 시장

노동,
시장에 딴죽걸다

'세계화'의 다른 이름, 정리해고·비정규직

견고한 모든 것이 대기 속에 녹아내리고 있는 시대다. 노동을 둘러싼 모든 것들이 중대한 기로에 서 있다. 노동을 둘러싼 환경은 각종 시장, 예컨대 국제적·경제적·정치적·사회적·환경적·기술적 시장 등이다. 21세기 중국 패권, 고용 쇼크, 기업의 의미와 역할 변화, 고용 시스템과 노동체제의 변화, 나아가 금융 주도 축적체제, 복지 시스템, 정치체제와 민주주의 체제의 변화, 한계에 이른 자본의 수익성, 그리고 기후변화와 지구 온난화까지……. 노동의 현재와 장래를 결정짓는 수많은 설명변수들은 날로 변화하고 있다. 노동을 이해하려면 '시장'을 먼저 들여다봐야 한다.

자본주의 시장경제에서 노동자는 자유시장, 시장에서의 경쟁적 개별 기업, 그리고 가장 심각하게는 해고 위협으로 통제되며, 시장의 경제적 채찍이 노동에 대한 정치적 통제의 핵심 기제가 된다. 캐나다의 캐나다자동차노동조합(CAW) 소속 경제학자인 짐 스탠포드^{Jim Stanford}는 "고용주에게는 당근과 채찍이 함께 필요한데, 자본이 휘두르는 가장 효과적인 채찍은 해고 위협이다. 해고는 노동자 한 사람을 내보내는 것뿐 아니라 다른 노동자들을 자극하고 기강을 세우는 행위이기도 하다. 해고 위협이 효과적이려면 해고에 대한 법적 권리와 노동계약상 권리를 가져야 한다."[1](스탠포드, 125쪽)고 말했다.

정리해고 조항과 비정규직 고용 형태는 정확하게 이 권리를 보여 준다. 지난 10여 년 동안 정부와 기업이 비정규직 증가에 적극적이었던 배경에는, '비정규직 고용을 늘리면 인건비가 절감되고 유연성이 증대되어 기업의 수익성과 경쟁력이 제고된다'는 믿음이 깔려 있었다. 그러나 지금까지 비정규직 고용이 기업의 경영 성과를 개선했다는 증거는 발견되지 않는다.

권순식(2004)은 182개 상장 제조업체를 대상으로, 비정규직 비율과 비정규직 인사관리 제도화가 기업의 경영 성과에 미치는 영향을 회귀분석한 뒤, "비정규직 고용은 기업의 수량적 유연성을 증대시키고 노무 비율을 감소시키지만, 이직률을 증가시키고 노동생산성을 하락시켜, 영업이익률에 부정적 영향을 미치고 있다. 장기적인 이익 증대를 원하는 경영자는 가능한 한 비정규직 고용 증대를 피하는 것이 좋다."고 결론지었다. 비정규직 비율이 높을수록 노동생산성과 영업이익률이 낮게 나타난 것이다. 고용조정을 한 번 경험하고 나면 노사 간 신뢰에 변

---

1 폴란드 경제학자인 미하일 칼렉키Michael Kaleki는 1943년에 완전고용은 기술적으로는 가능할지 모르지만 고용주들의 강력한 저항에 부닥쳐 실현되기 어려울 것이라고 주장했다. "고용주들은 완전고용을 원하지 않는다. 완전고용을 달성하면 고용주들이 노동자들을 통제하기 어려우며 노동규율도 효과적으로 부과할 수 없다."(스탠포드, 127쪽)

화가 일어난다. 살아남은 노동자들은 회사에 대한 신뢰가 깨지고 조직 몰입도 역시 떨어지게 마련이다. 동요하는 직원들은 자신의 헌신과 기여가 보장받을 수 있을지 점점 더 회의하면서 충성적인 헌신을 철회하게 된다.

신장섭·장하준(2003)은 한국은행에서 매년 펴내는《기업경영분석》을 토대로 매출액 대비 영업이익률과 인건비 비중을 비교한 뒤 "외환위기 이후 제조업체 인건비 비중은 (저임금 비정규 고용 확대 등에 따라) 대폭 하락했지만, 기업의 경쟁력이 향상되었다는 증거는 발견되지 않는다."고 결론지었다. 제조업체의 매출액 대비 인건비 비중은 외환위기 이전(1990~1997) 12.6~14.0퍼센트에서 외환위기 이후(1998~2003) 9.8~10.3퍼센트로 3~4퍼센트 감소했는데, 같은 기간에 영업이익률도 6.5~8.3퍼센트에서 5.5~7.4퍼센트로 감소했다.

이제 자본의 생애는 '세계화'로 대표된다. 세계화 물결에 따라 자본과 노동은 모두 재배치되고, 글로벌 경쟁에 대응하기 위해 하청기업에 대한 약탈적 하도급과 불안정 노동이 확대되고 있다. 삶의 불안정을 하청 회사와 다른 노동자들의 어깨에 전가하는 체제가 세계화다. 세계화 물결과 더불어 등장한 정보기술산업이 성장 동력을 확충하는 데는 기여했으나, 양극화를 더욱 심화시키고 고용 없는 성장을 초래하고 있다. 경제가 성장할수록 분배는 악화되고, 부의 축적을 위해 다른 쪽에서는 빈곤의 축적이 일어나고 있다.

장기불황의 늪에 빠진 일본에서 이익률이 떨어진 여러 기업들이 생산성 향상을 목표로 인원을 대폭 감축하면서 실업률이 상승하여 디플레이션이 악화되었다. 이것이 사람들의 소비를 위축시켜 점점 더 수요가 줄어들고 기업에는 일손이 남아도는 상태가 계속되었다. 구조개혁의 기치를 내건 일본 정부는 비효율적인 기업을 퇴출시키고 기업의 인원을 감축하는 것이 구조개혁의 성과라고 부추기면서 한층 더 효율화를 장려했다. 그러나 일본 정부의 이런 판단이 실업을 더욱 증가시키고 불황을 깊게 만들었다.

1999년 심각한 영업 부진에 빠져 있던 닛산자동차의 사장으로 취임한 카를로스 곤이 놀랄 만큼 빠르게 실적을 회복시킨 일이 있었다. 닛산자동차는 카를로스 곤의 업적을 '곤 개혁'이라 하여 높이 기렸다. '곤 개혁'의 성과는 닛산의 판매액과 영업이익의 추이로 알 수 있는데, 그가 사장에 취임한 뒤 3년 동안 영업이익은 급속히 늘었지만 판매액은 거의 제자리걸음이었다. 이후 서서히 판매액이 늘어나기 시작할 무렵에는 영업이익 증가세가 멈추었다. 이는 닛산의 급속한 회복이 자동차 판매를 늘려 많은 사람들에게 자동차의 편익을 제공한 것이 아니라, 대량해고 등으로 2만 명 규모의 인원을 감축하고 대대적으로 비용을 삭감해 효율화를 꾀했기 때문임을 여실히 보여 준다.

이런 조치가 닛산자동차에만 국한되었다면 아무리 대량해고가 있었다 해도 일본 전체 실업률에는 영향을 미치지 않았을 것이다. 다만 해고당한 종업원의 희생으로 닛산의 업적이 개선되는 정도로 끝났을 것이다. 그러나 일본의 전체 기업이 이 개혁을 따라 실시하면 경제 전체의 실업이 늘어 디플레이션 압력이 높아지고 일본 전체의 소비 욕구가 감퇴해 물건이 팔리지 않는 장기불황을 초래하게 된다.(요시야스, 186~187쪽)

우리 시대 저임금 노동과 노동빈곤 현상의 저변에는 시장 및 경제의 구조적인 원인이 작동하고 있다. "외환위기의 충격 이후 임시·일용직의 증가로 빈곤이 악화되었다는 주장과는 달리, 소득 불평등과 빈곤의 심화는 이미 1990년대 초·중반부터 관측되기 시작했다. 제조업의 위축과 서비스업 확대가 진행되었으나 취업자 대부분을 흡수한 서비스업의 생산성이 지체되면서, 우리 사회는 더 이상 국민 대부분을 빈곤으로부터 보호할 수 있을 만큼의 일자리와 소득을 창출하지 못하고 있다. 노동 시장과의 연결이 끊어진 가운데 장기 빈곤에 머무르면서 경제성장의 과실에서 완전히 소외된 계층이 형성되고 있는 것은 경제개발이 시작된 후 초유의 일이다. 이는 경제성장이 충분한 일자리와 소득을 제공하여 마찰적 실업만이 빈곤의 원인이 되고, 구조적 정책 개입 없이도 성장의 과실이 국민 전체의 삶의 질을 높이던 시대가 종료되었음을 의미한다."(윤희숙, 2012)

시장을 지배하는 '불확실성의 확실성'

이미 15년 전 세계적인 노사관계학자인 볼프강 스트리크Wolfgang Streeck는 "강한 동요와 불확실성은 가까운 장래에 경제활동의 항상적인 특징이 될 것으로 보인다."(Streeck, 1987)고 말했고, 리처드 하이만Richard Hyman은 이를 '불확실성의 확실성'(Hyman, 1991)이라고 부르고 있다. '찻잔과 입술 사이에도 여러 미끄러짐이 개입된다(There's many a slip twixt cup and lip)'[2]는 옛 영어 속담처럼, 21세기의 사회

---

2 그리스 전설에서 연유한 속담으로, 오랜 항해 끝에 생존해 고향에 돌아온 아르고선의 한 선원이 생환 축하 포도주 한 잔을 마시려는 찰나에 갑자기 포도밭을 해치고 있는 야생 멧돼지가 나타나 들었던 술잔을 놓고 달려나갔으나, 멧돼지와 싸우다 죽는 바람에 결국 포도주 한 잔을 마시지 못했다고 한다.

경제 환경은 거의 확실하게 일어날 것 같은 일도 도중에 잘못되거나 전혀 다른 방향으로 전개되는 경우가 많다. 그야말로 완전히 이루어지기 전에 확실한 것은 아무것도 없다. 이런 사회경제 환경에서 자본도 불안하고 노동도 불안한 생애를 살고 있다. 불확실성 하에서 자본은 수익성 악화 경향을 타개하기 위한 축적의 정치경제적 환경으로서 신자유주의를 도입했고, 각국 노동조합은 주로 패배하거나 씁쓸한 분노만을 남긴 채 시장 및 자본과 고달프고 힘겨운 싸움을 벌이고 있다.

1980년대 중반 이후 전 지구적으로 '시장의 시대'가 전개되면서 노사관계에서도 노동조합 지도자보다는 기업 최고위층 경영자의 적극적인 전략적 선택이 노사관계를 주도하고 있다. 즉, 2차 세계대전 이래로 고용조건은 노조의 요구에 따라 꾸준히 변화해 왔으나, 1980년대 들어서서 사용자들은 노조의 요구와 압력에 대응하는 수동적 존재에서 탈피해 '경영자가 주도하는managerial initiative' 성격으로 노사관계를 변화시켜 왔다.(Kochan·Mckersie·Cappelli, 1984)

시장의 자유를 제한하는, 그동안 노동이 성취해 온 모든 제도 및 규제에 '경직성'이라는 딱지를 붙이고 경제적 저성과의 원인으로 노조를 지목하며 '유연화 공세'에 나선 것이다. 임금과 고용의 유연화를 통해 노동의 권리를 무력화하고 노동에 대한 규율과 통제력 회복을 시도한 것인데, 한국 노동자 및 노동조합에 가해지는 압박도 마찬가지다. 자본은, 예전에 노동자를 시장의 폭력으로부터 보호해 주던 노동-자본-국가를 묶는 사회협약의 족쇄를 벗어 버렸다. 국가라는 '정치적 채찍'이 후퇴한 대신 시장의 '경제적 채찍'이 노동 생애를 지배하고 있다. 과거의 '병영적 통제'도 이제는 필요 없다. 노동자들의 머리와 가슴이 스스로

‘시장의 경제적 채찍’에 내몰리고 있기 때문이다. 이미 1980년대에 마거릿 대처는 ‘불평등 속에서의 영광gloy in inequality’을 외치며 시장논리에 의한 분배를 옹호하는 한편, 인간의 자존심을 유지할 수 있는 소득의 문턱decency threshold(최저임금 등)을 제도적으로 보호·유지하는 국가의 역할에서 철수했다.(Blyton & Turnbull, 2004)

노동자에게 시장은 무엇인가? 미국의 좌파 경제학자인 해리 맥도프Harry Magdoff와 폴 스위지Paul Sweezy는 “시장 기능이 모든 경제문제의 합리적이고도 공평한 규제자 구실을 하거나 할 수 있다는 환상이 모든 사람의 뇌리에 깊숙이 뿌리박혀 있다.”며 “그 환상이 현실에서는 정반대의 방향으로 나타난다.”고 지적한 바 있다. “시장은 이윤 추구 경제체제의 목표, 즉 독점력의 중심을 재생산·강화시키고, 또 부유층에게 유리한 형태로 자원을 배분한다는 목표에 봉사한다는 면에서는 분명 합리적인 기능을 발휘하고 있다. 그러나 다른 사람들, 특히 유일한 생계수단이 자신의 노동력을 파는 길밖에 없는 사람들에게는 이 시장기능이 언제나 착취와 억압의 수단이 되어 왔고, 또 현재도 그렇다. 이러한 사실은 최근(1970년대 말) 가열되는 인플레이션 현상과 파국적인 불황이라는 진퇴유곡을 교묘하게 헤쳐 나가려고 노력하는 과정에서 점차 뚜렷이 입증되고 있다. 앞으로 어느 방향으로 흘러가든지 노동자들은 앞뒤에서 쥐어짜는 고통을 겪을 수밖에 없을 것이다. 점차 많은 사람들이 깨닫고 있지만 노동자들이 앞으로 취할 유일한 방도는 함께 뭉쳐 투쟁하는 것뿐이다.”(맥도프·스위지, 132쪽)

또한 노벨경제학상 수상자인 폴 크루그먼Paul Krugman은 “시장 체계의 핵심은 대체로 시장이 소비자들에게 봉사하고, 우리가 원하는 것을 우리에게 공급하고, 그렇게 함으로써 우리의 집단적인 후생을 극대화시키는 것이다. 하지만 영국 식품의 역사를 살펴보면, 먹는 일과 같은 매우 기본적인 것에 관해서조차도 자유시장 경제는 상당히 오랜 기간 동안 '좋지 못한 균형'에 사로잡혀 있을 수 있다는 사실을 알 수 있다."고 말했다.(크루그먼, 2003, 411쪽)

노동자에게 시장의 의미는, 소비자로서의 상품 선택 이전에 일자리, 혹은 적정 임금을 수반한 괜찮은 일자리 같은 '공급'의 문제가 더 중요하다. 저명한 공공경제학자이자 페미니스트 경제학자인 줄리 넬슨Julie Nelson은 경제학에 대해 '선택의 학문인가, 공급의 학문인가?'라고 물으면서, "현대 경제학은 시장에서 교환과 선택만 중시하고, 인류 혹은 생태계의 생산 공급과정으로서의 의미를 부여하지 못하고 있다."고 지적한다.(퍼버·넬슨, 29~47쪽) 넬슨에 따르면, 《경제학의 수사학The Rhetoric of Economics》(1985)으로 유명한 경제학자 도널드 맥클로스키Donald McCloskey는 '물리학을 흉내 내는 과학성을 그릇되게 주창'하는 경제학자들, "수리적 문제를 선호하여 경제적 문제economic question를 포기하고 경제학과로 돌아오는 것을 잃어버린" 경제학자들을 신랄하게 비판하였다.[3] (자유)시장을 중시하는 현실경제도, 매일 노동을 통해 사회적으로 유용한 가치를 만들어내면서 우리가 살고 있는 사회경제를 재생산하고 있는 수많은 노동자

---

3 맥클로스키에 따르면, "상당히 많은 경제학적 주장들이, 비록 무의식적이기는 하나 이미 데카르트의 후손들로부터 직관적으로 열등하다고 평가절하되어 온, 즉 수리적이지 않은 지식 형태를 띠고 있었다. 가장 고도의 추상적인 수리경제학 강의나 세미나에서조차, 발표자는 통상 수리 모형이나 결과에 숨어 있는 직관, 즉 유추나 실례들을 사용한 설명을 제시하도록 요구받는다. 그럼에도 불구하고, 공식적인 수리 모형은 발표의 중심을 이루고, 나머지는 단지 부차적인 것으로 간주되는 것이 일반적이다."(퍼버·넬슨, 40쪽)

들의 구체적인 삶을 돌보지 않은 채, 오직 이윤에만 매달려 '길을 잃어 버리고' 있는 건 아닐까?[4]

---

4 마르크스는 "자본가와 임금노동자는 다만 자본과 임금노동의 육체화·인격화에 불과하며 사회적 생산과정이 개인들에게 낙인을 찍은 특수한 사회적 등장인물, 즉 이 특수한 사회적 생산관계의 산물에 불과하다."고 말했다.(마르크스, 《자본론》(3권, 하), 1083쪽)

번영의 죄수들

발전과 진보의 관계

"거제에서 구로까지 들불처럼 활활 타오르는 투쟁을 벌인 지 벌써 20년의 세월이 지났습니다. 1987년 노동자대투쟁 이전까지만 해도 우리 노동자들은 공돌이, 공순이로 불렸습니다. 그러나 노동자대투쟁 이후 노동자는 우리 사회의 주체로 당당하게 나서기 시작했습니다. 공장 안에서만 입던 작업복을 입고 자랑스럽게 나다닐 수 있게 되었습니다. 1987년 노동자대투쟁 당시 노동자는 '배고파서 못 살겠다', "어용노조 물러가라, 노동조합 인정하라", '8시간 일하고 일요일에 놀자'고 요구했습니다. 그런데 20년이 지난 지금도 우리는 노동자의 생존권 보장, 노동기본권 보장을 요구하고 있습니다. 이랜드 그룹 노동자, 수많은 비정규직 노동자들이 일회용품처럼 해고되었습니다. 아직 노동자로 인정받지 못하고 있는 '특수고용 노동자'가 있습니다."[5](이석행 민주노총 위원장)

한국의 노동은 작업장에 대한 병영적 통제가 만연했던 권위주의 정부 시절을 온몸으로 통과해 왔다. 당시 노조의 요구 가운데 두발 자유화가 들어 있을 정도로 사용자와 정부는 군대 못지않은 사업장 규율로 작업장 질서를 유지해 왔다. 그러나 민주노총 위원장의 말처럼 20년이 지난 지금도 노동자들은 노동기본권과 생존권을 요구하고 있다. 지난 20년의 경제발전과 번영은 노동자에게 무엇이었는가? 노동자들은 번영의 죄수들이었던 것일까?

"자본주의 황금시대를 이룬 저 놀라운 경제적 · 정치적 구상물들도 점차 침식당하기 시작했다. 휘황하게 빛나던 황금시대도 이제 녹이 슬기 시작한 것이다. 그 이후 1970년에서 1990년대 사이의 20년간은 희망과 위대한 성취가 가득한 시대였건만, 지구 경제의 성장률이 절반으로 떨어지면서 무력감만 가득 안겨 주고 끝났다."(하일브로너 · 밀버그, 370~374쪽) 번영은 그 내부에서 광기나 열풍 등 붕괴의 씨앗을 내생적으로 만들어 내기 마련이다. 1987년 노동자대투쟁의 환성도 그 내부에 쇠락의 씨앗을 안고 있었던 것일까?

오스트리아 출신의 미국 경제학자 조지프 슘페터Joseph Schumpeter는 자본주의가 발전함에 따라 분배는 상대적으로 저소득층에게 유리하다고 말했다. 자본주의의 엔진은 대량생산 엔진인데 이는 대중을 위한 생산을 뜻하기 때문이라는 것이다. "루이 14세, 그 자신도 가졌더라면 기뻐했겠지만 끝내 가질 수 없었던 것(예컨대 현대 치과 의술)을 오늘날에는 노동자들도 이용할 수 있다. 그런 것이 몇 가지 있다. 자본주의 생산의 전형적 업적은 값싼 의류, 저렴한 면직물, 값싼 구두, 값싼 자동차 등이다.

---

5 2007년 9월, 민주노총 주최 '1987년 7 · 8 · 9 노동자대투쟁 20주년 기념 토론회'에서.

이는 일반적으로 부자들한테 크게 도움을 주는 개량은 아니다. 엘리자베스 여왕은 비단 양말을 가지고 있었다. 자본주의의 전형적인 업적은 여왕을 위해서 더 많은 비단 양말을 마련해 주는 데 있지 않고, 공장 여공들이 끊임없이 줄어드는 노력을 대가로 비단 양말을 손에 넣을 수 있도록 해 주는 데 있다."(슘페터, 2011, 159~160쪽)

노벨경제학상 수상자 밀턴 프리드먼Milton Friedman 역시 자본주의 시장경제의 발전은 일반대중의 이익이라고 주장한다. "산업 발전이나 기계의 발달이나 현대의 모든 위대한 기적은 부유한 사람들에게는 상대적으로 거의 의미 없는 것들이다. 고대 그리스의 부자들은 현대식 수도시설에서 거의 혜택을 입을 것이 없었을 것이다. 물 나르는 하인들이 수도가 하는 일을 대신했기 때문이다. 텔레비전이나 라디오도 마찬가지였을 것이다. 로마의 귀족들은 자기 집에서 일류 음악가들과 배우들의 공연을 즐길 수 있었으며, 일류 예술가들을 가신으로 자기 집에 상주시킬 수 있었다. 이런 모든 것들과 그 외 수많은 현대식 발전의 산물은 그들의 생활에 더해 줄 것이 거의 없었을 것이다. 그들은 교통수단과 의학의 발전은 환영했겠지만, 그 밖에 서구의 자본주의가 이룩한 위대한 업적은 주로 일반대중의 이익으로 돌아가는 것이었다."(프리드먼, 2009, 192~193쪽)

그러나 1990년대 이후 많은 사람들이 '발전'과 '진보'라는 용어를 갑자기 모순적인 것으로 여기고 있다. '발전'과 자본주의 문명을 가장 날카롭게 역사적으로 분석한 이매뉴얼 월러스틴Immanuel Wallerstein은 "발전은 북극성인가 아니면 환상인가?"라고 물은 뒤 "발전이란 구호는 깊고도 끈질긴 모순을 가려 왔다."고 말했다.(월러스틴, 1994, 137쪽) 자본주의 시장경제는 그동안 10~20퍼센트 소득 상위 인구의 인상적인 소비 수준을 연출했고, 끝없는 축적이라는 꿈을 실현할 수 있는 듯 보였다. 월러스틴은 "오늘날 국가의 발전이란 어떤 방법을 옹호하고 이용하든 하나의 환상이다. 우리의 온 역량을 그런 방향에 쏟는다면 자본주의는 제 수명보다 200년은 더 연명할지도 모른다. 하지만 발전은 북극성이 될 수도 있다. 우리는 자본주의 세계 경제의 장기적 추세들을 더 빨라지게 할 수 있으며, 바로 이는 자본가들이 가장 두려워하는 것이기도 하다."라고 말했다. 오히려 번영의 내부에 붕괴의 씨앗이 있음을 역설적으로 표현한 것이다.

발전의 덫

역사인류학자 잭 구디Jack Goody는 "사회과학에 행복의 정도를 측정할 기구는 없다."고 했다.(월러스틴, 1993, 107쪽) 우리는 과연 안락한 물질생활 속에, 예전에 살았던 사람들보다 더 많은 자유와 평등을 누리고 있는 것일까? 옛 세계를 목가적인 전원으로 그리지 않더라도, 법정 노동시간 단축에도 불구하고 우리 시대 노동자들의 하루, 1년, 일생의 실제 노동시간이 더 길어진 것은 사실이다.

경제발전 과정에서 중간계층이 상류층과의 격차를 줄이는 데 성공했다고 하더라도, 그 승리의 환성 속에 그들 중·상류층 15퍼센트와 나머지 85퍼센트 사이에 소득 격차가 벌어지는 현실은 은폐되었다. 사실 노동 역시 지난 세기 번영의 과정에서, 자본이 중심이 되어 경제와 사회를 주도하는 사회경제체제, 즉 '자본'주의에 매혹되었다. 그러나 "우리의 행동의 의도된 결과뿐 아니라 의도하지 않은 행동을 통해 우리 등 뒤에서 역사가 창조된다."(Burawoy, 1979) 부라보이는 "노동과정의 활동과 관계에서 의식이 형성되는데, 작업장 생산의 지점에서 잉여가치 생산을 은폐하면서 동시에 이를 확보하게 해 주는 것으로써, 동의가 '생산'된다."고 말했다. 자본의 지배에 대한 동의와 승인 하에 노동계급은 자본의 운동에 따라 장악되고 풀려나며 또 내던져지고 추방된다.(부라보이, 1999, 75쪽)

사실 자본은 과거에 수행된 노동으로서 '비축된 노동'이자 '죽은 노동'일 뿐이다.[6] 갑자기 하늘에서 뚝 떨어지거나 묻혀 있던 것이 발견되는 것이 아니라 노동을 통해 생산된 것일 뿐이다. 그런데도 노동은 자신의 의지와 행동이 아니라 자본의 운동에 따라 포섭되거나 배제되거나 방출된다. 이처럼 노동의 생애는 자본의 논리에 철저하게 종속돼 있다.

구스타보 에스테바Gustavo Esteva는 "발전은 믿을 수 없을 만큼 강력한 의미로 충만한 별무리의 중심에 있다. 이것만큼 힘 있게 현대인의 사고와 행동을 이끌어 가는 길잡이도 없다. 발전이란 말은 일반인과 지식인의 뇌리에 단단히 박혔다. 그래서 이 말을 쓰는 사람은 이 말과 결부된 복잡한 의미의 그물망에 꼼짝없이 걸려든다. 그 말은 바람직한 변화, 곧 열등한 것에서 우월한 것으로, 나쁜 것에서 좋은 것으로 나아가는 행보를 늘 암시한다."고 말했다.(작스 외, 2010)

20세기 중반 유럽인에게 '비문명', '비교양인', '후진성'으로 불린 세계는 '저발전'이라는 새로운 이름을 얻었다. 세계는 일단 발전부터 해 놓는 것이 급선무였다. 그 뒤 발전이라는 말은 갈수록 아리송하기만 한

---

6 경제발전 과정에서 상품의 품질이 개선되면서 '자본은 죽은 노동'이라는 본질적이고 발본적인 사유가 점차 사라지고 있다. "노동과정에서 생산수단들이 갖는 과거 노동의 산물로서의 성격이 주의를 끄는 것은 그것들의 결함에 의해서이다. 잘 들지 않는 칼이나 잘 끊어지는 실 등은 그 칼을 만든 사람 A와 그 실을 만든 사람 B를 자꾸 생각나게 만든다. 우수한 생산물에서는 과거의 노동에 의한 유용한 속성의 매개가 사라져 버렸다." (로스돌스키, 303쪽)

'진보'에 이르는 경로를 묘사하며, 그쪽으로 사람을 불러들이는 단어 가운데 하나로 자리 잡았다. 그러나 20세기 내내 진보가 던진 약속은 깨졌다. "20세기에 우리가 경험한 바에 따르면 진보에 대한 믿음은 무너져 내리고, 시간의 화살도 부러졌다. 미래는 더 이상 많은 약속을 담지 않는다. 그것은 희망보다는 공포의 저장소가 되어 버렸다."(작스 외, 2010)

발전은 곧 시장에 대한 맹신이었다.[7] 특히 발전 담론은 경제학 전문가들의 일이었다. 노벨경제학상 수상자 게리 베커Gary Becker는 "경제적 접근은 모든 인간 행동에 적용할 수 있는 포괄적 접근"이라고 말한 바 있다. 이른바 '경제학 제국주의economic imperialism'다. 사회과학의 여왕으로서 경제학은 논리학자, 수학자, 물리학자에게나 요구될 법한 논리적 설명, 수학 기법, 그리고 모형을 전개한다. 어쩌면 그런 이유 때문에 경제학을 업으로 삼지 않는 일반 사람들에게 현대 경제학자들의 상황 진단과 정책 제안은, 마치 철학자의 심오한 사고나 물리학자의 복잡한 이론처럼 거역할 수 없는, 완전히 이해할 수는 없지만 깊은 진리를 갖고 있는 것으로 받아들여지곤 한다.

"요즘 정치학이나 사회학에서 경제학 지식이나 경제학적 기법을 모르면 제대로 학문을 하지 못한다는 비판을 받기 십상이다. 이제 경제학은 경제현상뿐 아니라 사회현상 일반을 설명하는 가장 기본적인 학문으로

---

7 존 메이너드 케인스John Maynard Keynes는 《고용, 이자 및 화폐의 일반이론The General Theory of Employment, Interest and Money》에서 "경제학자와 정치철학자들의 사상은 그것이 옳을 때에나 틀릴 때에나 일반적으로 알려진 수준보다 더 강력하다. 사실 세계를 지배하는 것은 이것 말고는 별로 없다. 자신은 그 어떤 지적인 영향으로부터도 완전히 벗어나 있다고 믿는 실무 정책가들도 대개는 이미 죽은 어떤 경제학자의 노예다."라고 말했다. 마르크스의 친구인 시인 하이네는 "자부심을 가진 행동인들아 잘 들어라. 너희들은 너희들에게 그 어쩔 수 없는 사명을 맡겨 준, 가장 은밀한 곳에 있는 사상가들의 무의식적인 도구들 이외에 아무것도 아니라는 것을! 로베스피에르는 장 자크 루소의 단순한 손에 불과했노라."라고 말했다.(포퍼, 158쪽)

자리 잡았다. 투표, 외교정책 결정, 결혼과 이혼, 자녀 수의 결정, 심지어 마약중독에 이르기까지 (거의) 모든 사회현상들이 경제학적 논리와 기법에 의해 설명된다."[8] 시장의 힘(즉 경쟁의 힘)이 세계의 발전 문제를 해결하리라는 굳센 믿음은 우리 시대의 엄연한 특징이다. 시장자본주의가 민주주의와 불가분의 관계이며, 따라서 시장자본주의는 인류 전체를 위한 최선의 체제라는 데 광범위한 합의가 이뤄져 있다. 지금 세계는 사회가 시장을 제약해야 하는지, 거꾸로 시장이 사회를 송두리째 제약해야 하는지, 양자택일을 그 어느 때보다 강하게 요구받고 있다.(작스 외, 161 · 185쪽)

규제되지 않은 전 지구적 세계 시장을 향한 운동은, 세계적 규모에서 기존 생활양식과 생계의 혼란을 가져왔다. 자본은 축적을 위해 지속적으로 자신의 경계를 넘어 외부로 모험을 떠나야 했다. 비자본주의 시장으로의 제국주의적 확장과 그 뒤를 이은 자유무역을 통한 체제 내의 시장 강화가 그것이다. "그들은 보호색을 입고 적응한다. 그들 대표자들의 입에서는 문명화된 지역을 넓히고, 훌륭한 정부를 수립하며, 그리스도교를 장려하고, 노예제도를 근절하며, 열등 인종을 향상시키려 한다는 바람을 담은 고상한 어휘들이 떠나지 않는다. 이 같은 어휘를 입 속에 담고 있는 사업가들 가운데 막연하게나마 이런 목적을 이루고자 하는 순수한 열망을 가진 사람이 있을지도 모르지만, 그들은 일차적으로 사업에 종사하는 사람들이며 그들의 진정한 정신적 자세는 '폐하의 국기'를 '세계 최대의 상업적 자산'으로 표현한 세실 로즈Cecil Rhodes 씨의 유

---

8 박만섭, 〈역자 후기〉 ; 로버트 하일브로너 외(2007), 《비전을 상실한 경제학》, 박만섭 옮김, 필맥.

명한 말에 잘 나타나 있다."(홉슨, 58쪽) 영국의 경제학자 존 홉슨John Hobson의
《제국주의론Imperialism》은 발전이란 깃발을 앞세운 자본의 모험을 날카롭
게 비판하고 있다.

아마르티아 센Amartya Sen이 단순한 물질적 경제적 풍요가 아닌 개인의
'자유로서의 발전development as freedom'(센, 2001)을 주창한다면, 조지프 스티글
리츠Joseph Stiglliz는 삶의 질과 후생을 높이는 '민주적 전환으로서의 발전
development as democratic transformation'을 주창하고 있다. 스티글리츠는 노동시장
을 신고전파 경제학의 렌즈를 통해 협소하게 취급하는 것에 대해 비판
하면서,[9] "주류 표준적인 경제이론은 노동시장을 정교하게 다루지 않고
단지 임금을 깎고 필요 없는 노동자를 정리해고하는 유연성만 요구하
고 있다."고 지적했다.(Stiglitz, 2000)

GDP의 역설

번영을 측정하는 가장 간명한 지표는 국내총생산(GDP)
이다. 1172조8030억 원(2010년 연간 명목물가 기준). 우리나라 GDP 규모다. 대
한민국 안에서 1년 혹은 상반기 동안 생산된 상품(재화와 서비스)을 시장가격

---

9 박만섭은 신고전파 경제학을 '경제학의 벌거벗은 임금님'으로 표현하면서 다음과 같이 비판했다. "오랫동안
  시장은 모든 이의 화두가 되어 왔다. 세계 곳곳에서 신자유주의의 득세와 함께 시장은 자유와 민주주의의 대
  체어로 사용되었다. 경제의 효율성을 위해 정부 활동은 축소되어야 하고, 규제는 철폐되어야 하고, 노동시장
  은 유연해져야 하고, 국가 간에 자유로운 재화와 서비스 및 자본의 교역이 보장되어야 한다는 말은 이제 더 이
  상 반대할 수 없는 소리로 들린다. 이것은 경제학적이라기보다는 우선 정치적이다. 자신감으로 가득 찬 정치
  적인 구호 뒤에는 그 구호를 외치는 정치가들이 이해하고 있건 아니건, 경제학계를 지배하고 있는 경제이론
  이 자리 잡고 있다. 바로 신고전파 경제학이다.……이제 벌거벗은 임금님을 보면서도 '설마' 하는 생각에 침묵
  을 지키는 어른들보다는 있는 그대로 '임금님은 벌거벗었네'라고 소리 치는 어린아이의 말에도 귀 기울일 때
  다. 그렇지 않으면 임금님은 벌거벗은 채로 거리를 활보할 것이고, 그에 따라 어쩌면 백성들도 다 같이 벌거
  벗고 거리에 나설지도 모른다."(박만섭, 2005)

으로 평가한 금액이다. 우리나라 사람들이 1년간 1172조 원이 넘는 부가가치를 생산해 냈다는 뜻이다. 여기에는 라면, 자동차 등 판매·교환을 목적으로 만들어진 모든 재화와 이발·학교 강의 등 모든 서비스의 시장가치가 포함된다. 1172조 원을 생산해 1172조 원을 소득으로 벌고, 또 1172조 원을 소비 지출하면서 살았다는 의미다. 결국 더 많은 상품을 생산해 낼수록 생활수준은 그만큼 더 높아지게 된다.

정부와 한국은행 그리고 언론은 우리 경제가 얼마나 성장·감소했는지, 또 얼마나 성장할 것인지를 보여 주기 위해 연간, 또 분기별로 항상 (물가를 조정한) 실질GDP 전망치를 국민에게 전달한다. 이 지표가 우리 경제의 현실과 사람들의 생활수준을 가장 잘 보여 주는 지표로 여겨지기 때문이다. 그런데 GDP 지표가 높아졌다고 해서 모든 국민의 삶이 개선되고 있다고 말할 수 있을까? 경제 전체적으로 상품이 더 많이 생산돼 사람들은 더 행복해지고 있을까? 과연 GDP는 삶의 질의 전체적인 스토리를 말해 주는 지표인가?

경제학 교과서 가운데 전 세계적으로 가장 많이 읽힌 폴 새뮤얼슨Paul Samuelson의 《경제학Economics》에는 이렇게 쓰여 있다. "국민총생산(GNP)은 발견 특허도 없고, 과학기술박물관에 전시되고 있는 것도 아니다. 하지만 20세기 위대한 발명 중 하나다. 이 총량적인 측정지표가 없었다면 거시경제학(그리고 경제)은 조직되지 않은 데이터들의 홍수 속에 표류했을 것이다." 그러나 그는 바로 뒤에 GNP를 조롱하는 글을 덧붙여 놓았다. "GNP라는 경제 성과 측정은 무한대의 끝없는 생산을 추구하도록 만들고, 삶에 불필요한 상품까지 생산하도록 만든다. GNP(Gross National Product)는 사실 GNP(Gross National Pollution · 오염)를 대표하는 수치다."[10]

GNP 혹은 GDP 국민계정 추계에 대한 비판은 오래전부터 제기되었다. 'GDP(혹은 GNP)를 넘어서'라는 말이 1970년대부터 경제학계에 널리 퍼졌고, 많은 경제학자들이 'GDP 중심의 경제분석'에 공격을 가해왔다. 폐쇄경제에서 GDP는 민간소비, 투자, 정부지출 등 세 가지 항목으로 구성되는데, 미사일 구입도 정부지출에 포함되고 화력발전에 따른 대기오염 역시 전력 소비에 포함돼 GDP를 증가시킨다. 로버트 케네디 미국 상원의원은 1968년 대통령선거에서 "GDP는 우리 자녀들의 건강, 교육의 질, 그들이 놀이에서 얻는 즐거움 등을 반영하지 않는다. 시의 아름다움이나 결혼생활의 건강함, 우리의 용기나 지혜, 국가에 대한 헌신도 반영하지 않는다. 요컨대 GDP에는 우리 삶을 가치 있게 만드는 것을 제외한 나머지 모든 것들이 들어 있다."고 말했다.

GDP 지표는 사람들의 생활수준을 제대로 측정하는 데 실패하고 있고, 또 여러 측면에서 잘못된 방식으로 측정되고 있다. 그렇다면 'GDP'라는 성장의 감옥에 짓눌린 경제에서 탈피해 GDP가 안고 있는 여러 결함을 수정하고 사람들의 삶의 질과 진정한 경제발전, 사회 진보를 포착할 수 있는 '대안 GDP' 지표는 어떻게 만들어 낼 수 있을까?

2008년 1월 사르코지 프랑스 대통령은 노벨경제학상 수상자인 조지프 스티글리츠와 아마르티야 센에게 사회발전을 더 잘 나타낼 수 있는 새로운 지표를 만들기 위한 큰 그림을 그려 달라고 요청했다. 곧바로 '경제적 성과와 사회 진보 측정을 위한 위원회'가 발족했고, 스티글리츠

---

10 P. Samuelson(1989), *Economics*(13th edition), McGraw‒Hill Education, p.103, p.117.

와 센은 2009년 9월 중간 보고서를 발표했다. 일명 〈스티글리츠 보고서〉[11]다. '행복GDP 보고서'라고도 불리는 방대한 이 보고서는 물질적 생활 기준뿐 아니라 보건, 교육, 정치적 참여, 노동조건, 사회적 관계망, 환경, 사회경제적 불안정 등을 모두 포괄해 새로운 사회발전 지표를 작성해야 한다고 역설한다.

모든 사람들이 매일 일하고 주말에도 쉬지 않는다면 GDP는 증가하겠지만 모든 사람들이 더 행복해진다고 볼 수는 없다. 기업들이 오염물질을 배출하면서 재화를 더 많이 생산하면 GDP는 증가하겠지만 사람들의 후생은 낮아질 가능성이 높다. 미국은 대학보다 감옥에 더 많은 비용을 지출하고 있는데, 감옥에 지출하는 비용도 GDP에 포함된다. 사회가 점점 나빠지고 있는데도 경제는 잘 돌아가는 것처럼 보일 수 있는 것이다. 또한 GDP가 증가해도 대부분은 최상위층의 소득 증가일 뿐 소득 불평등은 더욱 심화되고 있을 수도 있다. 더 많은 전력과 자동차 생산은, 더 많은 산성비와 대기오염을 불가피하게 수반한다. 병원의 진료 수입이 늘어도 GDP는 증가한다. 사람들이 많이 아플수록 GDP가 증가하는 아이러니다. 석유를 더 많이 땅에서 뽑아낼수록 GDP 수치는 더욱 높아진다. 자원 고갈로 지속 가능성이 나빠지고 있지만 경제의 총생산은 증가하는 것이다.

스티글리츠는 "2000년부터 2008년까지 미국 GDP가 15~20퍼센트 높아졌지만 미국인들은 '왜 우리는 행복하지 않은가'라고 질문하고 있다. 1인당 국민소득 측면에서 볼 때 2008년 미국 중간소득 계층은 2000년에

---

11 www.stiglitz−sen−fitoussi.fr/documents/rapport_anglais.pdf

비해 오히려 4퍼센트 정도 소득이 낮아졌다."고 말했다.

그러나 이와 달리, 자유시장을 주창해 온 노벨경제학상 수상자 로버트 루카스Robert Lucas 는 2000년에 "21세기에는 빈곤 국가들도 빠르고 지속적인 성장을 거듭해 2100년이면 전 세계 모든 국가가 소득이 거의 비슷해질 정도로 성장하고 똑같이 부유해질 것"이라고 주장했다.

경제학 교과서에 등장하는 복리 효과에서의 이른바 '70의 법칙'에 따르면, 매년 GDP가 7퍼센트 성장하면 10년이면 GDP가 2배가 되어 삶의 질도 2배가 된다고 한다. 그러나 스티글리츠는 경제적 풍요 뒤편의 지속 가능성과 삶의 질에 주목해야 한다며 "GDP를 기반으로 측정한 미국 경제는 2006~2007년에 경제가 잘 돌아가는 것처럼 보이게 만들었다. 그러나 나중에 깨달은 것이지만 미국에서 기업 이익 중 40퍼센트 정도는 금융 버블에서 나온 것이었다. 이처럼 GDP 산출량 집계 측정이 잘못된 데서 글로벌 금융위기가 초래된 측면도 있다. 지속 가능하지 않은 것은 지속될 수 없는 법이다."라고 말했다.

이제 GDP가 보여 주는 숫자 너머를 봐야 한다. 여전히 생산 측면의 GDP 계정 측정 방식에만 매달릴 경우 노동자들은 경제 번영의 죄수가 되어 'GDP 성장'이라는 감옥에 갇히게 될 것이다. '대안 GDP'는 어떤 정책이 경제 '성장'에 얼마나 영향을 미치는지가 아니라, 사회적 불평등과 빈곤에 어떤 영향을 미치는지에 관심을 기울여야 한다. 경제적 성과와 사회발전을 측정하는 영역에서도 진보가 필요한 시점이다.

자유시장과
노동자

보이지 않는 혹은 보지 못하는 손

자유시장 경제학자 머리 로스바드Murray Rothbard의 글 중에 이런 대목이 있다. "쌍방이 거래를 받아들이는 이유는 그로부터 무언가를 얻으리라고 예상하기 때문이다. 마찬가지로 다음에도 서로 거래를 반복하는 (또는 거부하는) 이유 역시, 과거에 거래한 결과가 예상과 들어맞았기 (혹은 맞지 않았기) 때문이다. 거래 혹은 교환은 상호이익과 밀접히 관련된다. 얻을 것이 없다고 예상되면 누구도 거래에 동의하지 않을 것이다."

17, 18세기 유럽 중상주의자들은 어떤 거래에서든 한쪽을 희생시켜 다른 한쪽이 이익을 얻으며 모든 거래에는 승자와 패자, 즉 착취자와 피착취자가 존재할 뿐이라고 주장했다. 이에 대해 로스바드는 한쪽만 이익을 얻는 제로섬 게임 상황에서는 거래가 형성되지 않는다며, 애덤 스미스의 저 유명한 '보이지 않는 손invisible hand'을 통한 상호이익 극대화를 설명했다.

《포브스》의 발행인 스티브 포브스는 로스바드의 이 글을 인용하며, 자유시장 경제는 이러한 상호이익이 교환되는 격자무늬의 구조이며, 각각의 무늬들이 연합하여 '보이지 않는 손'이 만들어지고, 모든 자원들이 가장 필요한 곳으로 흐른다고 주장했다. 이 모든 과정이 실제로 기능하는 과정이 바로 자유시장의 기적이며, 여기서는 어떤 기획자나 정부 관료도 타인의 욕구와 그 충족 방식을 결정할 수 없다는 것이다.

'보이지 않는 손'이 사람과 자원을 움직이게 하는 방식을 설명하는 고전적인 사례가, 바로 레너드 리드_{Leonard Lead}의 〈나는 연필입니다_{I, Pencil}〉 이야기다. 밀턴 프리드먼을 비롯한 많은 자유시장 경제학자들이 이 이야기를 즐겨 인용했다. 연필은 자신이 생산되기까지 얼마나 많은 사람이 관련되었으며 수많은 공정을 거쳤는지 장황하게 늘어놓은 뒤 이렇게 말한다. "내가 태어나기까지 수많은 사람들의 손을 거치지만 그들 중 극소수 외에는 내가 태어나고 있다는 사실조차 알지 못합니다. …… 그 사람들은 내가 아닌 다른 무언가를 더 필요로 하겠지요. 그래서 자신이 정말로 원하는 무언가를 얻기 위해 지금 가지고 있는 다른 것을 내놓을 수도 있어요. 그중에 내가 끼여 있을 수도, 아닐 수도 있습니다. 여기에는 여전히 놀라운 사실이 숨어 있습니다. 내가 탄생하기까지 발생한 수많은 행위들을 직접 지시하고 통제하는 주모자가 없다는 점이지요. 아무리 추적해도 주모자의 흔적은 발견할 수 없습니다. 대신 보이지 않는 손이 움직인다는 사실만 깨닫게 됩니다."_(포브스 외, 18-20쪽)

애덤 스미스는 개별 경제 행위자의 이기심에 기초한 시장교환 및 이에 따른 시장의 효율성을 다음과 같이 설명했다. "우리가 매일 식사를 마련할 수 있는 것은 정육점 주인과 양조장 주인, 그리고 빵집 주인의 자비심 때문이 아니라, 그들 자신의 이익을 위한 그들 자신의 계산 때문이다. 우리는 그들의 자비심에 호소하지 않고 그들의 이기심에 호소하며, 그들에게 우리 자신의 필요를 말하지 않고 그들에게 유리한 것을 말한다."(스미스, 2003, 17쪽)

스미스는 이어서 그 유명한 '보이지 않는 손'에 대해 다음과 같이 이야기한다. "각 개인은 …… 필연적으로 사회의 연간 수입이 가능한 한 최대의 가치를 갖도록 노력하는 셈이 된다. 사실 그는 일반적으로 말해서 공공의 이익을 증진시키려고 의도하지도 않았고, 자신이 공공의 이익을 얼마나 촉진하는지도 모른다. …… 노동생산물이 최대의 가치를 갖도록 그 노동을 이끈 것은 오로지 자기 자신의 이익을 위해서였다. 이 경우 그는 다른 많은 경우에서처럼 '보이지 않는 손'에 이끌려서 그가 전혀 의도하지 않았던 목적을 달성하게 된다. 그가 자기 자신의 이익을 추구함으로써, 그 자신이 진실로 사회의 이익을 증진시키려고 의도하는 경우보다 더욱 효과적으로 그것을 증진시킨다."(스미스, 2003, 500쪽)

이러한 스미스의 논리를 따라 "자유시장에서의 노동자"와 관련해 밀턴 프리드먼은 자유시장의 경쟁이 곧 노동자를 보호해 주고 있다고 주장했다. "노동자를 고용하고자 하는 사용자야말로 그 노동자를 보호해 주는 사용자이다. 사용자가 노동자에게 일을 시키려고 하는 것은, 그 노동자의 일에 완전한 대가(임금)를 지불하는 것이 바로 그 사용자 자신의 이익이 되기 때문이다. 만일 그 사용자가 그러한 대가를 지불하지 않으면 다른 사용자가 당장 그렇게 하려고 할 것이다. 노동자를 확보하기 위한 경쟁, 바로 이것이 노동자에게 참된 (임금 및 고용) 보호가 된다. 대다수 노동자들에게 경쟁이야말로 지금까지 알려지거나 궁리해 낸 것 가운데 최선의 가장 덜 미흡한 보호책이다. 노동자는 자신을 고용해 줄 다른 사용자들이 존재하고 있기 때문에 현재의 사용자에게 보호받는 것이다."(프리드먼, 2009, 316~317쪽)

이처럼 신고전파 경제학은 기업들 간의 경쟁이 기업들로 하여금 '좋은 사용자good employers'가 되도록 강제하는 힘으로 작용하고(Stiglitz, 2000), 또한 노동조건에서부터 노동자들의 경영 참가 결정과 개입 등 조직적 디자인까지, 작업장 효율성을 추구하도록 만든다고 주장한다.

그러나 보이지 않는 자유시장의 손은 한국 노동시장에서 두텁고 견고한 이중 노동시장 체제와 '어두운 고용'을 만들어 내고 있다. 이 어두운 고용의 두께는 갈수록 넓어지고 더 깊어지고 있다. "정보기술산업의 눈부신 발달, 여성 고용과 서비스 직종의 급팽창으로 인한 고용 구조의 변화는 곧 낮은 노조 조직률, 높은 노동 이동성, 고도의 전문적 노동분화 등을 의미한다. 한계노동(임시직, 파견직 등 비정규직 저임금과 불안정 고용)은 급증하고 있지만 소비적 재정지출의 증가율은 오히려 둔화되면서, '어두운 고용'[12]과 '어두운 실업'(낮은 탈상품화discommodity 조건)이 증가하고, 시장 안팎의 간극은 말할 것도 없고 시장에 편입된 노동자들 사이에 그리고 시장 밖으로 밀려난 사람들 사이에 소득과 부, 그리고 삶의 질의 양극화가 심화된다."(고세훈, 2005)

---

12 '어두운 고용'은 고용돼 있어도 자신의 숙련이나 노동가치 등에 걸맞는 노동조건을 보장받지 못하는 저임금 정규직이나 불완전 취업 상태에 놓인 비정규직 취업자들을 일컫는다.

비정규직·사내하도급·장시간 근로

황덕순·이병희₍₂₀₁₁₎는 한국 노동시장의 중요한 특징 중 하나는, 실업률과 장기실업률이 매우 낮지만 저임금 고용 비중이 경제협력개발기구(OECD) 회원국 가운데 가장 높은 수준을 기록하고 있다는 점이라면서, 비정규직 해고가 많이 일어남에도 장기실업률이 낮은 이유는 이들이 노동시장에서 이탈하지 않고 끊임없이 주변부 노동시장에서 일하고 있음을 의미한다고 말한다. 특히 이병희는 한국 노동시장의 경쟁력을 비정규직·사내하도급·장시간 근로 등 세 가지라고 꼽으며, "한국처럼 중간소득 국가에서 저임금 고용과 그 영향은 실업보다 더 중요한 노동시장 문제"라고 말했다. 특히 그동안 저임금 노동자의 임금을 높이거나 빈곤 상태로 전락하지 않도록 하기 위해 다양한 노동시장 제도와 정책 수단을 도입했음에도, 저임금 고용을 억제하지 못한 이유로 "정책 '메뉴'는 확대되었지만, 낮은 적용 수준과 집행 문제 때문에 그 실효성이 미미했다."고 지적했다. 한국에서 저임금 고용의 증가 추세는, 시장 실패뿐만 아니라 정책 실패에서 기인한다는 얘기다.

노동시장을 둘러싼 각종 노동제도의 영향과 실행 준수 등도 살펴봐야겠지만, 한국 경제체제와 시스템에도 주목해야 한다. 전병유₍₂₀₁₁₎는 한국 노동시장의 이중구조를 만들어 내는 근본 동인을 찾으려면, 노동시장뿐 아니라 기업 간 관계 등 상품시장을 봐야 한다고 강조한다. 즉, 노동시장의 이중구조와 불평등·차별은 재벌−중소 영세기업 간 불공정거래와 독과점시장 문제 등에서 비롯된 측면이 크다는 얘기다. "우리나라의 노동시장은 부문 간 격차가 매우 크고 불평등이 심한 성격을 가지고 있다. 그러나 고용 보호(제도)와 불평등·격차 사이의 관계는 밀접하지 않고 서로 다른 문제라고 생각된다. 불평등·격차의 문제는 생산물 시장에서부터 접근할 필요가 있다."

한국 경제의 이중구조가 노동시장에 영향을 미쳐 노동시장의 이중구조가 형성되고 있다는 것이다. 이미 1970년대 초 광공업의 경우, 시장구조와 규모 면에서 볼 때 대기업과 중소기업의 이중구조가 심화되어 있는 곳에서는, 노동시장 역시 대기업 부문 노동시장과 중소기업 부문 노동시장 간에 일종의 비경쟁집단^{non-competing group}으로서 시장의 폐쇄성 또는 계층성이 야기된다는 지적이 제기된 바 있다.(임종철·배무기 편, 37쪽)

노동시장에서 기업 간, 즉 기업 규모별 근로조건 격차는 노동자 간 불평등 및 차별로 직접 이어지고 있다. 정이환(2007)은 고용 형태와 사업체 규모가 임금격차 및 사회보험 적용 여부에 영향을 미치는데, 이 중에서 고용 형태보다는 사업체 규모의 영향력이 더 크다는 실증 분석 결과를 내놓은 바 있다. "고용 형태보다 사업체 규모가 근로조건에 미치는 영향이 큼에도 불구하고 고용 형태, 즉 정규/비정규직 여부가 노동시장 불평등의 요인으로 더 부각되고 있는 이유는 무엇일까? 첫째, 비정규직 문제를 중심으로 노동시장 문제를 보려는 경향이 생겼고, 둘째 정규직/비정규직 간 격차가 기업 규모 간 격차에 비해 공평성 원리에 더 위배되고 더 심각한 불평등으로 받아들여지기 때문이다. …… 그러나 기업 규모별 불평등이 고용 형태별 불평등보다 덜 문제되는 것은 결코 아니다. 기업 규모별 불평등이 고용 형태별 불평등보다 더 클 뿐 아니라, 1990년대 중반 이후 지속적으로 확대되는 추세에 있다. 또한 사업체 내부의 불평등이 사업체 간 불평등보다 더 부정의하거나 불공평하다고 말할 수도 없다. 노동시장 불평등 문제는 종합적이고 거시적으로 판단되어야 하며 대안도 종합적이어야 한다."(정이환, 2007)

1980년대 후반만 해도 기업 규모가 작을수록 노동생산성 증가율이 높았다. 하지만 1990년대 이후 형세가 완전히 역전되어 대기업의 노동생산성 증가 속도가 중소기업을 앞지르게 되었다. 기업 규모 간 노동생산성 격차는 역시 1990년대를 기점으로 급속히 확대되기 시작했다. 중소기업의 노동생산성은 1980년대에는 대기업의 50퍼센트 수준을 유지했으나 1990년대부터 격차가 확대되기 시작하여 2003년에는 대기업의 33퍼센트 수준으로 하락했다.(조성재 외, 2007)

모든 생산요소 중 가장 골칫거리

경제학에서 노동은 어떻게 취급될까? 경제를 '생산' 측면에서 파악할 때 일반적으로 경제의 생산함수는 흔히 다음과 같은 수식으로 표현된다. '$Y=A \cdot F(K, L)$' 자본주의에서 '자본(K)'이 생산을 주도하지만 '노동(L)'도 경제의 한 축을 차지하고 있다. 이 생산함수에서 생산성 및 기술 수준(A)이 불변일 때 자본과 노동의 결합에 의해 국민소득(Y)이 결정된다. 즉, 자본과 노동의 기술적 결합 방식에 따라 국내총생산(GDP) 수준이 결정되고, 우리들의 생활수준도 결정되는 것이다. 여기서 기술technology이란 물리적 기술뿐 아니라 교육훈련이나 숙련을 통해 배우고 익힌 작업장 조직 방식 등 일련의 '체계적인 지식knowledge'을 모두 포함한다.

그러나 생산함수에서 자본과 함께 대표적인 생산요소로 등장하는 (인간)노동은, 자본과 달리 '생각하는' 사람이고, 생산에 투입되는 노동인구마다 인적 속성(성, 교육 수준, 연령 등)은 물론이고 관찰되는 특성뿐 아니라 관찰되지 않는 특성이 제각각 다르며, 일에 헌신하는 정도도 천차만별이다. 이처럼 시장에서 자유로운 상품거래(근로계약)를 통해 고용계약 관계가 형성되지만 매우 복잡하고 분석이 쉽지 않은 것이 '노동력'상품이다.

노동경제학자 데이비드 퍼디David Purdy는 《사회권력과 노동시장Social Power and the Labour Market》에서 "노동력은 그 소유자로부터 분리될 수 없다. 그리고 개별적 노동자는 의식과 의지, 생각을 갖고 있다. 이 사실은 인간 노동력이 가장 자유자재로 변형되고 활용될 수 있는 동시에 모든 생산요소 중에서 가장 문제적인 골칫거리라는 측면을 함께 만들어 낸다."고 말했다.(Fine, p.260) 이에 따라 경제학 교과서는 흔히 이른바 '효율임금efficiency wage' '정보 비대칭information asymmetry' '노동계약의 불완전성' 등의 개념을 동원해 주류 경제학의 분석틀 속에서 노동을 분석하고 이해하려고 시도하지만, 대체로 '자본'주의 시장에서 노동 변수의 값은 '노동=1'로 고정시켜 평균적이고 똑같은 것으로normalize 가정한 채 자본량의 변화로 경제의 동태적 이행을 고찰하는 방식을 취한다. 물론 이른바 '내생적 성장이론endogenous growth theory' 등에서는 노동의 변동과 동태적 변화가 경제분석의 중심 영역으로 등장하기도 한다. 즉, 노동자는 토지가 경제의 결정적 투입물이었던 시대에 괭이를 든 사람이 더 이상 아니며, 자본재가 결정적인 투입물인 시대를 지나 이제는 지식과 인간의 신체 그 자체(서비스 노동)가 결정적인 투입물이라고 보는 것이다.

자유시장이론은 '자유롭고 평등한 개인들의 경쟁적인 교환계약'을 강조한다. 개별 생산자와 소비자, 노동자를 넘어선 모든 형태의 집단적 세력(노동조합 등)은 시장의 효율성을 악화시킬 뿐이라는 주장이다.[13] 그러나 애덤 스미스는 다음과 같이 말했다. "고용주들은 수적으로 더 적기 때문에 훨씬 더 쉽게 연합할 수 있으며, 또한 법률과 정부기관은 고용주들의 연합을 인정해 주거나 적어도 금지하지 않지만, 노동자들의 단합은 금지하고 있다. 노동의 가격을 낮추기 위해 고용주들이 연합하는 것을 반대하는 의회 법률은 없지만, 노동의 가격을 올리기 위해 노동자들이 단합하는 것을 반대하는 의회 법률은 많다. 이러한 모든 쟁의에서 고용주들은 훨씬 오랫동안 견딜 수 있다. 토지 소유자, 자치농업자, 공장주, 상인들은 노동자를 한 사람도 고용하지 않더라도 이미 가지고 있는 자본으로 한두 해 동안은 살아갈 수 있다. 그러나 노동자들은 직업을 가지지 않으면 1주일을 버틸 사람이 많지 않고, 한 달간 버틸 사람은 거의 없고, 한 해 동안 버틸 사람은 아무도 없다. 장기적으로 보면 노동자가 고용주를 필요로 하는 것과 마찬가지로 고용주도 노동자를 필요로 할 것이지만, 그 필요성은 노동자가 고용주를 필요로 하는 것만큼 직접적인 것은 아니다."(스미스, 2003, 79~80쪽)

오히려 자본이 시장에서 '집단적 세력'을 더 은밀하게 형성한다. 스미스는 덧붙인다. "고용주들의 연합이 매우 드물다고 생각하는 사람이 있다면, 그는 진상을 알지 못할 뿐만 아니라 세상 물정을 잘 모르는 사

---

13 시장경제를 반대한다든가 혹은 자본주의에 반대하는 사람들의 말을 듣고 그의 주장을 곰곰이 생각해 보면, 반대들의 대부분은 자유 그 자체에 대한 반대임을 알 수 있다. 대부분의 사람들이 반대하는 것은, 시장이 사람들에게 꼭 필요한 것만 주는 것이 아니라, 사람들이 원하는 모든 것을 주고 있다는 것이다. 갤브레이스가, 랄프 네이더가, 마르크스, 엥겔스, 레닌이 시장을 반대하든 말든 시장은 모든 것을 주고 있다."(프리드먼, 2005, 42~43쪽)

람이다. 고용주들은 노동임금을 현재 수준 이상으로 올리지 않기 위해 언제, 어디서나 일종의 암묵적인, 그러면서도 한결같은 연합을 지속적으로 맺고 있다. 고용주들의 연합은 항상 매우 조용히 비밀스럽게 진행되므로, 그것이 실행으로 옮겨져서 노동자들이 아무런 저항도 하지 못한 채 굴복하고 말 때까지 다른 사람들은 이 연합에 대해 아무것도 들을 수 없다.

그러나 노동자들의 단합은 공격적인 것이든 방어적인 것이든 항상 세상의 이목을 끈다. 왜냐하면 문제를 신속하게 해결하기 위해 노동자들은 큰소리로 소란을 피우고 때로는 매우 놀라운 폭행과 폭력을 사용하기 때문이다. 노동자들은 이 소란스러운 단합의 폭력 행사로부터 거의 아무런 이익도 얻지 못하는데, 부분적으로는 치안판사의 개입 때문에, 부분적으로는 고용주들의 뛰어난 침착함 때문에, 그리고 부분적으로는 대부분의 노동자들이 당장의 생존 때문에 굴복할 수밖에 없는 필연성 등 때문에, 이러한 폭력 행사는 주모자의 처벌과 파멸 외에는 아무것도 얻지 못한 채 끝나고 마는 것이 보통이다."(스미스, 2003, 80~81쪽)

시장과 제도를 둘러싼 대립

경제사상사 측면에서 애덤 스미스의 《국부론》(1776) 이래 경제행위를 설명하는 사람들의 관점은 크게 두 가지 조류로 나뉘어 대립해 왔다. 시장근본주의라는 확고한 믿음 위에서 스미스적 자유시장론을 옹호하는 다수파와, 그 반대편에서 자유시장에 대한 적대적·비판적 관점을 따르는 여러 소수 흐름들(제도주의, 케인스주의, 마르크스주의 등)이 오랜 시간 사상적 고투를 전개하고 있는 것이다. 이 오래된 싸움은 어디에서든지 여전히 진행 중이다. 경제행위와 경제정책을 둘러싸고 벌어지는 여러 논란들도 잘 들여다보면 시장과 제도를 둘러싼 근본 대립이 항상 밑바탕에 깔려 있다.

시장도 하나의 사회적 제도다. 하지만 '시장의 힘'(수요-공급 및 경쟁)은 자본주의경제 안에 살고 있는 모든 사람들의 삶을 보편적으로 지배하는 원리로 작용하는 특수한 제도다. 누구에게 배분해야 희소한 자원을 최적으로 활용할 수 있을까? 시장주의자들의 대답은 간단하다. 가장 많은 비용(돈)을 지불할 용의가 있는 사람(자본)에게 배분하면 된다. 돈을 더 많이 내겠다는 건, 그만큼 그가 그 자원을 다른 사람들보다 더 필요로 하고, 따라서 자신이 부담한 비용 이상을 얻어 내려고 노력할 것이므로, 그 자원이 최대로 활용될 수 있다는 논리다.

시장논리의 이면에는 개인의 재산권 보호라는 대전제가 깔려 있다. 그러나 사람들은 효율성이나 재산권뿐 아니라 민주주의적 가치도 중요하게 고려한다. 또한 사람들이 늘 합리적인 계산에 의해 행동하는 것도 아니다. 오히려 그때그때의 기분에 따라, 혹은 그날의 날씨에 따라 달리 행동하기도 한다.

정치학자 아담 쉐보르스키Adam Przeworski는 《국부론》 이래 '국가와 시장'을 둘러싼 논쟁이, 교대로 궁지에 몰리는 권투경기처럼 전개되었다고 말한다. "흔히 시장이 실패한다는 전제에서 출발하여 국가가 개입해야 한다는 결론을 내리지만, 시장이 효율성을 성취하는 데 실패했다고 해서 국가가 더 잘할 것이라는 사실이 보장되지는 않는다. 국가가 할 수 있는 것과 해야 할 것을 행한다면, 국가는 시장을 향상시킬 수 있다. 문제는 어떻게 하면 필요한 경우에 국가의 개입을 허용하고, 필요하지 않은 경우에 억제할 수 있는가이다. 국가로부터 시장을 자유화하거나 국가를 통해서 시장을 규제하는 것이 아니라, 불완전한 시장과 불완전한 정보의 조건 하에서 작동하는 개인 행위주체를 '집단적으로 이익이 되는' 방식으로 행위하도록 유인하는 제도적 기제를 구성하는 것이다."(쉐보르스키, 1999) 시장이 아니라, 시장과 국가가 함께 고려되는 '정치경제'로 복귀해야 한다는 것이다.

시장주의 옹호자들은, 시장에서는 어떤 개인이나 특정 집단·세력도 권력과 힘을 토대로 시장가격을 좌우할 수 없다고 주장한다. 이는 시장을 '자유롭고 평등한 개인들의 세상'으로 그리며, 나아가 "시장보다 더 좋은 제도는 인류가 아직 발견하지 못했다"는 신념으로 이어진다. 시장 이론은 가격만 보면 모든 수요와 공급 동향을 알 수 있으며, '모든' 정보를 '누구나', '즉각' 그것도 '공짜로' 얻을 수 있다고 가정한다. 내가 아는 정보를 경쟁자도 알고, 또 내가 안다는 사실조차 경쟁자도 안다고 전제한다.

그러나 생각해 보자. 노사협상 등 교섭 게임에서 상대방의 전략을 모두 안다면 즉각 합리적인 균형을 찾아 타협할 수 있을 것이며, 쓸데없이 교섭하는 데 시간과 비용을 들일 일도 없을 것이다. 하지만 현실에서 노사는 상대방이 교섭 테이블에서 내놓은 제안의 신빙성을 의심하게 마련이다. 이른바 '정보 비대칭'이다. 진짜 양보할 수 있는 수준은 뒷주머니에 숨기고 노림수를 제출한 것은 아닌지 의심스럽다. 한 달, 1년 이어지는 교섭은 점차 요구 수준의 차이를 좁혀 가는 협상 과정이기보다는, 상대가 첫 교섭 때부터 감추고 있던 진짜 양보안이 무엇인지 확신을 갖고 파악해 가는 절차일 뿐이다. 물론 파업 기간이 길어질수록 회사 쪽은 생산 손실이 커지므로 애초에 마음속에 갖고 있던 진정한 양보 수준을 꺼내어 노조에 보여 줄 것이다. 이렇듯 시장에서 정보는 부족하거나 비대칭적이고, 정보의 신뢰성을 판단하는 데 시간과 비용이 수반된다. 그런 점에서 시장은 실패하거나, 노사 임금교섭 게임에 수반되는 '시간비용'이 보여 주듯 적어도 효율적이지 않다.

과연 시장에서 개인은 요람에서 무덤까지 단 한순간도 '이익을 극대화하는 합리적 선택' 행동에서 이탈하지 않을까? 게리 베커는 거지에게 돈을 주는 건 대부분 "(이타심이 아니라) 거지들의 불쾌한 겉모습이나 절절한 호소가 심적 불쾌감이나 죄책감을 불러일으키기 때문"이라고 말했다. 이에 덧붙여 《괴짜 경제학Freakonomics》의 저자 스티븐 레빗Steven Levitt은 "그것이 바로 사람들이 거지를 피하기 위해서라면 길을 건널지언정, 거지에게 돈을 주기 위해 일부러 길을 건너지는 않는 이유"라고 말했다. 기부 역시 단지 이기심을 충족하기 위한 합리적 선택일 뿐이란 얘기다.

그러나 아마르티야 센은 "좀더 많은 (선택할) 자유가 항상 이롭다는 일반적 가정은 옳은가?"라고 물은 뒤 "때때로 더 많은 선택의 자유가 곤혹스럽고 당황스러운 상황을 만들어 내거나 개인의 일생을 더 불행하게 만들 수 있다. 의사결정에는 비용이 수반되므로 다른 사람이 꼼꼼한 선택을 하는 동안 차라리 누워서 휴식을 취하는 편이 나을지도 모른다."고 갈파했다.

시장주의자들은 "시장 실패는 좀체 일어나기 어렵고, 자본주의의 주어진 운명도 아니다."라고 말한다. 나아가 1990년대 중반 '닷컴경제'(이른바 신경제)의 도래에 환호하면서 "이제 우리를 괴롭혀 온 주기적 경기순환은 더 이상 없다"며 호황과 침체를 오가는 '경기순환의 끝'을 성급하게 외쳐 댔다.[14] 외환위기가 동아시아 각국을 덮치기 직전인 1997년 7월 《포린 어페어스》는 '경기순환론의 종말?'이라는 제목의 기사를 실었다. 미래에 일시적인 경기후퇴가 찾아올 수 있지만 심각한 대불황의 시절은 다 갔다며 열광적인 팡파르를 울린 것이다.

1990년대에는 정보기술이 주도하는 '신경제'에 대해 "새로운 유토피아가 도래했다"고 성급하게 환호했으나, 이제 '디지털 격차digital divide'가 사회·경제적 양극화의 주범임을 뒤늦게 깨닫고 있다. 자고 나면 새로운 기술이 등장하면서 기존 기술이 파괴되고 진부화하는 주기가 빨라지고,[15] 이에 따라 단기 성과주의로 경제가 바뀌면서 장기적 미래를 내다보는 '인내하는 자본'이 멸종되고 있다. 정보기술에 적응하는 기업·노동자와 그렇지 못한 쪽의 디지털 격차도 점차 크게 벌어진다.

원론적으로 시장과 상품은 자본주의에서만 존재한다. 시장도 그 이상적 형태는 좋은 제도일 수 있다. 그러나 프리드먼이 정치인을 불신하듯, 자본주의경제에서 작동하는 시장은 우리를 괴롭히는 믿을 수 없는 존재가 될 수 있다. 밀턴 프리드먼은 "정치인들은 개인의 친구로서는 당신과 나를 사랑하고, 우리에게 진실을 말하며 자기가 맡은 책임을 명

---

14 1960년대 전후 황금 시절의 경제적 번영과 관련해 당시 미국의 대통령 경제자문위원이던 아서 오쿤Arthur Okun은 "경제학자들은 이제 지금까지의 그 어떤 때보다 더욱 높은 존경과 평가를 얻게 되었다."고 말했다. 1960년대 중반의 유명한 경제학자들이 쓴 논문집의 제목이 '경기순환의 종말The End of the Business Cycle'이었다는 점은 참으로 흥미롭다. (하일브로너·밀버그, 366쪽) 1965년 미국 존슨 대통령의 '위대한 사회Great Society'계획도 이런 호황을 배경으로 나왔다.

15 "어떤 철강 제조업자가 새로운 가열공정 절약 방법을 고안해 냈다고 가정하자. 인근의 동업자들은 그의 방법을 모방할 것이며, 아마도 당분간 평균 이상의 이윤을 획득할 것이다. 그러나 조만간 경쟁의 결과로 공급은 증가하고 제품 가격은 하락할 것이며, 그들의 이윤은 대략 이전 수준으로 하락할 것이다. 콜럼버스의 방법이 널리 알려진 이후에는 계란을 세움으로써 특별히 높은 보수를 받을 수 있는 사람은 없다."(마셜, 2권, 319쪽)

예롭게 여기고 있기 때문에, 신뢰할 수 있는 정직하고 훌륭한 사람들이다. 그러나 공복公僕으로서 그들은 진실이 아닌 것을 알고도 주장하는 경우가 있으며, 지켜지지 않을 것을 알고서도 약속하고, 바람직하지 않은 법안임을 알면서도 입법 통과시킨다. 그들은 때때로 철저하게 생각과 다른 행동을 한다."고 말했다.[16] (프리드먼, 2005, 68쪽) 마치 기계가 그 자체로는 인간에게 좋은 것일 수 있지만, 자본주의적으로 사용될 때 파괴적인 영향을 미칠 수 있는 것과 마찬가지다. 인간을 약화시키는 것은 기계의 생산적인 힘이 아니라 자본주의적 사회관계 속에서 기계가 사용되는 방식이다.

"경쟁적 시장이 경제주체들의 합리적 선택을 통해 최적의 효율을 보장한다"는 그럴듯한 세계는 현실과는 동떨어진, 극도로 단순화된 시장 모델에 기초하고 있을 뿐이다. 시장주의 연구자들은 온갖 복잡하고 정교한 수학적 기법을 동원해 이런 믿음을 입증하려고 시도해 왔다. 이 세계에 따르면, 사람들은 오직 생산자 아니면 소비자로 등장할 뿐이다. 그러나 우리는 생산자·소비자이면서 동시에 노동자이며, 특정 정치성향을 갖고 있고, 경제적 효율성뿐 아니라 정의와 공정도 생각하는 사람

---

16 프리드먼은 "정치구조가 갖는 이러한 근본적인 약점을 해결하려고 정치가나 유권자들에게 새롭게 도덕의식 개혁을 부르짖을 필요는 없다. 그보다는 우리가 선출한 사람들의 권한을 필요한 정도로만 제한하는 것이 더 현명한 선택이 될 것"이라고 말했다.(프리드먼, 2005, 69쪽) 자유로운 시장을 주장하는 경제학자들은 국가라는 정책집행자(공무원)는 부패를 저지르거나 무능력할 수 있기 때문에 믿을 수 없으며, 따라서 정부지출이나 국영기업 등 '국가의 일과 능력'을 최대한 줄이고 민간 및 시장에 맡겨 놓는 것이 더 효율적이라고 주장한다. 그럼에도 불구하고 밀턴 프리드먼은 규칙의 제정자이자 그 규칙의 중재자로서 국가는 필요하다고 말한다. "이것이 바로 자유사회에서 정부의 역할이다. 절대적 자유는 불가능하다. 무정부주의가 하나의 철학으로서는 아무리 매력적이라고 할지라도 불완전한 인간이 사는 세상에서는 실현 가능한 제도가 아니다. 사람들의 자유는 서로 마찰을 일으킬 수 있으며 다른 사람의 자유를 보장하기 위해 한 사람의 자유가 제한되어야 한다. 이것은 대심원 판사가 언젠가 말한 '나의 주먹을 움직일 수 있는 자유는 당신의 턱에 닿지 않는 범위 이내로 제한되어야만 한다'는 말이 의미하는 것과 같다."(프리드먼, 1990, 43쪽)

들이다. 우리는 시장보다는 제도의 틀 속에서 더 행복하고 자유로울 수 있다.

"주변의 현실과 고통스런 문제들을 이해하고 대처하는 능력을 가진 '차가운 머리, 따뜻한 가슴(cool heads but warm hearts)'을 가진 제자들을 길러내는 데 온 힘을 쏟겠다." 이기심뿐 아니라 윤리와 동정심을 강조한 앨프리드 마셜Alfred Marshall이 1885년 케임브리지대학 경제학과 교수에 임용될 때 한 연설 '경제학의 현주소'의 한 대목이다.

지구온난화와 시장 실패

기후변화는 다양한 경로로 산업구조와 노동시장에 영향을 미친다. 유럽노총(ETUC) 등 국제적 노동조직과 개별 국가 및 부문의 노동조합도 이에 발맞추어 기후변화가 작업장과 일자리에 미치는 영향을 파악하고 대응에 부심하고 있다.

기후변화가 상품의 생산조건이나 생산성을 변화시키는 요인이 되고 있다. 기후변화에 대한 대중들의 인식이 제고되고 관련 마케팅이 성장하면서 '소비자 행동'이 변화하는 것도, 중장기적으로 상품생산과 고용 등 노동시장에 영향을 미친다. 기후변화는 노동자를 포함한 사회적 약자에게 피해를 집중시키고, 앞으로 별다른 조치를 취하지 않는다면 다양한 수단을 동원한 온실가스 감축 정책이 고용 전반에 부정적인 영향을 미칠 것으로 확인되었다.(김현우·한재각, 2011)

"정치를 변화시켜 기후를 구하자!(Change the Politics, Save the Climate)" 2009년 코펜하겐에서 열린 유엔기후변화협약(UNFCCC) 당사국 총회에서 환경주의자들은 변화해야 할 것은 '기후'가 아니라 '정치'라고 외쳤다. 당시 총회는 시작부터 '역사상 가장 난해한 대화'가 될 것으로 예상됐다. 전 세계에서 모인 선진국·개발도상국·극빈국 등 각국 정치가, 기후과학자, 경제학자들이 제각각 다른 목소리를 냈기 때문이다.

40여 년 전 밥 딜런이 핵전쟁 등 인류 종말에 대한 두려움을 담아 부른 노래 〈소낙비가 내려요A Hard Rain's Gonna Fall〉가 총회의 비공식 축가로 채택됐다. 노래는 한목소리로 불렀지만, 임박한 지구 대재앙을 막고자 공동 대오를 형성하는 데 지구촌 '정치'가 쉽게 일치단결하기는 어려웠다. 지구온난화가 '공유지의 비극'(또는 부정적 외부효과)이라고 불리는, 날카로운 가시를 품고 있기 때문이다.

집 앞에 있는 파티 장에서 흘러나오는 소음, 비료공장에서 바람을 타고 날아오는 암모니아 악취, 이런 것들이 해결하기 곤란한 '부정적 외부효과'다. 즉, 한 개인이나 집단의 행동에서 초래되는 비용의 일부 혹은 전부를 다른 사람들이 부담하게 되는 것이다. 우리는 운전대를 잡을 때마다, 햄버거를 사 먹을 때마다, 그리고 비행기를 탈 때마다 의도하지 않은 부산물을 발생시킨다. 탄소를 배출해 인류의 공유지인 지구를 더 뜨겁게 만들고 있는 것이다. 모두 자유롭게 이용할 수 있는 공공자원을 이용할 때, 사람들은 자신의 행동이 타인에게 피해를 줄 수도 있다는 사실을 종종 간과하거나, 알면서도 아무런 대가와 비용을 지불하지 않은 채 오로지 자기 이익에만 급급한 행동을 하게 된다.

당면한 지구의 환경 위기를 막기 위해 "자발적으로 이기심을 버려라" "방탕한 (자동차·전력) 소비를 줄이자"고 호소할 수도 있다. 그러나 인간이 공유지에서 자신의 행동을 바꾸기란 쉽지 않다. 미국의 대규모 탄소 배출 때문에 몰디브가 완전히 물속으로 가라앉아 21세기 아틀란티스 섬이 될 운명에 처하고, 방글라데시의 쌀 재배지 절반이 물 밑에 가라앉게 될 것이 거의 확실함에도, 몰디브와 방글라데시는 미국을 고소할 수 없다. 물론 자기 자신의 행복이 위기에 처하면 분명 행동을 바꿀 것이다. 그러니까 온실가스가 미국 대기층에만 남아 존재한다면 미국은 틀림없이 즉각 기후변화 대응에 나설 것이다. 하지만 탄소 분자는 국경을 개의치 않는다. 지구온난화의 책임 소재를 가리기 어려운 것도 이 때문이다. 잘 알다시피 이것들이 의미하는 건 바로 '시장 실패'다. 시장주의에서 금과옥조로 여기는 '이기적이고 합리적이고 자유로운' 경제주체들이 시장에서 마구 뿜어 낸 탄소로 인해 "우리 스스로의 둥지를 더럽히는 시스템"(Hardin, 1968)에 갇힌 것이다.

그동안의 '경제적 진보'는 지구 자원을 더욱 무자비하게, 그리고 더 빨리 착취할 수 있는 능력을 향상시키는 것이었다. "멈추지 않는 수레바퀴 같은 자본의 거대한 힘juggernaut이, 쓸모 있는 자원의 유입과 폐기물의 방출 양쪽에 걸쳐 자연환경을 과도하게 개발하고 착취하면서, 오히려 자본 그 자신의 활동 능력을 훼손하고 있다. 과거 100년간 지속된 경제성장의 패턴이 더 이상 다음 100년 동안 지속되기 어렵다고 생각할 합리적 이유들이 있다. (2008년) 현재의 경제 위기는 이 점에서도 관심의 초점이 되고 있다.…… 자유시장을 주창하는 정통 경제학자들은 비록 2100년에 기후변화가 지구상 인간의 삶과 문명 자체를 위협하더라도, 또 수억 명의 삶을 희생시키는 비용을 초래하더라도 지구온난화의 경제적 비용은 단지 몇 퍼센트에 그치거나 거의 의미 없는 비용 수준에 그칠 것이라고 종종 주장한다."(York et al., p.5·13) 몇몇 국가와 환경주의자들의 선의에 의존하는 것으로 지구온난화는 결코 해결할 수 없다. 그러나 (전통적인 시장주의 교과서 속 세계와 달리) 인간은 또한, 모두 이타적으로 협조함으로써 각자에게 그리고 사회적으로 가장 좋은 상태를 만들 수 있는 존재다. 행동경제학 분야의 국제적 권위자인 최정규 경북대 교수는 《이타적 인간의 출현》에서 이렇게 말했다.

"(우리는) 시장은 사람들이 이기적으로 행동하도록 만들고, 또 그렇게 함으로써 가장 좋은 결과를 낳는다고 배워 왔다. 하지만 우리 사회에서 이타적인 협조 행위는 흔히 발견된다. 소수의 사람들이 약속을 어기고 공유지에서 맘껏 자기의 배만 채우고 있을지 몰라도, 대다수 사람들은 약속을 지켜 공유지를 관리해 나간다."(최정규, 268쪽)

우리 인간의 혈관 속에는 선천적으로 이타심이 흐르고 있을까? 그렇다면 지구온난화처럼 복잡하고 난해한 사회적 문제도 이타주의에 의존해 해결할 수 있을 것이다. "누구나 다른 국가의 노력에 무임승차하려고만 한다"는 시장주의자들의 가르침은 암울하지만, 지금 실제로 기후변화에 대응하고 있는 인간의 현실은 따뜻한 것일지도 모른다. 우리 시대의 복잡하고 난해한 비정규직 문제도 이타심을 기반으로 해결할 수 있을까?

시장의 탐욕과
노동의 결핍

점령당한 '슈퍼 리치'

고대 아테네의 아리스토텔레스는 솔론의 시를 인용하며 "부의 한계는 정해진 일도 알려진 일도 없다. 화폐는 단지 교환의 수단으로서 생겨난 것이다. 대금업자들은 마치 화폐 자체가 목적인 양 그것을 증식시키려고 한다. 이런 이유로 대금업을 흔히 '새끼를 친다'라고 부른다. 획득의 여러 방식 중에서 대금업이 가장 비자연적이다."라고 말했다.(아리스토텔레스, 56·61쪽) 또한 플라톤은 이상적인 사회에서 가장 부자인 사람의 소득이 가장 가난한 사람보다 4배 이상 많아서는 안 된다고 했다.[17]

그러나 1990년대 이후 우리 사회의 소득분포는 거대한 부채 모양으로 펼쳐지고 있다. 부유층은 더욱 부유해졌고, 빈곤층은 더욱 빈곤해졌으며, 중산층은 설 자리를 잃고 있다.

"월스트리트의 현재 모습은 자본주의도 시장경제도 아닌 왜곡된 경제일 뿐이다." 조지프 스티글리츠가 2011년 10월 2일 미국 뉴욕 한복판에서 벌어진 '월스트리트를 점령하라Occupy Wall Street' 시위 현장에서 한 말이다. 스티글리츠는 1990년대 중반《시장으로 가는 길Whither Socialism?》에서 시장근본주의가 지배하는 사회는 하나의 사회로서 신뢰하기 어렵다고 말했다. "시장근본주의 이데올로기는 대량 실업을 경험한 사회에, 경기 침체의 수렁 속에 빠져 있는 사회에 아무런 호소력이 없다. 많은 지역에서 궁핍한 삶을 살아가는 사람들에게, 젊은이들에게 아무 호소력이 없다. 경제성장 과정의 이기심과 효율성은 사회정의를 향한 이들의 이상을 아직 완전히 밀어내지 못했다. 이 세계는 가능한 최선의 것인가? 그럴지도 모른다. 그렇지만 이들 지역의 사람들은 그렇게 믿지 않으며, 믿고 싶어 하지도 않는다."(스티글리츠, 2003, 389쪽)

지난 20~30년간 금융자본이 주도하는 거대한 글로벌 자본주의 물결에 휩쓸려 온 '99퍼센트' 희생자들의 분노가 지구적 차원에서 폭발하고 있다. 1퍼센트의 탐욕에 대한 99퍼센트의 저항이다. 부유층과 기업, 특히 금융자본의 탐욕과 불평등에 저항하는 물결이 2011년 봄 아랍을 시작으로, 여름에는 영국 런던 등 유럽으로, 가을에는 뉴욕 등 미 전역으로 확산되었고, 한국의 여의도까지 번졌다.

경제사 연구자인 페르낭 브로델Fernad Braudel은《물질문명과 자본주의》

---

17 재산의 평등과 관련해 아리스토텔레스는 이렇게 말했다. "사실상 순수한 평등은 일반적으로 모두 싫어할 것이다. 사람의 나쁜 본성은 결코 채울 수 없는 컵과 같다. 한때는 한 사람의 일당이 2오볼Obol(아테네의 은화 동전)로 충분했던 시기가 있었다. 그러나 이것이 습관이 되고 나니 사람들이 자꾸 더 많은 돈을 바라게 되고 결국은 한정 없이 돈을 받지 않으면 만족하지 않게 되었다. 욕망의 본성은 무한한 것이다. 이러한 악에 대한 구제책은 재산을 평등화하는데서가 아니라, 사람의 본성 중에서 좀 나쁜 부분은 탐욕을 부릴 수 없도록 훈련시키는 방법에서 찾아야 한다. 이는 본성이 고상하지 못한 사람들을 사회적으로 불평등한 위치에 놓이도록 하면서도 불공평한 취급은 받지 않도록 해줌으로써 달성될 수 있다."(아리스토텔레스, 90쪽)

에서 "시장경제 또는 경제라는 것과 자본주의라고 부르는 것 사이의 영역 차이는 중세 이래 유럽에서 언제나 지속되던 '상수'였다. 시장경제라는 층의 옆에, 차라리 그 위에, 반시장의 영역이 있다. 이곳은 가장 약삭빠르고 가장 강력한 자가 지배하는 세상이다. 바로 이곳이 자본주의의 영역이다."라고 했다.(브로델, 2003(II‒I,상), 323쪽)

"저를 포함한 우리 가족은 이 사회에서 특별한 대우를 받고 살아왔습니다. 한 마디로 행운아죠. 제가 다른 시대에 태어났더라면 어쩌면 맹수의 점심거리가 되었을지도 모릅니다. 저는 달리기를 잘 못합니다. 하지만 시장경제, 특히 수많은 활동으로 점철된 거대 자본주의경제에 대한 적응력만큼은 누구에게도 뒤지지 않습니다. 운이 좋아서인지 이 사회에서 누구보다도 커다란 성과를 손에 넣었습니다. 제가 만약 미국이 아닌 다른 먼 나라에, 다른 먼 장소에 떨어졌더라면 그야말로 하찮은 존재로 살아왔을지 모릅니다. 제가 이 자리에 서게 된 것은 저를 둘러싸고 있는 거대한 사회 덕분이며, 그 속의 한 부분에 제가 잘 적응했기 때문입니다. 따라서 제가 이룬 모든 것을 사회로 되돌리는 것이 마땅합니다."

'오마하의 현인'으로 불리는 투자의 귀재 억만장자 워런 버핏이 워싱턴대학 대학원생들과의 대화에서 한 말이다. 그러나 월스트리트 점령시위를 옹호하고 나선 워런 버핏과 조지 소로스 역시 금융적 수탈을 자행해 온 1퍼센트의 대표적인 탐욕가 중 한 명일 뿐이다.[18] 마치 존 메이너드 케인스John Maynard Keynes가 1930년대 대공황 때 전 세계를 휩쓴 사회주의 물결로부터 자본주의를 구원하는 투수로 등장했던 것처럼, 이들도 금융자본주의의 구원투수로 등판한 것이다.

케인스는 화폐에 대해 "사람들이 저 하늘의 달(화폐)을 갖고 싶다고 생각하기 때문에 실업이 발생한다. 갖고 싶은 물건(화폐)이 만들어 낼 수 없는 것이고 그것의 수요도 간단히 억제할 수 없다면 고용은 늘어나지 않는다."라고 말했다.[19] (요시야스, 113쪽) 그래서 자본의 수익률이 제로(0)가 되어 이자 생활자가 소멸할 때까지 투자를 계속하거나 쓸데없는 곳에라도 투자해 실업자에게 일자리를 만들어 줘야 한다고 주장했다.

40여 년 전 유럽을 휩쓴 '68 혁명'이 시장자본주의 질서에 저항하면서 "돈으로는 살 수 없는 무엇인가가 있다"며 생태주의 등을 외쳤다면, 지금의 월스트리트 점령 시위는 소수 금융자본이 초래한 '돈의 풍요 속 빈곤'이라는 처참한 현실에 대한 분노와 저항이라고 할 수 있다. '풍요 속의 빈곤'은 부자들의 저축 자본이 산처럼 쌓여 있는데도 활용되지 않기 때문에 발생한다. 더 많은 부를 저축으로 축적하려는 탐욕이다. "개인에게 저축이란 오늘 저녁에 식사를 건너뛰는 결정을 뜻한다. 그러나 일주일이나 1년 뒤에 저녁 식사를 하겠다든가 구두를 한 벌 사겠다는, 특정한 날에 특정한 물건을 소비한다는 결정을 동반하는 건 아니다. 그것은 단지 현재의 소비 수요가 줄었음을 의미하고, 그래서 수요 부족으로 실업이 발생한다."(케인스, 1985) 재화가 아니라, 본래는 종잇조각에 불과

---

18 리오 휴버먼Leo Huberman은 《자본주의 역사 바로알기Man's Worldly Goods : The Story of the Wealth of Nations》 마지막 페이지에서 동인도제도 사람들이 원숭이를 잡는 방법에 관한 아서 모건의 이야기를 교훈으로 소개하고 있다. "그 이야기에 따르면, 그들은 코코야자 열매를 따서 원숭이의 맨손이 겨우 통과할 만한 구멍을 판다. 그 속에 설탕 덩어리 몇 개를 넣고 코코야자 열매를 나무에 매단다. 원숭이는 코코야자 열매에 손을 밀어 넣어 설탕을 쥐고 주먹을 빼려고 애쓴다. 그러나 구멍이 작기 때문에 원숭이의 꽉 쥔 주먹은 빠지지 않는다. 그리고 탐욕 때문에 원숭이는 파멸한다. 왜냐하면 원숭이는 목표물을 결코 포기하지 않을 것이기 때문이다."(휴버먼, 347쪽)

19 케인스는 화폐를 '구매력을 빨아들이는 끝없는 하수구money is a bottomless sink for purchasing power'라고 말했다. 사람들이 화폐에 높은 가치를 부여할수록 현실의 투자 지출 및 유효수요는 완전고용을 가능케 할 수준으로부터 멀어진다.(박종현, 62쪽)

한 화폐에 대한 '금융 슈퍼 리치'들의 지나친 욕망이 월스트리트 점령에 나선 실업자들을 양산하는 셈이다.[20]

영국의 사상가 버나드 맨더빌Bernard de Mandeville은 일찍이 1724년에 개인의 악덕, 즉 사치가 결국은 사회의 이익이 된다고 주장했다. 비록 노동자의 소비가 아니라 귀족의 사치를 옹호한 것이지만, 현대적 의미에서 보면 저축에 의한 자본의 축적보다는 소비에서 경제성장의 원동력을 찾아 낸 셈이다. "《투덜대는 벌집》의 주석을 마치면서 나는 거국적인 절약을 외치는 사람들에게 말해 두고자 하는 것이 있으니, 우리 (영국의) 여인들로 하여금 아시아 비단을 덜 입게 하면, 페르시아와 다른 동쪽 사람들이 고급 영국 옷감을 많이 사 주는 것은 불가능하다는 것이다."(맨더빌, 182쪽)

시장의 탐욕에 대해 애덤 스미스는 《국부론》에서 "거의 모든 사람들이 자신에게 행운이 따르리라는 어리석은 믿음을 강하게 가지고 있기 때문에 성공 확률이 매우 낮은 곳에도 많은 양의 자본이 저절로 흘러들어 간다. 이성과 경험이 내리는 판단이 항상 매우 비관적이었다 하더라도, 인간의 탐욕이 내리는 판단은 일반적으로 그것과 정반대였다."고 말

---

20 케인스의 전기《존 메이너드 케인스John Maynard Keynes : Economist, Philosopher, Statesman》를 쓴 로버트 스키델스키Robert Skidelsky는 이렇게 말했다. "케인스는 고전파 경제학자 스탠리 제본스Stanley Jevons가 아시아를 '귀금속의 거대한 저장소 내지 창고'로 표현한 것에 대해 매우 좋은 묘사라고 생각했다. 제본스는 동방으로 귀금속이 끊임없이 흘러들어 갔던 것은 '동양의 값싼 제품들' 때문이라는 사실에 주목하면서, 그 결과 '이곳에 그냥 있었다면 아무 쓸모도 없었을 수백만 개의 금괴가 우리의 손을 떠났다'라고 말했다. 케인스에 따르면 귀금속이 아시아로 끊임없이 '유출'되었지만 아시아인들은 그것을 소비하기보다는 '비축'하는 쪽을 택했기 때문에 상대적 가난에서 벗어나지 못했다. 반면, 서유럽은 16세기 남아메리카에서 들여온 금과 은 그리고 18세기에 인도로부터 탈취한 금을 활용하여 상업혁명과 산업혁명을 성공적으로 일궈 낼 수 있었다."(스키델스키, 17쪽)

했다. "철학자의 돌Philosopher's stone(모든 금속을 금으로 전환시키는 힘을 가지고 있으리라고 연금술사들이 믿었던 돌)이 있을 것이라는 어리석은 생각과 똑같은 열망이, 많은 사람들에게 거대한 금과 은이 매장된 광산을 발견할 수 있을 것이라는 어리석은 생각을 갖게 했다."(스미스, 1992, 62쪽)

전통적 시장주의 경제학은 부자들의 소득이 증가함에 따라 경제성장의 온기가 밑바닥 저소득 계층에까지 흘러들면서 퍼져 나가는, 이른바 분배의 '적하효과trickle-down effect'를 주창해 왔다. 이와 관련해 애덤 스미스는 "토지의 개량·경작으로 한 가족의 노동이 두 가족에게 식량을 공급할 수 있을 때, 그 사회 절반의 노동은 사회 전체에 식량을 공급하는 데 충분하게 된다. 부자라고 해서 가난한 이웃보다 더 많은 식량을 소비하지는 않는다. 다 소비할 수 없을 만큼 많은 식량을 지배하는 사람들은, 언제나 그 잉여분을 의복·주거·가구 등 다른 종류의 욕망을 만족시키는 것과 흔쾌히 교환하려고 한다."(스미스, 2003, 193쪽)고 말했다.

여기서 경제행위의 기반이 되는 이기심은 탐욕과는 전혀 다르다. 이와 관련해 스미스는 《도덕감정론The Theory of Moral Sentiments》에서 "거만하고 무정한 지주가 자신의 넓은 들을 바라보면서 그의 형제들의 궁핍은 조금도 생각하지 않고 그곳에서 자란 수확물 전부를 자기 혼자 소비하겠다고 상상하는 건 전혀 쓸데없는 일이다. 음식에 대한 욕구와 위장의 용량은 한정돼 있다. 결국 그는 나머지를 농민과 하인들에게 나눠 줄 수밖에 없다. 부자들은 자연적인 이기심에도 불구하고 토지 개량의 산물을 가난한 사람들과 나눠 가진다. 그들은 '보이지 않는 손'에 인도돼 토지가 모든 사람에게 평등한 몫으로 분할됐을 경우와 거의 같은 정도로 생필품을 모든 사람에게 분배하게 된다."(스미스, 1996, 330쪽)고 설파했다. 이러한 분배 과정을 거쳐 시장에서 사회 전체의 이익이 증진된다는 것이다. 《도덕감정론》은 우리 시대의 탐욕스러운 '금융 슈퍼 리치'가 꼭 읽어야 할 책 중 하나다. 우리는 그동안 '성장을 통한' 평등을 지나치게 믿었던 건 아닐까?

소득분배 불평등이 경제를 성장시킨다?

사실 문제는 경제성장 자체가 아니라 성장을 추구하는 방식에 있다. 시장논리를 통한 경제성장은 가진 자들의 주장이며, 이때 성장은 가치중립적인 것이 아니라 오히려 권력의 한 과정이 된다. 즉, 이런 방식의 성장에서 노동자 및 사회적 약자들의 시장적 지위는 계속 취약해진다. 또한 경제성장에서 꼭지점은 존재하지 않는다. 가장 발전한 경제라도 성장의 새로운 목표가 지속적으로 제시될 수밖에 없다.

폴란드 출신의 좌파 경제학자로서, 사회주의에 시장을 도입하려고 했던 오스카르 랑게Oscar Lange 는, "시장은 인간이 사용한 최초의 컴퓨터이며, 스스로 인간 경제활동의 균형을 맞춰 주는 자동 규제 장치"라고 말했다. 그러나 누구에 의해서도 조정되지 않는, 오직 스스로 조절되는 자유시장이 경제 전체의 모터 역할을 하는 장치라는 생각은 2008년 금융위기 이후 흔들리고 있다.

서브프라임 모기지 부실이 전 세계적 금융위기를 촉발한 배경에도 '규제받지 않는' 금융의 부패와 탐욕이 깔려 있었다. 모기지 파생금융상품 시장에 대한 규제가 없었기 때문에 이 상품이 얼마나, 또 어떻게 경제와 연결돼 있는지 파악할 수 없었고, 그래서 미 연방준비제도이사회(FRB) 의장 벤 버냉키Ben Bernanke와 앨런 그린스펀Alan Greenspan은 모기지 부실 사태가 발생해도 주택시장만 망하고 미국 경제 전체는 흔들리지 않을 것이라고 생각했다. 그러나 도심의 큰 빌딩 하나가 쓰러지면 지하에 거미줄처럼 연결된 다른 빌딩들도 흔들리고 무너지게 돼 있다. 지난 30여 년간 금융이 주도하는 자본주의 축적체제에서 뭔가 왜곡된 이상한 일이 일어났고, 그것이 마침내 폭발한 셈이다. 그리하여 금융위기 이후 학계를 중심으로 '새로운 자본주의'와 시장 비판적인 '새 경제학'을 재구성하려는 움직임이 광범위하게 일어났지만, 금융자본이 주도하는 기존의 시장자유적 사고는 여전히 철옹성처럼 버티고 있다.

앵거스 매디슨Angus Maddison이라는 인류 역사의 경제지표 분야에서 독보적인 경제학자가 있다. 그가 펴낸《세계 경제The World Economy》에는 기원 후 1998년까지 세계 경제 성장률 추이를 보여 주는 간명한 표가 제시돼 있다. 이 표는 1800년의 장구한 세월 동안 지구에 사는 사람들의 생활수준이 계속 바닥을 기어 왔음을 한눈에 보여 준다.

■〈표 2〉 기원후 세계 인구 및 GDP 추이(0~1998)

구분	0년	1000년	1820년	1998년
인구(명)	2억3080만	2억6830만	10억4110만	59억800만
GDP(달러)	1025억	1168억	6944억	33조7260억
1인당 GDP (달러)	444	435	667	5709

* 1990년 국제달러 기준

출처 : A. Maddison(2001), *The World Economy : A Millennial Perspective*, OECD, p. 28

세계 경제의 1인당 GDP는 (1990년 국제달러 기준으로) 기원후 0년 444 달러, 1000년 435달러, 1820년 667달러로 산업혁명 이전까지 거의 변함 없었다. GDP 성장률은 0~1000년 0.01퍼센트, 1000~1820년 고작 0.22퍼 센트에 불과했다. 이른바 '맬서스의 (인구)함정'에 갇혀 무려 1800년간 경제성장도 인구도 바닥의 정체 상태를 면치 못한 것이다. 물론 산업혁 명 이후 인류의 소득성장률이 가파르게 상승해 1998년 전 세계 1인당 GDP는 무려 5709달러에 이른다.

매디슨을 비롯한 대다수 경제학자들은 지난 200년간 자본주의 세계 경제의 눈부신 발전을 가져온 원천은 바로 '시장의 확장'이라고 강조한 다. 지역·인종·정치 문명의 차이를 넘어 시장논리가 끊임없이 영토를 넓히면서 효율적인 자원 배분이 이뤄지고, 이를 통해 경제가 성장하면서 인류가 더 많은 소비, 더 높은 생활수준을 누릴 수 있었다는 주장이다.

미국의 연방 대법관을 지낸 루이스 브랜다이스가 "햇빛이야말로 최 고의 방부제"라고 했듯, 시장이야말로 최고의 성장 동력이었던 것일까? 시장에서의 소득분배 불균형을 사회정의의 관점에서 옹호하면서 '최소 국가minimal state'의 기초를 세운 로버트 노직Robert Nozick은 《아나키에서 유토 피아로Anarchy, State and Utopia》에서 이렇게 말했다. "헨리 포드에게서 거의 모 든 사람들이 자동차를 샀다고 가정하자. 그 당시 (태어날 때부터 존재한 소유 불평등에 기초해) 돈을 갖고 차를 구입한 사람들이 누구였는지는 논 외로 하더라도, 이것이 곧 포드가 시장에서 벌어들인 엄청난 소득 자체 를 수상쩍은 것으로 만들지는 않는다. 포드가 소득을 얻게 된 것은 비합 리적인 일이 아니다."[21]_(노직, 202쪽) 시장에서의 불평등을 사회정의론 철학을 동원해 옹호한 것이다.[22] 시장은 그 피해자들까지 매혹시키는 신비로운 마력을 지닌 게 분명하다.

미국의 경제학자 앨버트 허시먼Albert Hirschman은 이를 '터널 효과Tunnel Effect'(Hirschman, 1973)로 설명했다. 2차선의 긴 일방통행 터널에서 차가 꽉 막혀 장사진을 이루고 있다고 하자. 오랜 시간 기다린 뒤 드디어 오른쪽 차선이 조금 풀려 차들이 움직이면 그 옆 왼쪽 차선에서 기다리던 사람들은 이제 곧 자기들 차선도 풀릴 거라고 생각한다. 여전히 내 앞은 막혀 있지만 '언젠가 내 차선도 움직이겠지' 하는 생각에 그전보다 기분이 좋아진다. 하지만 시간이 지나도 내 차선은 풀리지 않고 여전히 오른쪽 차선만 움직인다면, 기대가 좌절되면서 참을성은 사라져 버린다. 왼쪽 차선의 운전자들은 '뭔가 반칙이 있다'며 점차 크게 분노하고, 이어 차선을 넘어가는 등 격렬히 반응한다. 기대가 오히려 불만으로 바뀌는 것이다.

이처럼 경제가 성장하는 과정에서 소득분배 불평등이 크고 내 옆 사람의 소득만 점점 커지더라도, 얼마 뒤에는 내 소득도 자연스럽게 커질

---

21 존 롤스John Rawls는 《정의론A Theory of Justice》에서 이른바 '최소극대화MaxMin'를 주창했는데, 정의의 원칙을 언급하는 대목에서 다음과 같이 말한다. "소득과 부의 분배가 역사적·사회적 행운에 의해 이루어지는 것을 허용할 이유가 없는 것과 마찬가지로, 천부적 자산의 분배에 의하여 소득과 부의 분배가 이루어지는 것도 허용할 이유가 없다. 더욱이 기회균등의 원칙은 가족제도가 존재하는 한 오직 불완전하게만 이루어질 수 있다. 천부적 능력이 계발되고 성숙하는 정도는 모든 종류의 사회적 여건과 계급 양태에 영향을 받는다. 노력하고 힘쓰며 일반적인 의미에서 가치 있는 존재가 되고자 하는 의욕 그 자체까지도 행복한 가정 및 사회적 여건에 의존한다."(롤스, 121쪽) 소득분배를 둘러싸고 로버트 노직이 극단적인 자유시장주의를 옹호하고 있다면, 존 롤스는 사회의 가장 최하층인 사람의 효용을 높여 주면 사회적 후생이 극대화된다고 주장한다. 누구는 은수저를, 누구는 나무수저를 입에 물고 불평등하게 태어나는데, 가장 하찮은 나무수저를 물고 태어나는 사람의 후생을 최대화시켜 주는 것이 '사회정의'라는 것이다.

22 "나의 아내가 (내가 없었다면 결혼했을) 다른 구혼자를 거절한 이유가, 부분적으로 나의 어떤 노력의 대가가 아닌, 즉 나의 날카로운 지성과 멋있는 용모, 또 붙임성 있는 품성 때문이라면, 그 거절당한 구혼자는 지성과 용모에서의 불공평성에 대해 합법적으로 불평할 수 있을까? 내가 그 구혼자가 결혼 승낙을 얻어 내는 데 방해가 되었으므로, 이제 타인들에게서 돈을 거둬 그의 성형수술이나 지적 훈련 비용을 지불함으로써 그를 나와 대등한 선택 기회에 서게 할 수도 있다. 그런데 이 경우 그를 위해 남들이 돈을 지불하는 행위는 정당화되는가?"(노직, 296쪽)

거라고 생각하는 것이 터널 효과다. 부유해진 사람이나 그렇지 않은 사람이나 모두 성장을 좋아한다. 허시먼은 경제성장 과정에서 사람들이 어느 정도의 분배 불평등을 공평한 분배보다 오히려 선호할 수 있다고 말한다. 소득 불평등을 정치적으로 인내할 수 있을 뿐 아니라, 사회 후생 측면에서 불평등을 오히려 바람직한 것으로 여긴다는 얘기다. 물론 시간이 지나도 분배가 개선되지 않으면 참을성이 한계에 달해 분노로 돌변하게 된다.

허시먼의 터널 효과와 유사하게, 시장에서 초기에는 비록 불평등이 존재할지라도 시장은 점차 모든 사람들이 더 많은 이익과 행복을 누리게 해 준다는 가르침을 설파한 사람이 노벨경제학상 수상자인 사이먼 쿠즈네츠다. 그의 이른바 '역U자 가설'에 따르면, 자본주의 산업화의 초기에는 소득분배가 불평등해지지만 일정 시기가 지나면 소득분배의 형평성이 높아진다고 한다.[23] 이 가설은 소득분배의 불평등이 오히려 경제발전 초기에는 성취 동기를 부추겨 성장에 도움이 된다는 주장으로 이어지곤 했다.

그러나 이제 경제성장은 더 이상 빈곤을 제동하는 역할을 하지 못하며, 오히려 빈부의 격차를 조장·심화시킬 뿐이다. 수많은 노동인구가 빈곤의 덫에서 벗어나지 못하고 있고, 시장의 약속이 지켜지기는커녕

---

23 "근대 경제성장을 위해 필요했던 농업 부문 내의 생산성 향상은 기술 변화와 관련돼 있었을 것이다. 이러한 기술 변화는, 농업 부문에서 적어도 근대화 과정이 농업 부문 전체에 파급될 때까지는 소득의 불균등 폭을 확대시키도록 촉진하였을 것이다.……경제성장 과정의 초기 단계에서는 비농업 부문의 급격한 성장과 비농업 부문 내의 불균등성 확대로 인해 전체적으로 소득분배 불균등이 확대되는 현상이 일어났다고 가정하는 것이 현실적이다."(쿠즈네츠, 161~162쪽)

오히려 시장이 불평등을 고착화·양극화하고 있는 시대다. 한국보건사회연구원의 '빈곤과 불평등의 동향 및 요인 분해' 보고서(여유진 외, 2005)에 따르면, 1996~2003년 사이 경제성장에도 불구하고 빈곤과 가구소득 양극화는 심화된 것으로 나타난다. 중위 가구소득의 40퍼센트 미만을 빈곤층으로 정의하여 '경제성장의 몫을 분해'해 본 결과, 1996~2000년 사이에 비빈곤층의 몫(구성비)은 105.96퍼센트 증가한 반면, 빈곤층의 몫은 -5.96퍼센트 줄어들었다. 2000~2003년 역시 비빈곤층의 몫은 104.20퍼센트 늘어났지만, 빈곤층의 몫은 -4.20퍼센트 줄어들었다.[24]

노동빈곤층의 출현

애덤 스미스는 "한 사람은 부유하고 그 이웃은 가난한 것은, 외출할 때 한 사람은 마차를 타고 그 이웃은 걸어 다니기 때문이 아니라, 한 사람은 부유하기 때문에 마차를 탈 수 있고, 그의 이웃은 가난하기 때문에 걸어 다니는 것이다."(스미스, 2003, 90쪽)라고 했다. 예전의 빈곤이 누구라도 열심히 일하면 빈곤에서 탈출할 수 있다는 희망을 가진 '빈곤'이었다면, 지금의 빈곤은 한 번 빠지면 벗어나기 힘든 '만성적 빈곤'이다. 또한 과거에는 실직·노령·질병 등으로 노동시장에서 퇴출된 노동 무능력자들이 빈곤의 주류였다면, 이제는 세계화와 노동시장

---

24 빈곤층의 몫과 비빈곤층의 몫을 합하면 구성비=100이 되는데, 경제성장의 몫이 빈곤층에게 배분된 값이 마이너스로 나타난 이유는, 이 연구가 빈곤층과 비빈곤층을 구분한 뒤 '빈곤층 유지, 비빈곤층 유지, 빈곤층에서 비빈곤층으로 상향 이동, 비빈곤층에서 빈곤층으로 추락' 등 네 가지 경우를 고려해 분석했기 때문이다. 빈곤층에서 비빈곤층으로 이동할 때의 소득 증가 효과보다는 비빈곤층에서 빈곤층으로 추락할 때의 소득 감소분이 훨씬 더 크기 때문에 마이너스 값으로 나타날 수 있다

유연화 추세에서 '노동하지만 빈곤한working but poor' 노동빈곤층이 주된
빈곤 집단으로 대두되었다.

　노동빈곤은 특히 모든 영역에서의 '사회적 배제social exclusion'를 특징으
로 한다. 유럽재단European Foundation은 사회적 배제를 "빈곤의 근본적 책임
이 개인에게 있지 않으며, 주거와 취업, 적절한 생활 여건 등과 같은 기
회 및 주요 의사결정에서 관련 당사자인 개인과 집단의 참여가 차단되
는 다차원적인 불이익의 형태"로 규정한다. 사회적 배제는 배제의 원인
이 특정 개인이나 집단이 아니라 사회구조에서 비롯된다는 것이고, 경
제적 차원뿐 아니라 다양한 측면에서 참여 기회를 박탈당하거나 부정
당하는 복합적 박탈과 결핍·불이익을 의미한다.

　"보수주의자들은 소득 이동을 강조하고 싶어 한다. 그럼으로써 기회
의 나라라는 이미지, 즉 전적으로 진실은 아니더라도 부분적으로는 늘
진실이었던 이미지를 불러일으킬 수 있기 때문이다. 그러나 모든 것을
밝혀 놓고 보면, 소득 이동에 관한 사실은 확대되는 불공평이라는 거대
한 그림에 거의 아무런 변화를 주지 못한다."(크루그먼, 1998, 178쪽)

　경쟁적 시장은 경쟁하려는 속성을 '부추기고 키워 낸다.' 매정하고
경쟁적인 사람이 성공을 거둔다면 다른 사람들은 그런 행동을 따라하
고, 지나치게 협동적인 사람은 이용만 당하고 나약한 인간으로 간주됨
에 따라 협동적 행동은 만류될 것이다. 열대우림의 나무들이 적당한 키
와 넓이를 차지하면 평화롭게 공생할 수 있는데도 햇빛을 더 많이 차지
하려고 서로 키 경쟁을 하다가 과밀 포화 상태에 살고 있듯, 야구 관람
을 할 때 앞자리에서 누군가 일어나면 다 같이 서서 불편하게 봐야 하듯
말이다. 이기적 본성 때문에 사회적으로 최적이 아닌 결과를 선택하게

되는 ‘죄수의 딜레마’다.

물론 시장경쟁은 중요하다. 경제적 효율성을 촉진하기 때문만이 아니라 그것이 삶에 불어 넣는 활력 때문이다. 조지프 스티글리츠는《시장으로 가는 길》에서 “자본주의는 개인들의 이기적 행동과 비이기적 행동이 특이하게 결합된 환경에서, 즉 한 사람의 말이 그 사람의 명예가 되고, 경제적 인정보다는 사회적 인정(즉, 신뢰)이 계약을 강제하는 환경에서 가장 번창한다.”(스티글리츠, 2003, 391쪽)고 말했다. 찰스 다윈 역시《인간의 유래 및 성에 관한 선택》에서 이기심보다는 공동체 정신이 ‘자연선택적 진화’의 원리라고 말했다. “고결한 도덕적 가치를 지닌 사람이 많은 집단은 그렇지 못한 집단에 비해 훨씬 유리하다. 집단에 대해 충성하려는 성향이 강하고, 용감하며, 타인에게 동정심을 갖고 있어서 항상 다른 사람을 도울 자세가 되어 있을 뿐 아니라 공공의 이익을 위해서 스스로를 희생할 수 있는 사람이 많은 집단이 그렇지 않은 다른 집단과의 경쟁에서 승리할 가능성이 크다는 점은 의심의 여지가 없다. 이것을 ‘자연선택’이라고 할 수 있다. …… 그러면 점차 높은 도덕적 가치를 지닌 사람들이 차지하는 수적 비중이 늘어나게 될 것이다.”(최정규, 182쪽)

그렇다면 지난 2세기 동안 이루어진 비약적 경제성장의 원천을 시장논리의 확대가 아니라 이타적 인간의 수가 늘어난 것으로 설명할 수 있을까? 경제학 교과서는 온통 ‘시장경쟁’을 가르치지만, 실제로 생산현장에서 노동자들은 동료들 간의 협력과 참여를 통해 (사회적으로 가치 있는) ‘상품’을 만들어 내고 있다. 그럼에도 완전한 자유경쟁 시장이 항상 경쟁적 균형과 최적의 효율을 달성하고 모든 사람들의 효용을 극대화한다[25]는 시장주의의 지독한 믿음의 뿌리는 깊고도 견고하다.

자유시장주의자들이 복음처럼 여기는 밀턴 프리드먼의 '당구 게임' 비유를 보자. "우리가 당구를 칠 때 정교한 물리법칙에 따라 각도와 속도를 계산하면서 최적의 경로를 찾아 게임을 하는 건 아니다. 하지만 우리가 플레이하는 방식은 물리법칙의 해답과 거의 일치한다." 즉, 시장에 참여하는 경제인들은 합리적인 선택과 의사결정을 하고, 시장은 항상 효율성을 보장한다는 이른바 '시장효율성 가설'이다. 이는 시장에 개입하는 제도는 어떤 것이든 나쁘다는 결론으로 이어진다.

하지만 우리가 사는 사회는, 자유로운 개인들이 고립된 상태에서 오직 홀로 합리적인 선택을 하는 로빈슨 크루소의 사회가 아니다. '경제인'으로서 크루소는 혼자 살면서도 오늘 몇 시간 일하고 몇 시간을 놀면서 즐기는 것이, 또 몇 시간 몇 분 몇 초를 더 일하는 것이 자신의 효용을 극대화하는 길인지, 또 오늘 얼마나 소비하고 얼마나 저축하고 얼마나 투자하는 것이 현재와 먼 미래의 총 효용을 극대화하는 것인지, 항상 '경제적으로' 계산하고 선택하는 인간이다. 이와 달리 우리가 사는 세계는 사회·경제·문화·정치·놀이 등 여러 가지 영역에서 다른 사람들과 때로는 협력하고, 때로는 갈등하고, 때로는 투쟁하면서 살아가는 이른바 '관계의 사회경제'에 가깝다. 즉 시장 속에서 인종적·종교적·정

---

25 앨프리드 마셜은 다음과 같이 한계효용체감 및 한계효용균등에 의한 소비자의 극대화 선택을 말한다. "어떤 소년이 자신이 직접 먹으려고 검은 딸기를 딸 때, 따는 행위 자체가 잠시 동안은 즐거울 수 있다. 그리고 좀 더 긴 시간 동안은 먹는 기쁨이 따는 수고를 보상하기에 충분하다. 그러나 그가 상당히 먹고 나면 더 먹고 싶은 욕망은 체감한다. 반면 딸기를 따는 일은 피로를 야기하기 시작한다. 그것은 실제 피로라기보다는 단조로운 느낌일 수 있다. 마침내 놀고 싶은 열망과 따는 일에 대한 싫증이 먹고 싶은 욕망을 정확하게 상쇄할 때 균형에 도달한다. 여기서 과일을 따서 얻을 수 있는 만족은 극대치에 도달한다."(마셜, 2권, 23쪽)

치적·계급적·계층적으로 서로 다른 개인 또는 집단들과, 때로는 개인으로 때로는 어떤 집단의 소속 구성원으로서 함께 투쟁하고 싸우고, 때로는 협력하면서 살아가는 사람들이다.

자본주의, 시장 그리고 성공

조지프 슘페터는 70여 년 전 《자본주의·사회주의·민주주의Capitalism, Socialism, and Democracy》에서 '자본주의는 생존할 수 있는가?'라고 물었다. 그는 "자본주의가 경제적 실패의 무게를 견디지 못하고 붕괴한다는 생각은 틀렸다. 오히려 자본주의체제의 바로 그 성공이 오히려 이 체제를 보호하는 사회제도들의 토대를 침식해 불가피하게 그 존속을 불가능하게 만든다."고 갈파했다. 자본주의가 그 성공 때문에 사멸할 수 있다는 슘페터의 통찰은 마르크스의 자본주의 붕괴론과 유사하다. 슘페터는 또 "역설적으로, 자동차가 브레이크를 갖추고 있기 때문에 그렇지 않을 때보다 더 빨리 달린다."며 완전경쟁보다는 적절한 제한과 규제가, 파국으로 점철될 수밖에 없는 앞만 보는 질주로 얻어 내는 것보다 더 건실하고 많은 생산량을 만들어 낼 수 있다고 했다.

이른바 '신경제'라고 추앙받아 온 21세기 자본주의의 그 성공이, 사실 자본주의를 파국으로 이끌어 가고 있는 건 아닐까? 스티브 잡스로 대표되는 정보기술(IT) 혁신의 본질은, 단순화의 위험을 무릅쓴다면, 끊임없이 융합하고 좀 더 한 발 빨리 앞서 가려는 것에 불과하다. 또한 IT는 일자리 창출의 통로가 결코 아니다. IT는 노동 투입을 줄이는 기술을 기반으로 하고, 그래서 '일자리 없는 성장'을 초래한다.[26] 또한 저비용으로 누구나 쉽게 창업하고 시장에 진입할 수 있기 때문에 무한경쟁에 따른 수익성 악화를 피할 길이 없다. IT가 주도하는 시

---

26 "모든 기업의 경영자와 대다수 주류 경제학자들은 제3차 산업혁명(극소전자 자동화 기술혁명)의 극적인 기술진보가 적하효과를 지녀 제품 원가를 싸게 하고 소비자 수요 증대를 촉진하는 한편, 새로운 시장을 만들어 냄으로써, 보다 많은 사람들이 더 나은 보수를 주는 새로운 하이테크 직업 및 산업에서 일하게 될 거라고 계속 주장해 왔다. 그러나 일자리를 잃거나 일자리를 찾기 힘든 많은 노동자들에게 기술의 확산은 어떠한 위안도 주지 못한다.…… 주주들은 신기술과 생산성 향상으로 커다란 이익을 보았지만 보통의 노동자들은 임금이 낮아지고 일자리를 잃는 등 자동화의 희생물이 되었다."(리프킨, 255~257쪽)

장구조가 비정규직 등 '저임금 경제'를 초래한다는 지적을 곰곰이 짚어 봐야
한다.

숨페터는 거대 독점자본이 자본주의의 성공을 이끌지만 동시에 소멸로 이끈
다고 했다. 예컨대 소매업의 경우, 파멸적 경쟁은 동일한 소규모 점포가 늘어나
는 데서 발생하는 게 아니다. 오히려 소규모 점포들을 조만간 파괴하는 백화
점·연쇄슈퍼마켓 등 대형 자본이 경쟁적 시장을 왜곡하고 갉아먹는다. 숨페터
는 "자본주의의 이런 전형적인 모습을 간과한 채 완전경쟁 시장에 대한 찬사를
늘어놓는 건 마치 주인공인 덴마크 왕자가 없는 연극 〈햄릿〉과 같다."(숨페터, 2011,
188쪽)고 했다. 마찬가지로 금융 중개 기능을 하는 전통적인 은행을 넘어 규제받
지 않는 '고도금융Heute Finance'(거대 투자은행과 헤지펀드 등 첨단 복합금융)이 지배하
면서 금융적 탐욕과 수탈이 강화되고, 이 때문에 자본주의가 심각한 병을 앓게
되었다고 할 수 있다.

매디슨 등 경제학자들은 성장의 비결이 시장의 확대(곧, '만물의 상품화')[27]라고
주창하지만, 지난 2세기 동안 일어난 놀라운 경제성장의 원천은 기술 진보, 더
정확히는 애덤 스미스의 《국부론》 첫 페이지에 제시된 '노동분업'의 기적이었
다. 10명이 일하는 스코틀랜드 글래스고의 어느 핀 공장에서 만들어 내는 핀은
하루 20개도 채 안 됐다. 이 공장에선 철사를 늘리고 핀 대가리를 망치로 평평
하게 두드리고 끝을 뾰족하게 가는 모든 공정을 노동자 한 사람이 수행했다.
그런데 역시 10명이 일하는 다른 핀 공장에서는 하루에 무려 4만8000개의 핀

---

27 모든 것을 상품화함으로써 자본주의적 생산은 지난날의 모든 인습을 타파하고 전통과 역사적 권리를 '매매'
와 '자유계약'으로 바꾸어 놓았다. 영국의 법률가 메인이 주장하는 바에 따르면, 지난 여러 시대와 비교해 볼
때 우리가 이룩한 진보라는 것은, 곧 '신분에서 계약으로', 그러니까 세습제도에서 자유계약제도로 이행한
데 있다. 그러나 계약은 자신의 인격·행위 및 재산을 자기 마음대로 할 수 있고, 권리가 서로 동등한 사람들
만이 체결할 수 있다. 이러한 '자유롭고 평등한' 인간을 만들어 내는 것이 바로 자본주의적 생산의 주된 과업
중 하나였다.(엥겔스, 1991, 106쪽)

을 만들어 냈다.

"첫 번째 사람은 하루 종일 철사를 잡아 늘이고, 두 번째 사람은 철사를 곧게 펴며, 세 번째 사람은 철사를 끊고, 네 번째 사람은 끝을 뾰족하게 하고, 다섯 번째 사람은 대가리를 붙이기 위해 끝을 문지른다. 대가리를 붙이는 것, 핀을 휘게 하는 것, 핀을 종이로 싸는 것 모두가 하나의 전문 직업들이다. 이처럼 핀을 만드는 중요한 작업은 약 18개의 독립된 조작으로 분할되는데 어떤 공장에서는 이 18개의 조작을 18명의 직공이 나누어 하고, 다른 공장에서는 한 직공이 두세 가지 조작을 담당한다. 그들은 힘써 일할 때 하루에 약 2파운드의 핀을 만들 수 있었다. 1파운드는 중간 크기의 핀 4000개 이상이 된다. 그러므로 10명이 하루에 4만8000개 이상의 핀을 만들 수 있고, 한 사람이 하루에 4800개의 핀을 만든 셈이 된다. 그러나 그들이 각각 독립적으로 완성품을 만든다면, 그리고 그들 누구도 이 특수 업종의 교육을 받은 적이 없다면, 그들 각자는 분명히 하루에 20개도 만들 수 없을 것이다. 상이한 조작들의 적당한 분할과 결합이 없다면 그들 각자가 지금 생산할 수 있는 것의 240분의 1은 물론 아마 4800분의 1도 만들 수 없을 것이다."(스미스, 2003, 8쪽) 경제성장의 불씨는 시장논리, 즉 이기심에 따른 극대화 행동뿐 아니라 인간과 기계가 서로 작용하는 방식(기술)의 진보에 있었던 셈이다.

시장경제는 계약에 의한 경쟁적 교환체제다. 버스 요금 1000원을 지급하면 승객인 나를 신속하고 안전하게 목적지까지 이동시켜 준다는 계약이 맺어진다. 그런데 시장에서 교환원리는 간단하다. '지불 용의'가 가장 큰 사람한테 자원을 배분하면 그가 그 자원을 잘 활용해 투입한 돈 이상의 가치를 만들어 내려 할 것이므로, 최적 효율이 자동적으로 달성된다고 가르친다.

《거대한 전환The Great Transformation》을 쓴 경제사학자 칼 폴라니Karl Polanyi는 규제 받지 않은 시장자본주의가 완전히 꽃피고 나서야 '대전환'이 일어났다고 말했다. 시장이 전면적으로 확산되면서 자신의 진짜 차원을 얻게 되고, 그때까지 지배적이던 사회공동체를 모두 종속시키고 나서야 거대한 전환, 즉 시장에 대항하는 사회의 자기보호운동이 일어났다는 얘기다. 지금의 월스트리트 점령 시위도 금융자본의 지배가 전면적으로 꽃피고 나서 일어나는 대전환인 것일까?

말년에 케인스와 대결했던 슘페터는 일찍이 불황기에 할 수 있는 일은 불황이 끝날 때까지 진행되게 내버려 두는 것밖에 없다고 했다. "회복은 그것이 스스로 찾아올 때만이 건전하다. 인위적인 자극에 의한 회복은 불황의 결과 중 일부를 그대로 남기며, 그 조정 불량의 소화되지 않은 찌꺼기에 의해 새로운 조정 불량이 추가된다. 그것은 결국 경제를 또 다른 위기로 몰아가게 된다."(크루그먼, 1999, 34쪽)

미국이 대불황에 신음하고 있던 1930년대, 하버드 대학의 슘페터는 오스트리아 빈의 억양이 섞인 영어로 다음과 같이 말했다. "자네들은 불황에 시달리며 우려하고 있지만 걱정할 필요는 없네. 왜냐하면 자본주의를 위해서 불황은 건강에 좋은 찬 물벼락이기 때문이네."(하일브로너, 386쪽) 케인스주의적 재정·금융정책을 동원해 불황을 빨리 극복하려 하면 오히려 불황을 더 깊게 하거나 또 다른 경기 침체를 불러올 것이라는 얘기다.

2008년 금융위기 수습에 투입한 재정이 결국 '국가 부채'라는 큰 문제를 초래하면서 미국 경제의 '더블딥^{double-dip}'(경기가 반짝 상승한 뒤 다시 침체하는 현상) 우려를 키우고 있는 지금의 상황을 생각해 보면 슘페터가 어느 정도 옳았던 것일까?

깨진 '시장의 약속'

고상하고 숭고한 시장의 약속

신고전학파 경제학이 이론의 주춧돌로 삼고 있는 '경제적 인간Homo Economicus'은, 항상 효용극대화를 추구하는 제러미 벤담의 상속자로서 '합리적 선택rational choice'을 하는 사람이다. "합리적 선택을 하는 경제적 인간에게는 어린 시절도 노년 시절도 없다. 그 누구에게도 의존하지 않고 자기 자신 외에는 아무에게도 책임을 지지 않는다. 그를 둘러싼 환경은 그에게 아무런 영향을 미치지 않는다. 환경은 다만 '제약constraints'으로 제시되는 수동적인 재료일 뿐이다. 그는 사회와 상호작용하지만 사회의 영향을 받지는 않는다. 이 상호작용은 오직 가격만이 대화 수단이 되는 이상적인 시장을 통해 이뤄진다."(Meagher & Nelson, pp. 102~126)

시장이 잘 작동하려면 반드시 경쟁과 사유재산권이 존재해야 한다고 경제학 이론은 말한다. 시장근본주의 이론은 시장경제에는 세 가지 필수적인 3P, 즉 가격Price 사유재산Private property, 이익Profits이 있다고 이야기한다.(스티글리츠, 2002, 243쪽) 그러나 시장 모델은 한 가지만 있는 것이 아니다. 일본판 시장 체계와 독일, 스웨덴, 미국판 시장 체계 사이에는 뚜렷한 차이가 있다. 1인당 소득은 미국과 비슷하면서도 불평등 정도가 더 낮고 빈곤이 덜하며 보건을 비롯한 여러 측면에서 생활수준이 더 높은 나라가 여럿 있다.(스티글리츠, 2002, 374쪽)

마거릿 대처는 "사회 같은 건 없다. 단지 (시장에서의) 개별적인 사람들만 존재할 뿐이다."라고 말했다. 이 말이 극적으로 보여 주듯 경제와 사회는 명확히 서로 구분되는 것으로 인식되고 있으며, 여기서 경제는 시장, 다시 말해 개별 주체들의 자유로운 계약을 뜻할 뿐이다. 영국의 정치경제학자인 밀로나키스D. Milonakis와 벤 파인Ben Fine은, 이른바 시장에서의 교환거래와 '한계비용-한계편익' 분석을 앞세운 '경제학 제국주의'가 문제인 것은, 경제학 내부에서 그 대상을 바라보는 매우 편협한 안목과 방법론이 자리 잡았기 때문이라고 했다. 이는 정치경제학이 경제학으로 변모되는 과정과 일치하는데, 여기엔 크게 두 가지 요소가 개입된다. 첫째, 그 자체로 사회적이고 역사적인 과학일 수밖에 없는 경제학이 '사회적인 것' 및 '역사적인 것'과 절연함으로써 자신의 대상을 크게 제한시켰다는 점이다.(김공회, 2010) 경제(학)은 '경제'를 넘어 더 넓고 광범위한 사회적, 정치적 맥락 속에 설정되어야 한다.

경제 교과서는 '시장에서의 자유로운 개인' 위에 발 딛고 서 있다. 밀턴 프리드먼은 《선택할 자유Free to Choose》에서 '시장'의 금전적·정신적 표현인 돈과 이기심에 대해 "자본주의에서 돈을 인간 행동의 가장 고상한 동기라고 볼 순 없지만, 그것은 다른 어떤 것보다 깨끗한 동기가 될 수 있다."고 말했다. "이기심이란 구성원의 흥미와 관심을 끄는 것이며,

가치 있다고 생각되는 것이고, 또 그들이 추구하는 목표들이다. 믿음이 없는 자들에게 진실된 믿음을 일깨워 주려는 선교사나, 헐벗은 자에게 도움의 손길을 뻗치는 자선사업가 모두 자신의 가치관에 따라 그들의 이기심을 좇고 있는 것이다."(프리드먼, 2009, 50쪽) 여기서 돈과 이기심이 고상한 옷을 걸치면 '합리성'이 되고, 시장은 이제 합리성에 기초한 '선택의 자유'를 보장하는 제도가 된다.

그러나 아마르티야 센은 《윤리학과 경제학On Ethics and Economics》에서 "누구나 알고 있듯이 우리는 모두 실수를 저지르고 종종 혼란에 빠지며, 세상에는 분명히 햄릿·맥베스·리어왕·오셀로 같은 여러 유형의 사람들이 존재한다. 냉정하고 합리적인 인간들이 교과서를 채우고 있지만 세상은 훨씬 다양하다."고 말했다.(센, 1999a, 28쪽)

자유와 민주주의, 기회균등을 내세운 시장의 고상한 약속과 숭고한 이상은 너무 쉽게 여지없이 깨져 왔다.[28] 사실 시장의 약속은 오직 '각자의 욕망 충족'에 대한 약속일 뿐이다. 개인의 욕망은 그저 충족해 줘야 할 대상일 뿐, 욕망과 선호가 왜 형성됐는지, 그것이 윤리·생태·사회적으로 옳고 바람직한지는 전혀 따지지 않는다. 100만 원으로 고급 모피 옷을 구입하든, 아프리카의 굶어 죽는 아이들을 위해 쓰든 아무런 차이가 없다. 극도의 빈곤 상태에 빠져 있는 사람들과 호화판으로 사는 사

---

28 "명령경제에서 시장경제로의 전환에 대한 분석은 한편으로는 우리가 갖고 있는 빈약한 역사적 경험에 의거한 추측에 불과하다. 경제이론이나 역사적 경험 모두 매우 유용하지 못하다. 우리는 구조적 변혁의 이론을 가지고 있지 않을 뿐만 아니라 경험적 근거 또한 충분하지 못하다. 시장주의적인 개혁은 미지의 세계로 뛰어드는 것과 같다. 그것은 절망으로부터 태어나기 때문에 정당화될 수 있는 이득이 아니라, 희망에 의해 추진되고 있는 위험부담이 큰 역사적 실험이다."(쉐보르스키, 1997, 194쪽)

람들이 공존하는데, 부자의 호사를 줄이지 않고는 빈곤한 사람들이 유복해질 수 없다면, 그것이 바로 최적의 사회 상태, 이른바 '파레토 최적 Pareto optimum'[29]의 가장 효율적인 사회 상태다. 네로 황제가 로마를 불태우길 원할 때 이를 막는 게 네로를 더 불행하게 만든다면, 그가 로마를 불태우도록 내버려 두는 것이 최적 상태라고 하는 파레토 최적성은, '카이사르의 영혼'처럼 '지옥에서도 살아 올' 수 있다.(센, 1999a, 54쪽)

대부분의 경제학적 시장분석 모형은 그 모델이 파레토 최적을 보장한다는 주장을 증명하는 데 맞춰져 왔다. 증명에 성공하면 그 모델은 이제 누구나, 어느 사회에서나 추구해야 할 '진리'의 지위로 격상된다. 최근 분출하는 사회 '정의'에 대한 뜨거운 관심은, 시장에서 개인의 욕망과 시민이 집단적으로 선호하는 사회 상태가 서로 다르다는 점을 보여 준다.

조지프 스티글리츠는 "애덤 스미스의 '보이지 않는 손'이 보이지 않는 이유는 그것이 존재하지 않기 때문"이라고 했다.[30] 또 경제학자 아서 오쿤Arthur Okun은 시장에서의 '사회적 악수'를 강조한 바 있다. "노동시장

---

29 자원 배분 및 이에 따른 효용이 가장 효율적으로 이루어진 상태를 파레토 최적이라고 한다. 이탈리아의 경제학자 파레토Vilfredo Pareto가 최초로 언급했다. 파레토 최적은 '최대 다수의 최대 행복'이라는 공리주의에 기초하고 있다. 즉 부자의 효용이 증가하든 빈자의 효용이 증가하든, 효용이 증가한 주체는 따지지 않는다. 가난한 자의 효용이 조금 감소하고 부자의 효용이 그 감소분보다 더 크게 증가하더라도 파레토 최적이 된다. 경제학의 분석은 기본적으로 부자와 빈자, 자본가와 노동자 등 계급 또는 사회경제적 지위와 계층을 따지지 않는다. 모두 오직 소비자이거나 생산자일 뿐이다.

30 스티글리츠와 정반대로, 노직은 비록 어떤 사람의 의도적인 디자인의 산물로 보이더라도 사실은 그 누구의 의도에 의해서 산출된 것이 아니라는 의미에서 '보이지 않는 손invisible hand'이라면, 반대로 의도적인 디자인의 산물이 아닌 듯 보이는 것이 실제로는 한 개인이나 집단의 의도적 계획의 산물이라면 이는 '감추어진 손hidden-hand'이라고 부른다. 여기서 감추어진 손은 그가 생각하기에 전체 사회와 개인의 자유를 침해하는, 그래서 그 권한을 최소화해야 하는 '국가'를 암시한다.(노직, 42쪽)

은, 다른 시장의 움직임을 조절하는 이른바 '보이지 않는 손' 대신 '보이지 않는 악수'를 필요로 한다."_(블로그, 72쪽) 사용자와 노동자가 시장에서 맺는 고용계약은 항상 불완전할 수밖에 없고, 적절한 수준의 임금과 노동을 서로 제공하는 악수를 나눠야 시장경제가 잘 돌아간다는 얘기다.

시장의 약속을 떠받치는 기둥은 '보이지 않는 손', 즉 '가격조정 메커니즘'이었다. 가격이라는 정보가 무엇을, 얼마나, 어떻게 효율적으로 생산할지를 모두 말해 준다는 것이다. 이른바 '효율적 시장efficiency market' 이론에 따르면, 주식시장이든 주택시장이든 그 어떤 시장에서도 가격 거품bubble은 존재할 수 없다. 매 순간 어떤 상품의 가격을 결정하는 데 영향을 미치는 '모든' 정보가 모든 사람에게 즉각 전달되어 시장에서 사고파는 거래 과정에 개입되므로, 그 어떤 시점에서의 가격이든 그 상품의 미래 가치를 온전히 반영하고 있다는 것이다.

그러나 비록 효율적일지 모르나 메마른 가격 정보는 빈곤의 얼굴, 등록금으로 우울한 청년들의 생애, 오랫동안 타워크레인 위에서 외롭고 쓸쓸한 농성을 벌여야 했던 여성 노동자에 대한 '사회적 정보'는 담고 있지 않다. 지금 대중들에게는 가격 정보보다는 사회적 정보가 빠르게 흡수되고 퍼진다. 이른바 '공감의 시대'다. 역사는 두 번 반복된다는 말처럼, 19세기 근대 자본주의가 사회에서 시장으로의 '대전환'이었다면, 이제 거꾸로 시장에서 '사회'로의 대전환이 일어나고 있다. 1700년대의 애덤 스미스는 경제적 시장을 열어젖힌 정치경제학자이자 동시에 도덕철학 교수였다. 그는 자신이 씨 뿌린 시장경제를 딛고 21세기에 도덕철학자로서 재등장할 것인가?

시장을 통한 해결이냐, 제도를 통한 해결이냐

수백 쪽에 이르는 두꺼운 경제학 원론 교과서는 첫 장부터 마지막 장까지, 시장은 인류가 발명한 가장 나은 유일하게(?) 효율적인 자원 배분 메커니즘이라고 가르치고 있다. 폴 크루그먼은 《경제학의 향연Peddling Prosperity》에서 "현실 시장경제는 고도로 불완전한 체제다. 그러나 인간이 생각해 낸 다른 어떤 체제보다 더 낫다."고 말했다. 시장주의 경제학자들은 볼테르의 《캉디드》에 나오는 팡글로스 박사처럼 "우리가 사는 세상은 가능한 모든 세상 가운데 최선"이라는 낙천적 생각을 갖고, 언제나 지금 현재 상태가 모두에게 최선이라는 '팡글로스 경제학'을 주창한다. 즉, 시장경제학은 본질적으로 "언제나 지금 현실의 경제 상태가 최선"이라는 보수적 이데올로기를 띨 수밖에 없다.[31]

이런 철학에서 도출되는 결론은 국가의 시장 개입, 즉 금융·재정정책은 생활수준 향상에 아무런 영향을 미치지 못하고 기껏해야 경제 불안정을 더 높일 뿐이라는 이야기로 이어진다. 이것이 극단적으로 표현된 것이, '어떤 개인·집단이 경제를 지휘한다 해도 실제 지휘하는 사람은 이론적으로 확정돼 있지 않으며, 사회적으로 중요하지도 않다'는 명

---

31 노벨경제학상 수상자인 조지 스티글러George Stigler 시카고대학 교수는 1959년에 발표한 〈정치경제학자들의 정치학The Politics of Political Economists〉이라는 도전적인 논문에서 "경제학 연구는 불가피하게 사람들을 경제적 보수주의로 이끈다."고 주장했다.(블로그, 372쪽) 주류 근대 경제학은 개인의 선호에 따른 소비자의 효용극대화 행동은 '극단적인 것을 싫어하는 선호'(이른바 효용함수의 오목성, 곧 무차별곡선의 볼록성)를 반영하고 완전경쟁 시장을 가정할 때, 모든 시장 참가자들이 만족하는(즉, 가장 효율적인) 어떤 균형수준이 항상 달성될 수 있다고 주장하며 수리적으로 이를 입증한다. 이것이 이른바 '후생경제학 정리'와 '파레토 효율' 분석이다.

제다. 노벨경제학상 수상자인 폴 새뮤얼슨은 "경쟁시장 체제에서 자본가가 노동자를 고용할 수 있는 것과 마찬가지로, 노동자도 자본을 빌려 생산설비를 갖출 수 있다. 경쟁시장에서 누가 누구를 고용한다는 건 정말 중요하지 않다."고 말했다.

시장주의 주류 경제학은 자유로운 개별 생산자와 소비자들의 자유로운 교환과 계약 그리고 재산권에 기반한 사적인 계약관계를 통해 오직 이윤 및 소비 후생 극대화라는 효율성 추구만 말할 뿐, 생산과정에서의 위계·권력·지배·통제 등의 문제는 존재하지 않거나 아무런 의미도 없다고 주장한다. 반면, 제도주의적 경제학자들은 생산관계 내부의 권력과 위계질서, 자본가의 통제와 지배 등 생산과정에서 사람들이 맺는 '관계', 즉 생산의 '사회적 관계'가 중요하다고 강조한다.(Marglin, 1974) 시장 이론이 경제행동에서 개별 주체들의 독립적인 선택과 행동에 주목한다면, 제도주의는 개인이 아니라 그룹 및 세력으로서의 집단적 힘과 행동, 나아가 권력자원에 기반한 교섭을 시장을 움직이는 동인으로 강조한다. 이른바 '제도적 힘'이다.

현실에서 거의 모든 경제문제는 시장을 통한 해결이냐, 국가·제도를 통한 해결책이냐의 문제로 집약된다. 케인스는《고용, 이자 및 화폐의 일반이론The General Theory of Employment, Interest and Money》에서 "만약 우리 정치가들이 자유시장 교과서에서 더 나은 세상을 만드는 데 도움을 받지 못했다면, (국가 재정지출을 통한) 피라미드 건설이나 지진, 심지어 전쟁을 통해서까지 부를 증가시킬 수 있다."[32](케인스, 1985, 128쪽)고 말했다.

반면 시장을 통한 해결을 주창하는 밀턴 프리드먼은 시장의 위대함과 공평성을 특유의 대중적 언설로 설파한 바 있다. "빵을 사 먹는 사람은 그 빵의 원료인 밀을 백인이 만들었는지 흑인이 만들었는지 알지 못하며, 기독교인이 만들었는지 유대인이 만들었는지, 또는 공산주의자가 재배했는지 공화주의자가 재배했는지 파시스트가 재배했는지 알 수 없다. 이는 시장이라는 비인격체가 '경제적 행위'와 '정치적 행위'를 어떻게 분리시키는지 잘 보여 준다. 밀 재배자 역시 자원을 가장 효율적으로 사용하는 데만 관심이 있을 뿐, 사회가 피부·종교 등에 대해 어떤 태도를 취하는지 상관하지 않는다. 경제행위에서 생산의 효율성과 무관하게 피부색 등으로 차별하는 기업가는 시장경쟁에서 도태되는 운명에 처할 수밖에 없다."(프리드먼, 1990, 37·139쪽) 시장이 정치적·인종적·성적 차별로부터 사람들을 보호해 주는 메커니즘이라는 얘기다.

게리 베커 역시 《차별의 경제학The Economics of Discrimination》에서 "시장경쟁이 차별을 자연스럽게 없애 줄 것"이라며 "생산성 이외에 단지 여성이라는 이유만으로 고용에서 차별하는 기업은 차별하지 않는 경쟁 기업에 비해 비용 등 여러 측면에서 경쟁력을 상실하게 될 것이고, 결국 장기적으로 시장에서 차별은 사라지게 될 것"이라고 주장했다. 주류 경제

---

32 "만약 영국 재무성이 낡은 몇 개의 항아리에 은행권 지폐를 가득 채워서 그것을 폐광된 탄갱의 적당한 깊이에 묻고, 그 다음에 탄갱을 도시의 쓰레기로 지면까지 채워 놓은 뒤 자유방임 원리에 입각하여 개인 기업에게 그 은행 지폐를 다시 파내게 한다면 더 이상 실업이 존재할 필요도 없어지고 사회의 실질소득이 훨씬 커질 것이다.⋯⋯고대 이집트는 두 가지 활동, 즉 피라미드를 짓는 활동과 귀금속을 찾아내는 활동을 갖고 있었다는 점에서 이중으로 운이 좋았고, 의심할 바 없이 그 덕분에 전설적인 부를 쌓을 수 있었다. 중세에는 사람들이 성당을 짓고 만가를 불렀다. 피라미드를 두 개 짓고 장례미사를 두 번 올리는 것이 각각 한 개 짓고 한 번 올리는 것보다 2배로 좋다."(케인스, 1985, 128쪽) 폐갱에 지폐를 묻는 데 일자리가 만들어지고, 다시 파내는 데 일자리가 또 만들어지며, 이렇게 찾은 지폐를 사용함으로써 더 많은 수요가 창출돼 이를 통해 또다시 일자리가 만들어지는 셈이다. 이에 대해 갤브레이스는 "이 착상은 한 번도 받아들여지지 않았으나 그 대신 케인스 이후의 냉전세계에서 군사무기 구매를 위한 지출(설계, 생산, 그리고 첨단무기 경쟁에 따른 기존 무기의 빠른 진부화, 대체의 순환)이 케인스가 착안한 정책의 대역을 다했다."며 이를 '군사적 케인스주의'라고 불렀다.(갤브레이스, 334쪽)

학은 시장이 수행하는 중요한 기능 중 하나가 평준화라고 말한다. 예컨 대, 노동의 자유로운 이동과 노동시장을 통한 고용은 결과적으로 동일 한 생산성을 가진 노동자들의 임금을 평준화시킴으로써 임금격차를 해 소시킨다는 것이다. 시장기구를 통한, 생산성에 따른 분배의 원칙이 사 회적 안정과 지속적 경제 번영을 위해 필요하다는 주장이다.

그러나 프리드먼과는 정반대로, 사회학자 에밀 뒤르켕Emile Durkheim은 "날마다 매일 아침 5시 30분에 언제나 아파트 뒷문을 열면 우유병이 나 를 기다리고 있는 걸 발견했음에도 불구하고, 그 우유 배달부가 누구인 지 알 수 없었다."는 당혹감이 사회학자의 길에 들어선 계기가 됐다고 했다.(쉐보르스키, 1997, 151쪽) 한쪽은 시장이 비인격체라서 좋은 제도라고 말하 고, 다른 한쪽은 비인격체인 '시장 사회'에 의문이 들었다고 말한다.

사실 사회는 시장 속에 늘 다양한 모습으로 깊숙이 박혀embedded 있다. 정치인이나 관료들의 면면을 보면 교수 출신을 비롯해 이름난 대학을 나온 사람들이 대부분이다. 이들이 한국 사회에서 누리는 명예와 지위 를 얻기까지 '시장경쟁'에서 자신의 능력이 크게 작용했겠지만, 여러 측 면에서 '사회'가 돕고 지원한 구석도 많다.[33] 대학을 다닐 때 국가의 대 학 보조금이 없었다면 더 많은 등록금을 내야 했을 것이고, 석·박사 학 위 과정에서 받은 장학금도 국가든 기업이든 사회가 지원한 것이다. 덧

---

33 고세훈은 번역서 《존 메이너드 케인스》의 '역자 서문'에서 "사회로부터 중립적인 사람은 없다. 누구나 상대 적으로 피해를 입었거나, 혹은 남보다 더 많은 혜택을 누리고 산다. 한국에서 교수로 살아간다는 것은 분명 후자에 속할 것이다. 내가 시간과 경제적 여건에서 이 땅에 사는 보통 사람들보다 많은 혜택을 받았다는 것이 이 책의 번역을 가능하게 했다. 이 책이 내가 누린 혜택의 일부나마 힘겹게 일상을 영위하는 사람들에게 되돌 려 줄 수 있기를 바란다."고 말했다.

붙이면, 가난한 집에서 자란 젊은이들은 고등학교 졸업 뒤부터 직장에 나가 세금을 내고, 이 세금 중 일부가 상류층 자녀가 다니는 대학의 보조금으로 투입됐을 수 있다.

민주주의와 시장의 상호작용을 날카롭게 통찰한 정치학자 아담 쉐보르스키는 "개인들은 시장적 행위자이면서 동시에 시민이다. 그런데 시민으로서 선호하는 자원 배분은 시장을 통해 도달하는 배분과 일반적으로 일치하지 않는다. 시장은 자신이 소유한 자원을 가지고 배분을 위한 표를 던지는 메커니즘이며, 자원은 항상 불평등하게 분배된다. 반면에 국가는 시장적 결과와 다르게 분배할 수 있는 권리를 갖고서 자신이 소유하지 않은 자원을 배분하는 체제"라고 말했다.(쉐보르스키, 1997, 160쪽)

선출직 정치인들 못지않게 시장 질서를 바꾸는 힘을 가진 쪽은 '선출되지 않은 또 다른 권력'인 관료들이다. 누군가는 '영혼 없는 관료'라고 했지만 그들에게는 '통계 수치'라는 막강한 무기가 있다. 정책 수립의 기초가 되는 각종 통계 데이터의 '숫자'는 정부기관이나 전문가 집단에 의해 작성된다. 지식과 권력을 소유한 집단이 이런 데이터의 생산자들이다.[34] 이렇듯 시장과 자본은 사회와 국가 속에서, 또 사회와 국가와 함께 더불어 상호작용하면서 자신의 생애를 보내며, 그런 시장과 자본의 생애 속에서 노동의 생애가 좌우된다.

---

34 언론사의 출입처 시스템에 의해, 우리가 매일 아침 받아 보는 언론 지면의 상당 부분은 정부기관이나 국회의원, 검찰 등 권력기구가 날마다 제공하는 보도자료에 의존해 제작되고 있다. 그날그날 대한민국의 사회적 의제를 관료와 정치인들이 자기 입맛대로 만들어 기획·생산·유통·소비시키고 있는 셈이며, 이는 대다수 노동자들의 의식과 대화 주제를 국가권력이 장악하고 있는 것이라고 볼 수 있다.

경제위기, 되풀이되는 악몽

민간 기업마다 1980년대 이후 저임금·
비정규직으로 대표되는 '노동 유연화'를 추구하면서 전 세계 경제는 유
효수요 부족에 시달리고 있다. 임금소득 감소에 따라 구매력이 뒷받침
된 유효수요가 줄어들고, 기업이 만들어 낸 상품이 잘 팔리지 않게 된 것
이다. 사실 모든 기업은 자기 회사의 임금비용은 낮추려고 하면서, 다른
모든 기업에 속한 노동자들의 임금은 높아지기를 원한다. 전체 국민경
제 차원에서 임금수준이 곧 상품에 대한 수요를 결정하므로, 임금이 높
아야 자기 기업이 만든 상품도 잘 팔리기 때문이다. 그런데 고용 불안과
저임금 속에 미래에 대한 불안과 공포가 지배하면서 소비가 위축되고
성장이 막히자, 국가가 민간 기업을 지원하겠다고 광범위하게 사용한
방법이 여기저기에서 자산 '거품'을 일으켰다. 거시경제 차원에서 역사
적으로 유례없는 장기간 저금리와 각종 주식시장 활성화 제도를 통해
주식·부동산·신용카드 거품을 인위적으로 만들어 낸 것이다.[35]

경쟁이 격화된 민간 기업이 수익성 회복을 위해 임금소득을 깎고, 국
가는 비정규직 확대를 제도적으로 뒷받침해 주면서 다른 한편으로는
기업이 만들어 낸 상품의 소비를 촉진시키려고 자산 거품을 만들어 낸
셈이다. 거품이 꺼진 뒤의 고통은 1990년대 이후 여러 차례 되풀이되고

---

35 "1980년대 이후의 금융 주도 신자유주의의 시대는 분명 저물고 있다. 자본주의는 1970년대의 구조적 위기를
　노동자에 대한 억압과 부채와 거품을 부추긴 금융 팽창을 통해 우회해 왔다. 그러나 불평등하고 정의롭지 못
　한 이 질서는 대공황 이후 최대 위기를 낳았고 이제 시민들의 분노와 저항에 직면해 있다. 낡은 질서를 깨뜨
　리고 새로운 질서를 만들려는 싸움이 결국 자본주의의 미래를 결정할 것이다."(이강국,〈2012년 자본주의의
　종말?〉,《한겨레신문》2012년 1월 2일)

있는 경제위기가 파국적으로 보여 주고 있다.

경제위기 극복과 관련해 귀 기울여 들을 만한 이야기가 하나 있다. 1933년 3월 일본의 해안 지역 산리쿠오키에서 대규모 지진해일(쓰나미)이 발생해 3000여 명의 사상자를 내고 7000여 가구를 파괴했다. 그런데 그 지역에서는 37년 전에도 유사한 지진해일이 일어났다고 한다. 당시의 공포와 상흔을 잊어버릴 정도의 한 세대가 경과하고 난 뒤 또다시 재앙을 겪은 것이다.

오노 요시야스는《불황의 메커니즘》에서 "거품 붕괴의 충격을 경험한 일본 사람들은 자산가격이 언제 폭락할지 모른다는 불안을 품고, 경기가 약간 회복하는 기미를 보여도 쉽게 불안을 떨치지 못하여 거품에 대한 반성만 주장하며 계속해서 절약을 예찬하고 화폐에 집착한다. 그들이 경제의 중심 역할을 담당하는 한 경기회복은 어렵다. 본격적으로 경기가 회복되려면 악몽을 경험하지 않은 새로운 세대의 등장이 절실하게 필요하다. 거품 붕괴에 대한 실감이 없는 지금 세대의 젊은이들이 소비와 자산 거래에서 중심적인 역할을 떠맡을 즈음 일본 경제는 자신감을 되찾고 또 다른 성장을 본격적으로 이룰 수 있을 것이다."라고 했다.(요시야스, 192~193쪽) 이른바 '세대적 경기순환'이다.[36]

---

36 "지진해일이 발생하면 정부 관리, 신문기자, 여러 방면의 학자들이 상세하게 조사를 벌인다. 그들은 주도면밀하게 재해 예방책을 궁리하고 그 실행을 장려할 것이다. 이로부터 37년이 지났다고 치자. 그때에는 이들이 이미 고인이 되어 있든지 적어도 세상 일에서 손을 뗀 다음일 것이다. 지난 지진해일 때 활발하게 일을 하거나 분별력 있게 사태를 수습한 해당 지역 사람들도 마찬가지일 것이다. 처음에는 사람들이 지진해일에 넌덜머리가 나 지대가 높은 곳으로 주거지를 옮기겠지만 5년이 지나고 10년이 지나고 15년이나 20년이 지나는 사이에 어느덧 낮은 지대를 향해 사람들은 다시 옮겨 갈 것이다. 그래서 운명의 날이 은근슬쩍 다가올 것이다. 대포소리에 놀라 혼비백산한 바다표범이 어느 틈엔가 슬금슬금 다가오는 것과 본질적으로 다를 바 없다."(요시야스, 195~196쪽)

역설적으로, 저임금 비정규직의 공포와 불안이 오랫동안 지속되면 소비 위축이 장기화될 수 있다. 한 세대가 지난 뒤, 저임금 공포를 떨쳐 내야만 경제는 회복될 수 있을까? 시장에 참여하는 누구에게나 생산성에 따른 보상(임금)을 보장하고 모든 비합리적 차별을 없애 준다는 시장의 약속은 어디로 갔는가. 한국의 비정규직 노동자들은 '시장'이 만들어 낸 저임금 공포와 불안 속에서 10년 넘게 우울한 나날을 보내고 있다. 시장이 그어 놓은 정규직과 비정규직의 분할선도 여전히 공고하다. 다음은 2002년 봄, 필자가 쓴 글이다.

"2000년 초 현대자동차 노조 정갑득 위원장은 "내 목에 칼이 들어와도 하청 노동자를 받아들이겠다. 하청 노동자는 정규직의 방패막이다."라면서 16.9퍼센트의 하청 노동자 비율을 유지하도록 회사 쪽과 합의했다. 인력 감축이 불가피한 상황이 닥치면, 정규직 대신 목이 잘려 줄 만큼의 충분한 하청 비율을 유지해야 한다는, 이른바 '고용안정협약서'이다. 정규직의 고용안정협약서는 곧 비정규직의 '정리해고통보서'인 셈이다.

정리해고 때 비정규직이 범퍼 노릇을 해야 한다는 논리는 작업 현장마다 철저하게 관철되고 있다. 부서별 작업 인원을 회사 쪽과 협의하는 현대자동차노조 대의원들이 정리해고에 대비해 여유 인력을 일부러 정규직이 아닌 하청 노동자로 채우고 있는 것이다. 특히 현대자동차 생산라인에 투입된 하청 노동자들은 대부분 하청업체가 아닌 현대자동차 소속 조·반장의 감독을 받아 가며 일하는 '불법파견' 형태를 띠고 있다. 그런데도 노조가 이를 고발 조처한 적은 단 한 번도 없다. 왜 그럴까? 한 노동조합 활동가는 '정규직이 겉으로는 하청 노동자의 처지를 안타깝게 여기면서도, 하청은 나의 고용과 임금을 보장해 주는 안전판이라거나, 하청 노동자가 정규직화하면 내가 불안해진다는 사실을 너무나 잘 알기 때문'이라고 말했다.

비정규직 차별을 철폐하기 위해 정규직 노동자들이 연대해 싸울 수 있는지 물으면 대기업 노조는 '조합원의 정서'를 줄곧 내세운다. 정규직의 임금과 고용 불안을 비정규직이 대신 보호해 주는 '구조'가 현실적으로 존재하는데, 비정규직 문제를 정규직이 적극 받아 안는다는 건 이 구조가 깨진다는 것을 뜻한다. 이 때문에 비정규직을 위해 싸워 줄 수 없다는 정서가 현장을 지배하고 있다는 것이다."[37]

그로부터 10년이 흘렀다. 무엇이 변했고, 무엇은 바뀌지 않았는가? 자본과 시장논리의 작동 속에서 노동자 연대는 파괴되고, 노동자들의 머리도 혼란스럽기만 하다.

---

37 조계완, 〈비정규직, 당신은 서글픈 식민지〉, 《한겨레 21》 제408호, 2002년 5월 8일.

시장 아래 흐르는 정치·사회의 힘

현실경제에서 소득·자원 배분의 상당 부분은 시장 과정뿐만 아니라 정치 또는 정치적·사회적 과정을 통해 결정된다. 결국 시장을 혁신하려면 정치와 사회를 바꿔야 한다. 그런데 문제는 경제적 약자들이야말로 어쩌면 '경제적 시장'에서보다 '정치적 시장'에서 더 불리한 처지에 있다는 것이다.[38] "가난한 사람들은 시장에서 인정해 줄 기술도 없을 뿐만 아니라, (정부 지출) 기금을 획득하려는 정치적 쟁탈전에서 이기는 데 필요한 기술도 없다. 시장의 약자들은 그들이 가진 기회와 권력자원 측면에서 볼 때 더 큰 능력을 가진 집단을 당해 낼 힘이 없다."(프리드먼, 2009, 158쪽)[39]

2007년 프랑스에서는 비정규직 고용에 관한 내용을 담고 있는 최초고용계약(CNE) 입법이 학생·노동자 등 민중의 광범위한 저항 물결에 직면해 철회됐다.[40] 왜 한국의 대학생들은 자신들이 당장 직업으로 이행할 때 부닥칠 문제인

---

38 물론 '정치' 시장과 정치적 '시장'은 다르다. 정치(인) 시장은 특정 지역의 사투리를 쓰거나 홍어 같은 특정 지역의 음식을 즐겨 먹는 정치인들의 집합소(정당)일 수도 있고, 미국의 경제학자 프랭크 나이트Frank Knight가 말한 '기러기 떼' 무리일 수도 있다. V자를 이루며 날아가는 기러기 떼 편대의 경우 맨 앞에서 이끄는 한 마리가 리더인데, 한참 가다 뒤돌아보니 뒤따르던 기러기들이 다른 쪽으로 이동해 다시 V자형을 이루며 날아가고 있으면 자신도 즉각 그쪽으로 이동해 또다시 선두에 서서 기러기 떼를 이끈다.(프리드먼, 2009, 167쪽) 정치적 신념을 고집하기보다 대중의 욕구에 맞추는 것이 정치적 리더십이란 말이다. 우리나라 정치 시장에서 대중적 욕구를 극명하게 보여 주는 것이 '가난을 팔아 획득하는 표'였다. 즉, 달동네에서 살았다거나 "가난한 유년 시절을 딛고 일어섰다"는 말이 선거 때마다 표를 획득하는 데 무시할 수 없는 요인으로 작용했다.

39 조지 스티글러는 사회보장제도가 이른바 '디렉터의 법칙Director's Law'을 따른다고 말한다. 즉 공공지출은 주로 중산층이 수혜를 입게 되며, 가난한 자와 부유한 자가 비용을 크게 부담하게 된다는 것이다. '중위투표 자이론median voter theory'에 따르면, 복지재정 지출이 빈곤층보다는 중산층에게 가장 많은 혜택을 주게 된다.(고영선, 2011)

40 국제노동기구(ILO)는 최초고용계약Contrat Nouvelle Embauche(CNE)이 국제노동협약에 적합하지 않다고 판결했다. CNE는 20인 이하 중소 사업장을 대상으로 2005년 8월에 도입된 무기계약(CDI)의 하나로, 2년 동안 시험채용 기간을 두어 이 기간 동안 사유 없이 자유로이 해고할 수 있도록 한 근로계약이다.

데도 비정규직 문제를 내걸고 총궐기하거나 집단적 목소리를 내지 않을까? 노동자들이 지역주의 투표 행태를 보이거나 선거에 불참하고, 예비 노동자(대학생)들도 침묵하는 상황에서 정치인들이 비정규 노동 문제에 신경을 쓸 리 없다. 한국 노동자들은 공장에서는 높은 불만과 대립 의식을 갖고 있지만, 교육과 분단 이데올로기 때문에 정치적 주체로 자각하고 행동하지 못하거나 "진보정당은 보나 마나 실패할 것"이라는 자기실현적 예언에 갇혀 있기도 하다.

시장, 경쟁, 사회, 그리고 정치……. 사실 겉으로는 세대갈등·지역갈등처럼 보이는 현상 뒤에도 어김없이 노동시장 양극화 문제가 도사리고 있다. 일자리를 갖지 못하거나 월 88만 원 비정규직 세대인 젊은이들의 분노, 괜찮은 대기업 일자리가 매우 적은 특정 지역 주민들의 박탈감 등, '정치'는 시장·경쟁, 특히 '노동'과 무관하지 않다.

('정치 시장'이 아니라) '정치적 시장'은 '경제적 시장'과 무엇이 다르며, 둘은 어떻게 상호작용하는 것일까?[41] 정치가와 관료를 포함한 정치적 시장, 그리고 '사회'를 경제적 시장의 틀 속에서 들여다보자. 스티글리츠는 "'노동과 시장'을 둘러싼 정책적 혹은 제도적 조합과 관련하여, 나머지 다른 모든 정책들보다 나은 이른바 '파레토 우월적인' 단 하나의 정책은 없다. 따라서 파레토 효율적인 정책을 찾는 일을 관료와 전문가들에게 맡겨 놓기만 해서는 안 된다."(스티글리츠 외, 403쪽)고 지적했다. 노동과 시장을 함께 고려하는 경제정책은 본질적으로 정치과정의 일부일 수밖에 없다. 그런 점에서 핵심적인 노동정치 및 노동경제적 결정이 이루어지는 제도 틀에 대한 민주적인 토론이 활성화돼야 한다.

정치적 시장은 경제적 시장에서 경쟁의 규칙과 제도를 어떻게 만들 것인지

---

41 경제적 시장을 움직이는 것은 소비자들의 구매력이고, 정치적 시장을 움직이는 것은 유권자들의 정치적 구매력, 즉 투표권이다.(복거일, 1994, 176쪽) 정치적 시장에 대해서는 보비오(1989, 160~181쪽)를 참조.

와 관련해 더욱 중요한 의미를 가진다. 경쟁 규칙의 대부분이 국가 내지 정치적 결정에 의해 만들어지기 때문이다. 2007년 말 이명박 제17대 대통령선거 후보에게 유권자들이 표를 몰아 준 것도 '정치적 시장'을 매개로 내 주식과 아파트 값이 오를 것이라고 기대했기 때문이 아닐까?

국회의원도 월급 받고 일하는, '정당에 취업한' 노동자다. 2011년 한·미 자유무역협정(FTA) 국회 비준 때를 비롯하여, 우리나라 국회에서는 사회·경제적 이슈를 둘러싸고 여야 의원들이 격렬하게 몸싸움하는 풍경이 종종 연출된다. 그때마다 온갖 비난이 쏟아지는데, 그 모습이 아름답지는 않다 해도 늘 볼썽사나운 것이라고 할 수 있을까?

때로는 몸싸움이 국회의원이 해야 할 본연의 임무(!)일 수도 있다. 정치인과 정당은 본래 모든 사회 구성원의 '1인 1표'(1원 1표가 아니래)로 선출되고, 따라서 '여의도 정치'는 우리 사회의 온갖 계급·계층의 이익과 갈등이 집약된 형태로 표출되는 곳이다. 온갖 집단적 이익과 이해가 한데 모여 충돌한다는 점을 인정한다면, 때로는 진흙탕(돈으로 얼룩진 진흙탕이 아니래)처럼 몸싸움을 벌일 수밖에 없는 게 또한 정치이다.

계층과 집단의 이해가 격렬히 충돌하는 한·미 FTA 문제를 정치인들이 어설픈 절충으로 해소하려 하는 것은, 자신들의 이익을 대변해 주리라 믿고 표를 찍어 준 유권자를 오히려 배반하는 것이자, 자신들이 받는 보수(임금)에 비해 제대로 노동하지 않는 것이라고 볼 수 있다.

노동의 시선: '시장 키즈'를 넘어서 ²

'시장 키즈'와
고용의 '어두운 측면'

'고통 분담'이라는 거짓말

경제학에 '숙취이론hangover theory'이란 것이 있다. 경기후퇴는 과거의 무절제에 대한 마땅하고도 필요한 처벌이라는 시각이다. 일본은 지금 '거품경제'의 무절제한 투기에 대한 대가를 20여 년간 치르고 있는 중이고, 한국의 1997년 외환위기와 2008년 전 세계 금융위기도 저금리를 바탕으로 한 손쉬운 차입에 의한 무절제한 호황의 대가라는 설명이다. 이런 설명은 모든 경제 주체들이 위기의 책임을 지고 고통을 나눠야 한다는 주장으로 이어지게 마련이다. 그러나 실제로는 자본의 무절제와 정부 경제정책의 파탄이 위기의 근본 원인이었음에도 그 책임을 노동자들에게 떠넘기는 경우가 많다. 위기를 구실로 마구 단행되는 '정리해고'가 대표적이다.

1980년대 초 이래 경제 전문가들은 다운사이징을 시장경쟁력 강화 전략으로 제시했다. 기업 내 잉여인력을 줄여서 비용을 감축하고 이윤을 늘리고자 미국의 수많은 기업들이 인수합병에 나섰다. 그러나 데이비드 고돈D. Gordon에 따르면, 이는 대부분 기업의 경우 '유연한lean' 전략이 아니라 현장 노동자들의 임금과 고용을 삭감하는 '못된mean' 전략에 그쳤다. 대부분은 일반 노동자들의 급여를 줄이는 대신에 더 많은 관리직과 감독직 노동을 고용했고, 평균적인 다수 노동자들의 희생을 바탕으로 더 관대한 관리직 보수 체계를 만들어 냈을 뿐이다. 결국 이 전략은 현장 노동자들을 고통스럽게 했을 뿐 효율적으로 시장경쟁력을 높이지는 못했다. 인력 감축squeeze 과정에서 기업의 관리 위계조직만 강화되고, 직접적인 생산 노동자들의 보수는 삭감된 것이다.(Gordon, 1996)

미국의 경제학자 딘 베이커Dean Baker는 2006년에 "진보주의자들은 정부의 역할을 중요하게 생각하고, 보수주의자들은 시장을 믿는다는 생각은 허구다. 보수주의자들은 단지 소득이 상류층으로 분배되도록 개입하는 방식을 숨기는 것뿐이다."라고 갈파했다. 시장의 확산과 세계화가 약속한 이득이, 정작 그것이 가장 절실한 사람들의 생활을 발전시키지 못하고 있다는 사실이 점점 더 확연하게 드러나고, 뭔가 대단히 잘못됐다는 인식이 점점 명백해지고 있다.

임금노동은 원래 고용 안정성이 높지 않다. 그래서 사람들이 선호하던 제도는 아니었다. 미국 빌 클린턴 행정부에서 노동부 장관을 지낸 로버트 라이시Robert Reich의 《부유한 노예The Future of Success》(2000)에 따르면, 미국에 대량생산이 처음 등장했을 때 누군가를 위해 장기적으로 일한다는 것은 상당히 불명예스러운 것으로 여겨졌다. 남북전쟁 시기에 노예제도 지지자들은 남부의 노예가 북부의 노동자보다 안정된 생활을 한다고 주장했으며, 당시의 정치 팸플릿에서는 '임금노동은 노예를 거느리는 데에 따르는 비용이나 수고, 오명에서 벗어나서 노예제도의 모든 장점을 가져 보겠다는 교묘한 악의 도구'라고 표현하기도 했다.

이렇듯 세계관과 철학에 따라 임금노동을 철폐하자고 주장할 수도 있지만, 임금노동이 그 노동과정 자체만 놓고 보면 악의 도구라기보다는 인간들 간의 협력을 보여 주는 활동이라는 데 대체로 동의한다. 좌파 경제학자 새뮤얼 보울스Samuel Bowles는 "아무 관련이 없는 수천 명의 구성원들이 공동의 목표를 위해 협력하는 종족은 호모사피엔스 외에는 없다."(스탠포드, 391쪽)고 말했다. 경제에 참여하는 주체들은, 시장에서 고립된 채 치열하게 경쟁하는 개인들만이 아니라 서로 협력하는 경제인들이기도 하다는 얘기다. 일찍이 프루동Pierre-Joseph Proudhon은 《소유란 무엇인가 Qu'est-ce que la propriété?》에서 "자본가는 매일 노동자를 고용할 때마다 그날의 일당을 지불했다고 하고, 경제학자들은 자본가의 셈법에 따라 임금의 액수가 노동이 만들어 낸 가치에 대한 정당한 지불이라고 주장한다."며 이를 다음과 같이 비판한다.

"노동자들의 협동과 조화, 그들 노력의 집중과 동시성에서 나오는 이 거대한 힘에 대해 자본가는 아무것도 지불하지 않았다. 200명의 정예병이 몇 시간 만에 이집트 룩소르의 오벨리스크를 단단한 지반 위에 세웠다. 한 사람이 200시간 안에 같은 일을 해낼 수 있다고 생각하는가? 사막을 개간하는 일, 집을 짓는 일, 공장을 가동하는 일 따위는 오벨리스크를 세우는 일과 같은 것이다. 가장 작은 재산, 가장 빈약한 기업, 가장 보잘것없는 공장의 운용도 한 사람의 힘으로는 도저히 이룰 수 없는 다양한 노력과 재능의 결합을 요구하는 것이다. 경제학자들이 이 점에 생각이 미치지 못한 것은 놀라운 일이다."(프루동, 180쪽)

프루동은 이어 "분할하면 통치할 수 있다"는 말처럼, 자본가들은 노동자들을 분할함으로써 사람들을 속이고 이성을 흐리며 정의를 우롱할 수 있다고 지적한다. "노동자들을 각자 서로 떼어 놓는 분할을 통해, 노동자들의 집합적인 힘에 의해 생산된 부분을 지불하지 않는다. 즉, 20일 동안 1000명이 노동한 힘에 대해서 단 1명이 55년 동안 노동한 것과 마찬가지로 지불하는 경우를 보자. 1000명이 단 20일 만에, 1명의 힘으로는 100만 세기 동안 노력을 되풀이해도 이루지 못할 것을 해낸 것인데, 그 거래는 정당하지 않다."(프루동, 183쪽)

프루동의 지적처럼 인적자본의 생산성은 기적을 연출할 정도로 놀라운 창조력과 무한한 가능성을 내포하고 있다. 그런 점에서 이제는 자본투자에서 '사람투자'로 바뀌어야 할 시점이다. 전통적 거시경제학 교과서가 가르쳐 온 저축과 투자에 의한 경제성장 및 자본축적 모형에서 탈피할 때이다. (물적)자본이 아니라 '인적'자본에 눈을 돌려야 한다. "한 국가에서 저축된 돈은 세계 어디든지 가리지 않고 일을 가장 잘하거나 저렴하게 생산하는 곳으로 흘러간다. '국가의 경쟁력'은 그 국가의 시민들이 저축하고 투자하는 돈의 양보다는 그들이 세계 경제에 잠재적으로 기여할 수 있는 '기술과 통찰력'에 달려 있다. 미국인들이 미국 내에서 행해지는 모든 투자에 충분히 자금을 공급할 만큼 저축하여 해외에서 돈을 빌릴 이유가 없게 되더라도 전 세계 자본의 거대한 양이 미국으로 계속 유입될 것이며, 아마도 이런 현상은 더욱 증가될 것이다. 즉, 외국인들은 미국 내에 있는 전 지구적 기업조직망에 그들의 저축을 투자할 것이고, 다른 한편 미국인들은 해외에 있는 전 지구적 기업조직망에 그들의 저축의 많은 부분을 계속 투자할 것이기 때문이다. …… 세계시장의 지배를 위한 싸움에서 '우리'의 상대는 '그들' 기업이 아니다.

대신에 우리는 무한정 확장하는 인간의 기술과 지식의 영역에 직면하고 있다. 인적자본은 물적·금전적 자본과 달리 주어진 한계가 없다."(라이시, 142~143·341쪽)

자본은 무조건 규제가 적고 법인세가 낮은 곳으로만 가지 않는다. 경쟁력의 요소에는 인적자원이나 사회간접자본의 질, 정책의 투명성과 사회적 자본 등 신자유주의적 정책만으로는 결코 달성될 수 없는 것들도 많이 있다. 세계화가 진전됨에도 불구하고 '다양한 자본주의'가 아직도 존재하는 까닭이다.(유종일, 2007)

케인스주의가 휩쓸던 1960년대 중반, 시장주의 경제학의 거두인 밀턴 프리드먼조차 "어떤 면에서 이제 우리는 모두 케인스주의자이고, 어떤 면에서는 더 이상 아무도 케인스주의자가 아니다."라고 했다. 리처드 닉슨 미 대통령은 1971년에 "이제 우리는 모두 케인스주의자"라고 선언하고, 경제를 미세조정fine-tuning하겠다고 약속했다. '자유시장의 사상적 아버지'로 불리는 프리드리히 하이에크Friedrich August von Hayek는 《노예의 길The Road to Serfdom》(1944)에서 "지금 이 나라의 사태 발전에 영향을 미치는 사람들의 견해를 볼 때 '우리는 지금 모두 사회주의자다'라는 사실은 명백하다."고 말했다.(하이에크, 1999, 26쪽)[42] 지금 한국의 사태 발전에 영향을 미치는 사람들은 모두 시장만능주의자들일까?

---

42 물론 하이에크는 "국가를 항상 지상의 지옥으로 만들어 온 것은 인간이 그것을 천국으로 만들려고 노력해 온 결과였다."는 횔덜린Holderlin의 말을 인용하면서 사회주의 유토피아를 비판한다. "자유로 가는 길road to freedom로서 우리에게 약속된 그것이 사실은 노예가 되는 확실한 길high road to servitude로 밝혀질 경우에 그것은 단지 비극을 고조시킬 따름이다. 더 나은 자유에의 약속이 사실은 자유와는 정반대로 사람들을 끌고 갈 그러한 사회주의라고 상상하지 못한 건 놀라운 일이 아니다."(하이에크, 1999, 54~55쪽)

시장 경쟁 맹신하는 '시장 키즈'

지금 우리 시대의 한국인들, 특히 관료·학계·재계의 엘리트들은 케인스주의자도 사회주의자도 또 그 어떤 이념을 따르는 것도 아니고 단지 '시장 키즈Kids'에 가깝다.[43] 물적 자본이 주도하는 시장과 경쟁에 대한 믿음을 신념처럼 간직한 사람들 일색이다. 국내외 대다수 시장주의 경제학자들은 한국의 경제발전 과정을 국가의 개입으로부터 '자유시장을 확대해 가는 과정'으로 설명해 왔다. 근대 서구의 '시장' 개념을 받아들여 정착하는 과정이 곧 경제성장과 생활수준 향상을 가져온 원동력이었다는 말이다.[44]

"한국 경제에는 다른 나라에서는 찾아보기 어려운 두 가지 극단적이고 편향적인 사고방식이 지배한다. 그 하나는 외환위기 이후 유행하는 시장맹신주의다. 학계, 재계, 언론계, 관료 모두 뭐든지 시장에 맡겨야 한다는 사고방식에 깊이 물들어 있다. 한국에서 무슨 문제를 놓고 논쟁할 때 상대방에 대해 '시장원리를 모른다' '반反시장적이다'라고 비난

---

43 흔히 정부 관료나 공무원들은 자유시장 경제를 지향하는 정책을 내놓는데, 한편으로 생각해 보면 의아한 일이 아닐 수 없다. 자유시장의 확대는 곧 정부 영역과 기능의 축소, 즉 작은 정부를 의미하고, 그러면 자신들의 일자리가 줄어들거나 사라지게 되는데, 이는 국가공무원 '노동자'로서 합리적인 행동이 아니기 때문이다.

44 정성진은 흥미롭게도 한국 자본주의 연구에서 한국 경제 기적의 원인을 '보이지 않는 손'이라는 시장기구의 자유로운 작동의 결과로 보는 관점도, '보이는 손', 즉 국가가 산업·금융정책·수출보조금 수단으로 시장기구에 개입한 결과로 보는 관점도 비판하면서 기적의 원인을 시장이나 국가가 아닌 '한국전쟁'에서 찾는다. 이른바 '영구 군비경제'이다. 한국전쟁 이후 호경기가 찾아온 것은, 이 전쟁에서 패전한 일본과 독일에서 1950년대에 투자재 공업생산이 경이적으로 늘면서 기업 이윤이 대폭 증가하고 수출 증가 및 수요가 진작되었기 때문이라는 것이다. "한국전쟁의 군비 특수는, 2차 세계대전이 끝난 후 '지연된 수요'의 고갈과 함께 엄습한 전후 불황을 종식시키고 선진 자본주의 세계의 황금시대를 열어 준 주요 요인 중 하나였다. 냉전 체제 하에서 미소 양대 제국주의의 군비 경쟁은 영구 군비경제를 작동시켜 추가적인 유효수요를 창출하고 이윤율 저하 경향에 대한 상쇄 요인을 제공함으로써 전후 자본주의가 장기 호황을 유지할 수 있게 했다. 자본주의에서는 대량 살육과 파괴가 도리어 발전의 요인이 될 수도 있다."(정성진, 2005, 118쪽)

하는 것만큼 치명적인 공격도 없다."(이정우, 2010)

시장경쟁에 대한 맹신은 왜곡된 혹은 쓸데없는 경쟁의식까지 낳는다. 줄서기든 길을 걸어갈 때든 운전을 할 때든 다른 사람들에게 먼저 길을 비켜 주면, 곧바로 "뭔가 어수룩하거나 시장경쟁에서 뒤처질 수밖에 없는 유약한 사람"으로 취급받게 된다. 양보라는 단어가 낯설기만 한, 타인을 배려하는 마음 따위는 자리할 수 없는 고단한 노동의 생애가 투영되어 만들어 내는 우울한 풍경이다.

"시장의 힘에 맞서 싸우는 정치가 중요한 때다." 2008년 금융위기 이후 유럽 각국의 재정위기 국면에서 유로존을 지키는 독수리 역할을 자처하고 있는 독일의 메르켈 총리가 늘 하는 말이다. 환율과 국채에 투자한 시장의 거대 투기 세력들이 투기 차익을 노리고 불안을 조성하면서 유로 흔들기를 주도한다는 말이다. 물론 정치적 책임을 회피하려는 발언일 수도 있다. 하지만 각종 시장지표의 변동이 실물경제 상황을 실시간으로 정확하게 반영한다고 보는 미국·영국과 달리, 유럽은 시장을 투기와 거품이 판칠 수밖에 없는 제도라고 보며 '사회'를 강조한다는 점에서 분명 다르다. 이른바 '사회적 유럽'이다. 메르켈의 말은 시장을 바라보는 나름의 역사적·사회적 맥락 속에 자리 잡고 있다.

존 메이너드 케인스의 위대함은, '시장은 그 자체로 합리적이고 효율적'이라는 기존의 전통적 믿음을 여지없이 무너뜨렸다는 데 있다. 그는 "주식투자자의 행동은 자기가 생각하기에 가장 예쁜 미인을 고르는 것이 아니라, 다른 투자자들의 성미에 가장 잘 맞을 것으로 생각되는 사람을 고르는 미인대회와 같다"(케인스, 154쪽)고 했다. 진정한 가치가 아니라 대중의 심리 파도와 인기에 따라 시장 결과가 좌우된다는 말이다. "투자는 신경과민증이라든지 히스테리증이라든지, 심지어 소화불량과 날씨에 대한 반응까지 고려해야 한다.”(케인스, 160쪽) 그러나 ‘시장 키즈’인 한국의 엘리트들은 ‘경쟁을 통해 돈도 벌고 무엇이든 성취할 수 있는 기회와 꿈의 영역’으로 시장을 설파해 왔다. 저마다 선호에 따라 스스로 선택한 행동, 그리고 자신이 쏟아 부은 노력에 합당한 보수와 성과를 가져다주는 것이 시장경제라고 찬양했다. 시장은 ‘선택할 자유’를 보장하는, 인류가 발명해 낸 최선의 제도라고 말이다.

그러나 누구는 한여름 도서관에 앉아 경제원론 책을 펴 놓고 고시를 준비하고, 또 누구는 불볕더위에 등록금을 벌려고 막노동을 하는 상황에서 자유로운 선택이 무슨 의미가 있을까? 이는 합리적으로, 마음대로 선택할 수 있는 문제가 아니다. 경제학자들은 이런 경우에조차 ‘1+1 = 2’라는, 그 누구도 이의를 제기할 수 없는 수학의 옷을 덧씌워 합리적인 행동 이론을 강변해 왔다. 그러나 요즘 인간이 꼭 합리적인 의사결정에 따라 움직이지는 않는다는 행태경제학behavioral economics이 유행하는 데서 짐작할 수 있듯, 인간이 오직 효용과 이윤 극대화를 추구한다고 가르쳐 온 전통 경제원론 책은 점차 도서관에서 먼지만 뒤집어쓰는 수모를 당하게 될 것이다.

어떤 의미에서 그동안 한국에서 시장은 기회와 공정의 다른 이름이라기보다는 사실상 ‘독재’였다. 한 예로, ‘자유롭고 평등한 개인들의 공간’이라고 일컫는 인터넷에서조차 시장의 힘은 오히려 불평등과 독점적 지대를 더욱 강화하는 방식으로 작용하고 있다. 인터넷을 통한 매매 거래는 실물을 보지 못한 채 결제해야 한다는 위험부담을 안고 있다. 따라서 구매자는 판매자가 누군지, 상품 제조업체가 어딘지 하는 브랜드 가치에 기댈 수밖에 없다. 위험을 줄이고자 시장 평판과 명성에 기대는 것이다. 우리는 사람들이 많이 구입한 상품일수록 구매 위험이 낮다고 생각한다. 그래서 자동차든 책이든 과자든 옷이든 장난감이든 많이 팔린 상품일수록, 또 대기업 브랜드일수록 더 많이 팔리게 된다. '승자 독식'이다.[45] 이런 유통 및 판매 양극화는 그 상품을 생산 공급하는 기업에 속한 노동자들의 임금과 성과급에서 큰 격차를 초래한다.

사실 한국의 시장은 '경쟁적 교환contested exchange에 의한 시장 균형가격 결정'이라는 시장경쟁 요소는 매우 적은 반면, 재벌기업 체제가 보여 주듯이 독점이나 독과점, 기득권 등에 따라 발생하는 지대가 매우 넓고도 크게 존재하는 장소이다. 게다가 경제학 교과서가 가르치듯이 상품가격·임금·이자율·환율 같은 가격변수에 의해 시장에서 자원 배분이 결정되기보다는, 시장의 위계질서에서 힘과 권력을 이미 가진 몇몇 행위자(예컨대 재벌기업 등)가 자원을 독점하고, 나아가 자원 배분 과정에서도 지배력을 행사하는 경제이다. 거대 자본과 경제 관료들이 시장의 자유와 효율성이라는 언뜻 듣기에 매우 향기롭고 아름다운(사실은 매우 거칠고 폭력적인) 말을 외치고 있으나, 이렇게 내세우는 미명마저도 겉치레에 불과할 뿐이라는 얘기다.

인생 역전의 기회라는 측면에서 볼 때, 한국의 시장 역동성은 이미 오

---

45 이건희 삼성전자 회장 등 재벌기업 경영자들이 오직 1등만 살아남을 수 있다고 말하는 이유도 여기에 있다. 한국의 로펌 중 최고로 손꼽히는 김앤장법률사무소에 사건 수임료가 매우 비싼데도 수임이 집중되는 추세와 관련해, 어느 기업인은 기업 관련 소송에서 패했을 경우 회사에서 '그러게, 왜 처음부터 김앤장에 사건을 안 맡겨서 소송에서 졌냐'는 추궁을 듣는데, 김앤장에 맡겼는데도 진 경우에는 '그래, 김앤장이 맡았는데도 졌다면 어쩔 수 없지' 하는 상반된 태도를 보인다고 말했다.

래전에 그 문이 닫힌 건 아닐까? 1987년 민주화 대투쟁 이후 2000년대 초까지만 해도 우리 사회의 여러 영역은 유동적이고 불안정한 체제였다. 즉, '87년 체제'는 깨지기 쉬운 체제였다. 물론 87년 체제는 여러 가지 갈등이 절차적인 수준에서만나 민주적 제도화를 통해 처리되고, 어느 누구도 게임과 각축의 결과를 미리 결정짓거나 통제할 수 없는 체제였다. 사회적 힘의 크기에 따라 얼마든지 경제적·사회적 배분의 몫이 바뀔 수 있었다. 그래서 기업관계, 노사관계, 시민사회 등 각 영역에서 배분과 제도 구축을 둘러싼 쟁투가 벌어졌다. 그런데 외환위기 이후 시장이 질주하면서 열려 있던 공간이 닫히기 시작했다. 참여정부의 등장과 민주노동당의 의회 진출은 그 각축의 마지막 불꽃이었던 셈이다.

독점 대기업과 중소기업 사이, 정규직과 비정규직 사이에 이제는 양극화가 하나의 시스템으로 정립돼 구조화·고착화되는 단계에 들어섰다. 시장독재가 질주하면서 시장이 보장하는 꿈과 기회는 오히려 닫혀버리는 역설이 작동하는 셈이다. 노동시장에서 비정규직은 '고용의 어두운 측면'을 넘어 한 번 빠지면 헤어날 수 없는 함정이 되고, 정규직 일자리는 그 자체가 기득권 '자산'으로 강화되고 있다. 중소기업이 '시장을 통해' 중견기업·대기업으로 성장하는 꿈도 닫혔다. 조지프 스티글리츠는 "어떤 상황에서는 최고의 생산량을 기록한 노동자에게 상을 주기보다는 최악의 생산량을 기록한 노동자를 벌주는 것이 최적의 유인구조"(스티글리츠, 2003, 176쪽)라고 말한 바 있다. 즉, 시장은 '시장 키즈'가 말하는 기회의 공간이 아니라 '일하지 않는 자는 먹지도 말라'며 벌주는 채찍에 불과할 수도 있다.

현재가 최선인가?

독일의 경제학자 베르너 좀바르트Werner Sombart는 자본제 기업의 특징들 가운데 하나가 목적과 수단의 정확한 계산이라고 보았다. "그것(기업)의 상징은 대차대조표 대장臺帳이다. 그 제도의 등뼈는 차변과 대변이다."(망투, 상권, 188쪽) 자유시장이란 제도는 오직 시장에서 가격에 따라 '교환'되는 것만 고려할 뿐 그 상품이 '생산'되는 영역, 즉 공장 내부에서 어떤 일이 벌어지는지에는 전혀 관심을 두지 않는다. "공화주의자·사회주의자, 흑인·백인 그 누가 빵을 만들었는지는 중요하지 않다"는 밀턴 프리드먼의 유명한 말이 이를 잘 보여 준다. 현대자동차의 오른쪽 바퀴는 정규직이, 왼쪽 바퀴는 비정규직이 만들어 내는 것은 중요하지 않다. 그것이 무슨 상관인가. 오직 시장에서 판매되는 현대차의 가격만이 중요할 뿐이다.

그래서일까? 마르크스는 《자본론》(1권)에서 생산수단의 소유자와 노동력의 소유자를 따라 "그 입구에 '관계자 외 출입금지'라고 씌어져 있는, 가려져 있던 생산의 근거지 안으로" 들어가 보자고 했다. 모든 일이 표면에서 그리고 모든 사람의 눈앞에서 일어나는 '시장'이라는 떠들썩한 영역과 결별하여 공장 안으로 들어가 보면 자본과 노동의 '관계', 이른바 '사회적 관계'가 드러나면서 누가 어떻게 사회적으로 쓸모 있는 가치를 생산해 내는지가 확연하게 드러난다.[46](아리기·홉킨스·월러스틴, 18쪽) 시장

---

46 자본주의적 생산과 화폐순환에 대해 마르크스는 "현실의 화폐로 시작하고 또 끝나는 유통 형태는 자본주의적 생산의 추진적 동기, 곧 돈벌이를 가장 간단명료하게 표현하고 있다. 여기서 생산과정은 단순히 돈벌이를 위한 피할 수 없는 중간항, 돈벌이를 위한 필요악으로서 나타날 뿐이다."라고 말했다.(마르크스,《자본론》(2권), 62쪽) 그렇기 때문에 자본주의적 생산 양식 하에 있는 국민은 누구나 주기적으로 현혹에 사로잡혀 생산과정의 매개 없이 돈벌이를 하려고 한다. 예컨대 투기가 그렇다.

에서는 계급도 계층도 없다. 노동자도 자본가도 없다. 우리 모두 오직 생산자 아니면 소비자로 등장할 뿐이다. 그러나 현실에서는 노동자 아니면 자본가로 살고 있다.

우리는 저마다 '가치 있고 훌륭한 삶'을 꿈꾼다. 그러나 시장은 가치를 제대로 분별해 내지 못한다. 예컨대 500만 명에 이르는 우리나라 자영업자들의 부실과 폐업 문제에 대해 국가가 제도적으로 개입해 구제해 주는 방안을 찾고 있다고 하자. 그런데 몰락하는 수많은 치킨집 주인 중에 누구는 열심히 일해도 아이들 교육비조차 못 버는 선량한 사람이고, 그 옆 치킨집 주인은 서울 강남에서 술집을 함께 경영하는 깡패 출신일 수 있다. 이처럼 '도덕적 해이'에 끊임없이 시달릴 수밖에 없는 게 시장이다.

시장 키즈들은 가치를 판단할 정보가 시장가격에 이미 모두 포함돼 있다고 주장한다. 현재 가격은 과거와 미래의 가치를 모두 반영한다는 것이다. 시장주의자는 과거의 역사와 사회경제적 맥락을 쓸데없는 것으로 치부하고 무시하기 일쑤다. 실제로 상당수 경제학자들은 경제학계의 '살아 있는 고전'을 거의 읽지도 인용하지도 않는다. 이에 대해 장하준은 로저 백하우스Roger Backhouse가 쓴 《경제학의 역사The Penguin History of Economics》 추천사에서 "미국의 젊은 경제학자들은 '5~10년 전에 쓴 글은 읽을 필요가 없다. 현재 시점에서 발표된 글만 읽어도 충분하다'고 생각한다. 이들은 과거의 모든 훌륭한 경제학자들의 통찰력과 분석이 요즘 쓴 글에 전부 녹아들어 있기 때문이라고 여긴다."고 했다. 이런 생각은 '현재'가 가장 최선의 상태라는 것으로, "지금의 시장구조가 모든 사람에게 최적"이라는 보수적 시장 이데올로기의 바탕을 이룬다.

그러나 미국식 시장경제를 지식 보따리에 싸서 사회에 퍼뜨려 온 시장 키즈의 생각과 달리, 시장은 각국의 역사적·사회적·문화적 토양 속에서 고유의 모습을 만들어 간다. "눈이 내리지 않는 나라에는 민주주의가 존재하지 않는다"는 말처럼 지정학적 공간 속에서 그 나라의 사회와 기술, 경제성장 수준 등이 결정된다. '어떤 시장이냐'에 따라 다양한 자본주의 시장경제 유형이 존재한다. 시장이냐 정부냐, 큰 정부냐 작은 정부냐의 대립 구도를 넘어, 문제는 정부가 '얼마나 큰' 역할을 해야 하느냐가 아니라 '어떤' 역할을 해야 하느냐, '누구를 위해' '어떤 방식으로' 시장에 개입하고 무엇을 시장에 맡길 것인가, 정부의 개입은 어떤 형태를 취할 것인가이다.

소득 불평등이나 빈곤 등은 시장의 가격기구를 통해서는 그 비용으로 계상되지 않지만, 이 빈곤층의 존재는 개인의 후생과 효용에 부정적 영향을 줄 수 있다. 자기 형제들이 모두 못사는데 자기만 잘산다고 마음이 편할까. 개인의 행복이나 효용은 자신만이 아니라 타인의 행복이나 소득 상태에도 의존한다고 볼 수 있다. 이러한 상호의존 관계의 효용함수를 가정하면, 소득 재분배가 사회의 모든 개인의 후생을 증진시킨다는 점을 쉽게 이해할 수 있다. 예컨대, 빈곤층의 존재가 부유한 사람들에게 비효용disutility을 준다면, 빈민의 소득을 증대시키는 재분배는 빈민만이 아니라 부유층에게도 효용을 가져다주며, 이는 타인의 효용을 줄이지 않은 채 사회적 후생을 증대시킬 수 있으므로 '파레토 최적'에 도달할 수 있다.(이정우, 1999, 285쪽)

맨큐 교수에게 드리는 공개서한

21세기 들어 신자유주의의 세계화

와 양극화 심화, 반자본주의 지향 운동의 고양, 전 지구적 차원의 금융 위기 대두 등 새로운 환경이 조성되면서 비주류 경제학의 필요성이 커지고 있다. 사실, 우리나라 경제학계가 주류 경제학 일색으로 고착화되고 있지만, 흥미롭게도 21세기 벽두부터 프랑스 등지에서는 경제학자와 학생들을 중심으로 비주류 경제학에 대한 요구가 거세게 일고 있다. 이른바 '후자폐적post-autistic 경제학 운동'이다.[47] 2000년 봄 프랑스 소르본대학 학생 15명은 '(자폐적) 신고전파 주류 경제학'의 현실경제 설명력이 취약하다고 비판하면서, '참된 경제 교육을 받을 권리를 위한 운동'을 전개했다. 이들은 '경제학 교육을 책임지고 있는 교수들과 기타 사람들에게 보내는 경제학도들의 공개서한'을 발표하고, 경제학 교육 내용에 다양성과 대안적 이론을 포함하라고 요구했다. 이들의 주장은 인터넷을 통해 전 세계에 전달됐고, 2001년 순식간에 영국, 미국, 독일, 오스트리아 등지로 확산됐다. 현재 후자폐적 경제학 운동 네트워크에는 전 세계 수만 명의 학생들과 경제학자들이 동조하고 있다.(홍태희, 2007·2008)

"2011년 11월 2일, 미국 하버드대학의 대형 강의실 샌더스관에서 학생 수십 명이 일제히 일어나더니 강의실을 빠져나갔다. 어떤 학생은 '월스트리트 점령' 같은 문구가 적힌 게시판을 들고 있었으나 대다수는 가방만 어깨에 멘 상태였다. 앉아 있던 학생 중 일부가 "우~" 하고 야유

---

47 박만섭은 프랑스의 파리 고등사범학교, 영국 케임브리지대학, 미국 하버드대학에서 2000년대 초반 연쇄적으로 일어난 '후자폐적 경제학운동'을 소개하였다. 이 운동은 대학에서 가르치는 주류 경제학을 자폐적 경제학으로 규정하고, 그 대안적 경제학 교육 과목 강의를 요구하는 것이다. 스페인 마드리드의 우니베르시다드 아우토노마 데 마드리드 대학 교정 벽에는 이런 문구가 씌어 있다고 한다. "경제학은 곡선(그래프)이 아니라 사람들에 관한 것!"(박만섭 편, 2005)

를 보냈다. 그러나 교수는 묵묵히 보고만 있다가 곧이어 그날의 주제인 '소득 불평등' 강의로 되돌아갔다. 교수 이름은 그레고리 맨큐Gregory Mankiw, 1997년 출간된 이후 한국어 등 수십 개 언어로 번역되어 수백만 부가 팔린 《맨큐의 경제학Principles of Economics》 저자다. 강의실을 빠져나온 학생들은 '맨큐 교수에게 드리는 공개서한'을 낭독하고 토론을 벌였다. "당신의 수업은 (시장근본주의 경제학에) 지나치게 편향되어 있다. 당신이 우리에게 주입하는 경제학은, 미국 사회의 빈부격차를 영구화하고 2008년 세계 금융위기를 유발한 그 이데올로기 아닌가." 이날 '강의실 뛰쳐나가기walk out'에 참여한 학생은 70여 명. 전체 수강자(700여 명)의 10퍼센트에 불과했다. 그러나 하버드대학 학생들이 맨큐에게 저항했다는 점에서 사회적 파장은 매우 컸다. 하버드대학 학부생들이 발간하는 《하버드 폴리티컬 리뷰》에 '뛰쳐나간 학생들을 옹호한다'라는 글을 기고한 좌파 경제학자 판 앙겔로풀로스Pan Angelopoulos는 "다양한 경제이론 중 주류 신고전학파만이 '유일사상'으로 인정되는 것은 끔찍한 일 아닌가. …… 더욱이 이 '유일사상'은 우리 사회를 분석하는 데는 무능한 주제에 자본가계급과 그 부하들(1퍼센트에 해당하는)의 이익을 보위하고 정당화하는 데 관심을 가질 뿐이다."라고 했다.[48]

---

48 이종태, 〈하버드대 스타교수가 수업거부 당한 이유〉, 《시사IN》 제218호, 2011년.

'자유기업', 경쟁 그리고 담합

미국 보스턴대학 교수 앨런 울프Alan Wolfe는 1980년 2월 《새터데이 리뷰》에서 "기업이란 미국인이 어디에서 살지, 무엇을 먹을지, 어디서 일할지, 그리고 어떻게 죽을지 등을 결정하는 조직화한 경제 및 정치력을 가진 거대한 구조다. 이 나라에서 기업의 힘은 정부로부터 도전받지 않는 지배력을 갖고 있다."(프리드먼, 2005, 74쪽)고 말했다. 시장에서 자유기업의 논리와 작동 방식은 노동자들의 생애에 직접적으로 영향을 미친다. 한국 재벌 대기업의 지배력은 아마 더 강할 것이다. 전국경제인연합회가 출연한 '자유기업원'이라는 기관이 있다. 이 기관의 슬로건은 '자유주의 시장경제를 지키자'이다. 시장경제를 주창하는 사람들은 기업의 자유, 즉 '자유기업'을 시장경제의 또 다른 이름처럼 부르고 있다. 우리나라 기업가들은 정말로 자유경쟁 시장을 추구하고 있을까?

앨프리드 챈들러 미 하버드대 교수는 《보이는 손Visible Hand》(1977)에서 기업 경영자가 시장경제를 움직이는 핵심이라고 말한 바 있다. 이른바 '법인(경영자) 자본주의'다. 현대 자본주의 시장경제에서는 기업 조직(특히 대기업)이라는 '보이는 손'이 시장에서 공익을 달성하고 효율적인 자원 배분을 주도한다는 것이다. 자유경쟁 기업을 넘어 현대의 독과점 대기업에 대한 옹호였다. 사실 애덤 스미스의 '보이지 않는 손'의 신봉자들은 20세기에 수직통합된 현대 기업이 출현하면서 혼란을 겪었다. 이들의 자유시장 논리에 의하면, 수직통합은 자유시장의 원동력을 저해하는 것이다. 그런데 챈들러는 현대 기업이 사업 예측 능력을 가지려면 '경영자'라는 보이는 손이 필수불가결한 요소라고 주장했다.[49]

'자유기업'을 외치는 한국의 기업들은 "국익에 도움이 되는 것이 GM에도 도움이 되며, 그 반대도 마찬가지"(1953년 찰스 윌슨 GM 회장의 연설문)라고 주장한다. 그러면서 투자를 위해 파격적인 세금 혜택을 달라고, 강성 노조를 추상같은 국법으로 다스려 달라고 국가에 요구한다. 국가의 시장 개입을 없애라고 주장하면서도, 국가가 개입해 이윤을 보장해 달라는 모순되는 주장을 펴는 것이다. 이윤을 보장해 주지 않으면 공장을 해외로 옮겨 일자리를 줄이겠다며 '자본 도피'를 앞세워 경제정책에 영향력을 행사하기도 한다. 하지만 "세금 혜택이 없어서 투자를 못 하겠다"면 진정한 자유기업이랄 수 없다. 시장근본주의에서 일컫는 의미의 진짜 '자유기업'이라면 시장에서 수익을 내기 어렵다고 판단되면 조용히 시장을 떠날 뿐 세금이나 노조를 운운하지 말아야 한다. 무능한 자본만이 강성 노조 타령을 한다. 실제로 강성 노조, 노사관계 불안 등을 운운하는 자본들은 한국 땅을 떠날 생각이 없다. 또, 저임금이나 법인세 감면 등으로 투자 유치를 하지 않아도 한국 시장의 수익성을 긍정적으로 전망하는 자본은 한국에 들어오기 마련이다.

챈들러는 (자본 소유자가 아니라) '경영자'가 주도하는 대규모 법인을 자본주의 시장경제의 원동력이라고 주창했지만, 마르크스적 의미에서 경영자는 "노동자들이 최대한 노동력을 집중해서 일하도록 지휘, 감독함으로써 산업자본가들이 더 많은 잉여가치를 착복할 수 있게 여건을 조성해 주는 존재"이다. "이 여건에 기여한 정도에 따라 산업자본가는 경영자에게 잉여가치의 일부를 배당하게 된다. 노동자 스스로 열심히 일할 수 있게 여건이 만들어지고 노동자 스스로 경영할 수 있게 된다면 경영자란 필요 없어진다. 그럼에도 불구하고 자본주의체제 하에서 그런 비생산적 존재가 엄청나게 많이 필요하고 또 중요해진다는 것 자체가, 자본주의체제 하에서 막대한 인력 낭비가 존재함을 스스로 인정하는

---

49 챈들러가 '보이는 손'이라는 용어를 사용한 것은 필요한 원자재, 서비스 등을 본사 고위 경영층의 통제를 받는 (수직 계열화된) '내부' 운영 부서에서 조달할 수 있어야 한다는 뜻이다. 이와 대조적으로 '보이지 않는 손'은 필요한 부품과 서비스를 구매자와는 관계가 전혀 없는 '외부' 회사에서 사들이는 것을 의미한다.

셈이다."(변형윤·이정전, 75쪽)

　애덤 스미스는 《국부론》에서 "같은 업종의 동업자들은 오락이나 기분 전환을 위해 만나는 경우에도 그들의 대화는 대중의 이익에 반대되는 음모나 가격 인상을 위한 모종의 책략으로 끝나게 된다."고 갈파했다."[50](스미스, 2003, 151쪽) 업자들의 모임은 항상 조용히 그리고 비밀스럽게 진행된다.

　한편, 곽정수 《한겨레신문》 대기업전문기자는 2012년 한 토론회에서 이렇게 말했다. "한국이 2008년 금융위기를 가장 빠르게 극복한 나라로 알려진 뒤, 유럽의 경제 관료와 기업인들이 그 비결을 배우려고 한국에 찾아왔다. 그들이 와서 확인한 사실은 한국 주요 기업들이 가진 경쟁력의 원천이 정부의 인위적인 고환율 정책, 저임금 비정규직 남용, 하청업체에 대한 납품단가 후려치기 등 세 가지였다. 자기 나라로 돌아갈 때 그들은 '우리는 도저히 따라할 수 없는 것들이구나'라고 한탄했다고 한다." 그런 점에서 한국 재벌기업의 기반은 비록 강고해 보일지라도 실제로는 의외로 허약하고 쉽게 무너질 수도 있다는 얘기다.

---

50 훗날 밀턴 프리드먼은 이에 대해 "업종 담합은 정부의 도움을 구할 수 없는 한 불안정하고, 또 오래 지속될 수 없다"면서 시장의 담합보다는 국가의 도움을 더욱 비판했다.

"장기長期에
우리는 모두 죽는다"

'자본주의'라는 경제 형태

흥미롭게도, 자본주의가 세계 경제를 지배하고 있지만 사람들은 '자본주의'라는 단어를 별로 사용하지 않는다. 더욱 이상한 것은, 경제학자들조차 자본주의라는 단어를 거의 쓰지 않는다는 점이다. 신고전파 경제학 교과서에는 자본주의라는 용어가 거의 보이지 않는다. 그 대신 간단히 '경제'라고만 한다. 오직 한 가지 경제 형태만 있으니, 굳이 이름을 짓거나 정의할 필요가 없는 것처럼.

자본주의 주류 경제 교과서에는 노동자와 자본가라는 계급적 구분이 전혀 등장하지 않는다. 오직 경제에 존재하는 건 가계와 기업, 소비자 아니면 생산자일 뿐이다. 여기서는 노동자 역시 생산자이면서 동시에 소비자일 뿐이다. 사회계급적 선에 따른 구분이 없으니 이해를 둘러싼 격렬한 갈등과 대립은 애초에 존재할 수 없다. 오직 하나 '가격'이라는 시장의 힘에 의해 조화롭고 공평하게 경제가 굴러가고, 또 가장 효율적으로 자원이 분배되고, 최적의 균형 상태가 항상 보장되는 그런 경제 세계

가 펼쳐진다.[51]

우리가 다시 '자본주의'라는 말에 주목해야 할 이유가 바로 여기에 있다. 사람들이 일을 해서 필요한 상품을 생산하고 분배하는 것이 경제다. 여기에는 다양한 방법이 있다. 자본주의는 그중 한 가지 형태일 뿐이다. 물론 자본주의는 매우 특별한 경제 형태이다. 자본주의가 지구상에 존재한 것은 겨우 300년 정도밖에 되지 않는다. 호모사피엔스가 존재한 시간을 24시간이라고 하면 자본주의가 존재한 시간은 단 2분에 불과하다.(스탠포드, 48쪽) 그런데 우리 사회에서는 자본주의라는 말만 언급해도 급진적 성향을 지닌 사람으로 본다. 하지만 우리는 모두 자본주의경제 안에 살고 있기 때문에 자본주의를 제대로 이해해야 한다.

일단 노동의 가치라는 측면에서 자본주의를 생각해 보자. 1990년대에 국내 어느 진보 경제학자는 강연 요청이 들어오면 "내가 정한 나의 노동가치가 있다. 노동조합에서 부른다고 해서 강연료를 무턱대고 깎아 주기는 어렵다"고 했다고 한다. 그것이 어떤 노동이든지 투입한 노동(시간) 대비 정당한 보수가 주어져야 한다고 믿은 것이다. 노동자의 관점에서 볼 때, 자신의 강연노동에 대해 합당한 가격을 요구한 그는 올바른 '지식노동자'였으며 존중받아야 할 행동이었다고 생각한다. 물론 노동(력)의 가치는 물리적 노동 투입 시간에 따라 누구나 같아야 한다는

---

51 전통적인 순수 미시경제학은 경제행동과 관련된 인간의 '합리성' 증명을 시도한다는 점에서 어쩌면 철학에 가깝다. 경제 분석은 효용 및 이윤 극대화를 추구하는 소비자 및 생산자의 선택을 해명하는데, 함수와 미분을 동원해 극한 수준까지 고도로 계산하면서 최적의 선택을 찾아내려 한다. 공학 계산기를 머릿속에 넣고 다니면서 치밀하게 계산해 극대화 선택을 하는 '호모 이코노미쿠스Homo Economicus'를 가정하고, 수학이라는 과학적 연산 방법으로 1600년대에 르네 데카르트(《방법서설》)와 아이작 뉴턴(《프린키피아》)이 제시한 인간의 합리성과 자연법칙을 경제행동 영역에서 증명하려 한다.

교조적 생각을 고집하는 건 아니다.

　기원전 300년대에 아리스토텔레스는 《니코마코스 윤리학》에서 서로 다른 두 개의 물건(예컨대 여러 켤레의 신발과 집 한 채)이 아테네 광장에서 교환되는 모습을 관찰하면서 '왜' 둘이 교환되는 것일까, 무언가 두 물건에 공통된 요소가 있기 때문에 교환이 이뤄질 텐데 그게 과연 무엇일까라는 의문을 제기했다.[52] 그는 해답을 찾아내지 못했다. 그 뒤 1600년대에 정치사상가 존 로크John Locke는 《통치론》에서 어느 누구의 소유물도 아닌 채 자연 속에서 스스로 만들어진, 야산에 널린 도토리가 어떻게 시장에서 상품이 되어 돈을 받고 팔리는지 그 비밀을 해명했다. 재산권과 사적 소유의 사상적 근거를 제시한 것인데, 로크는 그 비밀이 '노동 투입'에 있다고 했다. 야산에 가서 허리를 굽히고 손으로 도토리를 줍는 순간, 돈을 받고 팔 수 있는 권리가 생성된다는 것이다.(로크, 50쪽) 아리스토텔레스의 고민에 대한 해답은 바로 '노동'에 있었던 것이다. 무려 1900여 년이 지난 뒤에야 비로소 아리스토텔레스의 의문이 풀린 것이다. 로크의 답변은 사적 소유에 대한 옹호였고, 이는 그 뒤 마르크스의 노동가치론으로 이어지면서 오히려 혁명적 계급투쟁 이론으로 발전하게 된다. 아리스토텔레스의 의문, 로크의 답변, 마르크스의 전복적 사상 모두 그 기초에 깔려 있는 건 '노동이 사회적 가치를 만들어 낸다'는 것이다.

---

52 《니코마코스 윤리학》 5권 5장에서 아리스토텔레스는 '호혜성으로서의 정의'라는 개념 아래 같은 폴리스 성원들 간의 물자교환에 대해 논의하고 있다. 이에 대해 근대 경제학자들은 아테네 시장경제에서의 시장가격 메커니즘을 연구한 '최초의 경제분석'이라고 해석했고, 아리스토텔레스는 한계효용 이론의 최초의 선구자라는 해석까지 나왔다. 근대 경제학에서 한계효용 가치설의 제창자로서 가장 중요한 인물인 스탠리 제본스도 아리스토텔레스의 이 구절에서 효용가치설의 영감을 얻었다고 지적한다.(홍기빈, 117~119쪽)

노동 없는 민주주의

한국 경제의 압축적 성장신화 역시 노동이 만들어 낸 것이라고 할 수 있다. 폴 크루그먼은 1994년 아시아 국가들의 경제성장은 "영감inspiration 없이 오직 땀 투입perspiration에 의한 성장이었다."[53]고 갈파했다. 자본의 효율적 배분과 생산성 향상 덕택이 아니라 노동자를 쥐어짜 이룩한 성장이었다는 얘기다. 그렇다면 오늘날 한국의 상황은 얼마나 달라졌을까? 여전히 '노동착취공장Sweatshop'을 벗어나지 못한 것은 아닐까?

오늘날 저임금에 시달리는 수많은 비정규직의 팍팍하고 고단한 삶은 이를 단적으로 보여 준다. 최장집 교수는 고실업·고용 불안정·노동시장의 내부분화에 의한 대규모 비정규직 노동자·소득분배 구조의 악화·빈곤층 확대 등 오늘날 한국의 노동시장 상황을 나타내는 양상들은, IMF 개혁 패키지를 통해 급격하게 전개된 한국 경제의 구조 변화를 특징짓는 중심 내용들이라고 지적한다. "빠른 근대화에도 불구하고 일정하게 온존되고 있었던 전통적인 사회적 구조와 인간관계의 공동체적 연계들, 사회 안정에 기여했던 잘 발달된 중산층이 중심이 된 계층구조,

---

53 세계은행World Bank이 1993년에 펴낸 〈동아시아 경제 기적The East Asian Miracle : Economic Growth and Public Policy〉 보고서 이후 일본·한국·대만 등 아시아 경제성장 모델을 둘러싸고, 1990년대 중후반에 크루그먼·알윈 영·로버트 웨이드·조지프 스티글리츠 등 경제학자들 사이에 큰 논쟁이 일어났다. 논쟁의 초점은 국가에 의한 시장규제, 정부의 산업정책 등 국가의 역할이 경제 기적의 원동력이냐, 아니면 정반대로 국가로부터 시장(원리)의 확대가 원동력이냐는 것이었다. 크루그먼은 아시아 국가들의 빠른 산업화와 경제성장은 1920~30년대 소비에트 국가처럼 노동과 자본의 막대한 동원에 의한 것일 뿐 생산성이나 기술 진보, 효율성에 의한 성장이 아니라고 주장했다. 알윈 영(1994)도 이와 유사하게 아시아 네 마리 용의 경제성장은 자본, 노동 등 생산요소의 생산성 증가 없이 이뤄졌다고 주장했다. 그래서 이를 '크루그먼-영 테제'라고 부른다. Krugman, Paul,(1994) "The Myth of Asia's Miracle", *Foreign Affairs*, Vol. 73(November−December) ; Young, Alwyn,(1994) "Tyranny of Numbers : Confronting the Statistical Realities of the East Asian Growth Experience", *NBER Working Paper*, March.

높은 경제성장의 지속 등은 그동안 한국 사회의 안정화와 공동체성 유지를 가능케 했던 요소들이었다. IMF 위기의 충격 효과와 더불어 이러한 구조들이 해체되면서, 급속히 팽창한 사회 저변층이 더 큰 비중을 차지하는 새로운 형태의 사회계층 구조로 빠르게 전환되고 있는 것이 오늘의 현실이다. 과연 이러한 사회적 격변이 우리 사회를 어떻게 변화시키고 종국적으로 어떤 한국 사회로 귀결시킬지, 그것이 민주주의와 어떤 관계를 갖게 될 것인지, 과연 이런 사회경제적 토대 위에서 한국 민주주의는 대체 어떤 내용을 갖게 될 것인지에 대해 우리가 갖는 지식의 한계는 크다."(최장집, 2004)

최장집 교수가 한국 사회의 '민주화 이후의 민주주의'를 '노동 없는 민주주의'로 규정하고 있듯이, 사실 한 사회에서 가장 취약한 계층이 어떤 대접을 받고 있는지가 그 사회의 민주주의 수준을 말해 준다. 그런 점에서 한국은 야만적인 국가에 속하는 것일까? 한국은 주로 물질적인 결핍에서 비롯된 불행한 삶을 근근이 영위하고 있는 사람들이 넘쳐나는 사회다. 특히 노동취약 계층이나 빈곤층을 사회공동체의 일원으로 편입하려고 하기보다는 감추고 숨기려 한다.[54]

케인스는 《고용, 이자 및 화폐의 일반이론》에서 "인간은 위험한 성향을 갖고 있다. 사적인 돈벌이와 부를 더 많이 소유하려는 욕망이 충족되

---

[54] 미국에서는 시장에서 밀려나거나 탈락한 빈곤층 가구에 공적으로 소득을 부조해 줄 때 부조 물품을 그 집의 문 앞에 던져 놓기도 하고, 현금 대신 식료품보조 쿠폰food stamp을 지급해서 미리 정해진 특정 품목의 식료품만 가게에서 구매할 수 있도록 하고 있다. 두 가지 경우 모두 그가 국가로부터 공적 부조를 받아 살아가고 있는 사람이라는 사실이 남들에게 알려지는 효과를 가져 온다. 즉 사회적 탈락자라는 낙인을 찍음으로써 소득보조 대상자가 수치심을 갖게 만드는 것이다. 이는 "그렇게 하면 빈곤층이 공적 부조 대상자에서 벗어나려고 더 열심히 일하게 될 것"이라는 시장적 복지논리에 기초하고 있다.

지 못하면 힘과 권위에 대한 무모한 추구에서 그 배출구를 찾게 될 것이다. 인간이 동료 시민을 함부로 다루면서 군림하는 것보다는, 각자 자신의 은행 잔고에 대해 폭군처럼 군림(돈벌이 추구)하는 것이 더 낫다."[55](케인스, 1985, 378쪽)고 했다. 한국에서도 시장논리에 따라, 즉 '더 많은 노동을 통해 더 많은 부를 추구'하려는 욕망이 그동안 경제생활의 강력한 인센티브이자 경제성장의 원동력으로 작용했다. 마르크스는 노동해방의 현실적인 물질적 무기는 프롤레타리아트이고, 프롤레타리아트의 지적 무기는 과학적 철학이라고 했는데, 한국 노동자들의 가슴을 지배하는 과학은 '시장'이었다. 철학자 칸트의 말에 빗대자면 "저 창공엔 빛나는 황금, 내 마음속엔 시장경쟁의 보편법칙"을 따라 노동하며 살고 있었다고 말할 수 있다.

그러나 버나드 맨더빌은 이미 1724년에 《꿀벌의 우화The Fable of the Bees》에서 이렇게 말했다. "모든 사람은 자존심이나 탐욕이 부추기지 않는 한, 일하는 것보다는 편하고 즐거운 것을 더 좋아한다. 그리고 하루하루 일해서 먹고사는 사람들은 자존심이나 탐욕에 크게 좌우되는 일이 거의 없다. 그래서 이들은 가난하지 않으면 일하게 되지 않기 때문에, 가난을 덜어 주는 것은 속 깊은 일이지만 가난을 없애 주는 것은 바보짓이

---

55 이 구절 등을 비롯해 케인스의 《고용, 이자 및 화폐의 일반이론》은 다소 모호하고 애매한 대목이 많다는 지적이 있다. 갤브레이스 교수는 "《고용, 이자 및 화폐의 일반이론》은 성서나 《자본론》과 마찬가지로 몹시 애매하고 또 애매함이 개종자를 획득하는 데 대단히 도움이 되었다. 성서나 마르크스의 경우처럼 수많은 모순이나 애매성이 있으면 독자는 언제나 자신이 믿으려고 생각하는 무엇을 거기에서 찾아낼 수 있다. 이것이 또 사도使徒를 끌어들이는 일이 되는 것이다"라고 말했다.(갤브레이스, 281쪽) 케인스의 《고용, 이자 및 화폐의 일반이론》이 출판될 당시 하버드 학생이었던 폴 새뮤얼슨은 케인스 경제학을 "40세 이하의 모든 사람을 감염시켰지만, 40세 이상의 거의 모든 사람은 그에 면역된 질병"이라고 비유했다.(백하우스, 2005, 327쪽)

다. 노동자를 부지런하게 만들려면 오로지 돈이 적당히 있어야 한다. 너무 적으면 사람에 따라 기가 죽거나 절망하게 될 것이고, 너무 많으면 거들먹거리고 게을러질 것이다."(맨더빌, 172쪽) 시장은 욕망의 땅이면서도 동시에 채찍이라는 점을 일찍이 간파한 것이다.

그러나 이제 사람들은 시장경쟁에 대한 피로감을 호소하고 있다. 자본주의 시장경제가 확산되고 만물이 상품화되면서, 모든 것을 '시장'에서 구매하며 살아온 사람들이 상품화가 아닌 탈상품화, 즉 '복지'를 요구하기 시작했다. 2012년을 관통하고 있는 한국의 복지국가 논쟁에는 노동과 고용의 이러한 불안이 깔려 있다. 그 불안과 양극화 심화가 복지국가 요구로 폭발하고 있는 것이다. 미국의 존 F. 케네디 대통령은 "밀물 때는 모든 배들이 함께 떠오른다"고 했다. 경제성장이 모든 국민의 소득수준을 함께 끌어올린다는 얘기다.[56] 폴 크루그먼은 이 시기, 즉 2차 세계대전 이후 1970년대 중반까지를 '대압착의 시대Era of Great Compression' 라고 명명했다. 소득분배 불균형이 크게 완화된 시절이라는 뜻이다. 그런데 1인당 국민소득 2만 달러 시대에 들어섰음에도, 한국의 사회와 경제는 더 악화된 분배 상황과 여전히 팍팍한 노동시장에 갇혀 있다.

거시경제학의 암흑시대

1987년 노동자대투쟁 이후 10여 년간 한국 사회는 한 마디로 '각축장'이었다. 시민사회 세력, 노동조합 세력, 지역

---

56 "솟아오르는 물결이 모든 배를 끌어 올린다"는 것은 진리가 아니다. 때때로 급속히 솟아오르는 물결은, 특히 폭풍이 수반될 때에는 작은 배를 해변으로 밀어내 산산조각으로 만들어 버린다.(스티글리츠, 2002, 150쪽)

세력, 환경운동 세력, 재벌 세력, 정치권력 세력 등이 제각각 자기 세력을 더 크게 만들려고 경주를 벌였고, 그 각축장에서 힘을 키울수록 좀 더 유리한 지점을 차지하면서, 사회경제의 지형과 구조에 파열구를 내고 세상을 바꿀 수 있는 여지가 만들어졌다. 그러나 외환위기 이후 각축장은 더 이상 작동하기 어렵게 됐다. 역사적으로 김대중 정부 시절이 한국 사회의 양극화와 불안을 미리 막거나 줄일 수 있는 절호의 기회였지만, 양극화는 더욱 심화되고 말았다. 당시 정권 담당자들의 실패도 있겠지만, 최장집 교수가 앞서 지적했듯이 외환위기 당시 국제통화기금(IMF)이 구제금융 지원 조건으로 제시한 정책 패키지는 한국이 받아들일 수밖에 없는 외적 조건이었다.[57] '정리해고 도입 법제화'와 '자본시장 자유화'로 대표되는 IMF 정책 패키지는 이후 지금까지도 한국의 사회·경제에 깊고 넓게 영향을 미치는 거대한 충격이었다.[58] 당시 구제금융 자금을 빨리 갚아 IMF 상황을 조기 졸업했다고 박수쳤지만, 그건 돈

---

57 신장섭·장하준은 한국 경제는 외환위기를 IMF 프로그램에도 '불구하고' 회복했다고 말하는 편이 진실에 가까우며, 그러한 단기 회복은 저금리, 통화 평가절하, 그리고 경제(특히 금융 부문)에 막대한 공적자금 투입을 기반으로 하는 케인스주의적 회복으로 더 잘 이해될 수 있다고 지적한다.(신장섭·장하준, 2004, 168쪽) 워싱턴 컨센서스와 글로벌 스탠더드로 집약되는 거시경제 긴축, 시장개방, 구조개혁 등 IMF 프로그램이 아니라 적극적인 경기부양 정책, 저금리 정책, 공적자금 투입 등의 케인스주의적 거시정책 패키지로 위기를 회복했다는 것이다.

58 아이버슨(Iversen, 2000)은 금융자본 이동의 자유화가 정부 정책을 제약해 스웨덴 등 사회민주주의 노동시장 제도의 기반을 침식하는 과정을 이렇게 설명한다. "즉, 자본시장 자유화에 따라 일국 정부가 완전고용을 유지하는 확대재정 정책을 사용하기가 어려워진다. 확대재정 정책은 인플레이션을 유발할 가능성이 크고, 그러면 자본의 해외 이탈이 초래되기 때문이다. 스웨덴 등 사민주의 국가에서 인플레이션을 억제할 수 있었던 조건은 노조가 임금 안정에 협조하는 것이었다. 노조가 임금 안정에 협력하는 대가로 정부는 완전고용과 복지 확대를 추진했다. 그런데 확대재정 정책을 사용하기 어렵게 된 정부가 재정 건전화를 위해 적극적 완전고용 정책을 펴지 않으면, 노조로서도 더 이상 임금 안정에 협력할 수 없게 된다. 중앙 노조의 임금안정 정책에 대한 기층 조합원 및 산하 노조의 반발이 심화되기 때문이다. 특히 (전체 노동자의 임금평준화를 추구하는) 연대임금 정책에서의 임금 안정은 고숙련 노동자들의 상대적 불이익을 토대로 유지되는데, 그러한 불이익의 감수를 영원히 설득할 수는 없다. 이는 노동조합 내부의 교섭 분권화 압력을 가중시켜 기존 교섭 체제를 교란한다."(정이환, 2006, 167쪽)

을 빨리 상환했다는 의미일 뿐 아직도 우리는 외환위기의 충격에서 벗어나지 못하고 있다.

그 제도적 변화 이후 노동과 자본의 운동과 작동 방식이 완전히 변했고, 이것이 이른바 고용 없는 성장과 양극화, 대기업/중소기업 문제 심화, 비정규직, 고용 불안, 청년실업 등의 우울한 풍경을 만들어 내고 있다. 나아가, 외환위기를 거치면서 대기업과 중소기업, 정규직과 비정규직, 임금노동자와 자영업자 사이의 양극화 구조가 견고하게 구축되면서 사회적 각축을 통해 사회적·경제적 구조를 바꿀 수 있는 여지가 아예 사라지거나 협소해지고 말았다. 일반적으로 경제적 위기는 단순히 국민경제의 재생산 과정 상의 위기만은 아니다. 그것은 동시에 한 사회를 구성하는 이해집단 간의 대립의 심화를 반영한다. 이런 대립의 최종 결과는 대부분 노동자들에게 고통을 크게 부담시키는 방식으로, 혹은 극히 드물지만 그와 정반대인 사회혁명으로 나타난다.

대다수 경제학자들은 지난 수십 년간 "모든 것은 시장 안에 있다"고 생각해 왔다. 복잡한 수학 곡선이 그려 내는 시장의 우아함 속에서, 그리고 무엇보다도 여러 정부·기업·단체·대학 등 거대한 시장 네트워크가 제공하는 조직적·재정적 지원 아래서 시장원리는 더욱 정교해졌다. "구름이 갠 하늘을 배경으로 완벽한 윤곽선을 펼치는 그리스 신전처럼"[59] 이론 속의 시장은 완전했고, 현실에서도 자유시장은 수많은 사람들을 무서운 기세로 감염시켰다. 반면, 엄습하는 자유시장에 면역돼 있거나 이를 멀리하는, 즉 시장 규제와 제도를 강조하는 소수파들은 '이단'으로 취급받았다. 시장이론을 대표하는 로버트 루카스는 2003년에 "불황 예방이라는 거시경제의 근본 문제는 이제 해결됐다"고 선언하기까지 했다. 정교한 시장과학을 통해 현실경제의 질병을 해결할 수 있게 됐다는, '시장'의 승리감이었다. 시장은 과거에는 혼돈스러웠던 세상의 많은 문제를 해명하고 처방전까지 내놓을 수 있는 '모든 것의 이론'이 되었다. 전 세계 어디서든지 신문에 칼럼을 쓰는 지식인은 경제학자로 채워졌다. 가난하든 부유하든 공공이든 민간이든 가릴 것 없이 국가·개인·지역 모두 시장 메커니즘을 따라 행동해야 한다는 '워싱턴 컨센서스consensus'(규제 축소, 자유화 등)[60]가 전 지구를 규율하는 원리가 되었고, '자유시장을 향한 전 지구적인 행진' 속에서 시장은 오만한 제국이 되었다.

그러나 지난 수십 년간 황금시대를 구가해 온 자유로운 금융시장은 갑자기 무너졌다. 시장의 아름다움과 '더 많은 시장의 자유'를 격정적으로 외치면서 우쭐댔던, 주로 호숫가에 위치한 대학(시카고대 등)에 근거지를 둔 담수freshwater 경제학자들은 지금 "지적 파산을 맞았다"는 비판(미 버클리대 교수 브래드 드롱Brad Delong)을 들어야 하는 우울한 처지가 되고 말았다.[61] 지난 30여 년간 전 세계를 풍미해 온, '시장'이란 이름의 교

---

59 조지프 슘페터는 《경제분석의 역사》에서 "(1890년대 이후 수십 년간 경제학에서) 주도적인 저작들은 공통 지반의 거대한 지평을 보여 주었고 평안한 느낌이 들게 했다. 피상적인 관찰자들의 눈에는 완전함, 구름이 갠 하늘을 배경으로 그 완벽한 윤곽선을 펼치는 그리스 신전의 완전함의 인상을 창출했다"고 말했다. 경제학자들이 모든 것은 앨프리드 마셜 안에 있다는 태도를 취한 것도 당연했다. 슘페터는 이어 '경제적 균형에 관한 레옹 발라Leon Walras의 체계는 …… 경제학자의 저작으로서는 이론물리학의 성과와 비견될 유일한 저작이다. 그에 비해 그 시기-와 그 너머의-의 대부분의 이론적인 저작들은 …… 정기선에 붙은 소형 보트처럼, 발라적 진리의 몇몇 특수한 측면을 파악하려는 부적절한 시도처럼 보인다'고 말했다."(백하우스, 2002, 453~454쪽) 이처럼 마셜과 발라에 뿌리를 둔 경제학은 완전무결함을 주창하면서 오만한 '경제학 제국주의'로 이어졌고, 경제학자들은 언제부턴가 "겸손이라는 단어가 매우 낯선 사람들"이라는 비판을 듣고 있다.

60 현재 진행되고 있는 이른바 '중국적 색깔을 지닌 세계화'가, 그동안 자유시장과 민주주의라는 복음(?)을 전 지구에 전파해 온 미국적 헤게모니 질서와는 다를 것이라는 주장(이른바 '베이징 컨센서스')도 있다.

조는 지금 구석에 몰리고 있다. 시장만능 경제학의 쓸모없음과 무능에 대한 혹독한 비판도 고조되고 있다. 누구도 예기치 못한 돌출적인 국면 전환이다. 지난 2009년 7월부터 영국《이코노미스트》가 연재한 '위기의 (시장)경제학' 특집 기사, 이에 대한 미국 시카고대 교수 로버트 루카스 의 '우울한 학문에 대한 변론', 그리고 미국 프린스턴대 교수인 폴 크루 그먼이 2009년 9월 초《뉴욕타임스》에 기고한 장문의 시카고학파 비판 은 본격적인 논쟁에 불을 댕겼다.

시장을 신봉하는 '담수' 경제학자들과 해안가에 주로 자리 잡은 대학 (프린스턴대·컬럼비아대 등)에 둥지를 틀고 있는 시장 실패를 주창하는 '염수saltwater' 경제학자들 간의 대결에서, 크루그먼은 지난 30여 년은 시 장주의자들이 이론과 현실 양쪽을 모두 주도해 온 '거시경제학의 암흑 시대'였다고 혹평했다. "그동안 시카고학파를 중심으로 한 시장주의 주 류 경제학은 이론의 아름다움을 마치 그것이 진실인 양 착각했다." 멋지 고 인상적인 수학 모델의 옷을 걸친 채 시장을 앞세워 세상의 모든 이치 를 설파하고 또 처방전을 제시해 왔으나, 시장의 완전성에 대한 의심 없 는 신뢰, 그리고 이를 입증하는 모델의 정교함에 도취돼 사상 최악의 금

---

61 '시장의 효율적 자기조절 능력'에 대한 전면 비판이 제기되는 지금, 시장만능주의자들 안에서도 작은 자성론 이 일고 있다. 다음은 2009년 여름, 영국《이코노미스트》에 실린 자성론의 한 대목이다. "무엇이 왜 잘못됐고, 누가 비난을 받아야 하는지 정확히 규정하기란 어렵다. 자유시장 패러다임은 여전히 강력한 변호를 받아야 한다. 단지 우리는 아직 모르는 것이 많다는 것을 인정해야 한다. 시장이 신뢰성에서 큰 상처를 입고 있지만, 이는 더 나은 창조적 진화를 할 수 있는 자극이 될 것이다." 오직 효율과 경쟁적 교환, 이윤만을 추구하는 '비 인격체' 시장은 여전히 완벽하고 견고한데, 단지 시장을 복음처럼 전도해 온 경제학자들이 겸손하지 못했기 때문에 위기를 맞고 있다는 것일까? 역설적이게도, 비판받고 있는 '담수'가 오히려 '염수'를 향해 "당신들이 오히려 비이성적으로 과열하고 있다"며 따끔하게 충고한다. 잔손질만 하면 현실을 더 잘 설명할 수 있는 정교 한 시장 연립방정식을 구축할 수 있다는 우월감, 더 정교한 시장과학을 만들어 위기에 빠진 것처럼 보이는(?) 시장을 구출해 낼 수 있다는 자만감이다. 진정한 성찰은 보이지 않고, 시장은 여전히 폭주하고 있다.

융 버블 출현에 눈멀고 버블을 키웠다는 비판이다.[62]

존 메이너드 케인스는 《통화개혁론》에서 "장기에 우리는 모두 죽는다.(In the long-run, we are all dead)"고 했다. 1929년 대공황이 닥쳤을 때 자유시장주의자들이 "걱정하지 말라. 시장은 자기 조절적이다. 시간이 주어지면 경제적 번영은 재개될 것"이라고 하자, 케인스가 먼 미래의 가능성만을 기다리다가 삶이 망가진 사람들의 비참함을 언급하면서 한 말이다. "단순히 '장기'라고 말하는 것은 현재 상황을 진단해 주는 적절한 안내자가 되지 못한다. 장기적으로 우리는 모두 죽는다. 경제학자가 장기를 이야기하는 것은, 폭풍우(경제불황)가 몰아치는 계절에 폭풍우가 지나가고 나면 다시 평온해질 것이라고 말하는 것과 같다. 이는 너무나 안이하고 사태 해결에도 도움이 안 되는 이야기다."

분배와 관련해 케인스주의 경제학에서 이데올로기적 함의를 지닌 개념이 이른바 '한계소비 성향'이다. 소득이 1단위 증가할 때 그에 따른 소비지출이 얼마나 증가하는지를 따지는 것인데, 이미 돈을 많이 가진 부자일수록 지갑에 10만 원이 더 생긴다고 소비를 크게 늘리지 않는다. 반면 가난한 사람은 새로 생긴 10만 원 대부분을 소비지출에 쓰게 될 것이다. 케인스가 주창했듯이, 소비는 더 많은 상품의 생산을 유도하면서 경제성장을 이끄는 중요한 동력이다. 이른바 '소비(수요)의 경제학'이

---

62 20세기 자유시장주의의 이론적 뿌리인 밀턴 프리드먼은 《자본주의와 자유》에서 "(시장을) 개혁하고 싶어 하는 좋은 의도를 가진 사람들로부터 오는 내부적 위협이 사실은 자유를 억압하는 적"이라고 경고했다. 칼 포퍼가 《열린 사회와 그 적들》에서 설파한, "지옥으로 가는 길은 선의로 포장돼 있다"는 말과 같은 맥락이다. 세상을 파멸로 이끄는 것은 인간의 사악함이라기보다는 어리석음이라고, 즉 제도와 규제를 통해 시장을 개혁하려는 시도를 어리석은 행동이라고 경고하고 있는 것이다.

다. 즉, 국가에 의한 재분배가 경제성장을 이끄는 원동력이 되는 것이다. 승자 독식의 시장 질서에 따라 부자에게 부가 집중되면, 이는 단순히 시장 분배 불평등이나 정의, 공정성의 문제를 넘어 국내총생산(GDP) 등 경제 전체의 번영을 가로막는 장애물로 작용하게 된다.

"다만, 백만장자가 생전에는 그들의 육체를 편안하게 하기 위해 호화로운 저택을 건조하고, 사후에는 사체를 안치하기 위하여 피라미드를 건조하며, 혹은 죄악을 참회하여 대사원을 세우고, 수도원이나 외국 선교단에 기부하는 데 만족을 느끼는 한에서는 자본의 풍요가 산출물의 풍요를 방해하는 시기가 다소 뒤로 늦춰질 수 있다."(케인스, 1985, 219쪽) 뒤집어 말하면, 자본의 풍요가 산출물의 풍요를 방해한다는 것인데, 즉 자본에 더 많이 배분하는 경제에서는 소비 감퇴와 자본 저축 증가로 인해 경제 전체의 산출물 생산이 방해받게 된다는 얘기다. 한 마디로, 노동자들에게 더 많은 소득을 분배하는 것이 경제를 더욱 생산적으로 만들고 경제 전체의 후생 증대에도 도움이 된다.

1930년대에 하버드대학에서 슘페터는 마르크스주의자인 폴 스위지와 '자본주의의 미래'에 대해 토론을 벌였다. 토론회의 사회를 맡은 경제학자 바실리 레온티에프Wassily Leotief는 토론이 끝날 즈음에 두 사람의 견해를 이렇게 요약했다. "자본주의는 병자가 되어 가고 있다. 이 병자가 죽음에 다가가고 있다고 본다는 점에서 두 사람은 의견 일치를 보고 있다. 하지만 진단의 근거는 다르다. 스위지는 이 병자가 악성 암에 걸려 죽어 간다고 논한다. 어떤 수술도 도움이 되지 못하며 결말은 이미 정해져 있다. 이에 비해 슘페터는 병자가 죽어 가는 것을 명랑한 기분으로 인정하고 있다. 슘페터가 보기에 병자는 노이로제 신경증에 걸려 죽음에 이른다. 병자 스스로 자기혐오 덩어리가 되어 살아갈 의지를 잃어버린다."[63]

63 이토 미쓰하루 외 지음(2004), 《슘페터 : 고고한 경제학자》, 민성원 옮김, 소화, 143쪽. 이 토론회가 열린 지 30
여 년이 지난 뒤인 1969년 폴 새뮤얼슨은 《뉴스위크》 칼럼에서 이 토론회를 회고하면서 칼럼 제목을 '거인들
Giants이 지구와 하버드 교정을 걸었을 때'라고 붙였다.

합리적 바보

대학에 못 가고 고등학교 졸업 뒤 곧바로 취업한 청년 노동자와, 대학에 진학해 공부하고 있는 친구가 있다고 하자. 대학생 친구는 청년 노동자가 낸 소득세가 포함된 정부의 대학보조금 혜택을 누린다. 도서관 시설도 값싸게 이용하고 등록금도 더 적게 낸다. 시장자유주의자들은 두 사람 모두 합리적 선택을 한 결과일 뿐이라고 설명한다. 불공평하게 누가 더 이득을 보고 있는지는 관심 밖이다. 실업에 대한 시각도 비슷하다. 시장임금 수준에서 실업자는 실업수당을 받고 여가의 금전적 가치까지 누릴지, 아니면 재취업할지를 날마다 고민하면서 합리적 선택을 한다고 주장한다. 실업자 신세의 고통은 고려되지 않는다. 개인에게 더 많은 선택의 자유를 줄수록, 즉 시장에 대한 제도적 개입과 규제가 적을수록, 시장은 효율을 달성하고 개인의 만족도 커진다고 말이다.

이런 관점은 한 손에는 전자계산기를 들고, 머릿속에는 모든 선택 가능한 상품 목록과 그 목록들의 시장가격을 정확히 알고 있는 상태를 가정한다.[64] 시카고학파의 시장자유주의를 대표하는 조지 스티글러는 "우리는 충분한 정보를 가지고 자기 이익을 추구하기 위해서 영리하게 행동하는 사람들로 이루어진 세상에 살고 있다."고 말한 바 있다. 과연 시장에서 선택의 자유는 곧 '행복한 선택'을 보장하는 것일까?

당나귀의 어리석음을 풍자한 '뷔리당의 당나귀'라는 우화가 있다. 배고픈 당

---

64 《남성들의 경제학을 넘어서Beyond Economic Man》는 '깡통 따개can opener' 농담을 통해, 경제학이 그 방법론으로 기초하고 있는 '가정'을 다음과 같이 비판한다. "물리학자, 철학자 그리고 경제학자가 콩이 들어 있는 깡통만 가지고 있을 뿐 다른 먹을 것이 없는 채로 사막에 있다. 그러나 그들에게는 깡통 따개가 없다. 물리학자와 철학자는 서로 다른 다양한 해결책을 제시한다. 그러나 경제학자는 그 문제를 푸는 방법을 알고 있다. '깡통 따개를 가정하라.'"(퍼버 · 넬슨, 75쪽)

나귀가 어느 날 길을 걷다가 맛있어 보이는 건초 더미를 보고 그쪽으로 발걸음을 옮기는 순간, 반대쪽에도 똑같이 맛있어 보이는 건초 더미가 있는 것을 발견했다. 왼쪽으로 가면 오른쪽 건초가 더 먹음직스러워 보이고, 오른쪽으로 가면 왼쪽이 더 좋아 보인다. 밤새도록 갈팡질팡하던 당나귀는 이튿날 아침 두 건초 더미 사이에서 굶어 죽은 채로 발견된다. 자기 앞에 놓인 두 개의 건초 더미 중에서 어떤 것이 더 나은지 줄곧 합리적 선택을 시도하다가 끝내 비극적인 선택을 하고 만 것이다.(센, 1999b, 112쪽)

이 당나귀는 다른 건초 더미를 배제하고 특정한 건초 더미를 선택할 충분한 이유가 없었다. 둘 중에 어떤 것을 선택하는 순간, 그 선택은 오직 부분적으로만 정당화될 뿐이었다. 우리가 어떤 것을 선택했다고 해서 선택하지 않고 남겨진 것이 곧바로 하찮은 것이 되어 버리는 것도 아니다. 이기적으로 자기 이익만을 추구하는 개인은 '합리적 바보rational pools'일 수 있다. 당나귀의 슬픈 이야기가 말해 주듯, 때로 더 많은 선택의 자유가 곤혹스럽고 당황스러운 상황을 만들어 내거나 개인의 일생을 더 불행하게 만들 수도 있다. 다른 사람이 치밀한 합리적 선택을 하려고 고민하는 사이에 그냥 편히 누워 있는 게 더 나을지도 모른다. 좀 더 많은 자유가 좀 더 작은 행복을 주거나, 어쩌면 훨씬 작은 충족감을 줄 수 있다. 선택 대안의 상실이, 즉 끊임없이 사소한 선택을 해야 하는 성가심에서 해방되는 것이 오히려 더 큰 행복을 줄 수도 있다.

소득 불균형 해소에 대해서도 시장주의자들은 시장에서 개인의 자유로운 선택에 맡기는 것이 최상의 방법이라고 주장한다. 정부가 개입하면 오히려 개입 비용을 초래해 부정적 효과를 가져 온다는 것이다. 소득을 재분배하거나 공공 의료 서비스를 늘리는 정책은 오히려 근로 의욕을 상실시켜 빈민을 더 고통스럽게 만들고 과잉 의료 서비스를 초래한다는 주장이다. 그러나 대부분의 환자들은 단순히 치료가 무료이거나 진료비가 저렴하다는 이유로 병을 악화시키는 행동을 하지는 않는다.

노벨경제학상 수상자인 아마르티야 센이 윤리와 경제를 말하듯이, 어쩌면 철학과의 연계를 통해 경제학은 '우울한 과학'[65]이라는 오명을 벗을 수 있을지도 모른다. "경제학은 한 사회의 상태에 결정적인 영향을 끼치는 경제정책을 좀 더 도덕적이고 윤리적인 (그러면서도 합리적인) 관점에서 결정할 수 있다. 한 철학자는 1967년에 그 당시의 철학(경제과학)에 대해 '청소부 이외에는 아무도 살지 않는 진리의 대저택에서 일하는 청소부'라는 우려 섞인 평가를 내렸다."(박만섭, 2006)

아마르티야 센은 주류 시장경제 이론에 흔히 제시되는 '합리적 개인'의 일반적인 경제행동 가정, 즉 개인은 자신의 온갖 선택을 통해 자신의 후생을 증진시킨다는, 다시 말해 이기적으로 자기 이익만을 추구하는 개인은 '합리적 바보'일 수 있다고 말했다.(Sen, 1977) 이익의 추구가 때로는 그 사람에게 불리한 결과를 가져오는 선택을 할 수도 있다는 얘기다.

노벨경제학상 수상자인 조지 애컬로프George Akerlof 역시 '제한된 합리성bounded rationality'을 주장한 허버트 사이먼Herbert Simon과 마찬가지로, 완전하게 합리적일 때보다 약간 비합리적일 때가 더욱 합리적이게 되는 경우가 있다고 지적하였다. "가령 내가 현재 받아든 급료를 가지고 소비할 액수와 저축할 액수를 결정하려 한다고 가정해 보자. 정말로 올바른 결정을 하고자 한다면 경제의 장기적 전망이나 미래의 세금 동향에 관한 최선의 예측, 또 나와 동일한 직업에 있는 사람들의 평생소득에 관한 대강의 추적 등, 경제 상황에 대해 가능한 많은 정보를 파악해야 한다. 그 다음 향후 수십 년 동안의 예산 계획을 세우고 그 계

---

65 물론 어떤 경제학도들은 복잡한 수리 모형을 전개하면서 희열과 감탄 속에 경제학을 환희의 학문이라고 여길지도 모른다.

획에 입각하여 이 달에 얼마를 저축할 것인지를 계산해야 한다. 물론 나는 이와 같은 일은 하지도 않으며 또 해서도 안 된다. 대략적인 추측만으로도 충분한 해결 방안이 나오거니와, 또 추측을 완벽하게 하기 위해 들이는 시간과 비용은 필경 그만 한 가치가 없다. 속담도 있다시피 지나침은 덜함만 못하다."(크루그먼, 1998, 249쪽)

금융시장, 노동시장
그리고 신자유주의

제조업 죽이는 금융시장의 무한 질주

"1917년(소비에트혁명) 이래 우리는 처음으로 재산권과 자유시장이 근본적인 법칙으로 간주되는 세상에 살고 있다. 시장경제의 불쾌한 측면들—불평등, 실업, 불공정—은 단지 인생의 일면으로 받아들여지고 있다. 어쨌든 1997년의 영광스러운 여름, 자본주의는 80년 만에 처음으로 아무런 도전도 받지 않고 이 세계를 지배했다."(크루그먼, 1999, 26쪽) 그러나 1997년 말, 영광스러운 여름은 끝났다. 한국을 비롯한 동아시아에 환란이 휩쓸면서 자본주의 시장경제는 느닷없이 위기 국면으로 빠져들었다. 그리고 2008년, 또다시 엄습한 금융위기는 전 지구적 시장경제를 심각한 몹쓸 병에 통째로 감염시키면서 퍼져 나갔다.

1990년대 미국 경제의 성장 엔진으로는 주가 상승을 통한 자산가격 거품 이외에는 대안이 없었다. 경제를 심각한 불황의 늪에서 건져 내기 위해, 연방준비제도이사회는 기록적인 저금리와 이에 따른 지속적인 주가 상승을 통해 미국 국내 소비와 투자 증가를 가속시킬 수밖에 없었다. 2002년에 로버트 브레너Robert Brenner는 이처럼 주가 상승을 통해 경제가 폭발하는 것을 지연시키고 시간을 벌어 보려 했으나 결국 과잉투자에 따른 자본의 수익성 저하를 이겨 낼 수 없었다며, 미국 경제에서 자산가격 거품이 붕괴되면서 위기를 향하고 있다고 이미 경고한 바 있다.

"1990년대 말 미국 경제는 미국 정부와 주요 기업들의 후원에 힘입은 사상 유례없는 자산가격 거품을 통해 기초적인 어려움을 대충 얼버무리고 넘어갔다. 자산가격 거품은 1990년대 말 미국 경제에 대규모 호황을 가져다주었으며 이러한 호황은 매우 급속한 자본축적에 의해 강력하게 견인되었다. 1990년대의 경제성장을 견인한 엔진—주가 상승에 따른 자산효과—이 고장 나 추진력을 상실한 상황에서 미국 경제가 심각한 불황의 늪으로 빠져들고, 어떤 경로를 통해서든 여러 방식으로 금융 폭발을 야기할 수 있다."(브레너, 2002, 334~342쪽)

1929년 대공황도 마찬가지였다. 허버트 후버 대통령은 1928년에 "오늘날 미국인들은 빈곤에 대한 최종 승리의 고지에 인류 역사상 그 어느 곳, 어느 때보다도 가까이 와 있다. 구빈소는 이제 사라져 가고 있다. 아직 그 목적을 달성하지는 못했지만 신의 가호가 함께한다면 우리는 조만간 이 나라에서 빈곤을 영원히 추방할 수 있는 날을 보게 될 것이다."(하일브로너·밀버그, 261쪽)라고 말했다.

미국의 경제성장은 1870년대에 본격적으로 시작되어 1929년에 극적인 절정에 이른다. 이에 대해 하일브로너는 "그런데 이 최고의 번영의 시기가 또한 시장 체제의 역사에서 최악의 참변으로 끝났다는 것은 실로 아이러니가 아닐 수 없다. 이 참변은 자본주의 자체를 거의 끝장낼 뻔

했으며, 또 그 체제를 영구적으로 바꾸어 놓고 말았다.”고 말했다. 당시 미국인들 거의 누구도 엄청난 경제적 재난이 막 시작될 것이라는 낌새를 전혀 채지 못했다. 대신 대부분의 사람들은 미국 경제의 다른 측면에 넋을 잃고 매료되어 있었으니, 그것은 바로 거대한 주식시장 붐이었다.[66]

이 붐이 얼마나 대단했던지 1929년경에는 거의 1000만 명에 달하는 사람들을 시장에 끌어들여서 아무 고통이나 노력 없이도 돈이 저절로 불어나는 즐거움을 그들에게 선사했다. 1920년대의 사회사가인 프레더릭 루이스 앨런은 이를 이렇게 묘사했다. “부잣집 자가용 운전수도 베들레헴강철 주가의 임박한 변동 소식에 귀를 쫑긋 세우면서 차를 몰았다. …… 주식 중개인의 사무실 창문을 닦던 청소원은 일을 멈추고 증권 시세 표시기를 바라보았다. 그는 힘들게 모은 저축으로 시몬스 주식을 살까 말까 고민 중이었다. …… 어느 기자는 환자가 준 팁으로 주식을 사서 3만 달러를 벌어들인 간호사, 기차역에서 30마일이나 떨어진 와이오밍의 시골에 살면서 매일 3000주씩 사고파는 소몰이꾼 이야기 등을 늘어놓고 있었다.”(하일브로너·밀버그, 263쪽)

케인스는 “주식시장이 경제의 주역이 아니라 조연 역할을 할 때 자본주의가 가장 효과적으로 운영된다”고 주장했다. 하지만 1990년대 이후 금융시장은 주역으로 등장했고, 자본주의 시장경제는 금융 주도 축적체

66 자본주의적 생산에서 증권거래소가 차지하는 역할에 대해 엥겔스는 “공업과 농업을 포함한 생산 전체 그리고 교통수단과 교환 기능을 포함한 상업 전체를 증권 거래업자의 수중으로 집중시키는 경향을 가지며, 따라서 증권거래소는 자본주의적 생산의 가장 유력한 대표자가 될 것이다. 1860년대 당시 증권거래소는 자본가들이 자기들의 축적된 자본을 상호 간에 탈취하는 장소였으며, 노동자들에게는 자본주의경제의 일반적인 퇴폐 효과의 하나의 새로운 증거였다.”고 말했다. (마르크스, 《자본론》(3권, 하), 1117쪽)

제로 급속히 변모했다. 한국 경제 역시 '금융주도 축적체제'로 급속히 이행하고 있다. 금융은 본래 경제에서 '중개 기능'을 한다. 즉, 경제의 혈액으로서 산업과 생산에 피가 돌게 해 경제를 활력 있게 만들고, 자원이 경제의 각 영역에서 가장 최적의 상태로 사용되도록 돈을 시장에 배분하는 기능을 한다. 빈곤층은 금융기관을 통해 돈을 빌려서 자녀 교육 등 인적자본 투자에 사용하고, 우리가 저축한 돈이 은행 대출을 통해 생산·공장에 투자돼 고용을 창출한다. 그러나 지금 금융은 생산적 투자를 벗어나 증권·채권시장의 투기로 변질된 지 이미 오래다. 금융시장이 무한 질주하면서 제조업이 죽고 일자리 쇼크를 만들어 내고 있다.[67]

금융, 신자유주의의 다른 이름

2차 세계대전에서 1970년대 후반까지, 즉 케인스주의 타협이 이루어졌던 이 시기에 확립된 제도적 구조는, 비금융경제 부문에 좀 더 유리한 금융 조건, 산업정책을 통한 강력한 국가 개입, 경제발전에 유리한 국제통화제도로 이루어졌다. 이 제도들은 자본 소유자의 자유로운 결정권을 어느 정도 제한하는 것이었다. 그러나 이후 신자유주의는 국내적으로, 그리고 국제적인 차원에서 이렇게 만들어진 사회질서를 파괴했고, 가장 냉혹한 자본주의의 규칙을 복원시

---

67 "은행 화폐대부의 환류(자본 회수) 과정 전체가 매우 복잡하기 때문에 사실상 오래전부터 사기당한 화폐 대부자나 생산자의 희생에 의해 환류가 행해지고 있는 경우에도 사업이 매우 건실하고 환류가 원활한 듯 외관이 평온하게 지속될 수 있다. 그렇기 때문에 사업은 언제나 바로 파국 직전에 거의 지나칠 정도로 건전해 보인다. 갑작스런 붕괴가 일어날 때까지 사업은 항상 매우 건전하며 극도로 번영하는 법이다."(마르크스, 《자본론》(3권, 하), 593~594쪽)

켰다.

제라르 뒤메닐Gerard Dumenil과 도미니크 레비Dominique Levy는 금융자산의 가격 상승이 수요를 지탱해 주리라고 믿는 축적체제가 신자유주의이며, 금융자산의 가격 하락이 실물경제를 불안정하게 만들 가능성이 매우 높아진 것 또한 신자유주의라고 말한다. "신자유주의란 우리가 '금융'이라고 통칭해서 부르는 것, 즉 자본 소유자 계급과 그들의 권력이 집중된 기관들이, 대공황과 2차 세계대전 이후 감소 추세에 있던 자본 소유자 계급의 수입과 권력을 대중투쟁이 전반적으로 약화된 틈을 타 회복하려는 열망의 표출이다. 신자유주의를 특징짓는 규칙들은 '자본'이란 말을 쓰는 것을 피해 보통 완곡하게 '시장'의 규칙이라는 표현을 사용한다.

노동시장은 신자유주의의 주요 표적이 되었다. 신자유주의에서는 주식시장이 중심적 역할을 맡게 됐고, 국제 자본이 자유롭게 이동하게 됐다. 신자유주의는 사회관계의 전면적인 '상품화' 과정을 낳았는데, 이것이 가장 충격적인 측면이다. …… 수요가 주식시장에 의해 결정되고 더 이상 '임금관계'에 의해 영향을 받지 못하는 새로운 자본주의 축적체제가 등장했다. 이제 주가 폭락을 어떻게 완화할 것인지가 통화정책의 핵심적인 관심사가 되고 있다."(뒤메닐·레비, 12~14·159쪽)

흔히 "기업들이 신규 투자를 하지 않아서 고용이 국가 최대 과제로 부상하고 있다"고 말한다. 신자유주의 시대에 기업의 투자란 무엇인가? 자본가들은 왜 '야성적 혈기'를 상실한 것일까? 기업의 수익률은 증가하지만 신규 투자는 제자리걸음을 하고 있다. 수수께끼다. 기업이 보유한 막대한 현금은 주주 배당금으로 돌아가거나 금융자산에 투자되는 등 생산적이지 못한 곳으로 흘러간다. 그런데 주주가 정말로 기업의 '주인'인 것일까? 주주는 언제든지 주식을 팔고 떠날 수 있지만 기업에 소속된 노동자야말로 회사와 운명을 같이하는 '이해관계자_{stakeholders}' 중 한 주체이다. 금융시장이 활발하게 움직이면 기업은 실물 투자보다는 금융 투자에 관심을 쏟는다. 그러나 금융 투자는 경제성장으로 바로 이어지지 않는다.

"우리의 직접적인 관심사는 금융 변수(금리, 인플레이션, 환율 등)가 아니라 실질 변수(실업, 소득, 성장 등)이다. 금융 변수는 실질 변수에 영향을 미치는 만큼만 중요하다. 하지만 정부가 관찰하고 감독하고 통제하기는 실질 변수보다 매개변수(금융 변수)가 더 수월할 것이다. 많은 나라들이 안고 있는 문제는, 중앙은행이 사회의 폭넓은 이익을 대변하지 않으며 오히려 금융시장의 이익을 지나치게 많이 대변한다는 것이다. 금융시장은 실업과 성장보다는 인플레이션에 관심을 둔다.[68] 인플레이션은 매개변수일 뿐이다. 국민은 선거 전에 만든 공약을 보고 표를 던지지만, 선출된 정부는 거대 금융 집단의 지지도 받아야 한다. 게다가 자본시장이 개방되면 외국인과 부유층의 목소리가 더욱 커진다. 정부 정책이 못마땅하면 자금을 빼내 경제를 불안에 빠뜨릴 수 있기 때문이다. 때

---

68 "자유시장 정책 패키지의 일련의 정책들은 낮은 인플레이션, 자유로운 자본 이동, 노동시장 유연성이라는 미사여구로 포장된 높은 고용 불안정성을 중시한다.……그러나 물가안정은 대부분의 사람들이 가장 중요하다고 생각하는 경제안정의 지표도 아니다. 사람들의 삶을 흔드는 가장 큰 사건은 일자리를 잃거나, 하는 일의 성격이 완전히 달라지는 것, 혹은 금융위기가 몰아닥쳐 집을 차압당하는 것들이다. 물가상승률이 2퍼센트일 때와 4퍼센트일 때의 차이를 느낀다고 말할 수 있는 사람이 몇이나 되겠는가? 인플레이션은 기본적으로 금융자산 보유자의 이익을 보호하기 위해 입안된 것이다. 인플레이션은 장기적 안정, 경제성장, 그리고 인류의 행복을 희생해서 금융자산 보유자들에게나 유리한 정책을 추진하는 사람들이 대중을 겁주기 위해 사용해 온 '무서운 망태할아범' 같은 것에 불과하다."(장하준, 2010, 90쪽)

로는 노동자의 이익을 대변하려는 정부조차도 금융시장의 명령 앞에서는 선택의 여지가 없다." _(스티글리츠 외, 238-241쪽)

21세기 들어 전 세계를 휩쓸고 있는 주택 경기 붐과 주식시장 활황은 임금소득 대신 '자산소득'을 올려줘 상품의 수요 기반을 창출하려는 목적에서 '기획'된 측면이 강하다. 저임금 노동 증가에 따른 구매력 저하로 상품이 잘 팔리지 않아 수익성이 점차 악화되자, 개별 자본들도 '생산'에서 탈피해 '금융적 축적'으로 빠르게 이행하고 있다. '괜찮은 일자리'가 대폭 줄어드는 이유도 여기에 있다.

기업이 이윤을 얻기 위해 생산에 투자하겠다고 결정하는 것이 자본주의를 움직이는 원동력이다. 기업이 투자하지 않으면 자본주의는 움직이지 않는다. 기업을 제외한 경제 주체들의 움직임은 기본적으로 자본가들이 투자할 능력과 의지가 있는지에 달려 있다. 자본가들은 이런 경제적인 힘을 기반으로 정부에 영향력을 발휘한다. 정부가 기업에 불리한 정책을 펴면 자본가는 지갑을 닫고 투자를 하지 않을 것이고, 이렇게 되면 경제는 위축된다. 결국 정부를 압박하기 위해 기업들은 서로 공모할 필요도 없다. 정부가 기업 친화적인 자세로 돌아갈 때까지 그냥 투자 결정을 미루고 현금을 움켜쥐고 있기만 하면 된다. "시장은 우리가 알고 있는 유일한 효율적인 자원 배분 기제이다. 그러나 모든 사람들이 가격이라는 자극에 반응할 것이라는 가정은 단지 하나의 신조에 불과하다. 레닌이 언급한 바와 같이 요리사까지도 사회주의경제를 관리할 수 있는 방법을 배울 수 있으나, 시장경제는 회계사, 주식 중개인, 투자 계획가, 그리고 금융 천재들의 세계이다. 요리사가 경영학석사(MBA)가 되려면 시간이 걸린다." _(쉐보르스키, 1997, 218쪽)

가치를 생산하지 못하는 투자와 팽창

시장에서 노동과 자본의 관계를 '공정'이라는 관점에서 따져 보자. 노동의 대가로 지불되는 임금은 자본주의 법질서에서 볼 때 법적으로는 공정하지만 경제적으로는 부당하거나 불공정한 측면을 내포하고 있다. "자본으로 밥을 버는 것은 깊이 따져 보면 누군가의 노동으로 만든 밥을 대신 차지한다는 사실을 가리킨다. 다만 주먹으로 차지하는 것이 아니라 돈을 주고 차지한다는 점에서, 그 행위는 법률적으로 공정하다는 판결을 받는다."(정운영, 1989, 101쪽)

소유를 "눈앞에서 일어나는 도적질"이라고 맹비난하면서, 소유라는 것은 노동이 창출한 가치로부터 노동을 '배제'하고 노동의 권리를 '침해'하는 능력이라고 설파한 프루동은 1840년에 다음과 같이 묻고 있다. "모든 동물(과 인간)은 옛날에 햇볕으로 데워진 대지로부터 마치 버섯처럼 (즉, 각자 멋대로의 형상대로) 생겨났다고 주장한 한 철학자(토머스 홉스)에게 누군가가 왜 대지가 같은 질료matter를 가지고 이제 아무것도 낳지 않는지 물었다. 그는, 대지가 늙었고 산출 능력을 잃었기 때문이라고 답했다. 옛날에 그토록 다산이었던 노동이 이렇게 불모가 되었는가?"(프루동, 171쪽) 프루동은 "일하는 자는 심지어 자신의 임금을 받은 뒤에도, 자신이 생산한 사물에 대한 자연적인 소유권을 가진다."면서, 노동자들은 자본이 가져가는 몫의 가치를 팔지도 다른 것과 교환하지도 않았으며, 자본가가 그 가치를 사들인 것도 아니라고 말했다. 이렇게 그는, '노동이 소유의 딸'이라고 말하면서도 임금을 지불함으로써 노동에 대한 정당한 보상이 주어졌으며 나머지는 자본의 보수로 돌아가는 것이 정당하다고 옹호한 장 바티스트 세이Jean Baptiste Say 등 경제학자들을 궤변가라고 비판했다.

　기업 경영자들이 오늘날 주식시장의 눈치를 보며 단기 수익을 내는데 급급하면서, 투자나 성장잠재력을 높이기 위한 혁신 노력은 크게 위축되고 있다. 오늘날 거대한 규모로 팽창한 '금융'은 짐 스탠포드가 쓴 《자본주의 사용설명서Economics For Everyone》[69]에 간명하게 정리되어 있다.

　"경제의 중심이 실물 부문에서 금융 부문으로 옮겨 가는 것을 금융화라고 한다. 1970년대 후반까지 미국의 실물자산(건물, 장비 등)은 금융자산과 비슷한 수준이었다. 그러나 그 이후 경제의 금융화가 매우 빠른 속도로 진행됐다. 오늘날에는 실물자산 1달러당 금융자산은 2달러가 넘는다. 금융시장이라는 꼬리가 경제의 몸통을 좌지우지하고 있는 격이다.[70]…… 채권이나 주식은 발행되고 나면 실물 부문에 미치는 영향력은 끝나고 만다. 채권이나 주식을 발행한 기업은 자금을 조달해 생산활동을 시작한다. 그런데 이후에 벌어지는 채권 혹은 주식 매매는 이것을 발행한 기업에 직접 영향을 미치지 못한다. 주식 가격이 오르면 사람들은 경제가 건실하다고 생각한다. 경영자들은 자신의 노력 덕분에 기업의 가치가 창출되고 주주들의 부가 늘었다고 자랑한다. 하지만 주식이나 채권 같은 금융자산의 투기적 거래에는 아무런 가치가 없다. 주식 거래

---

69 이 책은 일하는 사람들을 위해 만든 교양서다. 캐나다의 진보적 싱크탱크 '캐나다 정책대안센터'가 운영하는 웹사이트(www.economicsforeveryone.com)에 들어가 보면 이 책과 관련된 몇 가지 강의 교재와 통계자료를 찾아볼 수 있다.

70 금융시장이 초래하는 불안정에 대해 프랑수아 세네Francois Chesnais는 《자본의 세계화》에서 "금융적 축적에 따라 진정한 투기 경제로의 이행이 시작됐다. 자산가격이 유리한 방향으로 변동하리라는 기대가 투기의 기본 동기인데, 투기적 금융이 이윤 획득에서 성공하려면 어느 정도의 통화 및 금융 불안정이 불가피하게 필요하다. 시장이 지나치게 안정돼 있을 때 금융 운용자들은 거리낌없이 지겹다고 고백한다."고 말했다.(세네, 2003, 54~55쪽)

의 95퍼센트 이상은 이미 발행된 주식이 다시 거래되는 것이다."(스탠포드,

258~261쪽)

이처럼 가치를 생산하는 활동에 대한 금융의 기여도는 점점 떨어지고 있지만, 반대로 생산활동을 파괴하는 금융의 힘은 막강하다. 즉, 오늘날 금융위기가 극명하게 보여 주듯이, 금융이 급속히 팽창할 때는 실물경제에 별다른 긍정적인 영향을 미치지 못하지만, 금융이 침체되면 실물 부문까지 위기에 빠지게 된다. 금융위기가 닥치면 기업은 투자 계획을 연기하고, 은행은 대출을 통한 신용 창출을 주저하고, 소비자는 지출을 줄인다. 금융이 위기에 들어서면 금융 거래에 참가하는 개인 또는 기관들에게 차례로 손실이 넘어가면서 결국 실물 투자와 생산, 고용에 큰 영향을 미치게 된다.

"오늘날 금융자본이 획득한 전례 없이 막강한 경제적 및 사회적 힘은 민간 퇴직(혹은 연금) 기관들이 차지하고 있는 지위에서 나온다. …… 현재 국내총생산에서 유의미한 부분을 차지하고 있는 수천만 명의 퇴직자들에 대한 지불은 (이미 다른 곳에서) 창조된 부를 잠식함으로써 가능해지며, 이러한 잠식은 금융시장들의 매개로 시행된다. 따라서 퇴직자들의 물질적 생활조건이 '금융시장들'의 건강에 달려 있는 셈이다."(세네, 2003, 296쪽) 이를 역설적으로 생각하면, 오히려 노동조합이 금융시장을 활용해 경제 민주화 등 개혁에 나설 수도 있을 것이다. 물론 이런 구상은 이미 광범위하게 확산된 금융 주도 축적체제를 인정하는 것이라는 비판을 받을 수도 있다.

예컨대 퇴직연금 운용 과정에 노동조합이 중요한 주체로 참여하게 될 경우, 산별노조가 막대한 퇴직연금 등 연기금 자산을 무기로 재벌개

혁 등 기업 지배구조 개선을 이끄는 주체로 부상할 수도 있다. 이와 관련해 2003년 초 전미산업별노조 총연맹(AFL-CIO)이 주주 자격으로 기업 지배구조 개혁운동을 전개하겠다고 나선 바 있다. 노조가 막대한 기금을 바탕으로 투명경영 등 기업 경영을 감시하고 개선하는 행동에 적극 착수한 것은, 2002년 엔론과 월드컴이 일으킨 분식회계 스캔들[71]로 이들 기업의 종업원들이 큰 피해를 보았기 때문이다.

짐 스탠포드는 금융시장의 질주에 대해 "자본가들이 어떤 희생을 감수하더라도 부를 증식시키려고 하는 원초적인 본능을 잃어 가고 있다."고 말한다. "지나간 역사를 돌이켜 보면 이윤을 얻으려는 자본가들의 본능은 자본주의에 활력과 창의성을 불어넣는 힘이었다. 따라서 자본가들이 이런 본능을 잃어버린다면 자본주의가 활력 있고 진취적이라는 주장에 의문을 제기할 사람이 많을 것이다."(스탠포드, 181쪽) 자본가들이 자기 고유의 영역인 생산과 무역에서 벗어나, 금융적 투기와 금융적 팽창을 통한 자본축적으로 이동하면서 자본주의가 병들고 있다는 얘기다.

프랑수아 세네Francois Chesnais는 《금융의 세계화Le mondialisation financie're : Gene'se, cout et injeux》에서 "상승이 상승을 낳는" 금융 도취와 투기 거품의 국면에서 자산가격 폭락이 전파되어 심대한 금융위기나 공황으로 귀결되는

---

71 '엔론 스캔들'에 대해 크루그먼은 이렇게 말했다. "한 가지 분명한 사실은, 나쁜 행위에 대해 엄청난 유인을 제공하는 기업 체계를 우리가 가졌다는 사실이다. 기업의 사기 가능성에 촉각을 곤두세웠어야 할 사람들(공인회계사, 은행, 정부 규제 당국자들)이 어떻게 그처럼 큰 것을 놓칠 수 있는가? 물론 이에 대한 대답은, 그들이 그것을 보고 싶어 하지 않았거나 그것에 대해 뭔가 조처를 취하는 것을 차단당했다는 것이다. 공인회계사들은 그들에게 후한 컨설팅 수입을 안겨 준 기업들을 혼내는 일에 관심이 없었다. 은행 임원들은, 엔론 사례에서 우리가 알아냈듯이, 자신들에게 그토록 짭짤한 뒷거래를 하게 해 준 기업들을 혼내는 일에 관심이 없었다. 그리고 정치 헌금을 비롯한 여러 유인들에 고분고분해진 선출직 관리들은 규제 단속자들이 그들의 직무를 수행하는 것을 막았다."(크루그먼, 2003, 125쪽)

것과 관련해, "금융 부문의 도덕적 해이는 사고 발생 시 최종 대부자(중앙은행 및 국가)의 개입을 통해 손실을 사회화시킴으로써 본전을 건질 수 있을 것으로 확신하는 순간 발생한다."고 말했다. '너무 커서 파산시킬 수 없다too big to fail'는 대마불사大馬不死 정책은, 가장 생산적인 투자 기회를 가진 투자자들에게 자금을 공여해야 하는 금융시장의 본래 능력을 대폭 축소시킨다.(세네, 2002, 295~296쪽)

그러나 여전히 시장주의자들은 "요컨대 '시장'은 좋은 것이고, 좋지 않은 것은 바로 시장에서 활동하는 사람들"이라고 강변한다.

자본주의, 민주주의
그리고 노동

자본주의, 그들만의 파라다이스

경제협력개발기구(OECD)는 2011년 6월, 한국의 사회통합 과제를 이렇게 지적한 바 있다. "한국은 지속적 성장을 위해 구조개혁이 필수적이다. 그러나 또한 중요한 사회적 도전을 맞고 있다. 성장은 중요하지만 성장 자체가 모든 문제를 해결할 수 없다. 한국 경제를 더욱 평등하고 응집력 있게 만들려면, 정부가 목표를 잘 조준하여 고용 및 사회정책을 수행하는 데 우선 초점을 맞춰야 한다. 즉 (경제정책 위주에서 탈피하여) 이제 사회정책 추구로 나아가야 한다("go social")는 근본적인 과제가 한국 경제정책 담당자들 앞에 놓여 있다."[72]

우리 시대에 일자리를 통한 소득과 안정적인 삶은, 노동시장의 구조

---

72 OECD(2011), "A Framework for Growth and Social Cohesion in Korea", *OECD Report*, June p.5

상 불가능해졌다. 그렇다면 저임금 빈곤 속에서 삶의 안정을 기할 수 있는 건 국가 차원의 복지정책뿐인가? 복지를 더 확대해야 한다는 주장에는 노동의욕과 기업의 고용능력을 떨어뜨려 실업 증가를 초래한다는 비판이 뒤따르기 마련이다. 그러나 국제적으로 최근 20년의 경제발전 경험에 의하면 경제를 성장시켜 고용을 늘린다는 주장 역시 근거가 없다. 자본주의경제의 '성장을 통한 고용 창출 능력'은 현저히 떨어졌다. 고용은 이제 성장에서 나오는 것이 아니라, 성장과 '관계없이' 창출돼야 한다. 노동-복지 연계 강화라는 틀에서 이 문제를 새롭게 보면, 복지 확대가 곧 '괜찮은 일자리decent work'를 창출할 수 있는 효율적인 방식이다. 사회서비스 확대는 복지 향상뿐만 아니라 고용 창출의 수단이기도 하다.

지리 공간의 좌파 정치경제학으로 전 세계적 이름을 얻고 있는 마이크 데이비스Mike Davis는 《자본주의, 그들만의 파라다이스Evil Paradises: Dreamworlds of Neoliberalism》에서 '절대 흔들리지 않는 자본의 낙원'이라는 두바이를 이렇게 묘사했다. "두바이에서는 10만 명이 넘는 영국인과 유럽인, 레바논인, 이란인, 인도인 경영자와 전문직 종사자들이 풍요로운 생활을 하고, 매년 여름 두 달간 해외 휴가를 충분히 즐긴다. 해변을 하나 갖고 있는 축구선수 데이비드 베컴, 섬을 하나 갖고 있는 가수 로드 스튜어트는 두바이 주식회사의 낙원을 홍보하고 있다.

이 호화로운 라이프스타일이 가능한 것은 엄청난 수의 필리핀·스리랑카·인도 출신 가정부 덕분이고, 건설 호황을 지탱하는 것은 파키스탄과 인도 출신의 저임금 노동자들이다. 착취당하는 두바이의 노동자들은 도시 변두리에 자리한, 에어컨이나 제대로 된 화장실도 없는 황량

한 노동자 숙소에서 살며, 보통 사람들 눈에는 잘 띄지 않는다."(데이비스·명
크 외, 2011) 이 책에서 마이크 데이비스를 비롯한 연구자들은 애리조나에서
요하네스버그, 베이징, 부다페스트, 콜롬비아, 아프가니스탄 카불에 이
르기까지 승자 독식이 판치고, 부자들의 내밀한 욕망이 악몽처럼 펼쳐
진 정원들을 (특히 이 정원에서 부유층이 신처럼 활보하는 세상을) 불평등의
디스토피아로 묘사한다.

"포드주의적 대량소비 경제 대신 '플루토노미Plutonomy', 즉 부자 경제
가 자리 잡고 있다. 이 경제에서는 부자들이 수요를 움직이는 지배적인
세력이다.《위대한 개츠비》의 사치스러운 시대가 다시 돌아온 것이다."
'유토피아적 사치의 빛나는 군도群島'를 이루는 이 새로운 '금칠갑 시대
gilded age'는 어느 때보다 더 높고 견고한 담장으로 둘러쳐져 있다. 신자유
주의 공간 논리는 극단적인 주거 차별과 소비 구역 분리 패턴을 부활시
킨다. 어느 곳에서나 부자들은 대저택과 휴양도시, 상상 속의 캘리포니
아 교외를 고스란히 복제한 폐쇄형 주택단지로 몰려들고 있다. 환각에
빠진 자본주의 도시의 신비를 파헤치는 이 책 속의 글들은 지구 행성에
서 펼쳐지고 있는 무한 욕망의 세계를 야만적이고 기괴한 낙원이라고
고발한다.

기업가-부자들이 경제적으로 지구를 장악하고 있으며, 19세기 후반
미국에서 벼락부자들이 대두하던 시기, 즉 '강도귀족robber baron'[73]의 시대
와 유사한 수준으로 경제적 불평등이 악화되고 있다. 강도귀족처럼 다
국적-독과점 대기업이라는 산업의 우두머리들이 존재한다. 벨기에의
저명한 경제사가 앙리 피렌Henry Pirenne에 따르면, 경제 조직의 발전은 지
속적 운동을 보이는 것이 아니라 비연속적으로, 단절적으로 이루어진

다. 피렌은 "우리의 경제사에서 구분 가능한 각 시대마다 뚜렷이 구분되는 자본가들의 계급이 있다고 나는 믿는다. 일정한 시대의 자본가 집단은 선행하는 시대의 자본가 집단에서 생겨나지 않는다."고 말했다.(망투 ; 쉐보르스키, 1995, 306쪽) 중세로부터 근대 자본주의에 이르기까지 각각의 시대마다 고유한 자본가계급이 존재했으며, 이 자본가계급의 특징들에 의해서 경제적 역사의 시대가 뚜렷이 구분된다는 얘기다. 그럼 우리 시대 자본(가)의 특징은 무엇인가?

우리 시대 자본(가)의 특징

자본의 새로운 단계인 신자유주의는 1789년 프랑스혁명이 내세운 자유·평등·박애의 보편적 인권을 의미하는 자유가 아니라, 국가의 족쇄에서 해방된 '시장의 자유'[74]를 의미한다. 시장에 대한 무한한 믿음을 전제로 시장이 최선의 대안이라는 시장만능주의 혹은 시장근본주의 이데올로기의 현대적 형태다. 신자유주의는 개방을 통해 무역, 금융, 투자를 비롯한 기업 활동을 자유화하고, 공기업을 민영화하고, 국가의 경제적 역할을 축소하고, 거시정책에서 인플

---

73 20세기 초 미국 자본주의에서 철도의 제이 굴드, 철강의 카네기, 금융의 JP 모건, 석유의 록펠러 등 큰 성공을 거둔 업계의 거대 우두머리들은 당시에 약탈적 '강도귀족'이라고 불렸다. 실제로 그들은 여러 면에서 중세의 약탈 귀족들을 닮아 있었다. 이 '금칠갑 시대'에 지폐로 담배를 말아 피운 연회 이야기가 나오는데, 순전히 부의 냄새를 빨아들이는 즐거움을 위해서 그랬다고 한다. 이들은 산책을 나갈 때 1만5000달러짜리 다이아몬드가 박힌 개목걸이를 씌운 강아지를 데리고 길을 나서기도 했다.(하일브로너·밀버그, 228~232쪽) 19세기 말 미국 자본주의 발흥기를 '금칠갑 시대'로 이름 붙인 사람은 마크 트웨인이다.

74 일반적으로 신자유주의는 1979년 미국 연방준비제도이사회 의장 폴 볼커P. Volker의 통화주의에 입각한 금융통화정책 쿠데타(대폭적인 금리인상)로부터 시작되었다고 본다. 신자유주의는 또 같은 해에 집권한 영국 마거릿 대처의 노조와 복지정책 공격으로부터 시작되었다.

레이션 통제를 우선시하는 통화정책과 건전재정주의를 내세운 재정정책, 특히 복지 및 노동보호 정책을 축소함으로써 경제 규율을 강화하는 것이다. 즉, 노동조합을 약화시키고 시장에서 기업이 마음껏 활동할 수 있도록 내버려 두는 데 '국가의 일'의 초점을 맞추고 있다.[75]

이와 관련해 영국의 진보 좌파적 연간물《소셜리스트 레지스터》의 대표 편집자 레오 파니치^{Leo Panitch}는 (거시경제정책은 크게 인플레이션 억제의 통화정책과 실업정책으로 나뉠 수 있고, 이른바 필립스 곡선^{Phillips curve}이 말해 주듯 이 두 정책은 상충관계에 있으므로 어떤 정책을 선택할 것인지 또는 두 정책 사이의 어떤 조합을 선택할 것인지가 문제로 대두되는데) 신자유주의 세계화가 주도해 온 '새로운 세계 질서^{new world order}'에서는 실업이 아니라 인플레이션 억제를 경제정책의 근본 목표로 제시하고 있다고 말한다. "이런 정책 아래서 사용자·경제관료·정치가들은 예전의 소득정책^{income policy}, 즉 노동조합이 임금인상을 자제하고 이에 대해 자본과 국가가 인플레이션 억제 등을 통해 실질임금을 보장해 주는 것을 포기했다. 그 대신 지금은 오직 금융시장의 신뢰를 얻기 위한 통화정책을 우선시하고 있으며, 이 정책은 실업의 양산과 일자리 불안정을 배경으로 노동조합의 전투성을 꺾기 위해 고안된 것이기도 하다."(Panitch, p.372)

"신자유주의 분석에서 목적과 수단을 구분해야 한다. (인플레이션 통

---

75 은수미 전 한국노동연구원 연구위원은 한국의 재벌 체제를 언급하면서 "도대체 누가 한국을 신자유주의가 지배하는 사회경제라고 말하는가."라고 말한 바 있다. 본래 교과서적 의미의 신자유주의는 평등하고 대등한 힘을 가진 자유로운 자본가와 자유로운 노동자가 자신들이 가진 자원을 이용해 시장에서 경쟁하며 교환하는 사회경제 질서이다. 그런데 한국의 사회경제는 독점 대기업과 자본의 '집단적 힘'이 끌고 가는 체제다. 개인들이 자유롭고 대등한 관계에서 경쟁적 교환을 하는 세계가 아니다. 한국적 신자유주의의 대중적 표현은 '승자 독식'의 질서다.

제를 통한) 가격 안정화나 국제적 자본의 자유로운 이동은 단일한 목적을 위한 수단이다. 그 목적은 바로 가장 부유한 계급의 소득과 부를 회복하는 것이다. 신자유주의의 가장 충격적인 성과는 자본소득과 자본이득의 회복이었다. 여기에는 이자율 상승, 이윤의 매우 높은 수준의 주주 배당, 주식시장 번영 등이 결부돼 있다."(Dumenil & Levy, 2004) 시장이 지배하는 사회에서 노동조건은 개별 기업에 의해 좌우되는 것이 아니라 국제 금융자본, 자본의 요구를 반영한 탈규제와 민영화, 노동시장 유연화 정책에 의해 더 영향을 받는다.

미하일 칼렉키Michael Kalecki는 〈완전고용의 정치적 측면〉이라는 글에서 고용의 증가는 임금에 대한 상향 압력만 가져오는 것이 아니라, 좀 더 높은 수준의 판매 및 설비 가동을 가능케 함으로써 단위비용을 절감시키고 수익성을 증가시키는 경향도 있다고 말한다. 즉, 경제가 완전고용에 접근해 갈수록 임금 성장이 가속화될지라도 수익성은 증가하는 현상이 나타날 가능성이 크다. 그런 점에서 완전고용 유지에 반대하는 사업가들의 "태도를 설명하기란 쉽지 않다. 보다 높은 수준의 산출 및 고용은 노동자들뿐만 아니라 사업가들에게도 이득이 된다. 왜냐하면 그들의 이윤이 증가하기 때문이다."(브레너, 2001, 54쪽)

이와 달리, 한국 경제는 저임금 비정규직의 증가 등 내수 기반의 취약성 때문에 순환구조에 문제가 발생하고 있다.[76] 저임금 취약 노동자들이 노동소득이나 복지 수혜를 통해 기본적인 소득과 생활수준을 유지하도록 국가가 사회적으로 소득을 지원할 필요가 있다. 다만, 이렇게 하면 기업이 비정규직을 고용하거나 저임금을 지불해서 생기는 노동시장의 '사회적 비용'을 기업이 아니라 사회가 부담하는 상황이 초래된다. 이 문제는 조세나 사회보험분담금 제도를 통해서 기업이 이 비용을 지불하도록 하면 된다. 예컨대, 일정 규모 이상의 기업이 비정규직을 사용할 경우 사회적 기여금(사실상 조세)을 추가로 내도록 하는 방법도 있다. 저임금이나 비정규직 고용으로 기업들이 누리는 노동비용 상의 이익을 조세를 통해 회수하는 격이다.

자본주의는 허약할지 모르지만 결코 죽지 않는다.[77] 자본주의는 숱한 위기들을 거치면서 전쟁과 국가의 개입, 그리고 자유화와 세계화 등 온갖 처방을 통해 기운을 차려 왔다. 위기로부터 새로운 자본주의가 출현하고, 적어도 다른 위기가 발생하기 전에 지난 문제들을 처리하고 있다. 자본주의는 매우 역동적인 경제체제임이 틀림없다. 뒤메닐과 레비는 다음과 같이 말했다.

"문명화된 자본주의에 대한 케인스주의적인 꿈은 1960년대에 몇몇 나라들에서 거의 실현된 것처럼 보였다. 경제학자들은 위기, 실업, 빈곤의 종언을 성급하게 축하했다. 그러나 들뜬 환희는 1970년대에 경제가

---

76 국내 소비에 의한 안정적인 경제발전을 추구하려면 비정규직 저임금 노동자의 소득을 높여 줘야 한다. 이와 관련해 홉슨이 1902년에 말한 다음과 같은 지적은 음미해 볼 필요가 있다. "수많은 사람들이 굶주리고 헐벗고 집조차 제대로 갖지 못하여 우리 인구 가운데 헤아릴 수 없을 정도로 많은 채워지지 않은 욕망이 있다는 것이 드러나고 있는 시기에, 해외시장을 얻기 위한 전쟁에 왜 우리가 자원의 절반을 소비해야 하는가.……생산물이 어떤 경제적 재조정에 의해, 가까스로 체력조차 유지하지 못하는 수준으로 생활하고 있는 무력한 4분의 1 인구의 소득과 소비 수준을 향상시키는 방향으로 전환될 수만 있었다면 적극적인 제국주의는 필요 없게 되었을 것이며, 사회개혁의 대의는 그 최대의 승리를 거두었을 것이다.……지적이고도 진보적인 사회라면 생산력의 모든 증가에 맞추어 소비 수준을 향상시키고, 그러면 무제한의 자본과 노동의 완전한 사용처를 자기 나라 국경 내에서 발견해 낼 수 있을 것이다. 그 나라의 모든 계급이 느끼는 욕망을 상품에 대한 유효수요로 전환시킬 수 있을 만큼 소득분배가 이루어지는 곳이라면 과잉생산도 자본과 노동의 불완전 고용도 있을 수 없으며, 해외시장을 얻기 위해 투쟁해야 할 아무런 필요도 없게 될 것이다."(홉슨, 80~81쪽)

77 1956년 11월 모스크바의 폴란드 대사관에서 후르시초프는 "자본가들을 무덤으로 보내 버리겠다"고 호언장담했다. 또한 당시 쿠바의 피델 카스트로는 군복을 입고 유엔 연설대에 서 자본주의국가들의 간담을 서늘하게 했다.

위기에 빠져들자 곧 끝장나고 말았다. 낙관주의는 옳지 않았지만, 돌이켜 보면 그 반대로 자본주의의 임박한 종말을 예측했던 주장도 틀린 것이었다. 자본주의는 그 어느 때보다도 심각하고 장기간에 걸친 위기에 빠져들었던 것이 아니라, 구조적 위기에 빠져들었다가 스스로를 변형시켜 위기를 극복해 냈다.”(뒤메닐·레비, 273쪽)

“자본주의의 일반적 위기가 새롭게 심화되는 것처럼 보였지만 그때마다 실질적으로 이루어진 것은 주로 자본주의의 새로운 ‘약진’이었다. 2차 세계대전과 그에 뒤이은 번영기, 탈식민지화, 자본의 국제화 및 제3세계의 새로운 공업화 등은 세계적 규모에 걸친 자본주의의 새로운 진출을 나타내는 것이다. 그리고 1970~80년대의 불황은 어떻게 보면, 이를 통해 자본주의의 새로운 확장과 그에 따른 변화가 이루어지는 일종의 조정 기간이라고 할 수 있다.”(보, 269쪽)

그러나 자본주의 시장경제는 지금 병을 앓고 있다. 1980년대 초에 해리 맥도프와 폴 스위지는 이렇게 말했다. “얼마 전까지만 해도 2차 세계대전 후의 오랜 번영의 물결이 끝날 거라고 말하는 사람들이 급진적인 비판자 취급을 받았다. 실업계와 금융계 및 전문가들은 끝없는 번영만 있을 것이라고 내다보고 있었다. 가끔 사소한 불황에 의해 단절되면서도 1945년에서 1970년 사이 25년간 수립된 추세가 적어도 계속될 것이라고 내다본 그들은, 실제로 번영이 끝나가는 징후들이 숱하게 나타나는 시기에도 정통파 경제학자들의 정교한 계량경제 모델들과 신경제학의 위력을 계속 자랑해 왔다. 대표적으로 새뮤얼슨은 1968년에 ‘우리의 경제체제는 가장 낙관적인 전문가들의 예언보다 훨씬 좋았다. 신경제가 매우 잘 되어 가고 있다는 것을 월스트리트는 알고 있다. 92개월 동안 판매고가 늘어나 호황을 누려 온 메인 스트리트(실물 부문)도 알고 있다. 크렘린의 통계학자들도 틀림없이 알고 있을 것이다.'라고 말했다."(맥도프·스위지, 5쪽)

자본주의가 자신을 역동적으로 변화시켜 위기에서 탈출하고 있듯, 노동자와 노동조합도 역동적인 변화를 꾀하면서 위기에서 탈출할 수 있을까? 최장집 교수는 오늘날 한국 사회에서 다뤄져야 할 실제 문제real issue는, 절대다수의 노동인구가 직면한 사회경제적 삶의 조건이 매우 크게 위협받고 있는 현실이며, 이 문제에 대한 적절한 정책 대안을 발전시키지 못한다면 한국 민주주의는 적어도 그 내용에 있어서 공허한 것이 될 수밖에 없다고 강조한다. "오늘의 노동문제가 커다란 어려움에 직면하고 있다면 그것은 노동운동의 한계, 즉 노동운동이 서 있는 기반의 협애함이라는 문제와도 깊은 관련이 있다고 할 수 있다. 오늘의 신자유주의적 경제 환경과 민주주의라는 정치적 조건에서도, 한국 경제의 생산체제는 과거 권위주의 하에서와 마찬가지로 그 중심축이 재벌 중심의 대기업 생산체제라는 점에서는 크게 달라진 것이 없다. 그리고 재벌기업과 그 하청업체의 위계구조 하에 중소기업이 위치해 있다.…… 오늘날 한국의 노동운동과 그 전투성은, 그들이 민간 부문이든 공공 부문이든 대규모 기업의 정규직 노동자들의 권익을 대변하는 운동적 표현으로 나타나는 경우가 많다. 이처럼 노동운동이 서 있는 기반의 협애함은 결과적으로 기존의 재벌 중심 경제체제와 노동시장의 양극화를 제어하는 영향력을 조직하는 데 큰 한계를 보여 줄 수밖에 없었다."(최장집, 2004)

지난 20년 동안 한국의 노동운동이 가져 왔던 진보성과 역동성은 이제 한계에 다다른 것일까? 자신의 임금, 자신의 일자리, 자신의 조합원,

자기 조직을 유지하기에 바쁜 노동자와 노동조합 활동이 지속되고 있다. 이는 특정한 노동조합 지도자의 생각의 문제가 아니다. 오히려 노동운동의 협애하고 고립적인 지향점이 우리 시대와 마찰하고 불화를 빚고 있는 건 아닐까?

물론 시장에 대한 조절과 규제, 그리고 자본에 대한 사회적·민주적 통제가 필요하다. 더 나아가 진정한 공동체는 노동에 의한 '생산 사회'가 아니라, 분배의 원리를 정신적·육체적 위협의 동지로서 연대적 평등성(황태연, 377쪽)에 정초하는 그런 사회에서 이룩될 수 있다.

그대, 시장 안에서 행복한가?

"최근 중국에서 대중적으로 '가장 영향력 있고 인기 있는 외국인'은 누굴까?" 《뉴욕타임스》의 칼럼니스트 토머스 프리드먼이 2011년 6월 16일 《인터내셔널 헤럴드 트리뷴》에 기고한 칼럼에서 던진 질문이다. '도덕 철학 짱!(Moral philosophy rocks)'이란 제목을 단 이 칼럼에서 프리드먼은 버락 오바마도, 빌 게이츠도, 워런 버핏도 아니라고 말한다. 바로 마이클 샌델Michael Sandel 미국 하버드대 정치철학 교수다. 《정의란 무엇인가Justice》의 저자인 샌델은 중국뿐 아니라 한국, 일본 등 동아시아의 '록스타'다. 2011년 록 음악처럼 도덕철학이 동아시아에서 분출하였다.

바야흐로 우리 시대는 '사회'를 재발견하고 있다. '경제성장과 풍요로운 생활수준'을 목적함수로 하는 경제·경영·정보기술이 해방 이후 한국 사회를 지배해 온 시장담론이었다면, 이제는 어떤 사회인지, 즉 우리가 살고 있는 사회의 상태를 진지하게 묻고 고민하는 도덕철학과 윤리담론의 시대로 급속히 이행하고 있다. 복지와 동반성장, 대·중소기업 상생, 대공장 정규직 노동자의 특권과 비정규직 노동자의 울분 등 여러 논쟁과 이슈의 바탕에는 '(사회)정의란 무엇인가'라는 근본 질문이 깔려 있다.

경제성장률이 몇 퍼센트냐, 어떤 기업의 가치(주가)가 얼마냐, 어떤 노동자의 연봉(노동가치)이 얼마냐는 이야기가 그동안 국가·기업·개인의 의제였다면 이제는 우리가 과연 행복한지, 살고 있는 곳이 '좋은 사회the good society'인지 따진다. 더 많은 물질적 풍요를 갈구하는 '위대한 사회the great society'는 더 이상 우리가 추구하는 이상이 아니다. 좌파 경제학자 모리스 돕Maurice Dob은 "경제발전에 관한 주요한 문제에 대한 해답은, 전통적 형식의 한정된 경제분석 한계에서 탈출하지 않고서는, 또 흔히 '경제적 요인'이라고 명명되는 것과 '사회적 요인'이라고 명명되는 것 사이에 상정되어 있는 경계를 파괴하지 않고서는 도저히 얻을 수 없다. 사회에 대한 검토를 시장교환 수준에 한정시키면 자본주의사회의 본질적인 성격을 신비화하고 손쉽게 은폐하게 된다."고 말했다.(돕, 41쪽)

마이클 샌델에 견줘 대중적 인기는 낮지만 한국에서 몇 년 전부터 부쩍 많이 읽히는 또 한 사람이 있다. 경제역사가 칼 폴라니다. 그는 《거대한 전환》에서 근대 자본주의 시장경제의 전 지구적 확산 과정을, 시장이 만물의 상품화로 자신의 영토를 끊임없이 확장하고 이 과정에서 사회가 무너지고 뽑혀 가는 것으로 묘사했다. 근대 자본주의 역사는 개인주의적 효용과 이윤 논리에 따라 움직이는 '경제적 시장'과, 공동체적이고 타인의 삶을 고려하는 '사회', 이 둘의 각축장이었다. 막스 베버Max Weber도 자신의 대표적인 책 제목을 《경제와 사회Wirtschaft und Gesellschaft》(1921)라고 달지 않았던가.

해방 이후 한국 사회를 질주해 온 시장은 왜 지금 불신 속에 폭발하고 있는 것일까? 단순히 경제위기가 주기적으로 반복되고 시장 스스로 자꾸 고장을 일으키고 있기 때문일까? 그동안 시장이 사람들에게 제시해 온 '약속'을 들여다보자. 경제 교과서는 "시장은, 시장에 참여하는 '모든' 사람들에게 행복과 자유, 공정한 분배를 보장한다"고 주창해 왔다. 초급 경제 교과서에 등장하는 코브-더글러스Cobb-Douglas 생산함수는 간단한 '생산'함수이지만 이데올로기적으로는 '분배', 나아가 '분배의 정의'에 대한 메시지를 함축하고 있다. 경제학은 '더 효율적인, 더 많은' 생산과 소비를 탐색할 뿐 사회의 분배 상태는 경제 연구의 주제가 아니라고 흔히 여겨져 왔다. 개인·사회·역사에 따라 달라질 수 있는 철학적·윤리적 문제는 '과학'(?)으로서의 경제학이 다룰 분야가 아니라며 배제해 온 것이다. 그런데 '사회적 가치를 생산하는 원천으로서의 노동' 등 분배의 정의를 둘러싼 화해할 수 없는 계급적 논쟁이 오랫동안 이어졌고, 이 논쟁을 우파 입장에서 간명하게 일소해 버리는 데 사용한 경제분석 도구가 바로 코브-

더글러스 생산함수[78]였다. 이 함수는 생산에 참여한 자본과 노동이 각각 분배받는 몫은 두 생산요소의 한계생산성, 즉 가치 생산에 기여한 몫에 따라 정확히 결정된다[79]고, 수학자 레온하르트 오일러의 도움을 받아 명쾌하게 증명한다. 그러면 시장은 자본이든 노동이든 자신이 능력에 따라 생산에 기여한 꼭 그 가치만큼 보수를 지급하는 '정의롭고 공정한 분배를 보장하는' 제도가 되며, '착취'라는 불온한 말은 더 이상 존재할 수 없게 된다.[80] '생산성에 따른 분배'는 시장에 대한 대중의 광범위한 지지를 공고화하면서 확산시키는 명분이자 강력한 힘으로 작용했다.

이러한 한계생산성 이론에 대해 영국의 철학자 버트런드 러셀Bertrand Russell은 "화물열차의 전철수轉轍手의 한계생산성은 얼마인가? 그 대답은 보기에 따라 아마 거의 0에 가깝다고 할 수도 있고, 반대로 화물 전체의 가치라고 볼 수도 있을 것이다."라고 말했다. 영국의 조앤 로빈슨Joan Robinson도 1972년에 쓴 〈경제

---

78 전형적인 코브-더글러스 생산함수는 $Q=A \cdot F(K, L)=A(K^{\alpha}L^{1-\alpha})$형태로 표현된다. 물론 이 생산함수는 이른바 '규모에 따른 수확 불변'이라는 특수한 가정에 기초해 성립하는 것이며, 일반적인 생산함수는 규모에 따른 수확체감 혹은 수확체증을 보인다. 즉 노동과 자본이 각각 생산에 기여한 바에 따라 몫을 공정하게 분배받는다는 논리는 매우 특수한 가정 하에 입증될 뿐이다. 이에 비해 노벨경제학상 수상자인 피에로 스라파Piero Sraffa는 《상품에 의한 상품생산Production of Commodities by Means of Commodities》에서 노동과 자본 사이의 분배 몫을 결정하는 중요한 변수 중 하나는 교섭력이라는 힘이라고 시사한 바 있다.

79 "주류 경제학이 성과주의, 좀 더 구체적으로 기여의 원칙을 강력하게 지지하는 가장 큰 이유는 자원의 효율적 이용을 가능하게 하기 때문이다. 생산에 기여한 정도에 따라 대가를 지불하지 않는다면 아무도 열심히 생산에 기여하려 하지도, 최선을 다하려 하지도 않을 것이며, 따라서 자원이 효율적으로 이용될 수 없을 것이고, 생산이 극대화될 수도 없을 것이다. 물론 생산성에 따라 분배한다면……빈부격차가 벌어지기 마련이다. 주류 경제학 쪽에서는 이런 식의 소득 불평등을 모든 사람들로 하여금 열심히 노력하게 촉구하는 동기로, 그리고 경제성장을 위해서 치러야 할 대가로 정당화하기도 한다."(변형윤·이정전, 115쪽)

80 미국의 경제학자 존 베이츠 클라크John Bates Clark는 그의 책 《부의 분배Distribution of Wealth》 서문에서 불평등한 소득분배조차도 자연법칙의 결과로서 정당하다고 말한다. "사회의 소득분배는 자연법칙의 지배를 받는다. 만약 이 법칙이 순조롭게 작동한다면 모든 생산 참가자가 자기가 창조하는 만큼 부를 가져간다는 사실을 보여 주는 것이 이 책의 목적이다. 자유경쟁 덕분에 노동자는 노동이 창조하는 것을 얻고, 자본가는 자본이 창조하는 것을 얻으며, 기업가는 경영이 창조하는 것을 얻는다. 각 행위자에게 구별할 수 있는 생산의 몫을 주는 것, 각자에게 상응하는 보수를 지급하는 것, 그것이 분배의 자연법칙이다."(휴버면, 342쪽)

이론의 제2의 위기〉라는 유명한 글에서 "어떤 생산요소의 한계생산성이 얼마인지는 알 수 없고, 다만 임금이나 이자를 봄으로써 거꾸로 노동과 자본의 한계생산성이 각각 어느 정도일지를 추측할 수 있을 뿐"이라고 비판했다.(이정우, 1991, 231쪽) 주류 경제학은 노동은 언제든지 자본으로 대체되고 투입될 수 있는 것으로 본다. 이제 생산함수를 바꿔야 한다.

"자본과 노동만이 생산에 기여하는 모형에서, 또 '규모에 따른 수확이 일정한' 코브─더글러스 생산함수에서는, 오일러 정리에 의해 노동과 자본이 생산에 기여한 몫만큼 정확하게 분배를 받게 된다. 그러나 생산함수에는 집단지성이 참여하고 공공재로서 인류의 수많은 지식들이 생산에 기여하고 있다. 즉 생산함수에 사회적 기여를 포함하는 것을 넣는 새로운 생산함수 개념이 필요하다."[81]

교양경제서는 대부분 시장의 완벽함과 효율성, 그리고 아름다움을 예찬하는 글로 가득 차 있다. 영국 주간 경제지 《이코노미스트》의 유명한 경제 에디터 그레그 입Greg Ip은 《달콤한 경제학The Little Book of Economics》에서 "미국 경제는 자유시장과 자유기업에 대한 확고한 믿음이 뿌리내리고 있기 때문에, 금융위기에도 불구하고 여전히 죽지 않고 오래갈 것"이라고 말한다. 시장, 그리고 시장의 약속에 대한 믿음이, 군사력보다 더 강한, 미국의 진정한 힘이라는 얘기다. 시장에 대한 맹목적 믿음은, 시장에서의 경쟁적 교환의 결과로 나타난 불공평조차 '모두의 행복'을 위한 것이라는 주장으로 이어진다. 시장근본주의의 정신적 지도자인 밀턴 프리드먼의 말을 들어 보자.

"여배우 마를렌 디트리히가 선망의 대상인 각선미를 타고났다거나 무하마드

---

81 최우성, 〈기업, '사회공헌' 그만하라〉, 《한겨레신문》 2010년 5월 16일.

알리가 위대한 권투선수가 될 기술을 타고난 것을 두고 공평하다고 말하긴 어렵다. 그러나 수백만 명이 디트리히의 각선미를 감상하거나 알리의 권투 시합을 보고 즐길 수 있던 건 이러한 자연의 불공평 덕택이었다. 알리가 하룻밤에 수백만 달러를 버는 건 확실히 불공평하다. 그러나 알리가 그 시합을 준비해 온 나날에 대해 미숙련 부두 노동자의 하루 보수밖에 받지 못한다면? 그 결과 우리는 알리의 시합을 관전할 기회를 갖지 못하게 됐을 것이다. 그 정도 보수에 그친다면 과연 알리가 엄격한 훈련과 절제된 생활을 감내하면서 좋은 시합을 보여 주겠는가?"(프리드먼, 2009, 180쪽) 시장에서의 소득 불평등은 희소한 자원이 가장 효율적으로 이용되도록 보장해 주는 것이므로 받아들여야 한다?

시장의 또 다른 약속은 "시장에서 사적 재산권을 명확하게 잘 설정하기만 하면 수많은 갈등이 모두에게 이익이 되는 쪽으로 쉽게 해결될 수 있다"는 것이다. 공해·오염 문제가 대표적인데, 시장거래 기능을 활용하면 놀랄 만큼 많은 최적의 해결책이 존재한다는 말이다. '오염 배출권 거래제'는 이른바 '비재화'인 오염에까지 사적 재산권을 부여해 시장에서 사고팔게 하면 오염 배출량을 줄일 수 있다고 주장한다. 이제 자기 돈을 내고 '오염권 재산'을 구입하면 마음껏 오염을 배출해도 된다?

스티븐 레빗은 《슈퍼 괴짜경제학Super Freakonomics》에서 "기술혁신이 산업화 물결을 일으켰고 이것이 지구온난화를 초래했지만, 동시에 탄소 배출을 획기적으로 감축하는 기술혁신도 곧 일어날 것"이라고 주장한다. 과연, 오염감축 기술개발이 큰돈을 보장한다면 내일 아침에 갑자기 거대한 기술적 진보가 일어나 지구에서 온난화 공포가 언제 그랬냐는 듯 사라지게 될까?

"자유시장 경제학자들은 규제받지 않은unfettered 자유시장이 지속적으로 먼 장래까지 진보를 보장해 줄 것이라고 주장한다. 환경자주의자들은 그런 경제학자들을 '이상한 나라의 경제학자an economist in Wonderland'라고 부른다. 자본주의에 대해 성찰해 온 사람들은 이런 이상한 나라를 지속적으로 비판해 왔는데, 그 이유는 환경문제라는 것이 실제로 존재하지 않거나 존재하더라도 자본주의 메커니즘에 의해 해결될 것이라는 주장이, 오직 이 이상한 나라에서 제기되고 있기 때문이다."(York et. al., p.2)

자유기업원 등은 시장의 효율과 약속을 보여 주는 것이 바로 한국의 '재벌'이라고 말한다. 다윈적 진화론 관점에서 볼 때, 재벌 체제는 시장에서 오랫동안 적자생존의 검증 과정을 거쳐 형성됐고,[82] 독립적 기업 체제에 비해 훨씬 더 효율적인 기업 지배구조로 진화·정착돼 왔다는 논리다. 여기서 시장이 아닌, 국가에 의한 재벌 탄생은 의도적으로 무시되고 있다.

시장만능주의는 불평등과 분배를 교정하는 일조차 시장에 맡겨야 한다고 주장한다. 정치적으로 다수결 원칙에 따라 분배 방식을 결정하면 사람들이 자기 이익에 따라 이합집산하면서 분배 방식을 둘러싸고 끊임없이 혼돈이 일어나므로, 시장에 의해 해결하는 게 사회를 안정시킨다는 논리다. 그러나 현실의 시장은 안정을 보장하기는커녕 불안을 확대재생산하고 있다. 노동시장을 보라. "노동 세계는 같은 작업장 안에서도 원청 노동자와 하청 노동자로 확연히 분할되고 있다. 그 지위가 제도적으로 승인되고 유지되는, 즉 복지와 임금 이외의 여러 혜택을 부여받는 정규직 핵심 노동자와 그렇지 못한 비정규직 주변부 노동자를 분리하는 경계선이 그어지고 갈등도 격화되고 있다."

---

82 다윈은 《종의 기원》에서 "자연도태는 다만 각각의 생물의 이익에 의해, 또 그 이익을 위해 일하는 것이므로, 신체적 및 정신적인 천성은 모조리 완성을 향하여 진보하는 경향을 나타내는 것이 될 것이다."라고 말했다.(다윈, 499쪽)

제2부

노동 세계의 거대한 전환

"밥 먹는 시간만 빼고 하루 종일 쉼 없이 노동하는 작업장은
공포의 집이 되어 버렸다."

– 폴 라파르그

1

또 하나의 계급, 비정규직

자본과 노동,
동거에서 지배로?

임금노동자의 절반이 속한 '새로운 땅'

노동사회 연구가 헨리 메이휴Henry Mayhew는 1840년대와 1850년대 런던의 풍경을 다음과 같이 묘사했다. "런던 서쪽 끝의 숙련된 직공들에게서 동부 지구의 미숙련 노동자들에게로 옮겨 가 보면 도덕적·지적 변화가 너무 커서 마치 새로운 땅에 들어온 것 같은, 마치 다른 종족 속에 끼여 있는 것 같은 느낌이 들 정도이다."(톰슨, 상권, 337쪽) 우리 시대에도 이처럼 '새로운 땅에 들어온 것 같은, 다른 종족 속에 끼여 있는 것 같은' 느낌이 들게 하는 존재가 있으니, 그것은 바로 거대한 '비정규직'이다.

우리나라 전체 임금노동자의 절반을 차지하는 비정규직의 존재는, 자본의 지배를 가장 극적으로 보여 준다. '비정규직 현상'은 외환위기의 충격이 몰고 온 변화로, 수십 년 간 '장기'에 걸쳐 우리 사회에 큰 영향을 미치고 있다. 이는 남편, 부인, 아들딸 할 것 없이 누구에게나 닥친 문제이자, 어느 가족도 피해 갈 수 없는 충격이다.

비정규직은 새로운 대안적 노동의 세계도 '멋진 신세계'도 아니다. 비정규직 문제가 노동 생애의 한복판에 이슈로 등장한 지도 어느덧 10여 년이 흘렀다. 외환위기의 칼바람이 휘몰아치며 만들어진 빈자리는 경기가 회복되면서 하나둘씩 비정규직으로 채워졌고, 급기야 1999년 3월 통계청이 "임시 일용직이 전체 노동자의 절반을 넘어섰다"고 발표하면서 심각한 사회문제로 떠올랐다.

한국노동사회연구소에 따르면 2011년 8월 현재 비정규직 노동자는 865만 명이며, 전체 임금노동자 중 비정규직 비율은 2001년 이후 꾸준히 증가하다가 대체로 50퍼센트 안팎에서 구조화 혹은 고착화되고 있는 양상이다.[1](김유선, 2011a) 그러나 정부의 공식적인 비정규직 규모 통계는 노동계의 수치와 크게 다르다. 정부 발표에 따르면, 비정규직 노동자는 2009년에서 2011년 사이 570~590만 명 선에서 고착화되고 있다.(〈표 3〉, 〈표 4〉 참조)

또한 사업장별 비정규직 비율을 살펴보면, 2011년 8월 현재 300인 이상 사업체의 비정규직 비율은 17.0퍼센트인 반면, 5인 미만 사업체의 비정규직 비율은 무려 81.6퍼센트에 달한다.(〈표 5〉 참조) 이를 '정규직/비정규직' 구분과 '대기업/중소 영세기업' 구분을 함께 묶어 간명하게 살펴보면, 300인 이상 대기업의 괜찮은 일자리에 종사하는 노동자의 비중은 전체 임금노동자의 9.5퍼센트뿐이며, 남은 90.5퍼센트 중 55.0퍼

---

1 흥미롭게도 정규직 노동자 숫자는 2001년 8월 585만 명에서 2011년 8월 886만 명까지 꾸준히 증가하고 있는데, 이것이 과연 2007년 7월부터 시행된 〈기간제 및 단시간 근로자 보호 등에 관한 법률〉 및 〈파견근로자 보호 등에 관한 법률〉의 효과인지에 대한 논의가 필요하다.

■ 〈표 3〉 연도별 비정규직 규모(한국노동사회연구소) 단위 : 명, ( ) 안 %

구분	숫자 및 비율			
	2008년 8월	2009년 8월	2010년 8월	2011년 8월
전체 임금 노동자	1610만4000	1647만9000	1704만7000	1751만
정규직	770만7000(47.9)	793만4000(48.1)	845만5000(49.6)	885만7000(50.6)
비정규직	839만7000(52.1)	854만5000(51.9)	859만2000(50.4)	865만3000(49.4)

* 자료 : 통계청, ‘경제활동인구조사 근로 형태별 및 비임금근로 부가조사’ 각년도(2008년 8월
~2011년 8월)
출처 : 김유선, 2011a.

■ 〈표 4〉 비정규직 규모(통계청, 2011년 8월) 단위 : 명, ( ) 안 %

전체 임금노동자		1751만
정규직		1151만5000(65.8)
		599만5000(34.2)
비정규직	한시적	344만2000
	시간제	170만2000
	비전형	242만7000

* 비전형은 일일근로, 용역, 특수형태, 가정 내 근로, 파견근로 등을 일컬음.
자료 : 통계청 ‘경제활동인구조사 근로 형태별 및 비임금근로 부가조사’ (2011년 8월)
출처 : 통계청 〈경제활동인구조사〉(www.kosis.kr)

구분	숫자 및 비중					
	1~4인	5~9인	10~29인	30~99인	100~299인	300인 이상
전체 임금노동자	335만4000	297만7000	397만3000	347만3000	177만	196만3000
정규직	61만8000 (18.4)	109만9000 (36.9)	195만8000 (49.3)	219만7000 (63.3)	135만5000 (76.6)	163만 (83.0)
비정규직	273만6000 (81.6)	187만8000 (63.1)	201만5000 (50.7)	127만6000 (36.7)	41만5000 (23.4)	33만3000 (17.0)

* 자료 : 통계청, '경제활동인구조사 근로 형태별 및 비임금근로 부가조사' 각년도(2011년 8월)
　출처 : 김유선, 2011a.

센트는 비정규직에 속하고 35.5퍼센트는 300 미만의 중소 사업장에 종사하는 정규직 노동자로 분류될 수 있다.

자본주의 황금기 이끈 포드주의

지그문트 바우만Zygmunt Bauman에 따르면 20세기 '포드주의Fordism 시대'[2]는 자본과 노동의 약혼을 이끌어 내

2　포드주의는 '일급 5달러'로 요약되는 고임금 체제를 통해 노동력의 순탄한 공급을 보장받고 노동자들의 반란을 방지함으로써 대량생산과 자본축적을 이루려는 새로운 노동의 조직 원리였다. 포드주의에서는 대량생산을 통한 대량 소비시장 창출과, 그에 기반한 고이윤의 확보로 노동자들에게 상대적으로 높은 임금을 제공할 수 있었기에 체제의 안정성을 유지할 수 있었다. 특히 포드주의는 노동의 조직 원리이면서 동시에 하나의 자본주의 생산체제였다. 포드주의 생산체제는 2차 세계대전 이후 전 세계 자본주의 생산체제의 기본적 조직 원리로 확산되었다. "포드주의는 하나의 산업시대로서……20세기 동안 이 혁명적인 생산체계는 가공식품에서 가구, 의류, 주방기구에 이르는 각 생산 부문을 차례로 변혁했고, 2차 세계대전 이후에는 조선 부문까지도 변혁시킨다."(머레이 ; 강석재 · 최호창 편역, 1993, 93쪽)

며 둘 사이의 상호의존성을 강화시켰다. 노동자들은 생계를 유지하고자 임노동자 생활에 의존하였고, 자본 또한 자본의 재생산과 성장을 위해 임노동에 의존했다. 양측은 어느 쪽도 쉽게 다른 곳으로 움직일 수 없었다. 대공장의 벽은 감옥처럼 두 당사자들을 둘러쌌다. 자본가와 노동자들은 부유하거나 가난하거나, 건강하거나 병약하거나, 죽음이 그들을 갈라놓을 때까지 결합되어 있었다. 바우만은 "공장은 그들의 공동 거주지였다. 그곳은 참호전의 전장이자, 동시에 희망과 꿈이 어린 자연스러운 고향이었다"고 말한다.(바우만;홉스봄 외, 47쪽) 실제 포드자동차 공장에서 견습공으로 처음 일자리를 잡은 노동자라면 그곳에서 '노동의 생애 lifetime of labour'를 마감하리라는 것을 확신해 마지않았다. 쉽게 말해 정규직 평생고용이었다.

1896년 32세의 젊은 기계공 헨리 포드가 자신의 첫 번째 사륜차를 판매하면서 자동차산업의 역사가 시작되었다. 헨리 포드는 1914년 어느 날 포드 공장 노동자의 임금을 2배로 올려 줬다. 당시로서는 획기적인 '일급 5달러(FDD)Five Dollar A Day'였다. 포드는 "내가 고용한 노동자들도 포드자동차('모델 T')를 구입하기를 바란다"고 말했다.

포드주의는 '대량생산'[3]뿐만 아니라 '대량소비'에서도 자본축적의 원천을 발견한 생산 시스템이었다.[4] 이는 1969년 헨리 포드 2세가 한

---

3 헨리 포드는 '대량생산'이란 말을 1926년 《대영백과사전》에 기고한 글에서 처음 사용했다. 그 이전에는 포디즘Fordism이라는 명칭이 일반적이었다.(Womack et al, 1990)

4 1953년 뉴욕백화점은 광고문에서 "국가든 개인이든 가난 구제는 절약과는 무관하다"고 주장했다. "경제적 번영 여부는 소비에 달려 있다. 내일 더 많은 케이크를 원한다면 오늘 더 많은 케이크를 먹어야 한다. 더욱 많이 소비할수록 좀 더 많이, 좀 더 빨리 부자가 될 것이다."(라이시, 47쪽)

말에서도 확인할 수 있다. "과거에는 기업의 사회적 책임과 이윤 동기라는 서로 모순되어 보이는 두 가지를 조화시키기 위해 무언가 필요했을지 모르지만 이제 더 이상은 아니다. 더 나은 노동조건을 보장해 주고 미래의 소비자들에게 투자하는 등 사회적 삶의 질을 향상시키려는 기업의 노력은, 좀 더 장기적인 투자 수익을 기대하는 과정에 다름 아니다."[5]

헨리 포드는 자서전에서 "하루 8시간 노동에 대하여 5달러의 임금을 지불한 것은 우리가 취한 가장 훌륭한 비용 절감 방법이었다."(브레이버만, 134쪽)고 밝혔다. 실제로 포드의 임금제는 전후 '자본주의 황금 시절the golden age of capitalism'의 한 축이었다. 하루 5달러 임금은 건전한 노동자들을 상당한 소비 수준에 이르게 하여 포드자동차의 판로를 확보하려는 시도였다. 나아가 하루 5달러 임금으로 포드 노동자 가족의 어린이는 좀 더 튼튼하게 성장할 것이고, 이를 통해 포드 공장은 건강한 미래 노동력을 확보할 수 있었다. "나는 여러 가지 고려를 제쳐 놓고, 우선 우리 자동차의 판매가 어느 정도는 우리가 지불하는 임금에 달려 있다고 생각한다. 우리가 높은 임금을 배분하면 이 돈은 소비될 것이고, 그리하여 다른 부문의 상점 주인이나 유통업자·제조업자·노동자들이 좀 더 부유해지는 데 기여할 것이며, 이들의 번영은 우리의 판매액에 반영될 것이다."(헨리 포드;보, 235쪽)

하일브로너의 《자본주의, 어디서 와서 어디로 가는가》에는 '포드자

---

5 Beynon, Huw(1973), *Working For Ford*, Allen Lane Penguin Education, p.16.

동차 매출과 가격(1907~1917)'이 표로 제시되어 있다. 간단히 훑어보기만 해도 '모델 T' 자동차의 경우 생산량이 1908년에서 1917년 사이에 1만607대에서 73만41대로 70배 이상 이상 늘어난 반면, 가격은 850달러에서 360달러로 크게 낮아졌음을 알 수 있다.[6] (〈표 6〉 참조)(하일브로너, 2010, 225쪽)

〈표 6〉 포드자동차 매출과 가격(1907~1917) 단위 : 대, 달러

연도	포드자동차 판매 대수	대표적 모델의 가격(승용차)
1907~1908년	6398	2800(모델 K)
1908~1909년	1만607	850(모델 T, 이하 동일)
1909~1910년	1만8664	950
1910~1911년	3만4528	780
1911~1912년	7만8440	690
1912~1913년	16만8304	600
1913~1914년	24만8307	550
1914~1915년	22만1805(10개월)	490
1915~1916년	47만2350	440
1916~1917년	73만41	360

* 자료 : Nevins(1954), *Ford : the Times, the Man, the Company*, p.644, pp.646~647.
　출처 : 하일브로너 · 밀버그(2010), 225쪽

6 미국인들의 일생은 흔히 '자동차 바퀴 위의 인생Life on the Wheel'으로 불린다. 포드자동차의 황금 시절을 열어젖힌 차종이 바로 '모델 T'다. 모델 T는 1908년 첫 출시 때 대당 850달러로, 1908~1909년 1만607대가 팔렸다. 1911~1912년에는 7만8440대가 팔렸는데, 가격은 대당 690달러로 떨어졌다. 가격이 낮아지자 이 차를 직접 만든 포드자동차 노동자까지 자신이 생산한 모델 T를 구입하기 시작했고, 1916~1917년에 73만41대 판매에 대당 360달러로 가격이 또 떨어졌다. 대량소비가 자본축적의 원천으로 등장한 셈이다. 이를 바탕으로 미국에서 자동차 공장은 1905년 121개에서 1923년 2471개로 늘어 가장 큰 산업으로 성장한다. 1960년 미국 자동차산업 노동자에게 지급된 총 급여는 1890년 미국의 전체 국민소득에 맞먹을 정도로 비약적으로 늘어났다.

그러나 이제 상황은 변했다. 하루 5달러의 고임금, 그리고 '죽음이 우리를 갈라놓을 때까지'라는 표현과 어울리는 노동과 자본의 밀접한 결합은 찾아보기 어렵다. 노동과 자본, 두 당사자는 더 이상 상대가 동반자 관계에 안주하리라고 기대하지 않는다. 자본과 노동이 결별하면서 동거는 깨지고 이제는 '자본의 지배'로 이행하고 있다. 오늘날 대표 구호는 '유연성'이다. 그러나 "이 완곡하게 부르는 '노동시장 유연성', 그것은 경제학 용어처럼 들리지만 실제로는 단지 더 낮은 임금, 더 부실한 일자리 보호를 가리키는 말이었다."(스티글리츠, 2002, 157쪽)

인건비 따먹기 경쟁

자본과 노동이 분리되자마자 상황은 일방적으로 직접 생산자(노동자)에게 불리하게 변했고, 저임금 비정규직·계약직 노동이 급속히 확대되고 있다. '고삐 풀린 시장'이 자본주의를 질주하면서, 자본과 노동의 동거는 1980년대부터 이미 무너지기 시작했다.[7] 전후 자본주의 황금 시절에 지속되던 케인스주의적 계급 타협도 깨지고, 노동 세계는 우울하고 힘겨운 최악의 시절을 보내고 있다. 1997년 말 외환위기 이후 한국 노동조합운동이 벌인 숱한 파업은 노동운동의

---

7 "자본주의사회에서 노동은 부의 원천이다. 자본은 노동이 자본을 필요로 하는 것과 마찬가지로 노동을 필요로 한다. 마르크스는 여기에서 근본적인 모순을 인식했다. 노동은 자본에 적대적이며 파업·사보타주 등 여타 구실들로 생산에 위협을 가한다. 하지만 자본은 노동 없이는 유지될 수 없다. 자본은 자신의 적과 긴밀하게 동거하도록 강제된다. 바꿔 말하면 자본은 노동자들의 노동을 착취해야 하지만, 그들을 정말로 억압하거나 억누르거나 배제할 수 없다. 자본은 노동자들의 생산성 없이는 유지될 수 없다. 착취 개념 자체가 자본주의적 지배 관계의 핵심에 있는 모순을 요약해 준다. 노동자들은 자본가의 명령 아래 종속되어 있고, 그들이 생산하는 부의 일부는 강탈당한다. 그럼에도 노동자들은 무력한 희생자들이 아니다. 그들은 사실상 아주 강력하다. 그들이 부의 원천이기 때문이다."(네그리·하트, 2008, 396쪽)

'힘'이나 '전투성'을 과시하는 것과 거리가 멀며, 오히려 사용자의 지배와 공세에 맞서 생존을 지키려는 '방어적 투쟁'일 뿐이다.

"일부 경제학자들은, 공장 노동자들에게 전형적으로 해당되는 안정적인 장기 고용 중심의 경제체제에서, 유연하고 이동적이며 불안정한 노동관계를 특징으로 하는 경제로의 이행을 명시하고자 '포드주의'나 '포스트포드주의'라는 용어를 사용한다. '유연하다'는 것은 노동자들이 상이한 업무에 적응해야 한다는 것이고, '이동적'이라 함은 노동자들이 여러 직업 사이를 빈번하게 이동해야 한다는 것이며, '불안정하다' 함은 어떠한 계약도 안정적이고 장기적인 고용을 보장하지 않는다는 의미이다.…… 이른바 노동시장의 '유연성'은 어떤 직업도 안전하지 않다는 것을 뜻한다. 명확한 분할은 더 이상 존재하지 않으며, 모든 노동자들이 고용과 비고용 사이에서 불안하게 맴도는 넓은 회색지대가 형성됐다."(네그리 · 하트, 2008, 149 · 170쪽)

20세기 초 '과학적 관리법'의 창시자로 일컬어지는 프레더릭 테일러Frederick Taylor는 바닥에서 나사를 집어 들어 기계에 끼우는 동작을 스톱워치로 재서 0.01초 단위까지 세밀하게 분석했다. 그리고 다른 사람보다 무거운 철강을 들어 올리면 몇 푼 더 주겠다고 꾀어 특정 노동자가 가진 체력의 최대치를 알아낸 뒤 이를 모든 노동자들에게 평균적인 과업으로 부과했다. '과학적 관리'라는 그럴듯한 이름으로 포장된 '테일러주의taylorism'는 노동 착취를 강화하는 '유혈적' 시스템이었지만, 오늘날 자본의 비정규 노동 착취에 비하면 차라리 인간적이고 소박했다.

자본의 '혼'은 살아 있는 노동을 흡수할수록 더 활기를 띠게 마련이다. 노동조합 등 어떤 집단적 조직도 없이 오직 힘없는 개별 노동자로서 시장에서 거대한 자본과 대면해야 하는 비정규직은, 자본으로서는 최대치까지 착취할 수 있는 상대이다. 한 기업이 비정규직을 많이 사용해 싼 가격으로 시장에 상품을 내놓으면, 경쟁 기업은 그보다 더 많은 비정규직을 써야 경쟁에서 승리할 수 있는, 인건비 착취의 왜곡된 시장경쟁이 횡행하고 있는 시대다. 기술은 뒷전이고, 오직 '인건비 따먹기'로 이윤 축적 경쟁에 돌입한 자본, 이것이 우리 시대 시장과 자본의 얼굴이다.

역사적으로 기계가 노동자의 수고를 덜어 주기보다 오히려 숙련을 파괴하고 노동을 축출했다면, 자본주의적으로 사용되는 비정규직은 기계보다 더 훌륭한 '자본의 무기'가 되고 있다. 비정규직은 직업을 갖고 있음에도 거대한 '고용된 산업예비군'을 형성하며 '일자리를 만드는 훌륭한 기계' 노릇을 한다. 비정규직은 '더 많은 임금'을 찾아 떠도는 불완전 취업자들로서, 실업 인구가 그러하듯 노동시장에서 끊임없이 전체 노동자의 임금을 끌어내리는 압력으로 작용하고 있다. 거대한 비정규직은 존재 그 자체로 집단적 조직노동의 힘을 약화시키고 기존의 건강한 노동조합운동마저 타락시킨다. 비정규직 착취에서 발생한 독점적 지대를 정규직과 자본이 나눠 갖고, 이런 물질적 배분이 노사 담합으로 이어지기 때문이다.

디딤돌인가, 함정인가

개별 노동자들은 실업의 공포뿐 아니라, '비정규직 함정'에 빠져 노동 생애 내내 비정규직에서 벗어나지 못할 거라는 더 큰 공포에 짓눌리고 있다. 과연 비정규직은 정규직으로 이행하는 '디딤돌stepping stone'일까, 아니면 한 번 빠지면 벗어나기 어려운 '함정^{durable trap}'일까?

장지연·양수경(2007)에 따르면,[8] 정규직과 비정규직 간에 이동이 쉽지 않고 일단 비정규직에 속하면 정규직으로 진입하기 어렵다는 사실을 확인할 수 있다. 즉, 어떤 해에 비정규직으로 일하고 있던 사람 중 62.7퍼센트는 인접한 다음 연도 조사에서 그대로 다시 비정규직 노동자로 발견된다. 정규직으로 이동하는 경우는 12.8퍼센트에 불과하며, 이보다 훨씬 많은 20.3퍼센트는 미취업자로 발견된다. 또 정규직 노동자로 발견되는 사람의 81.8퍼센트는 이전 연도에도 정규직 노동자였던 데 비해서, 비정규직에서 정규직으로 진입한 사람은 3.3퍼센트에 불과하다. 비정규직에서 정규직으로의 이동은 매우 드물며, 사실상 그 통로가 차단되어 있다고 보아도 무리가 없을 정도다.

세계화에 따른 구조조정과 고용조정 압력은 고용 체제에 심대한 변화를 가져오고 있다. 자본은 단기 이익을 추구하며 전염병처럼 마구 비정규직을 활용하고 있고, 대다수 노동자들은 피할 수 없는 압박감과 고용 불안 속에 하루하루를 사는, 전혀 새로운 상황을 맞고 있다.

좌파 경제학자 모리스 돕은 《자본주의 발전연구^{Studies in the Development of Capitalism}》에서 다음과 같이 말했다. "역사적으로 나타난 경제체제들 사이에 명확한 경계를 그을 수는 없다. 여러 체제는 현실에서 결코 순수한 형태로 나타나지 않는다. 어떤 시대든 앞뒤 두 시기의 특징적 요소가 때

---

8 '한국노동패널조사' 1~8차년도(1998~2005) 자료 분석. '한국노동패널조사'는 비농촌 지역에 거주하는 한국의 가구와 가구원을 대표하는 패널표본구성원(5000가구에 거주하는 가구원)을 대상으로 1년 1회 경제활동 및 노동시장 이동, 소득활동, 소비, 교육, 직업훈련 등에 관하여 추적 조사하는 종단면조사^{longitudinal survey}로, 1998년부터 실시되고 있다.

로는 극단적으로 복잡하게 뒤섞여 있는 것이 발견된다. 새로운 사회의 중요한 요소들은 반드시 완전한 맹아의 형태는 아니더라도 낡은 사회의 태내에 포함되어 있다. 또 낡은 사회의 잔존물은 오랫동안 새로운 사회 안에서 존속된다. 비교적 짧은 과도기를 예외로 한다면, 각각의 역사적 시대는 단 하나의 다소 동질적인 경제 형태의 지배적인 영향 하에서 형성된다. 따라서 새로운 경제 형태가 언제 최초로 나타났는지는 우리의 관심사가 아니다. 그보다 훨씬 더 중요한 것은 새로운 형태가 성장하여 사회 전체에 자신의 영역을 확보하고 또 발전 경향을 형성하는 데 중요한 영향을 미치는 단계이다."(돕, 18~19쪽) 비정규 고용이 언제 등장하기 시작했는지, 그 시기는 그다지 중요하지 않을 수 있다. 돕이 말했듯, 중요한 건 역사적 단계에서 우리가 사는 2010년대에 비정규 고용이라는 형태가 성장하여 사회경제 전체에 자신의 영역을 확보하며 중요한 영향을 미치고 있다는 사실이다.

경제성장률이 높아진다고 해서 그것만으로 비정규직 문제가 해결되는 것은 아니다. 2000년 이후 취업자는 매년 1.9퍼센트씩 증가했음에도 늘어난 일자리는 대부분 저임금 비정규직 일자리였고, 노동시장 양극화는 갈수록 심해지고 있다. 김유선은 비정규직 증가 원인을 '노동시장' 요인과 '행위주체' 요인 두 가지로 구분해 유형화하여[9] 살펴본 결과, 비정규직 증가가 '경제 환경 변화에 따른 불가피한 현상'이 아니라 정부

---

9 노동시장 요인에는 △기혼 여성의 노동시장 참여 증가와 노동력 인적 구성 변화 등 노동 공급 측 요인, △시장 경쟁 격화와 수요의 불확실성 증가에 따른 불가피한 비정규직 수요 증가 등 노동 수요 측 요인이 포함되며, 행위주체 요인에는 △유연성을 제고하고 노동비용을 절감하려는 기업의 인사전략 △노동의 힘 약화 등 노사관계 요인이 포함된다.

의 노동시장 유연화 정책, 기업의 인사관리 전략 변화, 노조의 조직률 하락 등 행위주체 요인에 기인한다고 주장했다. 곧 '(경직적이고 전투적인) 노조 책임론' 내지 '정규직 과보호론'은 사실이 아니라는 것이다. "노동시장 경직성(제도) 때문에 비정규직이 증가한 것이 아니라, 기업 또는 시장의 횡포를 제어할 노동시장 경직성(제도)의 결여 때문에 비정규직이 증가했다."(김유선, 2004)

특히 비정규직은 여성에게 집중되고 있다. 김유선(2011a)이 통계청 자료[10]를 바탕으로 분석한 결과, 2011년 8월 남성 정규직 임금을 100이라 고할 때 여성 정규직 임금은 66.4, 남성 비정규직 임금은 51.7, 여성 비정규직 임금은 40.5로 나타나 임금격차가 클 뿐 아니라 이러한 격차가 구조화되어 있는 것으로 나타났다. 남녀차별보다 고용 형태에 따른 차별이 더 심하고, 성과 고용 형태에 따른 차별이 '비정규직 여성'에게 집중되고 있는 것이다. 한국은 경제협력개발기구(OECD) 회원국 중 고용이 가장 불안정한 초단기근속의 나라다. 2011년 8월 현재, 근속 연수 평균값은 5.1년이고 중위값은 2년으로 OECD 국가 중 가장 짧다. 근속 연수 1년 미만의 단기근속자가 전체 노동자의 35.9퍼센트로 가장 많고, 근속 연수 10년 이상의 장기근속자가 18.0퍼센트로 가장 적다.(김유선, 2011a)

이러한 비정규직 고착화 현상과 관련해 한국비정규노동센터는 "전체 노동력의 절반이 넘는 비정규직 비율은 기업의 인력 운용 측면에서 보나, 사회 전체적으로 보나 불안정한 상태이다. 비정규직 규모나

---

10 통계청의 '경제활동인구 근로 형태별 및 비임금근로 부가조사'(2011년 8월)

비율은 이미 비등점에 가까운 포화 상태라는 점을 먼저 염두에 둬야 한다."고 강조한다. 비정규직 비율은 조금 늘거나 줄어드는 미세한 변화를 고려하는 것이 무의미할 만큼 이미 포화 상태에 이르렀다. 2007년 3월 55.6퍼센트를 정점으로 비정규직의 증가 추세가 멈추고 조금씩 감소하고 있는 듯 보이지만, 비정규직 비율이 전체 임금노동자의 절반을 넘는 비정상적 상황이 장기간 지속되고 있는 것이 더 큰 문제이다.[11]

11 비정규직 고용도 이제는 천장에 도달한 것일까? 고용노동부에 따르면 전체 임금노동자 중 상용직 비중이 2000년 47.9퍼센트, 2005년 52.1퍼센트, 2010년 59.4퍼센트, 2011년 11월 61.4퍼센트로 증가했다. 이 현상에 대한 실증적 분석은 아직 이뤄지지 않았다. 2007년에 시행된 비정규직 관련 법률의 효과로 볼 수도 있다. 그러나 필자는 그동안 너무 많은 정리해고가 이루어져 더 이상 해고할 정규직이 남아 있지 않고, 반면에 쉽게 해고되는 비정규직이 영세 자영업자로 바뀌면서 임금노동자 구성에서 빠져나가고 있는 것, 이 두 가지 요인이 함께 작용하여 임금노동자 중에서 상용직이 차지하는 숫자가 상대적으로 늘고 있다고 본다.

비정규직 규모 집계 논쟁

2000년대 초 비정규직 규모가 35퍼센트인지 50퍼센트인지를 둘러싸고 한동안 논란이 벌어졌다. 이 논란은 정부(통계청)의 비정규직 집계와, 한국노동사회연구소를 중심으로 한 노동계 집계를 함께 표기하는 식으로 정리되었다. 비정규직 규모는 무미건조하고 딱딱한 수치를 넘어, 비정규직 문제를 해결할 정책적 해결 방안과 대안을 어떻게 마련할 것이며, 이 문제를 얼마나 시급하고 강도 높은 국가 과제로 설정해야 하는지와 관련되어 있으며, 소득 불평등을 비롯한 수많은 사회경제적 문제들의 기반이 무엇인지를 보여 주는 매우 중요한 통계자료이다.

2001년에 발족한 노사정위원회의 '비정규직 근로자 대책특별위원회'는 "다양한 형태의 비정규 근로가 증가하고 있는 바, 이와 관련한 대책 마련의 필요성이 다각도로 제기되어 왔다"며 비정규 노동자 범위와 통계 개선에 대해 다음과 같이 합의하였다.

- 비정규 근로자는 각각의 개별적 고용 형태에 따라 분류할 수 있으며, 고용 계약 기간, 근로 제공 방식, 고용의 지속성, 근로시간 등 국제적 기준과 아울러 우리나라의 특성을 고려한 다차원적인 기준에 의거하여 파악한다.
- 우리나라의 비정규 근로자는 1차적으로 고용 형태에 따라 정의하며 ①한시적 근로자 또는 기간제 근로자 ②단시간 근로자 ③파견·용역·호출 등의 형태로 종사하는 근로자를 대상으로 한다.

통계청은 공식적으로 취업자를 임금노동자(상용직·임시직·일용직)와 비임금노동자(자영업자·무급가족종사자)로 구분하고 있는데, 비정규직 근로자의 경우 노사정위원회의 기준에 따라 1차적으로 고용 형태에 의해 정의되므로 ①한시적 근로자 ②시간제 근로자 ③비전형 근로자로 분류한다.

①한시적 근로자는 근로계약 기간을 정한 근로자(기간제 근로자) 또는 정하지 않았으나 계약의 반복 갱신으로 계속 일할 수 있는 근로자와, 비자발적 사유로 계속 근무를 기대할 수 없는 근로자(비기간제 근로자)를 포함한다.

②시간제 근로자는 직장(일)에서 근무하도록 정해진 소정의 근로시간이 동일 사업장에서 동일한 종류의 업무를 수행하는 근로자의 소정 근로시간보다 1시간이라도 짧은 근로자로, 평소 1주에 36시간 미만 일하기로 정해져 있는 경우가 해당된다.

③비전형 근로자에는 파견 근로자, 용역 근로자, 특수형태 근로종사자, 가정내(재택·가내) 근로자, 일일(단기) 근로자가 포함된다. 파견 근로자는 임금을 지급하고 고용관계를 유지하는 고용주와 업무 지시를 하는 사용자가 일치하지 않는 경우로, 파견 사업주가 근로자를 고용하고 고용관계를 유지하면서 근로자 파견계약 내용에 따라 사용사업주의 사업장에서 지휘·명령을 받으며 사용사업주를 위하여 근무하는 형태이다. 용역 근로자는 용역업체에 고용되어 이 업체의 지휘 하에 이 업체와 용역계약을 맺은 다른 업체에서 근무하는 형태이다. 특수형태 근로종사자는 독자적인 사무실이나 점포 또는 작업장을 보유하지 않은 채 비독립적인 형태로 업무를 수행하면서, 다만 근로 제공 방법이나 근로시간 등은 독자적으로 결정하고, 개인적으로 모집·판매·배달·운송 등의 업무를 통해 고객을 찾거나 맞이하여 상품이나 서비스를 제공하고 그 일을 한 만큼 소득을 얻는 근무 형태이다.

이와 달리 김유선(2011a)은 비정규직을 고용계약, 근로시간, 근로 제공 방식 등 세 가지 범주에 따라 △임시 근로 △시간제 근로 △호출 근로 △특수고용 △파견 근로 △용역 근로 △가내 근로 등 일곱 가지로 나눈 뒤, 임시 근로를 다시

△장기임시 근로 △한시 근로(기간제 근로 포함)로 구분하였다. 즉, 총 여덟 가지 비정규 형태를 모두 합친 뒤 중복을 제외하여 규모를 추계하는 방식이다.

비정규직 규모를 둘러싼 논란은 항상적인 저임금 및 고용 불안에 노출돼 있는 '장기임시 근로'(김유선의 추계에 따르면 2011년 8월 약 495만 명)를 어떻게 볼 것인지에 달려 있다. 노동부는 장기임시 근로 중 '일부'를 비정규직에 포함하지 않는 반면, 한국노동사회연구소 등 일부 노동연구소 및 노동단체는 장기임시 근로 '전부'를 비정규직 범주에 포함한다. 김유선은 비정규직 추계방식의 장기임시 근로에 대해 다음과 같이 설명하고 있다. "장기임시 근로 : 종사상 지위가 임시·일용직인 자. 장기임시 근로는 고용계약을 맺지 않고 장기간 임시직으로 사용하는 장기임시 근로자 이외에, 업체에 속하지 않은 자유노동자, 계절 근로자 등을 포괄하는 개념이다."(김유선, 2011a)

모두 동일하게 통계청의 '경제활동인구조사 부가조사'를 분석했음에도, 비정규직 규모가 크게 차이가 나는 이유는, 설문 문항 중 어디까지를 비정규직(및 장기임시근로)으로 볼 것인지의 문제에서 비롯된다. 정부는 '경제활동인구조사 부가조사'에서 7개 설문 문항(한시 근로·시간제 근로·파견 근로·용역 근로·가내 근로·호출 근로·특수고용 형태) 중 어느 하나에 응답한 사람만 비정규직으로 추계한다.

이에 대해 김유선은 "우리나라에서 임시·일용직은 일제 때부터 형성된 개념으로, 통계청은 1963년부터 상용·임시·일용직을 구분하여 조사 및 발표를 해 왔다. 비정규직·시간제 근로·파견 근로·용역 근로 등의 용어가 등장하기 전인 1970~80년대에도 많은 단체협약이 임시직 조항을 체결한 데서 알 수 있듯이, 노동현장에서 임시·일용직은 불안정 고용(비정규직)을 지칭하는 대명사로 통용되어 왔다. 이에 따라 한국노동사회연구소는 임시·일용직 680만 명(38.8퍼센트)에, 경제활동인구조사 부가조사에서 확인된 상용직 가운데 비정규직 185만 명(10.6퍼센트)을 합쳐 865만 명(49.4퍼센트)으로 추계했다."고 밝히고 있다.(김유선, 2011a)

한국노동사회연구소에 따르면, 비정규직 규모 논란의 핵심인 임시·일용직 중 270만 명(정형 근로이면서 동시에 임시·일용직에 해당함. 장기임시 근로층의 일부로서 한국노동사회연구소는 비정규직으로, 통계청은 정규직으로 분류)을 따로 살펴보면, 저임금 계층이 136만 명이고, 법정 최저임금 미달자가 55만 명에 이른다. 시간당 임금은 6600원으로 가장 낮고, 주당 노동시간은 49.5시간으로 가장 길다. 기혼 여성(38.5퍼센트)과 중졸 이하 학력(22.5퍼센트)의 비중이 높고, 사회보험 적용률은 26~30퍼센트, 시간외수당 등 노동조건 적용률은 9~32퍼센트로 매우 낮다.

차별의 이름,
비정규직

희망 없는 일자리

기륭전자 노조 1000일, 한국고속철도(KTX) 승무원 노조 800일, 이랜드 노조 320일……. 파업 상황을 알리는 보도자료의 첫 문장은 항상 '투쟁을 시작한 지 ○○○일이 되었습니다'로 시작된다. 점거농성, 장기 단식, 삼보일배, 도보 순례, 삭발투쟁, 자전거 행진, 촛불문화제, 연대의 밤 등 한 마디로 "죽는 것 빼고 안 해 본 것이 없다."(기륭전자 노조 조합원) 한두 달이면 끝날 줄 알았던 파업은 해를 넘긴 지 오래고, 오랜 파업에 지친 동료들은 하나둘 흩어지고, 남은 몇몇은 외친다. "우리는 스스로 노동자들의 운명을 개척해 나갈 것이다."(2008년 5월 15일, 이랜드 노조)

외환위기 이후 노동계에서 '장투(장기투쟁) 사업장'은 낯익은 말이 되었다. 어느 사업장이든 한 번 파업이 벌어지면 결국 장투 사업장 목록에 들어가는 일이 되풀이되고 있다. 기륭전자, KTX, 이랜드, 코스콤, 그리고 한진중공업 김진숙(민주노총 부산지역본부 지도위원) 씨의 무려 300일이 넘는 85호 크레인 농성을 포함해 장투 사업장만 100여 곳에 이른다.

한결같이 비정규직 싸움이 벌어지고 있는 사업장이다.[12] 사용자는 비정규직 노동조합을 인정하지 않으려 하며, 그러다 보니 파업 자체를 아예 인정하지 않는다. 사용자의 이런 완강한 태도 앞에서 타협의 실마리가 도출될 리 만무하다.

이남신 이랜드 노조 부위원장은 "장기파업을 벌여 회사를 망가뜨릴 만큼 힘을 갖고 있는 노동자들은 한 곳도 없다"며 "이들은 힘이 있어서 오랫동안 싸우는 것이 아니라, 어쩔 수 없이 싸우고 있을 뿐"이라고 말했다. 힘없는 비정규직 사업장의 싸움이기 때문에 사용자들이 노조 와해를 노리고 한사코 교섭을 거부하므로, 사업장마다 투쟁이 장기화의 길로 접어들게 된다는 얘기다.

하루하루 벼랑 끝에서 싸우는 노동자들은 어느 정도 타협할 자세가 돼 있는 반면, 회사 쪽은 힘의 우위를 바탕으로 끝까지 버티는 형국이다. 사실 장투 사업장 노동자들의 요구는 정리해고 철회, 부당노동행위와 노조 탄압 중단, 교섭 상대로 노조 인정 등, 어찌 보면 '소박한' 것들이다. 장기투쟁 사업장 노동자들이 몇 년째 싸움을 지속할 수 있는 동력도, 요구 내용의 '정당성과 소박함'에 있다고 볼 수 있다. 그럼에도 사용자들이 '무슨 일이 있어도 이번에 노동조합을 깨고야 말겠다'는 지독한 고집을 부리면서 사태가 장기화하고, 결국 '노사 당사자 해결'은 불가능해진다.

---

12 '유순하고 순종적'이며 '직업의식'도 약하여 노동운동에 소극적일 거라는 통념과는 달리, 우리나라 여성 노동자들은 노동운동이 위기에 처하거나 침체될 때마다 위기를 타개해 나가는 중요한 역할을 담당한 풍부한 역사적 경험을 지니고 있다. 1970년대와 1980년대 여성 생산직 노동자들을 중심으로 한 민주노조운동은 가장 대표적인 사례이다. (조순경 엮음, 296쪽)

주류 경제학자들이나 사용자들은 파트타임 등 일부 비정규직 일자리에 대해, 첫째 사용자와 노동자가 노동시간의 유연성을 함께 추구하는 윈윈 전략이며, 둘째 엘리트적 형태의 비정규 고용에서는 고임금과 높은 부가급여를 받는 사례가 있고, 셋째 작업장의 요구와 가정 일을 둘러싼 노동시간을 적절하게 배분해 노사 모두에게 편익을 제공하는 고용 형태라고 주장한다. 그러나 이는 진정으로 자발적인 극소수 비정규직에게만 해당될 뿐이다. 대다수 비정규직은 외견상으론 자발적 선택인 것 같지만, 사실 정규직 일자리가 없어서 어쩔 수 없이 비정규직 일자리를 선택한 노동자들이다. 한국의 비정규직은 그 규모에서 전체 임금노동자의 절반을 넘어서고,[13] 임금 측면에서 차별이 극심하며, 고용 측면에서 언제든 해고 위협에 처해 있는 임시·계약 노동자들이다.[14]

대다수 비정규직 노동자는 노동조합도 갖지 못하고 있다. 한국노동사회연구소에 따르면, 2011년 8월 우리나라 전체 노동조합 조합원은 191만 명(조직률 10.9퍼센트)이다. 그중 정규직이 176만 명(전체 정규직 노동자 중 19.9퍼센트)이고 비정규직은 고작 15만 명(전체 비정규직 노동자 중 1.7퍼센트)에 불과하다. 전체 조합원으로 따지면 정규직은 92.2퍼센트, 비

---

13 1970년 우리나라의 총 취업자 구성을 보면 자영업주 34.2퍼센트, 가족 종사자 27.1퍼센트, 임금노동자 38.7퍼센트였다. 이 가운데 상용노동(상고常雇)은 취업자의 22.9퍼센트이며, 노동시간이나 지급받는 임금수준 측면에서 임시고(臨時雇)와 일고(日雇 : 막노동)가 취업자의 10퍼센트 이상을 차지하여, 노동시장의 조건이 노동자에게 상당히 불리한 상황이었음을 알 수 있다.(임종철·배무기 편, 47쪽) 또한 임금노동자 구성 비중을 보면 비정규직 형태인 임시고 및 일고가 당시에도 매우 높았다.

14 김유선(2011a)에 따르면, 2011년 8월 정규직 임금(월 임금 총액)은 272만 원, 비정규직은 132만 원으로 정규직 대비 비정규직의 임금격차는 48.6퍼센트다. 11년 전인 2000년 8월에는 정규직 월 157만 원, 비정규직 월 84만 원으로 그 격차가 53.7퍼센트였다. 평소 주당 노동시간은 정규직이 주 43.5시간, 비정규직이 주 41.9시간으로 엇비슷하지만, 시간당 임금은 2011년 8월 정규직이 1만4800원, 비정규직이 7600원으로 정규직이 100일 때 비정규직은 51.3에 그친다.

정규직은 7.8퍼센트이다.[15] 비정규직 노동자들은 자신들의 열악한 노동 조건을 개선하기 위해 동원할 힘(노조)마저 갖고 있지 못한 것이다.[16]

그렇다면 외국의 경우는 어떨까? 영국의 가계패널조사 장기 데이터를 살펴보자. 영국에서는 한 번이라도 임시직 노동을 경험한 노동자에게는 임금 패널티가 주어진다. 즉, 똑같이 10년을 근속했더라도 한 번 임시노동을 경험한 남성은 12.3퍼센트, 여성은 8.8퍼센트의 임금차별을 받는다. 그러나 10년 뒤에 남성은 임금차별이 5퍼센트로 축소되며, 여성은 계약직 노동경험이 있더라도 7~10년이 지나면 정규직 노동자의 임금을 따라잡게 된다. 이렇듯 영국에서는 최소한 임시노동이 저임금과 '희망 없는 일자리dead end job'가 아니라 정규 고용으로 가는 '계단'이 될 수 있다.(Blyton & Turnbull, 2004)

노동에 대한 공정거래

우리나라의 기존 근로기준법은 노동시장 내의 정규직을 표준적인 고용 형태로 간주하고 제정한 법률이다. 곧 외환

---

15 윤진호는 한국 노동자들의 노조 가입 수요가 상당하지만, 노조 접근 기회와 가입 기회 제한이라는 공급 측 요인의 제약으로 인해 '좌절된 수요' 상태에 빠져 있다고 지적하면서 '노동조합 대표권의 갭representation gap' 현상을 언급하였다. 윤진호는 비정규직 등 미조직 노동자들의 노동조합 가입 기회 제한 등이 없어져 자유롭게 노조를 조직화할 수 있을 경우 달성 가능한 조직률(잠재적 노조 조직률)을 33.9퍼센트로 추정하고 있다.(윤진호, 2005) 노동조합에 대한 수요와 공급 간에 격차가 발생할 때 '노조 대표권의 갭'이 발생하며, 특히 노조에 대한 수요가 공급을 초과할 경우 미조직 노동자들은 노조에 가입하고 싶어도 여러 가지 제약 요인으로 인해 노조 가입이 원천 봉쇄되어 노조 대표권을 보장받지 못하는 결과를 가져오게 된다.

16 통계청이 2011년 10월에 발표한 '근로 형태별 및 비임금근로 부가조사 결과'에 따르면 우리나라 임금노동자의 노동조합 가입률은 10.9퍼센트(고용노동부의 〈전국노동조합 조직 현황〉 자료에 따른 2010년 노조 조직률은 9.8퍼센트)이며, 정규직은 15.2퍼센트, 비정규직은 2.6퍼센트가 노조에 가입한 것으로 나타났다. 한국노동사회연구소와 정부의 수치 차이는 역시 비정규직을 분류하는 기준의 차이에서 비롯된다.

위기 이후 비정규직이 급속히 증가했으나 비정규직을 규율하는 법이 따로 존재하지 않았던 것이다. 사용자들은 그동안 비정규직 노동을 규율하는 법과 제도가 부재한 가운데 마음껏 비정규직을 활용해 왔다. 기업들이 노동시장에서 이미 비정규직을 충분히 활용하고 있는 시점에서 비정규직 관련 법률(〈기간제 및 단시간 근로자 보호 등에 관한 법률〉 제정안, 〈파견근로자 보호 등에 관한 법률〉 개정안)이 2007년 7월 1일부터 시행되었다. 이 때문에 우리나라의 비정규직 관련 법률은 기존에 이미 만연돼 있는 비정규직의 고용 현실을 인정하는 것을 전제로, 제정 혹은 개정될 수밖에 없는 한계를 안고 있었다.

한국의 노동시장은 핵심부와 주변부, 두 영역으로 나뉜 이중적 구조를 띠고 있다.[17] 핵심부의 제조업·대기업·공공 부문·정규직 노동자 등은 노동법에 따른 높은 수준의 고용 보호와 각종 사회보장 혜택을 누리고 있는 반면, 주변부의 서비스업·중소기업·비정규직 노동자 및 영세 자영업자 등은 행정력 미비 등으로 노동법을 제대로 적용받지 못하고, 고용 보호와 사회보험 혜택도 거의 못 받고 있다.(전병유·김혜원·신동균, 2006)

2010년 3월 현재, 한국의 전체 임금노동자 가운데 직장 단위의 국민연금·건강보험·고용보험 중 어느 것에도 가입하지 않은 사람이 30.1

---

17 앨리스 암스덴Alice Amsden은 《아시아의 다음 거인Asia's Next Giant: South Korea and Late Industrialization》에서, 포항제철이 1980년대 초에 이미 3층의 노동시장 구조를 갖고 있었고, 노동시장이 계약직과 정규직으로 구분되어 임금 분산이 매우 컸다고 지적하였다. "포항제철은 3개 계층의 임금구조를 갖고 있다. 관리자들은 최고 수준의 임금을 받으며, 그 다음이 육체노동자들인데 이들은 2개의 범주, 즉 정규 노동자와 비정규 노동자로 구분된다. 1984년에 계약 노동자는 전체 인력 2만5700명의 24퍼센트인 8700명이었다. 이 노동자들의 업무는 청소, 포장, 주괴주형, 접합 작업, 철판 처리 등 궂은 작업에 국한돼 있다. 포항제철은 이러한 작업을 정규 직원에게 맡기지 않고 계약 노동인력에게 맡겨 약 15퍼센트의 임금을 절약하고 있는 것으로 추산된다." (암스덴, 232쪽)

퍼센트(모두 가입자는 64.5퍼센트)에 이르며, 특히 1~9인 사업장의 경우 이 비율은 56퍼센트로 높아진다. 100인 이상 사업장에서 위 3개 사회보험에 모두 가입한 사람이 92.1퍼센트인 반면, 1~9인 사업장의 모두 가입자는 39.2퍼센트에 그친다. 모두 미가입자는 100인 이상 사업장이 4.6퍼센트에 불과한데 비해 1~9인 사업장은 55.5퍼센트에 이른다.(이병희, 2010)

■⟨표 7⟩ 임금 계층별 사회보험 미가입률 및 기업복지 수혜율(2010)　　　　단위 : %

구분		저임금	중간임금	고임금
사회보험 미가입	공적 연금	62.3	23.4	4.6
	건강보험	6.1	2.1	0.3
	고용보험	67.3	30.5	8.3
기업복지	퇴직금	27.3	65.2	93.1
	시간외 수당	14.5	42.8	75.1
	유급 휴일휴가	23.6	59.4	90.4

* 저임금은 시간당 중위임금의 3분의 2 미만, 고임금은 3분의 2 이상, 중간임금은 그 사이임.
　자료 : 통계청, '경제활동인구 근로 형태별 부가조사' (2010년 8월)
　출처 : 황덕순 · 이병희(2011)

　　헤겔은 《역사철학강의》에서 역사를 "거대한 살육의 집immenseslaughterhouse"이라고 말한 바 있다. 그렇다면 저임금 비정규직은 노동에 대한 거대한 '폭력의 집'이라고 해야 할까? 비정규직은 임금이든 사회보장보험에서든, 임금 이외의 각종 부가급여fringe benefits에서든, 그 어떤 결실이나 혜택에서도 배제되어 있다. 비정규직 차별을 없애자는 건 '노동에 대한 공정거래' 요구이다. 상품 · 자본(금융)과 더불어 이제 노동에 대해서도 공정거래 시스템을 구축해야 한다.

정운영은 "이 자본주의체제가 오늘로 끝나지 않고 내일도 지속되어야 한다면, 이 체제의 존속에서 가장 큰 이익을 얻고 있는 자본가들에게, 오늘의 노동력을 확보하는 것은 물론이고 내일의 노동력을 준비해두는 일까지 그들의 소관 업무이다. 노동자의 처와 자녀가 바로 내일의 노동력을 생산하는 원천이라면, 그들의 몫을 노동자의 봉급 명세에 추가하는 것은 결코 자비와 선심의 소산이 아니라 체제 유지를 위한 치밀한 계략"이라고 갈파한 바 있다._(정운영, 1989, 77쪽)

또한 사적 소유를 비판한 프루동은 "노동자는 자신의 생산에서 당장의 생계 외에 장래 생계의 보장책도 찾아야 한다. 그렇지 않으면 생산의 원천은 고갈될 것이며 노동자의 생산능력도 소실될 것이다. 달리 말하자면 해야 할 노동은 이미 마친 노동에서 끊임없이 다시 태어나야 한다. 이것이 재생산의 보편 법칙이다. …… 그런데 이 재생산의 효모, 이 영원한 생명의 씨앗, 생산의 도구와 토대야말로 자본가가 생산자(노동자)에게 빚지고 있는 것이자 다시는 돌려주지 않고 있는 것이다. 이것은 노동자의 빈곤, 유한有閑계급의 사치, 조건의 불평등을 만드는 기만적인 거부 행위이다. 사람들이 인간에 의한 인간의 착취라고 널리 불렀던 것이 바로 여기에서 비롯된다."_(프루동, 181~182쪽)고 했다.

낮은 유인 – 낮은 공헌

차별받는 노동자들이 과연 회사에 헌신하고 일에 몰입할 수 있을까? 정리해고와 값싼 비정규직 사용은 살아남은 노동자와 사용자 간의 신뢰를 깨뜨리고 조직 응집력을 떨어뜨려, 기업에도 파괴적인 영향을 초래한다. 2002년 국내의 종업원 50명 이상 기업 182개를 대상으로 비정규직 비율과 경영 성과를 비교 분석한 연구결과(권순식, 2004)에 따르면, 비정규직 비율이 높을수록 노동생산성과 영업이익률이 낮은 것으로 나타났다. 기업별 비정규직 고용의 증가가 노동자와 기업 조직 상호 간의 '낮은 유인Inducements – 낮은 공헌Contributions'의 균형에 의존하는 메커니즘을 전파한다는 것이다. 조직에 공헌할 수 있는 노동자들의 노력과 헌신은 조직으로부터 받는 대가와 비례할 수 있다. 즉, 기업은 노동자들의 협력적 행위를 유도하는 인센티브를 제공해야 한다.

이런 맥락에서 볼 때 조직 내에서 비정규직의 증가는, 기존 정규직 노동자들에게 미래의 자기 모습에 대한 신호이자 위협 요소로 인식됨과 동시에, 조직에 대한 심리적 신뢰감을 저하시켜 기회주의적 행위를 유발할 수 있다. 또한 비정규직 노동자는 계속적인 고용 보장이나 높은 임금 등을 기대하지 않으며, 조직은 비정규직 노동자에게 전적인 헌신과 몰입 등을 기대하지 않는다. 정규직 노동자들은 예전의 노력을 기울이지 않을 것이고, 비정규직 노동자들은 저임금과 한계적 근무조건에서 일하게 될 것이다. 결국 기업과 노동자 간에 '낮은 유인-낮은 공헌'이라는 나쁜 균형이 형성되고 조직의 성과는 떨어지게 된다.(권순식, 2004)

정이환은 한 나라의 노동시장 체제를 평가하는 기준으로, 첫째 충분한 일자리를 제공하고 있는지, 둘째 (임금이) 사회통합을 해치지 않을 정도로 공정하고 평등한지, 셋째 제공되는 일자리가 안정적이고 '괜찮은' 일자리인지 등 세 가지를 제시하고, 이 기준에서 볼 때 한국 노동시장 체제의 성적은 초라하며 실패했다고 진단한다. "외환위기 이전까지는 노조 조직 부분인 대기업의 임금인상이 중소기업에까지 파급되어 전체 임금노동자의 근로조건 향상 효과가 있었다. 그러나 1997년 외환위기 이후에는 상황이 달라졌다. 실업률이 높아지고 중소기업의 경영 상황이 어려워지면서 기업 규모별 임금격차가 확대되기 시작했다. 경제구조의 양극화가 진전되면서 이런 경향은 고착화되었다.…… 대기업 내부노동시장이 잘 보호되고 있는 것도 아니다. 이제 대기업 노동자들의 고용도 안정적이지 않다."(정이환, 2006, 391~392쪽)

정이환은 특히, 우리나라 노동시장의 핵심 특징인 기업 간 불평등을 고려할 때, 비정규직의 정규직화가 노동시장 불평등을 해결하는 궁극적인 대안이 될 수 없다고 주장한다. "왜냐하면 이 대안은 일정 규모 이상의 기업체에 고용된 비정규 노동자들에게나 큰 의미가 있지, 기업 내부노동시장 자체가 없거나 약한 영세기업이나 중소기업에 고용된 노동자, 그리고 사용자가 불분명한 노동자들의 처지는 크게 나아지지 않을 것이기 때문이다. 이런 곳에서는 정규직과 비정규직 간의 경계가 불분명하며 근로조건 격차도 크지 않다. 그러므로 비정규직의 정규직화가 이루어져도 기업 간 불평등은 여전히 남는다. 비정규직이 모두 정규직이 된다고 해도 이는 대기업의 내부노동시장을 양적으로 확대하는 결과로 귀결될 뿐, 노동시장 불평등을 극복하는 궁극적 대안이 되지 못한다."(정이환, 2006, 394쪽)

광범위한 저임금 노동

'정규직', '비정규직'의 고용 형태를 넘어 우리나라 노동자의 노동 생애는 '광범위한 저임금 노동'이란 말로 대표된다. 비정규직에서 저임금 고용 발생이 높지만, 전체 저임금 노동자의 절반 가까이(46.3퍼센트)는 정규직이다. 실제로 정규직의 저임금은 대기업과 중소기업 간 기업 규모별 격차에서 기인하는 측면이 매우 크다. 2010년 현재 기업 규모별 취업자 수를 살펴보면, 300인 이상 사업장이 전체의 8.2퍼센트(195만 명), 5~299인 사업장이 52퍼센트(1238만 명), 1~4인 사업장이 39.8퍼센트(948만 명)을 차지하고 있다.

■ 〈표 8〉 기업 규모별 취업자(2010)

기업 규모	1~4인	5~299인	300인 이상	전체
취업자(명)	948만7000	1238만9000	195만2000	2382만9000
비중(%)	39.8	52.0	8.2	100.0

* 자료 : 통계청(www.kosis.kr)
출처 : 고영선(2011)

정규직이라 하더라도 (임금)지불 능력이 원천적으로 취약한 중소·영세기업에 종사하는 노동자가 매우 많다. 영국·독일·일본·프랑스 등에서 9인 이하 영세기업의 고용 비중이 10퍼센트 안팎인 반면, 우리나라는 40퍼센트를 넘는다. 이런 상황에서 2010년 현재 5인 미만 사업장에서 일하는 노동자의 절반이 '저임금'[18] 고용 상태에 있다.(황덕순·이병희, 2011)

한편 500인 이상 대기업 노동자의 임금을 100이라고 했을 때, 5~499

---

18 경제협력개발기구(OECD) 및 유럽연합 저임금고용연구네트워크Low Wage Employment Research Network(LoWER)는 '전체 임금노동자 중위임금median wage의 3분의 2 미만'을 저임금 일자리low-paid jobs로 정의하고 있다.

인 사업장 노동자의 임금은 1980년대 초반까지만 해도 90~100 사이로 격차가 그리 크지 않았다. 문제는 대기업 대비 중소기업의 임금이 계속 하락하고 있는 것이다. 1980년대 초반 대기업 임금 대비(100 기준) 300~499인, 30~99인, 10~29인, 5~9인 사업장의 임금은 100 이상으로 오히려 더 높거나(!) 90~100 수준으로 엇비슷했다. 그러나 이후 갈수록 격차가 커지기 시작해 2010년에는 50~80에 그칠 정도로 대폭 벌어졌다.(고영선, 2011) 독점 대기업 중심의 경제체제가 강화되면서 불평등과 양극화의 골이 깊어지고 있는 것이다.

이처럼 한국 노동시장의 분단 및 이중구조를 초래하고 심화시키는 근본 원인 중 하나는 대기업/중소기업의 기업 간 관계에 있다.[19] 대기업이 독과점적 지위에서 발생하는 독점이윤을 누리면서 지불 능력 격차가 커지고, 이것을 대기업의 조직된 정규직 노동자가 나눠 갖고 있는 형국이다. 일반적으로 비정규직 노동자 혹은 중소기업 노동자들이 덜 일하고 게으름을 피워서 노동생산성이 낮은 것이 아님에도, 노동시장은 철저하게 분단돼 있다. "현대차에서 왼쪽 바퀴는 현대차 소속 정규직 조합원이, 오른쪽 바퀴는 사내 하청 소속의 노조 없는 비정규직이 조립하고 있다"는 말이 이 비극적 상황을 상징적으로 표현하고 있다.

---

19 정운영은 이미 1991년에 막강한 재벌이 고용 효과 측면에서 경제에 기여하는 측면이 놀랄 만큼 적다는 씁쓸한 사실을 지적한 바 있다. "재벌이 국민경제에 공헌하는 부분은 일반의 기대와 달리 의외로 약소하다. 재벌 기업들이 창출하는 고용 효과 측면에서 생각해 보자. 1977년과 1985년 사이에 5대 재벌의 경우 경제 전체에서 차지하는 출하액 비중은 8년 동안 무려 46.5퍼센트 증가했으나 고용한 종업원 수효의 비율은 9.1퍼센트에서 9.7퍼센트로 증가율이 겨우 6.6퍼센트에 머물렀다. 같은 기간 30대 재벌의 출하액 비중은 17.9퍼센트 증가했으나 고용한 종업원 수의 비율은 20.5퍼센트에서 17.6퍼센트로 오히려 14.1퍼센트 감소했다."(정운영, 1989, 107쪽) 정운영은 이것이 재벌 육성의 허구를 재벌 스스로 폭로하는 증거이며, 따라서 이러한 현상과 결과는 국민 전체의 기대에 대한 일종의 배신이라고 불러도 지나침이 없을 것이라고 말했다.

비정규직 저임금은 합리적인 차별?

2007년 7월부터 시행되고 있는 〈기간제 및 단시간 근로자 보호 등에 관한 법률〉은 차별 시정 조항으로서 '기간제·단시간·파견 근로자임을 이유'로 "당해 사업 또는 사업장에서 동종·유사 업무에서 일하는 근로자에 비해 임금 그 밖의 근로조건 등에 있어서 합리적 이유 없이 차별 처우를 해서는 안 된다."고 규정하고 있다.[20] 그러나 이 동종·유사 업무 규정의 경우 노동위원회 등에서 동일노동에 해당하는지 여부를 판단해야 하는데, 시간도 많이 걸리고 사례별로도 제각각이어서 실효성이 낮다는 지적이 줄곧 제기돼 왔다.[21] 아무튼 다른 조건이 모두 동일한 가운데 단지 비정규직이라는 고용 형태 차이에서 비롯되는 임금격차는 '차별'을 판단하는 지표가 될 수 있다.

단지 고용 형태가 비정규직 또는 정규직이라는 이유로 덜 받고 더 받는 임금은 얼마나 될까? 정규/비정규 근로 사이에 심각한 격차가 존재한다는 사실은

---

20 은수미는 '기간제 및 단시간 근로자에 대한 임금 및 그 밖의 근로조건에 관한 불합리한 차별 금지'와 관련해 "'고용 형태에 따른 차별' 금지는 우리나라에서는 최초의 입법적 조치이며 경험하지 못한 사례이기 때문에 다양한 논란과 쟁점이 발생하고 있다."며 "비정규직을 사용할 '자유'와 비정규직이 되면서 발생하는 '불평등', 비정규직 활용에 따른 '효율성' 제고와 비정규직 확산에 따른 '형평성' 훼손은 동전의 양면이며 자본주의사회가 갖고 있는 근원적인 긴장의 표출이다."라고 말했다.(은수미, 2007)

21 일각에서는 근로기준법에 '동일노동, 동일임금' 원칙을 넣어야 한다고 주장한다. '동일가치노동' 개념은 동종 및 유사 업무가 아니라도 노동가치가 같으면 동일한 임금을 줘야 한다는 뜻이다. 예컨대, 한 회사에 비서와 운전기사가 있을 경우, 이 두 사람의 업무가 비록 동종 및 유사 업무는 아니지만 노동가치 측면에서는 동일한 노동일 수 있다. 외국에선 이를 '직무'로 따진다. 비서와 운전기사를 같은 직무로 볼 수 있는 셈이다. 동일가치노동을 더 확대 적용하면, 직무가 같을 경우 업체가 달라도 동일노동으로 볼 수 있다. 사내 하청이 대표적으로, 기존에는 사내 하도급업체가 원청과 업체가 다르다는 이유로 적용 대상에서 배제됐지만, '동일노동 동일임금' 원칙에서는 그 경계를 뛰어넘게 된다. 물론 노동가치 기준과 직무 판단은 굉장히 복잡한 문제다. 역사적으로 서구 노동조합은 작업장에서의 직무 통제를 노동조합의 주요 역할로 설정해 왔다. 이른바 '직무 통제 노동조합주의Job Control Unionism'인데, 이는 노동자들이 수행하는 직무를 노동자 스스로 통제하는 것으로, 현대자동차 울산공장에서 각 작업장별 대의원들이 노동시간과 근무 인원 조정 권한을 둘러싸고 사용자 쪽과 협상하는 방식이 이와 유사하다. 직무 통제를 둘러싼 노사 간 대립을 노사관계학자 리처드 하이만은 '통제의 전선Frontier of Control'이라고 부른 바 있다.

인정하지만, 그 격차에 비합리적 '차별'이 존재하는지에 대해서는 학자들마다 견해가 다르다. 일반적으로 임금은 개별 노동자의 노동생산성 차이 등을 반영해 결정된다고 한다. 노동자의 성별·나이·학력·근속 연수·혼인 여부 등 이른바 '인적 속성'과 각 기업의 특성에 따라 생산성 차이가 발생하고, 이런 생산성 차이에 따른 임금격차는 합리적이므로 순수한 의미의 '임금차별'이 아니라는 것이다. 이런 관점은 비정규직 임금격차를 해소하기 위해 어떤 정책적 개입을 해야 하는지에 대한 논란으로 옮겨 간다.

이인재·김태기(2009)가 '한국노동패널'(1998~2008) 자료를 이용해 분석한 결과, 단순한 평균임금 차이만 보면 분석 기간 10년 동안 정규직의 시간당 임금은 평균 8860원으로, 비정규직 5680원보다 3180원가량 높았다. 정규직 임금이 100이라면 비정규직 임금은 64.1 수준인 것이다. 그러나 여러 가지 임금 결정 요인 가운데 '관찰되는 인적 속성과 기업 특성'(성별·나이·학력·근속 연수·혼인 여부·기업 규모·노조 여부·종사 산업·직종 등)을 통제한 결과, 즉 다른 특성이 동일하다고 가정할 때 정규직이 비정규직에 비해 7.5~13.4퍼센트가량 '임금 프리미엄'을 받는 것으로 나타났다. 이 밖에 '관찰되지 않는 정규직의 특성'에서 비롯되는 임금 프리미엄도 있을 수 있다. 이 부분까지 추가로 고려해 통제하면, 정규직 임금 프리미엄은 약 4.0~8.0퍼센트에 불과한 것으로 나타났다.[22]

그럼 동일 사업체 안에서 정규직과 비정규직의 임금 차별은 얼마나 될까? 이인재가 노동부의 '사업체 근로실태 조사'(2005) 자료를 활용해 분석한 결과, 임금에 영향을 미치는 다양한 인적 속성을 통제했을 때 동일한 사업체 내에서 비정규직의 시간당 임금은, 정규직을 100으로 했을 때 사업체 평균 82.1로 나

---

22 이인재·김태기(2009), 〈정규직과 비정규직의 임금격차 : 노동조합과 기업 규모의 영향을 중심으로〉, 《노동 경제논집》 제32권 3호.

타났다. 물론 이조차도 차별의 직접적인 증거라고 보기 어렵다는 주장도 있다. 임금격차 추정에 반영되지 못한, 또 다른 '알 수 없으나 합리적인' 요인들이 존재할 수 있다는 얘기다. 이런 유형의 분석은 당연히 비정규직의 저임금을 해소하기 위한 정책 개입의 필요성이 과장되면 안 된다는 주장으로 이어지게 마련이다.[23]

한편, 안주엽 외(2007)에 따르면, 통계청의 '경제활동인구조사 부가조사'(2005)를 이용해 추정한 결과, 정규 근로와 비정규 근로 사이에 존재하는 임금격차 중 77.1퍼센트는 생산성 요인에 따른 것이지만 나머지 22.9퍼센트는 차별적 처우에 따른 것으로 나타났다. 흔히 합리적 격차라고 여겨지는 생산성 요인(77.1퍼센트)을 분해해 보면 근속 연수 19.6퍼센트, 산업 유형 17.4퍼센트, 사업체 규모 11.6퍼센트, 교육 수준 11.1퍼센트, 성별 8.6퍼센트, 혼인 여부 4.9퍼센트 등으로 나타났다.(안주엽 외, 209쪽)

이 밖에 남재량(2006)은 임금격차 요인을 분해한 뒤, 정규직과 비정규직 간 임금격차 중에서 생산성(인적 특성 및 사업체 특성 등)에 의한 임금격차는 많은 사람들의 생각과 달리 85∼90퍼센트 정도라고 추정 결과를 제시했다. 임금격차 중 생산성 부분을 제외한 나머지 10∼15퍼센트 정도가 순수한 고용 형태에 의한 차별 처우라는 것으로, 비정규직의 임금이 정규직의 절반에 불과하지만 대부분은 생산성 차이에 의한 합리적인 격차이고 순수한 차별은 거의 발견되지 않는

---

23 이인재(2007), 〈사업체 내 정규/비정규 임금격차의 실태와 임금차별 판단에의 시사점〉, 《노동리뷰》 제35호, 한국노동연구원. 김유선은 통계청 '경제활동인구조사 부가조사'(2008년 8월) 자료를 분석한 결과 다른 조건이 동일하다고 가정할 때 비정규직이 받는 월평균 임금 중 17.8퍼센트가 고용 형태에 따른 '순임금 격차'(비합리적 차별)라고 밝혔다. 성별과 고용 형태별을 함께 묶어 분석하면, 남성 정규직을 기준으로 순임금격차는 남성 비정규직이 17.0퍼센트, 여성 정규직이 16.6퍼센트, 여성 비정규직이 32.4퍼센트다. 다른 조건을 통제하더라도 '여성 비정규직'에게 성별·고용 형태별 차별이 중첩되어 있음을 알 수 있다.(김유선, 〈노동시장 내 차별 실태와 노동조합의 정책과제〉, 한국노총 여성정책토론회, 2009년 5월 27일)

다는 것이다. 노동경제학자들의 이러한 계량분석 결과는 엄밀한 모형에 기초한 것임이 틀림없다. 그럼에도 우리는 이를 얼마나 신뢰할 수 있으며 어디까지 믿어야 할까?

비정규직과
노동빈곤

빈곤의 재발견

"1997년 2월 13일, 나는 세계은행의 선임 부총재 겸 수석 이코노미스트로서 첫 출근했다. 워싱턴 시 19번가에 자리 잡은 세계은행의 웅장하고 현대적이며 번쩍거리는 본관으로 들어서던 중 가장 먼저 나의 눈길을 끈 것은 '우리의 꿈은 빈곤 없는 세계Our dream is a without poverty'라는 세계은행의 표어였다."(스티글리츠, 2002, 65쪽)

한국은 그동안 빈곤에 관한 한 '자부심'을 가진 사회였다. 압축적인 고도 경제성장을 거치면서 절대빈곤은 완전 퇴치됐고, 빈부격차도 다른 나라보다 심각하지 않다고 늘 자랑해 왔다. 그러나 1997년 말 외환위기는 대량 실업과 대량 빈곤을 야기하면서 우리 사회에 '빈곤의 재발견'이라는 상황을 초래했다. 외환위기 이후 실업이 급증하면서 소득분배가 악화되고 빈곤 계층이 크게 증가했다. 일각에서는 '빈곤 계층 1000만 명' 주장까지 제기됐고, 2005년 8월에는 우리나라의 빈곤층 규모가 사상 처음으로 700만 명을 넘어섰다는 통계가 나와 충격을 던져 줬다.

전체 인구의 무려 15퍼센트가 빈곤에 허덕이고 있는 셈이다.

역사적으로 노동은 보통 사람들이 빈곤에서 벗어날 수 있는 가장 보편적인 방법으로 인식되었다. 그러나 21세기 빈곤 문제의 근본 원인은 실업과 저임금이 아니라 '노동의 비정규성', 즉 고용 불안에서 발견된다. 외환위기 이후 대량 실업 사태에 직면했으나 이후 실업률이 다시 낮아지면서 경제위기 이전 수준을 회복했음에도 불구하고, 빈곤율은 떨어지지 않고 정체 상태에 머물러 있다. 실업률이 감소하고 취업자 수가 증가하는데도 오히려 빈곤인구가 증가하는 양상마저 나타나고 있다. 그 원인은 고용의 질적 변화에서 찾아야 한다.

최근의 빈곤 현상은 '신빈곤new poverty'으로 불린다. 열심히 일을 하는데도 빈곤에서 벗어나지 못하는 '노동빈민the working poor'의 등장, 경제성장이 빈곤층 감소에 별다른 기여를 하지 못하는 '고용 없는 성장jobless growth'이 신빈곤의 대표적인 특징이다. 한국 사회의 빈곤은 개발도상국 단계를 넘어 서구화된 지 이미 오래다. 빈곤이 서구화된 형태로 재출현한 것이다.

달동네와 빈곤의 거리는 사라졌지만, 뿔뿔이 흩어진 빈곤층이 사회 밑바닥에 일정한 층으로 굳어 은폐된 채 퇴적됐다. 달동네 등 빈곤층 집단거주지가 1980년대 중반부터 급격히 사라지면서 해체된 빈민들은 대부분 도시 곳곳의 지하로 숨어들었다. 이처럼 도시의 빈곤은 은폐되고 개별화·파편화돼 있다. 눈에 잘 띄지 않을 뿐, 여기저기 흩어져 있는 수많은 지하 셋방과 쪽방 등에서 빈곤이 재생산되고 있다.

외환위기 이전에는 근로능력이 없는 노인가구, 한부모가구, 장애인가구 등 전통적 취약집단이 빈곤층의 주류를 이뤘다. 그러나 이제는 일하는 노동자 가구 안에서도 빈곤율이 매우 높다. 이것이 외환위기 이후 우리 사회 빈곤의 뚜렷한 특징이자 소득 불평등이 심화되는 근본 원인이다. 열심히 일하면 빈곤에 떨어지지 않고, 또 일하면 빈곤에서 탈출할 수 있다는 오랜 믿음이 깨진 것이다. 일해서 돈을 벌긴 버는데 자꾸만 빈곤층에 가까워진다. 왜 그럴까? 가구주가 임금노동을 통해, 아내를 돈벌이에 내몰지 않고 자녀들을 교육시킬 만큼의 충분한 소득을 올리지 못하기 때문이다. 즉, '근로능력을 갖고 있음에도 불구하고 가난한 사람들'이 빈곤층 내부의 다수 집단으로 새로 등장한 것이다. 고용 불안과 저임금에 시달리는 비정규직(전체 노동자의 58퍼센트)은 항상적인 빈곤 위험에 처해 있거나 실제로 빈곤가구의 상당 부분을 차지한다.

신빈곤 시대의 빈곤은 발생 경로와 집단이 다양해지고, 소득 외에도 신분 이동의 기회 및 문화적 혜택 등 모든 영역에서 빈곤이 '고착화된 불평등'으로 나타난다. 과거에는 자식들이 부모보다 더 나은 교육을 받고 더 높은 소득을 올려 어느 정도 빈곤에서 탈출할 수 있었다. 물론 과거에도 저임금 노동자와 근로빈곤 계층이 상당 부분 존재했지만, 일자리가 있는 한 안정적 수입을 발판으로 사회적 계층이동이 가능했다. 그러나 이제 노동과 탈빈곤의 연결고리는 크게 헐거워졌다. 열심히 일하고 있는데도, 심지어 동시에 몇 가지 일을 하는데도 빈곤에서 벗어나지 못하는 절망감이 신빈곤 현상의 밑바닥에 깔려 있다.

경제협력개발기구(OECD)의 정의에 따라 '전체 임금노동자 중위임금 median wage의 3분의 2 미만'을 저임금 일자리low-paid jobs로 규정할 경우 2011년 8월 현재 우리나라 중위임금 8635원[24]의 3분의 2인 '시간당 임금 5757원 미만'이 저임금 계층으로 분류된다. 이에 따르면, 전체 노동자

1751만 명 가운데 468만 명(26.7퍼센트)이 저임금 계층에 속하며, 이 중에서 정규직이 61만 명(6.8퍼센트), 비정규직이 407만 명(47.0퍼센트)이다. 정규직 15명 중 1명, 비정규직 2명 중 1명이 저임금 계층에 해당하는 것이다.(김유선, 2011a)

놀라운 점은 주당 40시간 이상 노동하는 '완전 취업 빈곤층'마저 존재한다는 사실이다. 완전 취업 빈곤층은 취업이 빈곤 탈피로 이어지지 못하고 있음을 그대로 보여 준다. 비정규직 가구는 부족한 소득을 보전하기 위해 더욱 많은 시간을 일해야 하는데, 이에 따라 가족해체와 삶의 질 황폐화도 심화되고 있다. 더 놀라운 사실은 가구 내 취업자 수가 2~3명에 이르는데도 빈곤층으로 떨어지는 가구가 많다는 점이다.

한국노동연구원에 따르면, 2002년 전체 상대빈곤 가구 중에서 가구주가 '임금노동자'이면서도 빈곤층에 속하는 사례가 20퍼센트에 달했다. 또 가구주가 비임금 '취업자'일 경우 가구 내 취업자가 2명 이상인데도 상대빈곤에 속하는 가구가 17.5퍼센트나 됐다. 한 가구 안에서 2명 이상이 일을 하는데도 빈곤에서 벗어나지 못하는 노동빈민이 상당수 존재하고 있음을 보여 준다. 결국 취업이 빈곤 문제를 해결해 주는 것은 아니며, 취업 그 자체보다는 일자리의 질이 중요하다는 사실을 알 수 있다.

---

24 통계청 '경제활동인구조사 부가조사'(2011년 8월)에 따르면 전체 임금노동자의 평균 시간당 임금은 1만1259원, 하위 50퍼센트에 해당하는 중위 시간당임금은 8635원이다. 한국에서 2011년 현재, 5인 이상 사업장에 종사하는 전체 상용직 노동자 중위임금은 월 243만 원가량이다. 따라서 월 162만 원 이하는 저임금으로 분류된다. 통계조사마다 차이가 있긴 하지만, 모든 사업장의 전체 임금노동자로 범위를 넓히면 2011년에 대략 시간당 임금 5000원(월 206시간 노동으로 치면 월 103만 원 정도) 미만이 저임금으로 분류된다.

빈곤을 바라보는 시선

빈곤은 게으름·낭비·방탕 등 개인의 나쁜 습관에서 비롯되는 것일까? 과거에는 나태하고 무절제하고 의지가 박약해 스스로 빈곤 탈출을 포기하기 때문이라고 생각했지만, 개인에게 책임을 묻기 어려운 '저임금과 실업' 등이 빈곤의 원인으로 밝혀지면서 빈곤에 대한 사회적 책임이 강조되고 있다. 장하준은 "자유시장과 민주주의는 타고난 짝이 아니며, 국민들이 게을러서 나라가 가난한 것이 아니라 나라가 가난하기 때문에 국민들이 게으른 것이다."라고 말한 바 있다.(장하준, 2007, 37쪽)

빈곤 문제는 매우 정치적이다. 빈곤층을 바라보는 사회적 시선은 '아직 배가 덜 고픈, 근로 의욕을 잃은 자들'이므로 도와줄 가치가 없다는 식이며, 따라서 복지 혜택을 늘리면 '복지병'과 도덕적 해이가 나타날 거라고 우려하는 목소리가 높다. 이에 대해 이정우는 1990년대 초에 "우리나라의 빈민촌은 구미의 소위 슬럼과 달리 그 역사가 짧고, 내부 이동이 활발하며, 좀 더 잘살아 보기 위해 새벽부터 밤늦게까지 열심히 일하며, 자식들만은 제대로 교육시켜 가난의 굴레에서 벗어나게 하려고 애쓰는, 성실한 사람들의 생활 터전이다. 거기에는 물론 비관, 실의, 좌절이 있으나 서구의 슬럼과 같은 나태, 자포자기, 도박, 알코올중독, 마약중독, 범죄 같은 것은 찾아보기 어렵다."면서 다음과 같이 덧붙였다. "조사에 의하면, 일자리가 있다고 해도 빈민들의 직업은 단순노무직이 가장 많고 고용상의 지위가 임시고臨時雇, 일고日雇로 되어 있어 불규칙적이고 불안정한 성질을 갖고 있다. 그 외에 행상, 노점, 외판업, 구멍가게, 잡역부 등 소위 '도시 비공식 부문'이라고 불리는 곳이 이들의 주요한 소득원천이다. 이들이 가장 부러워하는 것은 높은 소득이라기보다는 규칙적이고 안정적인 일자리다."(이정우, 1991, 273쪽)

빈곤층은 또한 중·상위층과 달리 자신들에 대한 상투적 편견 및 잘못된 사회적 시선과 제도를 고칠 정치적·문화적 권력도 갖고 있지 못하다. 자신들의 문제인데도 그들은 국외자로서 의사결정 과정에서 배제된다. 빈민이란 이름으로 자기 이익을 지키고자 스스로 조직화하거나, 복지 문제를 정치적으로 여론화할 수 있는 발언권을 행사할 기회도 자원도 없다. 빈민들에게 제공할 서비스를 결정하는 것은 언제나 가난하지 않은 사람들 또는 전문가들의 몫이다. 빈곤층은 늘 '혜택 받는 대상'일 뿐이다.[25]

그러나 적어도 한국 사회에서 빈곤과 경제적 결핍은 사회 전체가 지닌 자원의 총량이 부족해서 발생하는 것이 아니며, 몇몇 악덕 사용자의 차별적 대우 때문에 발생하는 것도 아니다. 그보다는 자원의 배분을 결정하는 제도와 권력 때문에 발생한다. 노동은 사회 내·외부적으로 그 성과를 분배하는 권력과 제도에 의해 분할된다. 이것을 재구성하려는 적극적인 정책 개입 없이는 빈부의 간극을 좁힐 수 없다. 국가가 적극적으로 개입하여 '제도적 배제'를 개선하려고 하지 않는다면, 이제 노동자들이 스스로 나서야 한다.

---

25 앤서니 다운스Anthony Downs는 유명한 《민주주의의 경제이론An Economic Theory of Democracy》에서 민주주의사회에서 소득재분배는 "저소득층이 자신들의 투표권을 이기적으로 사용하기 때문"에 이루어진다고 보았다. 정치가들이 선거에서 이기려면 더 많은 표를 얻어야 하는데, 투표에서 승리하려면 인구의 다수를 차지하는 저소득층의 재분배 요구를 거절할 수 없으므로 결국 재분배 정책을 공약으로 내놓고 실행하게 된다. 이로써 민주주의 하에서는 항상 부유층에서 빈민층으로 소득 이전이 실현될 것이라는 얘기다.

가난한 자들을 어떻게 바라봐야 할까? 1990년대 말 호텔 청소부, 월마트 매장 판매원 등 여러 저임금 노동 생활을 체험한 미국의 저널리스트 바버라 에런라이크Barbara Ehrenreich는《빈곤의 경제Nickel and Dime》에서 이렇게 말했다. "(가난한 자들을 바라보며 우리가 가져야 할) 적절한 감정은, 자신이 정당한 임금을 받지 못하는 다른 사람의 노동력에 의존하고 있다는 데 대한 수치심이다. 누군가 생활비에 훨씬 못 미치는 임금을 받으며 일한다면, 예컨대 그 사람이 굶음으로써 우리가 더 저렴하고 편안하게 먹을 수 있다면, 그 사람은 우리를 위해 커다란 희생을 하고 있는 것이다. 곧, 그 사람은 자신의 능력과 건강, 그리고 인생의 일부를 우리에게 선물로 내주고 있는 셈이다. '일하는 빈민'은 …… 다른 사람들의 자녀가 보살핌을 받도록 하려고 자신들의 아이를 소홀히 하며, 다른 사람들이 환하고 완벽한 집에서 살 수 있도록 하려고 자신들은 허름한 집에서 살며, 인플레이션을 낮추고 주가를 올리려고 자신들은 결핍 상태를 견딘다."(에런라이크, 263~264쪽)

에런라이크가 1998년부터 2000년 여름까지 체험한 레스토랑 웨이트리스 등 여섯 가지 저임금 노동은 결코 비밀스런 이야기가 아니다. 수백만 명의 미국인들이 구인광고 전단지를 뒤져 일거리를 찾고, 일을 하고, 수입에 맞게 생활을 꾸려 나가는 일상을 별 호들갑 없이 매일 반복하고 있다. 시간당 임금 6~7달러! 집세를 감당하려면 하루에 2개의 일을 해야 하고, 음식을 구하러 자선단체를 찾아가야 하며, 임대주택 월세를 감당하지 못해 모텔에서, 컨테이너 박스에서, 트레일러에서 자야 한다.

한국의 비정규 고용 노동자들의 삶도 별반 다를 바 없다. 2011년 8월 현재 정규직 노동자는 주 43.5시간 노동에 시간당 임금 1만4831원을 받고 있는 반면, 비정규직 노동자는 주 41.9시간 노동에 시간당 7603원을 받고 있다.(김유선, 2011a) 《빈곤의 경제》를 읽고 나면 겉으로 잘 드러나지 않지만, 곳곳에 흩어져 살고 있는 도심 속 가난한 노동빈민들을 '재발견' 하게 된다. 중산층 사람들은 저임금 노동자들이 나름의 생존전략을 개발했을 거라고 속 편한 상상을 할지도 모른다. 그러나 그들은 그저 버텨내고 있을 뿐이다.

"가난하지 않은 사람들은 대개 가난을 견딜 만한 상태라고 본다. 어쨌든 그럭저럭 살아가고 있지 않은가. 그러나 토리도스 과자나 핫도그 빵으로 점심을 때우고 나면, 근무가 끝나기도 전에 현기증이 난다. 병에 대한 보상금이나 건강보험이 없기 때문에 하루 근무를 못 하면 다음날 먹을 것이 없게 되므로 병에 걸리고 부상을 당해도 이를 악물고 버틴다. …… 우리는 늘 계획이나 적어도 할 일의 목록을 갖고 산다. 모든 것을 예측하길 좋아하며, 어떻게 보면 준비된 인생을 산다. 그러나 저임금 노동자들은 준비된 일자리를 갖고 있는 것도, 준비된 인생을 사는 것도 아니다."(에런라이크, 2002)

시야에서 실종된 사람들

비정규 노동의 경우 언제든 일을 그만둘 수 있다. 가도 되는지 묻지 않아도 된다. 문은 늘 열려 있다. 그러나 문밖에서 기다리고 있는 건 또 다른 저임금 일자리들뿐이다. 비정규 노동 체험을 끝낸 뒤 에런라이크가 함께 일한 동료들에게 '나중에 책을 펴내려고 잠깐 동안 노동 체험을 한 것'이라고 고백해도 놀라는 사람은 없다. "아, 그래요. 내일 여기 안 나온다는 얘기죠?" 사람들은 신빈곤층 노동자들이 어떻게 이를 악물고 버티며 살고 있는지, 어떤 남루한 집에서 사는지, 불충분한 음식을 먹고 사는지 알지 못한다. 이들은 특정한 빈곤지대에서 쫓겨나고 밀려났지만, 도심의 어디서나 발견된다. 사라진 것이 아니라 사람들의 시야에서 '실종'됐을 뿐이다.

노동빈민은 기업들의 단기 이익 추구 전략에서 주로 발생하고 있다. 단기 이익 압력을 많이 받는 기업일수록 비정규직 활용도가 높은데, 이는 저가상품 전략과도 연결돼 있다. 기업들은 비정규직 활용이 마치 선진적인 인사관리 기법인 듯 유행처럼 불안정 고용 노동자들을 사용하고 있다.[26] 그러나 이런 고용 형태가 장기적으로 초래할 막대한 비용과 파괴적 영향을 고려해야 한다. 늘 직무 불안에 시달리는 비정규직은 조직과 일에 대한 몰입과 헌신성이 떨어질 수밖에 없다. 사용자와 노동자 간의 신뢰도 낮아지며, 일터의 공동체 정신이 파괴되고, 노동생산성도 떨어진다. 저임금으로 인건비 비용을 절감한다 해도, 이는 낮은 차원의 전략에 불과하다. 특히 금융과 증권 등 고객과 직접 대면하며 영업을 해야 하는 업종의 경우, 저임금 노동자의 지치고 피곤한 얼굴은 마케팅에 나쁜 영향을 초래한다.

2011년 8월 현재, 비정규직 865만 명의 학력 수준별 분포를 보면 중졸 이하가 219만 명(25.3퍼센트), 고졸이 406만 명(46.9퍼센트)으로 고졸 이하 학력이 72.2퍼센트를 차지하고 있다. 학력별로 '전체 임금노동자'

---

26 앰브로즈 비어스Ambrose Bierce는 《악마의 사전The Devil's Dictionary》에서 '유행'이란 단어에 대해 다음과 같이 충고했다. "유행:현명한 자들이 비웃으면서도 복종하는 폭군." 비정규직은 학교, 거리, 공직사회, 대기업, 중소기업, 농촌, 그리고 지식인 사회에서도 넘쳐난다.

중 비정규직 비중을 살펴보면 중졸 이하는 82.1퍼센트, 고졸 59.4퍼센트, 전문대졸 37.3퍼센트, 대졸 이상 26.6퍼센트이다.(김유선, 2011a) 학력이 낮을수록 비정규직 비율이 현격히 높고, 학력 간 비정규직 비율의 격차도 크다.

황덕순·이병희(2011)에 따르면, 2010년 현재 저임금 고용은 특히 40대 중반 이후에서 크게 증가하고 있다. 40대 취업의 23퍼센트, 50대 취업의 33퍼센트, 60대 취업의 66퍼센트가 저임금 노동이다. 또한 연령별 저임금 구성(전체 100퍼센트)을 살펴보면 40대 23.3퍼센트, 50대 21.1퍼센트, 60대 18.9퍼센트를 차지한다. 이는 고용조정 압력에 따라 40대 중반부터 '경력 일자리career job'에서 퇴출되는 경향과 관련이 있다. 주목할 만한 사실은 선진국의 저임금 노동자가 주로 배우자나 성인 자녀 등 2차 소득자인 것과 달리, 우리나라의 경우 가구 생계를 책임지는 가구주가 전체 저임금 노동자의 41.6퍼센트를' 차지한다는 점이다.

'특수고용'과 외주화 :
은폐와 모호함

'유연성' 개념

"1895년 미국 일리노이의 스프링 밸리 탄광 광부 300명은, 자신의 가족에게 편안한 주택·음식·의복·난방이 주어진다면 임금 포기 협정에 서명하겠다고 광산 소유주에게 제안했다. 1892년 이래 기초 생활필수품 부족에 시달린 광부들은, 이런 조건에서 계속 사느니 차라리 노예가 되는 것이 낫다고 말했다."(드 브뤼노프, 25쪽)

위의 말은 자유계약에 기초한 노동력상품 교환거래로서의 자본주의 노동시장이, 저임금에 시달리는 일부 자유로운 노동자에게는 굶어 죽을 자유를 제공할 뿐이라는 사실을 말해 준다. 자유계약보다는 차라리 노예계약이 더 낫다? 물론 요즘에는 생존을 위협할 정도의 저임금을 견디다 못해 노예 신세로 떨어지는 것도 감내하겠다고 할 노동자는 없을 것이다. 그러나 '20대 80', '1대 99'로 상징되는 불평등 심화는, 전반적인 '궁핍화 경향'이 재등장하고 있음을 보여 준다.

베르너 좀바르트가 말했듯, 노동조합은 노동자들의 물질적 삶의 조건을 개선하는 데 필요하다면 임금노동 체제의 폐지를, 그리고 반대로 또한 가능하다면 임노동 체제의 유지를 요구한다.(Sombart, 1976) 독일의 노동조합 지도자 프리츠 타르노브Fritz Tarnow는 대공황 당시인 1931년 한 연설에서 자본주의사회의 노동조합에 대해 이렇게 말했다. "자본주의가 누워 있는 병상 옆에 우리 노동자들이 앉아 있다고 하자. 우리는 이 환자를 치료하는 의사가 될 것인가, 독약을 사용해 환자의 죽음을 앞당겨서 조금이라도 더 빨리 유산을 상속받는 상속자가 될 것인가. 내가 보기에 환자를 구하려는 의사 역할은 비난을 피할 수 없다. 동시에, 오늘날 자본주의 시스템이 남긴 전체 유산을 그대로 상속받으려는 행동도 억제해야 한다. 의사와 상속자, 이 두 가지 역할은 정말이지 어려운 일이다."(Lane, p.263)

2차 세계대전 이후, 그리고 68혁명을 거치면서 노동의 힘은 눈에 띄게 성장했다. 1970년대 경기후퇴는 자본이 노동력에 대한 지배권을 재확립하는 과정이었다. 자본은 1968년 투쟁 이후 자신이 상실한 지반을 회복할 필요가 있었고, 특히 전문가들이 노동시장의 '경직성' 혹은 '유연성 부족'이라고 이름 붙인 것을 파괴할 필요가 있었다.(드 브뤼노프, 138쪽) 1970년대 말 이후 자본은 "이젠 자본이 굶어 죽을 것만 같다."(네그리·하트, 2002, 358쪽)고 한탄하며 노동에 공세를 취하기 시작했다. 노동에 대한 규율과 통제력을 회복하려고 임금과 고용에 '경직성rigidity'이라는 딱지를 붙인 뒤, 이 경직성을 파괴하는 '유연화flexibility 공세'에 나선 것이다.[27] 어떤 의미에서는 1980년대 이후 자본의 이윤율이 경향적으로 낮아지고 장기적 불황 국면을 피할 수 없는 상황에서, 이를 돌파하기 위한 자본축적의 정치경제적 환경으로서 '신자유주의'가 등장했다고 볼 수 있다.

자본은 임금·고용의 유연화뿐 아니라 고용 형태도 모호하고 복잡하게 만들어 버렸다. 대표적인 것이 화물·덤프·레미콘 기사, 학습지 교사, 보험모집인 등 특수고용 노동자들이다. 자본은 공장 입구에 '관계자 외 출입 금지'라는 팻말을 붙여 놓은 뒤, 아무도 눈치 채지 못하게 '특수고용'이라는 위장된 자영업자들을 만들어 냈다. 화물 노동자들은 10~20년 전만 해도 정규직이었으나 지금은 노동기본권을 박탈당한 비정규직으로 전락했다.

'간접' '특수' 고용

'특수고용'(혹은 도급계약)이라는 이 다소 낯선 고용 형태에서 사용자와 노동자의 경계는 모호하다. 이들은 노동자로 인정되지 않아 노동기본권도 부여받지 못한다. 한국 노동시장에 명확한 구분선으로 나누어진 '정규직/비정규직'과 함께 경계가 모호한 특수고용이 함께 존재하고 있는 셈이다.[28] 사용자들은 '도급업자들이 자신의 이익과 시간 편의 때문에 자발적으로 도급 독립노동을 수행하고 있다'고 말하며, 일각에서는 특수고용이 대안적 고용 형태로 각광받기도 한

---

27 박종현은 "노동시장을 '시장답게 변모'시켜 임금의 경직성을 제거할 수만 있다면, 실업이라는 노동의 부문 간 자원 배분 실패는 얼마든지 회피할 수 있다는 것이 '세이의 법칙Say's law'의 함의"라며 "명목임금 경직성의 원인은 두 가지로 세분될 수 있다. 하나는 노조의 존재나 최저임금제와 같이 시장기구 작동을 방해하는 제도적 존재이고, 다른 하나는 노동자가 정보 부족 등으로 인해 경제의 실질변수 변화를 제대로 인식하지 못한 결과 지나치게 높은 임금을 요구한다는 기대오류expectation errors의 존재"라고 했다.(박종현, 50쪽)

28 2000년대 이후 노동시장에서 여러 가지 (법적으로) 모호한 고용 형태들이 새롭게 출현하고 있다. 이른바 '비정규직법'(〈기간제 및 단시간 근로자 보호 등에 관한 법률〉, 2006년 12월 21일 공포, 법률 제8074호)이 제정된 것도 이를 반영한 것이다. 기존의 근로기준법이 정규직 무기계약이라는 과거의 전통적인 고용 형태에 기초하고 있어서 비정규직이라는 새로운 고용 형태를 규율하기 어려워짐에 따라 새로운 비정규직법이 제정된 것이다.

다. 그러나 특수고용에서 자본이 느끼는 매력은 노동비용 절감뿐만 아니라, 원자화되고 취약한 대규모 노동인구를 만들어 낸다는 점에 있다. 이러한 노동인구가 형성됨으로써 노동의 저항과 투쟁을 배제시키고 자본에 대한 종속을 심화시킬 수 있기 때문이다.

'새롭고 복잡한' 노동인 특수고용 종사자들은, 극심한 차별과 저임금에도 아무런 저항과 요구도 못한 채 팍팍한 노동을 묵묵히 수행한다. 겉으로 드러난 형식적인 고용주가 아니라 자신들의 노동조건을 바꿀 진짜 사용자를 찾아내 싸워야 하는데, 진짜 사용자들은 뒤로 빠져 나 몰라라 할 뿐이다. 파견·용역 등 '간접고용'은 집단이 아닌 '개인'으로서 사용자와 관계를 맺기 때문에, 누가 진짜 사용자인지 경계가 모호해지고 단체교섭을 해야 할 상대자는 뒤로 숨어 버린다. 이처럼 착취관계가 은폐되면서 사용자는 형식상의 도급 및 파견을 통해 직접고용에 따른 책임에서 해방되며, 노동은 고립화된다. 원청업체가 용역업체와 도급계약을 해지하기만 하면 간단히 고용계약도 종료된다.

또한 확산되는 하청·외주·용역은, 시장과 가격 변동의 위험을 밑에 있는 기업과 노동자들에게 분산·전가하는 체제를 만들어 내고 있다. 이들은 자신의 의지와 행동에 따라 자율적으로 노동하는 것이 아니라 회사의 업무 지휘·감독을 받고 자본의 지시에 따라 포섭되거나 방출되는 처지임에도, 신분상 '개인사업자'라는 이유로 '노동자도 사용자도 아닌' 모호한 존재가 되어 버렸다. 사용자들은 '도급·하청'이란 이유로 책임과 의무를 은폐한다.

도대체 누가 사용자이고 누가 노동자인가? 사용자−노동자 관계가 점차 느슨해지고 불분명해지면서 두 개념이 서로 얽히고, 자연히 불법과 합법의 경계도 모호해지면서 전통적인 임금노동 관계가 아니라는 이유로 개별적·집단적 노동기본권도 보장받지 못하게 되었다. 모두 개별화되어 있으므로 당연히 조직화도 어렵다. 특수고용 노동의 대표적 형태인 학습지 교사를 보면, 실제로는 회사의 업무 지휘와 감독을 받는 노동자로서 일하고 있지만, 신분상으로는 개인사업자다. 1990년대 초 전국교직원노동조합이 법적 인정투쟁을 벌일 당시 '교사가 노동자냐 아니냐'의 문제가 노동해방과 계급투쟁의 시대적 맥락 속에서 제기되었다면, 현재 논란이 되고 있는 '학습지 교사가 노동자냐 아니냐'의 문제는 순전히 노동시장의 구조적·신분적 차별이란 맥락에 놓여 있다.

2011년 8월 현재 한국 노동시장에서 '간접·특수고용 노동자'(파견·용역·호출·특수고용)는 244만6000명에 이른다.(〈표 9〉 참조)

경쟁이 격화될수록 노동자는 중심/주변으로 나뉘고, 이런 '분할 지배체제'에서 중심은 주변부 노동자들의 희생과 배제에 기대어 상대적 고임금과 고용안정을 누린다.[29] 이런 현실에서 중심부의 정규직이, 주변부 노동자와 연대하는 '마음을 얻는 싸움'에 나서기는 어렵다. 자본은 대기업의 내부 노동자들에게만 일부 몫을 양보할 경우 아직 이윤을 남길 수 있지만, 주변부 노동자들에게까지 나눠 주면 더 이상 축적할 여지가 없어진다.

---

29 포드는 '일급 5달러' 정책을 펴는 동시에 의도적으로 노동자들을 분열시키고 노동자들 상호 간에, 즉 포드 공장에서 일하는 노동자와 다른 기업 소속 노동자 사이의 임금격차를 확대시켰다. 포드 공장 노동자 중에도 하루 5달러의 혜택을 받는 자와, 아직 5달러짜리 임금을 요구할 권리가 없는 노동자로 나뉘었다. 5달러 임금을 받을 수 없는 노동자는 근무연한 6개월 미만자, 21세 미만 청소년 노동자, 여성 노동자(결혼을 앞두고 있으므로)들이었다.(보, 234쪽)

■ 〈표 9〉 비정규직의 고용 형태별 규모(2011년 8월)

구분		수(명)	전체 임금노동자 중 비중(%)
비정규직(중복 제외)*		865만3000	49.4
고용계약	장기임시 근로	495만1000	28.3
	한시 근로 (기간제 근로 포함)	348만9000	19.9
근로시간	시간제 근로	170만2000	9.7
근로 제공 방식	호출 근로	96만2000	5.5
	특수고용	61만4000	3.5
	파견 근로	19만7000	1.1
	용역 근로	67만3000	3.8
	가내 근로	7만5000	0.4

* 고용계약과 근로시간, 근로 제공 방식에서 중복되는 노동자가 존재하며, 이 중복 부분을 제외한
전체 비정규직 규모임.

** 비정규직은 '고용계약'에 따라 임시 근로(기간제 근로를 포함하여 기간을 정한 한시 근로, 장기임
시 근로 등), '근로시간'에 따라 시간제 근로, '근로 제공 방식'에 따라 간접고용(호출·파견·용
역) 및 특수고용으로 구분할 수 있다.

자료 : 통계청, '경제활동인구조사 부가조사' (2011년 8월)

출처 : 김유선(2011a)

외환위기 이후에 도입된 정리해고와 파견 근로 제도는, 외자 유치뿐
만 아니라 기업 인수합병을 통한 구조조정을 쉽게 하기 위한 핵심 조처
였다. 그런데 자본은 정리해고뿐만 아니라 파견 근로 등의 형태를 통해
상당수의 기존 정규직 일자리를 하청으로 돌려, 고용과 관련된 각종 책
임과 노조를 회피하면서 동시에 인건비를 대폭 줄이는 전략을 '일상적'
으로 활용했다.

하청은 국가의 경계를 넘어 전 지구적 수준에서 이뤄지고 있다. 예컨

대 많은 초국적 자본들이 전화상담센터 등 정보 기반 직무의 거점을 잇달아 인도에 세우고 있다. 비용을 절감하기 위해서다. 영국 항공사가 위성을 통해 수천만 건의 항공권·숙박권 판매 티켓을 보내면, 인도 노동자들은 티켓과 대금청구서를 일일이 대조해 분류한 뒤 파일로 만들어 본국에 전송 처리한다. '호출 근로on-call work'는 아예 전화 한 통화로 간단히 근로계약이 이뤄진다. 사용자가 전화로 임무를 배당하면 노동자는 자동차를 타고 지시받은 곳으로 일하러 간다.(부라보이, 330쪽). 이처럼 일대일의 사적인 관계로 노동이 이뤄지는 한, 노동조합을 매개로 한 연대와 저항은 꿈도 꿀 수 없다. 파견이나 도급 노동은 허울 좋은 '사용자성'일 뿐이며, 계약의 자유라는 미명하에 노동자들은 억압적 고립 속으로 빨려 들어간다. 파견·하청 등 특수고용 처지에서 노조는 금지되며 동료들도 드러나지 않는다. 즉, 누가 동료인지 알 수 없다.

자본은 특히 하청 또는 하도급 확산을 통해 비정규직과 저임금을 '외부화outsourcing'한다. 작업의 일부를 외부에 맡겨 버리는 노동의 외부화는 기존의 고용 체제에서도 존재했으나, 기업 간 경쟁이 치열해지는 세계화 속에서 새로운 형태의 고용전략으로서 점점 확산되고 있다. 외주화는 곧 '책임 떠넘기기'다. 하청을 통한 조직적 네트워크의 확대는 파견회사temporary help agency, 아웃소싱, 프랜차이즈 형태로 진행된다. 노동자들은 똑같은 지역과 일터에서 일하지만 각각 다른 사용자에게 고용돼 있다. 핵심적인 사업 활동은 여러 단위의 아웃소싱으로 분리 수행되며, 임금과 고용에 대한 책임은 하청기업에 떠넘겨진다.

자본은 하청노동을 통해 경제 및 시장 불안정에 대처하는 동시에 노동비용을 최소화한다. 도급계약 해지 등 상업적인 기업 간 계약 철수는 고용계약 중단의 가장 강력한 잠재적 무기가 되며, 하청은 정상적으로 활용되지 못하고 있는 노동력을 값싸게 동원할 수 있는 방법이기도 하다.

유연화가 만든 비극

옛 숙련공 시대처럼 노동조합이 노동 공급을 '독점'하고, 이를 무기로 자본과 힘의 균형을 유지하는 노동시장은 더 이상 없다. 특수고용이 보여 주듯, 자본은 진정한 고용계약을 맺지 않고서도 개별화되고 취약한 노동인구를 창출하여 노동 지배를 더욱 강화한다. 어쩌면 자본주의사회에서 유일한 '계급'은 자본뿐일지도 모른다. 이제 자본가 '계급'과 분열된 '다중multitude'으로서의 노동자만 존재하게 된 것일까? 분열되어 있는 노동자들에게 '계급'은 추상적 단어에 불과하다.

자본은 '내부노동시장'에 이미 들어와 있는 제한된 일부 노동인구에게만 '보장임금'을 주어 특권화시키고, 특수고용 등 외부화된 노동시장과의 경계선을 뚜렷이 획정함으로써 노동시장을 '분단화'한다.[30] 예전에는 자본이 시장임금보다 더 많은 임금을 '선물'로 주어 노동자들의 헌신을 이끌어 냈다면, 지금은 노동자들끼리 서로 감시하는 체제를 만

---

30 노동경제학자 피터 카펠리Peter Cappelli는 20세기 초에도 비정규 노동이 보편적이었으며 정규직에 대한 고용안정은 자본주의 황금기인 30년 시기(2차 대전 이후부터 1970년대 초까지)의 특수한 형태일 뿐이라고 주장한다. 그는 적자생존과 자연선택이라는 진화론의 관점에서 볼 때, 비즈니스 환경이라는 조건 속에서 특정한 고용 시스템이 등장과 후퇴를 반복한다고 설명한다. 즉, 정규직 고용은 고용관계의 역사에서 1930년대부터 1970년대 초까지 일시적·예외적으로 나타났을 뿐이고, 1800년대와 1900년대 초에는 파견노동 등 이른바 시장중개 고용이 지배적이었으며, 이것이 20세기 후반에 지배적 형태로 재등장했다는 것이다. (Cappelli, Peter(2000), "Market-Mediated Employment : The Historical Context", in M. Blair and T. Kochan(eds.), *The New Relationship: Human Capital in the American Corporation.*)

들어 내고 있다. 유연화가 만들어 낸 비극이다.

철도공사에 직접고용을 요구하며 수백일 동안 싸운 KTX 여승무원의 사례를 보자. 그 자신도 노동자인 사람들이 철도공사의 '불법파견'에는 눈감은 채 '남들은 치열한 경쟁을 거쳐 얻은 안정적인 일자리를 KTX 여승무원들은 머리띠 두르고 얻어 내려 한다'며 차가운 눈길을 보낸다. 사실 개인주의와 성과주의를 앞세운 자본주의는 그 체제의 희생자와 패배자들까지도 매혹시켰다. "자본주의 문명은 비단 성공적인 문명이었던 것만이 아니다. 무엇보다도 그것은 사람들을 현혹하는 문명이었다. 그것은 심지어 희생자들과 반대자들까지도 매혹시켜 온 것이다."(월러스틴, 1994, 147쪽)

'민주주의는 공장 문 앞에서 멈춘다'고 했던가. 1970년대 공장은, 작업모 바깥으로 머리카락이 삐쳐 나오면 그 자리에서 해고당할 정도로 혹독한 노동규율이 지배했다. 장하준은 1970년대 한국이 이룬 '경제 기적'의 부정적인 측면을 《나쁜 사마리아인들Bad Samaritans》에서 다음과 같이 표현했다. "시골의 가난한 가정에서 태어난 많은 소녀들은 초등학교를 졸업하자마자 입을 하나라도 덜고 단 한 명의 남자 형제라도 더 고등교육을 받을 수 있게 하기 위해 일자리를 찾아 나서야 했다. 그중 많은 수가 도시 중산층 가정의 가정부가 되어 숙식만 제공받고 일해야 했으며, 운이 좋아야 쥐꼬리만 한 용돈이나마 받을 수 있었다. 다른 소녀들과 불운한 소년들은 블레이크가 묘사한 19세기의 '어두컴컴하고 음산한 공장' 같은 곳이나 현대 중국의 저임금 착취공장을 연상시키는 곳에서 일해야 했다."(장하준, 2007, 25쪽)

거대한 차별 속에서 비참한 공장 세계의 삶을 이어 가기는 요즘의 하청·파견 노동자도 마찬가지다. 2011년 8월 계층별 주당 노동시간을 보면, 주 48시간을 초과하는 장시간 노동 비중이 정규직은 14.6퍼센트인데 비해 비정규직은 26.7퍼센트이며, 호출 근로와 용역 근로는 29.7퍼센트에 이른다. 시간당 임금도 2011년 8월 현재 정규직이 100일 때 비정규직 전체는 51.3이며, 호출 근로는 40.9, 용역 근로는 42.9에 그치고 있다.(김유선, 2011a) 물론 정규직 노동자들이 노조와 노동기본권 인정을 쟁취하려고 오랫동안 싸웠던 것처럼, 이제는 비정규 노동자 스스로 조직화하고 자신들의 이해를 반영시켜야 한다.

2

시간을 둘러싼 투쟁

일에 취한 사회

시간을 둘러싼 투쟁

"우리는 혼자 있을 시간, 타인과 깊숙이 관계를 맺을 수 있는 시간, 자신의 일을 몸소 창조적으로 행할 수 있는 시간, 아무것도 생산하지 않고 그저 우리의 모든 근육과 감각을 사용할 시간이 필요하다. 그리고 바라건대, 많은 사람들이 동료들과 함께 건전한 세상을 만드는 방법을 기획할 시간이 필요하다."(톰슨;라파르그, 2005) 폴 라파르그Paul Lafargue는 《게으를 수 있는 권리Le droit a la paresse》(1883)에서 "밥 먹는 시간만 빼고 하루 종일 쉼 없이 노동하는 작업장은 공포의 집이 되어 버렸다."고 했다. 사실 세계 노동운동 150년의 역사는 '시간을 둘러싼 투쟁'의 역사, 곧 노동시간 단축의 역사이자 '가족 시간'을 확보하려는 투쟁의 역사였다.

메이데이May day(국제노동절)는 1886년 5월 1일 미국 노동자들이 시카고를 비롯한 미국 전역에서 복종과 침묵을 깨고 일어나 '하루 8시간 노동'을 요구하며 총파업에 나선 것을 기념하는 날이다. 노동시간 단축 투쟁은 1863년 보스턴에서 열린 '기계공 및 대장장이노동조합'의 연차회의에서부터 시작되었다. "동서남북 어디에서든지 우리 노동자들에게 가장 중요한 변화는 하루 노동시간을 8시간으로 영원히 줄이는 것이며 다른 모든 것은 부수적인 것임을 결의한다. 노동시간 감소는 곧 임금의 증가임을 결의한다."

당시 노조 활동가 이라 스튜어드Ira Steward는 《노동시간 단축, 임금 상승 A reduction of hours, an increase of wages》이라는 소책자에서 다음과 같이 말했다. "가장 힘들게 오랫동안 일해야 하는 자는 가장 낮은 임금을 받는 반면, 좀 더 쾌적한 일을 하는 사람은 일반적으로 더 많이 벌고, 전혀 아무 일도 하지 않는 자는 더더욱 많이 번다. 따라서 가장 힘들게 오랫동안 일하는 자들은, 바로 그들이 그토록 오래 그리고 힘들게 일하기 때문에 낮은 임금을 받는다고 결론지을 수 있다. 매우 힘들게 일하는 자들은 너무 지치고 탈진해서 생리적 욕구를 충족시키는 것 외에 다른 것은 바라지 않는다. 반면 적게 일하는 자들은 취향을 개발할 수 있는 시간과, 단순한 물질적 욕구를 넘어서는 욕망을 가진다. 그토록 열심히 오랫동안 일하는 자들은 아무런 힘도, 시간도, 욕망도 남아 있지 않기 때문에 더 높은 임금을 요구할 수 없게 되어 버린다. 하루에 14시간을 일하는 사람을 생각해 보라. 그는 목욕을 하거나, 편지를 쓰거나, 꽃을 가꾸거나, 손님을 맞이하거나, 혹은 예술 활동을 할 시간이 전혀 없다. 그에 비해 하루에 8시간만 일하는 사람은 마음대로 처분할 수 있는 시간을 더 많이 가진다."(쿠진스키, 100~101쪽)

블루칼라든 화이트칼라든, 한국의 노동자들에게 일터는 '피곤한 공장'일 뿐이다. 일에 지친 한국의 노동자들은 대부분 술집에서 하루의 피로를 푼다. 그래야 다음날 '공장'에 돌아가 다시 일할 수 있다. 현대사회의 '시간 희소성time scarcity' 문제는 여가의 패턴도 변화시켜 '시간집약적 time-intensive 여가'를 등장시켰다. 사람들은 놀러 가서도 지칠 때까지 진탕 먹고 마셔야 직성이 풀린다. 이는 한국인 특유의 기질이라기보다는, 세계 최장 노동시간이 만들어 낸 우울한 풍경이다. 1년 내내 일에 취해 사는 사람에게 주말이나 여름휴가 때 톨스토이를 읽고 무소르그스키를 들어 보라고 권할 수 있을까? 근교에 나가 불판에 고기를 올려놓고 거나하게 소주 추렴한 뒤 불콰한 얼굴로 집에 돌아와 다음날 출근하는 우리들의 모습은, 장시간 노동에 혹사당하는 노동자들의 대표적인 일상 풍경이다. 애덤 스미스는 술주정하는 서민들이 많은 것은 술집이 많기 때문이 아니라, 다른 원인에서 비롯된 술주정 기질 때문에 술집이 늘어나고 번창하게 되는 것이라고 했다.(스미스, 2003, 399쪽)

한국의 대다수 노동자가 단지 생계를 꾸려 나가기 위해서 예전보다 더 열심히 많은 시간을 일해야 한다. 통계청의 '경제활동인구조사'(2007년 6월)에 따르면 전체 취업자 중 주당 근로시간이 54시간을 넘는 취업자가 838만3000명(35퍼센트)에 달했다. 또 경제협력개발기구(OECD)에 따르면 2010년 한국의 연간 근로시간은 2193시간(OECD 평균 1749시간)으로 OECD 국가 중에서 가장 길며, 독일(1419시간)과 스웨덴(1414시간)에 비해 무려 50퍼센트 이상 길다.[31] 영국의 역사가 필리스 딘Phyllis Deane이

---

31 유럽연합(EU) 통계청 자료에 따르면, 2006년 유럽연합 전체 회원국의 풀타임 상용노동자의 평균 주당 근로시간은 41.9시간이며, 국가별로는 영국 43시간, 독일 41.8시간, 이탈리아 41.1시간, 프랑스 41시간, 네덜란드 40.9시간이다. 반면, 한국 노동자들의 연장근로를 포함한 주당 근로시간은 50~60시간에 달한다.

《영국의 산업혁명The First Industrial Revolution》에서 말한 것처럼 "우리는 너무 일찍, 너무 심하게, 너무 오랫동안 일하도록 강요받고 있다. 슬프게도 우리는 너무 빨리 살고 있다."(정운영, 1989, 84쪽) 2000년대 한국 노동자들은 150여 년 전 영국의 산업혁명 시기를 살고 있는 것인가?

게다가 '겉으로 잘 드러나지 않는 측정되지 않는 노동 투입'(브레너, 2001, 361쪽)인 노동강도도 경제위기 이후 더 강해졌을 가능성이 높다. 근로시간에 관한 국제적인 표준이 처음 마련되고 약 1세기가 지난 2007년, 국제노동기구(ILO)는 전 세계 노동력의 약 22퍼센트에 해당하는 6억1420만 명의 노동자가 여전히 주당 48시간 이상의 '과도한' 근로를 하고 있다고 추정했다.(ILO, 2007)

인간에게 노동이란 무엇인가? 엥겔스Friedrich Engels는 〈원숭이의 인간화에서 노동이 한 역할〉이란 글에서 "처음에는 노동, 그 다음에는 언어가, 원숭이의 두뇌가 인간의 두뇌로 점차 이행하는 데 영향을 준 가장 본질적인 두 가지 추진력"이라고 했다. 손은 노동을 하는 기관일 뿐만 아니라, 노동의 생산물이다. "노동을 통해서만, 언제나 새로운 작업에 적응하는 것을 통해서만, 그렇게 적응하여 획득한 근육과 인대의 특수한 발달과 더 긴 시간 동안 이루어지는 뼈의 발달의 유전을 통해서만, 그리고 이렇게 획득한 정교함을 부단히 얽히고설키는 새로운 작업들에 항상 새롭게 적용하는 것을 통해서만, 인간의 손은 라파엘의 그림과 토르발센의 조각과 파가니니의 음악을 마법처럼 불러낸 저 높은 완성도를 획득하였다."(마르크스·엥겔스, 1991, 381쪽) 그는 이어 이렇게 덧붙였다. "노동이 모든 부의 원천이라고 정치경제학자들은 말한다. 그렇다. 노동은 모든 인간 생활의 첫째 조건이며, 어떤 의미에서는 다음과 같이 말해야 할 정도로

그러하다 : 노동이 인간 자체를 창조해 왔다."

존재론적으로 보면, 노동이란 존재하지 않는 것을 마음속에서 그려 본 다음, 상상한 것을 실현해 내는 인간 고유의 능력이다. "노동은 무엇보다도 인간과 자연 사이에 이루어지는 하나의 과정이다. 이 과정에서 인간은 자신과 자연 사이의 신진대사를 자기 자신의 행위로써 매개하고 규제하고 통제한다. 인간은 자연의 소재를 자신의 생활에 적합한 형태로 획득하기 위해, 자기 신체에 속하는 자연력인 팔과 다리, 머리와 손을 운동시킨다. 이 운동을 통해 인간은 외부의 자연에 영향을 미치고 그것을 변화시키며, 그렇게 함으로써 동시에 자신의 자연(천성)을 변화시킨다. 인간은 자신의 잠재력을 개발하며, 이 힘의 작용을 자신의 통제 밑에 둔다. …… 거미는 직포공織布工들과 비슷한 일을 하며, 꿀벌의 집은 많은 인간 건축가들을 부끄럽게 만든다. 그러나 아무리 서투른 건축가라도 그가 가장 훌륭한 꿀벌보다 뛰어난 점은, 집을 짓기 전에 미리 머릿속에서 그것을 짓고 있다는 것이다. 노동과정의 끝에 도달하면 시초에 이미 노동자의 머릿속에 존재하고 있던 결과가 나오는 것이다. 노동자는 자연물의 형태를 변화시킬 뿐만 아니라, 자기가 의식하고 있는 목적을 자연물에 실현시키는 것이다."(마르크스, 《자본론》(1권, 상), 226쪽)

인간은 노동을 통해 외부 세계에 작용하여 그것을 변화시키는 동시에 자신의 본성을 변화시킨다. 프랑스의 시인 폴 발레리는 "인간은 작업의 대상인 물질 속에 몰입되어 버리지 않고 물질과 독립적으로 정신적인 구상을 하고 모형을 만든다. 각 순간마다 자신이 원하는 것을 자신이 할 수 있는 것으로, 자신이 할 수 있는 것을 성취하는 것으로 전화시킨다."고 말했다.(브레이버만, 48쪽)

잔업과 특근을 원하는 사람들

사업장마다 주 5일 근무제가 확산되고 있지만, 제조업 노동자들은 정규 노동시간 외에 잔업·특근을 밥 먹듯이 하고 있다. 2011년 고용노동부가 현대차 등 국내 5개 완성차 업체를 대상으로 근로시간 실태 조사를 벌인 결과, 작업자들이 주당 46~64시간(주중 일반근무를 비롯한 주 1회 휴일특근과 주중 연장근로 합산)의 장시간 근로를 하고 있는 것으로 나타났다. 이는 근로기준법 상의 법정 근무시간인 주당 40시간을 초과한 것으로, 주당 평균 35시간 일하는 해외 완성차 업체보다 55퍼센트가량 높은 수치이며, 국내 전체 상용노동자의 주당 평균 근로시간(41.7시간)에 비해 15시간 이상 긴 수준이다.

현대·기아차와 한국GM, 르노삼성은 주중(월~금) 상시로 연장근무(3시간20분~8시간20분)를 하는 주야 2교대제로 운영되고 있다. 특히 현대차 모든 공장, 기아차 안양·화성공장, 한국GM 부평·보령공장 작업자의 경우 8시간 넘는 휴일특근을 하고 있는 것으로 조사됐다. 현행 근로기준법 제53조는 특정일의 근로시간은 12시간으로, 특정 주의 근로시간은 52시간으로 제한하고 있다.[32] 즉, 주당 40시간 근로 외에 1주일 연장근로 한도를 12시간으로 규정하고 있다. 김유선은 이렇게 규정된 주당 52시간(주 40시간+연장근로 12시간)을 초과하는 근로를 일소하기만 해도 일자리 50만 개를 만들어 낼 수 있다고 말한다.[33]

---

32 현행 근로기준법에 대한 정부의 유권해석(행정해석)은 '휴일근무 외에' 최대 12시간까지 연장근로를 인정하고 있다. 따라서 월~금요일까지 52시간 근무하고 토·일요일, 국경일 등 휴일에 8시간씩 일해 최대 68시간을 일했도 근로기준법에 저촉되지 않는다. 이에 따라 휴일근무도 연장근로시간에 포함해야 한다는 주장이 제기되고 있다.

노동부에서 실시한 '고용 형태별 근로 실태 조사'(2011년 6월)를 보면, 법적으로 허용되는 주당 연장근로 12시간을 꽉 채운 상태에서 추가로 휴일근로를 하는 노동자가 143만7000명(전체 노동자의 12.6퍼센트)에 이르며, 휴일근로 일수는 월평균 3.8일인 것으로 나타났다. '장시간 노동'은 대기업일수록 심했다. 주당 52시간을 넘겨 휴일에도 일하는 노동자 비율이, 300인 이상 기업은 24.6퍼센트, 300인 미만 기업은 10.6퍼센트로 집계됐다. 대기업일수록 새로운 일자리를 만들지 않고, 기존 노동자들의 근로시간을 무한정 늘린 것이다. 특히 자동차 제조업의 경우 주당 52시간을 넘겨 휴일에도 일하는 노동자 비율이 54.9퍼센트에 이르렀다.

현대자동차 노동자는 연간 2400~2500시간을 일하고 있다. 엔진·변속기 공장에서는 주당 64시간 근로가 일반적이며 80시간을 일하는 경우도 적지 않다. 심지어 12시간 맞교대제와 더불어 24시간 철야특근이나 연속특근(토~일, 일~월)도 존재한다. 2010년(연간 2487시간 노동)의 경우 평일 연장근로시간은 377시간, 휴일근로는 452시간으로 연장 및 휴일근로가 정취근로시간(1658시간)의 50퍼센트를 차지한다. 한 마디로 '과로의 현대자동차overworked HMC'라고 할 수 있다.(박태주, 2011)

노동시간이 이처럼 긴 것은 회사의 강요 때문이지만, 한편으로 노동자들 스스로도 잔업·특근을 원하고 있다. 저임금으로 인해 잔업·야간·휴일특근을 하지 않고 정규 노동만으로는 먹고살 수 없기 때문이

---

33 2010년 3월 현재 주당 근로시간이 52시간을 초과하는 사람은 268만 명(16.15퍼센트)이고, 이들의 주당 평균 근로시간은 61.7시간이다. 만약 이들이 근로기준법대로 연장근로 한도 12시간을 지켜 매주 52시간(2011)까지 일한다면, 새로운 일자리 50만 개(268만 명×9.7시간÷52시간=49.9만 명)를 만들어 낼 수 있다.(김유선(2011), 〈주 40시간 근무제가 노동자 여가생활에 미친 영향〉,《산업노동연구》 제17권 제1호.)

다. 애덤 스미스는 《국부론》에서 "휴식에 대한 욕구는 본성의 요구인데, 이 요구를 따르지 않을 경우 그 결과는 흔히 위험하다. 때로는 치명적이며, 거의 언제나 조만간 특유의 직업병을 유발하게 된다. 고용주가 이성과 인도주의 정신에 귀를 기울인다면 다수 노동자들에게 지나치게 일을 많이 하도록 고무하기보다는 반대로 누그러뜨릴 필요가 있다. 적당히 일을 함으로써 계속 일할 수 있는 사람이야말로, 자기 건강을 오랫동안 유지할 수 있을 뿐 아니라 1년 전체로 보면 가장 많은 양의 일을 한다."고 했다.

데이비드 코우츠David Coates는 《현대자본주의의 유형Models of Capitalism》에서 영국의 경제학자 니콜라스 크래프트Nicholas Crafts의 표를 인용해 각국의 경제 성과를 비교하면서, 1인당 실질국내총생산(GDP) 대신 노동시간이 포함된 '시간당 GDP'를 덧붙였다. 이에 따르면 1992년 현재 일본의 1인당 GDP는 미국·스위스에 이어 3위지만 시간당 GDP는 18위로 떨어진다. 홍콩도 5위에서 19위로 낮아지고, 한국은 비교 대상 24개국 중 1인당 GDP와 시간당 GDP 모두 꼴찌를 기록했다.(코우츠, 31쪽)

한편 한국 재벌의 고용 창출력은 지속적으로 현저히 하락했는데, 이는 설비투자 위주의 부가가치 창출에 집중하는 재벌의 성장전략이 숙련경시형·노동배제적 생산방식과 관련되어 있으며, 재벌이 고용친화적이지 않다는 사실을 보여 준다. 설비 중심의 생산전략은, 투자비 회수 문제 때문에 공장의 장시간 가동을 필요로 한다. 우리나라에서 장시간 노동이 불가피한 이유 중 하나가 바로 이러한 노동배제적 설비자동화 중심의 생산방식에 있다는 사실에 주목할 필요가 있다.(조성재 외, 2007)

가족 시간 확보 투쟁

사회도 일에 취해 있지만 가정도 일에 취해 있기는 마찬가지다. 단지 여성에게 가사노동이 집중될 뿐이다. 조주은(2004)은 맞벌이 가정 여성 노동자의 삶을 이렇게 묘사했다. "인천 지역의 한 전자부품 공장에서 일하는 생산직 여성 노동자를 만나서 이야기를 나눌 기회가 있었다. 그 여성의 남편은 비교적 출퇴근 시간이 정확한 동사무소에서 근무하고 있었다. 퇴근 시간이 가까워지면 그녀는 손으로 작업을 하는 동시에 머릿속으로는 저녁 식사 메뉴를 구상해야 한다. 그녀가 퇴근 뒤 집으로 돌아오는 길에 부리나케 장을 봐서 8시에 집에 도착하면 남편은 소파에서 TV를 보고 있고 아이는 옆에서 과자를 먹고 있다. 그녀는 초강력 울트라 슈퍼우먼이 되어야만 한다. 그녀가 저녁 8시~9시 30분까지 1시간 30분 동안 해치우는 노동의 내용은 열 가지에 달한다." '초강력 울트라 슈퍼우먼'은 시간과의 전쟁을 선포하고 자신을 어느 정도 포기한 채 살아가는 후기자본주의사회 여성들의 일상을 그대로 보여 준다.

21세기 들어 뚜렷하게 나타난 새로운 노동 유형으로 '여성 노동'과 '야간노동'의 급속한 확대를 꼽을 수 있다. 산업혁명 초기 기계의 등장은 근육 힘이 약하고 유연한 여성 노동과 아동노동을 대량으로 노동계급에 포함시켰다. 1830년대 영국의 공장조사위원회가 맨체스터 면직 공장을 조사한 보고서에 따르면, 수많은 어린이들이 새벽 5시 반에 하루를 시작하여, 저녁 7시나 8시가 되어야 일과를 끝냈다. 하루의 마지막 시간에 어린이들은 울거나 선 채로 잠에 빠져들었다. '실 잇는 작업'을 하는 어린이들의 손은 실에 스친 상처가 가득했고, 감독들이 채찍을 들고 돌아다니며 감시하는 동안 부모들은 아이들이 잠들까 봐 손바닥으로 때리며 깨웠다. 농촌 공장에서는 '(일이) 몰릴' 때면 야간작업과 하루 14시간 내지 16시간 노동이 보통이었다.(톰슨, 상권, 467쪽) 공장이 '공포의 집'이었던 당시, 기계는 가족 구성원 모두를 자본의 직접적인 지배 아래 편입시켰다. 자녀를 둔 어머니들까지 자본에 의해 '징발' 됐다.[34]

시인 고은은 "배가 불러야 시도 나온다"고 했다. 가계의 실질임금이 떨어지는데다 가사·육아 서비스를 시장에서 상품으로 구매하는 비용까지 늘면서, 맞벌이 부부들은 평균적인 생활수준을 확보하고자 노동시간을 늘리고 있다. 이처럼 노동시간이 가족의 시간을 흡수하는 식의 노동 패턴 변화는 가족과 노동 사이의 긴장을 낳는다. 노동 시간표가 가족의 시간표를 위협하면서, 노동자 가족은 '시간 주권'을 잃어 가고 있는 셈이다.

맞벌이 부부는 낮에는 소비할 시간이 없어서 밤에 쇼핑에 나서고, 이에 따라 제조업 공장뿐 아니라 여성 지배 직종인 판매·유통 서비스 부문에서 여성의 야간노동이 늘어난다. 24시간 소비문화가 확산되면서 노동자는 소비자의 처지가 되는 순간 '정상적인' 시간이 아닌 때에 서비스를 이용할 수밖에 없고, 이런 사람들에게 서비스를 제공할 노동자가 더 늘어야 할 필요성을 야기하는 악순환이 나타난다. 이미 전통적인 시간의 경계는 상당 부분 허물어졌다.(휴즈, 273쪽)

---

34 "거기(1800년대 초 영국 맨체스터 공장)에서는 정해진 시간에 와 있어야 한다. 종은 5시 반에 울리고 6시에 다시 울린다. 이때 10분 동안만 문이 열린다. 11분이 되면 문은 닫히고 남자든 여자든 어린이든 누구도 들어갈 수 없다. 시간 안에 못 들어간 사람은 8시까지 문 밖에 서 있든지 아니면 집으로 되돌아가야 한다."(톰슨, 상권, 425쪽)

하루 노동시간은 전통적인 '9시 출근, 5시 퇴근'에서 저녁·밤·주말 노동으로 분산됐다. 노동자들도 야간 할증임금의 유혹 때문에 야간교대제를 선호하는데, 야간노동을 하다 보면 사회적 관계도 줄어들고 신체 조직과 건강도 훼손된다. 이처럼 생체리듬을 파괴하는 야간노동이 새로운 프런티어로서 '이윤 추구의 시간'으로 등장하면서, 여성의 저녁·야간 교대근무가 확산되고, 이에 따라 가족 구성원들의 관계는 서로 다른 노동 시간표로 인해 헝클어진다. 아침뿐 아니라 저녁 식사도 가족이 함께 먹을 수 없다. 가족생활은 시간의 압박 속에서 '스피드 업'되어 햄버거 가게, 야간 쇼핑 영업 등 상업화된 시간 절약 산업이 번성하고 있다.

일반적인 상품과 달리 노동력은 사람의 몸에 체화된 것이므로 차별을 받거나 너무 오래, 심하게, 빨리 가동시키면 불평하고 저항한다. 노벨경제학상 수상자인 로버트 솔로Robert Solow는 노동시장을 일종의 '사회제도social institution'라고 보았다. 자본시장, 생산물(상품)시장과 달리 노동시장은 특수하고 독특한 측면을 갖고 있음을 강조한 것이다. "노동자들은 시장에서의 공정성, 곧 정당하게 받아야 할 임금소득을 요구하거나 그에 못 미치는 저임금에 저항하는 것을 매우 중시한다. 사회적 관계라는 맥락에서 노동시장은 당사자들이 시장에서 단순히 상품을 교환하는 그 이상의 것을 보여 준다. 즉, 고용과 그에 따른 소득은, 소비자들이 단순히 효용극대화를 위해 재화 집합을 선택하는 문제와 동등하지 않다."

(Solow, 1990)

'노동시간을 둘러싼 투쟁'은 곧 '가족 시간 확보 투쟁'이기도 하다. 한국 노동자들은 분배에서도 소외되었을 뿐 아니라, 그 소득을 향유할 시간마저 충분하지 않다. 이제는 육체적 한계를 넘어서는 긴 노동에 매달리는 노동 생애에서 벗어나, 더 많은 시간을 가족과 함께 보내야 한다. '노동만이 곧 생산'이라는 관념을 깨고 '여가도 생산'임을 몸으로 체득하며 '여유의 생산성'을 발견해야 한다.

'일에 취한 사회'에 대한 도전은 행동은 물론이고 '말'과 '언어'를 통해 사상적으로도 치열하게 전개돼야 한다. 문제는 기계 자체가 아니라 기계가 자본주의적으로 사용되는 방식에 있듯, 활발한 논의와 정치적 기획을 통해 '세계화 시대 노동과 인간의 삶의 방식'을 끊임없이 질문하고 문제를 제기해야 한다. 그래야만 '낮에는 공장에서 일하고 저녁에는 문화비평가로, 정치평론가로 사는 삶'에 가까이 다가갈 수 있다.[35] 일에 취한 노동사회에서 벗어나기 위한 '시간을 둘러싼 투쟁'이 필요하다.[36]

---

35 마르크스와 엥겔스는 완전한 공산주의의 이상적인 사회에서 인간은 아침에 사냥하고, 오후에 낚시하고, 저녁에 가축을 기르고, 저녁 식사 후에 비평을 할 수 있다고 했다.(마르크스·엥겔스, 1989) 그러나 그들은 남성이 주택 청소, 식사 준비, 아이들 재우기 등을 분담한다고는 그 어디에도 쓰지 않았다.(블라우·퍼버, 59쪽) 또한 트로츠키Leon Trotsky는 공산주의사회에서는 모든 사람이 아리스토텔레스, 괴테, 마르크스의 수준에 도달하게 될 것이라고 말했다.(노직, 305쪽)

36 필자는 일에 취한 한국 노동(자)의 생애와 관련해, 현재 유럽인들이 누리고 있는 생활수준을 한국 노동자들이 따라가려면 '세계 최장의 노동시간 국가'라는 오명을 앞으로도 매우 오랫동안 떨치기 어려울 것이라는 다소 비관적인 전망을 갖고 있다. 생활수준의 지표인 GDP의 크기는 노동 투입 시간에 달려 있다. 물론 단위 노동시간당 산출량을 늘리는 생산성 증가를 도모할 수도 있으나, 노동가치설에 근거할 때 우리가 살면서 소비하고 효용을 느끼는 이른바 '사회적으로 가치 있는 것(GDP)'을 만들어 내는 가장 중요한 변수는 노동시간의 양이다. 그런데 유럽 국가들은 넘쳐나는 해외 여행객들 덕분에 막대한 관광 수입을 올리고 있고, 영국은 유학생과 어학연수자들에게서 막대한 등록금 수입을 올리고 있다. 중세시대에 할아버지, 아버지, 아들, 손자가 대대로 돌멩이를 옮겨 거대한 성당과 건축물을 짓는 노동의 생애를 산 덕분에, 후손들이 관광수입으로 삶의 풍요를 누리고 있는 셈이다. 실제로 GDP뿐만 아니라 경상수지 중 여행수지(유학 및 연수, 관광)가 유럽인들의 생활수준에 큰 영향을 미치고 있다. 다만 2010년 스페인·이탈리아·미국 등은 관광수지에서 대규모 흑자를 내고 있으나, 영국·독일 등은 자국민들의 해외여행이 많아 관광수지 적자를 보이고 있다.

노동사회에서
'문화사회'로

시간 '기획'과 시간 '주권'

토머스 모어Thomas More는 《유토피아De optimo rei statu, deque nova insula Utopia》(1516)[37] 에서 사유재산을 부정하고 계획적인 생산과 소비, 사회적 노동의 계획화가 이뤄지는 새로운 사회를 그리면서 하루 6시간 노동을 상정했다. 이탈리아의 캄파넬라Tommaso Campanella가 쓴 《태양의 도시Civitas Solis》(1611)에서는 자신에게 필요한 것 이상을 소유하는 것이 허용되지 않으며, 전 국민은 하루 4시간의 노동 의무를 가진다. 인간의 생존에 필요한 것들을 충분히 얻을 수 있는 노동시간으로 하루 4시간, 6시간을 상정하고 있는 것이다.

지금 한국의 노동 생애는 구조조정이 일상화되고 일자리 불안이 팽배하면서 '끊임없는 경쟁'에 내몰리고 있다. 성과가 떨어지는 생산라인

---

37 이 책의 원제는 '사회생활의 최선의 상태에 대한, 그리고 유토피아라고 불리는 새로운 섬에 대한 유익하고 즐거운 저작'이다.

을 폐쇄하겠다는 위협이 일터를 맴돌고, 공장 한쪽에 나붙은 '성과 현황판'이 날마다 노동자들을 압박한다. 노동자 스스로 끝없는 노동의 굴레 속으로 빨려 들어가면서 작업장은 숨이 막히고 목을 죄는 지옥 구멍 같은 곳이 되고 있다. 일자리와 임금을 지키려고 월급쟁이 사장부터 말단 샐러리맨까지 밤과 주말 할 것 없이 더 많은 시간을 일하고 있다.

노동 감독자는 더 이상 필요 없다. 유연화가 곧 '노동규율'이다. '괜찮은 정규직 일자리'로 이어지는 비좁은 통로를 통과하려면 비정규직 노동자 스스로 노동강도를 높여야 한다. 주 5일 근무제 확산에도 불구하고 노동시간은 저임금 비정규직과 여성 노동자에게서 집중적으로 증가하고 있다. 저임금이기 때문에 가족 생계비를 벌고자 앞 다투어 잔업·특근에 매달리는 분위기도 팽배해 있다. 불황이 닥쳐 일감이 뚝 끊길지 모른다는 두려움, 구조조정·인력 감축에 대한 불안감도 노동자들을 장시간 노동으로 내몰고 있는 원인이다. 아직 회사에 붙어 있을 때, 일감이 있을 때, 밤낮 없이 죽기 살기로 벌자는 분위기가 생산현장을 지배하고 있다.

이러한 일상적 구조조정과 성과주의 속에서 수익성 악화에 직면한 자본의 '시간 기획'과, 사회적 가치 생산의 직접적 담당자인 노동의 '시간 주권'이 충돌하고 있다. 자본이 노동자들의 삶의 시간을 포획해 지배하면서, 노동자들은 가족과 함께 있을 시간마저 빼앗기고,[38] 가족의 시간표

---

38 최형익은 자본의 권리 기획과 상반되는 노동계급의 권리 정치 기획이 필요하다며 '노동의 인간화'를 주장하고 있다. 그는 '노동시간'을 자본의 근대 프로젝트(노동자들의 사회적 삶을 지배하려는 자본의 사회적 시간 기획)와 노동자의 '시간 주권'을 둘러싸고 전개되는 권리 투쟁의 전쟁터로 보고 있다. (최형익, 2005)

는 노동의 시간표에 종속된다. '가족임금family wage'이란 개념이 있다. 가족의 생계를 일차적으로 책임지는 노동자, 곧 '빵을 벌어들이는 자breadwinner'에게는 노동자 자신뿐 아니라 가족의 노동력을 재생산할 수 있는 정도의 임금(가족임금)을 주어야 한다는 이데올로기다. 남성이 '빵을 벌어들이는' 전통적인 남성 부양자 모델에서는 '넉넉하지는 않지만 부족하지도 않은' 가족임금이 보장됐으나, 이제 가족임금은 해체되었다.

저임금 경제에서 빵을 벌어 오는 사람은 남성에 국한되지 않는다. 불확실성으로 가득 찬 노동의 생애에서 아내도 아들딸도 임금노동에 나서야 한다. 이에 따라 가족 시간과 노동시간은 항상 긴장과 갈등을 불러일으키고 있다.(안정옥, 212~236쪽) 아침저녁에 온 가족이 식탁에 둘러앉아 밥 먹는 횟수가 줄어들고 가족의 시간도 헝클어지고 있다. 아침에 일어나 노동현장에 출근하고, 노동을 하고, 집에 돌아와 다음날의 노동을 위해 잠시 휴식을 취하는 사이클이 반복된다. 당연히 개인의 자유시간은 축소되거나 사라지고, 상품생산을 위한 노동과 그 노동을 통해 벌어들인 임금으로 다시 상품을 소비함으로써 또 다시 생산을 하는 끝없는 구조 속에서, 개인은 영원히 노동과 소비의 쳇바퀴만 굴릴 뿐이다.

자본 역시 애초부터 시간과 싸움을 벌였다.(김영선, 2004) 이윤율을 증대시키려고 노동일(하루 노동시간)을 연장하고 노동생산성 향상을 추구한다는 점에서, 자본은 본성적으로 시간과의 싸움이다. 유통기간까지 포함한 자본의 회전시간을 단축해야 한다는 요구를 고려하면 더욱 그렇다. 시간의 공급량이 24시간으로 정해져 있지만 시간에 대한 수요는 계속 높아져 가는 '시간 희소성'은, 시간을 한없이 잘게 쪼개 화폐화하려는 의식, 곧 '시간이 돈이다'라는 생각이 팽배해진 시기부터 등장했다.

산업사회의 사람들은 시계에 의존하여 살아간다. 한 지역의 경제가 건강할수록 그 지역의 템포는 빠르다. 도시가 성장함에 따라 주민들의 시간 가치는 임금수준과 생활비의 증가와 함께 늘어난다. 그래서 시간을 돈으로 여기는 정도가 점점 더 절박해지고 삶은 점점 더 바쁘고 각박해진다. 산업화된 나라일수록 하루에 쓸 수 있는 자유시간이 적다. 시간을 절약해 주는 기계가 생겨날수록 사람들은 더더욱 시간에 쪼들리는 것이다.(레빈, 2000)

막스 베버는 《프로테스탄티즘의 윤리와 자본주의 정신The Protestant Ethic and the Spirit of Captalism》에서 "시간이 돈이라는 것을 명심하라. 한나절 동안 일해서 10실링을 버는 사람이 있다고 하자. 만약 그가 밖에 나가서 반나절을 한가로이 논다면, 그렇게 노는 동안 6펜스밖에 안 썼다고 해도 실은 그 돈만 낭비하는 게 아니다. 그는 일해서 벌 수 있는 5실링을 낭비한 것이다. 아니 갖다 버린 것이다."라고 말했다.(베버, 1988, 34쪽)

독일 브레멘대학 교수로서 동아시아, 특히 한국 사회의 '노동중독증'과 그 사회경제적 영향을 연구해 온 홀거 하이데Holger Heide는 이렇게 말한다. "일을 너무 많이 하는 나머지 자기 삶의 에너지마저 무참히 파손시키는 사람들을 많이 보게 된다. 이들은 엄청난 양의 일을 처리한다. 또 대단히 성공적이다. 그러나 그들의 육체는 쇠하게 되고, 심리적 균형이나 영혼의 편안함마저 깨지게 된다. 또 다른 사람들은 일만 보면 두려움에 사로잡히고 만다. 밤에 잠들기도 어렵지만 일단 눈을 붙여도 아침에 눈을 뜨면 곧 두려움이 앞선다. 산더미 같은 일이 그를 기다리고 있다. 한편 평생 동안 일만 하며 산 사람도 있다. 그들은 정년퇴임 이후에 갖게 되는 시간을 어떻게 쓸 줄 모르며, 그 상황을 도저히 참을 수 없는 진

공으로 여긴다.”_(하이데, 224~225쪽)

노동중독의 폐해

독일에서 노동중독증을 가장 먼저 연구한 사람은 중독증 치료병원에서 일하던 게르하르트 멘첼Gerhard Mentzel이란 의사였다. 중독 문제를 연구하던 멘첼은 놀랍게도 노동중독증과 알코올중독증 사이에 매우 닮은 점이 있음을 발견했다. 멘첼은 오랜 시간 동안 '환자'를 체계적으로 관찰했다. 그는 근육경색이나 고혈압, 심장마비 등과 같은 증상이 노동중독의 결과가 아닐까 의심했다. 다이앤 파셀Diane Fassel이 노동중독증을 다룬 자신의 책 제목을 '일에 치여 죽기We are Working Ourselves to Death'(과로사)라고 이름 붙인 것은 결코 우연이 아니다._(하이데, 2000, 245쪽)

노동중독의 문제는 단순히 가족과 함께할 시간이 제약되는 것에 국한되지 않는다. 노동중독자는 급기야 가족으로부터 탈출하려고 일을 핑계나 변명거리로 삼고, 결국 동반자 관계나 부부관계가 소원해지면서 다른 사람과 연애를 하기도 한다. 이는 동시에 가족에게서 더욱 멀어지는 수단이 되며, 또다시 그는 일을 핑계 삼아 가족을 피하게 된다. 게다가 회사마다 일종의 팀워크 속에서 일을 하기 때문에 한 사람의 노동중독증은 금방 다른 동료나 부하들에게 옮겨 가게 된다. 이것이야말로 우리가 '전염'이라고 부를 수 있는 것이다._(하이데, 258~259쪽) 물론 장시간 노동으로 노동이 피폐해지면 생산도 멈추고 이윤도 늘어날 수 없다.

노동경제학 교과서 제1장은 노동자가 임금수준에 따라 노동할 것인지 여가를 즐길 것인지를 합리적으로 선택하는 함수로 노동 공급(시간)

을 표현하고 있다. 그러나 우리 시대 노동자들의 여가시간은 '노동을 위한 준비'에 그칠 뿐이다. TV 시청과 수면으로 여가시간을 다 보내고, 건강관리·학습·지역사회 활동 등에 쓸 시간은 거의 없다. 일에 충분히 지쳐서 쉬운 것, 말초적이고 자극적인 것만 추구하다 보니, 복잡하게 생각하고 사색해야 하는 문화·책·영화는 좀체 팔리지 않는다. '인간'을 생각하는 철학적 질문은 잊은 지 오래다.

일생을 자본이 요구하는 '단순노동'에 바치는 사람들은 창조력을 행사할 기회를 갖지 못하며, 용기도 잃고 무력해지기 쉽다. 애덤 스미스는 《국부론》에서 다음과 같이 말했다. "대다수 사람들의 지적 능력은 필연적으로 일상의 직업에 의해 형성된다. 일생을 몇 가지 단순한 작업에 소비하는 사람들은 예기치 않은 어려움을 제거하는 방법을 발견하는 데 이해력을 발휘하거나 창조력을 행사할 기회를 갖지 못한다. 그는 일반적으로 인간으로서 가장 둔해지고 무지해진다. 정신이 마비 상태에 빠져 이성적인 대화를 즐기거나 참여할 수 없을 뿐 아니라, 너그럽고 고상하고 부드러운 감정을 느낄 수 없게 된다. 그는 자기 나라의 중대하고 광범한 이해관계를 전혀 판단할 수 없으며 …… 생활이 단조로워 변화가 없기 때문에 자연히 용기도 잃게 되고, 지적 덕목이 희생된다."(스미스, 1992, 272~273쪽)

첨단 과학기술 혁명에 따라 기계가 복잡해지고 더 많은 지식이 적용될수록, 노동자들은 상대적으로 아는 것이 적어지고, 기계를 이해하거나 제어하는 것은 더욱 어려워진다. 게다가 '더 많은 소비'를 좇으면서 노동의 피로가 더 많이 쌓이고 있다. 자본주의 시장경제에서 소비와 연계된 노동과 여가는 상업광고를 통한 '낭비의 조직적·계획적 조장'을 통해 이뤄져 왔다. 신용카드 할부판매로 대표되는 '소비주의'에 포섭된 노동자들은, 자본과 물질적으로 타협하고 그 대신 정신은 단순화되고 빈곤해진다.

인류학자 앨런 존슨Allen Johnson은 산업화가 '시간 잉여time surplus'에서 '시간 풍요time affluence', '시간 궁핍time famine'의 사회로 진행해 간다고 주장했다. "우리는 많은 생산과 소비의 결과로 시간이 점점 더 희소해지는 것을 경험하고 있다. 생산에 있어 효율성의 증가는 각 개인이 시간당 좀 더 많은 물건을 생산해야 한다는 것을 의미하고 생산성의 증가는 …… 그 체제가 계속 유지되기 위해 우리들이 좀 더 많은 물건을 소비해야 한다는 것을 뜻한다. 생산과 소비에 쓰이지 않는 시간은 점점 더 낭비되는 시간으로 간주되기 때문에 자유시간은 소비시간으로 전환된다. …… 우리는 항상 생산라인을 지연시키거나 직장에 지각할 위험 속에 놓여 있으며, 여가시간을 즐길 때에는 시간을 낭비할 위험에 처해 있다."(레빈, 2000, 36쪽)

우리나라에서 장시간 노동을 배경으로 삼은 현대차 노동자의 삶은 한마디로 노동 이외의 삶을 희생한, 노동이 삶의 일부가 아니라 전부가 되어 버린 '노동전일적勞動專一的인 생활'이라고 해도 과언이 아니다. 마치 행성이 태양의 주위를 돌 듯 노동을 삶의 중심에 놓고 생활 전체가 돌아간다. 개인의 여가생활은 물론 가족생활이나 사회생활, 나아가 사회연대의 의미조차도 장시간 노동이 가져오는 소득 앞에서는 무력할 뿐이다. 아빠는 돈 버는 도구적 역할을 담당하는 '있으면서 없는' 존재로 나타난다. 가족을 위해 자발적으로 '공장 감옥'에 갇혀 살았지만 결국은 생계를 책임지면서도 가족들에게 소외되는 '현금인출기'에 불과하게 되었다. 그러나 소득이 일정 수준에 이르면 행복은 소득수준에 비례하여 늘어나지 않는다는 이른바 '행복의 역설'이 작용하게 된다.(박태주, 2011)

케인스는 1930년 〈우리 손자 세대의 경제적 가능성Economic Possibilities for Our Grandchildren〉이란 글에서 "만약 지난 1세기와 같은 생산성 향상 및 (과학)기술 진보 속도로 향후 1세기 동안 부를 축적하게 된다면, 영국을 비롯한 모든 산업국가에서 빈곤이 끝날 것이다. 2030년이 되면 모든 노동자는 1930년 할아버지 세대의 노동자에 비해 훨씬 풍족한 삶을 살게 될 것이다. 인류를 괴롭혀 온 오랜 '경제적 문제'가 실질적으로 해결되고 난 뒤 새롭게 대두하는 문제는, 여가를 얼마나 확보할 것인지가 아니라 전례 없이 넘쳐나는 여가를 어떻게 사용할 것인지가 될 것이다."라고 했다.

케인스의 스승이었던 앨프리드 마셜은 '삶을 위한, 약간의 힘든 노동'의 필요성을 역설한 바 있다. "모든 문명국가에는, 마음의 평정이 삶의 지고의 이상이며, 자신의 본성에서 욕구와 욕망을 최대한 근절하는 것이 현명한 인간의 본분이며, 진정한 부는 재화의 풍족이 아니라 욕구의 부족에 있다는 불교의 교리를 신봉하는 사람들이 있다. 그리고 반대의 극단에 새로운 욕구와 욕망의 증대가 사람들을 더욱 분발하도록 자극하므로 항상 유익하다고 주장하는 사람들이 있다. 그들은 스펜서가 말했듯이, 삶을 위한 노동이 아니라 노동을 위한 삶을 상정하는 오류를 범한 것처럼 보인다. 인간 본성 상 해야 할 힘든 일이 전혀 없거나 극복해야 할 어려움이 전혀 없다면 인간은 급속하게 퇴화하므로, 육체적·도덕적 건강을 위해 약간의 힘든 노력이 필요하다."(마셜, 1권, 201쪽)

역사를 살펴보면 '시계 시간'의 규범이 등장한 것은 아주 최근의 일이다. 시간 엄수라는 현대적 개념과 시계에 지배받는 삶은, 옛사람들은 상상할 수도 없는 것이었다. 지금은 친숙해진 시계와 시계 시간이 신과 같은 지위에 오르는 과정은, 곧 자연의 시간에서 벗어나는 과정이었다. "헤로도토스의 글을 읽어 보면 당대의 위대한 여행가이며 박학다식한 인물인 그도 생전에 시간이라는 개념을 접해 본 적이 없고, 심지어는 그 개념을 가리킬 적절한 단어조차 찾을 수 없었다는 이야기가 나온다. 이 는 시간표와 계획의 시대를 사는 우리로서는 거의 믿을 수 없는 이야기 로 들린다. 그러나 그의 시대와 그 후세에도 인간의 활동이 시간을 규정 한 적은 많았어도 정해진 시간이 인간의 활동을 규정한 적은 없었다."(레 빈, 2000, 94쪽)

로버트 레빈Robert Levine은 시계에 매이고 시간의 지배를 받는 '시계 인 간의 탄생'에 대해 "시곗바늘만큼 바쁘게 사는 삶을 잘 표현하는 상징 물은 없다. …… 미얀마의 승려들은 아무리 바보라도 사용할 수 있는 자 명종 시계를 개발했다. 새벽에 '손에 있는 핏줄이 보일 만큼 밝으면' 그 때가 잠에서 일어날 시간이다.……최초의 기계식 시계가 발명되기 전 까지 사람들의 활동을 조정한다는 생각은 거의 할 수가 없었다. 꼭 해야 할 약속이 있으면 대개 새벽에 하기로 했다. (중세까지만 해도) 결투, 전 투, 회합 같은 역사적으로 매우 중요한 많은 사건들이 해 뜰 무렵에 일 어났던 것은 결코 우연이 아니다."라고 말했다.(레빈, 2000, 83·94·137쪽) 인류학자 피에르 부르디외Pierre Bourdieu에 따르면, 알제리의 집단주의 사회인 카빌 부족 사람들은 시계를 '악마의 맷돌'이라고 부른다.(레빈, 2000, 43쪽)

게으를 수 있는 권리

사람들이 시간을 압착time squeeze해 사용함으로써 고무줄처럼 시간을 늘림에도 불구하고, 그럴수록 시간 부족과 시간 궁핍에 대한 스트레스는 더 커진다. 테일러주의, 곧 과학적 관리방식의 등장은 근대적인 시간관리 기술의 획기적인 전환점이었다. 작업 소요 시간과 작업량을 표준화함으로써 시계 시간의 영향력이 노동자의 미세한 부분 동작에까지 확장되었다는 점에서 그렇다. 과거의 '노동분업division of labor'은 이제 '시간분업division of time itself'의 문제가 되었으며,(김영선, 2004) 이러한 의미에서 근대인은 '업무 지향적task-oriented' 인간이라기보다는 '시간 지향적time-oriented' 인간이라고 할 수 있다.

특히 포드 공장의 이른바 '일급 5달러'에 테일러식 시간관리 방식을 수용한 대가는, 영원히 잠들지 않는 시간 부족 문제를 야기했다. 테일러가 주창한 '작업의 과학'은 노동을 '통제'하고자 기획·고안된 자본가의 무기가 되어 작업장에서 '노동의 창의'를 박탈한다. 사실 블라디미르 일리치 레닌Vladimir Ilich Lenin도 테일러의 과학적 관리를 소련의 산업에 활용하려 했으며 그것을 연구해야 한다고 여러 차례 강조했다.[39] "테일러 시스템은 모든 자본주의적 진보가 그렇듯, 작업 중인 기계적 동작을 분석할 때 불필요하고 잘못된 동작을 제거하고 올바른 작업방법을 확립하며 최상의 회계 체계와 통제 체계를 도입하는 것과 같은 이 분야 최고의 과학적 업적과 부르주아적 착취의 치밀한 야만성이 결합된 것이다. 소련은

---

39 "레닌은 소비에트혁명 직후에 테일러주의를 생산과정에 적극 도입할 것을 주장한다. 그에 따르면 테일러주의는 마치 생산 그 자체에만 관련된 기계와 같은 것이어서, 그것을 자본주의적인 방식으로 사용하면 착취의 수단이 되지만, 소비에트식으로 사용하면 프롤레타리아에 유익하리라고 생각한 것이다. 이는 아마도 신경제정책(NEF)과 마찬가지로, 근대화가 아직 중요한 과제로 남아 있던 러시아로서는 불가피한 것이었는지도 모른다. 하지만 동시에 이것은 소비에트 테일러주의의 불행한 역사가 시작되는 지점이기도 했다."(이진경, 2002, 57쪽)

이 분야의 과학적·기술적 업적 중 가치 있는 것은 어떻게든 차용해야 한다. 사회주의를 건설할 가능성은 바로 소비에트의 권력과 행정조직을 자본주의의 최신 업적과 결합시키는 것의 성공 여부에 달려 있다. 우리는 러시아에서 테일러 시스템의 성과와 교훈을 조직화하고 체계적으로 추구함으로써 우리의 목적에 맞게 적응시켜야 할 것이다."(브레이버만, 18쪽)

노동시간과 노동의 배치는, 여가시간을 얼마나 가질 수 있고, 언제 그것을 누리며, 그 가운데 신체적·정신적 회복에 필요한 최소 시간이 얼마나 될지 등을 결정한다. 자본주의에서 '오락recreation'은 말 그대로 일할 수 있는 능력을 재창출re-create하는 것을 의미한다. "여가가 필수적이고 보상적인 소비로 인정받지 못한다면, 그것은 그저 노동하는 중에 잠깐 휴식을 취하는 것으로 그 의미가 축소되어 버릴 것이다. 학교에서 수업 시간 사이의 중간 휴식시간이나 (작업장에서의) 티타임처럼, 여가는 단지 그것이 길지 않다는 이유로 평가절하된다. 말이 자유시간이지, 결코 자유롭지 못한 시간이다. 결국 '비노동'의 시간이 해방의 역할을 하려면, 그것이 비노동과 노동 사이의 장벽을 뛰어넘는 좀 더 광범위한 개인적·사회적 기획의 일부가 되어야 한다. 단지 노동시간을 줄이는 것이 아니라, 노동과 비노동 모두를 근본적으로 변화시켜야 한다."(Panitch & Gindin, 2000)

'게으를 수 있는 권리'를 주창한 폴 라파르그는 "노동은 인류를 내몰아 온 채찍 중 가장 가공할 만한 채찍"이라며 "노동하지 않고는 못 배기는 나쁜 버릇이 마치 악마처럼 노동자의 가슴에 착 달라붙어 있다."고 말한 바 있다. 또한 그는 "아리스토텔레스의 꿈은 우리의 현실이 되어야 한다. 불로 숨 쉬며 결코 지치지 않는 철로 된 팔다리를 가진 우리의 기계는 쉼 없이 경이로운 속도로 온순하게 스스로 신성한 노동을 수행하고 있다."(라파르그, 80쪽) 면서 기계는 노동에 지친 인류의 구원자로서 여가와 자유를 마련해 줄 신이라고 했다.[40]

카를 마르크스Karl Marx는 "자본주의적 방식으로 사용되는 기계가 사람을 잡아먹는다"고 했지만, 그의 사위 라파르그는 기계가 "인류의 봉사자로서 세상에 등장한 것"이라고 생각했다. 그러나 기계에 달라붙어 일하려는 잠재적 취업자들은 서로 치열한 경쟁을 벌여야 하고, 풍부한 실업자군은 '저렴하고 규율을 갖춘' 노동력을 충분히 공급하도록 강제하는 압력으로 작용한다.

노동사회에서 문화사회로

노동시간 단축은 더 많은 보수가 아니라 더 많은 여가를 요구하거나 비금전적인 열망과 결합돼 있다는 점에서 '문화적'이다. 작업장 바깥에서 이루어지는 노동자들의 삶을 살펴보는 것은, 노동자들에게 삶이란 무엇인지, 그들은 어떠한 삶을 살고 있는지를 통해, 그들에게 노동이란 무엇인지를 파악하는 또 다른 방식이다. 1988년에 노동사회를 넘어 '문화사회'를 주창했던 앙드레 고르Andre Gorz는 자유시간 확보는 공동체 생활에 활력을 불어넣고, '세상의 새로운 매력'과 '감정의 소생'이라는 자극을 준다고 말했다.(고르 외, 1993) 노동 중심

---

40 그러나 1821년, 데이비드 리카도David Ricardo는 애초에 "노동을 절약하는 효과를 갖도록 기계를 생산 분야에 응용하는 것이 노동계급에게도 일반적인 이익"이라고 생각했던 자신의 견해를 수정한 바 있다. '나는 기계로 인간의 노동을 대체하는 것은 흔히 노동계급의 이익에 매우 해롭다는 확신을 갖게 되었다.……기계의 발명과 사용이 총 생산물의 감소를 수반할 수도 있으며, 그것이 사실일 때는 노동에 대한 수요가 감소하고, 언제나 일자리에서 쫓겨나는 사람이 있게 된다.……기계의 사용이 빈번히 자신들의 이익에 해롭다고 생각하는 노동계급의 의견은 편견과 오류에 기초한 것이 아니라 정치경제학의 올바른 원리에 부합한다."(리카도, 471~475쪽)

사회에서 탈피해 노동시간을 줄이고 자유시간을 확보하여 문화사회로 가자는 제안이다.

고르에 따르면, 이전의 노동자는 '자본의 복제품으로서 프롤레타리아트'였으나 후기산업사회 노동자들은 모호한 영역에 존재하게 된다. 즉, 항상 변화하는 개인들로서의 노동자는 새로운 사회 건설을 위한 권력 장악을 목표로 삼는 것이 아니라, 집단적 계급에서 벗어나 삶의 주권으로서 자기 힘을 다시 찾고자 하는데, 이는 시장의 생산적 활동에서 벗어남으로써 가능해진다. 사회적 생산관계에 속해 있지만 개인의 주권을 고려하는 '비계급non-class'이 된다는 것이다. 그는 노동자들이 타인과 소통하고 자신의 삶을 완성하는 데 필요한 것은 경제성장이 아니며, 성장은 파괴적이고 오히려 지체가 생산적이라고 주장한다.(Gorz, p.75·120)

물질적 조건이 개선되고 법정 노동시간이 단축되고 정보기술 발전으로 자유시간이 늘고 있는 듯 보이지만, 사실상 자유시간마저 다시 노동으로 귀결되고 있다. '노동사회'에서 노동자들의 일상은 노동시간에 종속될 수밖에 없다. 그렇다면 노동시간 단축을 핵심으로 하는 '문화사회' 프로젝트는 과연 '현실적인' 유토피아일까?[41] 문화사회는 개인의 문화적 욕망이 자유롭게 표현되는 사회다. 현재를 송두리째 희생하면서 '뼈 빠지게' 일하지 않아도 된다. 문화사회로 가기 위한 정치적 기획은 시장 임금소득이 아닌 '사회적 임금'을 확보해야 한다는 주장으로

---

41 엥겔스는 "노동자들의 생활수준과 문화 수준에 따라 임금수준이 결정된다면서, 만일 노동자들이 일주일에 여러 번 고기를 먹는 것에 익숙해진다면 자본가들은 이러한 노동자들의 식생활을 충족시켜 줄 수 있을 만큼의 임금을 주어야 한다."고 말하고 있다.(엥겔스, 1988, 114쪽) 문화사회는 노동력 재생산을 위한 비용으로 받아들일 수 있다.

이어진다. 문화사회는 마르크스와 엥겔스가 말한 "자유로운 생산자들의 연합체"의 모습이라고도 할 수 있다.

노동이든, 정치든, 경제든, 사회든 18세기 이래 사회과학 분야의 근대적 사유는 대체로 인간 사회를 '구조'라는 맥락에서 접근하여 해석하고 설명하고 설계할 것인지, 아니면 개인적 '자유'라는 맥락에서 이해하고 설계할 것인지, 이 두 가지 방법이 대립하는 구도를 띠어 왔다. 그러나 구조도 자유도 모두 넘어서는 또 다른 분석틀이 필요하다는 주장이 대두되고 있다. '자유로운 개인들의 연합체'는 집단 또는 구조가 개인의 삶과 자유를 파괴하고 억압하는 것을 넘어서고, 또 시장에서의 개인적 자유가 구조와 집단 위에 군림하며 공동체적이고 연합적인 삶을 파괴하는 것도 넘어서는 정치적 기획이다.

문화사회는 노동시간을 전반적으로 단축하고 개인들이 스스로 노동시간을 관리하면서 '더 짧고, 더 잘, 그리고 다양하게' 일하는 것을 말한다. 만약 여행을 하고 예술 활동에 몰입하며, 숲 속을 산책하거나 공상과학 소설을 읽는 것이 노동력 재생산에 꼭 필요한 시간과 활동이라면 걸을 때, 친구들과 대화를 나눌 때, 음악을 들을 때, 또는 삽과 곡괭이로 지하 미술화랑을 파고 있는 순간에도 우리는 업무를 보고 있는 것이다. 그런 순간에 때때로 훌륭한 생각들이 떠오르는 것이고, 결국 "덜 일한다는 것이 더 잘 일한다"는 것을 의미한다.(고르 외, 1993)

심광현은 '노동사회'에서 '문화사회'로의 이행은 이제까지 인류 역사에서 획기적인 의미를 갖는 근본적이고도 대대적인 문명적 변화라고 말한다. 그는 그러나, 이런 변화가 오직 극소수 여유 있는 노동자에게만 한정된 혜택으로 국한된다면, 이는 유례없는 가공할 야만 상태를 초래

할 것이라고 말한다.[42]

물론 문화사회는 노동 거부가 아니라 자본의 가치 증식에 종속되는 노동중독을 거부하자는 것이다. 다만, 문화사회를 위한 기획은 '시장임금'이 아닌 '사회적 임금'을 확보해야 가능하다. 즉, 자본의 역사에 집요하게 나타나는 '만물의 상품화 경향' 및 공공서비스 민영화에 맞서 의료보장, 주택 및 기타 많은 공공재들을 탈상품화[43]해야 한다.

우리 시대 노동자들의 창조적 욕망은 점점 사라지고 있고, 설령 있더라도 표현할 (여가)시간이 없다. 개인들의 다양한 욕망은 오직 이윤 창출을 위한 소비문화에 의해 단일화되어 통제 대상으로 전락하고 있다. 노동조합운동은 그동안 노동의 시민권 확보와 작업장 민주주의를 요구했으나, 이제는 노동의 '시간주권'과 노동중독으로부터의 해방을 내걸 때가 되었다. 노동사회에서 탈주하여 자유시간과 자율노동을 확장해야 한다. 문화사회 건설을 위한 자유시간 확보 투쟁은 '시간의 정치'를 둘러싼 싸움이다.[44] 과연 한국 노동자들은 시간의 감옥에 갇혀 뼈 빠지게 일만 하는 노동중독에서 벗어나 '(노동)시간 해방'을 성취할 수 있을 것인가.

42 문화사회의 혜택이 극소수에 한정될 경우 "자동화에 의한 노동의 절감과 자유시간 확보는 오직 대량 실업을 의미할 뿐이며, 자유로워진 시간은 오직 궁핍과 빈곤의 자유를 의미하게 될 것이다."(심광현, 197쪽)

43 애스핑 앤더슨Asping-Andersen은 '탈상품화'를 노동자가 자신의 노동력을 상품으로 내다 팔지 않고도 살수 있는 정도라고 말한다. 즉, 노동자가 노동시장에서 일을 할 수 없는 상황에 처했을 때 국가가 제공하는 급여의 수준을 의미한다. 탈상품화가 높을수록 복지 선진국이라고 할 수 있다.(앤더슨, 2007)

44 "마르크스가 시간을 '인간개발의 거처room'라고 정의한 것은 이 같은 맥락에서였다. 자유로운 시간을 조금도 갖지 못하는 인간, 자본가를 위한 노동에 전체 생활을 빼앗기는 인간, 육체적으로 지치고 정신적으로 거칠어진 노동자는 타인의 부를 생산하기 위한 기계에 지나지 않는다.……마르크스는 노동시간을 사회적으로 확정하는 표준노동일 제정을 '자본가와 노동자 사이의 수세기에 걸친 투쟁의 결과'이자, '자본가계급과 노동자계급 사이의 오랜 동안 다소 은폐된 내전의 산물'로 정의한다."(최형익, 195~196쪽)

현대차 생산직 고임금의 비밀?

2009년 말 현대자동차 노사가 15년 만에 처음으로 임금협상을 무분규 타결하면서 '성과급 300퍼센트+현금 500만 원+주식 40주'에 합의했다. 현대차 종업원의 임금수준은 늘 사회적 관심의 대상이 되고 있다. 현대차 노동자들의 임금구조와 수준은 어느 정도일까? 현대차의 임금 체계는 고정급(기본급)에 견줘 변동급(성과·수당급)이 매우 높은 기형적 구조를 띠고 있다. 금속노조가 펴낸 〈금속산업 임금구조 및 체계 분석 보고서〉(2009)를 보자.

2008년 1월 현대차 종업원(일반·연구·생산·영업·정비직 포함)의 월평균 임금은 524만 원(생산직 조합원 545만 원)이다. 외환위기 이후 2002년까지 연 10퍼센트 가깝게 기본급 대비 임금인상이 이뤄졌지만 그 뒤로는 기본급 인상률이 점점 하향 추세다. 대신 각종 수당을 신설하고 성과금·일시금을 확대해 임금 총액을 벌충하는 방식으로 임금교섭이 이뤄지고 있다.

1994년과 2008년의 임금 항목을 비교해 보면, 기본급은 이 기간에 158퍼센트 증가한 반면 월 급여(통상급+고정상여금 월할)는 180퍼센트 증가했다. 이 기간에 고정상여금(월할)은 34만 원에서 126만 원으로 무려 269퍼센트 증가했고, 이에 따라 통상임금에서 고정상여금이 차지하는 비중은 1994년 44퍼센트에서 2008년 67퍼센트로 크게 증가했다. 사실 이처럼 기본급 비중이 매우 낮기 때문에 현대차 노조가 2009년 말 임금교섭에서 기본급 동결을 받아들인 것으로 해석된다.

현대차 노조 조합원(2008년 초 4만3600명) 중 조합원의 67퍼센트를 차지하는 생산직의 임금만 따로 파악해 보자. 생산직 조합원은 대부분 시급제로 임금을 받는다. 기본급은 총 90호봉 테이블로 돼 있는데, 생산직 대부분은 28~57호봉(각 호봉 간 시급 65원 격차 발생)으로, 1년에 2호봉씩 자동으로 올라간다. 따라서 1

년에 자동 인상되는 기본급 액수는 월 3만1000원이다. 생산직은 총 2만9400명으로, 평균 근속 17.5년, 평균 나이 42.3세이다. 2008년 2월 기준으로 군필 생산직 초임은 115만8000원(기본급)이다. 생산직의 평균 월 임금 총액은 545만 원이고, 기본급은 158만 원이다. 특히 시간외수당 116만 원(월평균)이 기본급의 무려 73퍼센트에 이른다. 현대차의 고정상여금은 '통상임금+기타'의 750퍼센트로 책정돼 있다. 고정상여금(월할)이 월 임금 총액에서 차지하는 비중은 18.6퍼센트에 이른다. 변동상여금인 성과급은 2001년에 '300퍼센트+α'로 패턴이 형성됐는데, 노조는 매년 회사 당기순이익의 30퍼센트를 요구하고 있다. 즉, 300퍼센트에 타결일시금 명목(+α)을 더해 성과금 총액이 당기순이익의 30퍼센트가 되도록 하는 것이다. 그래서 2008년에는 '300퍼센트+400만 원', 2009년 말에는 '300퍼센트+500만 원+무상주 40'으로 타결된 것이다.

현대차 임금구조에는 근속·가족·가족 판촉·복지·생산성 향상·업무능률 향상 수당 등 다양한 이름을 가진 약 40종의 수당이 난립하고 있다. 1990년대 중반에 총액임금제를 회피하려고 도입된 수당이 많다. 특히 현대차 등 완성차 업체들은 노사 간 별도 협의를 통해 '고정 OT' 수당을 적용하고 있다. 소정 근로시간 외에 한 달에 30시간 등 초과근로를 미리 수당으로 책정해 두고 있는 것이다. 현대차 생산직의 연장·야간·휴일 등 초과근로수당은 전체 임금의 약 20~25퍼센트를 차지할 정도로 그 비율이 높다. 즉, 현대차 노동자의 '상대적 고임금'에는 잔업·특근 등 초과근로수당[45]이 그 배경으로 작용하고 있는 셈이다.

---

45 "우리 노동자들은 생계비 보전을 위해 또는 연장근로를 의무화하는 작업 관행에 의해 상당한 초과근로(전체 근로시간의 약 9퍼센트 수준)를 항상적으로 수행할 뿐 아니라 일부 업종 부문에서 주야 맞교대 및 심야근로 그리고 주말특근이 상례화되어 건강·안전과 가정생활에 크나큰 부담 및 장애 요인으로 작용하고 있다."(민주노총, 2007)

저임금 노동과
고용 없는 성장

스트레스에 의한 관리

근로기준법 상의 법정 근로시간을 주 44시간(1989년에 도입)에서 주 40시간으로 단축하는 '주 5일 근무제'가 2004년 7월부터 시행되었다. 공공·금융보험 업종 및 1000명 이상 사업장부터 단계적으로 적용되기 시작해, 2008년 7월에 20명 이상 사업장까지 확대되었다가, 2011년 7월부터는 5인 이상 20명 미만 사업장에서도 주 5일 근무제가 전면 시행되고 있다. 그러나 여전히 한국의 노동시간은 연간 2000시간이 넘는다. OECD 국가 중 가장 길며, 미국·일본·프랑스·독일에 비해 연간 400~700시간 정도 더 많이 일하는 셈이다.

주 5일 근무제는 1963년 국제노동기구(ILO)가 '주 2일 휴무, 주 40시간 근로'를 총회 권고사항으로 채택한 이래 빠르게 확산됐다. 법정 노동시간 단축은 내수 촉진과 고용 증대를 가져온다. 미국은 1930년대 대공황으로 실업자가 급증하자 프랭클린 루스벨트 대통령이 1938년에 주 5일 근무제를 도입했다. 이처럼 1930년대 후반부터 프랑스(1936), 미국

등에서 주 40시간 노동제가 정착되기 시작했고, 일본(1987)과 중국(1995)
도 이미 1980~90년대에 주 40시간 근무로 이행했다. 그 뒤 프랑스(1982
년 39시간, 2000년 35시간)를 비롯해 스위스·네덜란드 등 일부 선진국에
서는 주 35~36시간 노동제가 이미 전면 시행되고 있거나 도입이 임박해
있다.

영국의 노동경제학자 프랜시스 그린Francis Green은 1990년대 후반 영국
노동자들의 노동강도가 갈수록 강화되고 있는 현실을 비틀스의 노래
제목에 빗대 "기진맥진 지친 저녁It's been a hard day's night"이라고 표현했
다.(Green, 1999) 그린에 따르면 노동강도를 강화하는 압력이 무엇인지 묻는
설문조사에서 '동료와의 경쟁'은 1986년 28.7퍼센트에서 1997년 57퍼
센트로 대폭 늘었고, '더 높은 임금을 받기 위해'도 1886년 15.3퍼센트
에서 1997년 29.8퍼센트로 크게 증가했다. 흥미롭게도 기계 및 감독자
보다 동료 노동자와의 경쟁 및 '임금 인센티브'가 노동강도 강화를 초
래하고 있는 셈이다. 그린은 이 조사 결과, 과거에는 공장 감독자의 압
력이 노동강도 강화의 원인이었다면, 이제는 '동료 노동자에 의한 압력
의 시대'로 바뀌었다고 주장했다. 노동자들은 '더 괜찮은 일자리'로 가
는 사다리를 타려면 스스로 노동강도를 높여야 한다. 인력이 줄었지만
남은 사람들이 똑같은 일감을 감당해야 하고, 여기에 성과급이 유인으
로 던져진다.

저임금을 벌충하려고 노동자들이 먼저 잔업·특근을 시켜 달라고 요
구하는 판이다. 현대자동차 울산공장에는 365일 중 명절 10일만 빼고
날마다 일한 사람도 있고, '특근하면 쌀 한 가마가 생긴다'는 말이 퍼져
있다. 노동자 스스로 끝없는 노동의 굴레 속으로 빨려 들어가면서 가족

과 함께 있을 시간도, 남편으로서 아버지로서 노릇할 권리도 빼앗긴다. 이렇게 죽기 살기로 일한 뒤 직장을 떠나면 노후라도 편안히 즐겨야 하는데, 지칠 대로 지친 몸은 병들고 망가져 있기 일쑤다.

엥겔스는 《영국 노동계급의 상태The Condition of the Working Class in England in 1844》에서 "공장 일을 마치고 집에 돌아온 어린이들은 매일 너무 피곤해서 입맛이 없고 졸리기 때문에 저녁 식사를 할 수 없다. 부모들이 침대 옆에 앉히고 기도를 하게 하지만, 어린이들은 기도하는 동안 잠이 들어 버린다."고 썼다. 당시 맨체스터 거리에서는 고단함과 비참함을 달래려고 폭음을 한 탓에 술에 취해 비틀거리거나 시궁창에 처박혀 있는 노동자들을 흔히 볼 수 있었다.

물론 하루 16시간 이상 노동하던 1840년대와 지금을 비교할 수는 없다. 그러나 창백하고 늙어 보이는 몰골에 반쯤 폐병에 걸린 듯한 당시 노동자들의 모습은, 장시간 노동 때문에 근육 이완과 골격 약화 등 근골격계 질환을 앓고 있는 지금 한국 노동자들의 모습과 겹쳐진다.

고용 불안과 저임금 노동, '고용 없는 성장'은 작업장에서 노동력의 헌신적 지출을 요구하는 규율로 작용하고 있다. 일본 토요타공장의 이른바 '저스트 인 타임Just in Time'이 상징적으로 보여 주는 팀 작업을 보자.

작업장에서 일이 힘들고 고될수록 사소한 것에서조차 동료들과의 비공식적인 협동이 더욱 필요한 법이다. 즉, 일이 부진할 때 옆에서 도와주거나 유머로 웃음을 준다든지, 위로의 말을 건네거나 망을 봐 주고 어깨를 주물러 주며 여러 정보를 나누는 것 등이 힘든 노동과정에서 반드시 필요하다. 그런데 팀 생산은 동료가 결근하면 팀 성과가 떨어지고 팀원 전체의 임금수준이 성과에 따라 줄어드는 시스템이므로, 팀 간 경쟁 속에서 노동자 상호 간의 압박과 감시가 노동규율로 작용한다. "팀 구성원들은 동료들이 결근하지 못하게 서로 못살게 굴고, 결근하면 몹시 원망하게 된다. 왜냐하면 이 '스트레스에 의한 관리' 방식에서는 동료가 결근하면 내가 직접 피해를 입게 되기 때문이다. 살아남으려면 한 명도 결근해서는 안 된다는 동료들의 압력이 심하다. 누미^{NUMMI} 공장(미국 GM과 일본 토요타가 합작하여 1984년에 설립한 완성차 조립공장)에서 인터뷰를 한 몇 명의 노동자들은 자주 결근하는 동료들이 제발 회사를 나가주었으면 한다고 말했다."(파커·슬로터, 75~76쪽)

토요타 공장은 품질 향상을 위해 기능적 유연성을 획기적으로 높인 생산방식을 도입한 것이라고 말한다. 품질 및 가격경쟁력을 중시하는 기업, 시장에서 수요 변동이 심한 제품을 생산하는 기업일수록 팀 작업과 기능적 유연성을 더 많이 도입한다. 이러한 '고성과 작업장 체제^{high performance work system}' 주창자들은 이것이 노동자들의 기능적 유연성을 확장시켜 노사 모두에게 도움이 되며, 이 과정에서 노동조합의 협력이 나타나게 된다고 말한다. 고성과 작업장 체제의 관행들이 작업자들의 재량권을 일부 확장하고 있긴 하지만, 결과적으로 노동자의 스트레스를 증대시키고 노동강도를 강화시키며 직무 긴장을 팽창시킨다. 곧 '스트레스에 의한 관리'는 노동자들의 피로와 희생을 통해 목표를 달성하는 것이다.

건강하게 일할 권리

구조조정을 통해 기업들은 살아나고 있지만 노동자들은 골병 들고 있다. '건강하게 일할 권리'는 고사하고 온갖 스트레스가 노동자들을 죽음으로 내몰고, 공장은 '고통스런 병동'으로 전락하고 있다. 40대 한국인 사망률 1위를 차지하는 '돌연사'의 주범은 협심증과 심근경색으로 대표되는 심혈관 질환이다. 1980년대 중반까지만 해도 협심증과 심근경색은 전체 심장병 환자의 10~20퍼센트에 불과했으나, 2000년대 들어서는 80~90퍼센트를 차지할 만큼 폭발적으로 증가하고 있다.

2001년 대우자동차 부도 사태로 해고된 대우차 부평공장 노동자들 중 완성차 업체로 재고용된 사람은 현대자동차에 입사한 단 1명뿐이라고 한다. 물론 해고자 대부분이 자동차 공장으로 되돌아가고 싶어 했다. 완성차 조립라인은 고임금과 좋은 사내 복지에도 불구하고 고단하고 팍팍한 단조로운 노동현장[46]이다. 고질적인 스트레스에 시달리고, 하루 종일 뺑뺑이 돌리며 기계 부품처럼 취급되고, 때로는 짜증과 울화가 치미는 공장에서 끊임없이 벗어나려 했음에도, 노동자들은 '한 짝의 장갑'을 지키려고 스스로 공장으로 돌아가려 하는 것이다.

"조립라인의 일이 일부 좌파 지식인들에게는 매혹적일지 몰라도, 노동자들은 그것을 결코 낭만적인 일로 생각하지 않았다. 오히려 그 무자비하고 비인간적인 작업 리듬에서 도망치기를 간절히 소망해 왔다."(밀크맨, 32쪽) 루스 밀크맨Ruth Milkman의 《공장이여 잘 있거라Farewell to the Factory》는 1980년대 미국 뉴저지 주 린든에 자리 잡은 제너럴모터스(GM) 린든 자

---

46 유럽의 산업계 전반에 (미국적) 대량생산 방식이 완벽하게 도입된 건 2차 세계대전 이후의 일이다. 특히 공장 안에서 전형적인 대량생산 방식의 단조로움을 참아 낼 용의가 있던, 국적과 문화를 달리하는 '이주노동자'를 활용함으로써 대량생산 방식을 적용하는 경우가 많았다.(워맥 외, 362쪽) 사실 미국 산업에서 최초로 조립라인을 도입한 것은 정육업체의 컨베이어 벨트였다.

동차 조립공장에서 일어난 대규모 명예퇴직을 다루고 있다. 1980년대 중반 GM 린든이 명예퇴직을 실시할 때 1000여 명이 GM을 떠났고, 3000여 명은 명예퇴직을 거부하고 현대화된 '새로운 린든' 공장에 복귀했다.

자동차산업의 경쟁 격화, 대규모 구조조정과 자동화 그리고 '세계화' 속에서 자동차산업 노동자들의 삶과 노동 생애는 어떤 변화를 겪었을까? 저자는 명예퇴직자와 명예퇴직을 거부한 잔류자, 두 집단의 삶을 추적했다. 글 전편에는 저자가 어깨에 녹음기를 둘러메고 만난 수많은 GM 린든 노동자들의 육성이 실감나게 기록돼 있다. 한 세대 전만 해도 자동차산업 노동자들은 먹고살 만했다. 자신의 아버지가 그랬듯 집도 사고 식구들도 먹여 살릴 수 있었다. 높은 임금, 좋은 사내 복지, 강력한 노동조합을 자랑하는 GM 린든은 고졸 노동자들에게 최고의 공장이자 최상의 일자리였다. 그러나 상황은 달라졌다. 고용은 불안해지고 노동조합은 양보와 패배를 되풀이했다. 노조에 대한 불신도 커져만 갔다.

그런데 놀랍게도 명예퇴직자 대부분이 GM에서 일할 때보다 경제적으로는 훨씬 어려워졌지만, 퇴직을 후회하는 사람은 별로 없었다. 퇴직 노동자들은 버리고 떠나온 세계를 그리워하지 않았다. '일단 공장문 안으로 들어오면 머리는 공장 바깥에 놔두고 몸만 들어와 시키는 대로 하라'는 지침 아래 조립라인에서 겪었던 좌절과 감독자들에게 당한 일상적인 모욕 등, '지랄 같은' 공장 감옥에서의 굴욕적인 기억 때문이다.

그러나 GM 린든 공장의 명예퇴직자들과 달리 정리해고되어 공장을 떠났던 대우차 부평공장 노동자들은, 새로운 'GM대우 공장'이 정상화하면서 2000년대 중순부터 속속 공장에 복귀하였다. 2006년 당시, 2001

년에 정리해고된 1725명 중에서 연락이 끊긴 80여 명을 빼고 공장에 복귀하지 않겠다고 한 노동자는 10여 명에 그쳤다.[47]이미 세상을 뜬 대여섯 명을 빼면 거의 모든(!) 노동자가 공장 복귀를 선택한 것이다. '공장이여, 잘 있거라'는 적어도 고용 불안 시대에는 어울리지 않는 말인가 보다.

47 《한겨레 21》 제604호, 2006년 4월 11일.

'신경제'와 '괜찮은 일자리'의 소멸

'신경제'와 '괜찮은 일자리'의 소멸

'괜찮은 일자리'가
사라진다

강요된 '표준'

　　"공장 일이 힘들긴 해도, 공장 기계 돌아가는 소리가 이렇게 좋은지 예전엔 몰랐어요." 2001년에 정리해고된 뒤 5년간 사실상 실업 상태에 놓여 있다가 2006년 공장에 복귀한 어느 GM대우 부평공장 노동자의 말은, '괜찮은 일자리'가 사라지고 고용 불안–저임금 일자리만 남은 한국 노동자들의 삶을 단적으로 보여 준다. 일자리는 소멸되고 있는데도 취업 노동자 수는 계속 늘고 있다. 제조업 일자리가 파괴됨에 따라 근육을 쓰는 남성 육체노동자들이 못 쓰는 기계처럼 폐기되는 대신, 저임금의 여성 및 서비스직 일자리가 확대되고 있기 때문이다.

　　30대 재벌기업과 공기업, 금융기관 같은 이른바 '괜찮은 일자리'는 외환위기의 충격이 컸던 1999~2002년 4년간 29만 개나 줄어들었다. 통계청의 '사업체 기초통계조사'에 따르면, 1996~2004년 사이에 1000명 이상 대기업체 노동자는 65만3000명 감소했고, 1996년 전체 노동자 수의

19.3퍼센트를 차지했던 300인 이상 사업체 일자리는 2004년 12.6퍼센트로 대폭 줄었다. 반면, 2004년에 50명 이하 사업체 노동자 수는 1009만 명(전체 임금노동자의 68.1퍼센트)으로, 1996년에 비해 138만1000명이 증가했다.

임금이나 월급 수준이 비교적 높고 복지 혜택이 좋은 큰 사업체의 일자리는 놀라울 만큼 줄어들고 저임금의 열악한 일자리는 크게 늘어난 것이다. 특히 우리나라는 주요 대기업에서 고용조정돼 방출된 노동을 대체할 중견기업이 매우 취약하다. 이처럼 1997년 경제위기 이후 '괜찮은 일자리'로 가는 문이 아주 좁아지면서, 2000년대 후반에 와서는 30인 이하 영세사업체 취업자가 전체 취업자의 57.6퍼센트를 차지하게 되었다.

"기업들은 불황에서 회복기로 접어든 뒤에도, 경제가 정말 회복되리라는 확신이 들 때까지는 신규 노동자를 고용하려 들지 않는다. 경제 회복 초기에는 신규 고용 대신 노동시간을 늘리는 쪽에 주력한다. 초과근무수당을 지급하는 비용이 더 많이 들더라도 말이다. 상당수 경제 회복 과정이 '고용 없는 회복jobless recovery'이라고 불리는 것은 이 때문이다. 하지만 과거 미국에서는 경기가 하강해도 기업들이 노동자를 해고하려 하지 않았다.(이 현상을 노동저장Labour hoarding이라고 한다) 노동자를 고용하고 해고하는 데 비용이 많이 들기 때문이다. 하지만 2000년대 초에 경기가 하강했을 때는 수요 감소에 대한 대응으로 기업들이 노동자들을 해고한 것으로 보인다. 이것은 단기 성과에 초점을 맞추는 경영방식 때문이라는 것이 통설이다. 노동자를 해고하면 경상이익이 늘어나고 주가가 올라가며, 따라서 경영자 보상도 증가하기 때문이다."(스티글리츠 외, 263~264쪽)

일자리를 잡기도 힘들고 어렵사리 잡은 일자리도 다들 비정규직인

'일자리 불안 시대'는 광범위한 '노동의 양보'를 동반한다. 임금교섭 테이블마다 '임금 삭감을 수용하지 않으면 공장을 폐쇄하겠다', '임금과 고용안정을 맞교환하자'는 회사 쪽 요구가 올라온다. 과거에는 기업이 곤경에 처했을 때 '일시해고Layoff'(기업이 정상화되면 복귀하는 조건을 붙인 해고)를 검토했으나, 지금은 해고를 자제하려는 경영자들의 마음이 크게 약화되었다.

이른바 '좋은 시절good times'에도 기업들은 대량해고를 단행한다. 미국의 거대 통신기업 MCI가 대량해고를 단행하자 신문 헤드라인은 "수익은 향상되고, 노동자들은 풀 죽어 있다(Earnings Up, Workers Down)"고 표현했다. 프록터 앤 갬블사 이사회 의장인 에드윈 아르츠는 "우리 회사는 경쟁력을 유지하려면 더 슬림해져야 합니다. 소비자들은 더 좋은 품질을 요구합니다. 우리 경쟁자들은 더욱 날렵하고 빨라지고 있습니다. 우리가 계속 앞서 나가려면 더 빨리 달려야 합니다. 대중들은 기업이 구조조정을 하면 그 기업이 뭔가 성과에서 문제를 겪고 있다고 인식합니다. 하지만 이는 절대로 지금 우리 회사의 상황이 아닙니다."라고 말했다.[48]

이와 유사하게 제록스 사의 대변인도 "(해고를 단행하면) 노동자들의 경력이 손상을 입게 되지만 이를 통해 당신은 돈을 벌게 됩니다. 물론 해고를 실시하기로 결정했다는 말이 매우 절망스럽게 들릴 수 있다는 것을 압니다. 하지만 이것은 '새로운 현실new reality'입니다."라고 말했다.

---

48 《월스트리트저널》, 1995년 5월 4일.

제2차 세계대전 이후 자본주의의 황금 시절과 지난 10여 년 간의 유례 없는 전 세계적 경제성장 이후, 이제 저성장과 높은 실업이 자본주의경제의 '표준'이 돼 버렸다. 이른바 '새로운 일상'이다.

고용 불안 앞에서 임금 양보는 '강요된 선택'으로 다가온다. '우리가 회사를 너무 밀어붙이면 공장 문을 닫아 버리고, 아웃소싱으로 돌리고, 해외로 나가 버릴 거야. 그럼 우리는 어디로 가야 하지?' 현장 노동자들의 자조 섞인 한숨이 공장 안팎에 팽배해 있다. 양보를 되풀이하면서 이미 허약해진 노조는 구조조정과 세계화라는 더 복잡한 문제를 대면하고 있다. 사실 세계화는 노동자들에게 재앙에 가깝다.[49] 세계화의 또 다른 축인 한·미 자유무역협정(FTA)만 봐도 '더 강한 외부의 힘'을 빌려, 그동안 국내 노동 세력 등이 쟁취한 제도와 관행들을 죄다 파괴하겠다는 뜻이 아닌가.

기업들은 이제 어느 회사 노동자가 더 많이 임금을 양보하는지에, 세계 시장의 가격경쟁에서 승리할 수 있는 열쇠가 달려 있다고 외친다. 각 산업에서 '동일노동 동일임금'을 요구했던 1970~80년대 스웨덴 연대임금정책 모델은 노동운동의 평등주의 이상을 실현했을 뿐 아니라, 저생산성-비효율적인 임금착취형 기업의 퇴출과 합리화를 유도해 스웨덴

---

49 세계화 압력, 곧 국가경제가 해체되고 각국 정부가 무력화됐다는 관념은 상당 부분 고도의 정치적 주장으로 채색되어 있다. 다시 말해, 세계화론은 신자유주의 이념 공세의 핵심이다. 세계화는 현재 실제로 진행되고 있는 불가피한 사태라기보다는 '세계화'라는 말 혹은 '세계화 이외에 다른 대안은 없다'는 말 자체가 먼저 담론으로 유행하면서 이 담론이 권력이 되어 사람들을 옥죄고 있는 셈이다. 그러나 세계화 과정은 '선택'의 문제이기도 하다. 금융자본이야 전 지구적으로 쉽게 옮겨 다닐 수 있다. 그러나 노동조합을 피해 제조업 공장을 다른 지역으로 옮겨 버리겠다는 건 공연한 협박인 경우도 많다. 허스트와 톰슨은 세계화의 새로운 형태란 이미 확정된 '사실'이라기보다는 논쟁의 한 과정으로서 '질문'일 뿐이라고 말한다. (Hirst and Thompson(1996), *Globalization in Question : the international economy and the possibilities of governance*, Polity Press.)

경제를 역동성 있게 만들었다.[50] 한국의 자본은 언제까지 비뚤어진 '임금착취형 공장'을 앞세워 세계 시장에서 싸울 것인가?

완전 취업 빈곤층

대기업들이 사상 최대의 순익을 냈음에도 제조업의 '매출액 대비 인건비'는 임금 삭감·비정규직 확대에 따라 1997년 9.7퍼센트에서 2010년 8.5퍼센트로 떨어졌다. 노동조합운동이 폭발하면서 1991년 14.0퍼센트에 이른 매출액 대비 인건비는 그 후 비정규직 증가 등에 따라 지속적으로 낮아지고 있다. 노동소득분배율[51]도 1996년 62.6퍼센트를 정점으로 계속 하락해 2010년에는 59.2퍼센트로 떨어졌다.[52] (김유선, 2011b) 주요 선진국의 노동소득분배율은 2004년 기준으로 미국은 70.7퍼센트, 독일은 68.5퍼센트 등 대부분 70퍼센트 안팎이다.

1987년부터 1996년까지 임금 인상률은 대체로 '경제성장률+물가상

---

50 정이환은 스웨덴에서 중앙교섭과 연대임금이 점차 내적 모순에 직면하면서 와해되는 과정을 이렇게 설명한다. "호황기에 임금 상승 경쟁과 임금격차가 파업으로 이어지고, 중앙교섭에 대한 저항과 불만이 커지면서 중앙교섭은 와해의 길에 들어서게 된다. 임금 변동 폭이 커지면서 중앙교섭은 점차 임금 안정에 실패하게 되었다. 1950년대의 중앙교섭이 임금인상의 '천장ceiling'을 만들어 임금 안정에 기여했다면, 이젠 '바닥floor'을 깔아 임금을 올리는 기능을 하게 된 셈이다. 특히 1970년대 중반의 임금 폭등wage drift으로 사용자들은 중앙교섭을 통해 임금을 억제하는 노조의 능력을 근본적으로 의심하게 되면서 중앙교섭을 해체하는 데 적극적으로 나서게 되었다."(정이환, 2006, 162~164쪽)

51 한 나라 국민의 생산활동으로 발생한 소득 중에는 노동을 제공한 가계에 분배되는 피용자 보수와 기업에 돌아가는 영업잉여가 있는데, 노동소득분배율은 피용자 보수를 이 둘을 합친 것으로 나눈 비율이다.

52 하일브로너는 1929년 대공황을 초래한 경제의 취약성의 가장 근본적인 원인이 소득분배 악화에 있다고 말한다. "생산에서 발생하는 소득이 그 소득을 확실하게 지출할 사람들(저소득층)의 손으로 충분히 돌아오지 않았다. 생산성 증가에서 나온 이득이 저소득층에게 분배되지 못하고, 대신 잠재적으로 지출하지 않으려 드는 사람들의 소득이 크게 불어났다. 소득이 기이하게 상위소득 계층에게 집중되고 또 그 집중이 꾸준히 악화되었다. 이렇게 엄청난 소득의 집중은 곧 1920년대의 번영이 그 겉모습 아래에서 아주 심각한 잠재적 문제점을 키우고 있었음을 의미한다."(하일브로너·밀버그, 277쪽)

승률'과 근접하는 수준에서 이루어졌고, 임금노동자 수 증가와 맞물려 노동소득분배율도 개선되었다. 그런데 1997년 임금 인상률이 '경제성장률+물가상승율'에 6.1퍼센트나 못 미쳤고, 그 뒤 노동소득분배율은 내리 악화되고 있다. 노동소득분배율의 악화는 독점 재벌기업 중심의 한국 경제가 재벌의 수출에 전폭적으로 의존하는 데서 비롯되는 측면이 강하다.

조윤제 외(2012)에 따르면, 대체로 환율 상승은 일정한 시차를 두고 수출기업의 수익성을 향상시키면서 영업잉여(자본소득)를 임금보다 크게 증대시킨다. 또한 환율 상승 시 일반적으로 노동소득분배율이 낮은 수출기업이 경제에서 차지하는 비중이 높아지면서 전체 기업의 노동소득분배율이 하락하는 효과도 있다.

조직노동(노조)의 임금인상 요구가 수익성을 위협할 정도로 이윤 압박을 가하고 있다는 기업들의 볼멘소리는 과연 사실일까? 임금은 노동과 자본 간의 상호작용이 아니라 이제 전적으로 '자본의 통제' 아래 놓여 있다. 고용 위협 앞에서 '생산성 동맹'은 더 이상 자발적 선택이 아니다. 노동조합은 임금 상승을 자제하고 생산성 향상에 매진하겠다는 동맹을 좋든 싫든 회사 쪽과 맺어야 한다. 임금인상을 따내지 못하는 노동조합이 늘고, 그래서 노조에 대한 노동자의 신뢰는 더 약화된다. 거대한 비중을 차지하는 저임금 노동자층은 좀 더 나은 일자리에 있는 노동자들의 협상력까지 약화시킨다. 실질임금이 정체 또는 하락하면서 '완전취업 빈곤층'까지 나타나고 있다. 가구 내 취업자가 2~3명이나 되는데도 빈곤을 겪고, 부족한 소득을 벌충하려고 더 오래 일하거나 더 많은 식구들을 일터로 보내야 한다.

노동시장 유연화는 어느 날 갑자기 등장한 것이 아니다. 자본이 수익성을 회복하기 위해, 그동안 노동자들이 파업을 벌이며 조직하고 싸워가며 쟁취해 낸 각종 제도와 관행들을 작업장 수준에서, 나아가 법과 제도 수준에서 허물어뜨리는 과정이다. 수량적 유연화, 임금·고용 유연화, 기능적 유연화 모두 노동을 쉽게 해고하고 채용하고 다른 작업에 전환배치하기 위한 것일 뿐이다. "IMF는 그들이 '노동시장 유연성'이라고 완곡하게 부르는 것을 얻어 내려고 열심히 투쟁해 왔다. 그것은 경제학 용어처럼 들린다. 하지만 실제로는 단지 더 낮은 임금, 더 부실한 일자리 보호를 가리키는 말이었다."(스티글리츠, 2003, 157쪽)

기업의 다운사이징downsizing은 조직을 '날렵하게lean' 만드는 길이 아니다. 해고로 희생된 노동자와 살아남은 노동자 모두에게 부정적인 영향을 미칠 뿐이다. 구조조정에서 살아남은 사람은 사기가 저하되고 회사에 대한 자부심과 열심히 일할 동기를 잃는다. 조직 내부에서 동료들 간에 서로 비난하는 문화가 형성되고, 추가 인력 감축을 둘러싼 불안이 작업장을 지배한다. 특히 저임금 일자리가 넘쳐나는 경제에서는 소비 수요가 지속적으로 성장할 거라는 확신이 흔들리면서 자본의 혁신 능력이 고갈되고, 이는 경제의 고용능력을 추세적으로 감퇴시킨다. 즉, 노동소득 분배의 악화가 소비 위축으로 이어지고 이것이 생산에 영향을 미

---

53 마르크스는 《자본론》에서 똑같은 기계가 더 싸게 생산되거나 더 나은 기계가 새로운 경쟁자로 등장하게 되면, 기존 공장에 설치했던 기계는 물리적 마멸 외에 '도덕적 가치 감소'를 겪는다고 말했다. 애초에 물리적으로 정해진 수명보다 훨씬 빨리 기계의 가치가 떨어지는 것인데, 이렇게 되면 그 기계에 달라붙어 일하던 노동자들은 실업위기에 빠지게 된다. 결국 자본가는 이런 도덕적 감가 위협에 대해 노동시간을 연장하거나 더 많은 노동을 고용해 서둘러 기계를 활용해 가치를 소진시키려고 한다. (마르크스, 《자본론》(1권, 하), 515쪽)

처 대규모 인력 구조조정을 초래하는 것이다. 특히 정보기술사회에서는 기술 경쟁의 심화로 인한 자본재의 '도덕적 감가moral depreciation'[53]가 발생하게 되는 바, 이런 경쟁 구도에서는 자본의 감가를 뛰어넘는 장기적 혁신투자가 지속적으로 이뤄지기 어렵다. 결국 경제의 일자리 생산능력이 심각하게 훼손될 수밖에 없다.

실업률
3.4퍼센트의 함정

체감실업률 22퍼센트

약 2500만 명의 사람들이 매일 출근하는 나라에서, 아침에 일어나 갈 곳이 없는 100만여 명의 건강한 사람들이 살고 있다. 통계청의 '경제활동인구조사'에 따르면 2011년 연간 공식 실업자 수는 85만5000명(연간 공식 실업률 3.4퍼센트)이지만, 광범위하게 존재하는 이른바 '실망실업자'까지 합치면 실업자가 100만 명은 훨씬 넘을 것으로 추정된다. 대체로 실업률이 2~3퍼센트 대면 거의 완전고용 수준으로 본다. 경기 요인 외에 일자리 탐색 기간 등 여러 가지 기술적·구조적 이유로 '불가피한 실업자'가 항상 존재하기 때문이다. 이렇게 보면 한국의 실업률은 큰 골칫거리가 아니라 안정적 수준임이 틀림없다.

하지만 통계 수치는 자칫 숫자의 미궁에 빠져들게 해 전체적인 진실을 감추거나 현실의 체감 수준을 크게 떨어뜨리기도 한다. 실업률 퍼센트로는 쉽게 감이 오지 않는다. 실업률 '3.4퍼센트'라는 '낮은' 수치와 실업자 100만여 명(!)은 전혀 느낌이 다르다. 전체 평균 실업률과 나이·

학력·지역별 실업률도 큰 격차가 있다.

통계청의 '고용동향'(2011년 11월) 자료에 따르면 전체 실업자 73만 명(실업률 2.9퍼센트) 중 15~29세 청년실업자는 27만9000명(6.8퍼센트), 대부분 한 가족의 가장인 30~49세 실업자는 30만4000명이다. 고졸 실업률은 3.4퍼센트(34만3000명), 서울·부산·인천·대전 등 대도시 실업률은 3.0~4.0퍼센트로 전체 평균 실업률보다 더 높다. 실업은 청년, 대도시 저소득층, 저학력자들에게 집중된다.

이미 외환위기가 터지기 직전인 1997년 10월, 미국의 컨설팅 전문업체인 부즈·앨런 앤드 해밀턴 사는 〈21세기를 향한 한국 경제의 재도약〉이라는 보고서에서, 당시 한국의 공식 실업률이 2퍼센트 대지만 유보실업률은 9퍼센트라고 밝혔다. 유보실업이란 외국과의 비교에서 이미 경쟁력을 상실했으나, 국내시장 보호 장벽 때문에 감추어져 있는 실업을 의미한다. 이 보고서는 세계화와 더불어 우리나라 실업률은 8퍼센트 이상 상승할 가능성이 실재한다고 지적했다.(조우현, 584쪽)

실제로 한국의 실업률은 3퍼센트 대로 완전고용 수준에 가까운 수치를 보이고 있으나, 이윤율이 거의 제로(0)에 가까운, 취업해서 일은 하지만 실은 자본금만 까먹고 있는, 곧 소득이 사실상 없는 실업자나 마찬가지인 자영업자가 매우 많다. 경제협력개발기구(OECD)가 발표한 《2010년 OECD 통계연보》에 따르면 한국의 취업자 중 자영업자 비중은 31.3퍼센트(약 566만 명)로 회원국 평균(15.8퍼센트)보다 2배가량이나 높다. 이런 사실을 고려하면 한국의 실업률 지표는 현실과 저만치 거리가 있다. 취업자이긴 하지만 불안정 고용 비정규직, 실직한 뒤 식당이나 구멍가게를 차렸지만 돈만 까먹고 있는 자영업자들이 사실상 대규모 실업

자 군을 형성하고 있다.[54]

통계청이 발표한 '근로 형태별 및 비임금 근로 부가조사'(2011년 8월) 결과에 따르면 '비임금노동자'는 총 698만5000명(총 취업자는 2458만 명)이며, 이 가운데 자영업자는 568만 명, 무급가족종사자(월급을 받지 않고 가족 일을 돕고 있는 취업자)는 130만5000명이다. 자영업자 중에서 1명이라도 고용하고 있는 자영업자는 149만1000명, 자기 혼자 일하는 1인 자영업자는 418만9000명에 이른다. 특히 연령별로 50대에서 자영업자와 무급가족종사자 등 비임금노동자가 208만2000명(29.8퍼센트)으로 가장 많았다.

이처럼 우리나라의 고용 구조는 임금노동자 외에 자영업자가 매우 많은 것이 특징이며, 주로 서비스업에 종사하는 자영업자 중 상당수는 취업자임에도 불구하고 사실상 실업자라고 할 수 있다. 1990년대 이후 우리 경제는 서비스 부문과 영세사업체의 비중이 크게 증가했다. 제조업 종사자는 1993년 388만 명에서 2009년 327만 명으로 크게 감소한 반면, 서비스업은 708만 명에서 1188만 명으로 급격히 증가했으며, 이 중 36.5퍼센트를 차지하는 434만 명은 4인 이하 영세사업체 종사자이다.(윤희숙, 2012) 이들 서비스업, 특히 영세업체 종사자의 임금은 열악한 수준에 머물고 있다.

---

54 미국의 16대 대통령 에이브러햄 링컨은 "남부 사람들은 북부의 근로자보다 남부의 노예가 훨씬 더 잘산다고 주장한다. 그들은 북부 노동자에 대해 잘못된 생각을 가지고 있다. …… 지금 노동자라고 해서 앞으로도 계속 그럴 것이라는 생각인데, 여기에 노동자계급이란 없다. 북부 노동자는 작년에는 다른 사람을 위해 일했지만 올해는 자기 자신을 위해 일하고, 내년에는 자신을 위해 일해 줄 사람을 고용할 것이다."라고 말했다. 그러나 한국의 노동자가 일자리를 잃고 자기 자신을 위해 일하는 자영업자가 된다거나, 또 자신을 위해 일해 줄 사람을 고용하는 영세 중소업체 사장이 된다는 건 노동자보다 더 못한 지위로 떨어진다는 것을 뜻할 뿐이다.

윤희숙에 따르면, 2002~2009년 동안 제조업에서는 영세업체(종사자 수 5~9인)의 실질임금도 12.2퍼센트 증가했으나, 서비스업은 모든 사업체 규모 종사자의 실질임금이 별 변동이 없으며, 1인 자영업자의 경우에는 오히려 영업소득이 13.9퍼센트 감소했다. 4인 이하 영세업체 종사자의 평균임금은 2009년 현재 124만 원(2010년 기준 실질금액)에 불과하다.

게다가 2009년 현재 우리나라 공식 통계에 파악된 사업체 320여 만 개는 실제 우리나라 전체 사업자 수의 68퍼센트, 종사자 수로는 77퍼센트에 불과한 것으로 추정된다. 이는 영세업자의 상당수가 사업체 통계에 잡히지 않고 있음을 의미하며, 고정된 사업장이 없다는 특성 상 이들 비공식 부문의 자영업자와 피고용인의 소득은 공식 통계 상의 영세업체보다 낮을 가능성이 높다.(윤희숙, 2012)

바야흐로 지금 한국 경제의 최대 화두는 '고용'이다. 2010년에는 사상 최초로 청와대에서 대통령 주재로 '국가고용전략회의'가 열렸다. '사실상실업자'가 300만 명에 이른다는 것이 대서특필되자 노동부는 취업준비생, 가사 육아 담당자, 단시간 노동자 중에서 취업 의사와 능력이 있는 사람을 포함한 '취업애로계층'이 182만3000명(실업자 88만9000명 포함)에 이른다고 발표했다. 실업과 고용 불안, 저임금 노동은 사회침전계층Underclass[55]이라는 일종의 룸펜 프롤레타리아트를 만들어 낸다.

2011년 1~10월 청년실업자(15~29세)는 32만4000명에 불과한 반면,

---

55 실업자는 아니지만 저임금과 고용 불안에 빠져 있는 노동을 일컬어 '낮은 고용Underemployment'이라고 부른다. 취업자/실업자 식으로 분류하는 전통적인 통계 분류가 놓치고 있는 노동시장의 이면을 포착하고자 '실망실업자' '사실상실업자' '낮은 고용' 등의 개념이 계속 등장하고 있다.

구직단념자(실망실업자_discouraged workers) 등 사실상 실업 상태에 놓인 청년까지 포함하는 '사실상실업자'는 110만 명에 이른다. 공식 청년실업률은 7.7퍼센트[56]지만, 사실상실업자를 반영한 체감실업률은 22.1퍼센트에 달해 큰 차이를 보이고 있다.[57]

외환위기 직후 김대중 대통령은 "3명이 정리해고 고통을 감내하면 살아남은 7명이 공장을 일으켜 세워 몇 년 뒤 10명 모두 같이 일할 수 있게 될 것"이라고 했다.[58] 그러나 케인스가 말했듯 "장기에, 우리는 모두 죽고 없을 것이다." 나중에 경제가 회복될 거라는 말은 실업자들에게 결코 위안이 될 수 없다. 21세기의 실업은 더 이상 경기 후퇴기의 문제에 국한되지 않기 때문이다.

주주자본주의와 단기 이윤 추구가 지배하는 가운데 자본은 경기 확장기에도 전략적으로 상시 고용조정(정리해고)에 나서고 있다. 대다수 기업들은 비용 절감을 위한 고용조정 성과를 시장에 보여줌으로써 다른 기업과 차별화된 '혁신(?) 능력'을 갖고 있다는 점을 부각시키고, 이를

---

56 1995년 우리나라 청년실업률은 4.6퍼센트였다. 외환위기 이후 청년실업률은 매년 8퍼센트 대로 상승했다. 청년실업을 해결하기 위해 여러 가지 정책이 제시되고 있다. 대학 졸업 후 일자리 경험이 없는 백수 청년실업자에게도 실업부조를 지급하는 방안, 고령자의 조기은퇴를 유도하고 그 일자리를 청년들에게 개방하는 방안, 국가 및 지방정부 차원에서 청년들을 위한 사회적 일자리를 대거 창출하는 방안, 일정 규모 이상의 기업에게 청년층 고용 의무할당제를 도입하는 방안 등이다.

57 이준협 외(2011), 〈청년 체감실업률 20퍼센트 시대의 특징과 시사점〉, 현대경제연구원.

58 정리해고제는 외환위기 직후인 1998년 2월 20일, 노사정위원회 합의로 도입되었다. 전국경제인연합회·한국경영자총협회 등 사용자 쪽에서 1990년대 초부터 정리해고 도입을 줄곧 요구하여, 김영삼 정부 시절인 1996년 12월 노사관계개혁추진위원회(노개위)가 정리해고제 도입과 상급단체 복수노조 허용을 뼈대로 하는 노동법 개정안을 확정한 바 있다. 이 개정안이 국회에서 여당에 의해 날치기 처리된 직후, 이른바 '1996년 말 1997년 초 노동계 총파업'이 일어났고, 총파업 이후 정리해고제 도입을 2년 유예한다는 단서조항이 근로기준법에 포함됐다. 이 유예 단서조항이 1998년 2월 삭제되면서 정리해고 도입이 전면 시행되었다. 정리해고를 규정하고 있는 조항은 근로기준법 제31조 '경영상 이유에 의한 해고의 제한'이다.

통해 주주들의 투자를 끌어들이고 더 많은 은행 대출을 받으려고 한다.

대대적인 인력 감축을 단행해 기업 가치를 높인 뒤 회사를 인수합병 (M&A) 시장에 내놓아 높은 가격에 팔아 버리는 일도 빈번하게 일어나고 있다. '단기 성과주의'에 빠진 신자유주의 자본의 운동 논리 때문에, 실업의 공포와 불안이 사회에 만연해 있다. 마르크스가 말한 자본재의 '도덕적 가치 감가'가 말해 주듯이 자본 간의 기술혁신 경쟁이 격화됨에 따라, 유망 사업에서든 한계 사업에서든 대량의 실업자가 배출될 수밖에 없다. 대규모 감원과 명예퇴직의 파괴적 충격은 어느 정도일까?[59]

우선 비정규직을 확대하고 인력 감축을 단행한 기업마다 조직 응집력이 떨어지는 등 '눈에 보이지 않는' 폐해가 계속 누적되고 있다. 특히 정리해고를 겪고 나면 희생자들뿐 아니라 살아남은 노동자들 사이에서 쫓겨난 동료에 대한 미안함과 죄책감이 퍼진다. '살아남은 자의 슬픔'에 빠져 인간관계가 나빠지는 것이다.

미국의 실업률에서 빠진 것

실업은 경제적 고통뿐 아니라 생활방

---

59 노동경제학자 에드워드 라지어Edward Lazear의 연공서열형 임금체계이론(이연임금deferred compensation)은 기업이 강제 정년퇴직 제도를 운용하고 명예퇴직을 실시하는 것과 관련해 흥미로운 설명을 제시하고 있다. 이 이론에 따르면, 노동자의 임금은 근로 생활 전반기에는 자신의 노동생산성보다 낮고, 후반기에는 이보다 높게 된다. 즉, 정규퇴직 시점(T) 이전까지는 노동자의 노동생산성의 총합이 임금의 총합보다 더 높다. 이 차액분은 해당 노동자가 자신의 전체 생애임금 중 일정 부분을 기업 내에 유보하고 있다는 의미로 해석된다. 즉, 노동자는 T 시점까지 근속하는 경우에 한해 자신의 노동생산성에 상응하는 생애임금을 지급받게 된다. 이런 조건에서 노동자는 T 시점 이후까지 계속 근로하기를 원하는 반면, 기업은 정년퇴직 이전에 노동자를 가급적 빨리 해고할 유인이 생긴다. 즉, 명예퇴직 적용 연령계층이 낮아지고 중간관리층의 조기퇴직이 증가하는 현상은, 기업이 노동자의 임금 유보분을 박탈하여 이윤을 극대화하려는 전략으로 이해할 수 있다.(장지연, 2003, 38~39쪽)

식의 변화를 수반한다. 실직 상태라면 집세를 낼 수 없게 되어 좀 더 싼 집으로 이동하든지 생활수준을 낮춰야 한다. 월급봉투 차원의 문제가 아니라 인간적 자존심이 타격을 입는다. 가족이 해체되고 젊은이들이 장기간 실직 상태에 놓이는 것은, 경제 전체적으로 인적자원 낭비일 뿐 아니라 미래의 노동력과 생산성 감퇴를 초래한다. 또한 장기실업 상태는 범죄나 마약 같은 반사회적 행동에 쉽게 빠져들게 만들며, 개별 노동자로서는 실업에 빠져 숙련을 잃어버리게 되어 다시 직장을 구하더라도 이전 직장보다 더 낮은 임금과 열악한 지위를 감수해야 한다.

헌법에서는 모든 사람은 일할 권리가 있다고 선언하지만, 제도적으로 보장된 고용은 존재하지 않는다. 독일의 사회학자 오스카 네그트^{Oskar Negt}는 이렇게 말했다. "대부분의 사람들은 실업을 하나의 폭력 행위로 받아들인다. 다시 말해, 실업은 인간의 육체적이고 정신적인 총체성에 대한 심대한 공격이다. …… 실업이란 요컨대 우리가 가정에서, 학교에서, 그리고 상당히 많은 시간과 돈과 노력을 투입한 직업 교육의 전 과정에서 습득한 모든 능력과 자질을 한꺼번에 빼앗아 가거나 하루아침에 무의미하게 만드는 것이다. 나아가 실업자가 되면 사람들은 대부분의 사회적인 활동에서 고립되기 쉽기 때문에, 건전한 인격 발달이 저해되고 개인적으로도 심한 내적 갈등을 겪게 된다."_(하이데, 221쪽)

1997년 경제 환란의 여파로 1999년 2월 실업자 수가 178만 명(8.6퍼센트)까지 늘어났다. 사회안전망 없는 사회에서 실업은 죽음으로 이어지기도 한다. "임상심리학자이자 사회학자인 코틀^{Thomas Cottle}은 15년 이상 일자리를 갖지 못한 장기실업자들을 만났다. 그는 6개월 이상 일자리를 갖지 못해 낙심한 '만성실업자'들이 죽어 가는 환자들과 흡사한 병리적 증세를 보인다는 것을 관찰했다. 그들의 마음속에서 생산적인 일이 자신이 살아 있다는 것과 너무나 강력하게 연관되어 있기 때문에, 일자리에서 잘려 나간 만성실업자들은 죽음의 전형적인 징후를 나타낸다. …… 실업의 제1단계에서 그가 인터뷰한 사람들은 이전의 동료나 고용주에 대한 분노와 좌절감을 폭발시켰다. 미국의 어디에선가 직장은 해고된 노동자가 동료와 고용주를 빈번하게 총으로 쏨으로써 가공의 전쟁터로 변해 버렸다. …… 코틀은, 거의 10년 동안 실직 상태에 놓인 대부분의 전직 노동자는 자신들의 분노를 내면화한다고 말한다. 결코 다시는 일을 가질 수 없다고 의심하고, 어려운 처지에 놓인 것에 대해 자기 자신을 비난하며, 자살로 끝나게 되는 극도의 수치심과 자괴감을 경험한다. 많은 사람들이 가족에게 외면당한다고 코틀은 말한다. '그들의 남성다움과 강건함은 시들어 버리고 마치 보이지 않기를 바라는 양 수치스러워하며, 어린애처럼 굴고, 실제로 그렇게 되어 버린 은둔자처럼 보인다.' 심리적인 죽음 뒤에는 사실상의 죽음이 뒤따른다. 자신이 처한 조건에 대처하지 못하고 가족이나 친구·사회에 짐이 된다고 느낌으로써, 많은 이들이 목숨을 끊는 것으로 끝을 맺는다."_(리프킨, 292~294쪽)

실직을 전후로 한 '실업 스트레스'는 어떤 감정 변화를 불러일으킬까? 실업에 빠져들면서 겪는 심리적 변화는 '모면 심리→불안·공포→분노·배신감→실직 후 이완감→실업 지속에 따른 절망·자포자기'의 단계를 거친다. 좌절이 깊어지면서 분노는 점차 자기 자신을 향하고 내면화되면서 자살로 이어진다. 경기 침체기 초기에는 '우리 회사는 괜찮겠지. 설마 내가 잘리지는 않겠지' 하는 모면 심리가 강하다. 감당하기 어려운 일이 닥쳤을 때 적극적으로 대처하기보다는 어떻게든 될 거라고 안주하는 심리다. 그러다 회사가 구조조정을 단행하면 자신이 감원 대상이 될지 모른다는 불안과 공포에 시달리면서 스트레스가 급상승하고, 불안 심리를 안으로 삭이면서 우울증이 커진다. "실직하면 회사에 대한 배신감이 클 것 같다. 그동안 직장에 모든 생활을 투자했는데 허탈하고 열 받을 것 같다. 정리해고 되면 자존심이 무지 상하고 창피해서 괴로울 것 같다." 즉, 실직 자체를 믿지 않으려 하는 것이다.

이러한 불안·공포를 지나 막상 실직을 당하면 선정 결과나 해고 기준에 대한 불만과 배신감으로 분노가 커지고 스트레스가 극에 달한다. 실직을 자신의 책임이라기보다 국가·재벌·기업인·사용자들의 책임이라고 비난하면서 큰 배신감을 느낀다. 그 뒤 재취업 실패가 반복되면 초조함과 불안을 느끼며 자신감이 떨어지고 2차 좌절을 겪으면서 스트레스가 급상승한다. 2차 좌절 때는 재기 불능의 책임을 자신에게 돌리고 자포자기에 빠진다.

2006년 6월, 기아차 광주공장 신규 채용 때 취업 원서를 받으려는 줄이 1킬로미터를 넘어 장사진을 이뤘다. 이처럼 수많은 청년들이 '공장 노동'을 원할 정도로 좋은 일자리를 둘러싼 노동자들의 경쟁은 격화되고 있다. 새로 창출되는 일자리들도 '맥잡Mcjobs'[60]처럼 파트타임·저임금의 불안정한 일자리뿐이다. 특히 한 번 회사에서 떨려 나간 실업자는 새로 일자리를 잡더라도 이전보다 근로조건이 훨씬 안 좋고 노동보호를 받지 못하는 비정규직이 될 확률이 높고, 따라서 다시 해고돼 실업자 신

---

60 맥도널드 매장 일자리 같은, 저임금의 하찮고 승진 기회도 거의 없으며 별다른 직업 훈련도 필요하지 않고 이 직률도 매우 높으며 노동의 자율성도 별로 없는, 저숙련의 나쁜 일자리dead-end job를 일컫는다.

세에 빠질 가능성도 크다.

마르크스주의 경제학자 조앤 로빈슨은 《경제철학Economic Philosophy》(1962)에서 "자본가에게 착취당하는 비참함에 견줄 수 없을 만큼 더 비참한 건 착취되지도 못하는 비참함"이라고 했다. 생산이 무정부적으로 이뤄지는 자본주의 시장경제에서 사적 기업이 만들어 낸 물건이 시장에서 팔리는 '상품'이 되려면 '목숨을 건 필사적인 (오묘한) 도약'(마르크스, 《자본론》(1권 상), 133쪽)이 필요하듯, 노동력도 상품인 이상 실업은 때로 목숨을 걸어야 하는 일이다.

한편, 실업률과 관련하여 한 가지 의아한 사실이 있는데, 바로 미국의 실업률이 유럽의 실업률에 비해 낮다는 것이다. 이를 두고 노동시장이 유연한 덕분이라는 주장이 있으며, 실제 이는 노동시장 유연화의 가장 강력한 근거로 곧잘 활용되곤 한다. 과연 그럴까? 미국의 실업률은 교도소에 수감된 젊은이들을 경제활동인구에서 배제시켜 과소 집계되었다는 허점을 안고 있다. 2003년 7월, 미 법무부 통계자료에 따르면 2002년 수감자 숫자는 210만 명으로 전체 미국 국민의 거의 1퍼센트에 이른다. 국민 10만 명 당 701명이 감옥에 가 있는 셈이다.

"미국 감옥에는 상당히 놀랄 만한 비율의 젊은 흑인 남성이 수감되어 있다. 이런 인원을 (경제활동인구 통계에) 감안해 젊은 층 남성의 취업률을 따져 봐야 한다. 국제적 기준에 비해 상당히 놀랄 정도로 미국의 실업률이 낮은 이유는, 이런 잠재적 노동자가 영국보다 4배, 서유럽 다른 나라보다 6배, 일본보다 14배나 더 많이 투옥되어 있기 때문이다. 미국의 실업률이 낮은 또 다른 이유는 시간제 근무자, 임시직, 자영업 등 '정규직 일자리보다 낮은 임금과 적은 부가 혜택, 그리고 훨씬 낮은 고용

안정성을 제공하는' 일자리가 많아졌기 때문이다."(코우츠, 420쪽)

헬무트 콜 독일 수상이 관대한 실업보험에 대해 "독일은 여가 공원 같은 나라"라고 말했듯, 유럽의 실업자는 미국의 최하층 취업자보다 높은 생활수준을 누리고 있다. 한국은 어떨까? 이병희가 임금노동자가 실직했을 때 실제로 실업급여를 수급하는 비중을 산출한 결과, 실직 시 실업급여를 받는 비중은 2008년에 12.4퍼센트에 그쳤다. 저임금 노동자의 경우에는 수급률이 고작 6.6퍼센트에 불과하다. 저임금 노동자일수록 고용보험 가입 비중이 크게 낮기 때문이다.(이병희, 2011)

2000년대에 노동시장에 나온 한국의 젊은이들은 '잃어버린 세대lost generation'가 될 위험성이 크다. 그들은 좋지 않은 시기에 학교를 졸업했으며, 상당수는 한 번도 직업다운 직업을 가져 본 적이 없다. 경제 상황이 호전되더라도 한참 어린 후배들과 입사 경쟁을 벌여야 하는데, 사용자들은 나이 어린 구직자를 선호한다. 더욱 안타까운 건 그들이 무엇을 할 것인지에 관한 그림을 잃어버렸다는 것이다. 실업은 자주 심리적인 억압depression, 가족 붕괴, 사회적인 고립을 동반하고 이는 다시 일자리를 구하는 것을 어렵게 만든다.

세계화의 물결 속에 각 나라는 국내 실업을 줄이고자 전 세계를 무대로 이동하는 자본을 끌어들이고 있고, 그 와중에 자본이 빠져나간 국가는 제조업 공동화에 따라 실업이 증가한다. 과거에는 자본 수출이, 이제는 이른바 '실업 수출' 현상이 일어나고 있다. 1830년대 프랑스 리옹에서 자본가와 정부의 착취에 저항하여 폭동을 일으킨 견직물 공장 노동자들이 내걸었던 표어를 다시 꺼내야 하는 것일까? "일하면서 살거나 싸우면서 죽는다."(쿠진스키, 74쪽)

정보기술과 노동

"기계를 위해 일한다"

기계화·자동화는 직접 생산자인 노동자의 노동을 손쉽게 하고 고된 노동에서 해방시키기 위한 '노동의 인간화'가 목적이 아니다. 하일브로너는 1929년 말 미국 대공황에 대해 이렇게 묘사했다. "1920년대 생산은 꾸준히 늘었지만 고용은 늘지 않았다. 제조업에서 1929년의 물질적 산출량은 1920년에 비해 49퍼센트 증가했지만 고용은 변하지 않고 똑같았다. 급속한 기술적 진보가 나타난 산업에서는 모두 고용이 감소하는 특징이 나타났다. 경제 전체는 위로 올라가는 경향을 가지고 있었지만, 그 아래에서 기술 발전에 의한 노동력 절감이라는 반대 조류가 형성되면서 경제의 상승을 아래로 끌어내렸던 셈이다. 전체 경제체제를 그토록 강력하게 추동했던 기술 변화에도 부정적인 힘이 존재했던 것이다."(하일브로너·밀버그, 273쪽)

신기술이 경제를 '수확체감의 법칙'이 더 이상 관철되지 않는 무한 수확체증의 신세계로 끌어가면서 이윤과 수익성이 지속적으로 상승할 거라고 낙관했지만, 이와 반대로 1990년대 중반 이후 정보기술이 주도하는 경제는 노동을 줄이면서 경제를 알게 모르게 아래로 끌어내리는 힘으로 작용하고 있다. 마르크스는 "군대를 소집함으로써 전쟁에서 이기는 장군과 달리, 산업의 지휘관은 군대를 해산시킴으로써 전쟁에서 이긴다"고 말했다. 과학기술 혁명과 기계·컴퓨터 발전의 필연적인 결과는 노동에 대한 수요의 감소, 즉 노동의 해산이다.(브레이버만, 206쪽) 20세기 노동의 쇠퇴를 '숙련의 파괴'(탈숙련deskilling)로 규정한 해리 브레이버만 Harry Braverman에 따르면, 공장에서와 마찬가지로 기계에 의한 작업 속도 조정은 노동통제의 무기로써 사무 관리에 점점 애용되었다.[61]

미국의 '사무 시스템 및 절차 협회'가 1960년에 편집해 내놓은 편람 《사무 작업시간 표준에 대한 안내서: 미국의 대기업이 사용하는 표준자료 모음집》은 사무 관리자의 노동과정을 세밀하게 측정해 표준시간을 일람표로 보여 주고 있다. 작업 속도를 높이고 노동을 '탈숙련'화하려고 '의자에서 일어서기'(0.033초), '가운데 서랍 열기'(0.026초), '측면 서랍 닫기'(0.015초), '옆 책상 또는 서류철(최대 거리 4피트)까지 의자로 이동하기'(0.050초), '연필 들기'(0.034초) 등으로 각 작업시간을 측정했다.

"직원들이 한 번 물을 마시러 가는데 평균 100피트를 걸으면 적당량의 물을 마실 경우 1년에 5만 마일을 걸어야 하고, 1000명이면 매일 수백 야드를 걷게 된다"며 그렇게 낭비되는 시간을 줄이려고 했다. 모든 것을 쉽게 닿을 수 있는 곳에 두면 이제 사무원은 책상에서 오래 떨어져

---

61 기계 1대를 작동시키며 일할 때는 따분하긴 해도 기계를 지배하는 듯한 만족감을 느낄 수 있다. 그러나 한꺼번에 2대를 작동시키려면 노동은 의식과 정신이 없는 하나의 기계가 된다.

있을 필요가 없을 뿐 아니라 '그렇게 할 수도 없다.'

자본 증식에 직결되지 않는 동작과 에너지는 모두 낭비된 것 또는 오용된 것이 된다. 헨리 포드는 "1만2000명 노동자가 하루 열 걸음만 절약해라. 그러면 50마일의 운동 낭비를 절약할 수 있다."고 했다.(브레이버만, 265~275쪽) 물론 일반적으로 사람은 육체적 · 정신적 건강을 유지하려면 하루 종일 한 가지 동작만 평생 반복하는 것보다는 다양한 동작을 하면서 행동을 변화시켜야 한다.

"어떤 천공원(정보를 입력하기 위하여 컴퓨터용 카드나 종이 테이프에 천공기로 구멍 뚫는 일을 하는 사람)의 보고에 의하면, 컴퓨터가 설치되기 전에는 다소 변화 있고 때로는 정확한 판단을 요구하는 작업을 했다. 이때는 그런대로 견딜 만했다. 자동화가 진행되면서 좀 더 단조롭고 반복적인 새로운 작업을 하게 되었다. 동료 소녀들이 가장 자주 투덜거리는 말은 '우리는 지금 기계를 위해서 일하고 있다'는 것이다. …… 천공 작업을 하는 이들은 모두 신경이 파괴되었다. 작업 중인 오퍼레이터에게 말이라도 걸면 그녀는 1마일은 튀어 오르고 말 것이다. 긴장할 도리밖에 없다. 기계 때문이다. …… 일하고 있는 사람이 어깨라도 건드리면 그녀는 지붕을 뚫고 날아가 버릴 것이다. 그들은 종종 결근을 하고 책상 속에는 진통제와 아스피린을 두고 다닌다. 천공원 자신은 바로 '공장' 일을 하고 있으며, 조립라인의 한 점인 양 책상에 '붙어' 있다고 느꼈다."

(브레이버만, 285쪽)

작업이 표준화되고 정규화되고 측정됨에 따라서 이제 '작업 속도'가 모든 것이 되었다. 한 보험회사의 부사장은 키펀치 오퍼레이터로 가득 찬 사무실을 가리키며 "여기에 없는 것은 사슬뿐이라고 강조하면서, 소녀들을 책상머리에 꼼짝 없이 붙잡아 두고 단조로운 키펀치 작업을 끊임없이 시킬 수 있는 것은 기계 덕분이라고 보충 설명을 했다."_{(브레이버만,}
288쪽)

임금을 주고 고용한 노동력을 최대한 강도 높게 사용하는 한편, 노동시간 자체를 최대한 늘려 사용함으로써 이윤을 키우려는 자본의 끊임없는 노력은, 동양이든 서양이든 옛날이든 오늘날이든 다르지 않다. 장하준은 1970년대 한국 노동자들의 노동조건을 언급하며 이렇게 말했다. "주요 수출산업이던 섬유와 의류산업 노동자들은 대개 낮은 임금을 받으며 위험하고 비위생적인 근로 환경에서 하루 12시간 이상 일을 해야 했다. 공장을 운영하는 일부 사람들은 노동자들이 용변을 보러 가는 횟수가 많아지면 얼마 되지 않는 이윤을 축낼 수도 있다고 생각해, 식사 때 노동자들에게 국을 주지 않는 경우도 있었다."_(장하준, 2007, 26쪽)

21세기 애플의 자본주의

자동차산업으로 대표되는 20세기 자본주의의 아이콘이 포드였다면, 정보기술(IT)산업으로 대표되는 21세기 자본주의의 아이콘은 애플의 스티브 잡스다. 그러나 잡스를 향한 화려한 열광과 흥분, IT 신천지 뒤편에는 중국의 애플 제품 하청공장인 폭스콘 등에서 일하는 수많은 노동자의 고된 노동과 죽음이 있다.

"애플이 대표하는 21세기 자본주의는 잡스가 진행하는 신제품 프레젠테이션처럼 화려하지도 않고, 아이폰과 아이패드가 상징하는 것처럼 그렇게 새롭지도 않다. 잡스의 프레젠테이션을 보며 꿈을 키워 왔던 수많은 소프트웨어 개발 노동자들은 지금도 서울디지털단지에서 1970년

대 공돌이·공순이라고 불리던 노동자들과 그리 다르지 않은 노동조건
에서 고된 노동을 견뎌 내고 있다. 이들 젊은 노동자들 상당수는 최저임
금 수준의 임금을 받으며, 초과근로수당도 주말특근수당도 받지 못한
다. 파견업체를 통해 이 회사, 저 회사를 떠돌아다니는 노동자도 상당수
다. …… 그의 애플은 혁신과 창조의 낙원이 아니라 수많은 노동자들의
피눈물로 채운 저수지 위에 세워진 황금낙원이다. 폭스콘은 중국에서
30만 명이 넘는 노동자를 고용해 노예 노동에 가까운 노동강도와 저임
금으로 아이폰과 아이패드를 생산하는 것으로 유명하다. 폭스콘의 공장
은 12시간 맞교대로 돌아가며, 공장 밖 외출은 한 달에 한 번도 제대로
보장되지 않는다. …… 스티브 잡스가 노동자의 피로 얼룩진 자본가가
아니라 혁신과 창조의 아이콘이 될 수 있었던 것은, 그가 1970년대 중후
반부터 미국 내 모든 생산 공장을 해외로 이전함으로써 애플을 바라보
는 시민들 눈앞에서 착취의 현장을 치워 버렸기 때문이다. 그 모든 착취
와 수탈은 사라진 것이 아니라 단지 눈앞에 보이지 않게 된 것이다. ……
이게 바로 21세기 애플의 자본주의라는 것을 생각해 봤으면 한다."[62]

특히 IT가 주도하는 '신경제New Economy'는, 노동을 줄이는 '생력적省力
的 IT'라는 측면을 근본에 깔고 있다. 국민 대표 가수 나훈아와 동네 가
수 너훈아가 있다고 하자. 두 사람의 노래 실력은 깻잎 한 장 차이 정도
이다. 나훈아의 노래는 가수 본인과 스튜디오 녹음 기술자, MP3 음악파
일 웹 등록자 '단 3명'만 있으면 기획·생산·유통·소비될 수 있다.

---

62 한지원(2011), 〈죽은 CEO에 대한 환상, 수탈당하는 노동자에 대한 망각〉, 《매일노동뉴스》 10월.

MP3 파일을 이용해 대한민국 사람은 물론이고 전 세계 사람 누구든지, 도시에서든 산골에서든 바다 위에서든 단 몇 초 만에 클릭 한두 번으로 나훈아의 노래를 구입해 소비할 수 있다. 하루 24시간, 1년 365일, 수백 년 동안 밤낮을 가리지 않고 단 500원, 단 50센트만 내고 누구나 나훈아의 노래를 들을 수 있는 것이다. 저장·유통 비용은 거의 제로(0)이고, 이 MP3 파일 상품 1개를 더 생산하는 데 드는 비용(한계생산비)도 거의 제로다.

나훈아는 IT를 기반으로 수백억 원의 매출을 올리지만, 상대적으로 동네 인기가수 너훈아의 음악을 소비하는 사람은 사라진다. 실력은 깻 잎 한 장 차이에 불과하지만, 나훈아의 노래를 언제 어디서든 싼값에 구입해 소비할 수 있는데 누가 동네 가수의 노래를 들으려 하겠는가. 음반이 사라지고 MP3 파일이 지배하는 것과 같은, 이른바 ‘무게 없는 경제Weightless Economy’는 이처럼 승자 독식의 세계를 만들어 낸다.

공장에서 음반을 하나씩 찍어 내는 생산직 노동자도, 음반을 유통시키는 매장 노동자도 사라지고 있다. 매출액은 수백억 원에 이르지만 그 부가가치 생산에 참여하는 노동은 나훈아, 녹음자, 웹 등록자 단 3명뿐이다. 시장경쟁이 갈수록 치열해질 수밖에 없는 이유다. 폴 망투는《산업혁명사》에서 ‘온순한 양떼들이 사람을 마구 집어삼킨’ 16세기 영국의 인클로저enclosure에 대해 이렇게 묘사하고 있다.

“그렇다. 그 양들은 이 모든 해악의 원천이다. 아주 온순하고 고분고분하며 소식 동물이던 양들이 대식가가 되고 너무나 거칠어져서 인간 자체를 집어삼킨다. 전에 온갖 종류의 식량을 증산하던 이 지방의 농업을 양들이 몰아냈기 때문이다. 그래서 지금은 온통 양떼, 양떼들뿐이다.

인클로저는 가축을 살찌게 하고 가난한 사람들을 여위게 한다. 새로운 시대의 상업정신을 접촉한 뒤 토지를 가진 사람이라면 곡물 재배보다 양모 생산이 유리하다는 것을 깨달았다. 양들은 모든 경지, 집, 도시를 파괴하고 삼키고 인간 자체를 집어삼킨다. 아주 많은 농민들이 살던 곳이 이제 목동 한 사람과 그의 개밖에 없는 마을이 되었다. 곡물 재배는 소나 양 사육으로 대체되었다."_(망투, 상권, 178~183쪽)

우리 시대 IT는 양떼가 된 것일까? IT로 대표되는 '신경제'의 화려함 뒤편에는, 일자리 없는 시대를 사는 청년 백수들의 한숨과 비정규직·저임금 노동의 만연이라는 현실이 자리 잡고 있다. '아프니까 청춘'이라는 말이 대유행이다. 하지만 뭔가 희망이 있으면서 아픈 청춘이라면 '푸르른 아픔'이겠지만, 우리 시대 청년들의 아픔은 미래가 그저 두려운 '붉은 아픔'에 가까워 보인다. 이렇게 '아픈 청춘'도 IT시대 승자 독식의 세계가 만들어 놓은 풍경이다. '오직 1등만이 살아남을 수 있다'는 슬로건은 이러한 승자 독식 세계의 핵심을 비즈니스 측면에서 매우 잘 간파한 것이다.

아인슈타인은 1949년에 이렇게 말했다. "시장 경쟁과 결부된 이윤동기 때문에 자본의 활용과 축적에서 불안정이 발생하고 심각한 경기 불황이 초래되고 있다. 또 무한 경쟁이 거대한 노동의 낭비를 낳고, 개인들의 사회적 (공동체 및 책임)의식을 불구로 만든다. 이런 개인의 불구화가 자본주의의 가장 큰 해악이다. 우리의 전체 교육 시스템이 이 해악으로 인해 고통 받고 있다. 과도한 경쟁적 태도가 학생들에게 주입되고 있으며, 오직 장래의 일자리를 위한 준비로서 '더 높은 학점 따기'에 매달리도록 교육받는다. 이와 달리 (대안적 경제에서) 개인에 대한 교육의 방향은, 우리 사회의 권력과 성공에 환호하지 않고 그 대신 자신의 내적 역량을 펼치고 동료와 이웃에 대한 책임감을 발전시키는 데 모아질 것이다."(Einstein, p.60)

한국의 노동자들은 1987년 이후 공장의 생산 영역과 억압적·배제적 국가로부터 '민주·자주노조'를 쟁취하는 데 성공했으나, 이제는 시장 교환 영역에서 IT가 초래하는 저임금 일자리와 힘겨운 싸움을 벌이고 있다. 제레미 리프킨Jeremy Rifkin은 《노동의 종말The End of Work》에서, 미국 흑인은 노예의 지위에서 해방되자마자 경제적 시장논리 조류에 다시 휩쓸리고 말았다고 했다. "자동화 기계는 경제적으로 노예 노동자와 같다. 과학기술 혁명으로 가장 먼저 황폐해질 사회는 흑인 사회다. 자동화 기계[63]의 도입으로 오랫동안 경제 피라미드의 하부에서 일해 온 수백만의 흑인들은, 더 싸고 감정이 없는 형태의 노동력(자동화 기계)으로 대체될 것이다. 흑인들은 착취와 압제의 상태에서 경제적으로 불필요한 무용지물의 상태로 떠밀려 갔다."[64](리프킨, 147~153쪽) 1960년대 중반 흑인 폭동의 배경에 정치적·사회적 차별뿐 아니라 자동화 기계로 일자리를 빼앗긴 흑인들의 좌절과 분노가 뒤엉켜 있었다는 얘기다.

---

[63] 기계에 의한 노동은 인간 노동으로 간주된다. 기본적으로 기계란 인간의 ('죽은') 노동을 보유하고 있다가 생산과정에서 그것을 상품에 '이전하는transfer' 수단이기 때문이다. 다시 말해서 기계를 축적된 인간 노동으로 정의할 때 기계 노동의 산물은 상품이 된다.(한신경제과학연구소 엮음, 18~19쪽)

[64] 1859년 뉴욕의 어느 집회에서 미국 노예제의 옹호자인 변호사 오코너는 '남부에 정의를'이라는 슬로건 아래 다음과 같이 연설했다. "흑인들에게 노예의 운명을 지운 것은 자연이다.……그는 체력이 강하며 노동할 힘이 있다. 그러나 그 힘을 준 자연은 그에게 관리할 지능도, 일할 의지도 주지 않았다. 노동할 의지를 그에게 주지 않은 자연은 그 의지를 강요할 주인을 그에게 주었으며……나는 단언한다. 흑인을 자연이 정한 상태에 그대로 두는 것, 그에게 자기를 관리할 주인을 주는 것, 이것은 결코 불의가 아니다. 그에게 노동을 강요하는 것, 그리하여 그를 관리하며 그를 그 자신과 사회에 유용하도록 만들기 위하여 정당한 보상을 주인에게 주도록 하는 것, 이것은 결코 흑인의 권리를 박탈하는 것이 아니다."(마르크스, 《자본론》(3권, 상), 469쪽)

'IT 강국, 한국', 이것은 2000년대 한국의 노동시장에서 벌어지는 일들을 설명하는, 그동안 잘 주목하지 않았지만 중요한 요인이 아닐까? 이른바 '숙련 편향적 기술 변화skill-biased technological change'는 지난 수십 년간 소득 불평등의 주요 요인으로 지적돼 왔다. 백낙청은 정보화 물결이 막 일기 시작하던 1990년대 중반 한 강연에서 "'정보사회'라는 말이 얼핏 듣기에는 참 멋있다. 정보가 제일이라는 것이고, 하기 힘든 노동이 줄어든 사회라는 뜻으로 달콤하게 들리며, 이제 총칼도 돈도 아니고 지식이 지배하는 사회가 되었다니 그럴듯하다. 하지만 내가 이해하기로는 정보사회라는 것이야말로 물질 개벽이 한 걸음 더 나아가서 극치에 달한 사회이고, 정말 살기 좋은 세상이라기보다는 물질문명에 인간이 노예가 되는 현상이 더없이 심각해진 사회라고 생각한다."고 설파했다.[65] 기계가 그 자체로는 인간에게 좋은 것일지라도 그것이 자본주의적으로 사용될 때 해악을 끼칠 수 있듯이, 시장이라는 제도 역시 자본주의적으로 사용될 때는 위험할 수 있다.

지식기반경제

21세기 노동을 규정짓는 특징은 컴퓨터와 인터넷이다. 컴퓨터는 생산과정에서 공통적으로 활용되는 보편적 도구가 되고 있다. 제품 기획·설계에서부터 생산, 판매에 이르기까지 모든 생산활동이 컴퓨터를 통과한다. '생산의 컴퓨터화'인 셈이다. 컴퓨터는 모든

---

65 백낙청(1944),《분단체제 변혁의 공부길》, 창작과비평사, 205쪽.

생산과정이 거쳐 가는 몸체이며, 나아가 아예 노동자들의 몸의 일부가 되고 있다. 사람들은 점점 더 컴퓨터처럼 생각하며, 컴퓨터가 소통과 상호작용의 중심이 된다. 정보혁명은 컴퓨터로 대표되는 디지털화와 인터넷·전화로 대표되는 네트워크화의 결합이다. 컴퓨터와 네트워크는 사람들 사이를 연결하고 의사소통을 매개하는 통로다.

이에 따라 돈벌이에서도 '정보'가 노동보다 더 중요해진다. 과거에 노동이나 자본이 가장 중요한 부의 원천이었다면, 이제는 지식이 강력한 부의 원천으로 부상했다. 모든 노동자들은 점점 지식노동자로 전환된다. 정보경제로의 이행은 노동의 질과 본성의 변화를 불러온다. "상호작용적이고 인공두뇌적인 기계들은 우리 신체와 정신에 통합된 새로운 인공 보철물이 되고, 우리의 신체와 정신 자체를 재규정하는 렌즈가 된다."(네그리·하트, 2002, 383쪽) 화이트칼라 노동뿐 아니라 블루칼라 노동도 컴퓨터를 통과한다는 점에서, 컴퓨터는 블루칼라 노동자와 화이트칼라 노동자의 구분마저 흐릿하게 만든다. 정보혁명 아래서 모든 생산은 서비스 생산을 향하고, '제조업도 하나의 서비스로 다루라'는 슬로건이 등장한다.(네그리·하트, 2002, 376쪽)

정보기술과 서비스가 경제에서 중심적 역할을 함에 따라 이제 노동의 구분선은 화이트칼라·블루칼라가 아니라 '물질 노동'과 '비물질 노동'으로 갈라진다.(네그리·하트, 2002, 381~387쪽) 비물질적 노동은 교육·금융·공공 및 개인 서비스·유통 서비스에서부터 엔터테인먼트·광고·건강과 육아보호 노동에 이르기까지 지식과 정서가 중심 역할을 하는 노동이다. 사람들과 정서적으로 직접 접촉하는 이러한 노동의 결과물은 안심·행복·만족·흥분·정열 등 만질 수 없는 것들이다. 대표적으로 '정서적 노동affective labor'과 '감정노동'을 꼽을 수 있다. 비물질적 노동의 또 다른 형태인 감정노동은 '타인의 감정을 위해 자신의 감정을 의식적으로 관리하는' 상품화된 노동으로서 '정서적 생산'을 수행하는 노동이다. 백화점 판매직 노동이 대표적이다. 이들은 소비자에게 무조건 친절을 보여야 하며, 이 과정에서 자신의 감정은 통제된다.

'정서적 노동' 측면에서 비물질적 노동은 자신의 창조적 에너지를 표현할 수 있고, 컴퓨터를 활용하는 과정에서 언제든 썼다 지웠다 하는 상호작용이 가능하기 때문에 '소외되지 않은 노동'[66]으로 불린다. 그러나 지식기반 사회에서 지식노동이 더 많은 가치를 창출하려면 '더 많은 보통 노동(물질 노동)'과 만나야 한다. 오늘날 점점 더 많은 노동자들이 지식노동자화하고 있지만 모든 노동자들이 옛날보다 더 많은 임금을 받는 건 아니다! 노동자들의 실질임금은 오히려 하락하고 있다. 지식기반경제knowledge-based economies와 세계화가 본격화하면서 전 지구적으로 소득 불평등이 심화되고 있다는 점이 이를 보여 준다. 지식기반경제는 "지식과 정보의 생산, 분배, 사용에 직접적으로 기초"하고 있으면서 "고기술 투자, 고기술 산업, 고숙련 노동 및 그와 연관된 생산성 이득 등이 증가

---

66 박현채는 산업사회에서의 경제적 자유와 관련해 노동의 소외를 이렇게 말하고 있다. "노동이 노동하는 사람에게 외부적이라는 것은, 노동이 그의 존재의 일부를 이루지 아니하고 자기 존재를 부정하고 있는 것, 노동에서 기쁨과 안식을 느끼지 아니하고 불행을 느끼는 것, 노동에서 자유로운 육체적·지적 에너지를 전개하지 아니하고 자기 육체를 괴롭히고 정신을 황폐화시키는 것을 뜻한다. 요점은 노동하는 자는 '노동 바깥에' 있을 때만 자기 집에 있는 것처럼 안락하며, 노동하는 중에는 '자기 바깥에' 있는 것처럼 느낀다. …… 노동은 자유의 발현이 아니라 강제이며 노동 바깥에서 자기의 제 욕망을 충족시키기 위한 수단이 된다. 자본제 하에서 노동의 소외는 노동하는 자만이 아니라 일반적으로 전 사회를 타락시킨다. 인간 간의 관계는 메마른 것이 되고, 경제적 이해만으로 얽힌 인간관계는 부의 창조자인 인간을 부富라는 수단의 종속물로 전화시킴으로써, 전 사회적 타락을 일반화시킨다."(박현채, 35쪽)

하는 추세"[67]를 보이는 경제로 정의할 수 있다. 혹은 "지식과 정보의 창출·확산·활용이 모든 경제활동의 핵심이 될 뿐만 아니라, 국가의 부가가치 창출과 기업과 개인의 경쟁력의 원천이 되는 경제"로 규정된다.

자본주의는 가치 생산에 기초를 두고 있는데, 지식이 늘어나면 사용가치는 분명히 늘어나지만 가치는 늘어나지 않을 수도 있다. 이 모순을 자본주의경제에서 해결하는 유일한 방법은, 지식을 독점하고 지식의 확산을 막음으로써 지식의 증가가 잉여가치의 증가와 직결되게 만드는 것이다. 그러므로 자본주의경제는 지식기반경제로 전환될수록 불평등과 격차가 확대되는 경향이 나타날 수밖에 없다. 슈퍼스타의 경제학, 20대 80, 승자 독식 등의 현상은 이러한 흐름을 잘 보여 주고 있다.(강남훈, 207쪽) 지식의 확산을 막아야만 지식을 소유한 자본이 이득을 누릴 수 있기 때문에, 지식기반경제는 과거 어느 때보다 지식의 확산을 막으려고 집요하게 노력하는 경제라고 할 수 있다.

미국 빌 클린턴 행정부에서 노동부 장관을 지낸 로버트 라이시는 일찍이 《국가의 일The Work of Nations》(1991)에서, 앞으로 데이터·언어 등을 조작하는 노동자(상징 분석가)를 중심으로 하는 인구의 5분의 1이 국부의 60퍼센트를 차지하고, 나머지 5분의 3은 상대적으로 더욱 가난하게 되며, 가장 가난한 5분의 1은 부의 2퍼센트밖에 점유하지 못하게 될 거라고 전망했다.

왜 그럴까? 창조적이고 지적인 노동이 성장하는 한편에서 단순 데이

---

67 OECD(1996), "The Knowledge-based Economy", Paris.

터 입력과 워드프로세싱처럼 저숙련의 낮은 가치를 낳는 직무들이 함께 성장하게 된다. 비물질적 노동 안에서도 '노동분업'이 일어나는 것이다. 통신·법률·금융·광고·컨설팅·회계 등 기업 조직을 지원하는 전문화된 서비스가 있고, 이런 고임금 전문직 서비스 뒤편에는 이런 서비스를 돕는 비서·전화교환원·보육 노동자 등 저임금 노동자들이 대거 포진한다.

20대 80, 승자 독식이 지배하는 정보화 '신경제'에서 대다수 노동자들은 컴퓨터나 인터넷이 존재하지 않던 몇 십 년 전보다 오히려 더 많은 시간을 일에 매달리고 있다. 무보수 시간외근무를 하고 '헌신성'을 보이라는 압력을 받는다. 컴퓨터와 네트워크에 의한 생산이 늘면서 자본 이동성은 높아진 반면, 노동의 힘은 약해져 임금과 고용을 보장하지 않는 '비보장 노동'(비정규직)을 어쩔 수 없이 받아들여야 한다.

제레미 리프킨은《노동의 종말》〈노동자계급을 위한 진혼곡〉에서 다음과 같이 말했다. "우리는 현격하게 대조되는 세계에 살고 있다. 우리 앞에는 컴퓨터와 로봇들이 힘들이지 않고 자연의 선물을 첨단의 신제품과 서비스로 끊임없이 만들어 내는 번쩍이는 고도 기술사회가 어렴풋이 보인다. 강력하고 새로운 정신 기계들로 자동화된 일터는, 고통과 고난에서 해방된 인류의 오랜 꿈에 대한 답변으로 보인다. 그러나 새롭게 출현하는 기술 유토피아의 이면, 곧 기술 발전의 희생자가 준비한 측면은 공식 보고서 및 통계조사, 사라진 사람과 포기한 꿈에 대하여 이따금 나오는 일화적인 이야기 속에 아주 희미하게 암시되어 있을 뿐이다. 또 다른 세계는 수백만의 소외된 노동자들로 득실거린다. 이들은 제3의 산업혁명(자동화기술 혁명)이 모든 산업과 부문에 퍼져 감에 따라, 첨단의 작업환경 속에서 쌓여만 가는 스트레스와 일자리에 대한 불안감 등을 경험하고 있다. …… 많은 노동자들은 더 이상 풀타임의 일자리와 장기적인 직업 안정을 얻을 수 없다. …… 내일 아침에도 출근할 수 있을지 항상 걱정하고 있다."

육체노동을 하는 '서비스직'

경제가 제조업에서 서비스업으로 이행하면서 동시에 육체노동도 사라지는 것일까? 기계를 이용해 컴퓨터를 조립하는 노동자는 '생산직'으로 분류되지만, 그 컴퓨터에 반복적으로 소프트웨어를 설치하는 작업은 '서비스직'으로 불린다. 여기서 알 수 있듯, 제조업 고용이 쇠퇴하고 있어도 서비스산업에 종사하는 노동인구의 상당수는 전통적인 육체노동자에 속한다.[68] 컴퓨터가 생산의 한복판에 등장하면서 서비스업과 제조업의 구분이 흐릿해지고 있지만, "노동계급이여 안녕(farewell to the working class)"이라는 '육체노동자 소멸론'과는 달리 정보 노동의 저변에서 물질 노동은 여전히 확대되고 있다.

과연 정보기술사회의 노동은 새로운 세계인가? 정보기술이 이끄는 신경제를 주창하는 쪽은 새로운 기술과 작업구조의 변화에 따라, 21세기 노동의 성격이 '자율적인 노동'으로 크게 바뀌었다고 말한다. 안토

---

68 국가는 교육제도 및 직업훈련제도를 통해 자본이 요구하는 지식과 기능을 갖춘 노동력을 물질적으로 재생산할 뿐만 아니라 학교 교육을 통해 자본주의적 사회질서 및 규율의 준수, 권위에 대한 존경, 정신노동에 대한 숭배 등과 같은 태도를 갖추게 한다. 자본주의적 학교의 주요한 역할은, 상이한 방법으로 육체노동과 정신노동에 각각 자격을 부여하는 것이 아니라, 오히려 정신노동에게만 자격을 부여함으로써 육체노동의 자격을 박탈하는 것이다. (김형기, 1988, 58쪽)

니오 네그리^{Antonio Negri}와 마이클 하트^{Michael Hardt}도 《제국^{Empire}》에서 우리 시대에 노동의 성격 자체가 전면적으로 변화했다고 주장한다. 즉, 새로운 기술과 작업구조 변화로 노동의 성격이 바뀌었다는 것이다. 과학기술혁명과 지식기반경제에서 고도로 훈련받고 고등교육을 받은 노동인구가 더 많이 필요할 거라고도 한다. 그러나 유연 전문화, IT 기술 등으로 노동시간이 줄어들고 생산성이 높을 것이라는 예상과 달리 노동시간은 증가하고 있으며,[69] 오히려 저숙련 서비스직이 고용의 주요 배출구 노릇을 하고 있다.

디지털 자본주의에서 지식노동을 강조하지만, 정보기술 기반의 노동시장에서도 일자리는 핵심 직무와 보조 직무로 양극화된다. 컴퓨터를 다루는 일자리의 상당수는 고숙련 지식노동이라기보다는 정보처리의 반복적 과정일 뿐이다. 숙련이나 인적자본이 개발되는 것도 자신이 노동을 통제하는 자율적 노동이 아니라 낮은 수준의 일자리이다. 키보드 오퍼레이터가 대표적인 보조 직종이다. 단지 컴퓨터를 쓴다고 고숙련 노동은 아닌 것이다.

크리스 하먼^{Chris Harman}은 '20세기 후반에 노동계급 구성이 다양해지고 사회변혁의 주체로서 노동계급은 사라지는 대신 특권적 노동자층과 고임금 노동귀족이 형성되고 있다'는 주장을 비판하며, 전 세계적인 규모

---

69 이른바 '유연적 전문화'를 주창한 마이클 피오레Michael Piore 와 찰스 세이블Charles Sabel은 컴퓨터와 유연적 생산의 관계에 대해 이렇게 말한다. "컴퓨터의 매력은 사용자가 자기 자신만의 목적과 사고 습관에 따라 컴퓨터를 변경시킬 수 있다는 점이다. 따라서 컴퓨터는 장인의 도구와 부합되는 기계다. 컴퓨터의 출현은 생산과정에 대한 인간의 통제를 회복시킨다. 즉, 기계는 작업자에게 다시 종속된다.……컴퓨터 기술은 하나의 요술거울이다. 있는 그대로의 경제를 보여 주는 것이 아니라 몇몇 기업들이 원하고 있는 경제를 보여 준다.……생산관리의 한 전문가가 컴퓨터를 '때맞춰 주어진 행운'으로 보는 것은 놀라운 일이 아니다.(Piore & Sable, p.251)

에서 파악하면 노동계급이 해체되거나 쇠퇴하고 있지 않다고 말한다. 노동계급은 사라지고 있지 않으며, '부르주아화한bourgeoisified' 특권계층으로 바뀌고 있지도 않다는 것이다. 그에 따르면, 오히려 글로벌 경쟁시장에서 더욱 궁핍화한 노동자들이 증가하고 있다.

"전 세계적 규모에서 노동계급은 비록 경제위기와 자본 집약적 생산 체제로의 경향 속에, 신규 대량 고용이 줄어들어 증가율이 낮아지긴 했지만 절대적 규모는 예전보다 늘어나고 있다. 산업구조 변화에 따라 노동력이 재구성되고 있지만 증가하는 서비스 노동 역시 제조업의 직접 생산자들이 수행하는 노동과 유사하며, 직접 생산 노동자들의 생산성을 유지 및 증가시키는 데 기여하고 있다. 그런데 서비스 부문 노동자들일수록 자본의 입장에서는 노동비용을 더 절감할 수 있는데, 그래서 스스로 중산층이라고 믿는 궁핍화된 노동자들의 영역이 더욱 양산된다. 반면, 제조업의 직접 생산자들은 유연화로 위장된 노동강도 강화와 노동시간의 증가를 겪고 있다."(Harman, 2002)

디지털 시대의 '소비노동'

주부가 하는 집안일을 경제학적 용어로 고상하게 표현하면 '가계 생산home production'이다. 임금노동 취업자는 아니지만 주부도 가계 생산 '노동자'다. 에런라이크와 잉글리시Deirdre English가 펴낸 《그녀를 위하여For Her Own Good》를 보면, 지난 150년간 의사·박사·교수 등 이른바 '전문가들'은 가정을 보살피는 일이 생산에 직접 참여하는 것보다 더 중요하다고 충고하며 여성들을 집안에 가둬왔다.

2007년 이랜드 매장의 비정규직 아줌마 노동자들이 파업에 돌입할 때 많은 남편들이 집안 문을 걸어 잠갔다고 한다. 이길 때까지 집에 들어올 생각을 하지 말라는 뜻이 아니다. '주부가 무슨 파업이냐, 그깟 일 당장 때려치우라'는 뜻이다. 역사적으로 여성들은 '나약해서 어떤 일도 할 수 없기 때문'이 아니라, 오히려 '너무 많은 일을 집안에서 하고 있기 때문'에 병약자처럼 가정 안에 묶여 있어야 했다.

20세기 중반 이후 여성 노동이 대대적으로 늘어나고, 냉장고·세탁기 등 디지털 가전이 발명되면서 여성들의 삶은 좀 더 나아졌을까?

정보기술과 서비스경제로 대표되는 이른바 '무게 없는 경제'[70] 주창자들은 디지털 가전기기들이 가사노동의 고통을 덜어 준다고 말한다. 과연 그럴까?

---

70 '무게 없는 경제'를 주창한 대표적인 경제학자는 대니 퀴Danny Quah이다. 그는 '무게 없는 경제'에 찬사를 보내지만, 사실 정보기술과 서비스업의 특징 중 하나는 비정규직·저임금 노동이 만연해 있다는 점이다. 한국 또한 생산성 향상에 따라 1990년대 전후로 제조업의 노동 수요는 줄어들고 이에 따라 저숙련 노동자들은 주로 서비스업에서 일자리를 찾고 있다. 그러나 서비스업은 생산성 향상이 느리고 임금수준도 낮다. 제조업 대비 서비스업의 임금은 1990년대 이후 빠르게 하락하고 있다. 2008년 현재 서비스업의 임금은 제조업의 57퍼센트에 불과하다.

디지털 가전과 편의 식품은 크게 늘었으나 가사노동 시간은 줄지 않고 있다. 집안일이 모두 상품화되고[71] 디지털화되면서 '집안'에서의 일은 줄어들지라도, 주부의 하루는 이제 유치원 시간표, 상점 문 여는 시간표 등 '집 바깥'의 시간표에 맞춰 제조업 노동자들보다 더 빠르고 빡빡하게 돌아간다. 디지털이 가사노동을 덜어 주는 척하지만, 주부들은 가사노동에서 해방되기는커녕 더 고된 노동으로 내몰리고 있는 것이다.

여성 노동사회학자 어슐러 휴즈Ursula Huws가 쓴 《사이버타리아트The Making of a Cybertariat》를 보면 보수 없는 '소비노동'이 점점 더 가정주부들에게 몰래 떠넘겨지고 있음을 알 수 있다.

휴즈는 여성들이 직면하고 있는 문제들이, 자본주의가 전통적인 일들을 끊임없이 '상품화'하는 과정에서 비롯된다고 말한다. 가사노동으로 수행했던 일들의 경우, 자본은 처음에는 돈 받고 대신 해 주는 서비스를 상품화하고, 나중에는 이를 대량생산이 가능한 공산품 판매로 대체해 왔다.

이와 동시에 셀프서비스형 은행 업무나 쇼핑 같은 나머지 일자리를 소비자에게 전가함으로써, 노동자인 동시에 '소비자'인 여성들이 가장 큰 대가를 치르게 된다. 과거에 슈퍼마켓 점원이 하던 물건 찾기, 진열대에서 물건을 봉지에 담고 포장하기, 계산대 앞에서 기다리기, 집까지 운반하기 같은 일들을 이제는 소비자가 직접 떠맡는다.

은행의 자동 입출금 기계 앞에 줄을 서고, 주유소에서 직접 주유하는 서비스 비용도 마찬가지다. 생산성도 낮고 이윤이 나지 않는 일은 소비노동을 책임지

---

71 자본주의의 역사는, 과거 집에서 보수 없이 이뤄지던 활동들을 점진적으로 화폐경제 속에 흡수하는 역사라고 할 수 있다.(휴즈, 181쪽)

는 주부들에게 또 다른 일거리로 넘겨졌다.[72] 주부들 스스로 집에서 멀리 떨어진 대형마트에 가서 물건을 대량 구입해 냉장고에 저장하면 유통업체는 보관 비용을 줄일 수 있다.

휴즈는 이처럼 1990년대 신경제와 '무게 없는 경제'[73]의 신화를 여지없이 깨뜨린다. 정보통신기술이 적용되는 대부분의 사무노동을 떠맡고, 디지털화할 수 있는 모든 작업을 세계 어디로든 하청 보낼 수 있게 해 주는 여성 노동자들이야말로, 정보기술의 개척에 얽혀 들어가면서 사회적 비용을 떠안은 첫 번째 노동력이었다. 세탁기와 전자레인지를 사용하지만 이런 문명의 이기를 누리지 못한 할머니 세대보다 더 오랫동안 가사에 매달리는 주부들, 제3세계 전자 착취공장electronic sweat-shop에서 세탁기와 전자레인지에 들어갈 컴퓨터 칩을 만들며 극도의 착취를 당하는 말레이시아 여성들……. 이것이 여성들이 처한 상황이다.

산업화 이전에는 가계 생산을 주부 혼자 직접 담당했다. 하지만 그때는 청소도 요즘처럼 날마다 하지 않고 계절이 바뀔 때 등 어쩌다 한 번 했고, 음식 조리도 간단하게 해서 똑같은 음식을 매번 먹었으며, 옷도 자주 갈아입지 않았다. 그런데 자본주의 시장경제가 성장하면서 임금노동과 이윤을 위한 상품생산이

---

72 휴즈는 《싸이버타리아트》에서 냉장고·세탁기·청소기 등 신기술이 가사노동을 줄여 주는 것 같지만 사실은 여성에게 더 많은 노동을 부담시킨다면서, 노동을 줄여 주는 '살림용 기술'이 과연 해방자인지, 아니면 속박자인지 묻는다. "한쪽에서 일을 줄인다는 건 단지 그 일을 다른 쪽에 떠넘기는 걸 뜻한다는 지적은 경제에서도 마찬가지로 유효하다. 식품업계는 수익이 없는 모든 일을 덜어 버리기를 갈망한다. 그들이 음식을 당신에게 가져다주는 게 아니라, 당신이 대형상점을 찾아가야 한다. 당신은 식품을 처리하기 위해 재빨리 얼려야 한다. 상품까지 가는 휘발유 값은 누가 대나? 도로 비용은? 식품을 급속 냉동 보관하는 비용은 또 누가 치르나? 이 모든 것과 당신이 대형상점까지 갔다가 오는 데 들이는 시간도 식품 값에 포함되는 것이다. 이 비용은 기업의 손익계산서에 나타나지 않는다. 그러나 결국은 당신의 손익계산서에 포함된다."(휴즈, 44쪽)

73 대니 쿼는 경제에서 가치의 원천이 날로 물질적인 재화에서 눈에 보이지 않는 서비스로 대체되고 정보기술의 중요성이 증가하면서 경제가 점점 비물질화하고 있다고 주장한다.(Quah, 1996)

확산됨에 따라, 이제는 빵도 상품으로 구입하고 세탁도 바깥에 맡기고 기성복을 사 입는 등 집안일이 줄어들게 됐다. 어떤 의미에서 산업화가 여성의 집안일을 빼앗아 간 셈이다.

도시 중산층 가정마다 할 일 없는 '가사 공백'이 생겨나자, '여성은 이제 무엇을 할 것인가'라는 물음이 던져졌다. 20세기 초 미국의 여성지 《레이디스 홈 저널》은 "가정이 위험하다. 너무 많은 여성들이 위험하게도 할 일 없이 빈둥거린다"라고 진단했다. 여성들은 일자리를 달라고 외쳤으나, 공장의 문은 여성들에게 쉽게 열리지 않았다.

이때 등장한 것이 가정 내 건강이다. 전문가들은 '부엌 병원균으로부터 가정을 지키는' 새로운 임무를 주부에게 맡겼다. 가정을 위협하는 세균들과의 전쟁이 벌어졌다.

가정경제학 교과서는 "세상을 깨끗하게 유지하는 것이 여성들에게 주어진 가장 위대한 일"이라고 선포했다. 주부들은 매일 집안 구석구석을 청소하고, 옷을 계속 빨아 입히고, 끊임없이 아이들에게 관심을 기울여야 한다고 설득 당했다.[74] 집안일은 과학화됐다. 최소의 시간과 비용을 들여 쇼핑과 요리를 하고, 하

---

74 시간을 절약해 주는 온갖 발명품들이 난무하는 가운데 사람들이 그 어느 때보다 자기 시간을 갖지 못하는 것은 역설 중 하나이다. "중세시대의 삶은 항상 황량하고 우울한 것으로 묘사되지만 그때 사람들은 후세 사람들보다 더 많은 여가시간을 갖고 있었다. 중세 유럽에서 1년에 쉬는 날은 평균 115일가량이었다. 오늘날에도 가난한 나라가 부유한 나라보다 평균적으로 더 많은 휴일을 보낸다는 점은 흥미롭다. 많은 발명품들은 시간을 절약함으로써 작업량을 늘리기 위해 만들어졌다. 최근 한 연구에 의하면, 전기가 없었던 1920년대 농가의 가정주부들은, 온갖 신식 기기를 갖추고 교외에 사는 현재의 가정주부들보다 눈에 띌 만큼 적은 시간을 가사 일에 사용했다고 한다. 그 이유는 거의 모든 기계적 진보가 생활수준의 기대 향상을 수반하기 때문이다. 예컨대 17세기 말 네덜란드에서 값싼 유리창이 시판되기 시작하면서, 실내에 쌓여 있는 먼지를 못 본 척할 수 없게 되었다. 오늘날 진공청소기를 비롯한 여러 제품들은 청결에 관한 기준을 더욱 높여 놓았다. 사람들은 가정의 먼지나 박테리아를 순식간에 없애 주는 이 제품들을 이용하는 데 시간을 더 많이 투자하게 되었고, 더 나은 삶을 위해 웨스팅하우스 청소기 등 가전제품을 쓰면서 더 많은 시간을 보내게 되었다."(레빈, 2000, 34~35쪽)

루 혹은 주 단위로 정확한 계산에 따라 살림 계획을 짜야 한다. 가정주부는 세균 사냥꾼일 뿐 아니라 효율적인 생산을 추구하는 가계 생산 '관리자'가 돼야 했다.

'경직성', 작은 정부
그리고 고용

'경직성'이라는 딱지

"우리는 숲 속의 어린 나무들이 성숙한 경쟁 상대들의 유해한 그늘을 뚫고 자라는 것에서 교훈을 얻을 수 있다. 많은 어린 나무들이 도중에 쓰러지고 소수만이 살아남는다. 그러한 소수의 나무들은 해마다 더욱 강해지고, 키가 자라면서 좀 더 많은 햇빛과 공기를 획득하게 된다. 그리고 마침내 주변의 나무들보다 더 높게 자라 영원히 자랄 것처럼 성장함에 따라 영원히 더욱 강해질 것처럼 보인다. 그러나 그렇지 않다. 어떤 나무는 다른 나무보다 더 오랫동안 활력을 유지하고 더 크게 자랄 것이다. 그러나 조만간 그들도 나이는 어쩔 수 없게 된다. 키가 큰 나무들은 경쟁 상대들보다 햇빛과 공기에 더 잘 접근할 수 있지만 점차 생명력을 상실한다. 그리고 그것들은 비록 물리적 역량은 약하지만 젊음의 활력을 가지고 있는 다른 나무들에게 하나씩 자리를 내주게 된다. 최근 거대한 주식회사가 급격하게 대두하기 전까지는, 일반적으로 기업의 성장도 나무의 성장과 마찬가지였다. 거대한 주식회사는 종종 정체되긴 하지만 나무와 달리 쉽사리 사멸하지 않는다. …… 그러나 이 대규모 회사는 융통성과 혁신적인 힘을 크게 상실할 것이므로 젊고 규모가 작은 회사들과의 경쟁에서 그러한 이점을 더 이상 배타적으로 누리지는 못할 것이다."(마셜, 1권, 404~405쪽)

1890년 당시, 앨프리드 마셜은 경쟁적 시장에서 독과점 기업이 지속적으로 생존하기 어려울 것이라고 내다봤다.

그러나 이와 달리 이른바 '슘페터 혁신가설Schumpeterian Waves of Innovations'에 따르면 기업의 혁신 행위는 기업의 규모와 함수관계에 있다. 즉, 대규모 기업이 소규모 기업에 비해 더 혁신적이며, 따라서 산업 전체로 봤을 때 경쟁적 산업구조보다는 독점적 산업구조에서 혁신이 더 많이 발생한다는 것이다.[75] 혁신 덕분일까? 마셜의《경제학원리Principles of Economics》가 나온 뒤 기업의 독점화는 더욱 강화되었고, 바야흐로 국가와 자본이 결합한 국가독점자본주의 시대가 열렸다. 국가와 독점자본은 1980년대 이래 노동과 제도에 '경직성'이라는 딱지를 붙이고 대대적인 공격을 하고 있다.

우리나라에서 2000년대 중반 벌어진 비정규직법을 둘러싼 논란은 '시장과 제도', '경직성과 유연성'이 정면충돌하는 양상으로 전개되었다. 시장원리를 강조하는 쪽은 노동시장을 규제하는 각종 제도(정규직·비정규직 보호 제도)를 없애 유연성을 높이면 지금보다 많은 고용이 창출될 거라고 주장한다. 해고 절차가 복잡하고 요건이 까다로우면 경기가

---

75 이택면(2001),《슘페터》, 평민사, 133쪽.

좋은 시절에도 기업이 고용을 늘리지 않을 것이며, 노동시장이 유연해져야 노동자들이 일자리를 다시 찾을 가능성도 커져 실업도 줄어들게 된다는 것이다. '유연한 노동시장이 노동자들에게도 좋다'는 논리로, 규제 없는 노동시장이 자본과 노동 모두에게 최적의 결과를 가져다줄 거라는 믿음이다.

시장주의적 성장 이론은 궁극적으로 성장이 경쟁력에 의존하고, 경쟁력은 주로 노동비용 통제에 의존한다는 견해를 따른다. 노조의 힘 때문에 노동시장이 경직되고, 이에 따라 노동비용이 높아지므로 결국 노조가 성장의 걸림돌로 작용한다고 말한다. 그러나 오히려 고용이 안정될수록 노동자들은 더 헌신적으로 일하고, 작업장에서의 기술 변화도 상대적으로 쉽게 수용한다. 비정규직이라는 불안정한 고용과 삶 속에서 헌신적으로 일할 의욕이 생기겠는가. 노조를 통해 목소리를 낼 수 있고 해고의 두려움이 없어지면, 노동자는 기업의 장기적 성장과 그에 따른 혜택을 바라보는 크고 넓은 시야를 갖게 돼, 당장의 임금인상이라는 단기적 이해를 포기할 수 있게 된다. 1970~80년대 일본 경제성장의 비결 중 하나가 '신뢰에 기초한 고용관계'다. 평생고용 체제 아래서 자본은 노동을 단순히 생산요소 비용으로 생각하지 않고, 노동자는 자신의 노동에 자부심을 느꼈다.

나아가, 몇몇 연구에 따르면(Korpi & Shalev, 1979 등) 강한 노조일수록 전투적 성향을 띠기보다는 오히려 임금인상 자제를 취하는 경향을 보인다. 경제와 사회의 모든 영역에서 제도적으로 뿌리 내린 강한 노조가, 세계 시장에서 경쟁력의 한 원천으로 작용하는 독일과 스웨덴 모델이 대표적이다. 여기서 고용 규제는 성장의 장애 요인이 아니라 오히려 성장의 원천으로 작동한다. 신자유주의 시장주의자들이 주장하는 이른바 '노조의 나쁜 영향'(임금비용 인상형 인플레이션, 실업 증가, 무역적자 등)을 보여 주는 강력한 증거는 없다.

인플레이션 문제를 보자. 쉬잔느 드 브뤼노프Suzanne de Brunhoff는《국가와 자본Etat et Capita》에서 노동자의 보이지 않는 적은, 자본이 아니라 인플레이션이라고 했다. 임금교섭에서 명목임금 인상률을 높게 쟁취하더라도 경제 전체의 인플레이션이 더 높아지면 실질임금은 오히려 떨어진다. "국가와 자본이 인플레이션을 이용해 합법적으로 임금을 도둑질하고 있다"는 것이다.[76]

"(1950년대 미국에서) 각 산업에 속한 모든 기업은 결정된 임금인상 및 편익 제공 등을 다른 별도의 협의 없이 바로 자기 기업의 노동자들에게 적용했다. 각 산업의 핵심 기업들은 그들의 제품 가격을 마음대로 조절할 수 있었기 때문에, 기업들은 노조와의 협상에서 임금과 복지 향상 등을 비교적 쉽게 허용하고 그에 따른 비용은 가격 인상을 통해 소비자들에게 쉽게 전가할 수 있었다. 기업의 관리자들은 이를 파업이나 작업 중단보다 나은 협상으로 생각했다. 왜냐하면 파업 등은 원활한 대량생산을 불가능하게 만들기 때문이다. 마찬가지로 노조 지도자들은 인플레

---

76 밀턴 프리드먼은 노동조합의 임금인상으로 인한 인플레이션 효과에 대해 "노동조합은 열(인플레이션)을 생산해 내는 난로라기보다는 단순히 열의 온도를 측정하는 온도계에 불과하다."고 말했다.(Hirsch & Addison, p.218) 프리드먼은《선택할 자유》에서 인플레이션은 알코올중독과 유사하다며 "한 나라가 인플레이션에 감염되면 처음에는 효과가 좋아 보인다. 처음에는 일자리가 풍부해지고 기업 활동이 활발해지며 거의 모두가 만족을 느낀다. 그러나 인플레이션으로 인한 나쁜 효과가 드러나기 시작한다. 물가는 오르고 유효수요는 떨어지며 인플레이션과 경기 침체 현상이 합세한다. …… 알코올중독자와 경제에 힘을 주려면 더 많은 알코올 혹은 통화가 필요하다. …… 술꾼은 술을 즐기고 있으면 자신이 정말로 알코올중독자라는 것을 인정하기 매우 어렵다. 설사 이를 인정하더라도 치유받기를 원치 않는다."라고 말했다.(프리드먼, 2009, 341~342쪽)

이선을 우려하는 정치인들에게 지나친 충격을 주지 않고, 자신들의 요구를 관철시키는 방법을 이해하게 되었다."(라이시, 58쪽)

한국에서도 현대자동차의 임금이 인상되면, 이것이 이른바 '패턴 세터pattern setter' 역할을 하여 다른 완성차 업체는 물론 주요 산업과 기업의 임금인상 기준을 정하는 효과를 발휘한다. 그런데 이 임금인상분을 자동차 가격 등에 전가해 인플레이션이 일어나고, 그렇게 되면 독점 대기업 노동자들의 실질임금은 변하지 않아도, 명목임금 인상을 따내지 못한 중소 영세기업 노동자들은 실질임금이 크게 줄어들어 고통을 겪게 된다.

민영화, 부도난 어음

경제 및 노동자의 생애와 관련하여 이제 '국가의 역할'을 민영화와 시장경쟁, 세금 등의 측면에서 생각해 보자. 국영기업에서 자동차를 만드는 것과 민간 기업인 제너럴모터스(GM)가 자동차를 생산하는 것의 차이점은 뭘까? 자유시장 신봉자들이 추종하는, 시장에 대한 국가 개입을 대중적으로 가장 인상 깊게 비판한 밀턴 프리드먼은 "경쟁이 소비자를 보호하는 것은, 경영자가 정부 관료보다 더 융통성이 많다거나 이타적이거나 관대하기 때문이 아니라, 소비자를 보호하는 것이 자기에게 이익이 된다는 신념과도 같은 이기심 때문"이라고 말했다.

프리드먼[77]의 《화려한 약속, 우울한 성과Bright Promises, Dismal Performance》에 따르면, GM은 정부가 제공하지 않는 '봉사'(저렴한 가격 등)를 제공해야만 당신에게 차를 팔 수 있다. 그렇지 않으면 당신은 포드나 토요타 등 다른 경쟁 업체의 자동차를 살 것이기 때문이다. 정부가 운영하는 국영 기업과 달리 GM은 당신을 착취할 수 없다는 얘기다.

"당신이 1달러를 건네주는 데 동의하지 않으면 GM은 당신에게서 결코 1달러를 얻지 못한다. GM은 경찰을 보내 당신의 주머니에서 돈을 훔칠 수 없지만 미국 정부는 할 수 있고, 그 결과 GM은 모든 미국 주정부 또는 정부기관이 하지 않아도 되는 봉사를 당신의 이익을 위해 해야만 한다. 왜냐하면 GM이 당신의 이익을 위해 봉사하지 않는다면 당신은 포드의 제품이나 크라이슬러의 제품 또는 폴크스바겐이나 토요타를 살 것이기 때문이다. 그것이 GM이 당신을 착취할 수 없도록 하는 것이다."(프리드먼, 2005, 99쪽) 가장 효과적인 소비자 보호는 국내에서의 자유경쟁 그리고 세계에서의 자유무역이란 가르침이다.

이처럼 자유시장의 기적적인 힘에 집착하는 사람들은, 민간 자유기업은 시장과 소비자의 끊임없는 시험을 받기 때문에 가장 낮은 비용으로 소비자의 수요를 충족시키는 상품을 생산하게 된다고 믿는다. 프리드먼에 따르면, 사회보장제 등 사회·경제적 약자를 돕기 위한 국가의 각종 제도와 정책은 집행 공무원의 무능과 정보 부족, 부패와 낭비, 인건비 지출로 인해 비효율을 발생시킨다. 이른바 '정부 실패'다. 국가는 "전지전능하고almighty, 또 경제에 참여하는 '모든' 사람의 후생을 공평하

---

77 폴 새뮤얼슨은 시카고대학 교수였던 밀턴 프리드먼을 "없었다면 우리가 만들었어야 할 사람"(복거일, 1990, 43쪽)이라고 했다. 프리드먼은 시장의 중요성을 일깨우고, 시장이 개인들의 자유를 가장 잘 보장해 주는 기구임을 강조한 현대 자유시장이론의 거두 중 한 사람이다. 시카고대학은 이른바 정통파 자유시장이론의 학문적 메카였는데 "(경제학은) 점차 각 대학을 근거지로 특정 재단 기금의 재정적 지원을 받는 학회와 특정 장소에서의 회합 등을 통해 '점점 더 참호화환 정통orthodox의 족쇄'에 붙들렸다."(백하우스, 2005, 441쪽)

게 증진시키는 '자비로운 사회계획자benevolent social planner'가 될 수 없다"는 얘기다.[78]

경제학 원론은 프리드먼의 메시지를 따라, 가난한 사람들에게 쓰인다는 수많은 세금의 상당 부분이, 사실은 그 제도를 관리·지도하는 공무원 등 이미 소득이 높은 사람들에게 돌아간다고 말한다. 경제학자 아서 오쿤은 이를 '새는 물통leaky bucket'에 비유했다. 부자가 세금을 통해 가난한 자에게 돈을 이전해 줄 때, 도중에 (집행 공무원의 인건비 등으로) 새 나가는 물이 아까워 이전 자체를 반대해야 할까?

"밀턴 프리드먼과 달리 나는 구멍 난 물통 실험에서 누출이 10퍼센트나 20퍼센트라면 소득재분배를 열광적으로 계속할 것이다. ……나는 60퍼센트 누출이 보일 때까지만 소득재분배를 계속할 것이다."(이정우, 2010, 77쪽) 과연 당신이라면 물통에서 어느 선까지 물이 새는 것을 참을 수 있겠는가?

이명박 정부가 '작은 정부'로 가는 길에서 강도 높게 추진한 공기업 민영화를 보자. 민영화는 공공 부문의 경직성을 없애겠다는 것이다. '자유화'가 국내시장 개방을 뜻한다면, '민영화'는 민간 사기업의 시장 확대를 의미한다. 민영화는 공공 부문의 일자리 수십만 개를 경쟁을 통해 민간에 개방하겠다는 것으로, 공공 부문에서 대대적인 인력 감축과 자산 매각을 밀어붙이고 있다. 2009년 철도 노동자들의 극심한 반발과

---

78 케인스는 고도의 판단 능력을 가진 지적 엘리트의 필요성을 강조했다. 그는 정치가나 관료가 철저하게 공익을 위해 일할 것이라고 가정했다. 이 가정을 케인스가 태어난 곳의 이름 따 '하베이 로드의 전제'라고 한다. 그러나 이는 과연 정치가나 관료가 그런 능력이나 도덕성을 갖고 있느냐는 비판을 받았다.(요시야스, 173쪽)

파업을 부른 철도 민영화 추진은 예고편에 불과했다. '공공 부문 선진화 방안'에 따르면, 305개 공공기관에서 민영화·통폐합·기능 재조정이 시작되고, 129개 공공기관에서 전체의 12.6퍼센트에 이르는 2만2000여 명이 일자리를 잃게 된다.

프리드먼은 《선택할 자유》에서 '만약 고양이가 '멍멍' 하고 짖는다면 여러분은 어떻게 생각할 것인가? '야옹야옹' 하고 우는 것이 고양이의 생래적 본질인 것처럼, 오늘날 공공기관의 부정적 효과는 그것이 공공기관이라는 본질적인 체질에서 연유하는 것이다. 우리는 고양이가 멍멍 짖고, 물이 훨훨 불타는 것을 요구할 수 없다."고 했다.(프리드먼, 2009, 269쪽) 정부 (그리고 규제·개입) 시스템은 본질적으로 결함을 안고 있어서 어떤 이유에서든 축소·폐지돼야 한다는 얘기다. 글로벌 금융위기로 이러한 시장주의 이론이 파산에 이른 지금에도, 시장주의자들은 여전히 "불완전한 시장이라도 불완전한 정부보다 낫다"(프리드먼, 2009, 280쪽)는 프리드먼의 가르침을 맹목적으로 신봉하고 있다.[79]

그러나 미국의 전력 민영화, 영국의 철도 민영화 사례가 보여 주듯 공기업을 시장경쟁에 내맡기면 효율이 높아질 거란 약속은 종종 '부도난 어음'이 되고 말았다. 1999년 캘리포니아의 대규모 정전 사태가 이를 극적으로 보여 준다. 시장이론은 공급이 부족하면 전력 가격이 치솟아 전력회사들이 투자 유인을 느끼게 되고, 따라서 시장에서 전력 공급이 충

---

79 이 책에는 밀턴 프리드먼의 말이 자주 등장한다. 물론 필자가 프리드먼을 인용한 맥락은 대부분 자유시장에 관한 그의 주장을 비판하는 관점에 서 있으나, 노동자의 관점과 자리에 서 있더라도 자유시장을 주창하는 쪽의 논리와 사고방식을 (옹호가 아니라!) 이해하는 것이 필요하다.

분히 이뤄지게 된다고 가르쳐 왔다. '마법의 자유시장'은 민영화하면 풍부하고 값싼 전력을 공급하도록 돼 있다는 것이다.

그러나 규제가 풀린 뒤 민간 전력회사들은 투자를 많이 할수록 이익은 곤두박질치는 반면, 공급을 줄이면 가격이 하늘 높은 줄 모르고 치솟는다는 사실을 금방 깨달았다. 시장에 충분한 전력을 내놓지 않는 식의 작은 음모만 꾸미면 간단히 큰돈을 벌 수 있는데, 이런 사업 기회를 그냥 흘려보낼 민간자본이 어디 있겠는가. 캘리포니아 전력회사들은 일부러 기술적인 문제를 일으켜 발전기 가동을 정지시킴으로써 전력 가격을 끌어올렸다. 사실 시장경제에서 끊임없이 이윤을 축적하는 기업은 생산 측면의 '결핍', 곧 공급을 제한해야만 이윤을 얻을 수 있다.

민영화를 하면 시장의 새로운 '경쟁적 열정'이 공공 부문에 팽배한 '관료적 태만'을 잠재울 것이며, 비용도 낮아지고, 지나치게 봉급을 많이 받는 일부 '철밥통' 공공 부문 조합원을 제외한 모든 사람의 생활 형편이 나아질 것이라고 주장한다. 과연 그럴까? 폴 크루그먼은《대폭로 The Great Unraveling》에서 "(세금 인하를 한 국가들에서) 민영화는 정치적 피난처 마련과 무관하지 않다. 재정적자가 불가피한 상황에서 적자를 줄이는 조처로서 뭔가 일을 하고 있다는 인상을 만들어 내고, 적자라는 현실로부터 대중의 관심을 돌리려고 민영화 카드를 사용하기 마련이다."라고 말했다.(크루그먼, 2003, p.288)

감세정책의 부메랑

시장주의자들은 국가가 갖는 또 다른 경직성이자 비효율의 대명사로 '세금'을 꼽는다. 근대적 의미에서 '국가'라는 기구는 세 가지 독점적·배타적 권리를 누린다. 군대·경찰 등 폭력적 국가조직을 보유할 수 있고, 독점적인 화폐 발행권을 갖고 있으며, 국민들에게 세금을 거둘 수 있는 권한을 주권자들로부터 부여받고 있다.[80]

시장근본주의 이론을 설파하는 경제학 교과서는 대부분 세금을 비효율을 낳는 주범으로 취급한다. '정부 없는' 이상적인 완전경쟁 시장이야말로 모든 소비자와 생산자에게 소비·이윤 극대화를 자동적으로 보장하는 효율적인 시장이라고 묘사하고, 이런 시장에 세금이 개입되면 소비자 잉여가 줄어들고, 민간경제가 위축되고, 따라서 비효율을 낳게 된다는 설명이다. 시장의 위대함을 가르치고 배우는 경제학 교과서가, '자유로운 경쟁을 통해 더 많은 소득 기회를 제공한다'는 시장의 원리 및 약속과 어긋나는 세금 징수에 '비효율' 딱지를 붙이는 건 어쩌면 당연한 귀결이다.

세금은 본래 시장에서 분배된 소득을 시장 바깥에서 재분배하는 기능을 갖는다. 세금이 어디에 사용되는지도 중요하지만, 누가 세금을 내는지도 중요하다. 이와 관련해 '노동자와 세금'에 대해 잠깐 살펴보자. 소득이 매우 적거나 없는 사람은 적어도 직접세는 내지 않는다. 국세청 자료를 보면[81] 2009년 귀속 급여에서 근로소득세 연말정산 이후 소득세

---

80 막스 베버는 국가를 "일정한 영토 안에서 합법적(이라고 간주된) 물리적 강제력을 요구하는 (그리고 이 강제력 수단을 합리적으로 얻는 데 성공한) 인간 공동체로서, 인간의 인간에 대한 지배 관계"라고 말한 바 있다.(베버, 1981, 328쪽) 그런 점에서 탈세와 위폐사범은 국가의 권능에 도전하는 범죄로서 서슬 퍼런 국법으로 추상같이 다스려야 할 것이다. 그러나 한국의 사회경제에서는 거액의 탈세가 만연해 있다. 월급쟁이 임금노동자들은 원천징수를 통해 급여 명세서가 유리알처럼 투명하게 드러나는 반면, 기업의 탈세는 유전무죄 속에서 솜방망이에 그친다는 비판이 적지 않다.

81 김우철·강민지(2011), 〈복합조세함수 분석을 통한 우리나라 근로소득세제의 특성〉, 국회예산정책처.

면세자(과세미달자)는 전체 근로소득자 1429만 명 중에서 575만 명에 이른다. 납부할 능력이 없는 사람에게는 세금을 부과할 수 없다. 즉, 세금은 소득 비례에 따라 시장에서 돈을 많이 벌어들인 사람에게 거두는 것이고, 그런 까닭에 시장에서 더 많은 소득을 올리는 계층일수록 세금에 더 민감하게 반응한다.

'공급 중시 경제학supply side economics'은 감세를 통해 노동자들에게 더 많은 일자리를 만들어 제공할 수 있다고 주장한다. 감세를 하면 부자와 기업들이 더 많이 소비하고 생산하여 고용이 늘고, 저소득층과 경제 전반에 온기가 골고루 퍼지게 된다는 것이다. 시장주의자들의 가르침인 이른바 '적하효과'다. 본래 공급 중시 경제학에서 말하는 조세 감면의 핵심 목적은 '한계세율', 곧 사람들이 '추가적으로 벌어들이는 소득'에 지불해야 하는 세율을 낮추는 것이다. 평균세율보다는 한계세율이 노동 공급 및 투자의 유인을 결정하기 때문이다. 그럼에도 실제로 정부의 감세 정책은 한계세율이 아니라, 고소득층 가계와 대기업의 전반적인 세율을 낮추는 식으로 엉뚱하게 이뤄졌다.

부자들은 감세로 가처분소득이 늘어나도 소비를 늘리기보다는 증가한 소득을 저축하거나 장롱 속에 집어넣기 마련이다. 흔히 과세를 '거위를 울지 않게 하면서 깃털을 뽑아내는 기술'이라고 하는데, 이런 감세는 거위를 울리기는커녕 즐겁게 해 줄 뿐이다. 물론 세금이라는 털을 뽑아낼 수 있는 거위는, 깃털이 많은 부자 거위들뿐이다. 이미 수조 원의 현찰을 내부유보(기업의 순이익에서 세금, 배당금 등 외부에 유출되는 부분을 뺀 나머지 금액)로 기업 금고에 쌓아 놓은 대기업에게 수십억 원의 조세지출tax expenditure(재정지출처럼, 각종 조세 감면 및 세액공제 등을 통해 세금

을 지출하는 효과를 내는 것)을 해 준다고 해서, 그것이 투자 증대로 이어
진다는 이야기는 우파 경제학이든 좌파 경제학이든 어떤 경제학설에도
없다.

밀턴 프리드먼은 《뉴스위크》에 연재한 칼럼[82]에서 "나는 정부지출의
폭발적 증가를 막을 유일하고 효과적인 방법은 언제, 어떤 이유, 어떤
방식으로든 조세를 감소시키는 것이라고 확신한다. 이것이 우리가 보
유한 (정부의 역할을 최소화할 수 있는) 유일한 방법인 것 같다. 그러므로
감세를 환영하라."고 강조했다. 이정희 민주노동당 의원이 2009년 9월
국회에 제출한 기획재정부 국정감사 자료에 따르면, 정부 기준에 따라
과세표준(세금을 부과하는 기준 금액) 8800만 원 이하를 중산·서민층으
로 정하고 계산했을 때, 2008년과 2009년에 중산·서민층의 1인당 감세
액은 120만 원에 그친 반면 고소득층 7만 명은 1인당 무려 4034만 원의
감세 혜택을 받았다.

작은 정부를 지향하는 국가는 "미래의 세금 인상은 내가 죽은 뒤에만
취소될 수 있다"는 식으로 감세에 한사코 매달린다. 세금을 비효율의 대
명사로 가르치는 경제학 교과서가 파산한 뒤에만 세금 인상이 가능하
다는 것일까? 폴 크루그먼은 "국세청의 조직과 활동을 축소시켜 국세청
을 굶기는 것은 돈을 아끼는 것이 아니다. 그것은 부유한 세금 사기꾼들
을 보호하는 일이다"라고 말했다.(크루그먼, 2003, 141쪽) 대표적 시장주의자인 강
만수 전 국가경쟁력강화위원장도 2000년대 후반 "삼성전자나 현대자동

---

82 Friedman, Milton(1978). "The Kemp-Roth Free Lunch". *Newsweek*, August 7.

차가 사상 최대 실적을 냈다고 하는데 환율 효과와 재정지출 효과를 빼면 창업 이래 최대 적자"라고 말한 바 있다. 대기업의 실적이 시장의 효율적인 작동이 아니라, 각종 감세와 정부의 외환시장 개입 등 '국가의 역할'에 힘입은 바 크다는 얘기다.

기업들은 겉으로는 국가의 간섭 없는 '자유기업'을 주창하면서도 실은 정부 규제를 즐긴다. 규제가 그들을 치열한 경쟁으로부터 보호해 주기 때문이다. 무능한 자본일수록 '더 많은 특혜와 규제'를 받고자 국가를 상대로 로비를 펼친다. 규제받는 자들이 규제하는 자들을 '포획'해 이용하는 것이다. 언젠가 전국경제인연합회 회장은 "기업들에게 더 많은 (감세 등) 특혜를 달라. 그래야 신규 투자를 해서 일자리를 늘릴 수 있다"고 노골적으로 요구하기도 했다. 의도적으로 투자를 회피하는 '자본 파업'을 앞세워 정부를 압박한 것이다. 감세는 소극적인 의미에서 정부가 시장에 개입하는 또 다른 방식이다.

물론 세금을 납부할 능력이 없는 서민들도 세금 납부를 좋아하지 않는다. 하지만 '준조세'로 불리는 국민건강보험 등 각종 사회보장 지출을 고려하면, '더 많은 세금'은 오히려 수많은 사회적 약자들이 환영해야 할 일이다. 소득이 낮은 사람은 건강·영양 상태가 상대적으로 더 나쁘고, 더 자주 병원을 이용하기 마련이다. 더 적은 보험료를 내고 더 많은 혜택을 누리는 것이다.

프리드먼은 유명한 '공짜 점심은 없다(There is no free lunch)' 신화를 언급하며 "정부가 어느 누구도 희생시키지 않고 돈을 쓸 수 있다는 말은 신화에 불과하다. 기업은 지하실에 화폐 발행 윤전기를 갖고 있지 않다. 기업이 정부에 세금을 낼 수 있는 유일한 방법은 그 짐을 누군가에게 떠넘기는 일"이라고 말했다. 모든 선택에는 기회비용이라는 대가가 따르며, 오늘 공공복지 혜택을 더 늘려 모든 사람들이 좀 더 행복해지더라도 나중에 언젠가는 그만큼이 '더 많은 세금' 부과의 고통으로 모든 사람들에게 되돌아온다는 얘기다.

역설적이게도 프리드먼의 말은 정확하게 맞는다. 이명박 정부의 '부자 감세'로 인해 막대한 재정적자가 예상되고 있다. 정부는 재정수지를 맞추려고 앞으로 저소득층에게 더 많은 세금을 거둘 것이며, 2007년 604만 명(전체 납세인원의 43.8퍼센트)에 달했던 중·하위 소득층의 근로소득 면세자 비율[83]도 크게 줄어들 것이 뻔하다. 반면 고소득층은 지금 누리는 막대한 감세 혜택분을 나중에 다시 뱉어 내면 그만이다. 부담을 떠안게 될 사람은, 감세 효과로 생긴다는 일자리도 얻지 못한 채 거위 털을 느닷없이 요구받게 될 중·하위 소득자들이다.

---

83 2009년 10월 기획재정부가 국회 기획재정위원회에 제출한 국정감사자료.

제3부

'노동'시장 : 바닥을 향한 경주

"자본의 권력은 무언가를 행하는 것으로부터가 아니라 행하
지 않는 것으로부터도 나온다."

– 새뮤얼 보울스

1

자본의 전략:
생산의 유연화, 노동의 유연화

저임금 경제의
부상

기업 이윤 획득의 유일한 방법

로버트 브레너는 《혼돈의 기원^{The} Economics of Global Turbulence》에서 1980~90년대를 '저임금 경제의 부상'으로 규정했다. "(1980년대 이후) 저임금 경제의 부상으로 민간 기업의 지속적인 이윤 획득을 가능하게 한 요인은 오직 임금의 정체뿐이었다. 노동의 가격[1]에 대한 통제 능력, 곧 어떠한 실질임금의 성장도 포용할 수 없는 (자본의) 무능력이었다. 모든 선진 자본주의국가 정부는 1990년대까지 지난 20년 동안 임금 삭감을 최고의 정책 목표로 삼아 왔다."(브레너, 2001, 444쪽)

브레너에 따르면 고용돼 있는 노동력의 최소한 3분의 1은, 그들이 비록 직업을 갖고 있음에도 불구하고 거대한 '고용된 산업예비군'을 형성해

---

1 '노동력의 가격'이란 예컨대 콩나물 가격의 경우와 마찬가지로 이미 다 써 버린 노동력을 다시 만들어 내는 데 필요한, 곧 그 노동력을 담고 있는 육체를 유지하는 데 필요한 가격으로 표시된다. 임금이란 요컨대 노동력의 가격으로서, 간단히 말해 그 사람의 생활비가 되어야 한다.(정운영, 1990, 39쪽)

실업과 마찬가지로 임금에 강력한 하방 압력을 부과하는 기능을 한다.(브레너, 2001, 445쪽)

노동은 자본주의 이윤 창출 체제에서 불가피하게 자본에 의존할 수밖에 없다. 경제학 교과서에 따르면 노동은 '파생수요'에 불과하다. 자본의 투자에 따라 거기서 파생되는 수요일 뿐, 노동을 고용하는 그 자체가 자본의 목적은 아니다. 즉, 고용은 자본의 이윤과 수익성에 의존할 수밖에 없다. 여기서 자본과 노동의 사회적 힘의 크기가 극명한 대조를 이루면서 나타나게 된다.

이윤은 투자를 위한 필요조건인데 개별 자본가, 나아가 총자본은 사회경제 전체적으로 생산물 배분, 특히 어디에 얼마나 투자할 것인지를 결정한다. 생산수단의 소유권이 소유자에게 생산을 조직할 권리도 부여하는 것이다. 이와 대조적으로 노동자는 노조와 정당 등 집단적·정치적 이익대표 체제를 통해 오직 집합적으로 또 간접적으로 자신들의 사회경제적 요구를 개진할 수 있을 뿐이다. 결국 사회 전체가 자본가의 행위에 구조적으로 의존하는 체제가 자본주의다.

마이클 예이츠Michael Yates는 이 점을 다음과 같이 정확하고 날카롭게 표현했다. "자본주의경제는 주기적으로 침체와 불황을 겪는다. 이런 경제적 위기는 자본주의 시스템의 본질에서 비롯되는 것이다. 자본은 항상 더 화창한 하늘이라는 천국(더 높은 이윤)을 추구하기 때문에, 다른 데에서 그런 곳을 발견하면 공장을 폐쇄하거나 축소하고 그쪽에서 새로운 시설을 가동한다. 이것이 노동계급에게 의미하는 건 가장 안정적인 고용 형태로 보이는 것조차 '대기 속으로 녹아 사라지는melt into air' 불안정과 두려움의 만연이다.[2] 자본주의경제에서 실업은 노동자들에게 항상적인 위협이자 고통이다. 많은 노동자들이 주기적으로 이런 고통을 겪는다. 실업자가 된다는 것은, '시장과 관련을 맺지 않는 건 아무것도 없는'(상품화) 자본주의 시장경제 상황에서 사회에서 낙오되는 것이나 마찬가지다.……시장은, 자신을 견제하는 강력한 힘이 부재한 상태에서 불평등을 재생산할 뿐 아니라 더욱 깊게 한다. 이런 불평등 자체가 '계급적 상처'를 초래하게 된다."(Yates, 2008) 여기서 '노동계급이 겪는 상처The injuries of class'는 불안과 두려움이다.

물론 20세기에 이와 조금 다른, 새로운 자본주의도 있었다. 헨리 포드가 1914년 노동자들에 지급한 '일당 5달러'는 당시로서는 아주 큰 금액이었다. 노동자들은 그 돈을 모아 자기가 만든 포드자동차를 구입했다. 사실 임금이 높으면 기업의 이윤과 수출 등에 부정적 영향을 미치지만 경제 전체의 구매력이 상승하기 때문에 부정적 영향을 상쇄하고도 남는 경우가 적지 않다. 이른바 '임금이 주도하는wage-led 경제'이다.

그러나 신자유주의 경제학자들은 저임금 비정규직이 '일자리를 만드는 훌륭한 기계' 노릇을 한다며, 이를 '대안적 노동 형태'라고 주장한다. 21세기의 비정규직은 '더 많은 임금'을 찾아 떠도는 수많은 불완전 취업자들일 뿐이고, 실업인구가 그러하듯 노동시장에서 끊임없이 전체 노동자의 임금을 끌어내리는 압력으로 작용하고 있다. 거대한 규모의 비정규직이 '풍부한 노동력 저수지' 노릇을 하는 한, 좀 더 나은 일자리

---

2 국제적인 노동연구 권위자인 가이 스탠딩Guy Standing 영국 바스대학 교수는 노동시장 유연화로 크게 확대되고 있는 노동 계층을 21세기의 위험계급 '프레카리아트Precariat'('불안정한'이란 뜻의 이탈리아어 Precari 와 프롤레타리아트Proletariat의 합성어)라고 부른다.(《이코노미 인사이트》 2010년 9월)

를 가진 조직노동의 노동력 철수(파업)도 무력해지고 만다. 파업의 동력이 떨어지고 교섭력이 약화되기 때문이다. 실제로 일자리 불안 시대에 임금 삭감을 낳는 양보 교섭 물결이 작업장을 휩쓸고 있다.

지난 30여 년간 자본은 전 세계적으로 노동에 큰 타격을 입혔다. 이윤율을 유지하고 높이고자 대규모 인력 감축을 단행하고 노동자들을 불안정 고용으로 내몰았다. 임금과 복지 혜택을 삭감하고, 공장을 폐쇄하고, 복지국가 이데올로기를 공격하고, 공공서비스 민영화와 탈규제를 시도했다. 일자리를 아웃소싱하고 해외로 공장을 옮겼다. 이런 모든 도전은 노동자들이 노동조합과 정치세력으로 조직화하는 것을 어렵게 만들었다.(Gapasin & Yates, 2005)

상대적으로 괜찮은 기업들까지도 임금·복지 반납을 요구하고 있고, 고용 불안 앞에서 임금 삭감은 '강요된 선택'으로 다가온다. 자본은 생산을 세계 전역으로 이동시켜(또는 이동시키겠다고 위협해) '거대한 미조직 노동자 대중'을 경쟁시킴으로써 노동운동을 압박하고 있다. 이에 따라 노동의 교섭력은 약해지고, 전 세계적으로 임금과 노동조건의 '바닥을 향한 경주'[3]가 폭주하고 있다.(실버, 23쪽)

자본이 좀 더 낮은 노동비용을 가진 국가로 이동함에 따라 '사회적 덤핑social dumping'(각국 사이의 임금·세금에 대한 경쟁적 삭감 및 인하)이 가세하면서 임금수준이 낮아지고 있는 것이다.[4] '더 낮은 임금'과 '더 약한 노동조합', '더 쉬운 해고'를 찾아 이동하는 자본을 붙들기 위해, 국가마다

---

3 Mazur, Jay (2000), "Labor's New Internationalism," *Foreign Affairs*, Jan/Feb.

노동 관련 규제를 대폭 줄이며 경쟁적으로 '미인 대회'를 벌인다. 자본은 매력적인 국가를 단지 선택(체제쇼핑regime shopping)만 하면 된다.[5]

저임금 일자리의 함정

한국의 권위주의 발전 국가 노동정책은 파업 봉쇄뿐 아니라 임금 통제에도 초점을 맞추어, 개인과 가족의 노동력 재생산을 위한 사회적 임금을 보장하기는커녕 시장임금조차 통제해 왔다. 송호근에 따르면, 1970~80년대 경제기획원이 매년 말 경제성장률과 인플레이션율을 감안하여 다음 해에 적용되는 공공 부문과 민간 기업의 임금 가이드라인을 설정하고, 이를 상한선으로 하여 노동청의 행정 감독 아래 기업 단위별 임금교섭이 이루어졌다. 정부가 사용하는 확정된 계산 방식은 없지만 당시 매년 임금 인상률은 '생산성 원리'에 기초해 다음의 공식을 따랐다.

$$임금인상\ 상한선=(인플레이션율 \times 70\text{~}80\%)+(생산성\ 증가분 \times 80\%)$$

4 애덤 스미스는 일찍이 《국부론》에서 자본은 이동성이 높기 때문에 자본에 대한 높은 과세가 국부 증진에 부정적 영향을 끼친다고 말했다. "토지는 움직일 수 없는 물건이지만 자본은 쉽게 움직일 수 있다. 토지 소유자는 반드시 자기 소유지가 있는 특정 국가의 시민이지만, 자본 소유자는 세계시민이라는 것이 보다 적절하며 반드시 어느 특정 국가에 속하지 않는다. 그는 (부담스러운 세금을 부과하려고 골치 아픈 조사를 하는) 나라를 쉽게 떠나며, (자기 사업을 좀 더 쉽게 할 수 있거나 자기 재산을 보다 안락하게 즐길 수 있는) 다른 나라로 자기 자본을 이동시킬 것이다. 자본을 이동시킴으로써 그는 자신이 떠난 나라에서 그 자본이 유지했던 모든 산업에 종지부를 찍을 것이다. 자본은 토지를 경작하며 노동을 고용한다. 자본을 쫓아 버리는 경향을 갖는 조세는 왕과 사회에 대해 모든 수입 원천을 그만큼 고갈시키는 경향을 가질 것이다. 자본의 이윤뿐 아니라 토지의 지대 및 노동의 임금도 자본의 이동에 의해 필연적으로 다소 감소할 것이다."(스미스, 1992, 342쪽)

5 노동조합 역시 투자를 유치하고자 파업 자제와 무쟁의를 선언하거나, 회사 쪽과 '생산성 동맹'을 맺고, 외국 자본에게 달려가 "파업하지 않을 테니 투자해 달라"고 설명하는 일종의 '미인 대회'를 벌이고 있는 형국이다.

반면 당시 정부의 임금 규제에 대하여 한국노총은 '생계비 임금'을 대항 논리로 내세워 다음과 같은 계산 방식을 취했다.

$$임금\ 인상률 = (인플레이션율 \times 150\%) + (생산성\ 향상분 \times 100\%)$$

이처럼 노동의 생계비 임금 논리와 국가의 생산성 임금 논리 간의 차이는 임금 가이드라인을 구성하는 인플레이션율과 생산성 향상의 반영률을 둘러싼 대립으로 발전했다.(송호근, 264~271쪽) 분배 몫을 둘러싼 갈등에서 노동조합은 '생계비에 기초한 임금'을 요구한 반면, 자본은 '생산성'에 기여한 정도에 따라 가져가야 한다며 전혀 다른 접근 방식을 취한 것이다. 그런데 한국 노동자들은 과연 생산성 증가만큼의 임금 상승이라도 보장받고 있는 것일까? 미국노동통계국(BLS)이 한국·미국·일본 등 주요 14개 국가를 비교한 결과, 한국의 제조업 노동생산성 증가율은 2004년 12.1퍼센트(전년 대비)로 가장 높았다. 게다가 노동생산성에 기초해 임금 인상률을 정한다 해도, 실제 임금인상 수준은 '인플레이션 초래를 막고 기업의 경쟁력을 해치지 않는' 범위로 다시 억제된다.

인플레이션을 고려할 때 미국에서는 1973년 이후 20년간 노동자의 실질임금이 15퍼센트 하락했으며, 특히 25~35세 노동자의 실질임금은 25퍼센트나 하락했다. 이러한 실질임금 저하로 1990년대 미국 가정의 살림살이는 1970년대 말보다 오히려 어려워졌다. "1980년대에 대다수 미국인들은 임금 정체 및 하락으로 더 오래, 더 열심히 일해도 생활수준은 떨어지거나 정체되었거나 대단히 서서히 향상되었다."(코우츠, 51쪽)

2011년 8월 현재, 한국은 저임금 계층이 26.7퍼센트로 경제협력개발기구(OECD) 국가 중 가장 많고, 소득 상위 10퍼센트와 하위 10퍼센트 간 임금격차를 보여주는 임금 불평등은 5.1배로 멕시코 다음으로 심하다.(김유선, 2011b) 황덕순·이병희(2011)에 따르면, '저임금' 노동자는 전체 임금노동자 중에서 2001년 22.6퍼센트, 2006년 25.8퍼센트, 2010년 26.3퍼센트로 증가 추세에 있다. 비정규직 중 저임금 노동자의 비율도 2001년 36.3퍼센트, 2006년 38.3퍼센트, 2010년 42.3퍼센트로 증가했다.(〈표 10〉 참조)

■ 〈표 10〉 고용 형태별 저임금 고용 비중 추이   단위 : %

구분	2001년	2006년	2008년	2010년
전체 임금노동자	22.6	25.8	26.8	26.3
정규직	17.5	19.0	19.8	18.3
비정규직	36.3	38.3	40.6	42.3

자료 : 통계청, '경제활동인구조사 근로 형태별 부가조사', 각년도 8월.
출처 : 황덕순·이병희(2011)

전일제 풀타임 노동자의 총 임금을 기준으로 저임금 고용 비중은 2009년에 한국이 25.7퍼센트로 OECD 국가(평균 16.3퍼센트) 중 가장 높았다. 물론 단시간 노동자의 저임금 고용 발생이 높지만, 전체 저임금 노동자의 79.6퍼센트가 풀타임 노동자라는 점은 주목할 만하다. 즉, 풀타임으로 하루 8시간 이상 일하더라도 임금이 너무 낮아서 저임금 노동자에 속하는 사람이 넘쳐 나는 것이다.

게다가 소득 이동성earning mobility 측면에서도 저임금 고용은 좀 더 나은 임금 계층으로 이동하는 '디딤돌'이라기보다는 막다른 골목 내지 '함정'으로 작용하고 있다. "노동조합은 주로 중간소득층 이상의 임금노동자로 구성된 정규직 조합원에게 1차적 관심을 가지고 있으며, 미조직 저임금 노동자에 대한 관심은 부차적이다. 이들은 정부 정책에서도 소외되어 있다. 교육·훈련의 기회도 제한받고 있어서 경력 관리가 힘들며 승진 기회도 거의 없어 결국 저임금 고용이 막다른 골목이 되고 있다.……일정 시점에서 저임금 상태에 있는 노동자가 시간이 변하더라도 계속 그 상태에서 빠져나오지 못함으로써 평생 저임금 노동자로 살아간다면 문제는 더 심각하다. 저임금 일자리의 '함정성'은 두 가지 특성을 나타낸다. 첫째 저임금 일자리에서 장기간 빠져나올 수 없으며, 둘째 저임금 일자리에서 탈출하는 경우에도 실업 혹은 비경제활동인구로 전락하거나 혹은 잠시 저임금보다 다소 높은 소득을 받더라도 오래 지속되지 못하고 다시 저임금으로 복귀하는 이른바 '회전문 효과revolving door effect'를 보인다."(윤진호·이시균, 2009) 저임금 고용을 거쳐 경력과 숙련이 쌓이면 자연스럽게 좀 더 나은 소득을 얻을 수 있다는 주장은 적어도 한국의 노동 생애에서는 신빙성이 없다.

평등과 효율의 양립

비정규직 저소득층이 많아지면, 기업들은 이들에게 상품을 팔기 위해 더 값싼 상품을 시장에 내놓아야 하므로, 또다시 (임금)비용 통제를 경쟁의 핵심으로 삼는 전략을 취하게 된다. 이것이 '저임금 경제'를 불러온다.[6] 영국의 노사관계학자인 폴 블라이턴Paul Blyton과 피터 턴불Peter Turnbull은 영국 경제와 노동시장이 저임금 경제와 '저숙련 균형'이라는 나쁜 함정에 빠져 있다고 지적했다. 인건비 비용 통제를 경쟁의 핵심으로 삼는 저급한 경제 및 노동시장 전략을 취하고 있다는 비판이다.(Blyton & Turnbull, 2004)

시장주의 표준적 경제이론과 달리 현실에서는 저임금이 일자리를 창출하지도, 최저임금이 고용을 줄이지도 않는다. 증가하는 임금 불평등과 저임금 경제는 경제성장을 가로막고, 사회적 응집력을 파괴할 뿐이다. 이와 관련해, 노동조합 등 사회적 제도가 경제의 중요한 축으로서 시장을 조정하는 역할을 수행하는 독일 등 이른바 '조정된 시장경제 coordinated market economy'[7]는 평등과 효율, 둘 중 하나를 대안으로 선택하는 것이 아니라 둘이 양립할 수 있음을 보여 주고 있다.

노동가격(임금)을 삭감해 노동비용을 억누르고 구조조정으로 노동자를 내쫓는, 곧 노동자들의 희생을 바탕으로 수익성을 회복하겠다는 자본의 '경쟁적 긴축' 전략은 자기 파괴적일 수밖에 없다. 노동자들의 생활수준이 낮아지고 그에 따라 국내 수요도 떨어져 제품도 안 팔리기 때문이다. 고용안정이 보장돼야 교육 훈련도 늘어나고 생산성도 향상된

---

6 1970, 80년대 성공적인 유연적 전문화 기업을 분석한 피오레와 세이블은, 유연 전문화 기업들이 지속적인 혁신을 저해하는 임금 경쟁과 착취를 금지 또는 제한한다고 말한 바 있다. "다양한 유연적 전문화 모델은 단순히 생산가격을 하락시키는 효과만을 갖는 경쟁, 특히 임금과 노동조건에 대한 경쟁을 제한한다. 미국의 의류산업과 건설산업에서 그러한 제한은 노동조합이 부과하며, 그 목표는 각각의 지역시장에서 임금을 비롯한 여러 고용조건을 표준화시키는 데 있다. 임금 경쟁을 제한하지 않으면 공동체들은 노동 착취를 통해 경쟁에 대처함으로써 자신의 역동성을 상실하고 쇠퇴의 악순환에 빠지게 된다.…… 성공적인 기업들은 임금 인하를 통해 경쟁에 대처하려는 기업의 능력을 제한하고자 고용을 보장하고 임금을 안정화한다. 기업의 노동 착취를 제한하는 조치는 혁신을 가져오도록 경쟁을 유도하며, 유연성에 필요한 조직의 응집성을 유지하는 데도 중요하다." (Piore & Sable ; 강석재 · 최호창 편역, 1993)

7 피터 홀Peter Hall과 데이비드 소스키스David Soskice는 시장경제체제를 미국, 영국 등 '자유시장 경제liberal market economies'와 독일 등 '조정된 시장경제체제'로 구분하면서 같은 시장경제라도 자본주의 시장경제 모델은 다양한 형태로 존재한다고 말한다.(Hall & Soskice(eds.), 2001)

다. "임금을 삭감하고 또 생산성 증가보다 훨씬 낮은 임금수준으로 노동비용을 억누르는 '경쟁적 긴축'은 불안정한 악순환을 초래하기 마련이다. 즉, 낮은 임금소득 때문에 국내시장에서 제품 수요가 줄어들고, 이에 따라 그 돌파구로 해외 시장에 값싸게 파는 수출 지향 전략을 펴게 되고, 수출 가격경쟁력을 확보하고자 또다시 임금비용을 낮추는 악순환에 빠지는 것이다. 경제 전체적으로 파괴적인 자멸이 초래되는 셈이다."(코우츠, 426쪽)

정리해고의
정치경제학

번영의 죄수들

1980년대 중반 미국 뉴저지 주의 제너럴모터스(GM) 린든 공장에서 대규모 명예퇴직을 단행할 때, 못 쓰는 기계 취급을 당하며 폐기된 노동자들은 경제적 박탈과 사회적 굴욕이라는 암울한 미래에 직면했다. "(그러나) GM 린든의 노동자들은 공장을 흔히 감옥에 비유하곤 했다. 은퇴해 복역 기간이 끝나기를 씁쓸하고 처량한 기분으로 손꼽아 기다리곤 했다. 그들은 '번영의 죄수들'이었다."(밀크맨, 1998)

김진숙 민주노총 부산본부 지도위원이 300일 넘게 제85호 크레인 위에 올라 농성을 벌였던 한진중공업은 2011년 11월 사태가 타결되기 직전까지, 400명의 정리해고 대상자 중 306명이 이미 희망퇴직을 하고 회사를 떠났음에도 불구하고 나머지 94명을 정리해고시키겠다고 끝까지 고집했다. 순환휴직 등 경영 정상화를 위한 모든 방안을 논의하겠다는 노동조합의 결단도 한사코 거절했다. 한진중공업뿐 아니라 한국통신 계약직, KTX 여승무원, 이랜드, 기륭전자 등 2000년대 이후 벌어진 장기

투쟁 사업장의 이슈는 모두 정리해고다. 정리해고 통보를 받은 뒤, GM 린든 공장의 노동자들처럼 "(그래 지긋지긋한) 공장이여, 잘 있거라"라며 떠나는 노동자는 거의 없다. 모두 '한 짝의 장갑'을 지키려고 치열하게 싸우고 있다.

2012년 벽두, '공장으로 돌아가자'는 팻말을 든 해고 노동자들의 1인 시위가 이어지고 있는 경기도 평택 쌍용차 공장도 마찬가지다. 2009년 쌍용자동차에서 2646명의 노동자를 정리해고하자 노동자들은 77일 동안 공장 점거농성으로 맞서며 저항했다. 같은 해 8월, 쌍용차 노사는 비정규직 복직 및 무급휴직 후 복직, 징계 철회 등에 합의했다. 하지만 노동자 96명이 구속됐고 합의사항은 이행되지 않고 있다. 쌍용차 사태 1000일을 넘긴 2012년 1월 현재, 이에 따른 스트레스 등으로 무려 19명의 정리해고 노동자와 그 가족이 숨졌다.

한국 노동시장에는 정리해고가 만연해 있다. 1990년대 후반 이후 기업마다 구조조정 과정에서 정리해고가 광범위하게 횡행하여 이제는 '더 이상 해고할 정규직이 없는 상황'이 돼 버렸다. 2003년 종업원 30명 이상 기업의 68.8퍼센트가 한 번 이상의 정리해고를 실시했고, 이 일자리를 사내 하청·용역 등 다양한 비정규직으로 대체했다. 정규직을 자르고 비정규직으로 대체하는, 곧 '정리해고와 비정규직의 동시적 활용'이라는 한국형 고용전략이 휩쓴 것이다. 그런데 2009년에는 정리해고를 실시한 기업이 12.7퍼센트로 크게 줄어들었다. 구조조정을 회피하려는 기업들의 노력 때문이 아니라, 정리해고할 정규직이 더 이상 없기 때문이었다.(은수미, 2011)

예컨대 1993~1995년부터 민영화를 시작하여 2002년 민영화를 완료한

KT는, 민영화 직전 8년(1986~1993) 동안 509명을 구조조정한 데 비해, 민영화 이후 8년(1995~2001) 동안에는 1만5058명을 정리해고 했다. 2003년에도 약 5500명을 구조조정하는 동시에 콜센터 등 상당수 업무를 아웃소싱했다. 정규직을 자르고 그 자리를 비정규직으로 대체하는 한국형 고용전략의 전형적 방법이다.(은수미, 2011) 이런 상황에서 대기업 노동자들도 정리해고의 칼바람에 떨고 있기는 마찬가지다. 주변부 노동자들은 절규하고 있고, 대기업 정규직의 중심부 노동자들도 주변부의 비정규직으로 떨어지지 않으려고 악을 쓰고 있는 형국이다. 각 사업장마다 고통스런 감원이 일어나고 있으며, 감원 이후 또 다른 감원이 기다리고 있다.

800만 명에 이르는 임시·기간제 근로, 곧 비정규직의 상당수는 정해진 고용계약 기간이 도래하면 즉각 정리해고되는 신세를 면치 못하고 있다. 고용계약 기간 2년이 경과하면 정규직으로 전환해야 한다는 규정을 피하려고, 사용자들은 1년 11개월 30일이 되는 날 아침 휴대폰으로 해고 통보 문자를 날린다. 말이 고용계약 '해지'이지 사실상 정리해고나 다름없다. 대규모 정리해고를 단행하고 나면 단기적으로 수익성이 개선돼 기업의 주가가 오른다. 그 본질상 구조적인 혹은 전략적인 인력 감축으로서, 단기 이윤 추구 및 성과주의가 기업을 지배하고 있는 것이다.

자본은 불황기뿐만 아니라 호황기에도 비용을 삭감하려고 잉여인력 감축을 단행하고 있다. 영국 철강회사 코러스가 2001년 2월 전체 인력의 5분의 1에 해당하는 6000명을 해고하자 즉시 회사의 주가가 9퍼센트나 치솟았다.(Blyton & Turnbull, p.76) "사용자들은 지갑이 항상 두껍다고 생각하고 줄이려고 한다." 한진중공업 주가도 2010년 11월 4만9000원 고점에서 계속 하락하여 12월 7일 3만3000원 대까지 떨어졌다가, 12월 15일 정리해고 공식 발표 전후부터 올라 4만 원대를 턱걸이했다.

사실상 우리나라 기업의 정리해고는 '최후의 수단'이 아니다. 수익성이 절망적인 상태에 빠진 기업뿐만 아니라 건강한 기업들까지 공장폐쇄 운운하며 정리해고를 요구한다. 노동자를 내쫓아 수익성을 회복하는 '경쟁적 긴축'에 매달리면서 인건비 따먹기 경쟁을 하고 있는 것이다. 한진중공업이 금융감독원에 제출한 2011년 사업보고서를 보면, 조선사업 부문의 남성 정규직은 1512명(평균 근속 연수 16.8년)이며 비정규직은 거의 없다. 정리해고된 일자리는 나중에 저임금 도급·하청으로 채워질 것이다.

한편 이처럼 인건비 지출에 민감한 한진중공업 주주총회에서 이사 9명에게 승인한 보수가 연간 총 20억 원이다. 조선 부문 1인당 평균 분기별 급여액이 664만9000원(2011년 1분기 파업에 따른 무임금이 반영된 액수다)이므로, 연간 급여는 1인당 2659만 원이다. 남아 있는 정리해고 대상자 97명이면 연간 총 25억 원이니, 이사 9명의 보수로 97명의 인건비를 상당 부분 지급할 수 있는 것이다. 한진중공업의 2011년 1분기 매출액 대비 인건비 비중은 4.3퍼센트 불과하다.

한진중공업 주식 지분을 5퍼센트 이상 소유한 주주는 피델리티펀드와 국민연금공단이다. 경제의 금융화 속에서 금융자산 운용 매니저들의 포트폴리오 실적이 매월 평가되고, 펀드매니저들은 투자 기업에게 단기 주가 부양을 요구한다. 당장 문을 닫을 지경이 아닌데도 투자자들의 압력으로 기업들이 주가 상승이나 인수합병을 위한 다운사이징에 나서면서 정리해고가 횡행하고 있는 것이 한국 경제의 풍경이다. 제85

호 크레인의 농성과 희망버스는 바로 이런 우리 시대가 만들어 낸 거대한 벽화다.

사실 주식이나 채권은 한 번 발행된 뒤에는 실물에 미치는 영향력은 거의 없다. 처음 발행될 때는 기업에 자금이 투입돼 생산활동에 기여하지만, 그 이후 벌어지는 주식·채권의 반복 매매는 투기적 목적만 남을 뿐이다. 물론 투기적 거래에 따른 주가 상승 기대가 처음 발행 시의 주식·채권 투자를 북돋우는 효과는 있지만 말이다. 도대체 기업이란 무엇인가. 사람이 인위적으로 만들어 법적 인격(법인)을 부여한 것에 불과한데도, 그 기업의 가치(주가)가 노동자와 그 가족들의 삶을 괴롭히고 있는 상황이다.

정리해고는 기업 인수합병을 통해 구조조정을 쉽게 하기 위한 수단으로 사용되기도 한다. 해고가 횡행하다 보니 정리해고를 컨설팅해 주는 중간 착취자들도 거대한 규모로 형성되고 있다. 사람을 잘라 주가를 높이고, 정리해고된 자리는 나중에 하청·용역으로 채워지기 일쑤다. 정리해고에서 살아남은 사람들의 '겉으로 측정되지 않는 노동 투입'(노동강도)은 더욱 높아진다. 해고된 노동자들이 받던 임금 중 일부는 이들 컨설팅 회사와 하청·용역업체 관리자들의 소득으로 흘러 들어가고, 그 나머지는 원청업체가 이윤으로 수취한다. 우리나라 상장기업 오너의 평균 지분율은 대략 20퍼센트 선이다. 이런 지분으로 자본은 경영권, 나아가 경영권에 의한 인사·해고권을 행사하고 있다.[8]

한진중공업 2011년 사업보고서에 따르면 한진중공업 최대 주주는 지주회사인 한진중공업홀딩스이고 조남호 회장의 개인 지분은 0.59퍼센트에 불과하다. 물론 조남호 회장이 한진중공업홀딩스의 최대 주주(지분 46.5퍼센트)로서 지주회사를 통해 경영권을 행사하고 있지만, 순수 지분 0.59퍼센트만으로 노동자 400명과 그 가족들의 삶을 파탄에 빠뜨린다는 것은 납득하기 어렵다.

'고용 체제'로서의 자본주의

자본주의는 생산·교환 체제지만, 자본과 노동이 맺는 '(사회적) 관계'라는 측면에서 자본주의는 '고용 체제'다. 그런데 근본적으로 자본주의 시장에서 고용은 기업의 '파생수요'이기 때문에, 총 고용 수준은 오직 사용자와 투자자의 결정에 달려 있다. 즉, 기업은 고용 자체가 목적이 아니라 이윤을 얻기 위해 투자하고, 상품생산을 위해 노동자를 고용하며, 또한 이 기업에 자본재와 원재료를 공급하는 업체에서도 고용이 발생하고, 나아가 고용된 노동자들이 상품을 소비하면서 이들 소비재 공급 기업에도 고용이 발생하는 체제다. 결국 노동자들은 일자리를 둘러싼 싸움에서 늘 열악한 지위에 있을 수밖에 없다.

사실 '노동'은 무거운 존재다. 해고된 뒤 다른 지역에 좋은 일자리가 있다 해도, 집·가족·학교·이웃공동체에 엮여 있어 쉽사리 움직이고 이동하기 어렵다. 반면에 자본은 공장과 기계를 다 팔아 치우고 돈만 싸들고 떠나면 그만이다. 진보 좌파 경제학자인 새뮤얼 보울스에 따르면,

---

8 사용자의 경영권과 인사권 행사는 법률적으로 부여된 권위에 따른 것일 뿐 자본과 노동 사이의 관계, 곧 노동 과정의 관점에서 볼 때 그것이 가장 효율적이고 과학적이거나 사전에 진리로서 확정된 것이기 때문에 정당화되는 건 아니다.

기업의 소유자가 경영자와 감독자를 통해 행사하는 권력은 '생산·투자에 대한 지휘'다. "자본의 권력은 무언가를 행하는 것으로부터가 아니라 행하지 않는 것으로부터도 나온다." 즉, 투자를 중단·철수시키는 이른바 '자본파업capital strikes'을 통해 국가의 경제정책에 막강한 영향력을 미친다.

자본주의국가는 민간 기업에 각종 보조금을 지급하고 연구·개발비용을 국가 재정에서 보전해 주고 있다. 각종 공장 부지와 철도 등 상품의 생산·판매 인프라를 구축하여 기업에게 값싸게 공급하기도 한다. 정치경제학적으로 보면 '국가독점자본주의'지만, 중도 우파적 시각에서 보면 국민경제에서 기업이 '일자리를 책임지는' 역할을 맡기 때문이다. 그러나 한국의 자본은 사무실의 소모품처럼 노동자들을 쓰다 버리고 사람을 잘라 비용을 줄이고 있다. 물론 정리해고는 국가가 기업에게 노동자를 잘라 낼 수 있는 권한을 부여한 제도다. 다만, 국가는 인류가 발명해 낸 가장 훌륭한 상품이라는 '보험'(실업급여)을 이용해 해고 노동자의 생존을 최소한으로 보호할 뿐이다. 1998년 외환위기 때 도입된 정리해고는 그런 법적 뒷받침이었다.

쉬잔느 드 브뤼노프는 《국가와 자본》에서 "국가는 자본을 위해 노동력을 관리해 준다. 즉, 자본가들이 직접 보상하지 않는 노동력 가치의 일부를 책임진다. 자본을 위해 국가가 수행하는 보완적인 공적 제도 중 하나가 사회보험이다. 실업급여 등은 이데올로기나 폭력을 주된 수단으로 사용하지 않고서도 자본주의적 착취가 기능하도록 도와준다"고 말했다. 자본이 마음껏 해고한 노동자들을 국가가 뒤에서 '비자본주의적 제도'(실업급여)를 통해 책임져 주고 있는 격이다.

경제정책 담당자들의 책상에는 오직 실업률 수치만 있을 뿐, 해고 자료는 아예 집계조차 하지 않는다. 실업률 수치는 해고된 것인지 자발적 실업인지를 구분하지 않는다. 경제학 원론은 고용과 실업만 다룰 뿐, 어디에서도 고용 '해지'나 해고를 따로 다루는 장은 찾아볼 수 없다. 이처럼 자본주의경제 교과서는 고용 해지를 당연한 것으로 받아들이고, 다만 노동조합이 집단적 힘을 앞세워 해고를 막고 있다고 본다. "일자리 시장은 경탄과 혼란을 동시에 불러일으키는 페트리 접시(세균배양용 접시)와 비슷하다. 신규 기업들이 성장하고 기존의 기업들이 사라짐에 따라, 시장 안에서 일자리가 끊임없이 탄생하고 파괴된다. 2007년 미국에서 매달 200만 명 정도가 해고나 일시해고를 당했고 추가로 300만 명에 가까운 사람들이 일자리를 떠났다. 그러나 매달 새로 고용된 500만 명 가까운 사람들이 그 일자리 상실을 메우고 순고용을 증가시켰다."(입, 78쪽) 시장의 힘과 역동성에 맡겨 놓으면 고용 문제도 쉽게 해결된다는 믿음을 설파하는 사람들이 그레그 입 같은 시장주의 논객들이다.

주류 시장주의자들은 '고용시장의 일자리 파괴와 창출'이라는 역동성을 주창하지만, 정리해고 노동자들은 취업과 실업을 반복하면서 '사회침전계층'으로 전락하기 마련이다. 특히 장기 고용된 노동자일수록 해고된 뒤 일자리 찾기가 힘들고, 새 직장을 잡아도 전보다 훨씬 못한 일자리이기 일쑤다. 대규모 해고가 이뤄진 곳에서는 지역경제도 고통을 겪는다. 노동자들의 소득 상실로 소비가 줄어들면서 자영업자들도 함께 정리해고되는 신세를 면하기 어렵다.

일본의 전후 경제 기적을 이끈 3종 신기神器 중 하나가 '평생고용'이었다는 사실은 시사하는 바가 크다. 이제 정부가 나서서 정리해고 요건을 매우 엄격하게 제한하는 쪽으로 근로기준법을 개정해야 한다. 과연 정부는 '계속 고용'을 책임지는 '최후의 모범적 사용자'로서 법안 개정에 나설 수 있을까?

자본파업

신자유주의의 무기

전 지구화 시대에 자본은 전에는 꿈에도 생각하지 않았던 새로운 이동의 자유를 얻음으로써 노동에 대한 의존에서 벗어났다. 자본은 전례 없을 정도로 초영역적이 되었고 가벼워졌으며, (노동에 대한 절대적 의존에서) 해방되었다.[9] 2차 세계대전 이후 1970년대 중반까지 케인스주의적 계급 타협 시대에 노동의 힘이 크게 성장했다면, 그 이후 자본은 생산과 투자에 대한 통제 능력을 활용해 스스로 다시 사회적 힘을 복원했다. 이것이 전면화된 것이 이른바 '신자유주의 neoliberalism'다. 신자유주의는 노동에 대한 공격, 곧 노동계급의 힘과 노동자계급의 소득에 대한 직접적인 공격이다. 신자유주의는 20세기 내내 노동자들과 노동조합운동이 자본과 국가에 맞서 싸우면서 쟁취해 온

---

9 "바닥을 크게 차지하는 기계류나 다수의 공장 노동자들을 떼어 놓은 채, 자본은 객실에 소지할 수 있는 간단한 휴대품(서류가방, 휴대용 컴퓨터, 휴대 전화기)만을 가지고 가볍게 여행한다."(바우만;홉스봄 외, 54쪽)

노동보호법과 제도 및 관행들을 허물어뜨리고 자본의 힘과 소득을 다시 회복하겠다는 선언이나 다름없다.[10]

자본은 "비정규직 확산이 관철되지 않으면 설비투자도 하지 않고 고용도 늘리지 않겠다"며 이른바 '자본파업'으로 노동과 국가를 위협하고 있다. 자본파업은 효과적으로 그리고 큰 손실 없이 자원을 철수시켜 막대한 타격을 가함으로써 이해를 관철시키는 권력을 의미한다.[11] 소스타인 베블런Thorstein Veblen은 《부재 소유Absentee Ownership》에서 자본 소유자가 이윤을 높이려고 하는 일은, 산업생산을 한없이 증대시키는 것이 아니라 그것의 효율적 활용을 일정한 이윤이 보장될 만큼만 가동되도록 제한하는 '깽판 놓기sabotage', 곧 '효율성의 주의 깊은 철회conscientious withdrawal of efficiency'라고 했다.(베블런, 144쪽) 설비투자를 줄이고, 돈 안 되는 사업 부문을 일방적으로 매각하고, 고용을 늘리지 않고, 공장을 폐쇄해 버리고……. 사실상 '자본파업'이나 마찬가지다. 다만, 자본은 파업을 오래 지속해도 버틸 수 있지만 임금에 의존해 살아가는 노동자는 먹고살기 위해 결국 일터로 돌아가야 한다는 것이 다를 뿐이다.

자본이 생산의 지리적 이동과 재배치를 통해 노동비용이 싼 곳을 찾

---

10 고세훈 교수는 다음과 같이 말했다. "사실 신자유주의조차 자유주의, 사민주의, 복지국가 등 방대한 역사적 경험의 축적 위에 조성된 이념적 태도이기 때문에 우리에겐 과분한 것일지도 모른다. 그러나 역사적 실험이나 정책적 축적 없이 교조적으로 신자유주의를 밀고 나갈 때 한국은 훨씬 급박하고 심각한 위기 국면으로 빠져들 수도 있다. 내가 보기엔 현 정부의 정책결정자들은 '몽롱한 신자유주의자들'이다."(《한겨레신문》 2009년 2월 21일)

11 투자 철수를 무기로 한 자본의 권력은 자본이 자유롭게 이동할 수 있다는 사실에 기초한다. "반면, 노동은 사람들 속에 체현돼 있다. 사용자에게서 노동 서비스를 철수시키려면 다른 소득원천이 필요한데 노동자에게는 일반적으로 그것이 없다."(보울스·진티스, 149쪽) 자본은 파업을 오래 지속해도 버틸 수 있지만 임금에 의존해 살아가는 노동자는 다르다. 노동력 상품은 저장될 수 없고, 싼값에라도 팔리지 않으면 낭비되어 없어져 버린다.

아 이동하면서, 노동 세계에서는 임금 삭감 압력과 노동강도 강화가 광범위하게 일어나고 있다. 지배의 무기고에는 총과 칼만 있는 것이 아니다. 자본은 이른바 투자의 철수, 곧 '탈투자disinvestment'를 통해 효과적으로 자원을 철수시켜 노동에 커다란 손실을 가할 수 있다. 게다가 자본은 자본파업을 하는 데 어떠한 집합조직이나 집합적 의사도 필요로 하지 않는다. 컴퓨터 자판을 두드리는 것만으로도 세계 곳곳에 투자하거나 철수할 수 있다.[12]

국가마다 해외자본에 파격적인 조세 감면 특혜를 주어, 세계적 수준에서 이동하는 자본을 끌어들여 국내 실업을 줄이려고 하며, 그렇게 자본이 빠져나간 국가는 제조업 공동화로 실업이 증가하게 된다. 과거에는 자본 수출이, 이제는 이른바 '실업 수출' 현상이 일어나고 있는 격이다.

'노동 유연화'라는 괴물

자본주의에서 이윤은 투자를 위한 필요조건이며, 사회가 자본가의 투자 행위에 구조적으로 의존해야 하는 체제가 자본주의다. 1976년 독일 수상 헬무트 슈미트가 지적했듯이 "오늘 기업의 이윤은 내일의 투자이고, 내일의 투자는 다음날의 고용이 된다."(쉐보르스키, 1995, 63쪽)

지금 한국의 대다수 노동자들이 원하는 것은 기업이 투자를 확대하

---

12 1978년에 경제학자 제임스 토빈James Tobin은 모든 국가가 동시에 채택해야 할 하나의 정치적 조처로 이른바 '토빈세Tobin tax'를 제안했다. "국제 투기라는 수레바퀴에 모래를 뿌리자"는 발상에서 나온 이 구상은 국제 투기자본의 자유로운 이동을 막자는 것이었다. 그러나 이 제안은 전 세계 모든 나라가 조세 완화 경쟁을 하지 않겠다고 다 함께 동의하지 않으면 실행 불가능하다.

여 경제가 확장되는 것이다. 생산·고용·소비가 활성화되려면 이윤과 투자가 필요하고, 결국 자본가의 행위와 자본의 수익성 및 이윤에 노동이 종속될 수밖에 없다. "경제가 성장하는 것보다 더 나은 고용 보장은 없다."(쉐보르스키, 1997, 249쪽)는 말은 노동에 대한 자본의 지배를 정확하게 표현하고 있다. 노동조건이 기업의 성과와 자본의 이윤축적, 경제성장에 의존하는 형태가 더욱 강화되고 있는 것이다. '높은 임금－높은 생산성－높은 투자'의 궤도는 더 이상 존재하지 않는다. 1990년대 초 '골리앗 투쟁' 이후 15년 넘게 '노동의 침묵'을 지키고 있는 현대중공업 노조는, '더 많은 임금·복지'를 제공하여 '돈으로 산업 평화를 산' 자본의 지배를 단적으로 보여 주고 있다.

'과학'이 지배하던 역사의 시대를 지나 이제는 '시장'이 과학의 자리를 차지하고 있다. 노동조합은 구조조정과 세계화라는 복잡한 문제와 대면하고 있고, 노동자들은 '유연화'라는 괴물과 외롭고 힘겨운 싸움을 벌이고 있다. '비정규직 함정'에 빠진 노동빈곤층working poor이 저수지를 형성하고 사회침전계층으로 전락하고 있다. 실업의 공포와 비정규직 공포가 노동자들의 삶을 짓누르고 있는 것이다.

2000년대 이후 여러 국내 연구에서, 비정규 노동은 한 번 종사하면 벗어나기 어려운 '함정'으로 확인되고 있다. 즉, 비정규 노동은 정규직에 종사하다가 이를 더 이상 연장하지 못하는 사람들의 몫이거나, 전 노동 생애를 통하여 일관되게 지속되는 고용 형태가 되고 있는 것이다. 비정규직이 얼마나 정규직으로 전환할 수 있는지의 문제는, 비정규 노동의 성격을 규정하는 데 결정적인 의미를 갖는다. 만약 비정규직이 정규직으로 전환하기 위한 '디딤돌'이라면, 비정규 노동의 문제는 나쁜 일자리에 초점이 맞추어질 것이며 정부의 정책 방향도 차별 해소 등 나쁜 일자리의 속성을 제거하는 데 역점을 두어야 할 것이다. 반면, 비정규직이 디딤돌이 아니라 '막다른 함정'이라면 비정규 노동의 남용 방지와 정규직화에 초점을 맞춘 정책이 요구된다. 이처럼 비정규직의 정규직 전환 여부를 파악하는 것은, 비정규 노동의 성격을 규명하고, 비정규 노동의 정책 방향을 결정하는 데 중요한 의미를 갖는다.

이시균·윤진호(2007)의 실증 분석 결과, 우리나라의 경우 4년이 경과한 뒤에도 비정규 노동의 정규직화 가능성은 약 9퍼센트 미만에 불과해 비정규 노동의 함정성이 매우 강한 것으로 나타났다. 또 비정규 노동자 중 여성이나 저기술 직업군 같은 주변부 노동자일수록 정규직 전환이 어려우며, 임금수준이 낮을수록 정규직화가 어려운 것으로 나타났다. 이러한 결과는 비정규 노동과 정규직 간의 차별이 실질적으로 해소되면, 비정규 노동의 정규직화에 긍정적인 영향을 미칠 수 있음을 보여 준다. 결국 비정규 노동의 문제를 해결하려면, 정규 노동자의 처우 개선이나 차별 해소뿐 아니라 정규직화를 위한 정책적 대안이 필요한 것이다.

노동에 대한 최소한의 의무

저임금 빈곤층을 대량 배출하는 자본은 '노동에 대한 최소한의 의무'조차 교묘하게 회피한다. 자본주의경제에서 가져야 할 사회경제적 책임을 회피하는 자본의 파업이라고 할 수 있다. 하청·파견·용역·외주 등 확산되는 '간접고용'은 자본의 입장에서 볼 때 노동비용 절감뿐만 아니라 취약한 대규모 노동인구를 만들어 낸다. 같은 일터에서 일하지만 노동자들은 각각 다른 사용자에게 고용돼 있다. 표면상의 고용주와 실질적인 사용자가 모호한 "책임과 의무를 은폐하는 복잡한 체계"다. 노동자와 노동조합은 노동조건을 바꿀 권한을 책임진 행위자들을 찾아내야 성공적으로 문제를 해결할 수 있다.(실버, 168쪽)

이처럼 자본은 자신이 떠안아야 할 경제적 위험까지 '특수고용' 형태를 통해 노동자들에게 전가하고 있다. '단기 성과주의'와 '주주자본주의'에 빠진 자본은 이렇듯 실업의 공포와 불안이 만연한 사회를 만들어 내고 있다. 약탈적 하청·외주화 및 비정규 고용을 통해 삶의 불안정을 다른 노동자들과 중소 하청기업의 어깨에 전가하는 체제가 '세계화'다. 자본은 경제가 성장할 때는 노동자들에게 임금 복지를 내줄 수 있지만, 경쟁이 격화될 때는 중심－주변을 나누어 주변부 노동자를 배제시키고 그들의 고통에 기댄다.

폴란드의 경제학자 미하엘 칼렉키가 말하고, 케인스가 '과부의 항아리widow's cruse'에 빗대어 다시 강조했듯이 "자본가들은 쓴 만큼 벌고, 노동자들은 번 만큼 쓴다." 즉, 자본은 아무리 물을 퍼내도 끝없이 솟아 나오는 과부의 항아리처럼 지출한 만큼 다시 벌어들인다. 자본은 이러한 방식, 곧 투자를 통한 정상적인 이윤 추구 대신에 왜곡된 형태의 이윤을 추구하면서 노동 유연화 공세를 가하고 있는 셈이다.

2차 세계대전 이후 케인스주의적 타협은 민주주의와 자본주의의 새로운 동맹의 표현이었다. 자본은 상대적 완전고용, 최소한의 생활수준 보장, 생산성 이득의 분배를 보장하고 특히 노동조합의 교섭과 파트너 참여를 허용했다. 대신 노동은 자본의 작업장 통제를 인정하고 이윤 논리에 기초한 자본 배분을 승인했다. 하일브로너는 전후 자본주의 황금 시절을 가져오는 데 결정적인 역할을 했던 지점이, 놀랍게도 투자와 임금 배분의 '자본-노동협약'이었다고 말한다.

"더욱 놀라운 것은 그 노동조합의 결정적 역할이라는 게 임금 상승을 포기하겠다고 동의한 것도 아니었다는 점이다. 그 결정적 역할은 생산성 향상에 적극 협력한다는 협정이었다. 노동사 연구가인 제롬 로스토Jerome Rostow에 따르면, 1948년 제너럴모터스(GM)와 미국자동차노조(UAW)가 함께 서명한 단체협약은, '체계적인 임금인상 계획과 더불어 노동조합이 생산성 개선에 앞장서고 또 급속한 기술 변화를 지원할 것을 약속하도록 만든 최초의 협약'이었다. 이는 두 가지 효과를 낳았다. 첫째, 노동자들은 우선 기업의 실적에 대해 직접적인 이익을 갖게 되었다. 따라서 생산성 향상을 가져올 만한 기술 진보에 반대하는 것이 아니라 오히려 그것을 지원하게 되었다. 둘째, 노동조합이 좀 더 안정감을 느끼게 되면서 작업장의 조직과 통제의 문제들을 경영자의 손에 기꺼이 넘겨주게 되었다. 이러한 새로운 장치 아래서는 전체 국민소득에서 임금으로 가져가는 몫도 일정하게 유지되고, 또 노동자들이 생산성 향상에 따라 임금을 올리겠다고 합의해 준 덕분에 이윤으로 가는 몫도 일정하게 유지되는 경향이 있었다. 이렇게 체제에 안정을 가져다주는 메커니즘이 내장되어 있었기에, 기업들은 자신 있게 미래를 전망하고, 그 미래를 현실화하고자 투자할 마음을 굳힐 수 있었던 것이다."(하일브로너·밀버그, 363~364쪽)

비용 절감 압력은 개별 기업뿐만 아니라 각국 정부의 노동정책에도 영향을 미치고 있다. 개별 기업들이 더 낮은 노동비용을 찾아서 국경을 넘나들고 해당 국가의 국내 자본조차도 해외의 저임금 지역으로 이동하자, 각국 정부들은 노동비용을 규제(임금 보호)하던 노동 관련 법률들을 개정함으로써 자본 이동을 막을 수 있는 방법을 찾기 시작했다.(이주희·이성균, 11쪽) 자본의 파업이 우리 시대 노동시장 유연화를 촉발시킨 힘이었다는 얘기다.

'인내하는 자본'은
없는가?

"GM에 좋은 것이 미국에 좋은 것"

1929년 대공황 직후 루스벨트는 '잊혀진 사람들을 위한 뉴딜$^{New Deal}$(신정책)'을 내놓았다. 자본 쪽에서 뉴딜을 거세게 비판하자, 루스벨트는 "가난한 사람들을 풍요롭게 하는 것이야말로 진보의 기준"이라고 일축하고 7년에 걸쳐 강력하게 뉴딜을 추진했다. 뉴딜은 산업 부흥 정책과 함께 '잊혀진 사람들', 곧 노동자들의 단체교섭권을 인정하고 최저임금과 최장 노동시간 규정을 도입했다.[13] 이처럼 안정된 고용·임금을 확보했다는 점에서 뉴딜을 '실질임금 상승을 통한 노동 포섭'으로 볼 수도 있다. 어쨌든 근본적으로 뉴딜은 케인스가 주장한 국가 개입 정책을 받아들이고 자본−노동 간 타협을 추구

---

13 "뉴딜 당시 정부는 균형예산을 고수했지만 당시의 표현으로는 '펌프로 물을 길어 올리기 위해 (처음에 펌프 속에) 물을 넣는' 노동 프로그램을 시작했다. 당시의 지배적인 사상은 자유방임주의와는 반대로, 한편으로는 노동자의 구매력을 높여서 충분한 수요를 창출하고, 다른 한편으로는 파국의 원인으로 생각되던 금융을 규제하는 것이었다."(뒤메닐·레비, 227쪽.)

함으로써, 미국 자본주의의 방향을 바꾼 대전환점이었다. 뉴딜 이후 자본주의는 1970년대 초까지 황금기를 구가했다. 루스벨트의 뉴딜은 사회 주요 세력들이 합의할 수 있는 새로운 사회적 타협의 모색이었다.

뉴딜 개혁은 대규모 공공사업뿐만 아니라 아동노동 금지, 주 40시간 노동, 최저임금제 실시, 노동자 단결권 및 노동조합 활동 보장, 실업자를 위한 직업소개소 창설, 실업연금과 퇴직연금 제도화 등을 포함했다. 미셸 보Michel Beaud는 뉴딜 정책이 다음과 같은 점에서 미국 자본주의에 결정적으로 기여했다고 말했다. "뉴딜 정책은 고용주가 여러 가지 양보를 받아들이게 했는데, 그러한 양보는 결국 노동계급 전체를 소비체제 속에 통합시키는 것이었다. 또 '비즈니스에는 보다 작은 정부를, 정부에는 보다 많은 비즈니스'를 이라는 공화당의 오랜 원칙과 결별하고, 정부와 업계 사이에 '긴밀한 협력'의 길을 열어 놓았다. '제너럴모터스에게 좋은 것이 미국에 좋은 것'이라는 표현이 이를 보여 준다."(보, 240쪽)

한국에서도 2000년대 들어 비정규직 급증과 양극화 심화 속에서 자본과 노동의 타협이 시도된 적이 있다. 2006년 당시 김근태 열린우리당 의장이 '뉴딜'을 외치면서 전국 곳곳으로 '뉴딜 투어'를 다녔다. 김근태식 뉴딜 구상은 "정부가 규제 완화를 통해 멍석을 깔아 줄 테니 기업가들이여, 마음껏 설비투자를 확대하라"는 말로 집약된다. 재벌을 비롯한 기업들이 가치 창출 분야, 경제 본업 분야에 왕성하게 투자할 수 있도록 환경을 만들어 주겠다는 것이었다. 루스벨트의 뉴딜이 대자본가들의 비판에 직면했던 반면, 김근태식 뉴딜은 국내 기업인들의 환영을 받았다.[14]

그러나 노동과의 타협이라는 뉴딜에 자본이 진정으로 나설 수 있을까? 2006년 정부가 '모범적 사용자'의 역할을 보여 주고자 공공기관 비정규직 노동자 5만4000명을 2007년 초까지 정규직으로 전환하겠다고 하자, 경제단체는 "나쁜 선례가 될 것"이라며 즉각 우려를 표명했다. 공공 부문이 앞장섬으로써 민간 기업의 정규직 전환을 유도하고 압박할 생각이었지만 허황한 기대였다. 생계임금 확보 같은 노동자들의 기본적인 불만조차 포용하지 못할 정도로 무능력에 빠진 자본이 정부의 뉴딜에 화답해 비정규직을 정규직으로 전환해 주기를 기대하기는 어려워 보인다.

2012년 1월 국회 입법조사처가 펴낸 〈기간제법 상 사용기간 제한 규정의 입법영향 분석〉 보고서에 따르면, 2010년 8월 기준으로 노동자 300인 이상 대기업에서 1년 6개월 이상 일한 기간제(계약직) 노동자 가운데 계약 기간이 끝난 이들의 정규직 전환 비율은 고작 17.1퍼센트로 나타났다. 일명 '기간제법'은 기간제 노동자 사용기간을 2년으로 제한하고 2년 이상 일할 경우 정규직(무기계약)으로 전환하도록 규정하고 있다. 반면, 노동자 5~299인 기업에서는 정규직 전환 비율이 2011년 31.6퍼센트였다. 대기업이 중소기업보다 계약직의 정규직 전환에 소극적인 태도를 보인 셈이다. 정규직 전환 의무 기간 2년이 도래하기 전에 고용을 해지해 버리는 기간제 노동자 계약 종료 비율은 2010년 8월 대기업의 경우 70.4퍼센트, 5~299인 기업은 44.8퍼센트로 조사됐다.

자본의 무능은 여기저기서 수많은 노동자 투쟁이 일어나고 있는 사

---

14 김근태 의장의 '뉴딜New Deal - 잡딜Job Deal' 제안에 대해 사회 일각에서, 특히 민주화와 개혁을 함께 해 온 그룹에서 비판의 목소리가 높았다. 일부는 김 의장이 우향우로 변절했으며 재벌기업의 대리인이 됐다는 식의 신경질적이고 감정적인 비난을 하기도 했다. 김근태식 뉴딜은 자본에게 법인세 감면 같은 과감한 인센티브를 주겠다는 선언일 뿐 노동에게는 별다른 약속이 없었다. 자본이 투자를 늘리면 자연스럽게 고용이 창출돼 노동이 혜택을 받을 거라는 기대가 깔려 있었을 뿐이다.

실에서 극명하게 드러난다. 기술혁신은 뒤처지고 오직 인건비를 짜내 이윤을 획득하는 자본일수록 비정규직 확대에 매달리며, 파업이 벌어졌을 때 노동과 타협할 역량도 극히 제한적이다. 곳곳에서 터져 나오는 노동 분규는 자본의 무능에서 비롯된 측면이 강하다. 한국의 자본은 조직적 노동 소요로부터 안식처를 찾으려고 '노동 유연화'만 부르짖을 뿐, 노동의 저항을 물질적으로 포섭할 능력을 갈수록 잃어 가고 있다. 그래서 노동자들의 싸움은 대개 불가능해 보이는 데까지 충분히 멀리 나아간다. 그래야 가능한 것이라도 얻어 낼 수 있기 때문이다. 분명한 것은 노동의 요구가 과도하게 분출했기 때문에 자본의 능력이 한계에 부닥친 것이 아니라는 점이다.

루스벨트가 도입한 최저임금을 보자. 국내 사용자들은 최저임금 몇 푼 올리는 것조차 필사적으로 막고 있다. 높은 최저임금이 일할 유인을 증가시키고 결근과 이직률을 낮춰 생산성 향상을 자극한다는 것은 생각조차 하지 않는다. 저임금 경제에서 고임금 경제로 이행하고, 노동자에 대한 투자를 늘려 이윤을 확대하는 이상적 모델은 '다른 국가의 유형'일 뿐이다. 이런 자본의 취약함이 노동자들의 투쟁을 부른다.

테일러식 '과학적' 노동관리

한국 임금노동자들의 연간 실근로시간은 2010년 기준 2193시간으로 세계 최장이다. 경제협력개발기구(OECD) 35개국 평균 1749시간(2010년)에 견줘 지나치게 높다.[15] 이처럼 노동시간 증대와 임금 삭감만을 추구하는 자본에게 뉴딜적 타협을 기대할 수 있을까? 자본은 더 많은 이윤을 확보하고자 노동을 과학적으로

'관리'하는 데에서도 무능함을 드러내고 있다. 100년 전에 선보인 프레더릭 테일러의 과학적 관리가 지금도 자본이 추구하는 가장 중요한 이윤 확보 비결로 추앙받고 있다. '테일러의 과학', 언제부터인가 경영학에서 가장 중요한 교본으로 사용되고 있는 이 유혈적 노동관리 체제를 상세하게 살펴보자.

미국의 사회학자 대니얼 벨Daniel Bell은 "테일러가 명성을 얻게 된 건 1899년 슈미트라는 네덜란드 인에게 하루에 12.5톤이 아니라 47톤의 선철을 삽으로 운반하도록 만든 뒤부터다. 삽의 크기, 삽을 넣는 위치, 한 삽의 무게, 걷는 거리, 삽을 흔드는 각도, 휴식 시간 등 작업의 모든 부분이 엄밀하게 규정되었다"고 말했다. 테일러는 베들레헴철강회사에서 선철 운반 작업의 감독자로 일할 당시, 작업자의 시간당 선철 운반량 변화를 상세하게 조사했다.

"우리는 노동자들이 하루에 1인당 평균 12.5톤의 선철을 나른다는 사실을 발견했다. 이 문제를 연구한 결과, 우리는 가장 능숙한 노동자가 하루에 선철을 12.5톤이 아니라 47톤에서 48톤까지 나를 수 있다는 사실에 놀라움을 감추지 못했다. 신체조건이 가장 좋아 보이는 4명의 노동자를 선정한 뒤 그중에서도 가장 적합해 보이는 한 사람을 선정했다. 그는 일당 1달러15센트를 받고 있었다. 그는 지나치게 인색해서 돈밖에 모르는 사람으로 통했다. 동료들에게 그에 대해 물어보자 '1페니가 그에게는 수레바퀴처럼 크게 보일 걸요'라고 대답했다. 그 남자를 앞으로

---

15 OECD(2011), *Employment Outlook*.

슈미트라고 부르기로 하자.

　…… '당신은 하루에 12.5톤 대신에 47톤의 선철을 나를 수 있다고 생각하지 않습니까?' 이 질문을 받은 슈미트는 일하기 시작했고, 하루 종일 일정한 간격으로 그의 옆에서 시계를 들고 서 있는 감독자의 지시를 받았다. '자 선철을 들고 걸어라. 이제 앉아서 쉬어라. 이제 다시 걸어라.' 슈미트는 일하라고 하면 일했고 쉬라고 하면 쉬었다. 그리고 이날 오후 늦게 드디어 총 47.5톤의 선철을 화차에 싣는 데 성공했다.

　슈미트는 3년 동안 이 속도로 자기의 일을 수행했다. 그는 3년 동안 평균 1달러85센트가 넘는 임금을 받았다. 이런 과업에 따라 일하지 않던 사람들보다 60퍼센트 정도 더 많은 임금을 받은 것이다. 그 뒤 한 사람씩 계속 선발해 하루 47.5톤의 선철을 운반하도록 훈련시켰고, 마침내 모두가 하루 47톤 이상의 선철을 운반하고 다른 공장 노동자들에 비해 60퍼센트 정도 더 높은 임금을 받았다."(테일러, 57~63쪽)

　1927년 독일의 한 생리학자는 "테일러가 설정한 생산량과 노동량 수준에서는 대부분의 노동자가 죽어 버릴 것이기 때문에 표준이 될 수 없다"고 했다.(브레이버만, 101쪽) 그럼에도 테일러는 하루 47.5톤의 운반량은 노동자가 좀 더 행복하고 부유하게 되는 수준이라고 주장했다.

뉴딜식 타협은 불가능한가

　　　신장섭과 장하준에 따르면, 전통적인 한국 경제 시스템은 '국가-은행-재벌'의 3각 동맹에 기반한 '주식회사 한국'이다. "국가의 산업정책 지침에 따라 상업은행들이 지속적으로 재벌들에게 '인내심 있는 자본patient capital'[16]을 공급했다. 한국에서는 금융

시스템이 산업 확장에 광범위하게 동원되었다."[17] (신장섭·장하준, 2004, 53쪽) 그런
데 이러한 재벌 대기업의 독점체제는 노동시장 양극화를 초래하는 근
본 요인으로 작용하고 있다. 저임금 비정규직 문제는 지불 능력이 아예
없는 사업장에서 주로 발생하고 있다는 점에서 기업 간 관계, 곧 기업
생태계의 문제이기도 하다.

주식회사라는 기업 제도, 그리고 국가가 정책적으로 금융기관 자금을
기업에 대출 공급해 주는 행위는 기업의 위험을 '사회화'하는 것이다.
파산에 따른 책임과 위험을 불특정의 수많은 투자 주주들과 은행에게
분산 전가할 수 있게 됨에 따라, 자본가들이 기업을 더 많이, 더 쉽게 세
울 수 있게 되고, 이러한 기업 투자를 통해 노동자가 고용되는 것이 자
본주의경제다. 그런데 자본주의경제가 자본에 부여하는 사회적으로 중
요한 세 가지 권력이 있다. 생산에 대한 지휘, 투자에 대한 지휘, 국가 경
제정책에 대한 영향력 행사가 그것이다.(보울스·진티스, 119쪽)

무능한 자본일수록 투자와 생산 영역에서 파업을 벌임으로써, 곧 자
본의 파생수요인 고용을 좌지우지하는 힘을 무기로 삼아, 국가에 '더

---

16 '인내심 있는 자본'은 단기 성과에 집착하기보다는 참을성을 갖고 장기적인 투자를 하는 자본을 일컫는
   다.(코우츠, 2003) "지금까지의 경제학에서 모든 방정식과 기술적이고 전문적인 경제학 용어, 지배적인 경제
   적 패러다임은 오직 단기short-term에서 자본축적을 추구하는 가치 시스템에 기초하고 있다. 반면에 자본축
   적 추구 이외의 현재 다른 모든 것들과 단기를 벗어난 먼 장래의 모든 것은 그 가치를 평가절하하는de-
   valuing 방식에 기초하고 있다."(York et.al., p.9) 경제학의 분석 모형은 사람들이 현재를 중시하는 선호를 가
   지고 있다고 가정한다. 이에 따라 현재를 중시하고, 대신 미래 시점에 획득하게 될 금전적 이익이나 치러야
   할 비용, 또는 장래에 소비하게 될 상품이 주는 만족감은 이자율과 위험 등으로 할인하는 방식을 취한다. 현
   재 가치 할인 방식이 그 한 가지다. 예컨대 원금 100만 원인 채권을 아주 먼 미래에 상환하게 된다면, 이 채권
   원금의 가치는 거의 0원에 가까워지게 된다.

17 "한국에서 국가의 경제 개입이 초기에는 여러 면에서 타이완이나 싱가포르보다 훨씬 더 광범위했으나 훨씬
   빨리 수그러들었다. 이는 한국 시스템의 성공 자체가 재벌이라는 매우 강력한 민간 부문 주체들의 성장을 낳
   았기 때문이다. 일본 역시 통산성(MITI)을 중심으로 정부기관, 은행, 대기업이 긴밀한 협조 관계를 맺는 형태
   의 코포라티즘corporatism을 창출하여 '일본주식회사Japan Incorporated'라는 이름까지 얻게 되었다"(신장
   섭·장하준, 2004)

많은 특혜'를 요구한다. 자본은 또한 각종 연구소를 운영하며 그곳에서 전략적 방향을 설정하여 사회 여론과 정부 정책에 막강한 영향력을 미친다. 즉, 뉴딜식 타협이 아니라, '자본'주의 경제에서 힘의 우위를 바탕으로 일방적인 독주를 추구한다.

일찍이 케인스는 자본가의 '야성적 혈기animal spirit'가 인내하는 자본 투자에 집중되어야 한다고 역설한 바 있다. "숙련된 투자의 '사회적 목표'는 우리의 미래를 덮고 있는 시간과 무지無知의 어두운 힘을 타파하는 데 두어져야 할 것이다. 그러나 오늘날 가장 숙련된 투자의 '현실적인 개인적 목표'는, 출발 신호가 떨어지기도 전에 먼저 출발함으로써 대중을 속이고, 저질의 혹은 가치가 떨어지는 절반짜리 크라운 은화를 다른 친구에게 넘기는 데 있다. 출발 신호에 앞서 출발하는 것에 비해, 세월의 힘과 먼 장래에 대한 우리의 무지를 극복하는 일은 훨씬 더 많은 지력知力을 필요로 한다. 인생은 그리 길지 않다. 인간성은 빠른 결과를 원하며 일확천금에서 특유의 희열을 느낀다. 직업적인 투자 게임은 도박 본능이 전혀 없는 사람에게는 견디기 어려울 정도로 지루하고 힘든 일이다."(케인스, 153~155쪽)

자본주의 시장경제가 건강하게 유지되려면 견디기 어려울 정도로 지루하고 힘든 인내하는 자본 투자가 필요하다는 얘기다. 케인스는 덧붙여 "먼 장래의 희망에 의존하는 기업은 사회 전체에 이익이 된다. 기업의 야성적 혈기는 수량적 확률 같은 합리적 타산뿐 아니라, 정치적·사회적 분위기에 크게 의존한다"고 말했다. 그러나 한국의 기업들은 위험은 감수하지 않은 채, '이윤은 우리가 차지할 테니 위험부담은 국가와 사회가 책임져 달라'는 식이다. 먼 장래의 희망을 보고 투자하는 '인내하는 자본'은 찾아볼 수 없다. 뉴딜의 이론적 기반을 제공한 케인스는 위기에 직면한 자본을 구하는 데 필요한 치유책을 제공했다. 어떤 의미에서 뉴딜은 체제를 지키려는 '자본가들의 개혁'이었다.

개별 기업이나 자본의 경쟁적 이윤 추구가 아니라, 총노동과 총자본 사이의 집단적 뉴딜이 필요하다. 조지프 스티글리츠는 개별 경제 주체의 행동을 수학적 계산을 통해 분석하는 수리통계적 연구가 간과하기 쉬운 것이 바로 조직적·집단적 변화의 힘이라고 말했다.[18](스티글리츠, 2002, 146쪽) 노동과 자본의 경우, 사용자와 노동자가 근로계약을 맺을 때 정보와 고용계약이 불완전(정보 비대칭)할수록 시장이 잘 작동하려면 둘 사이의 장기적 관계가 매우 중요하다. 이러한 장기적 관계 및 그 토대가 되는 신뢰 자본reputational capital은 쌍방이 기회주의적 행동을 하는 것을 차단하고 올바른 행동을 하도록 동기를 부여한다. 즉, 노동자는 게으름을 피우지 않고 열심히 헌신적으로 노동력을 지출할 것이고, 고용주는 노동자를 귀한 존재로 여기며 성의껏 대우할 것이다.(스티글리츠 외, 326쪽)

자본의 무능 속에 도처에서 비정규직을 중심으로 장기파업이 빈발하고 있다. 혁명가야 '자본의 위기는 노동의 희망'이라고 격정적으로 외치겠지만, 자본이 스스로 개혁하고 노동의 요구를 포용할 수 있을 정도로 '능력'을 회복해야 노동자들도 투쟁을 접고 평온을 되찾을 수 있다.

---

18 케인스는《고용, 이자 및 화폐의 일반이론》에서 "기업의 투자는 장래 이익의 정확한 계산을 기초로 하지 않는다는 점에서 남극 탐험과 별 차이가 없다. 장래를 좌우하는 인간의 의사결정은 개인적인 것이든, 정치적인 것이든, 경제적인 것이든 엄밀한 수학적 기대치에 의존할 수 없다. 그와 같은 계산을 할 기초가 없기 때문이다."라고 갈파했다.(케인스, 160~161쪽) 앨프리드 마셜도 "경제 법칙은 간명하고 정밀한 만유인력 법칙이 아니라 조수가 밀려오고 밀려 나가는 법칙과 비교되어야 한다. 인간의 행동은 아주 다양하고 불확실하기 때문에 우리가 제시할 수 있는 경향에 대한 명제는, 최선의 것이라 해도 정밀하지 않고 오차가 클 수밖에 없다."라고 했다.(마셜, 1권, 74쪽)

삽질에서 찾은 과학적 노동관리

"나는 '과학적 관리법'이 머지않아 문명화된 세계에 일반적인 원칙으로 널리 보급될 것이며, 그런 일이 빨리 실현될수록 모든 사람에게 이익이라고 깊이 확신한다."(테일러, 41쪽) 테일러의 예상은 그대로 맞아떨어졌다. 《과학적 관리법The Principles of Scientific Management》(1911)은 20세기 초 제조업 중심의 서구 경제에 막대한 영향을 끼쳤다.(일본과 유럽에서는 테일러식 공장이 전면적으로 도입되지 않았다는 주장도 있다. 즉, 미국 경제는 노동과정을 극도로 단순화하고 탈숙련화함으로써 미숙련의 저임금 제3세계 이민노동자들도 쉽게 생산에 참여할 수 있도록 만들고 실제로 많은 노동인구를 이민자로 대체한 반면, 유럽과 일본 경제의 산업 경쟁력 원천은 교육 수준이 상대적으로 높은 고숙련–고임금 노동력에 기반하고 있다는 것이다.) 현대 경영학이 《과학적 관리법》에서 시작되었다는 주장도 있다. 고전파 정치경제학이 '노동과 가치'를 둘러싸고 논쟁을 거듭하고 있던 당시, 이 책을 기점으로 20세기 '경영자 혁명'의 출입구가 활짝 열렸다.

《과학적 관리법》은 선철 운반 작업, 삽질 작업, 벽돌 쌓기 작업, 베어링 볼 검사 작업, 금속 절삭 작업 등 여러 실험을 놀랍도록 상세하게 소개하고 있다. 과연 일류 노동자가 하루에 최대한 많은 일을 하려면 1회 삽질에 얼마나 많은 양을 파야 할까. 테일러가 서술한 작업 사례 중 가장 많이 알려진 실험은 선철 운반 작업이다. 이 작업의 감독자로 일했던 테일러는 무섭도록 철저한 '시간·동작 연구'를 거쳐 선철 운반자가 하루에 평균 약 12.5톤이 아니라 47.5톤을 운반해야 한다고 주장했다.

또한 테일러는 26년 동안 실험한 결과, 기계공이 금속 절삭기계를 사용하여 최단시간 내에 작업을 하려면 어느 정도의 절삭 속도로 기계를 가동해야 하는지를, 12개의 독립변수가 절삭 속도에 미치는 영향을 고려하여 복잡 미묘한 수

학적 공식으로 표현하고 있다._(테일러, 125쪽)

이에 대해 브레이버만은 "도대체 삽을 흔드는 각도를 어떻게 관리할 수 있는 가?"라고 비판하며 다음과 같이 말했다. "테일러는 단순한 사고 체계를 만들어 선명한 논리와 솔직함, 복음 전도자적인 열성을 갖고 전파시켰다. 이로 인해 자 본가와 관리자들 사이에서 그의 강력한 추종자들이 나타나게 되었다."

테일러가 정식화한 과학적 관리는 세 가지 원리로 집약된다. "관리자는……과거에 노동자가 소유하고 있던 모든 전통적인 지식을 모아 분류하고 표로 만들고 도식화하여 규칙, 법칙, 공식으로 만들어야 한다."(제1원리) "두뇌 작업은 가능한 한 공장과 분리되어 계획부나 설계부에 집중되어야 한다."(제2원리) 이 두 원리에서 제3의 원리가 도출된다. 즉, "지식에 대한 이러한 독점을 이용하여 노동과정의 각 단계와 그 행위 양식을 통제한다."(브레이버만, 105~112쪽) 테일러는 인간의 노동 능력을 동물의 그것보다 뛰어나게 만들어 주는 근본 특징이었던, 일의 '구상과 실행의 결합'을 철저하게 파괴했다. 곧, '구상과 실행의 분리'이다.

그렇다면 왜 작업을 노동자가 아니라 관리자가 연구해야 할까? 왜 '과학적 노동'이 아니라 '과학적 관리'일까? 테일러의 대답은 간명하다. "'농땡이 부리기', '늘어지기' 등 근무 태만은 노동자들이 저지르는 가장 사악한 행위다. 본래 활동적인 사람도 게으른 사람 옆에서 며칠만 일하면, '이 게으른 친구들은 작업량을 반밖에 채우지 않으면서도 나와 똑같은 일당을 받는데 내가 왜 열심히 일해야 하지?'라는 '체계적인 근무 태만'에 빠져들게 된다.……이 모든 (과학적 관리) 원칙에 동의하지 않는 사람이라도 이 책을 통해 기존의 관점을 차츰 바꾸게 되기를 바란다.……노동자들은 노동으로 얻은 성과가 모두 자신들의 공이며, 고용주들이나 사업에 투자된 자본은 성과에 거의 영향을 미치지 않는다고 못마땅하게 여기는 태도를 조금씩 바꾸게 되기를 기대한다."

여기서 이데올로기 투쟁이 명확하게 드러난다. 즉, 이윤은 착취가 아니라 경영자가 과학적 관리법이라는 직무를 떠맡아 수행하는 데서 나오는, 자본의 정당한 몫이다! 테일러의 세계에서 경영자는 과학적 관리에 필요한 지식을 창출하여 노동자에게 전달하며, 노동자는 이 지식을 학습하고 실천하는 역할을 맡는다. 물론 테일러는 주장한다. "과학적 관리법의 기본 철학은 고용주와 노동자 모두 '최대 번영'을 이루는 데 있다. 노동자도 더 많은 임금을 받게 되고 사용자도 더 많은 이윤을 남길 수 있다."(테일러, 21쪽)

그러나 브레이버만은 "테일러의 과학적 관리는 과학의 대표로서가 아니라 과학으로 위장된 관리의 대표로서 작업장에서 나타난다"고 주장했다. 이 《과학적 관리법》을 가장 혹독하게 비판한 브레이버만의 《노동과 독점자본Labor and Monopoly Capital》은 이론에서나 실천에서나 '20세기 노동과 자본'을 강력하게 지배한 '살아 있는 고전'이다.

여성, 내 이름은 주변부 노동자²

2

슈퍼우먼과
‘M자형’ 여성 노동

‘성별 분업’ 이데올로기

“일차적으로 여성들이 집안일을 하고 아이를 돌본다는 ‘성별 분업’ 이데올로기는 이윤 추구를 목적으로 하는 자본의 속성과 집에 와서 손 하나 까딱 하고 싶지 않은 남성 노동자들 간의 공모다.”(조주은, 2004) 자본은 밥하고 빨래하고 밤새도록 아이를 돌보느라 한숨도 못 자 누렇게 뜬 얼굴로 출근하는 노동자를 원치 않고, 거친 노동을 마치고 돌아온 남성 노동자는 일체의 가족노동에서 해방되고 싶어 한다. 이처럼 공적인 일터(노동시장)와 사적인 가족은 성별 분업 속에서 긴밀히 결합돼 서로를 지탱해 준다.

산업화 단계에서 무한한 노동력 공급이 경제발전의 원동력이라고 주장한 경제학자 아서 루이스Arthur Lewis는 “가정에 있던 부인과 딸들이 가사일에서 벗어나 시장 임금노동자로 전환되는 현상이 어느 국가의 경제발전에서든 가장 주목할 만한 특징”이라고 말했다.(Lewis, p.143) 또한 영국의 노동운동사가 조지 콜G. D. H. Cole은 20세기 전반기에 모든 변화 중에서 가장 두드러진 것으로 여성 노동자의 지위 변화를 꼽았다.

"1981년 이래 여성부는 노동당 내에서 가장 훌륭하고 가장 적극적인 부처 중 하나였다. 노동조합에서, 교육반에서 그리고 모든 노동계급 활동에서 여성은 점점 더 많은 역할을 해내게 되었다. 노동계급의 가정주부나 여공들의 겉모습, 견해 그리고 사회적 습관에서도 굉장한 변화가 일어났다. 여성의 정치적 해방이 직접적으로 이루어진 것은 별로 없었다. 그러나 그 해방의 뚜렷한 징조인 여성의 변화는 아마도 20세기 초의 25년간 일어났던 모든 변화들 중에서 가장 큰 것이었다."(콜, 하권, 313쪽) 프리드리히 엥겔스도 "여성해방의 첫 번째 전제는 모든 여성을 사회적 노동에 참여시키는 일"이라고 했다.

통계청의 '경제활동인구조사'에 따르면 2011년 한국 여성의 경제활동참가율[19]은 49.7퍼센트(남성 73.1퍼센트)이다. 경제활동인구 가운데 기혼 여성은 1980년 379만 명에서 2000년대 후반 764만 명으로 늘어났으며, 기혼 여성의 경제활동참가율도 1980년 40.0퍼센트에서 1980년대 후반 큰 폭으로 증가해 1990년 46.8퍼센트에 도달한 뒤 2008년 49.8퍼센트를 기록하는 등 지금까지 큰 변화 없이 49퍼센트 대를 보이고 있다.

여성의 연령별 경제활동 참가 형태를 보면, 20대 초·중반에 경제활동 참가가 증가하다가, 결혼 및 초산 연령과 맞물리는 20대 후반~30대 초반 노동시장에서 퇴장하고, 자녀 양육 이후 30대 후반 및 40대에 다시 노동시장에 재진입하는 이른바 'M자형' 곡선 형태가 나타난다. 2011년

---

19 15세 이상 생산가능인구 중 노동 공급에 기여한 사람(취업자+실업자)의 비율.

한국 여성의 연령대별 경제활동참가율도 25~29세는 71.4퍼센트로 높은 수치를 보이다가 30~34세에 55.4퍼센트, 35~39세에는 55.6퍼센트로 낮아지고 40~44세에 다시 65.7퍼센트로 증가한다. 많은 여성들이 결혼과 동시에 혹은 결혼 초기에, 출산·양육 등 가사 부담 때문에 노동시장을 떠나 전업주부로서의 '일'을 선택하는 것이다.

선진국에서는 M자형이 1980년대 이후 대부분 사라지고 남성과 유사한 역U자형으로 변화하고 있는데, 우리나라와 일본만 21세기에도 여전히 M자형을 보이고 있다. 여성 취업자는 2011년 11월 현재 총 취업자 2458만 명 중 1024만 명에 이른다. 흥미로운 건 연령별 비정규직 비율을 보여 주는 곡선에서도 여성은 M자형을 보인다는 것이다.

김유선(2011)에 따르면, 2011년 8월 현재 남성은 저연령층(20대 초반 이하)과 고령층(60세 이상)만 비정규직이 정규직보다 많은 반면, 여성은 20대 후반과 30대 초반을 제외한 모든 연령층에서 비정규직이 많다. 정규직 여성 수는 20대 후반을 정점으로 크게 감소하지만, 비정규직 여성 수는 20대와 40대를 정점으로 하고 30대 초반을 저점으로 하는 M자형을 그리고 있다. 이는 출산과 자녀 육아기를 거친 여성이 노동시장에 다시 진입할 때 제공되는 일자리가 대부분 비정규직이기 때문이다.

물론 여성 취업을 가로막는 최대 걸림돌은 성역할 구조와 가사노동 부담이다. 자본주의사회에서 회사에 24시간을 바칠 수 있는 직원, 철야 파업농성에 돌입할 수 있는 조합원은, 가사노동과 보살핌 노동을 면제받고 동거 여성에게 집안일을 모두 떠맡길 수 있는 특권을 가진 남성 노동자뿐이다.

여전히 불균등한 가사노동 배분

기혼 여성의 취업을 둘러싼 인식은 크게 바뀌고 있다. 통계청의 '사회조사'를 보면 '자녀 수와 결혼 등 가정 조건과 관계없이 여성이 취업하는 것이 바람직하다'는 응답은 1988년 여성 16.7퍼센트, 남성 8.4퍼센트에서 2006년 여성 50.8퍼센트, 남성 43.3퍼센트로 높아졌다. 여성의 시장노동 참여가 대신 집안 살림을 엉망으로 만들어 결국 가족해체나 이혼으로 이어진다는 이야기는 옛말이 돼 버린 지 오래다. 남성들의 머릿속에서 분명히 거대한 변화가 일어나고 있는 것이다. 그렇다면 가사노동 분담에서도 극적인 변화가 나타나고 있을까?

일하는 여성들이 24시간을 어떻게 배분해서 쓰고 있는지 살펴보자. 통계청의 '생활시간조사'(2008)에 따르면 맞벌이 아내의 가사노동 시간은 하루 3시간28분으로 맞벌이 남편(32분)의 6.5배에 이르는 것으로 나타났다. 시장에서의 소득노동은 맞벌이 아내(5시간14분)가 남편(6시간34분)보다 적지만, 가사노동을 더하면 아내가 남편보다 일하는 시간이 더 많다. 통계청의 '생활시간조사'(2004) 자료를 보면 맞벌이 가구 남편의 가사노동 시간은 하루 32분, 비맞벌이 가구 남편의 가사노동 시간은 30분으로 고작 2분밖에 차이가 나지 않았다. 맞벌이라 해도 여성이 가사노동을 전담하는 성별 역할 구조가 지속되고 있는 것이다.

특히 주당 36시간 이상 직장 일을 하는 기혼 여성의 경우 평일에 수면 등 개인 유지 9시간58분, 직장일 6시간43분, 학습 0분, 가정관리 2시간14분, 가족 보살피기 26분, 참여 및 봉사활동 2분, 교제 및 여가활동 2시간51분, 이동 1시간31분, 기타 14분을 사용했다. 일요일에는 밀린 가사 때문에 가정관리 시간이 1시간가량 늘어나며, 여전히 '직장 일'에 3시간 4분을 사용했다. 일요일에도 할인점 등 판매·서비스 직종에서 일하는 비정규직 기혼 여성 취업자가 그만큼 많다는 뜻으로 해석된다. 또한 평일이든 일요일이든 취업 기혼 여성이 학습에 투입하는 시간은 '0분'이었다.

이런 가사노동의 불균등한 배분 때문에, 여성은 시장노동에서 불리한 위치에 처하게 된다. 여성 노동자는 일터에서도 '진정한 노동자성'을 끊임없이 의심받고, 남성과 똑같은 일을 해도 저임금을 받는다. 그러나 여성이 야근과 회식을 꺼리고 '칼퇴근'하는 것은 직업의식이 부족해서가 아니라 엄청난 가사노동 부담 때문이다. 기혼 취업 여성은 한 마디로 '초강력 울트라 슈퍼우먼'이 돼야 한다.[20]

여성이 노동시장에서 이탈하고 '취집'(졸업 뒤 시집가거나 집안일에 취업하는 것)(조순경 엮음, 260~262쪽)을 결심하는 것은, 노동시장에서 여성의 지위가 낮고 차별받는다는 사실을 깨달은 뒤 차라리 집에서 편히 애들 잘 키우는 게 낫겠다고 판단한 때문이기도 하지만, 혼자 1인 2역·3역을 감당해야 하는 과도한 가사노동 부담 탓이 더 크다. 기혼 여성이 노동인구로 대거 이동하고 있지만, 다른 조건들은 별로 바뀌지 않은 채 기혼 여성만 홀로 변화하고 있는 상황이다.

---

20 기혼 여성들의 노동시장 참여 증가가 반드시 가사노동의 재분배를 수반하지는 않는다. 여성들은 자주 가사노동과 시장노동의 이중 부담을 지게 된다. 이는 여성들이 이용할 수 있는 여가시간을 줄어들게 하거나, 노동시장에서 남성들과 경쟁하는 여성들의 능력에 방해가 되거나, 이 두 가지 모두가 된다.(블라우·퍼버, 113쪽) 아내가 임금소득자일 때 남성들은 더 이상 가족의 재정적인 부양을 혼자 어깨에 짊어질 필요를 느끼지 않을 것이다. 틀림없이 많은 남편들이 자녀들에 대해 좀 더 잘 알게 되는 것을 즐기게 될 것이며, 보다 더 중요한 것은, 남성들이 좀 더 행복한 아내를 갖게 되리라는 점이다.(블라우·퍼버, 195쪽)

한국여성정책연구원이 실시한 '여성가족패널 1차 조사'[21] 결과는 놀랍다. 이 조사에서 "평일에 남편이 가사노동을 전혀 하지 않는다."는 응답이 69.8퍼센트(5396명)에 달했으며, 평균적으로 평일 가사노동 시간은 여성이 4시간21분, 남성은 21.6분이었다. "일요일에도 남편이 전혀 가사노동에 참여하지 않는다."는 응답은 45.8퍼센트(3769명)를 차지했다. '취업 중인 기혼 여성'만 따로 보면, 이들의 가사노동 시간은 평일 3시간4분, 토요일 3시간23분이었다. 반면 '취업 중인 기혼 남성'은 평일 29분, 토요일 35분을 가사노동에 사용하고 있는 것으로 나타났다. 평일이든 휴일이든 집안일을 하는 시간은 별 차이가 없다. 즉, 취업 여성은 여전히 '주부'라는 자신의 오랜 역할과 결합되어 있는 반면, 취업 남성은 '주부'라는 새로운 역할을 외면한 채 살고 있는 것이다.

좀 더 구체적으로 살펴보자. 남편들은 집안에서 '설거지'를 얼마나 자주 할까? 남편이 설거지를 일주일에 1번 한다는 응답은 11.6퍼센트, 2~3번 한다는 응답은 9.5퍼센트였다. '식사 준비'의 경우 남편이 일주일에 1번 한다는 응답이 10.5퍼센트, 2~3번 한다는 응답이 7.7퍼센트로 설거지와 엇비슷한 비율을 보였다. 남편이 간혹 식사 준비와 설거지를 동시에 할 때도 있지만, '밥은 아내가 차리고, 설거지는 남편이 맡는' 식으로 분담하는 가정은 거의 없음을 알 수 있다.

미국의 경우를 보면, 1960년대 중반 하루 중 가사노동 소비 시간은 취

---

21 여성가족패널조사는 한국여성정책연구원이 만19세 이상 64세 이하의 성인 여성을 대상으로 실시하고 있는 전국 규모의 패널조사(표본 약 1만6000가구)이다. 1차년도 본 조사는 2007년 9월부터 2008년 2월까지 전국 성인 여성 1만31명을 대상으로 이뤄졌다.

■ 〈표 11〉 한국 · 미국 · 독일 성인 및 취업자의 가사노동시간 국제 비교   　단위 : 분

구분	한국		미국		독일	
	전체 성인	취업자	전체 성인	취업자	전체 성인	취업자
남성	0.46	0.40	2.22	2.11	2.43	2.10
여성	4.09	2.52	4.02	3.28	4.38	3.34

* 하루 24시간 중 사용하는 가사노동시간. 가사노동은 '가정관리', '쇼핑 및 서비스', '가족 보살 피기' 등 3개 항목으로 구성됨.
　자료 : 한국은 통계청 '국민생활시간조사' (2004), 미국은 2004년 'America Time Use Survey (ATUS)' 자료, 독일은 EUROSTAT에서 발표한 '국가간 시간사용에 관한 비교Comparable time use statistics−National tables from 10 European Countries' (2005).
　출처 : 김외숙 외(2006), 〈국민생활시간 활용의 국제비교〉, 통계청 '생활시간조사' (2004) 결과 심층 분석을 위한 학술 연구용역 과제.

업 기혼 여성이 4시간~5.3시간, 취업한 아내를 둔 남편이 1.1시간~1.6시간이었다. 1970년대 중반에는 취업 기혼 여성의 가사노동 시간은 하루 2.3시간~4.0시간으로 크게 줄어든 반면, 취업한 아내를 둔 남편의 가사노동 시간은 하루 0.6시간~1.9시간이었다.(퍼버 · 넬슨, 179쪽). 요즘 한국 남편들의 가사 분담 시간은 50여 년 전 미국 남편들의 가사 분담 시간에도 훨씬 못 미친다.

　남자들은 집안일을 하더라도 자녀와 놀아 주는 것이 대부분이고, '살림'을 도맡아 하는 건 항상 아내들이다. 맞벌이 남성이 점차 평등하게 가사노동을 분담하는 듯 보이지만, 실은 자신의 시장노동을 방해받지 않는 수준에서만 가사에 시간을 할애할 뿐이다. 남편들은 "나 없다고 해요!"라고 말하는 회사 사장처럼 가정에서 시간을 자유롭게 쓰는 반면, 아내는 집안에서 비서처럼 24시간 대기하고 있어야 한다. 여성은 빠르

게 변하고 있지만, 남성은 느리게 변하거나 좀체 변하지 않는 '지체된 혁명'이 지속되고 있는 것이다.

여성의 가사노동은 고된 노동이라기보다는 여성성에 입각한 '가족애의 실현'으로 그럴듯하게 포장된다. 노동을 마치고 돌아온 남성에게 가정은 쉼터지만, 여성들에게 가정은 또 다른 일터이다. 여성들은 눈뜨자마자 출근해서 가족이 모두 잠자리에 들었을 때 퇴근한다. 집안일은 대개 '그냥 집에 있다'는 식으로 평가절하되지만, 사실 매우 강도 높은 노동이다.

저임금 단기 노동의 명분

자본주의는 성별 노동분업을 통해 여성의 노동을 끊임없이 평가절하하고 남성 노동의 가치를 강조해 왔다. 가사노동이 자본축적의 원천인 노동력을 재생산하는 생산적 노동임에도, 성인 남성의 노동은 빵을 벌어들이는 '생산적 노동'으로, 여성의 가사노동은 잉여를 만들어 내지 못하는 '비생산적'인 가정주부의 활동으로 뚜렷이 구분되었다.[22] 가사노동과 보살핌 노동은 시장에 내다 팔 수 있는 물리적인 '노동력 상품'이 아니라는 이유로, 또 '여성이라면 누구나 본능적으로 해내는 노동'이라는 잘못된 생각 때문에 항상 폄하돼 온 것이다.

---

22 다른 체제에서는 남성과 여성이 각기 특유한 (그러나 정상적으로는 평등한) 과업을 수행한 데 비해, 역사적 자본주의 하에서는 성인 남성 임금소득자가 '빵을 벌어들이는 자'로 분류되었으며 성인 여성 가사노동자는 '가정주부'로 분류되었다. (월러스틴, 1993, 27쪽)

40여 년 전, 노벨경제학상 수상자인 게리 베커는, 남편과 아내의 성별 분업에 기초하여 순수 경제학적 의미의 가족을 제시했다. 남성은 시장 노동에, 여성은 가정생산(가사노동)에 비교우위를 갖고 있으므로 부부가 기능적으로 자기 영역을 전문화할 때 가족의 효용이 극대화된다는 논리다. 동일한 자질과 능력을 갖고 있더라도 비교우위 논리에 따라 임금을 더 많이 받는 남성은 시장노동을, 여성은 가사노동을 선택하는 것이 합리적 선택이라는 말이다.

이는 곧 여성은 집에 들어앉아 집안일을 하고, 대신 바깥에 나가 돈을 버는 남성 노동자에게 '가족임금'을 준다는, 자본의 논리를 대변하는 '신가족경제New Economics of the Family' 모델[23]로 이어진다. 남성이 가족의 생계를 일차적으로 책임지므로 상대적으로 우월한 근로조건을 보장해야 한다는 가족임금 이데올로기는, '여성은 가정, 남성은 일터'라는 성별 분업 논리에 기초하여 남성은 가사노동 무능력자로, 여성은 가사노동 전담자로 규정한다. 그러나 가족임금제는 남성에게 충분한 임금을 지급하는 근거로서가 아니라, 여성을 저임금 단기 노동자로 동원하는 것을 합리화하는 명분으로 작용했다. 사실 여성이 담당하는 가사노동을 가사 대리인을 고용해 '상품'으로 대체하면 막대한 비용이 소요된다.

최근 '가족 친화적family-friendly 노동'이란 말이 유행이다. 일과 가족의 양립을 지향하는 정책, 예컨대 노동시간 단축·주 5일 근무제·육아휴

---

23 G. Becker(1973,1974), "A Theory of Marriage : Part I, II", *The Journal of Political Economy*, Vol.81(4), Vol.82(2) ; G.Becker(1960), "An Economic Analysis of Fertility" in Becker(ed.), *Demographic and Economic Change in Developed Countries*, Princeton Univ. Press.

직제·탄력적 근무제 등이 여기에 속한다. 그러나 주부는 가사노동을 '하고' 남편은 '돕는다'는 관념에서 탈피하지 않는 한, 가족 친화적 노동 역시 남성에게는 일을 마치고 '여가'를 즐기며 쉴 권리를, 여성에게는 남편이 집에 돌아오는 순간 '밥하는 노동'의 시작을 뜻할 뿐이다. "여성은 가족과 몸서리쳐질 만큼 친한 관계라서 오히려 그 친밀함을 떼어 놓는 정책이 필요하다. 가족과 친해져야 하는 대상은 남성 노동자이다."(조주은, 2004) 이제 남성 노동자도 가사노동의 '조력자'가 아닌 '일차적 책임자'로서 능력을 개발하고 훈련해야 한다.

2007년 경제협력개발기구(OECD)가 발행한 〈일과 가족생활의 조화 Work-Life Balance를 위한 정책 보고서〉를 보면, 2005년 주당 40시간 이상 일하는 여성 노동자의 비중은 우리나라가 77퍼센트로 전체 30개 회원국 가운데 가장 높았다. 이는 회원국 평균 49퍼센트보다 1.57배나 높은 수치다. 또한 우리나라는 남녀 노동자 간 임금격차가 회원국 전체 평균 수준의 2배를 넘는 등 가족 친화적 고용 여건이 가장 열악한 나라에 속하는 것으로 나타났다.

한 여성해방론자는 여성들이 "여성이고자 하는 압력과 여성이 아니고자 하는 압력 사이에서 끊임없이 경험하게 되는 절박한 모순"(씨걸; 블랙번 외, 265쪽)을 지적한 바 있다. 이러한 어려움에 더해 옛날이든 오늘날이든, 동양이든 서양이든 간에 모든 여성들은 임금착취형 고용의 부담을 더 짊어지고 있다.

에런라이크와 잉글리시는 《그녀를 위하여》에서 지난 150년간 학자·정치가·인체생리학자 등 전문가들이 여성에게 한 모든 권고는, 가부장적 구질서the old order를 유지·온존하기 위한 충고였을 뿐이라고 말한다.[24]

"가족에서 권위는 나이 많은 남성의 몫이었고 이들은 가정의 일과 구매, 결혼을 통제하는 역할을 했다. 여성은 자신들에게 주어진 역할과 본성에 의문을 품을 수 없었고, 이를 선택의 여지가 없는 운명으로 받아들여야 했다. 단지 복종만이 규율이었다.…… 점차 '여성 문제woman question'가 공적 생활에서 이슈로 부각되었다. 공적인 영역과 사적 영역으로 일상이 구분되면서 남성주의와 가부장주의에 대한 의구심이 생겨나고, 여성의 역할에 대한 의문이 증가했다. 가부장적인 철의 규율이 점차 흔들리고, '가부장적 규율은 과연 실현될 수 없는 꿈인가'라는 질문이 던져졌다."(Ehrenreich & English, pp.7~11)

주부 노동자의 조용한 투쟁

경제활동 속으로 역사적인 이동을 하고 있는 기혼 여성들은, 좀 더 지속적으로 노동시장에 남아 있으려는 '강한 애착'을 보이고 있다. 노동시장에 오래 남으려고 첫아이를 늦게 갖거나, 경력 단절 기간을 줄이려고 첫아이와 둘째 아이의 터울을 짧게 하는 경향도 강하다. 사실 동료 남성과 여성, 또는 여성끼리 경쟁하는 직장은 '집안일을 하지 않는 사람들에게 유리한 게임'이다. 집안일에서 해방되지 못한 여성일수록 노동시장에서 쉽게, 또는 끝내 탈락하게 된다.

---

24 서구에서도 그랬지만 아시아적 전제군주 사회에서 가부장적 질서는 더욱 강고했다. "고대 아시아적 착취 지배 관계는 본질상 일종의 노예제이다. 그러나 이 노예제는 잠재적이었다. 이 노예제는 혈연관계, 친척 관계, 혼인·가족관계 등과 통합되어 이런 관계에 의해 가부장제적으로 은폐되어 있었기 때문이다. 부인은 남편에, 자녀는 부모에, 결국 가부장에 속했고, 모든 가부장은 다시 왕과 그의 관리에 속했으며 이 관리는 다시 왕에 속했다. 게다가 부녀 및 자녀 노예제는 왕과 관리들의 가족관계 안에서도 반복되었다. 말하자면 왕을 제외하고 '주인 없는 사람'은 아무도 없었다."(황태연, 49쪽)

그동안 여성이 집에 들어앉아 남편을 도왔다면, 이제는 누가 '주부 노동자'들의 사회경제적 이행을 뒷바라지할 것인가? 페미니스트 사회학자 앨리 러셀 혹실드A. Russell Hochschild는 《돈 잘 버는 여자, 밥 잘하는 남자The Second Shift》에서 "이제는 한 세대 남성 전체가 집안일 속으로 역사적 이동을 해야 한다."고 말한다. 남성들은 전업주부보다 일터에 나가는 배우자를 더 선호하면서도, 정작 새로운 현실에는 적응하지 못하고 있다. 맞벌이 부부 가정에서 갈등이 불거지면 남편은 이를 아내의 취업 탓으로 돌리고, 아내 스스로도 자신의 취업 탓으로 돌리는 경향이 있다.

사실 기혼 여성이 시장노동에 뛰어들면서 가족의 생활 속도와 리듬은 빨라지고 있다. 그러나 빨라지는 속도를 흡수하는 쪽은 여전히 여성이다. 시간 빈곤에 쫓겨 집안일을 미루다 보면, 자연히 주말 가사 노동량이 더 늘어나게 된다. 맞벌이 가정의 기혼 여성은 조용한 투쟁을 계속하고 있다.[25]

이와 관련해 문현아는 "노동의 여성화(여성 노동인구의 증가)로 현실이 변화하고 있지만 '가족의 남성화'는 진행되지 않고 오히려 '가족의 재여성화'로 이어지고 있다"며 "맞벌이 부부에게 집안일은 직장 일을 하는 아내의 이중 부담, 또 다른 여성의 저임금, 확대가족의 무임금으로 대체되고 있다"고 지적했다.[26] 여기서 '또 다른 여성'은 주로 가사 도우미 노동자들이다. (여성) 가사 도우미의 월평균 수입은 2008년에 61만

---

25 이와 관련하여 흥미로운 조사결과가 있다. 통계청의 '사회조사'(2006)를 보면, '남녀가 가사를 공평하게 분담해야 한다'고 응답한 여성이 20대는 61.2퍼센트나 30대는 32.7퍼센트로 뚝 떨어졌다. '가사 분담을 주로 부인이 해야 한다'고 응답한 여성도 20대는 36.4퍼센트, 30대는 64.9퍼센트로 나타났다.

26 문현아(2008), 〈신자유주의 시대 노동과 가족의 재구조화〉, 여성문화이론연구소 편집팀, 《여/성이론》 겨울호.

2000원으로, 여러 사회서비스 일자리 중 가장 낮다.

한편 '확대가족의 무임금 노동'을 대표하는 부류는 할머니들이다. 임옥희는 "여성은 할머니가 되면 직접적인 재생산을 마감한다. 하지만 다른 여성들이 재생산한 존재(손자·손녀 등)를 보살펴 줌으로써 끝까지 재생산 의무를 충실히 수행한다. 가족과 사회 전체적으로 이런 역할을 수행하는 사람들이 (또 다른 여성인) 할머니들"이라고 말했다.[27]

자녀 돌봄뿐 아니라 '노인 돌봄'을 주로 담당하는 쪽도 기혼 여성들이다. 한국여성정책연구원의 '여성가족패널 1차 조사'에서 '편찮은 친정 부모님을 돌보는 사람'은 아내의 다른 형제자매 44.5퍼센트, 환자의 배우자 22.6퍼센트, 아내 자신 11.6퍼센트 순이었으며 '편찮은 시부모님을 돌보는 사람'은 남편의 다른 형제자매 29.3퍼센트, 아내 자신 24.8퍼센트, 환자의 배우자 16.7퍼센트 순으로 나타났다. 즉, 형제자매든, 배우자든, 아내 자신이든 대부분 '여성'이다. 이렇듯 사회적 돌봄 서비스 제공이 지체되고 있는 현실에서, 맞벌이 여성은 길어진 노동시간(가사노동 포함)과 수면 부족에 시달리고 있다.

혹실드는 "여성의 노동시장 진출이라는 커다란 변동이 일어나고 있지만 남성들은 가사노동 영역에 여전히 진출하지 않는 '지체된 변화' 속에서, 일하는 여성에게도 아내 역할을 해 줄 존재가 필요하다"고 강조했다.

---

27 임옥희(2008), 〈나이의 젠더화, 계층화, 그리고 '가치 있는 삶'〉 여성문화이론연구소 편집팀,《여/성이론》겨울호.

일하는 엄마들의 양극화

여성 광고 모델이 한 손에 서류가방을 들고, 다른 한 손으로는 아이의 손을 잡고 머리칼을 휘날리며 성큼성큼 걷고 있다. 직장 일과 집안일을 병행하는 '슈퍼우먼 워킹맘'이다. 지친 기색도 없고, 자신감이 넘치며 자유로워 보인다. 늘 바쁘고 활동적인 모습은 매혹적이다. "나도 알고 보면 부드러운 여자에요." 과연 일하는 엄마들은 행복할까?(훅실드, 25쪽) "쳇, 이건 완전히 사기군요. 절 좀 보세요. 머리도 헝클어져 있고 손톱도 엉망이에요. 아침마다 아이들 옷 입히고, 개밥 주고, 도시락 싸고, 쇼핑 목록을 적어야 돼요. 새벽 2시에 일어나 애 젖 먹이고, 4시에 또 일어나 젖 먹이는 일이 인생을 어떻게 만드는지 아세요? 광고 속 저 여자는 꼭 휘파람을 불고 있는 것 같군요. 그러니까 다른 여자들의 아우성이 안 들리는 거예요."(훅실드, 26쪽)

요즘 젊은 여성들은 선배 여성 노동자들에 비해 임금수준 등에서 더 나은 노동의 생애를 보내고 있을지 모른다. 남성의 전유물이던 전문직·경력직에도 여성들이 대거 진출하고 있다. 하지만 전문직이나 준전문직에 종사하는 '저연령·고학력·고임금'의 소수 여성들만 승리의 혜택을 누릴 뿐이다. 여성 노동시장은 좋은 일자리에서 상대적으로 고임금 혜택을 받는 '생존자'들과, 육아·출산·가사 부담 때문에 경력 단절을 겪고 노동시장에서 '탈락한' 여성들로 빠르게 양극화되고 있다. 가사 부담 때문에 노동시장에서 떠났다가 나중에 재진입하는 여성은, 대부분 '고연령·저학력·저숙련'의 저임금 직종으로 몰린다.

점점 더 많은 여성들이 일터로 나가고 있지만, 직장 시스템은 남성에게 맞춰져 있다. 직장 일과 가사를 병행해야 하는 여성들은 집안일을 하지 않는 남성들과의 경쟁에서 불리할 수밖에 없다.

물론 높은 교육 수준과 자격을 갖춘 여성은 고임금과 고용안정, 높은 승진 가능성이 보장되는 직무에 접근할 확률이 높고, 공공 부문과 전문직에 종사하는 여성일수록 육아휴직이나 유연한 노동시간을 놓고 사용자와 협상하기도 쉽다. 즉, 이들은 비교적 노동시장에서 지속적으로 활동하기가 쉽다. 하지만 교육 수준이 높다고 해서 노동시장의 여성 차별에서 자유로운 건 아니다. 남편이 똑같이 육아에 참여하는 '운 좋은 여자들'만 생존자가 될 수 있다. 사실 맞벌이 부부는 각자의 일만 해도 너무 바쁜 탓에 누가 가사를 책임져야 하는지를 놓고 다툴 시간도 없다.

여성은 일반적으로 근속 기간이 짧고 이직률이 높다고 여겨진다. 이런 관념은 여성에게 좋지 않은 직무를 부여하는 합리적 근거로 이용된다. 이른바 '통계적 차별'이다. 그러나 여성의 근속 기간이 짧고 이직률이 높은 이유는, 근로 조건이 불안정하고 안 좋기 때문이다. 그럼에도 이러한 통계적 차별이 가사 부담 차별과 맞물리면서 여성들을 노동시장에서 쫓아내고, 여성 노동의 양극화를 심화시킨다.

또한 일자리가 '여성 친화적'으로 바뀌고, 남성 지배 직종에 여성이 진출하기 시작한 지 수십 년이 지난 지금, 또 다른 직종 분리가 뚜렷하게 나타나고 있다. 예컨대 손해사정인의 경우, 여성 비율이 크게 증가하고 있지만 여성은 대부분 의사결정 권한이 적은 '내부 근무 손해사정인'으로 일하는 반면, 더 높은 보수를 받는 '외부 손해사정인'은 여전히 남성이 맡는다. 똑같은 세일즈 직종이라도 여성은 소매 세일즈 점원으로, 남성은 주로 제조업 상품의 영업사원으로 근무한다. 여성은 남성 관리자를 보좌하거나 금전출납기를 다루거나 서류를 철하거나 값싼 물건을 팔고, 남성은 여성 노동자를 관리하거나 자동차·컴퓨터·음향 기기 등 비싼 물건을 판다. 여성 버스 운전기사가 늘어나도 대중버스 풀타임 노동은 대개 남성이 차지하고, 저임금의 파트타임 학교버스 운전기사는 여성들로 채워진다.

2000년대 중반, 남성은 전체 남성 취업자의 45퍼센트가 비정규직인 반면, 여성은 전체 여성 노동자의 70퍼센트가량이 비정규직이다. 이처럼 여성 노동 시장은 점점 더 '운 좋은 소수의 생존자들'과 '다수의 저임금 일자리'로 분절되고 있다. 그러나 여전히 남성은 '빵을 벌어들이는 사람'으로, 가사가 본업(?)인 여성 노동은 생계 보조 역할로 간주된다. '여성 비정규직화'나 '여성 노동 빈곤화'가 사회적 이슈로 제기되지 못하는 이유다.

'유리 천장'과
'유리벽'

'59센트' 배지

1960년대 중반 미국의 여성 노동자들은 '59센트'라고 씌어진 배지를 가슴에 달고 다녔다. '59센트'는 주홍글씨처럼 여성들에게 새겨진 끈질긴 차별의 낙인을 상징했다. 즉, 남성이 1달러 벌 때 여성 임금은 59센트에 불과하다는 뜻이었다.(루스 외, 2007, 185쪽) 1950년대 미국에서 여자들은 교사·간호사 이외의 직업은 감히 희망할 수도 없었으며, 1957년 유나이티드 항공사는 뉴욕-시카고 노선의 특별 서비스로 안락한 수면과 멋진 저녁 식사 제공, 그리고 "여승무원을 제외하고는 여 승객이 없음"을 자랑스럽게 발표했다.(라이시, 52쪽)

1994~1995년 국제노동기구(ILO) 통계에 따르면, 제조업 분야에서 남성 임금 대비 여성 임금의 비율은 우리나라가 52.2퍼센트로 전 세계에서 일본(43.6퍼센트) 다음으로 가장 낮았다. 참고로 동남아시아의 콸라룸푸르는 70.3퍼센트, 방콕은 74.9퍼센트, 마닐라는 79.6퍼센트였다. 지금은 사정이 좀 나아졌을까? 통계청의 '경제활동인구조사 부가조사'

결과, 2011년 8월 우리나라 여성의 시간당 임금(8378원)은 남성(1만3406원)의 0.62배로, 남성 임금의 60퍼센트 수준에 그치고 있다.

1990년대 중반 이후 기업들이 대졸 여성 공채를 대폭 늘렸으나 관리직으로 승진한 여성은 극히 드물다. '여성 상사' 시대가 왔다고 하지만 높은 직급에 오른 여성은 빼어난 몇몇 뿐이다. 여성의 평균 근속 연수는 타 사업체에서 동일한 직무 경력까지 포함할 경우 5년 이상 경력자가 1981년 12.8퍼센트에서 2001년 41.7퍼센트로 대폭 늘었고, 10년 이상 경력자도 1992년 4.9퍼센트에서 2002년 16.5퍼센트로 인상적으로 증가했다. 2008년에 근속 연수 5년 이상인 여성(64만5000명)의 비율은 28.0퍼센트, 15년 이상인 여성(11만8000명)의 비율은 5.1퍼센트(남성은 14.7퍼센트)로 1990년 이후 상승 추세를 이어가고 있다.[28] 그러나 여성 관리자(과장급 이상) 비율은 4~8퍼센트의 벽을 넘지 못하고 있다. 고용노동부가 펴낸 〈2009년도 여성과 취업〉 자료에 따르면, 2007년 우리나라 기업의 여성 관리자 비율은 8.8퍼센트이다. '여성 파워' 시대가 열리고 여성의 경제적 지위가 향상되고 있다지만, 관리직만 보면 한국 여성은 최후의 식민지로 남아 있는 것이다.[29]

---

28 노동부, '임금구조 기본통계조사'(각년도) ; '고용 형태별 근로실태 조사'(2008)

29 '고용보험 DB'에 따르면 2002년 종업원 30명 이상 사업체에서 여성 관리직은 4.9퍼센트(약 7600명) 수준이다. 1997년 조사에서는 50대 그룹의 586개 기업에 근무하는 과장급 이상 여성 관리자는 0.7퍼센트(729명)에 불과했다.(정무장관(제2실) 내부자료(1997) ; 이주희, 2003) 노동부가 2004년 종업원 1000명 이상 사업장 354개를 대상으로 여성 관리자를 조사한 결과, 부장은 1.4퍼센트(477명)에 불과하고, 차장 3.6퍼센트(1706명), 과장 5.6퍼센트(6157명)로 나타났다. 한국노동연구원이 2002년 1443개 기업 종사자 (100명 이상·이하 기업이 각각 절반)을 대상으로 한 조사에서는 여성 관리직이 단 1명도 없는 기업이 901개로 전체의 3분의 2에 달했다. 중소기업에서는 영업 활동을 위해 부장·과장 자리를 단지 명함으로 받은 여성도 많기 때문에 이 비율조차 과대 집계됐을 가능성이 크다.

다양한 차별의 지표

'여성 승진 선례가 없다'는 말이 가장 먼저 여성들의 기를 꺾어 놓는다. 이처럼 능력이나 업적과 상관없이 여성이 관리직에 오르는 것을 막고 있는 보이지 않는 장벽을 '유리 천장glass ceiling'이라고 한다.[30] 공고한 금녀의 벽을 뚫고 성공하여 갈채를 받는 몇몇 여성 임원 뒤편에는, 차별 속에 눈물을 삼키며 일하고 있거나 좌절 속에 조직을 떠나야 했던 수많은 여성들이 있다. 그나마 극소수 여성 임원의 일부는 경영 수업을 쌓고 있는 '오너' 일가이거나 외국 명문대 박사 출신, 판사·변호사 출신 등 외부에서 영입된 인물이 대부분이다.

유리 천장은 오랫동안 누적돼 관행으로 구조화된 차별이다. 여성의 승진을 제도적으로 막고 있지는 않지만, 아무리 뛰어난 여성이라도 능력을 인정받는다고 다 승진할 수 있는 것은 아니다. 반면, 남성들은 특별히 무능하지만 않으면 적정한 승진 코스를 밟는다. 무엇보다 여성은 더 오래 일해도 승진 가능성이 희박하다. 채용, 배치, 승진, 직업 훈련 등 모든 과정에서 차별과 배제가 체계적으로 누적되고 구조화되어 있다.

여성들은 또한 관행이란 이름 아래 굳어져 온 '유리벽glass wall'도 돌파해야 한다. 유리벽은 승진 루트에 속하는 핵심 부서에 진입할 기회를 아예 차단하는 기업 내부의 구조적인 장벽을 뜻한다. 핵심 부서 배치와 순환근무를 거치면서 전체적인 시각에서 일을 할 수 있는 경력을 쌓아야

---

30 미국 노동부의 여성국은 1994년 '유리 천장'이란 제목으로, 기업 내에서 여성이 관리직 및 상위 직급으로 진출하는 것을 가로막는 대규모 성차별 구조와 관행을 조사하는 사업을 벌였다. 유리천장은 '아주 가까운 듯 보이지만 여전히 멀리 있음'을 뜻한다.

관리자로 승진할 수 있는데, 여성은 이런 길에서 배제되기 십상이다. 기다리고 있는 건 알게 모르게 압력으로 작용하는 '자발적 퇴직'뿐이다.

이러한 '유리 천장'과 '유리벽'의 문제를 해결하고자 나온 개념이 '간접 차별'이다. 간접 차별은 기업이 채용·근로조건을 제도상으로는 동일하게 적용하더라도, 통계적으로 특정한 성별 구성원이 상대 집단의 80퍼센트 미만일 때 불리한 대우가 행해졌다고 보는 것이다. 이른바 '5분의 4' 룰이다. 예컨대 여성이 12명 중에서 3명이 승진한 데 비해 남성은 25명 중 15명이 승진했다면, 여성 승진 비율(25퍼센트)이 남성 승진 비율(60퍼센트)의 5분의 4에 미치지 못하므로 차별이라는 것이다.

미국의 월간지 《워킹 마더》는 '적극적 고용 개선 조치(AA)Affirmative Action'[31] 이행 여부를 매년 조사하여, 여성 고용 비율이 높은 '일하는 어머니를 위한 모범 기업' 100개 사를 선정해 발표하고 있다.(조순경 엮음, 133쪽) '적극적 고용 개선 조치'는 동종 업종의 다른 기업에 비해 여성 고용 총량이나 여성 관리직 비율이 낮은 민간 기업에게 개선 방안을 수립하도록 요구하는 제도이다. 남성 역차별이라는 도전과 폐지 위협 속에서도 미국의 '적극적 고용 개선 조치'가 30년 넘게 유지되고 있는 건, 《워킹 마더》의 활동 같은 사회적 분위기가 마련되어 있기 때문이다.

'적극적 고용 개선 조치'는 미국을 비롯하여 캐나다·오스트레일리아

---

31 미국은 30년 넘게 민간 기업, 공공 부문, 교육 부문 등에서 이 제도를 적용해 왔다. AA제도는 여성이 남성과 동등하게 경쟁할 수 없는 시장 조건에 놓여 있으므로 적극적인 조치를 취하여 '기회의 평등'을 넘어 '결과의 평등'을 지향하는 것이다. 어떤 조직에서 소수집단이 대표성과 영향력을 가지려면 조직 내 비율이 최소한 20~30퍼센트 이상 돼야 한다는 견해에 기초하고 있다. 그러나 남성에 대한 '역차별'이라는 비판과 도전이 제기되면서 이 제도는 폐지 위협을 받고 있다. 실력과 자격, 능력을 고려하지 않고 여성 고용의 일정한 선을 정하는 것은, '업적주의meritocracy'를 침해하는 역차별이라는 주장이다.

등 여러 국가에서 시행되고 있다. 또한 이 제도를 도입한 대부분의 국가들은 고용 개선 조치를 이행하지 않는 기업의 경우 정부 조달계약을 파기하거나 향후 몇 년간 조달계약 응찰 자격을 박탈하고 명단을 인터넷에 공개하고 있다. 우리나라에서도 2006년 3월부터 '적극적 고용 개선 조치'를 시행하고 있으나 어디까지나 권고 사항일 뿐 강제력은 없다.[32] 우리나라에서는 '여성 공무원 채용 목표제'만 강력한 구속력을 갖고 시행되고 있을 뿐이다.

일본에서는 여성 노동자의 고용 관리 실태 등을 종합적으로 파악하고자 후생노동성에서 매년 '여성 고용 관리 기본조사'를 실시하고 있다. 그에 따르면 2006년 일본 기업의 계장 중에서 여성이 차지하는 비율은 10.5퍼센트, 과장은 3.6퍼센트, 부장은 2퍼센트로 아직 낮은 수치지만 꾸준하게 증가하고 있다. 계장 이상 관리직 전체에서 여성이 차지하는 비율은 6.9퍼센트였다. 2006년 일본에서 여성에 대한 적극적 고용 개선 조치를 취하고 있는 기업의 비율은 20.7퍼센트였다.[33]

유리 천장의 벽을 뚫고 살아남아 관리자로 일하고 있는 소수의 여성들은 뛰어난 능력은 기본이고, 그와 더불어 직장에서 자신을 인정해 주

---

32 우리나라는 2005년 남녀고용평등법을 개정하여 '적극적 고용 개선 조치' 제도를 도입했다. 우리나라의 적극적 고용 개선 조치는 미국, 캐나다 등과 달리 정부조달 계약과 연계하지는 않고 있다. 2008년 적극적 고용 개선 조치 대상 사업장은 정부투자기관(14개), 정부 산하기관(101개), 상시근로자 1000명 이상 사업장 591개, 500~999인 사업장 719개 등이다. 이들 적용 대상 기업은 매년 직종, 직급별 '남녀 근로자 현황'을 고용노동부에 보고하게 되며, 산업별로 여성 고용률 및 여성 관리자 고용률을 비교하여 산업별 평균의 60퍼센트에 미달할 경우 개선 계획을 마련하고, 1년 후 이행실적을 보고하도록 하고 있다.

33 이 조치를 실시하고 있는 일본 기업들에게 그 이유를 물었더니, '남녀 모두 직무 수행 능력으로 평가받는다는 의식을 높이기 위해서'가 66.8퍼센트로 가장 많았고, 이어 '여성 능력의 유효한 발휘로 경영의 효율화를 꾀하기 위하여' 65.3퍼센트, '남녀 사원의 능력 발휘가 생산성 향상이나 경쟁력 강화로 이어지기 때문에' 56.2퍼센트, '일하기 좋은 공평한 기업으로 평가받고 인정되어 좋은 인재를 확보할 수 있기 때문에' 53.9퍼센트였다.(《해외노동동향》 2007년 8월 23일, 한국노동연구원)

는 '성적 편견' 없는 상사를 만났거나 든든한 '빽'을 둔 행운아, 또는 가사와 육아를 맡아 주는 부모 세대의 도움을 받을 수 있는 '운'을 가진 여성들이 대다수다. 여성 관리자가 워낙 소수이다 보니 여자 선후배끼리 의지하면서 영향력을 발휘할 만한 세력을 형성하기도 어렵다.

여성들이 비교적 쉽게 진출할 수 있는 이른바 '여성 직종'은 대부분 단순직이다. 여성은 노동의 질이 낮아서가 아니라, 채용과 업무 배치 등에서 낮은 가치의 업무를 담당하도록 강제 받고 고부가가치 업무로 진입하는 것이 제한된다. 즉, 노동시장에서 여성 차별이 관행 또는 관념으로 오래 누적되고 구조화된 결과, 특정 직종 안에서 여성 비율이 지나치게 낮은 과소대표성, 혹은 여성이 과다하게 밀집하는 과다대표성이 드러나는데, 이런 통계적 불균형도 '차별'의 지표로 볼 수 있다. 노동시장에서 성별 역할이 경제적 이유에 따른 자발적인 선호나 선택에 의한 것이 아니라, 제도와 관행에 의해 '사회적'으로 결정되기 때문이다. 이는 고임금의 남성 직종과 저임금의 여성 직종으로 노동시장이 철저하게 분리되는 성별 차별 문제를 가져오며, 이를 통해 여성은 노동시장에서 점차 축출된다. 여성이 노동시장에서 살아남으려면 공고한 남성 사회의 벽을 끊임없이 헤쳐 나가거나, 아니면 단순 업무에 만족하거나, 양자택일의 길이 있을 뿐이다. 이런 상황에서 상당수 여성들이 노동시장에서 퇴장하고, 생존에 성공한 소수의 여성만이 노동시장에 남으면서 여성 내 양극화 현상은 갈수록 심화될 것이다._(황수경, 107쪽)

노조 안의 민주주의

여성 노동자 수가 크게 늘고 있지만 여성은 노

조 안에서도 과소대표되며 주변인으로 머무른다. 이는 노동조합 내부의 민주주의 문제이기도 하다. 노동조합 내부에서 여성 관련 이슈는 이념적 문제가 아니라 여성 간부의 수와 조직적 힘의 정도에 따라 결정된다. 그런데 노동조합의 의사결정기구에 참여하여 여성의 의견을 관철시킬 여성 간부의 수는 매우 적다. 노조는 여전히 남성 지배적이며, 가부장적인 남성 조합 간부들에게 여성 노동 문제 해결을 기대하기란 쉽지 않다.[34]

여성 조합원 수에 비해 여성 노조 간부는 극히 소수에 불과하며, 주로 맡는 직책도 여성 부위원장·여성부장·후생복지부장 등 한직에 집중된다. 이런 직책은 대개 남성 중심의 노조가 여성을 배려한다는 점을 과시하고 구색을 맞추려고 마련한 자리다. 사실 노조 대의원직은 고등교육을 받지 못하고 고급 기술을 갖지 못한 생산직 남성 노동자들이 승진할 수 있는 몇 안 되는 출세 길이기도 하다. 그래서 여성의 노조 간부 진출을 기피하는 것일까? 심지어 여성 노조 간부가 조합 사무실에서 커피 심부름이나 복사 등 일종의 여비서 업무를 담당하는 경우도 있다. "(여성들이) 조합에 와서 하는 일이 어떻게 보면 그냥 여자 서무들이 하는 일, 그냥 조합 안에도 여자가 한 명 있어야 된다는 그런 것"인 셈이다. 여성 간부가 아무리 늘어도 '사무실의 주부office wife'에 머무르는 한, 노조가 여성을 대변하기는 어렵다. 남성은 공적 업무의 담당자, 여성은 사적 서비

---

34 과거 우리나라 은행에는 남자를 행원, 여자를 여행원으로 구분하여, 여자는 입사 후 5년이 지난 뒤 시험을 쳐서 행원으로 올라가도록 하고 여전히 남자보다 낮은 호봉을 주는 여행원 제도가 있었다. 1990년대 초 은행권 노동조합에서 여성 차별적인 여행원제 폐지를 요구할 당시, 남성 노조 간부들은 남녀 동일 직급은 무리라며 뒤로 빠지기도 했다.

스의 수행자라는 사회의 성별 분업 관행이 노조에서도 그대로 재생산되고 있는 것이다.(조순경 엮음, 292쪽)

노조에서 '여성 간부 할당제'를 실시하고 조직에 여성부·여성위원회를 설치했지만, 여성의 목소리를 충분히 대변하지는 못했다. 오히려 노조 안에 여성부나 여성위원회를 별도로 설치하는 것이, 여성 조합원을 배려한다는 명분으로 여성을 특정 부서 영역 내로 게토화시켜 여성의 목소리를 통제하고 은폐하는 결과를 낳기도 한다. 그러나 노조위원장이 거의 모든 권한을 갖고 의사결정을 하는 구조에서는 여성이 노조위원장을 하지 않는 한 여성 조합원의 요구를 정책 결정에 반영하기 어렵다. 사실 여성이 선거를 거쳐 노조 간부로 선출되는 것 자체가 어렵다. 선거가 요구하는 정치적 역학관계에 익숙하지 않아 여성 스스로 노조 임원 출마를 기피하는 경향도 있고, 여러 가지 불리한 조건을 극복하고 노조위원장이 되더라도 여성에 대한 거부감과 편견, 조합의 과반수를 넘는 남성 조합원들의 압력에 의해 사퇴를 강요당하기도 한다.

한국 사회의 노동조합운동은 '남성-대공장-정규직' 모델이었다. 기존 정규직 노동운동은 투쟁의 상상력도, 힘도, 언어도, 조직도, 모두 남성 정규직을 중심에 놓고 이뤄졌다. 노동조합을 갖지 못한, 곧 미조직 비정규직의 설움을 바탕으로 조직 노동자인 정규직과 사용자가 이익의 담합구조를 형성하고 있다는 비판도 제기된다. 영국의 경제학자 프리드리히 하이에크Friedrich Hayek는 《자유헌정론The Constitution of Liberty》에서 "과거의 진리가 여전히 사람들의 마음을 사로잡으려면 다음 세대의 언어와 개념으로 다시 말해져야 한다. 한때 가장 효율적으로 진리를 표현했던 말들도 점차 낡아져서 명확한 의미를 전달하지 못하게 된다. 그 밑바탕에 깔린 생각은 이전과 마찬가지로 타당할지 몰라도, 심지어는 그 진리가 현재에도 여전히 적실성 있는 문제에 관한 것일지라도, 진리를 표현하는 그 말들은 더 이상 이전의 확신을 전달하지 못하는 것이다."라고 했다.(하이에크, 1998, 15쪽) 노동도 '일하는 여성들'의 언어와 개념으로 다시 말해질 필요가 있다.

20~30퍼센트를 향한 노력

기업 또한 이제는 '다양성의 힘'을 깨달아야 한다. 경쟁이 치열한 시장에서 단순히 치마를 입고 있다는 이유만으로 유능한 인력을 낭비하는 기업은 생존하기 어렵다.[35] "우수한 여성 인력은 최후의 미개척 자원이자 미래 성장의 엔진"이다. 거대한 굴뚝을 거느린 제조업 공장으로 상징되는 무거운 경제에서, 정보통신기술이 주도하는 '무게 없는 경제'로 경제 환경이 바뀌면서, 대기업 최고경영자들은 '제조업을 서비스업처럼 다루라!'고 부르짖고 있으며, 노동시장은 지식과 감성에 바탕을 둔 노동을 요구하고 있다. 디자인과 감성이 강조되면서 여성적 감성과 상상력이 상품 개발과 마케팅의 중요한 가치로 등장하고 있는 것이다.

이에 따라 남성 중심으로 돌아가던 기존의 인력 구성에서 탈피해, 기업 내 의사결정 구조에 여성을 적극 참여시켜 혁신을 추구하는 회사가

---

35 여성들이 차별 때문에 스스로 인적자본 투자를 그만둔다면 사회는 가치 있는 자원을 잃게 된다. 폴 새뮤얼슨은 1980년대 중반에 "여성들이 과거에는 가질 수 없었던 노동시장 참가 기회를 얻게 되는 그만큼, 경제는 이전에 낭비했던 중요한 자원을 인식하게 된다"고 말했다. (블라우·퍼버, 353쪽)

점차 늘고 있다. 기업의 노동력 구성에서 여성의 비중이 높아지면, 다양성과 효율성 면에서 '의사결정의 질'이 높아진다. 특히 상품시장에서 디자인이 강조되고, 디지털 시대에 '제조업의 소프트화'가 진전되는가 하면 서비스업이 급속히 증가하면서 여성성·감성·상상력이 중요한 가치로 등장하고 있다. 상품시장의 변화에 따라 여성 인력이 비교우위를 갖는 공간이 넓어지고 있는 셈이다. 여성 인력을 얼마나 잘 활용하고 개발하는지에 따라 회사의 경쟁력이 좌우되는 국면으로 접어든 것이다. 나아가 여성이 소비시장에서 구매 결정을 주도하는 세력으로 자리 잡으면서 '여성적 감성'을 상품 개발·판매에 적극 활용할 필요가 더욱 커지고 있다.

여성 친화적인 감성적 상품이 늘어나고 고급 여성 인력이 폭발적으로 늘면서 여성을 안 뽑으면 경쟁력에서 뒤처질 수 있다는 압력도 생겨나고 있다. 즉, 여성 인력 문제는 외부의 압력이 아니라 기업 내부적으로 비용과 수익을 감안해서 결정해야 하는 '비즈니스 현안'으로 부각되고 있다. 예컨대, 국내의 다국적 기업들은 여성 차별 때문에 소외된 우수한 여성 인력들을 적극 활용함으로써, 같은 보수를 주고 국내 기업보다 많은 혜택을 누리고 있다. 실제 기업 내의 성性적 다양성은 고정관념을 깨는 창조적 '혁신'으로 이어진다. 여성 고용 비율이 높은 기업일수록 영업이익 등에서 높은 성과를 내고, 관리직에 여성이 많이 진출한 기업일수록 신제품을 먼저 출시하는 경향이 있다는 실증 분석이 쏟아지고 있다.[36]

공고한 남성 조직 문화에 여성이 '동화'돼 순응하도록 할 것이 아니라, 이제 기업 조직 자체가 여성 친화적으로 전환돼야 한다. 여성이 조직에서 수적으로 일정 비율 이상을 차지하면 자신들의 이해를 공식적으로 표현하는 세력을 형성할 수 있는데, 유엔(UN)은 그 임계치를 20~30퍼센트로 보고 있다. 미국에서 여성 관리자 비율이 4퍼센트에서 16퍼센트로 증가하는 데 70년이 걸렸고, 일단 그 비율이 16퍼센트에 오른 뒤에는 여성의 관리자 승진 비율이 빠른 속도로 증가했다.[37]

36 고용평등운동을 전개하는 미국의 시민사회단체 '카탈리스트Catalyst'의 2004년 조사보고서(〈기업경영과 남녀 다양성의 상관관계〉)에 따르면, 1996년에서 2000년까지 《포춘》 선정 500대 기업 중 여성 임원이 있는 353개 기업을 대상으로 조사한 결과 여성 임원이 많은 기업의 자기자본수익률(17.7퍼센트)이 여성 임원이 적은 기업의 수익률(13.1퍼센트)보다 높은 것으로 나타났다.(신호욱(2008), 〈적극적 고용개선조치, 그 의의와 필요성〉, 《MONTHLY NEW-PARADIGM》 8월호, 한국노동연구원) 여성들의 사회진출이 늘면 기업경영이 투명해지고 그만큼 수익성도 높아진다는 것으로, 여성 관리직이 더 많이 진출한 기업은 더 공격적인 시장전략을 가지고 있고, 혁신기업일수록 여성들이 관리직에 더 많이 진출하는 것으로 나타났다.

37 강우란(2002), 〈여성 인력과 기업경쟁력〉, 《CEO Information》 제334호, 삼성경제연구소.

빈곤의 여성화

아빠 힘내세요?

　　1998년 외환위기 직후 대량 실업 사태 속에서 '고개 숙인 아버지' 담론이 퍼지고, 경제 불황을 거치면서 "아빠 힘내세요. 우리가 있잖아요"라는 노래가 크게 유행했다. 이처럼 가계를 책임지는 임금노동자로서 남성이 주목받는 가운데, 실직 위협을 당하는 '여성'의 이야기는 빠져 있었다. 생산 영역에서 여성의 역할은 빠르게 변하고 있다. 여성들이 가정 바깥의 '시장노동'으로 대거 이동하면서, 단순히 소비 주체로서가 아니라 생산 주체로서 부상하고 있는 것이다.

　　하지만 대다수 여성 노동자들은 '유연한' 노동정책의 희생자가 되기 십상이다. 여성은 비정규직과 마찬가지로, 임금수준이 낮고 쉽게 해고할 수 있으며, 잦은 고용 변화에도 노동분쟁을 일으키지 않는 온순한 노동력으로 간주되고 있다. 사실 경제위기가 닥치면 여성은 '유연한 노동력의 보유자'이자 산업예비군으로 인식된다. 즉, 경기가 상승하는 국면에 대거 늘어났다가 하강 국면에 들어서면 먼저 축출된다. 그런 점에서

노동시장은 여전히 남성 편향적이다.[38]

　2차 세계대전 이후 자본이 노조와 파업권을 인정하고 노조가 산업의 평화를 약속함으로써, '넉넉하지는 않지만 부족하지도 않은' 가족임금 협약이 맺어졌다. 이런 가족임금을 집안에서 뒷받침한 것이 주부 노동이다. 일하는 것이 팔자 사나운 여성의 대표적인 특징으로 간주되던 시절, 주부들은 '이름을 붙일 수 없는 질병'인 우울증에 시달리며 자신의 역할을 묵묵히 수행했다.

　그리고 1980년대 이후 가족임금의 위기가 도래했다. 자본·시장·생산의 '자유'를 주장하는 신자유주의가 활개를 치고, 노동조합의 족쇄를 벗어던진 시장이 질주하면서 실질임금은 급속히 떨어졌다. 남편이 벌어다 준 수입으로 가계부를 잘 쓰는 것이 아내의 미덕인 시절은 가고, 가족을 부양할 만큼의 충분한 소득을 벌어 오지 못하는 남편을 대신해 여성들이 노동시장에 대거 진출했다. 가족임금이 해체되면서 여성이 '가사노동'을 떠나 돈벌이를 위한 '시장노동'에 나선 것이다.

　그런데 일각에서는 자녀를 둔 기혼 여성의 노동 참여 증가를 "가사노동을 배려해 주는 시간 절약형 파트타임과 탄력근무제에 따른 자발적 선택"이라고 말한다. 과연 기혼 여성의 선택은 자발적이고 만족스러운 것일까? 통계청의 '한국의 사회지표'(2001)에서 '기혼 여성의 취업 사

---

38 김유선(2011a)에 따르면 2011년 8월 현재, 성별·고용 형태별 임금격차는 매우 크다. 우리나라 전체 남성 임금(시간당 1만3400원)을 100이라고 할 때 여성 임금(8300원)은 62.5퍼센트다. 남성 정규직 임금을 100이라 할 때 남성 비정규직은 51.7퍼센트, 여성 정규직은 66.4퍼센트, 여성 비정규직 40.5퍼센트다. 남녀 차별보다 고용 형태에 따른 차별이 더 심하고, 남녀 고용 형태에 따른 차별이 비정규직 여성에게 집중되고 있다. 2006년에 월 급여총액 150만 원 이하를 받는 노동자는 여성의 경우 전체 여성 임금 취업자의 51.9퍼센트(남성은 전체 남성 임금 취업자의 21.7퍼센트)에 달했다.

유'를 보면, 30대 취업 여성의 45.8퍼센트, 40대 취업 여성의 42.8퍼센트가 '가계 보탬'을 위해 취업했다고 답했으며, 40대 취업 여성의 23.8퍼센트는 '생계유지'를 위해 취업했다고 답했다. '적성·시간 활용'을 취업 사유로 답한 여성은 30대 17.4퍼센트, 40대 8.8퍼센트에 그쳤다.

전체 임금노동자의 평균 노동시간은 줄어들더라도, 저임금 비정규직과 여성 노동자의 노동시간은 오히려 증가하고 있다. 기혼 여성 노동은 고용 총량도 중요하지만 '고용의 질'을 따져 봐야 한다. '저임금 주변부 일자리' 문제로 가장 큰 고통을 당하고 있는 이들이 여성 노동자들이기 때문이다. 여성 노동자는 절대다수가 중소·영세사업장에 몰려 있고, 임시직·파트타임 등 불안정한 상태에 놓여 있다.

노동인구의 분단은 정규직과 비정규직뿐만 아니라 남성과 여성 사이에서도 발생하고 있다. 기업마다 언제든 처분 가능한 인력인 비정규직 벨트는 여성 중심으로 형성된다. 물론 자본은 이윤을 더 많이 남겨 줄 수 있다면 남성과 여성을 차별하지 않는다. 그런데 노동자보다 수십 배, 수백 배 더 많은 임금을 받는 경영자들은 자기 일자리를 잃지 않으려고 단기간의 주주 이익에 봉사하고, 그래서 저임금 여성 비정규직을 더 많이 쓰게 된다. 수익성 회복을 추구하는 자본의 공세가 '조직화되지 못한' 여성에게 집중되는 셈이다.

게다가 생계유지를 위해 여성들이 저임금 일자리로 대거 몰리면서 거대한 여성 비정규직 풀이 형성돼 여성 임금을 더 낮추는 압력으로 작용하고 있다. 중·하위층일수록 가족의 노동시간은 빠르게 증가하고 있다. 남성은 '사회적 임금' 성격의 가족임금과 연공서열이 파괴됨에 따라 '더 많은 노동'을 하고, 때로는 일자리 안정을 대가로 임금 삭감을 수용해야 한다.

2차 세계대전 당시인 1943년에 미국 포드자동차 전체 노동력의 22퍼센트(4만2000명)는 여성들이었다. 군대로 빠져나간 남성 노동자들의 빈자리를 여성이 채운 것이다. 그러나 전쟁이 끝난 직후인 1946년 여성 노동력 비율은 4퍼센트(4900명)로 주저앉는다.[39] 일부 여성은 자발적으로 가정주부의 자리로 돌아갔으나, 더 많은 여성들이 높은 임금을 받는 포드 공장에 남아 있고 싶어 했다. 하지만 대부분 강제퇴직 당했고, 공장은 다시 남성들로 채워졌다. 조앤 스콧Joan Scott에 따르면, "노동자라는 말은 남성의 생산능력과 기술에 근거한 것으로, 언뜻 중립적 범주로 보이는 남성·여성 분류는 여성에 대한 배제를 은폐하고 여성 차별을 작동시키는 미묘한 방식이었다."[40]

공공 부문을 축소하는 민영화 흐름도 노동시장에서 여성의 지위를 약화시킨다. 공공서비스의 최대 수혜자는 생산노동과 재생산노동의 이중 부담을 지고 있는 여성들이다. 양육·의료·교육 등의 공공 부문 서비스가 없다면 여성은 시장에서 남성과 경쟁하기 어렵다. 이런 상황에서 공공서비스를 대거 민영화하면 취업 여성들은 더욱 극심한 '시간 압박'에 시달리게 될 것이다.

---

39 밀크맨. 루스 (2001), 《젠더와 노동Gender at Work : 2차 세계대전기 성별 직무분리의 역학》(1987), 전방지·정영애 옮김, 이화여대출판부, 230쪽.("Exodus from Auto", *UAW Research Report 6*, 1946년 4월에서 재인용)
40 스콧, 조앤(2001), 〈젠더와 정치에 관한 몇 가지 성찰〉, 배은경 옮김, 《여성과 사회》 제13호.

빈곤의 다른 이름, 여성 노동

가정 내부로 시선을 돌려 보자. 가정 안에서 남편과 아내의 협상력은 두 사람의 의존 관계에 달려 있다. 경제적 지위가 열등한 여성일수록 남성 헤게모니에 종속될 수밖에 없다. 존 스튜어트 밀John Stuart Mill은《여성의 종속The Subjection of Women》(1869)에서 "대다수 기혼 여성을 집에 있게 만드는 건 남성이 일자리와 가정에서 독점적 지위를 유지하고 있기 때문"이라고 말했다. 남성들은 더 많은 일자리와 더 높은 임금을 기반으로 한 금전적 독립을 통해 자신들의 지위를 강화한다. 반면 남성이 임금노동을 하고 여성은 무급 가사노동에 종사하는 전통적인 남녀 '노동분업' 모델에서, 여성들은 낮은 사회경제적 지위 때문에 '선택의 부족'이라는 불평등 관계에 직면하게 된다. 더 많은 여성들이 노동시장에 참여하고 있지만, 여성 일자리가 갈수록 저임금화하는 것도 노동시장의 남성 편향을 온존시킨다.

유례를 찾아볼 수 없을 정도로 출산율이 급감하고 비혼非婚 여성도 늘고 있다. 출산율 급감은 단순히 육아 부담 때문만이 아니라 젊은 여성들의 성취 욕망이 반영되어 나타난 현상이다. 성취 욕망을 갖고 있으나, 친족의 도움이나 금전적 자원 등 보살핌 노동을 해결할 자원이 없는 여성들은, 결혼과 출산을 하지 않는 방식으로 대응하면서 노동시장에 뛰어들고 있다. 남성들이 법과 제도로써 사회를 만들어 간다면, 여성들은 노동시장에서의 선택과 행동을 통해 '사회구조'를 바꾸고 있는 셈이다.

주목할 것은 이런 변화 속에서 여성 노동자 '내부의 긴장'이 발생하고 있다는 점이다. 배은경(2007)은 보살핌 노동이나 결혼제도와 무관한 삶을 사는 여성들이 늘면서 여성들 간의 차이가 갈수록 부각되고 있다고 말한다. 출산과 가사노동 같은 여성 공통의 문제들이 더 이상 보편적 여성 문제로 간주되기 어렵게 됐다는 얘기다. "한국 사회에서 '남성 1인 생계 부양자—여성 전업주부'라는 근대적 성별 분업에 근거한 젠더 보상 체계가 지속돼 왔으나 이 체제에 균열이 생기면서, 여성이라면 누구나 겪을 것이라고 생각했던 생물학적 재생산 및 보살핌 노동과 관련된 '여성 공통'의 문제들이 더 이상 보편적 여성의 문제로 간주되기 어렵게 되었다. 근대적 젠더 보상 체계 안에서 이루어지는 여성 생애주기 상의 과제를 자신의 문제로 인지하지 않는 여성들이 점점 더 많이 늘어나는 것이다. 특히 비혼 기간이 길어지면서, 여성운동과 페미니즘의 가장 주된 인적 구성을 가진 젊은 여성들 가운데, 보살핌 노동과 결혼제도와 관련된 문제들과 무관한 삶을 살아가는 여성의 비율이 늘어나고 있다. 이런 상황에서 한국의 젠더 정치에서 '여성들 간의 차이' 문제는 더욱 부각될 수밖에 없다."(배은경, 2007) 한국의 여성들은 이제 남성들에게 더 이상 의지하지 않고, 스스로 노동 생애를 개척하고 있다.

"여성을 위한 노조, 노조를 위한 여성", 국제자유노련(ICFTU)이 2000년대 중반 '세계 여성의 날'을 맞아 여성의 노동조합 참여를 늘리고자 벌인 캠페인의 구호다. 이 캠페인은 노점상 등 비공식 경제 부문에서 일하는 여성이나, 열악한 노동조건에서 차별받으며 일하는 여성 노동자 조직화에 초점을 맞추었다. 여성의 노동시장참가율이 빠르게 증가하고 있지만, 여성은 전 세계 5억5000만 명에 달하는 '노동빈곤층'의 약 60퍼센트를 차지하고 있으며, 약 7780만 명의 실업 여성까지 합치면 4억 명에 달하는 여성들이 '괜찮은 일자리'를 찾지 못한 채 저임금 속에서 삶의 불안을 겪고 있다.[41] 이는 제3세계 여성 노동자에 국한된 현상이 결코 아니다. 한국에서도 여성 노동은 '빈곤'의 다른 이름이며, '빈곤의 여성화faminization of poverty'(Peterson, 1987)가 빠르게 진행되고 있다.

여성 노동자 울리는 '가족임금'

일하는 여성들의 시대라고 하지만, 과연 그들의 일은 정말로 아름다운가? 학습지 교사·텔레마케터·보험모집인·골프장 캐디·임시직·파트타임·촉탁직·파견직……. 이런 비정규직에 종사하는 노동자들 중 대다수가 여성이다. 김유선(2011a)에 따르면, 2011년 8월 현재 남성 임금노동자(1003만 명) 중에서 정규직은 59.8퍼센트(600만 명), 비정규직은 40.2퍼센트(403만 명)인 반면, 여성 임금노동자(747만 명) 중에서 정규직은 38.2퍼센트(285만 명), 비정규직은 61.8퍼센트(462만 명)이다.[42] 절대적인 수를 비교해 봐도, 2007년 3월에는 여성 비정규직이 남성 비정규직보다 15만 명 많았고, 2011년 8월에는 59만 명으로 그 격차가 더 확대되었다.[43]

한편 '저임금 고용' 비중을 성별로 따져 보면 2010년 현재 여성이

---

41 ILO, "Global Employment Trends for Women 2004."

42 반면, 통계청의 '경제활동인구조사 부가조사'(2011년 8월)에 따르면, 2011년 비정규직 노동자 중 남자는 46.6퍼센트(279만1000명), 여자는 53.4퍼센트(320만3000명)이다.

43 네덜란드의 경제학자 얀 펜Jan Pen은 《소득분배Income Distribution》란 책에서 영국의 소득 불평등을 아주 사실적으로 묘사하는 재미있는 방법을 제시했다. 이른바 '난쟁이 행렬'이다. 소득을 가진 모든 개인이 가장행렬을 벌이는데, 소득을 그 사람의 키에 반영시키고, 키가 작은 사람부터 순서대로 등장한다고 상상해 보자. 그렇다면 신사의 나라인 영국답게 '여성 먼저lady first'의 원칙이 지켜질 거라고 펜은 말한다. 즉, 여성이 남성에 비해 상대적으로 저임금이 많다는 뜻이다.(이정우, 1991, 26쪽) 일반적으로 사람의 신장이나 체중 같은 육체적 특성들은 정규분포를 보인다. 이로 미루어 보아 개인의 능력 역시 정규분포를 보일 거라고 추측하는 것이 상식적이다. 그러나 실제 소득분포는 정규분포가 아니라 비대칭적인 대수정규분포에 가까운 형태를 보인다. 얀 펜의 난쟁이 행렬에서처럼 전형적인 소득분포는, 왼쪽 저소득층에 많은 사람들이 밀집되어 있고, 오른쪽의 고소득층에는 비록 사람 수는 적지만 끝없이 긴 꼬리를 가지는 비대칭적인 모양이 나타난다.(이정우, 1991, 158쪽)

64.4퍼센트(남성은 35.6퍼센트)로 매우 높다. 이는 성별 임금격차가 매우 크다는 데 기인한다.(황덕순·이병희, 2011) 비정규직의 경우를 보면, 2011년 8월 현재 비정규직 865만 명 가운데 기혼 여성이 345만 명(39.8퍼센트), 기혼 남성이 265만 명(30.6퍼센트)으로 기혼자가 전체의 70.4퍼센트를 차지하고 있다. 그런데 성별·혼인별 비정규직 비율은 미혼 남성 50.9퍼센트, 기혼 남성 36.2퍼센트, 미혼 여성 51.6퍼센트이고, 기혼 여성은 총 임금 노동자 520만 명 중에서 비정규직 345만 명(66.3퍼센트), 정규직 175만 명이다.(〈표 12〉 참조) 미혼자는 남녀 간에 차이가 없지만, 기혼자는 남녀 간 비정규직 비율의 차이가 매우 크다.

도시 빈곤이 은폐되고 파편화되었듯 '여성 빈곤' 역시 잘 드러나지는 않지만 사회 곳곳에 켜켜이 쌓여 있다. 빈곤은 왜 여성에게 집중되는 것일까? 여성은 결혼·출산·육아 문제로 경력 단절을 겪으며, 다시 노동시장에 나오더라도 거의 비정규직이다. 빈곤층이 빈곤선을 넘나들다 저수지처럼 고인 채 '빈곤 함정'에서 헤어나지 못하듯, 여성 노동자들도 '불안한 일자리'에서 벗어나지 못한다. 열심히 일하면 빈곤에 떨어지지 않거나 빈곤에서 탈출할 수 있다는 믿음도 깨졌다. 이른바 '가족임금' 논리를 적용받는 노동자는 대부분 남성들이며, 그나마 남성 노동자에게 가족임금을 보장하는 전통적인 노동시장 균형도 파괴된 지 오래다.

가족의 빵을 책임지고 있는 '여성 가장'이 갈수록 늘고 있는 상황에서, '가족임금'은 여성 노동자들에게 어떤 의미가 있을까? 통계청에 따르면, 우리나라 여성 가구주 가구는 2008년 총 가구의 20.1퍼센트(329만 3000가구)로 추산되며, 2005년 현재 자녀를 둔 한어머니 가정은 108만 3000가구에 달한다. 또한 어느 연구[44]를 보면, 우리나라 여성 가구주 가

■ 〈표 12〉 성별·혼인별 비정규직 규모(2011년 8월)　　　　　단위 : 명, ( ) 안 %

구분	숫자 및 비중			
	남자		여자	
	미혼	기혼	미혼	기혼
임금노동자	271만9000	731만4000	227만7000	519만9000
정규직	133만4000 (49.1)	466만9000 (63.8)	110만1000 (48.4)	175만2000 (33.7)
비정규직	138만5000 (50.9)	264만5000 (36.2)	117만6000 (51.6)	344만7000 (66.3)

자료 : 통계청, '경제활동인구조사 부가조사' (2011년 8월)
출처 : 김유선(2011a)

구 중에서 빈곤 가구 비율은 21.0퍼센트이며, 전체 빈곤 가구에서 여성 가구주 가구가 차지하는 비중은 45.8퍼센트에 이른다. 이러한 수치는 가족임금 논리가 여성 취업자에게는 적용되지 않고 있음을 보여 준다.

　사실 가족임금 개념은 애초에 노동시장에서 여성을 배제할 목적으로 남성 노동자들이 요구한 것이다. 여성 노동자들이 노동시장에 진입하면 노동력 과잉으로 남성의 임금이 낮아질 것을 우려해 노동조합과 자본이 타협한 결과였다. 그러나 현실에서 가족임금제는 남성에게 충분한 임금을 주는 근거로서가 아니라, 저임금 여성 노동력 동원을 합리화하는 명분으로 작용하고 있다. 또한 남성들이 여성에 비해 상대적인 임금 우위를 누리며 남녀 임금 차별에 둔감해지도록 만드는 효과를 발휘

---

44 석재은(2004), 〈한국의 빈곤의 여성화에 대한 실증 분석〉, 《한국사회복지학》 제56권(2).

한다. (조순경 엮음, 2000)

여성 노동자들의 어깨를 밟고

자본은 항상 새로운 노동 공급 원천을 확보하려고 한다. 노동 수요보다 노동 공급이 풍부해야 임금을 낮출 수 있기 때문이다. 자본이 새롭게 발견한 노동력의 저수지가 바로 여성들이다. 여성의 경제활동 참여 증가는 여성들의 힘을 보여 주는 것이기도 하지만, 그 밑에는 여성들을 집 바깥으로 끌어내 일터로 보내려는 자본의 요구가 깔려 있다.

이제 자본은 가족임금 논리를 앞세워 저임금 여성 노동력을 적극 활용한다. 남성 배우자가 이미 가족임금을 받고 있으므로, 생계 부양자가 아닌 여성에게는 낮은 임금을 줘도 된다는 논리다. 여성 노동자를 '사무실의 주부'로 보는 관념 역시, 여성은 생계 책임자가 아니고 '딸린 식구'에 불과하다는 논리를 고착화한다.

여성 가장의 일터가 대부분 저임금 비정규직이란 점은 전혀 놀랍지 않다. 2007년 40만8000가구에 이르는 '부인 홑벌이 가구' 중에서 단순 노무·판매·서비스직에 종사하는 경우가 23만3000가구에 달했다. 혼자 버는 여성 가구주 중 절반 이상이 저임금 직종에 종사하고 있는 것이다. 자본은 저임금 노동력을 활용하기 위해 생산을 '외부화'하고, 이에 따라 소규모 납품·협력업체가 급증하고 있으며, 저임금을 이윤의 원천으로 삼는 소규모 업체일수록 여성 노동력을 선호한다.

사용자의 입장에서 볼 때 '노동력'은 다른 생산 투입 요소에 비해 아주 골치 아픈 상품이다. 사람은 '생각'을 하기 때문에 다루기가 힘들다.

이런 측면에서 여성은 남성에 비해 상대적으로 유순하고, 노동조합 참여가 적고, 가족임금을 보장해 주지 않아도 된다는 점에서 매력적이다. 마르크스는 《자본론》에서 "영국에서는 운하에서 배를 끄는 일에 때때로 말 대신 아직도(1863년) 여성들을 사용한다. 말과 기계를 생산하는 데 필요한 노동은 수학적으로 규정된 (정해진) 크기지만 반대로 과잉 인구 중 여성들을 부양하는 데 필요한 임금은 계산할 수 없을 정도로 작기 때문이다. 기계의 나라인 영국에서 다른 어느 나라보다도 파렴치하게 천한 일에 (여성) 인력을 낭비하고 있다."고 말한 바 있다.

노동력은 다른 상품과 달리 가치 저장이 불가능하기 때문에, 노동자들은 시장에서 저임금으로라도 노동력을 팔지 않으면 '굶어 죽을 자유' 밖에 없다. 1835년 맨체스터의 한 견직공은 노동과 자본의 본질적인 차이에 대해 이렇게 말했다.

"자본이란 다름 아닌 노동의 산물의 축적이라고 나는 이해하고 있다. …… 노동은 언제나 그것밖에는 가지고 있지 않거나 팔 것이 아무것도 없는, 따라서 그것을 즉각 내놓아야 하는 사람들에 의해 시장에 나온다. …… 만약 내가 자본가를 본떠서, 이번 주에 할 수 있는 노동을 내게 제시된 가격이 부당하니까 내놓지 않겠다고 하더라도, 그것을 내가 병 속에 저장해 둘 수 있는가? 그것을 소금에 절여둘 수 있는가?"(톰슨, 상권, 413쪽)

빈곤층이 '빈민의 이름으로' 사회적·정치적 발언권을 행사할 기회와 권력을 갖고 있지 못하듯, 여성 노동자도 국외자로서 의사결정 과정에서 배제돼 있다. 노동조합이라는 조직이 있지만, 현실에서 여성은 노동조합 내부에서조차 주변화되고 과소대표된다. 한국의 노조 조직률이 11퍼센트 대이던 2000년대 중반, 남성 조직률은 15.7퍼센트인 반면, 여성 노동자 조직률은 5.9퍼센트에 불과했다. 2003년 한국노총 전국대의원대회 대의원 총 762명 중 여성은 21명(2.8퍼센트)뿐이었으며, 전체 중앙위원 총 155명 중 여성은 단 1명(0.6퍼센트)에 그쳤다.

1970년대 한국에서 공장 사목으로 일했던 선교사 조지 오글George E. Ogle은 "1980년대 중반 남성 노동자들이 스스로 행동하기 시작했을 때, 그들은 10년 이상 정의를 위해 투쟁해 온 여성들의 어깨 위에 자신들이 서 있는 것을 발견했다"고 말했다. 1970년대 여성 노동자들의 민주노조 운동이 있었기에, 1987년 노동자대투쟁이 가능했다는 얘기다.

노조가 보편화되고 교섭력이 보장되더라도 여성 노동자들은 여전히 배제되고 있다. 노동조합이 "국가와 자본이 인플레이션을 이용해 합법적으로 임금을 도둑질하고 있다"며 해마다 실질임금 확보 투쟁을 벌이고 있지만, 최저임금 선상에서 일하는 다수의 여성 노동자들을 위한 적정 '최저임금 확보' 싸움은 오랫동안 노조의 관심사에서 멀리 비켜나 있었다. 노동조합에서마저 성 불평등이 뚜렷하고, 따라서 여성 노동자의 이해(출산·모성보호 등)가 노조의 일상 활동에서 주요 의제로 등장하지 못하고 있다.

1970년대 노동운동은 임금 투쟁보다는 인간 권리 쟁취 투쟁이었다. 1970년대 노동자들은 공장 안팎에서 '공돌이', '공순이'라고 불리며 자존심에 상처를 입었다. "공단 안에는 처녀가 없다"는 악랄한 소문도 퍼졌다. 당시 노동조합을 이끈 여성 노동자들은 "저희는 인간답게 살고 싶으며 가난하고 무식하나마 노동조합을 통해 정의와 민주주의를 배웠다"고 말했다. 공장 안에서는 관리자들의 고함과 욕설, 반말과 야단이 끊이지 않았다. 노동자들은 공장 정문 바깥에 자존심을 버려두고 공장에 들어가야 했고, 가혹한 노동시간과 야간 잔업을 견디려고 자기 월급으로 타이밍(각성제)를 사 먹어야 했다.

존 스튜어트 밀은 《여성의 종속》에서 이렇게 말하고 있다. "가사노동은 여성의 능력과 집중력을 수천 갈래로 분산시키는 노동이고, 남성의 노동은 능력과 집중력을 모아 예술·학문·과학을 창조하는 노동이다. 여성의 일은 창조적이고 집중적인 일을 할 수 없게 만들기 때문에, 자연히 여성은 남성에 비해 의존적이고 예속적인 성품을 갖게 된다."(이정우, 2010, 216쪽)

프리드리히 엥겔스도 《가족, 사유재산 및 국가의 기원》에서 "여성이 사적인 가사노동에 얽매여 사회적 생산노동으로부터 제외되어 있는 한, 여성의 해방과 남녀평등은 불가능하며 여성의 예속과 불평등도 그대로 지속될 수밖에 없다"고 했다.

"여성의 가사노동은 이제 남성의 생활필수품 획득과 견줘 그 의미를 상실했다. 남성의 노동이 전부였고, 여성의 가사노동은 보잘것없는 부차적인 것이었다. 여성해방은 여성이 사회적 생산노동에 광범위하게 참여할 때만, 그리고 그들의 가사노동 의무가 최소한으로 축소될 때만 가능하게 될 것이다. 그런데 이것은 여성 노동을 대대적으로 허용할 뿐만 아니라 직접 그것을 요구하며, 또 사적인 가사노동을 점점 더 공적인 생산활동으로 전화시키려고 하는 근대적인 대공업에 의해서만 가능하게 되었다."(엥겔스, 1991, 220~221쪽)

2000년대 초 퍼트리샤 휴잇Patricia Hewitt 영국 여성부 장관은 "지금 여성 노동자는 임금격차pay gap를, 남성 노동자는 시간 격차time gap를 겪고 있다"고 말한 바 있다. 물론 선배 여성 세대에 비해 요즘 여성 노동자들의 지위는 많이 나아졌다. 그러나 '가족임금을 보장하라'는 슬로건은 여성 가장 등 다양한 형태의 가족이 처한 상황을 제대로 반영하지 못한다. 여성 가장들이 궁핍에 빠져들고 있는 지금, 노동시장에서의 성별 임금 평등 없이 빈곤 문제는 해결될 수 없다. 가난해도 어쨌든 그럭저럭 견디며 살아가고 있지 않느냐는 말만 되풀이하고 있을 수는 없지 않은가.

남녀 임금격차 62퍼센트, 설명 불가

경제협력개발기구(OECD)가 2004년 '국가별·성별 임금격차'를 조사한 자료에 따르면, 한국의 남녀 간 임금격차는 40퍼센트로(OECD 평균은 약 20퍼센트), 일본·미국·체코·스페인·헝가리·폴란드 등 그 어느 나라보다 훨씬 높다. 1918년 영국을 대표하는 경제학 학술지 《이코노믹 저널》에 다음과 같은 글이 실렸다. "어느 회사의 봉제공으로 일하고 있던 존스라는 사람이 몸이 아파 회사에 나가지 못하게 되자, 집에서 일을 해서 회사에 가져다주고 보수를 받게 되었다. 아내도 옆에서 남편의 일을 배워서 같이 일하게 되었다. 시간이 지날수록 아내가 점차 많은 양의 작업을 맡게 되었다. 어쨌든 존스는 맡은 옷을 완성하여 공장에 가져다주고 계속 보수를 받았다. 그런데 존스가 죽자 회사는 존스의 아내가 만들어 가져다주는 종전과 똑같은 옷에 대해 여자라는 이유로 보수를 3분의 2 수준으로 삭감했다."(이정우, 1991, 180쪽)

여성이 임금 페널티를 받는 건 '차이'일까, 불합리한 '차별'일까? 이는 노동 생산성으로 판단해 볼 수 있다. 임금이 생산성의 차이를 반영한다면 차이이고, 생산성이 동일한데도 여성이라는 이유만으로 더 낮은 임금을 준다면 차별이다. 생산성에 영향을 미치는 요인은 교육 수준·경력·자격증·성·나이 등 인적자본 변수들이며, 이런 '관찰 가능한 변수들'이 임금 차이를 낳을 수 있다. 이런 차이를 통제하고도 여전히 존재하는 '잔여 임금격차'는 차별이라고 볼 수 있을 것이다. 물론 개개인의 노동생산성이나 차별에 의한 임금격차를 정확하게 측정하는 것은 매우 어렵다. 즉, 근무 태도 등과 같은 '관찰되지 않는 생산성 차이'에 의한 임금 차이도 있을 수 있다.

한 연구[45]에 따르면, 우리나라의 성별 임금격차 가운데 38퍼센트 정도만 생산성 격차로 설명되고 나머지 62퍼센트는 설명되지 못하고 있다. 여성 차별적인 제조업이 약화되고 정보통신·서비스업이 확대되면서 성별 임금격차가 완화되고 있지만, 여전히 꽤 많은 부분이 설명되지 않는, 또는 성차별적인 임금격차로 존재하고 있는 것이다. "성인 남자의 값은 50세겔(고대 화폐단위), 여성이라면 30세겔"이라는 성경 말씀(〈레위기〉)이 2000년이 지난 지금도 그 비율(여성 임금은 남성의 60퍼센트 수준) 그대로 적용되고 있는 셈이다.

과연 여성은 생물학적으로 능력이 뒤떨어지고 생산성도 남성보다 낮을까? 여성과 남성의 생산성 차이에 대하여 아직까지 합의된 정설은 없다. 일부 노동경제학자들은 남녀 간 임금격차가 오랫동안 지속되고 있는 사실에 주목한다. 노동시장이 완전경쟁 상태라면 여성 임금을 차별하는 사용자는 궁극적으로 시장에서 살아남을 수 없게 된다는 이유에서다. 결국 차별이 아니라 남녀 간의 '관찰할 수 없는 생산성 차이'가 반영돼 임금격차가 유지되고 있다는 주장이다.

그러나 이는 그야말로 이론적 설명일 뿐이다. 사실 설명되지 않는 62퍼센트에는 명시적인 차별뿐 아니라 관찰되지 않은 수많은 차별이 작용하고 있다. 승진 사다리가 '아주 가까워 보이지만 실제로는 아직 멀리 있는' 이른바 유리 천장 차별, 육아·가사노동에 따른 일자리 중단의 차별, 교육 훈련에서의 차별 등이 그렇다. 동일한 생산성을 갖고 있음에도 여성의 생산성이 낮다는 근거 없는 편견 때문에 고용주가 여성을 불평등하게 대우하는 '통계적 차별'도 있다. 이런 편견 때문에 차별당하는 여성은 스스로 인적자본에 투자할 의욕을 상실하게 되고, 인적자본 격차로 인해 차별은 확대 재생산되고 고착화된다.

여성 임금노동자 가운데 약 3분의 2는 일반적으로 각종 여성 보호제도를 제

---

45 금재호(2001), 〈여성 인력과 생산성〉, 제2회 한국생산성학회 정책세미나, 2011년 11월. 이 연구는 이른바 Oaxaca의 분해방법을 이용하여 남녀 임금격차 요인을 분해한 것으로, 2000년 한국노동패널 데이터를 사용했다.

대로 적용받기 어려운 20인 미만 사업장에 근무하고 있다.[46] 임금 차별로 작은 이윤이라도 유지하고 있는 기업들이다. 대한민국 노동시장에서 임금 등 근로조건에서 가장 열악한 지위에 놓인 피해자는 '비정규 여성'이다. 지식기반경제와 시장은 여성 노동자를 필요로 하는 동시에 여성에 대한 임금 차별을 계속 요구하고 있다.

46 통계청, '사업체 노동실태 현황'(2009)

남성들의
경제학을 넘어

"노동자 가족 똘똘 뭉쳐 정리해고 막아 내자"

1861년 존 스튜어
트 밀은 여성의 종속과 차별을 온존시키는 관습·제도에 대한 사람들의
강렬하고 뿌리 깊은 감정을 다음과 같이 비판했다. "어떤 주장이 (합리
적 이성이 아니라) 사람들의 감정 속에 깊숙이 뿌리내리고 있는 경우, 그
주장에 대한 비판이 제기될수록 완강하게 버티는 힘 역시 더 커지는 법
이다. 논쟁을 통해 사람들의 주장을 논박할 수 있다면 논쟁 결과 잘못된
것으로 입증된 주장은 힘을 잃게 될 것이다. 그러나 순전히 감정에 바탕
을 둔 주장은 그렇지 않다. 감정에 근거한 주장을 따르는 사람들은, 설
령 논쟁을 거쳐 그 주장의 문제점이 밝혀지더라도 자기들끼리의 감정
적 유대를 더 강화시키고 논쟁의 힘이 미치지 못하는 곳을 찾아 안주하
려 든다. 또 자신들의 취약한 논리를 메워 줄 새로운 근거를 끊임없이
찾아 나서기 마련이다. 근대에 위대한 정신적·사회적 진보가 이뤄진
다른 어떤 것들에 견줘 (여성을 종속적인 존재로 여기는) 감정이 약화되거

나 줄어들지 않은 채 살아남아 있는 현실은 놀라운 일이 아니다."[47]

여성의 노동시장 참여에 가장 저항하는 집단은 남성 노동자들이었으며, 가사노동과 성별 분업은 자본주의와 가부장제가 결합된 형태로서 노동력을 재생산하고 자본축적을 꾀하는 원천이었다. "케이트 밀렛Kate Millett은 가부장제를 '개인 또는 집단으로서의 남성이 여성을 지배하는 형태'라고 주장하며, 나탈리 소콜로프Natalie Sokoloff는 '성별 노동분업이라는 물질적 토대를 가지고 남성이 여성을 지배하는 사회적 권력관계'라고 정의한다. 하트만Heidi Hartman은 '영미에서 가족임금이란 개념은 서로 갈등적 관계에 있던 자본가와 남성 노동자들이 여성을 가정에 머물러 있도록 하는 데 합의함으로써 창출되었다'고 주장했다. 남성이 받는 임금 속에 주부를 포함한 가족들에게 지불되는 생계비가 포함되어 있다는 가족임금 개념이야말로 여성 노동자를 경제적으로 불안정하고 예속적인 지위에 머무르게 하는 요인이 되고 있다고 할 수 있다."(이정우, 1991, 191쪽)

"노동에 대한 인식과 노동제도는 남성 노동자를 가장으로 하는 가부장적 가족제도와 성별 분업 이데올로기에 의해 지탱되고 있다. 대공장 남성 노동자들의 해고는, 가장에게 경제적 부양을 의지하고 있는 가족 구성원 전체에게 위기로 다가온다. '노동자 가족 다 죽이는 정리해고 반대한다', '노동자 가족 똘똘 뭉쳐 정리해고 막아 내자'라는 구호는, 가장으로서 남성 노동자의 계급적 지위와 정체성을 가족 모두가 공유하고 있다는 전제 하에서 만들어진 것이다. 노동 담론은 가족화되어 있다.

---

47 Mill, J. Stuart(2008), "The Subjection of Women", in *On Liberty and Other Essays*, Oxford World's Classics, p.471

구인광고의 문구도 '가족 구함', '가족 같은 분위기' 등 온통 가족이다. '1000만 노동 형제'는 있어도 '노동 자매'는 없다. 남성 중심적으로 구성된 노동 담론 속의 가족은 가부장적 가족의 현실을 집요하게 은폐한다. 노동 담론 속에 등장하는 가족, 가족관계는 지나치게 이상화되어 그 속에서 내출혈을 앓고 있는 여성들의 노동을 비가시화시키고 있다."(조주은, 2004)

경제학과 여성

1968년 노벨상에 경제학 부분이 제정된 뒤 첫 여성 수상자는 2009년 엘리너 오스트롬Elinor Ostrorm이었다. 무려 40년 만에 여성 수상자 나온 것이다. 경제학은 전통적으로 '남성 지배적인 학문'으로 인식돼 왔다. 마크 블록Mark Blaug이 1983년에 쓴《세계를 움직인 경제학자들Who's Who in Economics》을 보면, 1700년부터 1981년까지 세계를 움직인 경제학자 1000명 가운데 여성은 31명에 불과하다.(퍼버·넬슨, 3쪽)

도로시 램펜 톰슨Dorothy Lampen Thomson은 "경제학 역사에서 그동안 여성 경제학자들의 기여가 무시돼 왔다"면서 경제 사상에 탁월한 기여를 한 8명의 여성 경제학자를 소개했다. 그가《애덤 스미스의 딸들Adam Smith's Daughters》(1973)에서 꼽은 8명의 여성은 로자 룩셈부르크Rosa Luxemburg, 비어트리스 웨브Beatrice Webb, 조앤 로빈슨 등이다. 조앤 로빈슨은 1세대 케인스주의 경제학자로, '노벨상을 받지 못한 가장 위대한 노벨경제학상 수상자'로 불리는 인물이다. 그녀는 1972년 오일쇼크로 세계 경제가 위기에 빠졌을 때 "쓸모없는 경제학자들이 넘쳐나고, 경제이론은 1930년대 대공황 이후 '2차 위기'를 맞고 있다"고 설파한 바 있다.

조앤 로빈슨 이후 경제학 내부에서는 '남성의 경제학을 넘어서자'는 슬로건을 내건 페미니스트 관점의 젠더 경제학이 하나의 영역으로 자리 잡기 시작했다. 이는 여성과 여성 노동이 그동안 남성 중심의 경제학적 사고 틀에 갇혀 있었다는 비판이었다. 여성은 자본주의적 합리성이나 근대성, 혹은 '호모 이코노미쿠스homo economicus'에 적합하지 않은 기질과 성격·사고방식을 생래적으로 가지고 있다는 편견이 경제학을 지배해 온 것이다.

경제학이 오랫동안 남성 편향적 영역이었다는 사실은 전 세계적으로 가장 널리 팔린 경제학 교과서인 폴 새뮤얼슨의 《경제학》(1948)만 봐도 알 수 있다. 이 교과서에 '여성'에 관한 언급은 단 두 차례 등장할 뿐이다.(퍼버·넬슨, 6쪽) 생산가능인구에 속하는 여성의 과반수가 노동시장에 참여하고, 노동자 및 소비자로서 여성이 경제에서 중요한 역할을 담당하고 있음에도, 경제 연구의 대상에서 '여성'과 '가족'은 늘 소외돼 왔다. 남성 경제학자가 제기한 문제와 그들이 도출한 결론, 그리고 그에 기초한 정책이 경제학 영역을 지배해 온 것이다. 여성의 행동과 경험은 남성의 그것과 분명 다른데도, 경제학은 남성의 문제에만 집중하고 이를 더욱 공고화했을 뿐 '노동하는 여성'이나 '가계 생산'에 대한 연구는 빈곤하기만 하다.

여성은 경제학의 연구 주체로서뿐 아니라, 경제 연구의 대상으로서도 대체로 소외되어 왔다. '가정', '가족' 등 여성의 영역이 주류 경제학자들의 관심을 끌기 시작한 것은, 1960년대 중반 게리 베커가 《시간의 배분에 관한 이론A Theory of the Allocation of Time》(1965)을 펴내면서부터다. 물론 베커는 여성이 노동시장에 참여하는 것이 아니라, 집안에서 가사노동을 하는 것이 합리적 선택에 의한 가계의 최적화 행동이라고 옹호했다. 만약 취업 노동자만이 사회적 권리를 갖는 '시민'이라고 본다면 노동시장에서 여성에 대한 착취와 차별을 제거하는 문제 이전에 여성 자신의 노동력을 상품화시킬 권리(취업할 권리)부터 중요하다고 할 수 있다.

경제학 연구의 주체와, 연구 대상의 문제는 여성의 사회경제적 지위와 밀접하게 연관된다. 국내에서 여성 경제학자는 손에 꼽을 정도로 드물다. 2009년 현재, 한국여성경제학회에 가입한 여성 경제학 박사학위 보유자는 50여 명에 불과하다. 국내 여자대학에서 대학원 경제학과 박사과정이 설치된 건 1980년 이후다. 숙명여대 경제학과에 1980년 박사과정이 설치됐고, 1954년 경제학과가 개설된 이화여대에서는 1994년에야 박사학위 과정이 신설됐다. 성신여대에서는 1981년 경제학과가 신설되고, 2008년에야 박사과정이 만들어졌다. 1990년대 중반 국내 여성 경제학자는 10여 명에 불과했다.[48]

경제학을 전공하는 여성이 적은 것과 관련해, 여성은 수학적 준비가 충분하지 못하다는 설명이 언급되기도 한다. 그러나 미국에서1985~1986년 수학 학사학위 수여자의 47퍼센트, 수학 석사학위 수여자의 35퍼센트가 여성이었다.(퍼버·넬슨, 3쪽). 여성 경제학자인 메리앤 퍼버[Marianne Ferber]에 따르면 학자들은 자신과 동성인 학자의 글을 인용하는 경향이

---

48 경제학에서 여성에 관한 주제를 무시하거나 덜 중요하게 여기는 경향은 여성의 '과소대표' 문제를 더 심화시킨다. 1998년 8월부터 2009년 2월까지 국내 대학원에서 경제학 박사학위를 취득한 사람은 총 794명이고, 그중 여성은 98명이다. 그러나 2009년 국내 경제학과 석·박사 취득자는 남자 297명, 여자 157명으로 여성 경제학자가 크게 증가하고 있다. 그럼에도 대학의 여성 경제학 박사 푸대접은 여전하다. 2009년 현재 전국 대학 경제학과에서 남자 전임교원(정교수·부교수·조교수·전임강사)은 798명인 반면, 여성 전임교원은 26명에 그친다.(교육과학기술부,《교육통계연보》(각년도))

있다고 한다. 경제학 분야를 남성들이 지배하는 한, 여성에게는 불리할 수밖에 없다. 또한 기존 경제학이 일반적으로 '분리된 개인과 개별 기업', 그리고 '(남성적인) 일'에 논의를 집중하다 보니 '관계'나 '공동체' 같은 여성적 관점은 주변으로 밀리게 됐다는 분석도 있다. 줄리 넬슨은 "여학생들의 수학 성적이 높은 것은 의심의 여지가 없다"며 "남성 교수 일색인 경제학과에서 여성에 관한 진부하고 경멸적인 언급이나 강의실 분위기 등이 여학생에게 비우호적일 수도 있었을 것"이라고 말한다.(퍼버·넬슨, 1997)

빠르게 변하는 여성, 느리게 변하는 남성

경제학 학문 영역에서는 여성이 철저히 배제되고 있지만 이윤을 추구하는 자본에게 여성은 풍부한 저임금 노동력의 저수지다. 마르크스에 따르면, "기계가 근육노동을 쓸모없게 해 버리는 한, 기계는 근력이 없는 노동자나 또는 육체적 발달은 아직 미숙하지만 팔과 다리는 한층 유연한 노동자들을 이용하기 위한 수단이 된다. 따라서 여성 및 아동노동은 자본주의적 기계 사용에서 나타난 최초의 단어였다! 기계라는 강력한 대용물은 성이나 연령의 구분 없이 노동자 가족 전원을 자본의 직접적인 지배 하에 편입시킴으로써 임금노동자 수를 증대시키는 수단이 되었다."[49](쿠진스키, 55쪽) 자본을

---

49 19세기 초에는 미국에서도 아동노동이 보편화되어 있었다. 1820년대에는 면직산업 노동자의 약 50퍼센트가 16세 미만의 아동이었다. 1813년 뉴욕 주의 지역신문인 《유티카 패트리어트》에 "면직공장에서 조용하고 부지런한 가족을 구함. 단 아이들은 적어도 다섯 명 이상이어야 하며, 모두 8세 이상이어야 함"이라는 광고를 게재할 정도로 당시에는 가족 단위로 고용하는 경우가 일반적이었다.(장하준, 2004, 194쪽)

위한 강제노동은 아동의 유희시간뿐만 아니라 가정 안에서 가족을 위한 최소한의 자유노동까지도 박탈했다.[50] (마르크스, 《자본론》(1권, 하), 503쪽)

초기 자본주의시대에 이처럼 기계가 아동과 여성들을 대거 노동계급에 포섭함으로써, 매뉴팩처manufacture(소규모 수공업) 시기에 성인 남성 노동자가 자본의 독재에 대항하여 행해 왔던 반항은 타파되었다. 1850년대 맨체스터의 한 공장주는 자신은 오직 여성들만 고용한다며 "기혼 여성 특히 집에 부양할 가족이 있는 여성들을 환영한다. 그들은 미혼 여성들보다 훨씬 더 주의 깊고 온순하며 또 필요한 생활수단을 얻기 위하여 있는 힘을 다 바치고 있다."고 말했다. (마르크스, 《자본론》(1권, 하), 504쪽) "기계 그 자체는 노동을 경감하도록 고안되어 있지만, 그것이 자본주의적으로 사용되면 일의 속도를 증가시킨다. 원래 기계는 자연력에 대한 인간의 승리지만, 자본주의적 목적을 위해 사용되면 기계는 자연을 이용하여 인간을 노예로 만들어 버린다. 기계 그 자체는 생산자의 부를 증대시키지만, 자본주의적으로 사용되면 생산자를 궁핍하게 만든다." (쿠진스키, 33쪽)

앞서 가부장제와 자본주의의 결합을 언급했듯, 여성은 자본과 남성에 둘러싸여 자본주의 가족·시장경제에서 노동의 생애를 살아간다. "남성들이 퇴직하여 가정으로 돌아오는 순간, 여성들이 약간의 자율성을 갖고 있던 가사노동의 스케줄과 리듬은 완전히 깨지고 만다. 남성들

---

50 그런데 '위선적인' 자본가들은 그들 자신이 창조하고 영구화하며 또 이용하고 있는 이 야만적인 행위—그들은 '노동의 자유'라고 부르고 있다—를 오히려 이렇게 비난하고 있다. "아동노동은 심지어 성인들이 자신의 그날그날의 빵을 벌기 위해서도 행해졌다 .아동들은 이처럼 지나치게 고된 일을 견뎌 낼 힘도 없고, 그들의 장래 생활을 지도해 줄 교육도 받지 않았으므로 육체적으로나 정신적으로나 더럽혀진 상태에 빠져 있다."(마르크스, 《자본론》(1권, 하), 505쪽)

이 노동에서 벗어나는 순간, 여성들은 새로운 노동을 준비해야만 하는 것이다. 남성들의 노동 종료가 여성들에게는 '밥하는 노동'의 시작이고, 가족의 바깥나들이가 여성들에게는 감정노동emotional labor이 얽힌 야외노동이 된다. 여성들이 하는 대부분의 노동에는, 상대방의 기분과 얼굴 표정을 살피고 자신의 속내를 감추며 통제해야 하는 마음 노동, 곧 감정노동이 존재한다. …… 가사노동을 전담하는 전업주부들은 훨씬 이른 시간부터 밤늦은 시간까지 가사노동을 할 뿐만 아니라 매일매일 참을 인忍 자를 가슴에 새기는 감정노동을 하고 있다. 그런데 이런 가사노동은 단지 남편, 아들 또는 자식을 '사랑'해서 부인, 여동생 또는 어머니가 한 행위들로 간주된다."(조주은, 2004)

혹실드는 '빠르게 변하는 여성, 느리게 변하는 남성'을 이렇게 묘사했다. "머리칼을 휘날리는 여자(커리어 우먼)의 이미지에 들어 있는 것은 다른 조건이 별로 바뀌지 않은 상태에서 홀로 변화한 여자의 모습일 뿐이다. 노동인구가 변하고 여성들도 변했지만, 아직까지 대부분의 직장은 원만한 가정생활을 보장해 달라는 노동자들의 요구에 융통성을 발휘하지 못하고 있다. 또 대부분의 남자들이 여성의 변화에 적응하지 못하고 있다. 변화한 여성과 변하지 않은 직장·사회 간의 이러한 긴장을 나는 '지연된 혁명'이라고 부른다. …… 이런 지연된 혁명을 끝낼 수 있는 한 가지 방법은 남성들이 가사를 분담하는 것이다. 일하는 아내들은 자신이 가정에서 할 수 있는 일은 이미 다 하고 있다. 이제는 남성들 전체가 집안 일 속으로 역사적 이동을 해야 한다."(혹실드, 37·245쪽)

안토니오 네그리와 마이클 하트는 여성, 실업자, 빈자들, 불완전 취업자들, 이주노동자들의 창조성과 창발성이 사회적 생산에 필수적이라며,

"사실상 생산적 노동과 비생산적 노동을 가르는, 언제나 의심스러웠던 낡은 마르크스주의적 구분을 이제 내던져야 한다. 여성, 실업자 등을 중심적인 정치적 역할에서 배제하고, 혁명적 기획을 주요한 생산자들이라고 간주된 (공장에서 굳은살이 박인) 남성들에게 위임하는 데서" 탈피하여, '다중의 네트워크'를 정치적·혁명적 기획으로 설정해야 한다고 주창한다.(네그리·하트, 2008, 174쪽)

성공한 엘리트 여성과 비정규 여성 노동자

여성 대통령 후보, 여성 장·차관, 여성 국회의원, 여성 고위직 공무원, 여성 CEO……. '잘나가는 여성'들이 흔해 빠진 세상이다. 여성 노동시장에서도 전문직·관리직 등 고임금 계층의 성장이 뚜렷하다. 그러나 CEO로 성장한 극소수 여성들 뒤편에는 수많은 여성들의 희생이 깔려 있다.

일반적인 회사 조직을 보면, 남성들은 공식 결재 라인의 중심이나 인적·물적 자원 배분을 담당하는 총무·인사·영업직 등에 배치되는 반면, 여성들은 부서 간 교류도 별로 없고 제한된 영역에서 전문적 지식을 사용하는 스태프·지원 부서에 집중 배치된다. 이런 경력을 쌓은 여성들이 경영자로 가는 사다리를 타는 건 사실상 불가능하다. 남성들의 전유물로 여겨져 온 핵심 부서에 어쩌다가 진입한 여성들만이 CEO로 성장하는 길을 밟는다.

'잘나가는 여성들'로 대변되는 변화가 이루어진 배경에는 개별 여성들의 노력과 함께, 집합적으로는 여성운동과 노동운동의 힘이 있었다. 노동시장에서 여성의 평등한 권리 보장과 관리직 진출, 동일가치노동 동일임금[51]을 요구하는 투쟁과 싸움이 오랫동안 전개되어 왔다. 예컨대 은행권 여성 노동자들은 노동조합 조직을 앞세워 결혼퇴직제·출산퇴직제 폐지[52]를 관철시켰으며, 1970년대 '공순이'로 불리던 여성 노동자들이 똥물을 뒤집어쓰며 싸워 민주노조를 지켜 내고 고용안정을 얻어 냈다. 여성 운동가들은 공무원 여성할당제, 여성 채용 목

---

51 일반적으로 외부 노동시장에서는 수요-공급의 원리에 의해 임금이 결정되는 반면, 내부노동시장에서는 직무 평가를 통해 임금이 결정된다. 직무 평가란 어떤 직무에 소요되는 노력, 근로조건, 필요한 기술, 책임감 등의 요인에 따라 등급을 정하고, 수량 분석을 통해 각 요인의 가중치를 결정하여 임금을 결정하는 것이다. 동등가치compararable worth란 같은 수준의 직무 평가를 받은 직무에 대해서는 같은 수준의 임금이 지급되어야 한다는 것으로 '동일노동 동일임금'의 원리를 말한다.(이정우, 1991, 196쪽)

표제 등을 제도화시켰다. 그런데 이러한 숱한 도전과 강력한 운동의 혜택은 과연 누구에게 돌아갔을까?

스테파니 루스Stephanie Luce는 《여성과 계급: 지난 40년간 무슨 일이 일어났나?Women and Class: What Has Happened in Forty Years?》에서 "여성운동이 여성 노동자들에게 실질적인 성과를 가져다준 건 사실이지만, 많은 것을 획득한 여성들이 있는 반면 다른 여성들은 아무것도 얻지 못하는 상황이 전개됐다"며 "노조를 통해 동원 능력을 과시하고 변호사·로비스트·유권자를 비롯한 여러 지지자들을 확보해 내는 사회적 능력과 힘을 갖고 있던 여성들은 성공한 반면, 자신들을 대변해 줄 조직을 갖지 못한 노동계급 내 여성들은 방치된 상태에 놓여 있었다"고 말했다.(루스 외, 2007) 높은 교육 수준과 능력을 가진 여성들만이 개인적 능력 혹은 집합적 협상력을 동원해 더 나은 직업에 진출하고 더 높은 임금을 받을 수 있었다는 것이다.

교육을 많이 받은 여성 노동자들이 인상적인 상향 이동을 거듭하는 동안, 내세울 만한 것이 없는 대다수 여성들은 저임금 비정규직으로 떨어졌다. 최근 남녀 간 소득 격차가 꾸준히 좁혀지고 있다는 통계가 많이 나오지만, 그 이유는 남성의 임금 하락과 비정규직화가 여성의 임금 하락보다 더 빠르게 진행되고 있기 때문이지, 여성의 임금이 크게 올라서가 아니다.

교육 수준도 높지 않고 노조도 조직돼 있지 않은, 또 전통적으로 여성이 종

---

52 대졸 여성이 취업하는 좋은 일자리에는 결혼퇴직제 등 성차별적 관행이 온존하고 있었다. 결혼퇴직제는 1987년 〈남녀고용평등법〉이 제정되면서 불법화되었다. 노동조합 내부 정치에서도 1980년대 말 제조업의 생산직 여성들을 중심으로 사업장에서 노동조건 개선을 요구하는 쟁의가 빈번하게 발생하자 일부 남성 노동자들이 구사대를 조직해 저지하는 일도 있었다. 특히 〈남녀고용평등법〉이 시행될 당시 남녀 간 직급 및 임금 체계가 단일화되면 내부노동시장에서 남성의 지위가 약화되고 불이익을 받을 수 있다며 남성들이 이에 저항하고 거부하기도 했다.

사해 온 직업 이외에 다른 직업을 구할 능력도 없는 여성들을 보자. 계산원, 할인점 매장 직원, 식당 종업원 등이 대표적이다. 이들은 언제든 쉽게 다른 노동자로 대체될 수 있는 인력으로 취급된다. 점점 더 많은 여성들이 일터로 나가고 있지만, 전통적인 여성 일자리에 종사해 온 노동자들은 상점·은행·사무실에 정보기술이 확산되고 자동입출금기가 도입됨에 따라 일자리에서 쫓겨나고 있다. 이들은 집단행동을 조직할 노조도 갖고 있지 않다. 차별과 해고에 맞서는데 필요한 돈도, 세력도, 자원도 없다. 조직 노동자들의 투쟁과 성과는 애초 의도야 어찌 됐든 주로 '엘리트 여성들'을 위한 것으로 귀결되고, 저임금 비정규 여성들은 주변화된 집단으로 변화 없이 그대로 남았다. 2008년 한국의 여성 노동자는 약 530만 명인데, 이 가운데 비정규직 노동자가 70.9퍼센트(379만 명)에 이른다.

일과 가정, 양쪽 모두 잘 해내려고 노력하는 여성들 가운데, 노동시장에 계속 남아 남성과 경쟁하면서 살아남은 사람은 소수에 불과하다. 세탁기·냉장고가 보급되고 유치원이 확대되면서 여성이 해 오던 많은 일이 시장에 맡겨졌다 해도, 현실적으로 '가족 보살핌 무급 노동'은 여전히 일하는 여성들이 보완해야 하는 영역으로 남아 있다. 이로부터 해방되는 특권을 누린 몇몇 엘리트 여성은 더 많은 돈과 권력을 얻었을지 모르지만, 그 뒤에는 '이름을 붙일 수 없는 질병'(주부 우울증)에 시달려 온 대다수 여성들이 있다. 어떤 의미에서는 거대한 주부 우울증에 대한 사회적 보상으로 고위직·관리직 여성 비율이 제도화되고, 그 혜택을 엘리트 여성들이 누리고 있다고 볼 수 있다. 그런 점에서 성공한 여성들은 모든 여성 노동자들에게 더욱 겸손해야 하지 않을까?

"(미국에서) 여성운동이 시작된 지 40년이 지난 지금(2006년)에는 일부 여성들이 그동안 획득한 것들이 여성 노동자들 사이에 더 큰 계급격차를 야기하고 있다.……많은 여성들에게 적용되는 유리 천장 같은 커다란 장벽이 존재하며, 그

외에도 여러 가지 종류의 차별이 노동시장에 여전히 남아 있다. 노동하는 여성들 대다수는 여전히 저임금의 비정규직이다. 그들의 직업은 내세울 만한 것도 아니고 안정적이지도 않으며 사회보장 혜택도 없다."(루스, 2007)

핑크칼라와
감정노동

단순직이 비교우위 분야?

'여성 직종pink-collar jobs', 이른바 '핑크칼라'는 종사자의 절반 이상 혹은 대부분이 여성인 직종을 일컫는 말이다. 교사나 간호사 등 몇몇 직무를 제외하면, 특별한 기술 없이 누구라도 쉽게 할 수 있는 단순직이 대부분이다. 흔히 말하듯 '시간 절약적'이거나 여성이 장점을 발휘할 수 있는 비교우위 분야라고 보기도 힘들다. 간호사·전화상담원·타자수·비서·여급·점원·매장 판매원·사무실 청소부·교사 등이 대표적인 여성 직종이다. 넓게는 '여성 노동(자)'을 일반적으로 '핑크칼라'라고 부르기도 한다. 사실 일터에서 여성이 맡고 있는 보살핌 노동·청소·조리·바느질·간호 등은 여성들이 집에서 하던 일을 직·간접적으로 연장한 것에 불과하다.(휴즈, 120쪽)

비록 임금노동은 아니지만 주부들의 가사노동도 핑크칼라에 해당한다. 한 연구는 2004년 기준으로 국내 전업주부의 가사노동 가치를 국내 총생산(GDP)의 28.2퍼센트인 219조 원(1인당 가사노동 가치 월 111만 원)

으로 추계했다.[53] GDP는 '시장에서 교환 거래되는 상품'만 집계하기 때문에 미취업 주부가 집안에서 밥 짓고, 빨래하고, 청소하고, 아이 키우는 노동은 제외된다. 주부 노동은 '비생산적 노동'으로 간주되고 있는 셈이다. 물론 파출부를 쓰고, 옷을 세탁소에 맡기고, 아이를 놀이방에 맡기면, 즉 시장 거래 형태로 이뤄지는 보수 노동은 GDP에 포함된다.

2011년에 여성 총 취업자가 1009만 명(임금노동자 742만8000명, 비임금 취업자 266만4000명)에 이를 정도로 여성 임금노동자가 급증하고 있으나, 여성은 주로 저임금 직종에 편중되고 있으며, 성별 분업과 성별 임금격차, 채용·배치·승진·직업 훈련에서 구조적이고 누적적이고 체계화된 차별을 겪고 있다.[54]

남성은 책임감과 리더십을 갖고 있는 반면 여성은 의존적이라는 편견 속에서 성공하려면, 철저하게 남성들이 지배하는 직종에 뛰어들어야 한다. 그러나 경기장 자체가 불공정하게 설계돼 있고 심판도 모두 남성인 게임에서 차별은 구조화된다. 그 가운데 날로 증가하는 여성 노동은 '저임금 비정규직'으로 집약되며, 특히 서비스산업에 종사하는 상당수 여성들은 자신의 감정을 팔아 임금소득을 올린다. 이른바 '감정노동' 또는 '정서적 노동'이다. 매장 판매노동자, 항공사 여승무원, 전화상담

---

53 김종숙·권태희,〈여성 무급 가사노동의 가치 평가와 가계 생산의 국민소득 계정 통합을 위한 연구〉, 한국여성개발원 주최 '생활시간조사 종합분석 결과 학술세미나', 2005년 12월 27일.

54 1977년 미국에서 교도관 직종에서의 여성 차별과 관련해 소송이 제기됐다. 교도소를 운영하는 법원 측은 여성은 교도관으로 적합하지 않다고 주장했다. 이 차별 관련 소송에서 재판부에 소수의견을 제출한 한 판사는 "여성은 교도관으로 적합하지 않다는 사용자(법원) 쪽 주장은 '여성은 성적으로 위험한 존재'라는 통념에 기반하고 있다. 여성에 대한 가장 강력한 신화 중 하나인 '여성은 그 존재 자체로 인해 성적 공격을 야기시킨다'는 통념이 바로 그것이다"라고 비판했다.(조순경 엮음, 85쪽)

원 등 새로 만들어지는 여성 일자리는 대개 감정노동과 밀접히 관련돼 있다.

감정을 착취하는 공장

'감정노동' 개념을 처음 제시한 혹실드는 《관리된 마음 : 인간 감정의 상업화Managed Heart》에서 감정과 결부된 직업의 특징을 다음과 같이 정리했다. 첫째, 고객들을 대할 때 항상 목소리와 표정을 가다듬도록 요구받는다. 감정노동은 부정적이거나 덜 긍정적인 감정 표출을 억제하면서 사용자들이 적절하다고 판단하는 어떤 특정한 감정 상태를 만들어 낼 것을 항상 요구받는다. 둘째, 고객들과 감정 상태를 공유하면서 고객의 감정 상태에 따라 자신의 감정 수위를 조절할 것을 요구받는다. 따라서 노동자들은 자신들이 표현해야 하는 감정 상태와 자신이 실제로 느끼는 감정 상태 사이에서 갈등을 겪는, 이른바 '감정적 부조화'에 자주 직면하곤 한다.

고객의 상품 구매와 만족을 유도하고자 감정노동을 투입하는 노동자는, 고객과의 대화 상황에 따라서 직관력과 판단력이 요구되는 즉흥적인 대화에 크게 의존한다. 상황을 예측할 수 없기 때문에 항상 밝은 목소리와 감정을 유지해야 한다는 부담이 크다. 사람의 감정 상태는 본인의 신체적·정신적 상태, 외부적 요인, 대화 내용에 따라 기복을 겪을 수밖에 없음에도 불구하고, 상담원들은 항상 좋은 감정 상태를 전달할 것을 요구받으며, 그에 따라 늘 자신의 감정을 통제해야 한다. 즉, 감정노동을 하는 여성 자신이 곧 '감정 관리자'가 된다. 감정 관리는 결국, 다른 사람(고객)에 대한 적절한 마음의 상태를 '생산·판매'하는 것이다.

고객을 대할 때 항상 목소리와 표정을 가다듬고, 화냄·실망 등 부정적인 감정 표출을 억제해야 하며, '사용자들이 적절하다고 판단하는' 특정한 감정 상태를 생산해야 한다.[55] (Hochschild, pp.118~119.)

항공기 여승무원들을 보자. 그들은 따뜻하고 부드러운 얼굴 표정을 서비스로 제공할 뿐 아니라 때로는 '매력적인 성적 웃음'도 팔아야 한다. 미국 델타 항공의 옛 광고 문구는 '성애 판타지'를 노골적으로 드러낸다. "우리는 당신(승객)이 원하는 모든 것이 현실이 되도록 최선을 다해 꼬리를 흔들겠습니다. 우리를 타고 날아 보세요. 그러면 기분이 좋아질 겁니다." 승객은 대부분 남성들이다. 여승무원은 성적 수치심과 모욕감을 느껴도 억눌러야 한다. "고용과 이윤은 당신의 얼굴에 달려 있다. 웃음이 당신의 가장 큰 자산이다. 델타 항공을 파는 것이 아니라 당신 자신을 파는 것이다."

감정노동자들에게 부과되는 회사의 규칙은 간단하다. '고객이 항상 옳은 건 아니다. 하지만 고객은 항상 틀리지 않는다.' 감정노동에 종사하는 여성 노동자들은 또한 자기들끼리 집단적으로 감정을 관리한다. 승객들의 언어폭력과 성희롱에 쉽게 노출되는 승무원들은, 동료들의 감정적 상처도 서로 달래 줘야 한다. 이것이 회사가 가르치는 직무교본이다. 어떤 의미에서 여승무원들의 일터인 항공기 기내는 '감정을 착취하

---

55 혹실드에 따르면, 장 자크 루소는 18세기 파리에 대해 쓴 글에서 "더 많은 재산을 얻으려 경쟁하는 사회에서 개인적 감정은 이해득실 계산을 방해하므로 경제적으로 비생산적이라고 여겨진다. 사람들은 자신들의 노력을 더 높은 수익을 낳는 특징을 개발하는 데 투자하려고 한다. 그래서 개인의 인간성도 점차 자본의 모습을 띠는 형태로 변화한다"고 말했다. 그러나 혹실드는 이제 감정은 더 이상 개인의 경쟁 수단으로만, 곧 개인적 영역에만 머물지 않고 (이윤 추구 기업의) 제도적인 목적이 노동자의 이런 '심리적 노동'에 단단히 박힌 채 감정을 긴밀하게 속박하고 있다고 말한다. (Hochschild, p.185)

는 공장'이라고 할 수 있다.

머리나 몸 외에 마음까지 써야 하는 감정노동은, 고객 만족·고객 감동 사회가 진전될수록 더 큰 압력을 받는다. 그러나 상품화된 감정노동은 미숙련 저임금 노동으로 평가절하돼 왔으며, 여성이라면 생물학적으로 누구나 갖고 있는 본능으로 인식돼 왔다. '본래 여성적인 것'으로 간주되는 보살핌 노동에서 비롯된 일이라고 보기 때문이다. 공적인 작업장에서 일하지만 여전히 그의 마음은 '한 사람의 성'으로 작동한다. 그래서 감정 시스템이 상업적으로 이용될 때, 여성 노동자는 '감정적 부조화' 갈등을 자주 겪는다. '무엇이 나의 실제 마음이고, 무엇이 회사를 위해 '연출된 자아'인가?' 자존감을 둘러싼 혼돈은 다시 성적 정체성 혼란으로 이어진다. '시장에서 낯선 남성 고객에게 친절함과 성적 매력 서비스를 팔고 있는 나는 가정에서 좋은 아내와 어머니가 될 수 있을까?' 물론 입가에 배시시 머금은, 혹은 활짝 피어난 웃음을 파는 것만 감정노동은 아니다. 콜센터에서 채권 회수 업무를 담당하는 남성 감정노동자들은 때로 악의적이고 위협적인 목소리를 내야 한다. 극단적으로 다른 얼굴을 하고 있지만, 생계를 위해 일터에서 요구하는 감정을 생산·판매하는 건 똑같다.

특히 정보통신기술이 주도하는 경제에서 여성 취업자의 저수지 역할을 하는 콜센터의 감정노동은 '전자 착취공장'으로 불릴 만큼 혹독하다. 콜센터 노동자들은 20세기 전자 원형감옥electronic panopticon에 갇힌 '유리알 인간'과 다름없다. 전자 착취공장은 감시 기술의 완벽한 통제그물에 갇힌 여성 노동의 우울한 모습을 상징적으로 보여 준다. "콜센터 상담원들의 역할이 섬세함·보살핌·상냥함 등으로 대표되는 여성의 자질 및 특성과 맞닿아 있다는 통념이 증가하면서, 콜센터 고용이 여성에게 집중되고 있다. 콜센터 확산이 여성 고용 증가에 기여하는 측면이 있으나, 경력 개발 기회가 제한된 저임금 여성 노동력의 집중화를 초래하고 여성 노동력의 게토를 형성할 수 있다는 지적도 나온다. 콜센터에서 일하는 여성 노동자들은 준익명성을 가정하는 고객과의 전화 대화로 인해 성희롱과 성적 모욕에 노출될 가능성이 높고, 실제로 여러 설문조사 결과 콜센터에서 일하는 많은 여성 노동자들이 이런 위협을 당하고 있는 것으로 확인된다."(이병훈 외, 18~19쪽)

상담원이 "여보세요"라고 말하기도 전에 화면에 고객 개인정보가 표시되고, 끊임없이 밀려드는 콜^{call}을 컴퓨터가 인식·통제하여 상담원들에게 자동 분배한다. 즉, 상담원의 작업 통제권이 제한되고 모든 상담 내역이 관리자의 컴퓨터 스크린을 통해 실시간으로 드러난다. 콜센터 상담원들도 이런 감시 체제를 잘 알고 있다. 팬옵티콘^{panopticon}(원형감옥) 같은 완벽한 통제 그물 속에서 유리알처럼 일상이 드러나기 때문에 감독자가 따로 필요 없다.(Fernie & Metcalf, 1998) 콜센터 노동자 자신이 바로 감독자다.

어떤 상황에서도 항상 좋은 목소리와 감정을 유지해야 하는 노동자들은 금방 '완전 탈진^{burn-out}' 상태에 빠져든다. 이러한 콜센터나 백화점의 여성 감정노동자들은 경력 개발 기회가 제한되고 저임금이라는 점에서 '여성 노동력의 게토'를 형성한다. 콜센터가 보여 주는 정보통신 기술과 백화점이 보여 주는 서비스경제[56]는, 이렇듯 여성 취업에 도움을 주면서 동시에 여성 노동의 지위를 하락시키고 있다.

우리나라 항공사들은 근속 경력에 비해 매우 낮은 임금을 지급하여 오래 근무한 여승무원들이 자발적으로 회사를 떠나게 만들고 있으며,

이를 통해 젊은 여승무원을 계속 채용하는 전략을 취하고 있다. 이는 자본이 감정노동이라는 상품의 가치를 철저하게 인식하고 있음을 간접적으로 보여 준다.(조순경 엮음, 45쪽) 페미니즘 이론가로 널리 알려진 앤 퍼거슨 Ann Ferguson은 《성 민주주의 : 여성, 억압 그리고 혁명Sexual democracy : Women, oppression, and revolution》에서 "사회적 존재로서 인간에게 성적 및 정서적 상호작용으로 생산되는 것에 대한 욕구는, 물질적 생활의 생산만큼이나 기본적인 것이다. 여성이 더 많은 성적 및 정서적 생산을 하고, 이런 노동이 남성에 의해 착취되었다"고 말했다.

---

56 경제학의 지배적인 이론적 조류는 서비스 영역을 가장 빈약한 방법인 잔여적 방식으로 다루어 왔다. 즉, 서비스 활동은 그것이 생산 또는 가계소비에 대해서 가지는 성격이나 지위에 관계없이 모두 '3차 부문'이라고 불리는 일종의 '헛간'의 범주로 분류된다. 그러나 프랑수아 셰네는 서비스산업이 '자본의 세계화의 뉴 프런티어'가 됐다고 주장한다.(셰네, 2003, 213쪽)

외모와 월급봉투의 수상한 관계

1971년 미국의 팬암 항공사를 상대로 흥미로운 소송이 제기되었다. 외모를 근거로 한 고용 차별의 부당성을 고발하는 이른바 '외모 차별 소송'이었다. 과연 아름다운 외모는 생산성과 임금에 영향을 미치는, 타고난 능력 중 하나일까? 아름다운 외모에 소비가 집중되면 그 외모를 지닌 노동자의 생산성은 당연히 높아진다.

영화·방송·모델 등 '글래머 산업'에서는 호감 가는 외모를 지닌 노동자에게 더 많은 임금을 주는 '외모 프리미엄Beauty Premium'이 정당하다고 주장하는 이들도 있다. 아름다운 외모가 노동생산성에 영향을 미치므로 월급봉투의 두께를 어느 정도 결정할 수 있다는 것이다. 그렇다면 식당 종업원의 경우는 어떨까? 식당 종업원의 외모는 생산성에 얼마나 영향을 미칠까?

"미모는 어떤 편지보다도 더 나은 자기소개서"라고 했던 아리스토텔레스의 말처럼, 미모의 여성일수록 소득도 높고 성공할 가능성도 높다는 사실을 '지적 능력'과 연관 지어 설명하는 경제학자들도 있다. 미모가 뛰어난 여성이 그렇지 않은 여성에 비해 대체로 더 현명하다, 곧 신체적 특징과 지능이 상관관계가 있다는 주장이다. 외모가 매력적이면 어릴 때부터 더 많은 관심과 신뢰·칭찬을 받고, 이에 자극받아 지적 능력도 우수해져 결국엔 노동시장에서 고용 기회도 늘어나고 더 많은 소득을 올린다는 논리다.

"외모는 경제다!"라고 외치는 성형외과 의사도 있다. 외모 성형은 사치가 아니라 절박한 삶의 요구이며, 여성들에게 외모는 경쟁력 있는 '자산asset'이라는 것이다.

우리나라의 〈남녀고용평등과 일·가정 양립 지원에 관한 법률〉은 "사업주는 여성 근로자를 모집·채용할 때 그 직무의 수행에 필요하지 않은 용모·키·체중 등의 신체적 조건을 제시하거나 요구해서는 안 된다"고 규정하고 있다. 그러나 한국만큼 외모 차별이 극심하고, 남녀노소를 가리지 않고 '외모 콤플렉스'에 시달리는 나라도 드물다. 또한 '외모'는 노동시장에서 실력 및 생산성과 무관하게 취업과 임금에서 차별 요인으로 작용한다. 동등한 능력을 갖고 있는데도, 외모 때문에 임금·고용 기회에서 불평등한 대우를 받는 것이다. 외모 차별은 '유리 천장' 같은 것이어서 눈에 잘 보이지 않지만, 좋은 외모를 갖지 못한 노동자는 임금도 적게 받고 승진 길도 막혀 있다.

'일반적으로' 좋은 외모가 주는 경제적 혜택은 얼마나 될까? 어느 직업에서나 젊고 예쁜 여성은 월급도 많이 받을까? '미모와 노동시장'을 연구해 온 노동경제학자 대니얼 하머메시Daniel Hammermesh는 1970년대와 1981년에 미국과 캐나다의 남녀 취업자 1500~3000명을 상대로 설문조사를 하여 외모 프리미엄과 외모의 생산성을 분석했다. 그 결과는 매우 흥미롭다. 하머메시는 키와 몸무게를 포함한 외모에 5가지 등급(아주 잘생긴 외모, 평균 이상의 외모, 평균적 외모, 평균 이하의 외모, 못생긴 외모)을 매긴 뒤 외모가 소득에 미치는 영향을 분석했다.(Hammermesh, et al., 1994)

물론 외모 평가는 어디까지나 응답자의 주관적 판단이며, 옷·헤어스타일·예절 등 좋은 인상을 주는 다른 속성에 의해 좌우되는 측면도 있다. 분석 결과, 학력·경력·나이 등 다른 인적자본 변수와 미혼 및 기혼 여부·종사하는 산업이 동일하다고 가정할 때, 평균 이상의 외모를 가진 남성은 평균적 외모를 가진 남성에 비해 대체로 5퍼센트 정도의 임금 프리미엄을 얻고, 평균 이하의 외모를 가진 남성은 평균적 외모에 비해 -9퍼센트의 임금 페널티를 받고 있는 것으로 나타났다. 여성의 경우 좋은 외모의 임금 프리미엄이 4퍼센트, 평균 이하 외모의 임금 페널티는 -5퍼센트였다. 놀랍게도 외모에 따른 임금격차가 남성이 더 컸다.

종합하면 남녀를 통틀어 평균적 외모의 사람들은 평균 이하 외모의 사람들보다 5~10퍼센트 정도 높은 소득을 얻는 것으로 나타났다. 주목할 만한 사실은 이런 결과가 남녀 모두에서 공통적으로 나타났다는 점이다. 결혼 시장까지 고려하면 매력적이지 않은 여성의 페널티는 훨씬 커질 것이다. 외모가 매력적이지 않은 여성일수록 소득이 낮은 남성 배우자를 만날 확률이 높아지기 때문이다.

더 흥미로운 사실은, 외모가 아름다운 사람일수록 외모가 생산성에 직접 영향을 주는 직업에 종사하는 경우가 많으며, 또한 외모와 생산성이 별 관련이 없을 것 같은 직업·직종의 종사자들도 마찬가지로 외모에 따른 소득 차이를 나타냈다는 것이다. 관리직 종사자가 직무를 효율적으로 수행하는 데 아름다운 외모가 필요할까? 이 경우에는 생산성과 무관한 '순수한 외모 차별'이라고 할 수 있다. 물론 외모라는 타고난 재능은 완전경쟁 시장에서 형성되는 시장균형가격(임금)이 아니라 공급은 제한돼 있는 반면 수요는 과잉일 때 발생하는 '독점의 경제적 지대rent'의 한 가지 형태일 수 있으며, 불합리한 차별이 아닌 '합리적 이유'로 외모에 따른 임금격차가 있을 수도 있다. 예컨대 영화배우의 빼어난 외모는 관객을 끌어모으는 중요한 자산이다. 판매 영업직·식당 종업원처럼 일반대중을 상대하는 직종도 마찬가지다. 식당 손님들이 외모가 좋은 종업원을 찾고 그들에게 서비스를 받고 싶어 한다면, 주인은 "외모가 좋은 종업원에게 더 많은 임금을 주는 건 단지 손님들의 선호를 반영한 것일 뿐"이라고 주장할 수 있다. 이렇듯 외모에 따른 고용·임금격차를 '소비자에 의한 차별'로 보는 이들은, 기업들이 소비자의 선호에 반응하여 외모 차이에 따라 차등 임금을 주는 것이라고 주장한다.

이윤 극대화만을 추구하는 기업에서 매력적인 외모를 가진 사람을 선호하고 이들에게 더 높은 임금을 주는 것은 정당화될 수 있을까? 하버드대 경제학과 교수 로버트 배로Robert Barro는 "생산성은 어떤 노동자가 소비자에게 얼마나 많은 만족을 주는지, 또 함께 일하는 동료들에게 어느 정도의 행복감을 주는지의 지표로 측정될 수 있다. 노동자 개인의 신체적 외모가 이런 가치를 지니고 있다면 지적 능력·숙련도 등에 못지않게 외모 역시 직무 능력으로 합리화될 수 있다"[57]고 주장했다.

외모와 지적 능력 둘 다 '의미 있는 직무 능력'이라면 지적 능력과 마찬가지로 외모에도 임금 차등을 두는 것이 합리적이며, 차등을 두지 않는다면 자원의 효율적 배분과 사용에 실패하는 것이라는 주장이다. 그러나 모델·배우 등 몇 가지 직종을 제외하면 외모가 생산성에 직접적으로 영향을 미치는 직업은 많지 않으며, 그런 경우 외모에 따른 임금·고용 격차는 근거 없는 사회적 차별이 분명하다.

---

57 《비즈니스위크》 1998년 3월 16일.

3

차별의 노동시장

이주노동자 :
'환영받지 못한 손님'

제3의 계급

"이주노동자는 절대로 짐을 늘리지 않아요. 늘 떠날 준비를 하고 사는 겁니다. 다만 귀국할 때 입고 갈 제대로 된 양복 한 벌쯤은 항상 준비해 두고 있죠. 물론 목표한 돈을 다 벌어야 돌아갈 수 있지만……." 어느 중세 철학자는 '쓸데없이 존재를 늘리지 말라'고 했지만 이주노동자가 짐을 늘리지 않는 건 존재론 같은 철학적 이유 때문이 아니다. 다큐멘터리 사진작가 김지연은 "장 모르의 사진집《제7의 인간》에 등장하는 유럽 이주노동자들과 한국 이주노동자들의 공통점은, 이방인으로서 항상 떠날 채비를 하는 것"이라고 말했다.

김지연이 4년 동안 이주노동자들과 부대끼며 얻은 깨달음이다. 그는 '성남외국인노동자의 집'에서 전화를 받고 커피도 끓이면서 그들과 '사랑'을 나누었고, 그 시간을 사진집《노동자에게 국경은 없다》(2001)에 오롯이 담았다. 그의 사진집에서는 멸시와 차별로 얼룩진 이방인들의 고독이 짙게 배어난다. 그러나 그 사진들은 고독을 전하는 데 머무르지 않고, 그 뒤편의 외침을 '읽어 내는' 언어가 되어 살아 숨 쉰다. 프레스에 오른손을 잘린 뒤 왼손을 씻겨 줄 사람이 없어서 손등을 벽에 문질러 씻었다는 한 중국 동포, '大恨(대한)민국'이라는 피켓을 든 외국인노동자, 낯선 땅에서 한 줌의 재로 강물에 뿌려지는 동료 앞에서 눈물을 훔치는 방글라데시 노동자를 담은 그의 사진은 통한의 기록으로 빛난다.

이주노동자들도 분명 한 사회의 생산을 담당하는 노동자이다. 그러나 한국에서 이 임시적인 '손님 노동자'들은 저임금 노동의 굴레와 불법 체류의 굴레를 안은 '제3의 계급'이다.

1996년 방글라데시에서 대학을 마친 한 청년이 '코리안 드림'을 품고 한국에 왔다. 아노아르 후세인, 석 달짜리 입국비자를 들고 온 그는 여러 공장을 전전하면서 점차 자신의 꿈이 '신기루'에 불과하다는 것을 깨달았고, 2005년 35세의 나이에 민주노총 산하 이주노동자노동조합 위원장이 되었다. '뜻하지 않게' 노동투사의 길로 접어든 것이다. 당시 '고용허가제' 실시를 전후로,[58] 많은 이주노동자들이 강제추방당하지 않으려고 '목숨을 건 도피'에 나섰다. 단속을 피하려다 건물에서 떨어져 죽는 사람도 많았다. 아노아르 후세인은 "현장에 직접 가 보세요. 10

---

58 한국 정부는 단순 기능인력의 경우 원칙적으로 외국인의 국내 취업을 금지해 오다가 1992년부터 개도국과의 경제협력 도모 등을 위해 외국인 산업연수생 제도를 도입·운영했다. 일정 기간 연수를 받은 연수생들을 취업자로 전환시키도록 한 것인데 연수생 편법 활용, 불법 체류자 문제 등이 불거지자 정부는 2004년 8월부터 합법적인 단순 기능인력 도입 제도인 고용허가제를 시행했다. 고용허가제는 외국 인력을 고용하려는 사업자가 직종과 목적 등을 제시할 경우 정부가 타당성을 검토해 허가 여부를 결정하는 것이다. 사용자는 1년 이내로 기간을 정하여 노동허가를 받은 외국인노동자와 고용계약을 체결하며, 계약을 체결할 때 임금·근로시간·휴일·휴가 등 근로조건과 동거가족 동반 금지 사항 등을 포함시켰다. 이에 대해 노동계는 사업주에게 허가권을 부여하는 고용허가제와 달리 이주노동자 본인에게 국내 고용을 허가하고, 입국한 뒤 취업 기업을 본인이 선택하도록 하는 '노동허가제'를 요구하고 있다. 2007년 산업연수생 제도가 완전 폐지되고 현재는 고용허가제가 시행되고 있다.

년 전과 똑같아요. 우리가 노조를 만들고 싶어서 만든 게 아니라 한국이 이렇게 만든 거예요"라고 말했다.

"우리네 청춘이 저물고 또 저물도록…… 공장엔 작업등이 밤새 빛나고……." 1980년대 〈사계〉는 흘러간 옛 노래가 되었고, 변두리 구석구석에 남은 불 밝힌 밤 공장은 이제 35만 명의 젊은 이주노동자들의 일터가 되었다. 이주노동자들의 배낭은 가볍다. 철새처럼 언제든 쉽게 떠날 수 있어야 하고, 강제추방을 피해 도망칠 준비가 되어 있어야 하기 때문이다. 아직도 이주노동자를 착취·핍박·차별 같은 '인권' 문제로 보느냐고 되묻는 사람들이 있다. 과연 이주노동자들의 삶은 얼마나 달라졌을까?

이주노동자들이 한국에 들어오기 시작한 건, 도시로 끌어들일 농촌의 값싼 노동력 공급원이 바닥을 드러내기 시작한 1980년대 중반부터다. 첫 이주노동자는 서울 강남에서 일하던 필리핀 출신 가정부들이었다. 당시 섬유·피혁 등 자국의 사양산업을 동아시아의 다른 지역으로 재배치하던 일본 기업과 달리, 한국의 중소 자본은 바깥으로 나가지 않고 대신 제3세계 노동력을 안으로 불러들였다. "'발전 국가' 한국을 따라잡으려면 기술을 배워야 한다"며 '산업연수생' 들을 데려왔으나 이는 애초부터 핑계였다. '저임금 변방'을 만들고 불법 체류라는 딱지를 붙여 그들을 한국의 법 체제 안에 묶어 두려고 했다.[59]

주로 1~3년간의 계약노동 형태인 이주노동력은, 필요할 때 쓰고 일감

---

59 거의 모든 재화들이 수입되는 지금 우리 사회에서 (외국인) 노동의 수입을 막는 것은 비논리적이다. 어떤 재화든지, 그것을 만드는 데는 노동이 들어가므로, 재화의 수입은 그것에 들어간 노동의 수입을 뜻한다.(복거일, 1994, 182쪽)

이 없으면 놀려도 큰돈이 들지 않는다. 임금이 싸기 때문이다. 또 자녀 교육비 같은 '임금 외 혜택'을 주지 않아도 된다. 비싸고 말 많고 까다로운 내국인 노동자들에 비해, 이들은 값싸고 유순하며 가족도 없어서 휴일노동을 시키기도 편하다. 그들은 우리가 초대하고도 '환영받지 못한 손님'이었다.

1994년 1월, 산재를 당한 뒤 피해보상조차 받지 못한 미등록(불법 체류) 이주노동자 10여 명이 경실련 강당에서 농성을 벌였다. 불법 체류자라는 이유로 모든 권리를 박탈당한 채 눈물만 삼켜 왔던 그들이 처음 감행한 집단행동이었다. 당시 그들의 농성은 한국인의 '양심'에 호소하는 데 그쳤다. 2000년대 들어서는 안산 지역에서 이주노동자들의 태업이 간혹 벌어졌다. 단위 사업장 안에 이주노동자들만 20~30명씩 일하는 회사들이 늘고, 반장 등 중간관리자로 고용되는 이주노동자도 생겨나던 즈음이었다. 이주노동자들만 근무하는 중소기업에서는 장기 임금체불, 폭행 등에 대해 집단항의하는 의미로 이주노동자들이 태업을 벌이거나 단체협상을 벌이는 사례도 나타났다.

그리고 2003년 11월부터 1년간 이주노동자들은 강제추방 중단과 미등록 이주노동자 전면 합법화를 요구하며 명동성당에서 사슬로 몸을 묶고 목숨을 던지며 싸웠다. 그러나 장기간의 싸움 끝에 기다리고 있는 건 고국으로의 강제추방뿐이었다. 그리고 2년 뒤인 2005년 4월 아노아르를 비롯한 이주노동자들이 독자적인 노동조합을 결성했다.

노동에 그어진 인종적 경계선

태평양을 횡단해 온 '취업증 없는

노동자들'이 넘치면서 한국 노동시장은 다국적화되고 있다. 자본에는 색깔이 없지만 노동에는 피부색에 따른 인종적 선이 그어진다. 역사적으로 서구 노동운동의 이념과 조직 속에는 성별, 인종적, 민족적 특성이 녹아 들어갔고 아직도 살아남아 있다.

세계체제 분석으로 잘 알려진 이매뉴얼 월러스틴은 인종차별주의란 노동력 계서화와 지극히 불평등한 보수의 분배를 위한 이데올로기적 정당화였다고 말한다. "피부색이라는 선, 즉 백인이나 상류층이라는 것은 어디까지나 사회적 현상이지 생리학적 현상은 아니었다. 피부색은 본래 위장하기 어려운 것이기 때문에 이용하기 편리한 꼬리표였다. 역사적 자본주의는 억압적이고 모욕적인 어떤 이데올로기 구조를 발전시켰는데, 그것이 바로 성차별주의와 인종차별주의다. 인종차별주의는 이방인에 대한 증오나 박해가 아니었다. 반대로 역사적 체제 안에 있는 노동력을 계층화하는 것이었고, 체제 밖으로 내모는 것이 아니라 체제 안에 묶어 두려는 것이었다. 이는 생물학적 특성에 따라 각자의 지위가 규정되는 사회적 과정들이었다."(월러스틴, 1993, 109쪽) 노동시장에서의 인종적 경계선도 자본축적을 위해 그어졌다는 얘기다.

자본의 상품연쇄 또는 가치사슬 속에 통합된 전 지구적 수준의 생산 재배치 및 노동력 이동 과정에서, 잉여의 배분은 지리적 위치에 따라 불균등하게 이루어진다. 주변부의 노동이 핵심 발전국가 경제로 들어오는 것인데, 자본의 몫과 발전국가 노동자의 몫, 그리고 변방에서 온 이주노동자의 몫이 확연히 구분되고 계층화된다.

월러스틴이 정확하게 간파했듯, 이주노동자들은 자발적으로 이동해 오기도 하지만 사실은 '자본의 필요'에 따라 한국에 온 것이다. 활력이 떨어진 자본에게 시장경쟁의 유일한 장소는 노동비용이며, 이를 삭감하고자 자본이 활용하는 노동력이 바로 이주노동자다. 한국 노동자들이 3D 업종을 기피하는 것은 아무리 돈을 많이 줘도(?) '위험하고 더럽고 힘든 일'은 안 하겠다는 것이 아니라, 위험하고 더러운 데다 임금도 적은 '최하위 저임금' 일자리이기 때문이 아닐까? 위계 서열 사다리의 맨 밑바닥에 있는 집단이 차지할 수 있는 양은, 그들 바로 위에 있는 집단의 소유물에 따라 한정되기 마련이다. 곧 이주노동자의 노동조건은 3D 노동을 해야 할 처지에 있는 다른 내국인 노동자의 노동조건보다 절대 나아질 수 없다.

1980년대 중반 마이크 데이비스Mike Davis는 《미국의 꿈에 갇힌 사람들 Prisoners of the American Dream》에서 "미국 내에서 무려 5000만 명이나 되는 흑인, 스페인계 노동계급이야말로 미국의 기반을 안으로부터 와해시킬 수 있는 수적인 힘과 사회적 힘을 유일하게 갖고 있는 국가 안의 국가이며 사회 안의 사회"라고 했다. 2005년 프랑스에서 내전의 양상을 띠었던 청년 이주노동자 소요 사태가 남의 일만은 아니다. 한국에서 생산의 외곽을 담당하고 있는 이들이, 자본과 내국인 노동 간의 '이익의 담합구조' 바깥에서 피부색에 따라 새로운 불평등을 더 많이 경험할수록 '반역의 불꽃'을 끊임없이 도시로 실어 나를 수도 있다.

이주노동자들은 초기에 꿈꾸었던 '코리안 드림'이 멀어질수록 고국으로 돌아가지 못하고 한국 땅에 더 정착하려고 하기 마련이다. 이주노동의 역설이다. 이미 국내에도 인도네시아·네팔·스리랑카 공동체 모임이 만들어졌다. 한국에 정착하여 커뮤니티를 형성한 이주노동자들은 하나의 '소수민족'이 되어, 한국 사회 내에서 자신의 사회경제적 지위에 강한 관심을 가지면서 생존권을 요구하고 있다. 그러나 고용허가제가 시행된 이후에도 불법 체류자 문제는 여전하다. 고용허가제가 이주노동자의 사업장 변경을 제한하고 있기 때문이다. 이주노동자도 사람이기에 한 사업장에 노예 계약처럼 묶여 있지 않으려 하는 것은 너무나 당연하며, 이주노동자들은 또다시 불법 체류자가 되고, 인권 사각지대에 놓이는 악순환이 반복되고 있다.

언제까지 이들을 모른 체할 것인가? 이주노동력이 유입됨에 따라 급속히 노쇠해 가고 있는 한국의 노동력이 다소 젊어지고, 국내 영세 중소기업도 유지되고 있으며, 이런 영세기업에 삶을 의탁하고 있는 내국인 일자리도 보장되고 있음을 우리는 잊지 말아야 한다. 이주노동자들이 우리 사회에서 생산·고용·임금의 안전판 역할을 해 주고 있는 셈이다.

이주노동자와 영국 경제

2007년 1월 4일, 영국은행은 동유럽에서 유입된 이주노동자들이 영국 노동자들의 취업을 어렵게 하거나 노동의 저임금화를 초래한다는 어떠한 명확한 증거도 발견되지 않았다는 내용의 보고서를 발표했다. 2004년 5월 이후 2006년 후반까지 50만 명의 노동자들이 폴란드를 포함한 동유럽 국가에서 유입되었으나, 이것이 같은 기간 0.8퍼센트 증가한 실업률과 직접적인 관계가 없는 것으로 분석됐다. 몇몇 이익단체들은 상당수 이주노동자들이 영국의 잘 발달된 복지제도를 이용하려고 영국에서 취업하려 한다고 주장하지만, 외국인 출입국을 담당하는 내무부조차도 이주노동자들이 영국의 경제성장에 상당히 중요한 역할을 하고 있음을 강조하고 나섰다.

이 보고서의 주요 저자인 데이비드 블랑크플라워David Blanchflower 통화정책위원은 2000년 이후 18세에서 24세 사이 젊은 이주노동자들의 유입과 영국의 높은 청년실업률의 관계를 연구한 결과, 둘 사이에 상관관계는 거의 존재하지 않았다고 강조했다. 오히려 동유럽 8개국인 'A8 국가'에서 유입된 이주노동자들이 노동시장 유연화에 기여함으로써 자연실업률natural rate of unemployment[60] 감소에 일정 부분 역할을 했으며, 그들이 소비하는 가치보다 그들이 제공하는 공급(생산)이 더 크기 때문에 물가상승률 증가를 방지하는 효과가 있다고 주장했다.[61]

---

60 밀턴 프리드먼과 에드먼드 펠프스Edmund Phelps가 내세운 실업률 가설. 인플레이션과 통화정책의 상충관계(이른바 '필립스 곡선')에 직면한 정부가 통화정책을 통해 실업률을 아무리 더 낮추려 해도, 어느 경제나 잠재 총생산 수준에 대응하는 자연실업률 수준이 존재하는 까닭에, 항상 자연실업률 수준 이상의 실업이 구조적으로 발생할 수밖에 없다는 주장이다. 곧 완전고용은 실현 불가능하다는 것이다.

61 BBC "Migrants Do Not Pull Wage Down", 2007년 1월 4일,

최저임금과 차별

있으나마나 한 '최저임금제'

그레그 이스터브룩Gregg Easterbrook은《진보의 역설The Progress Paradox》에서 지금 우리 시대의 문제를 '돈의 고통'이라고 했다. (이스터브룩, 302쪽)

이스터브룩에 따르면, 2004년 미국 연방의 최저임금인 시간당 5.15달러를 실제 달러 가치로 환산하면 1965년보다 낮은 수준이다. 1965년 연방 최저임금은 당시 달러 가치로 시간당 7달러에 해당한다. "오늘날 남성 또는 여성의 최저임금은 몇 가지 관점에서 볼 때 4세대 이전 중산층보다 더 나은 생활수준을 보장하지만 그것이 우리 시대 수백만 명이 돈 때문에 고통 받는 현실에 대한 변명이 될 수 없다. …… 가장이 하루 종일 열심히 일해도 가난과 가족 빈곤선에서 벗어날 수 없다."(이스터브룩, 304 · 306쪽)

2012년 우리나라의 최저임금은 시급 4580원, 하루 8시간 일하면 3만 6640원이다. 2011년은 시급 4320원, 2010년 4110원, 2009년 4000원이었다. 노동계는 2001년부터 최저임금 싸움을 본격화하면서 해마다 '전체 노동자 평균임금 대비 50퍼센트'를 적정 최저임금 수준으로 요구하고 있다. 최저임금 수준은 생계비·유사노동자의 임금수준·노동생산성, 소득분배율 등을 복합적으로 고려해 노동계 대표, 사용자 대표, 공익대표가 함께 모여 결정한다. 그러나 해마다 사용자 측 대표위원과 노동자 측 대표위원들이 협상장을 박차고 나가거나 사퇴하는 등 노사 간 극심한 대립과 파행을 겪다가, 최종결정 시한을 몇 시간 앞두고 혹은 시한을 넘겨 다음날 새벽에 공익위원 대표들이 제출한 금액으로 최저임금이 결정되고 있다. 공익위원과 사용자 대표들의 새벽 날치기 처리는 해마다 되풀이되는 익숙한 풍경이다.

노동계는 매년 전년 최저임금 대비 25~30퍼센트 인상을 최초 요구안으로 제시하고 있다. 이에 대해 사용자 대표위원들은 10원, 20원을 더 올려 주겠다며 최저임금 수정안을 제시한다. 최저임금위원회 심의에서는 '10원'을 놓고 치열한 싸움이 벌어진다. 시장에서 콩나물 값 흥정하듯 10원, 100원을 가지고 싸우는 게 현실이다. '10원'조차 올려 줄 수 없는 이유로 사용자 측은 "최저임금이 인상되면 대공장 노동자들이 이에 근거해 더 높은 임금인상을 요구한다"고 볼멘소리를 한다.

2012년도 최저임금을 정하는 2011년 최저임금 심의 때 사용자 측에서는 최초 제시안으로 시급 4320원, 곧 전년 수준 동결안을 내놓았다. 그 뒤 교섭 과정에서 1차 수정안으로 4350원, 2차 수정안으로 4450원, 3차 수정안으로 4455원을 제시했다. 마지막에는 '5원' 더 올리는 것을 양보안으로 제시한 것이다. 2년 전인 2009년 적용 최저임금 심의에서 사용자 측은 최초로 시간급 3770원을 제시하여 결국 시간급 4000원으로 결정되었다. 그러자 2010년 적용 최저임금 심의에서 사용자 측은 또다시 1년 전에 꺼낸 3770원을 제시하고 나섰다. 심지어 2011년도 적용 최저임금 심의에서는 사용자 측에서 최종안으로 시급 4223원을 제시했다. 10원 단위도 모자라 '1원' 단위까지 제시하며 최저임금 인상을 한사코 막으려 한 것이다.

법정 최저임금은 실제로 수많은 노동자들의 먹고사는 문제와 직결되어 있다. 1인 이상 모든 사업장에 적용되는 최저임금 인상 수준의 효과는 '영향률'(전체 임금노동자 중 최저임금 적용 수혜자 비율) 개념으로 파악할 수 있다. 고용노동부에 따르면, 2012년 최저임금 적용 대상인 우리나라 전체 임금노동자 1704만8000명 중에서, 최저임금 인상 수혜를 받게 될 노동자는 234만3000명으로 최저임금 영향률은 13.7퍼센트이다. 외환위기를 겪은 1999년에는 최저임금(시급 1525원)을 10인 이상 전 산업에 적용했는데,[62] 당시 최저임금 인상률이 2.7퍼센트로 워낙 미미하여 최저임금 영향률이 고작 0.4퍼센트에 그쳤다. 2002년에도 최저임금 영향률은 0.8퍼센트까지 떨어졌다. 최저임금제가 있으나마나 한 제도가 된 것이다.

그런데 김유선은 2012년의 최저임금 영향률도 0.9퍼센트에 불과하다고 주장한다. 정부가 발표한 13.7퍼센트와 상당한 차이가 있다. 통계청의 '경제활동인구조사 부가조사'(2011년 8월)에서 2011년 최저임금인 시급 4320원 미만을 받는 노동자는 190만 명(10.8퍼센트)이고, 2012년 최저

---

62 1988년에 처음 도입된 최저임금제는 1990년대 내내 10인 이상 전 사업장에 적용되었으며, 1999년 9월부터 5인 이상 전 사업장으로, 2000년 11월 24일부터 1인 이상 전 사업장에 확대 적용되고 있다.

임금인 4580원 미만을 받는 노동자는 204만 명(11.7퍼센트)이다. 따라서 법정 최저임금(4580원) 수혜자는 14만 명(영향률은 11.7퍼센트－10.8퍼센트=0.9퍼센트)에 불과하며, 190만 명은 최저임금 적용 제외자이거나 최저임금법을 위반하고 있는 업체에서 일하는 노동자들로 추정된다는 것이다.[63] 2010년 8월 전체 임금노동자 1704만8000명 중에서 195만8000명(미만율 11.5퍼센트)이 최저임금조차 못 받으며 일하고 있다. 최저임금 적용 대상에서 제외되는 아파트 경비원 등 감시 단속적 노동자가 포함되어 있다고 해도, 최저임금법 적용의 사각지대가 얼마나 넓은지 알 수 있다. (〈표 13〉 참조)

법정 최저임금 미달자는 2001년 8월 59만 명(4.4퍼센트)에서 2011년 8월 190만 명(10.8퍼센트)으로 대폭 늘어났다. 이는 법정 최저임금제도가 '저임금 계층 일소, 임금격차 해소, 분배구조 개선'이라는 본연의 목적에 부응하지 못하고 있을 뿐 아니라, 정부가 근로감독 행정 의무를 다하지 않고 있음을 말해 준다. 특히 정부 부문인 공공행정에서 최저임금 미달자가 10만 명(10.6퍼센트)이나 되는 것은 정부가 선량한 사용자로서 민간에 모범을 보여야 한다는 사실조차 망각하고, 최저임금법을 준수할 의지조차 없음을 말해 준다.(김유선, 2011a)

이와 관련해 국제노동기구(ILO)의 〈글로벌 임금 보고서〉(2008)는 "최저임금 준수는 근로감독관의 사업장 방문 확률과 최저임금을 준수하지

---

63 노동부는 최저임금 미달자 비율(11.7퍼센트)을 최저임금 영향률(11.7퍼센트)로 표현하지만 이는 탈법적으로 최저임금을 적용받지 못하는 사람들이 모두 최저임금의 영향을 받는다는 강한 가정을 전제하고 있어, 최저임금제가 본연의 목적에 충실하게 운영되는 것처럼 오해를 불러일으킬 수 있다.

■ 〈표 13〉 법정 최저임금 현황과 영향률 추정

| 법정최저임금 | | 시간당 임금 | 2011년 8월 | | 최저임금 영향률 |
적용기간	시급		수	비율	
2011년 1월 ~2011년12월	4320원	4320원 미만	189만9000명	10.8%	1.7%
2012년 1월 ~2012년12월	4580원	4580원 미만	204만3000명	11.7%	0.9%

* 2011년 8월 항목의 수치는 좌측의 각 년도 시간당 임금 수준에 미달하는 노동자 숫자와 비율임.
　출처 : 김유선(2011a)

않을 때 받을 벌칙 수준 크기의 함수다. 근로감독 행정이 취약하고 벌칙 수준이 낮으면 최저임금은 종이호랑이가 된다"고 강조하고 있다.

2011년 8월 현재 시간당 임금이 법정 최저임금 4320원에 미달하는 노동자 190만 명을 고용 형태별로 살펴보면, 정규직이 11만 명(5.7퍼센트), 비정규직이 179만 명(94.3퍼센트)이다. 성별·혼인별로는 기혼 여성이 95만 명(49.7퍼센트), 기혼 남성이 47만 명(24.7퍼센트)으로 기혼자가 다수를 차지하고 있다.(김유선, 2011a) 청소년과 부업으로 일하는 사람들에게만 최저임금이 적용되는 것이 아님을 알 수 있다. 사업장 규모별 최저임금 적용 대상자는 2011년 현재, 10인 미만 영세업체가 131만 명(68.9퍼센트)으로 다수를 점하지만, 100인 이상 사업장도 7만 명(3.8퍼센트)에 이른다.

평균임금의 3분의 1 수준

황덕순·이병희(2011)에 따르면, 2000년대

들어 최저임금의 상대적 수준은 증가했지만 저임금 고용 비중을 억제하는 데는 실패했다. 이는 최저임금 준수율을 보면 알 수 있다. 2000~2010년 동안 법정 최저임금 미만의 임금을 받는 노동자 비중이 2000년 4.2퍼센트에서 2010년 11.5퍼센트로 크게 증가했다. 저임금 고용을 억제하려고 내놓은 최저임금의 효과가, 미준수율 증가에 의해 상쇄되어 온 것이다.

우리나라 헌법은 국민의 최저 생활을 보장한다는 취지에서 '(법정) 최저임금' 설정과 보장을 국가의 의무로 규정하고 있다. 현행 최저임금 수준은 과연 저임금 노동자의 생계 보장이라는 법의 취지를 달성하고 있을까? 2007년 시간당 최저임금 3480원, 주 40시간 노동 기준 월 72만 7320원은 노동자 3인 가구 생계비 월 288만 원의 25.2퍼센트, 최저임금위원회가 조사한 1인 가구 실태생계비 월 122만 원의 59.4퍼센트에 불과하다. 2007년 당시 5인 이상 사업체 노동자의 한 달 정액급여 195만 2000원에 비하면 37.3퍼센트에 그친다.

2010년에도 별 차이는 없다. 시간당 정액급여 기준으로 우리나라 10인 이상 사업장의 평균임금 대비 최저임금 비율은 2007년 26.8퍼센트, 2010년 28.7퍼센트이며, 1990년대부터 2010년까지 25~29퍼센트 대를 맴돌고 있다. 2010년 최저임금 인상률 2.8퍼센트는, '생산성증가율+물가상승률'(10.0퍼센트)은 물론이고 평균임금 인상률(4.0퍼센트)이나 소비자물가상승률(2.9퍼센트)에도 못 미치는, 최저임금제 도입 이래 가장 낮은 수준이었다. 지난 20년 동안 최저임금 인상률이 평균임금 인상률을 넘어선 것은 1991년, 1998년, 2001년, 2004~5년, 2008~9년 등 일곱 해뿐이다.[64] 역사상 최저 수준에 떨어져 있는 최저임금으로 가족 부양은 둘째 치고, 도대체 한 사람이 목숨을 부지한다는 것이 가능할까?

최저임금 선에 놓여 있는 노동자들의 생산성이 아무리 낮다 하더라도, 최소한의 생존임금을 위협하는 비현실적인 최저임금 수준은 관행적 차별의 일종이다. 최저임금 미만을 받고 일하는 노동자 200여만 명, 놀라운 숫자다. 열악한 조건에서 일하는 저임금층이 두텁게 형성되고 있다.

최저임금제는, 노조 조직률이 9.8퍼센트(2011년 현재)에 불과한 현실에서 저임금 노동자의 생계를 보장해 줄 수 있는 유일한 제도인데, 최저임금 적용 대상자 중 94.4퍼센트가 비정규직이다! 최저임금 싸움은 저임금 노동자에게 국한되는 것이 아니라, 외환위기 이후 확산되고 있는 전체 노동자의 저임금화 경향에 대한 사회적 투쟁이라고 할 수 있다.

경제위기 이후 '궁핍임금'을 받는 근로 빈곤층이 급증하고 소득 불평등이 확대되면서 우리나라에서도 최저임금이 관심의 대상으로 떠올랐다. 그러나 법정 최저임금은 2003년 10.3퍼센트, 2004년 13.1퍼센트, 2005년 9.2퍼센트, 2007년 12.3퍼센트가 올랐는데도, 1988년 최저임금제가 시행된 이후 지금까지 노동자 평균임금의 3분의 1 수준을 맴돌고 있다.

법정 최저임금이 워낙 낮다 보니 노동조합에서는 교섭을 통해 '산업별 최저임금'을 요구하는 전략을 펴고 있다. 금속노조는 2006년 산별 중앙교섭에서 금속산업 최저임금으로 월 83만2690원을 얻어 냈다. 당시

<hr>

64 김유선, 〈최저임금 실태와 개선방안〉, 참여정책연구원 주최 토론회 '일하는 자부심을 살리는 최저임금 개선' 발표문, 2011년 4월 8일.

법정 최저임금보다 다소 높은 수준이다. 보건의료노조도 '전체 노동자 통상임금의 50퍼센트'를 보건의료산업 최저임금으로 보장할 것을 주요 교섭 의제로 제기했다. 사실 비정규직의 '정규직화' 요구는 대공장 소속 비정규직에게나 의미가 있을 뿐, 중소 영세업체 노동자들은 정규직이든 비정규직이든 처우가 크게 달라질 게 없다. 정규직이 되더라도 임금과 근로조건에서 크게 나아지는 것이 없기 때문이다. 이들에게는 최저임금 인상이 더욱 절박할 수도 있다.

최저임금이 고용에 미치는 영향

경제학자들 사이에서도 최저임금제를 둘러싼 논란이 끊이지 않는다. 대다수 신고전파 보수주의적 경제학자들은 '균형시장임금'보다 높은 최저임금 상승은 실업을 야기한다고 주장한다. 즉, 인건비가 높아져 기업의 노동 수요가 감소함으로써 오히려 저임금, 비숙련 노동자들의 실업을 증가시킨다는 논리다. 최저임금 인상이 기업에 추가 비용 부담을 안겨 고용과 투자를 위축시키고 경쟁력을 떨어뜨려 종국에는 일자리를 줄어들게 만든다는 고전적인 주장이다.

밀턴 프리드먼은 최저임금이 빈민에게 오히려 적대적이라며, "최저임금은 책에 기록된 최악의 반反흑인법"이라고 말했다. 그의 주장은 이렇다. 최저임금제의 대상인 '노동하는 빈민'은 최저임금이 높아지면 일자리를 두고 더 치열하게 경쟁해야만 한다. 좀 더 높은 기술을 소유한 생계임금 범위에서 일하는 다른 사람들과도 경쟁해야 하므로 결국엔 실업자로 전락해 한 푼도 못 벌게 된다. 그래서 최저임금법과 생계임금법의 최대 희생자는 바로 생계를 위해 일하는 바로 그 사람들이라는 주장이다.

"최저임금제 하에서는 고용주들이 고용을 줄일 것이기 때문에, 최저임금의 효과는 그것이 없었을 때보다 실업을 더 높일 것이 분명하다. 저임금이 '빈곤이 표시'라고 하지만 최저임금법으로 인해 실업자가 된 사람들은, 비록 그들이 전에 벌었던 소득이 최저임금제를 주장했던 이들에게는 아무리 적은 임금이었을지라도, 그들은 그것을 결코 포기할 수 없었다. 그러나 이제는 그것조차 포기할 수밖에 없는 사람들이 되었다."(프리드먼, 1990, 221쪽) 나아가 이미 일자리를 차지한 노동자는 최저임금이 인상됨에 따라 더 높은 임금을 받지만, 더 낮은 임금에서도 일할 용의가 있는 구직자들은 최저임금이 인상되면 그나마 일자리를 얻을 수 없게 된다고 주장한다.

우리나라 최저임금위원회 협상장에 앉은 사용자 대표위원들도 이와 똑같은 발언을 한다. "영세·한계 기업이 국내에서 사업을 영위하고, 저임금 노동자의 고용안정을 위해서도 최저임금은 동결돼야 한다"는 것이다. 무리한 최저임금 적용이 오히려 저임금 노동자들의 대량해고 사태를 야기할 거라는 얘기다. 물론 법정 최저임금이 일정 수준을 넘어서면 고용이 감소할 가능성이 있다. 하지만 국제적으로 최저임금이 고용을 줄인다는 주장을 뒷받침할 만한 근거는 발견되지 않고 있다. 오히려 무경험·비숙련 노동에 대한 사용자의 수요는 임금에 대해 상대적으로 비탄력적이기 때문에 최저임금을 좀 더 높게 설정하더라도 고용이 크게 줄어들지 않는다는 견해도 있다.

미국 프린스턴대학의 데이비드 카드David Card와 앨런 크뤼거Alan Krueger는

《신화와 측정 : 최저임금의 경제학Myth and Measurement : The Economics of the Minimum Wage》(1995)에서 엄밀한 실증 분석을 통해 최저임금 상승이 언제나 실업의 증가를 초래한다는 주장이 잘못된 것임을 입증한 바 있다. 최저임금에 반대하는 주장은 실업을 염려하기보다는 노동자들에게 적절한 임금을 주는 데 반대하는 논리일 뿐이다.[65] 오히려 최저임금이 인상되면 자본은 노동자에 대한 투자와 효율화를 늘려 생산성 향상에 나서야 하는 강력한 유인이 발생하여 경제 전체적으로 긍정적인 효과를 산출하기도 한다. 또 영세 중소기업에서 지급해야 할 최저임금 수준이 올라가면, 대기업으로서는 하청기업에게 노동비용 감축을 통한 납품단가 인하를 요구하기 힘들게 되고, 그에 따라 영세사업장에서 근무하는 비정규직 노동자의 소득이 개선되는 효과를 기대할 수 있다.

최저임금과 고용의 연관성과 관련해, 국제노동기구(ILO)와 경제협력개발기구(OECD)에서는 "최저임금제도가 고용에 부정적 영향을 미치지 않거나 영향을 주더라도 미미하며 일반적으론 저임금 해소와 임금격차 해소, 소득분배 구조 개선에 긍정적 효과를 준다"는 내용의 보고서를 여럿 펴낸 바 있다. 미국을 중심으로 최저임금과 고용의 상관관계를 둘러싼 논쟁이 10여 년 동안 계속됐지만 학자들 사이에 일치된 결론은 없다.

노벨경제학상 수상자인 로버트 솔로는 "이론적으로 최저임금이 저소

---

65 영국노총(TUC)은 저임금위원회Low Pay Commission(LPC)에 2007년도 최저임금을 시간당 6파운드(약 1만 1240원) 이상으로 책정해 줄 것을 요구했다. TUC의 브렌든 바버Brendan Barber 사무총장은 세계에서 4번째인 영국의 경제 규모와 지난 10년간 경제성장을 이룩해 온 점을 강조하면서, 일부 기업주들 특히 중소기업인들이 최저임금 인상이 기업의 재정 악화와 경쟁력 약화로 이어질 수 있다고 우려하고 있지만, 1999년 이후 매년 최저임금이 인상되었음에도 영국 경제에 어떠한 악영향도 미치지 않았음을 강조했다. 그는 또한 일부 경제 전문가들이 영국 경제의 전망에 대해 불안해 하고 있지만 시간당 6파운드의 최저임금 인상은 영국 경제가 충분히 감당할 수 있는 수준이라고 주장했다.(《해외노동동향》 2007년 12월 6일, 한국노동연구원)

득 노동자의 고용을 위협하지만 이런 현상을 증명할 실제적 증거는 없다"고 언급했고, 실증적 연구에서도 이런 사례는 많다. 1988년 미국 캘리포니아 주는 최저임금을 시간당 3.35달러에서 4.25달러로 한 번에 대폭 올렸다. 이 조치로 음식점 등에서 일하던 청소년 절반가량이 혜택을 받았지만 최저임금 인상에 따른 고용 축소 효과는 없었다. 1992년 4월 1일 뉴저지 주는 미국에서 가장 높은 시간당 5.05달러의 최저임금을 시행한 반면, 바로 서쪽에 붙은 펜실베이니아 주는 연방 최저임금 4.25달러를 그대로 유지했다. 그 뒤 두 주의 접경 지역에 있는 패스트푸드 레스토랑을 대상으로 설문조사해 고용 변화를 분석한 결과, 예상과 달리 뉴저지 주 레스토랑의 고용이 펜실베이니아 주보다 오히려 늘어났다는 보고도 있다.[66] 물론 그 반대의 연구결과도 있다.

OECD 국가 중 최하위

한편, 최저임금 인상에 반대하는 사람들은 최저임금을 10대 청소년이나 은퇴한 고령자, 임금에 생계를 의존하지 않는 미혼 단신 노동자들이 주로 받는다고 주장한다. 최저임금 인상의 수혜자가 대부분 '용돈' 벌이에 나선 중산층 가정의 10대 파트타임 및 아르바이트 노동자들이므로, 가난한 사람을 돕는 재분배 정책으로

---

66 Card D.(1992), "Do Minimum Wages Reduces Employment? A Case Study of California : 1987~1989", *Industrial and Labor Relations Review* 46(1) ; Card D. & A. Kreuger(1994), "Minimum Wage and Employment : A Case Study of the Fast-Food Industry in New Jersey and Pennsylvania", *Americna Economic Review* 84(4).(안태현, 〈최저임금의 고용 효과에 관한 경제학적 논쟁〉, 《국제노동브리프》 2009년 8월호, 한국노동연구원에서 재인용)

서 적절하지 않다고도 한다. 그러나 김유선에 따르면, 2010년 최저임금 적용 대상 노동자 중 기혼자가 무려 73.2퍼센트에 달하고, 35~54세 인구가 40.1퍼센트, 55세 이상이 28.9퍼센트로 나타났다.[67] 최저임금 적용 대상자는 미혼의 단신 노동자가 아니라, 부양할 가족을 둔 청·장년기 노동자들이 다수를 이루고 있다. 자본은 남성 노동자들을 실업자로 내쫓고 대신 부인과 딸, 아들을 노동인구로 통합해 저임금으로 활용하고 있다. 실제로 점점 더 많은 최저임금 노동자들이 집안에서 첫 번째 소득자가 되고 있고, 전체 가계소득 중에서 최저임금 수준의 소득이 계속 늘고 있다.

최저임금을 전체 노동자의 시간당 임금, 하루 임금, 월 임금과 각각 견줘 볼 때 우리나라의 최저임금 수준은 어느 정도일까? OECD가 2010년 3월 발표한 '최저임금의 상대수준 비교(평균임금 대비)'에서 한국은 26퍼센트로 최하위인 멕시코(24퍼센트)에 이어 꼴찌에서 두 번째를 차지했다. 시간당 최저임금을 결정하는 국가들과 우리나라의 최저임금 수준을 비교하면, 2006년 우리나라의 전체 노동자 시간당 임금(1만3881원) 대비 최저임금(3100원) 수준은 22.3퍼센트로, OECD에 속한 비교 대상 13개 국가 중 최하위다.[68] 하루 임금과 최저임금 수준을 대비해 보면, 2006년 우리나라 전체 노동자의 하루 임금(11만1048원) 대비 최저임금 수준(1일 2만4800원)은 22.3퍼센트로 역시 멕시코와 비슷한 수준이다. 한

---

67 김유선, 〈최저임금 수준 평가와 고용 효과〉, 최저임금연대 주최 토론회, 2011년 6월 1일.

68 국제적으로 2006~2007년 시간당 평균임금 대비 최저임금 수준은 미국 24.7퍼센트, 영국 38퍼센트, 프랑스 41.5퍼센트, 독일 38.9퍼센트, 뉴질랜드 53퍼센트, 일본 25.3~30.0퍼센트, 이탈리아 39.6퍼센트, 오스트레일리아 41.3퍼센트 등이다.

달 기준 최저임금을 결정하는 나라들과 비교하면, 우리나라의 2007년 전체 노동자 월 임금(272만2769원) 대비 월 최저임금 수준(72만7320원)은 26.7퍼센트로 나타났다.[69]

---

69 스위스는 월 임금 대비 최저임금 수준이 76.1퍼센트, 포르투갈 61.2퍼센트, 스페인 28.7퍼센트, 네덜란드 44.1퍼센트, 벨기에 40.6퍼센트 등으로, 체코(1.2퍼센트)와 슬로바키아를 제외하고 우리나라보다 훨씬 높다.

효율임금과
'졸업장 프리미엄'

인적자본의 투자 수익률

한 사람이 받는 임금수준은 개인의 능력과 생산성을 공정하고 객관적으로 측정해 이를 반영한 지표일까? 만약 그렇다면 임금 차이는 생산성에 따른 '합리적 격차'라고 할 수 있을 것이다. 그러나 임금 결정에는 성별·나이·교육 수준 등 개인의 인적 속성, 사업장 규모, 사회적 제도 등 여러 가지 요인이 영향을 끼친다. 연봉제와 성과급의 경우 생산성 향상이 개인적 성과에 따른 것인지 집단적 효과에 의한 것인지 모호할 때도 많다. 연봉 재계약을 맺을 때나 성과급 지급을 둘러싸고 갈등이 빚어지는 것도 이 때문이다.

노동은 인적 '자본'이므로 투자 수익률을 따져 볼 수 있다. 여기서 투자는 곧 교육·훈련을 뜻한다. 그렇다면 더 좋은 대학에 가려고 재수·삼수하는 것은 합리적인 투자 선택일까? 학력별 임금격차를 살펴보자. 노동부의 '임금구조 기본통계조사'에 따르면, 2008년 5인 이상 사업장에서 일하는 노동자의 학력별 월 급여 총액은 고졸 189만 원, 전문대졸

198만 원, 대졸 이상 295만 원이다. 연간 특별급여(고정·변동상여금)는 고졸 485만 원, 대졸 이상 720만 원으로 나타났다.

김유선(2009)이 통계청의 '경제활동인구조사'(2007년 8월) 등을 분석한 결과, 교육 연수가 1년 높아지면 임금이 4.1~6.3퍼센트 높아지고, 근속 연수가 1년 높아지면 임금이 2.8~3.9퍼센트 상승하는 것으로 나타났다. 근속보다는 학력이 임금에 더 큰 영향을 미치고 있음을 알 수 있다. 임금효과는 '학력〉근속(또는 경력)〉연령' 순으로, 학력효과가 가장 높고 연령효과가 가장 낮은 것으로 나타났다.[70]

또한 대학 간 임금 불평등을 조사한 연구를 보면, 2000년 중졸 이하 학력에 대해 지방대 졸업자는 국립·사립을 불문하고 월 60퍼센트, 서울 사립대는 70퍼센트, 상위권 대학(서울대·포항공대·연세대·고려대) 졸업자는 130퍼센트 정도 임금을 더 받는 것으로 나타났다. 2004년에는 지방 국·사립 및 서울 소재 대학 모두 중졸 이하에 비해 80~100퍼센트, 상위권 대학들은 160퍼센트 정도 더 높은 임금을 받았다.(한준·한신갑, 2006) 임금 프리미엄이 갈수록 상위권 대학에 집중되고 있는 것이다. 국내 200여 개 대학을 한 줄로 늘어세울 경우 상위 대학으로 갈수록 입학 성적 차이가 줄어드는데도, 극소수 몇 개 대학만 높은 경제적 프리미엄을 누리고 있다. 몇몇 상위권 대학에 특혜가 집중되는 승자 독식 양상은 왜 나타나는 것일까? 상위권 대학의 교육의 질이 그만큼 높기 때문일까?

장수명에 따르면 수학능력시험 성적 기준 상위 1~5위 대학 졸업자들

---

70 김유선(2009), 〈한국 노동시장의 임금결정요인〉, 《산업관계연구》 제19권 2호.

의 월평균 임금은 232만 원으로, 6~10위 대학 졸업자(177만 원)보다 훨씬 많았다. 반면 11~30위 대학 졸업자는 173만 원으로 나타나, 최상위권 대학들만 매우 높은 '졸업장 프리미엄'을 누리고 있음을 알 수 있다. 교육 투자에 대한 선별이론screening theory에 따르면, 노동자들은 노동시장에서 고용될 때 능력이 많다는 것을 '보이기 위해' 상급 학교에 진학하고, 사용자 쪽은 상급 학교의 학위를 생산성의 증거로 간주하여 더 높은 임금을 주려고 한다. 이를 '졸업장 프리미엄' 또는 '학위효과sheepskin effect'라고 부른다.(장수명, 2006)

류장수가 중앙고용정보원의 '청년패널조사(2002)'를 분석한 결과를 보면, 300인 이상 사업체에서 첫 일자리를 잡은 대졸자 가운데 지방대생은 12.5퍼센트인 반면, 수도권 대학 졸업생은 21.5퍼센트였다. 대졸 첫 일자리의 월평균 임금은 지방 전문대 88만 원, 수도권 전문대 93만 원, 지방대 100만 원, 수도권 대 122만 원으로 나타났다. 특히 수도권 대학 졸업생과 충청권 대학 졸업생 간에는 첫 일자리 임금수준이 차이가 없고, 이들 지역 졸업생은 영·호남권 대학 졸업생보다 첫 일자리 임금수준이 더 높았다.(류장수, 2005)

만약 이런 임금 차이가 모든 대학에 걸쳐 체계적으로 나타난다면, 교수당 학생 수나 1인당 교육비 등의 교육 여건이 임금격차에 일정한 효과를 미친다고 생각할 수 있다. 그러나 극소수 대학에만 효과가 집중된다는 건 생산성 이외에 다른 요인이 작용하고 있음을 보여 준다. 흥미롭게도 전문대 중퇴자나 4년제 대학 중퇴자는 고졸자보다 조금이라도 더 많은 인적자본을 축적했음에도, 고졸자의 임금수준을 넘지 못하고 있다. 이는 인적자본이 아니라 졸업장 '간판'이 임금을 좌우한다는 사실을 보여 준다.

뚜렷한 학력별 임금격차

사실 '높은 교육 수준이 생산성을 향상시킨다'는 설이 실제로 입증된 적은 거의 없다. '교육 수준이 증가할수록 임금소득도 증가한다'는 사실만 수차례 확인됐을 뿐이다. 교육은 개인의 능력을 보여 주는 '신호' 역할을 할 뿐이다. 사용자들은 사람을 뽑을 때 나이·성별·경력·학력 등 개인적 지표를 확인할 수 있을 뿐, 응시자의 잠재 생산성을 측정하기 힘들기 때문에 교육 간판을 놓고 선별하게 된다. 이때 대학의 명성이나 위치는 일종의 '사회적 자본'이 된다. 개인의 인적자본 외에 집단적 맥락에서 프리미엄을 보장하는 것인데, 이는 학벌주의 관행과 연줄효과가 작용한 결과다. 기업이 생산성 격차 이상의 과도한 임금 프리미엄을 지불하고 있다면 사회적으로 큰 낭비가 된다.

장수명이 한국노동패널(2000) 자료를 분석한 결과는, 잠재적 경력·근속·집안 배경을 통제하더라도 학력별 임금격차가 매우 뚜렷하다는 것을 보여 준다. "1980년 이전에 대학을 입학한 그룹만 볼 때 전문대학의 임금 프리미엄은 매우 높다. 전문대학이 대체로 2년의 교육훈련 과정을 거치고, 또 전문대 졸업자의 평균적인 잠재능력이 4년제 대학 졸업자들보다 낮을 수 있다는 점을 고려하면, 전문대학의 경제적 보수가 4년제 대학의 경제적 보수의 약 3분의 2~4분의 3이라는 것은 매우 놀라운 일이다. 하지만 1981년에서 1995년 사이에 입학한 전문대 졸업자의 임금 프리미엄은 4년제 대학 졸업자의 그것에 비해 3분의 1 이하 수준으로 떨어진다. 젊은 세대에서는 전문대 졸업자의 임금 프리미엄이 일반적으로 크게 떨어진 것이다."(장수명, 2002)

결국 전문대나 4년제 대학 중퇴자가 상대적으로 낮은 임금을 받는 것은 '졸업장 효과' 때문일 가능성이 매우 높다는 것이다. 물론 이러한 졸업장 효과는 고학력을 추구하는 강력한 경제적 동인이 된다.

주목할 만한 것은, 고소득층일수록 소득이 계속 상승하는 확장기가 길고, 반대로 저소득층일수록 소득이 떨어지는 하강기가 길다는 사실이다. 능력이 뛰어난 사람은 나이가 들수록 더 많은 임금을 받는다는 뜻이다. 소득 하위 5퍼센트는 가장 많은 임금소득을 버는 나이가 36세인 반면, 소득 상위 10퍼센트는 최대 근로소득 나이가 56세이다. 근로소득은 부동산·금융자산 등의 형태로 점차 '자산화'되어 자산소득 격차로 이어지며, 이에 따라 노동 생애 동안의 소득 격차는 더 확대된다.(한준·한신갑, 2006)

교육투자 수익률은 남녀 간에도 큰 차이를 보인다. 한성신·조인숙(2007)에 따르면, 남성 노동자들은 1년 더 교육을 받았을 때 그렇지 않은 노동자에 비해 약 4.9퍼센트 높은 임금을 받는 것으로 추정됐다. 반면, 여성은 대학 교육투자 수익률이 3.1퍼센트인데, '대졸' 여성 노동자는 약 15퍼센트의 추가적인 임금 프리미엄을 누리는 것으로 추정되었다. 여성의 교육투자 수익률이, 상대적으로 교육 수준이 높은 여성에게는 높게, 교육 수준이 낮은 여성에게는 낮게 추정된 것이다. 이런 연구결과가 나타난 이유는 무엇보다 여성들이 저임금 비정규직에 집중되고 있고, 또 고졸 여성일수록 단순 서비스 직종에 몰려 평균임금이 낮기 때문으로 보인다.

노동계약의 특수성

이렇듯 임금수준이 생산성을 정확히 반영하지 못함에 따라, 생산성 향상을 유도하고자 다양한 임금 설계가 이루어졌다. 전통적인 연공서열 임금은 개인과 가족의 노동력 재생산을 보장하는 '사회적 임금'의 형태를 띠고 있었다. 연공임금은 입사 초기에 자신의 생산성보다 낮은 임금을 받고 일하다가 생산성이 떨어지는 중·장년기에는 생산성보다 더 높은 임금을 받는 것으로, 젊은 시절에 받아야 할 정당한 임금을 뒷날에 받는 시스템이다. 따라서 정년을 채우지 못하고 강제퇴직 당하거나 도중에 연봉제로 바뀌면 젊은 시절에 받아야 할 임금을 기업에게 빼앗기는 꼴이 된다.

한편, 성과급제는 매우 제한된 조건에서만 유인의 최적 형태로 작동할 뿐이다. "(성과주의는) 노력과 생산물을 측정하는 데 비용이 들고, 생산물과 노동의 질을 확인하기 어려우며, 노력과 생산물 사이에 확률적 요인들이 작용하기 때문에 생산물이 노력 수준에 대한 정확한 지표가 되기 어렵다. 또한 노동자들은 일반적으로 다른 노동자들을 훈련시키고 감독하는 일도 수행하는데, 노동자들이 자신이 보상받는 행동만을 고려하게 되면, (다른 노동자들을 훈련 감독하는 일에 소홀해져서) 결국 노동자들이 이윤 극대화를 위해 행동하게 만드는 데 별 효과가 없다."(스티글리츠, 2003, 121쪽)

이와 달리, '효율임금efficiency wage'은 시장임금보다 더 높은 임금 보상을 주어 노동자들의 노력을 자발적으로 이끌어 내는 동기 부여 방식이다. 효율임금을 받는 노동자는 해고될 경우 잃게 될 기회비용이 크기 때문에 더 열심히 일하게 된다. 그래서 효율임금은 불확실성과 정보 비대칭을 특징으로 하는 노동과 자본 간의 고용계약에서 서로 '선물을 교환하는gift exchange' 체계라고 불린다.(Akerlof, 1982)

흔히 노동계약은 '불완전 계약'으로 불린다. 노동시장에서 거래되는 노동력 '상품'의 특수성 때문에 노동지출을 둘러싼 노동자와 사용자의 계약은 완전할 수 없다. 일반적인 상품의 구입과 달리, 노동자가 얼마나 일을 열심히 할 것인지를 계약을 통해 약속하는 것은 불가능하다. 따라서 이 경우 계약은 임금을 얼마로 할 것인지, 하루에 몇 시간, 주당 몇 시간을 일할 것인지 등 아주 포괄적이고 일반적인 부분만 다룬다. 정작 중요한 구체적인 부분, 곧 노동자가 얼마나 노력을 지출할 것인지는 계약을 통해서 약속되는 것이 아니라 노동현장에서 노동자와 기업가가 맺는, 작업장에서의 '관계'에 의해 결정된다.

"노동의 경우 거래 시점에 그 제품의 품질에 대해 알 수 있는 것은 거의 없다. 현실에서는 그 불확실성을 줄이고자 학력에 대한 정보도 검토하고 그의 이전 경력도 검토할 것이지만, 그런 정보가 그가 얼마나 열심히 일할 것인지에 대해 얼마나 알려 줄 수 있을지 상당히 의심스럽다. 거래 시점에 면접 인터뷰를 할 때 노동력의 소지자가 '몸 바쳐 회사를 위해 일하겠습니다'라고 백 번 다짐한들 진짜 그가 몸을 바칠 것인지, 혹은 바치는 척만 할 것인지를 계약을 하는 당시에는 전혀 알지 못한다. 일단 고용을 한 뒤에도 그가 실제로 얼마나 열심히 일하는지를 알아내는 것은 상당히 힘들다. 이를 알아내려면 별도로 감시자를 고용해서 감독해야 한다. 별도의 감독관을 고용하더라도 이 감독관이 제대로 감독하는지를 확인하려면 감독관을 감독할 감독관을 또 고용해야 할지도 모른다. 더 나아가 그 감독관도 또 감시되어야 하는 악순환이 계속될지 모른다.

　노동계약을 둘러싼 조지 애컬로프George A. Akerlof의 '선물 교환' 이론은, 기업가는 낮은 임금으로 노동자를 고용할 수 있지만 노동자들에게 높은 임금을 '선물'로 지불하고, 노동자는 이에 호혜성의 원리에 따라 높은 노력을 지출하는 것으로 보답한다고 설명한다. 즉, 기업가는 선물이라는 방식을 통해 노동자들의 높은 노동지출을 유도한다. 물론 선물이라는 방식 대신 감시 감독 비용을 높여서 노동지출이 낮은 사람들에게 벌금을 물리고 해고함으로써 높은 노동지출을 유도할 수도 있을 것이다."_(최정규, 260~264쪽)

　사실 효율임금은 생산성 관측이 어렵고 태만을 막는 데 비용이 많이 드는 사무 관리직에만 집중될 뿐, 단순작업을 반복하는 생산직 노동자들에게는 거의 적용되지 않는다.

'중간착취' 늘어나는 고장 난 노동시장

주류 경제학 이론의 가르침에 따르면, 비정규직은 그들이 감수해야 하는 고용 불안 등 열악한 노동조건을 감안하여 정규직보다 더 많은 임금을 '보상적 임금'으로 받아야 한다. 하지만 교과서 이론과는 정반대로 현실에서 비정규직은 '중간착취'까지 당하고 있다. 또한 경제원론 교과서에서는, 최저임금 같은 제도적 개입이 없다면 정해진 시장균형임금 수준에서 (자발적 실업자를 빼고) 노동시장이 '완전고용'에 이르게 된다고 가르치지만 현실은 그렇지 않다. 노동시장은 교과서에서 설명하는 일반적인 상품시장과 달리 다양한 측면의 사회경제적 제도의 맥락 속에서 작동한다. 하청노동자에 대한 중간착취 역시 여러 사회경제적 요인들이 얽히고설키면서 파생된 문제이다.

2008년 5월 현재, 300명 이상 사업장에서 일하는 노동자 168만 명 중 36만 8000명(21.9퍼센트)이 사내 하청 노동자다.[71] 대표적 '간접고용' 형태인 사내 하청 비정규직의 특징은 '중간착취'에 있다. A기업은 월 200만 원 받던 정규직 노동자 김 씨를 내쫓아 비정규직화하고, 쫓겨난 김 씨는 B라는 사내 하청업체로 재입사한다. 이때 원청인 A기업은 B사와 하청노동자 1인당 150만 원에 계약한다. B사가 김 씨에게 주는 돈은 130만 원이다. 정규직 김 씨가 받던 임금 중 70만 원 가운데 20만 원은 B사의 이윤으로, 50만 원은 A기업의 이윤으로

---

71 노동부, 〈300인 이상 사업장의 사내하도급 활용 현황 자료〉(2008년 국정감사 제출자료). 노동부가 전국의 963개 사용(원청) 사업장을 대상으로 조사한 결과이다. 이 자료가 전체 300인 이상 사업체 모두를 조사한 것이 아니며, 또한 300인 이하 중소 규모 사업체에서도 사내하도급을 활용하고 있음을 감안한다면 실제 사업장 내 사내하도급 규모는 이보다 훨씬 더 많을 것임을 알 수 있다. 또한 이들 사내하도급은 해당 원청과 직접 계약한 1차 사내하도급만을 추산하고 있다는 점에서도, 실제 작업장 내 사내하도급 노동자의 규모는 이 보다 더 많을 것이다. (손정순, 〈민간 고용서비스업 및 파견 노동자 실태와 정책적 개선 방향〉, '민간 고용서비스업 및 파견 노동자 실태와 개선과제 마련을 위한 토론회', 2010년 4월 29일)

재분배된 셈이다. A사·B사·김 씨 3자가 맺은 노동관계 속에서 사회적 총 가치(생산)는 전혀 증가하지 않았다. 착취가 증가하고 이윤이 늘어났을 뿐이다. '나쁜 일자리'에 빠져든 김 씨는 거대한 '고용 불안층'이란 저수지로 흡수된다.

이런 상황에서 정규직·공무원·공기업에 취업하려고 창백한 얼굴로 도서관에 웅크려 앉아 있는 수많은 실업자들은 절대 바보가 아니다. 비록 도서관에서 거대한 사회적 낭비가 발생하고 있지만, 이 취업준비생들은 노동시장의 작동원리를 누구보다 잘 간파한 합리적 경제인이다.

이런 왜곡된 시장구조에서 정리해고를 컨설팅해 주거나 하청노동자를 공급하는 또 다른 중간착취자들이 거대한 규모로 형성되고 있다. 10명을 정리해고하면 살아남은 사람들의 노동강도는 더욱 높아진다. 정리해고로 임금비용이 줄어들고, 노동강도 강화로 생산성은 높아진다. 해고된 10명이 받던 임금 중 일부는 이들 컨설팅회사와 하청·용역업체 관리자들의 소득으로 흘러들어 가고, 그 나머지는 원청업체가 이윤으로 수취한다.

대규모 정리해고를 단행하면 단기적으로 기업의 주가도 오른다. 일자리 창출을 명분으로 내건 법인세 감면 역시 주가를 올리는 힘으로 작용한다. 세후 순이익이 늘어나기 때문이다. 하지만 법인세를 아무리 깎아 줘도 일자리는 늘지 않는다. 수출 대기업이 국내 고용에 전혀 기여하지 못한다는 사실은 이미 분명해졌다. 정부는 대안으로 중소기업의 고용 창출을 도모하고자 중소기업 설비투자 정책자금을 대거 풀고 있으나, 그 또한 전망이 밝지 않다. 포클레인 10대를 20대로 늘리는 투자라면 10명의 일자리가 만들어질 테지만, 안타깝게도 이런 유형의 투자는 미미한 수준이다. 대기업도 마찬가지지만 중소기업일수록 노동자의 손·발·머리를 절감할 수 있는 자동화 기술투자에 집중한다. 국가의 지원이 자동화 투자에 사용됨으로써, 오히려 기존 일자리마저 축출하고 있는 셈이다. 노동시장은 철저하게 고장 나 있다.

건강 불평등과
보상적 임금

정규직과 비정규직의 직무 스트레스

평균 기대수명이 90세에 육박하는 시대다. 《이코노미스트》 기자 그레그 입은 "공장에서 유해한 공기를 마신 사람들은 55세를 훨씬 넘어서까지 일할 수 없었을 것이고, 그렇게 하길 원하는 사람도 적었다. 그러나 오늘날 사람들은 가르치거나 상담을 하며 돈을 번다. 힘들여 논밭을 갈거나 석탄을 캐지 않는다. 그런 까닭에 더 오래 건강을 유지할 수 있다. 많은 사람들이 더 오래 일을 할 수 있게 되었을 뿐 아니라 그렇게 하기를 원한다"고 말했다.(입, 90쪽)

1987년 노동자대투쟁 이후 20년, 그동안 사업장마다 민주노조가 결성되고 노동조합의 기본권이 보장되었다. 하지만 '죽지 않고, 다치지 않고, 병들지 않고' 건강하게 일할 노동건강권은 보장되고 있는 것일까? 일상화된 구조조정과 고용 불안, 성과주의의 확산, 장시간 노동, 작업 속도 증가 속에서 노동강도는 강화되고 한국 노동자들의 몸과 삶은 완전히 지쳐 가고 있다. '일자리가 있다는 것에 감사하며 죽지 않을 정도면 참고 일하라'는 분위기 속에서, 노동자들은 죽음의 그림자가 드리우는 것을 제대로 깨닫지 못하고 있다. 극도의 스트레스가 오래 지속되면, 오히려 스트레스 상황에 잘 적응한 것으로 착각하게 되어 더욱 위험하다. 언제 잘릴지 모르는 불안 속에서 잔업·특근이 증가하고 있고, 노동자들은 장시간·고강도 노동을 스스로 받아들이고 있다.

이른바 '생존자증후군survivor syndrome'은 실업을 걱정하는 사람이 실제로 실업을 당한 사람보다 더 많은 스트레스를 받는다고 설명한다.(Brockner, 1988) 회사는 인원 감축을 통해 노동강도를 강화하고, 노동자들이 별 문제 없이 이를 견뎌 내면 또 한 번 옥죄는 방식으로 생산물량 증대를 꾀한다. 노동자 간의 경쟁 격화로 터놓고 이야기할 직장 동료도 점점 줄어든다. 인력이 부족하니 동료의 결근이 탐탁지 않고 원망스럽다. 일이 힘들수록 동료들과의 비공식적 협동이 더 필요한데, 회사의 노동규율 강화 못지않게 직장 동료들에 의한 스트레스 압력이 커지는 형국이다.

2005년 한림대 의대 조정진 교수가 국내 329개 사업장 노동자 8522명을 대상으로 직무 스트레스를 연구한 결과, 우울증 유병률은 정규직이 15.7퍼센트로 가장 낮고, 계약직이 16.3퍼센트, 일용직이 22.7퍼센트로 가장 높았다. 또한 노동건강연구회가 1998년 국내 12개 사업장의 산업재해 실태를 조사한 결과, 원청 정규직의 재해 천인율(1000명당 재해율)은 7.4인 반면, 하청 노동자의 재해 천인율은 17.0으로 비정규 노동자가 훨씬 더 높은 것으로 나타났다.

이러한 연구 사례는 이른바 '건강 불평등', 즉 비정규 노동자일수록 스트레스가 더 높고 건강 수준이 낮다는 것을 확인해 준다. 노동자의 종사상 지위가 사회경제적 불평등은 물론 직무 스트레스 불평등도 낳는 것이다. 왜 그럴까? 비정규직은 계약을 지속시켜야 한다는 압박감이 크고, 저임금으로 인해 소득을 벌충하려고 더 많은 시간을 일해야 할 뿐 아니라, 위험하고 해로운 작업환경에서 일하는 것을 감내해야 하기 때문이다. 게다가 건강 수준의 불평등은 아동기, 청소년기, 성인기의 전 생애에 걸쳐 영향을 미치면서 사망 불평등으로까지 연결된다.

정규직과 비정규직이 받는 직무 스트레스는 얼마나 차이가 있을까? 2003년 연세대 의대 고상백 교수팀이 조선 업종 근로자 1713명(정규직 681명, 비정규직 1032명)을 대상으로 조사한 '비정규직의 직업적 특성과 사회·심리적 스트레스' 보고서는 비정규직의 고통을 극명하게 보여 준다. 이 조사에서 스트레스를 유발하는 가장 큰 원인은 '직업 불안정성'으로 나타났다. 직장을 잃을지 모른다는 불안이 스트레스를 부르는 주범이라는 것으로, 곧 비정규직의 스트레스 강도와 경험이 훨씬 높다는 얘기다. 특히 고高긴장 집단이 비정규직은 293명(33.5퍼센트), 정규직은 52명(9.1퍼센트)으로 나타나 비정규직의 긴장도가 훨씬 높다는 걸 알 수 있다. 직업 불안정성에 뒤이어 스트레스를 유발하는 요인으로는 '실업 및 이직 경험'이 꼽혔다. 마찬가지로 실직과 이직을 반복적으로 경험하는 비정규직일수록 스트레스에 더 노출될 수밖에 없다. 직무 요구도와 직무 자율성보다 직업 불안정이 더 높은 스트레스 요인으로 나타난 것이 눈에 띄는 특징이다.[72]

흥미로운 건 아동 시절 부모의 사회경제적 위치가 성인이 됐을 때의 건강 수준에 밀접한 영향을 미친다는 점이다. 김학주(2007)가 한국노동패널(1998~2005) 자료를 분석한 결과에 따르면,[73] 유년기의 사회경제적 차이가 성인기까지 이어지며 건강 위험 요인에 노출되는 정도에 영향을 미쳐 질병을 발생시킨다. 부모가 정규직인 경우 자녀가 청·장년기에 건강하지 않을 확률이 8.8퍼센트인 반면, 부모가 비정규직이면 15.1퍼센트로 훨씬 높게 나타났고, 부모가 무직 또는 가정주부일 경우 자녀가 청·장년기에 건강하지 않을 확률은 28.7퍼센트로 나타났다.

또 부모가 정규직일 때 자녀가 청·장년기에 암이 발병할 확률은 0.2퍼센트인 반면, 비정규직일 때는 1.6퍼센트로 훨씬 높았다. 부모가 정규직일 때 자녀가 성인이 되어 위염·위궤양·십이지장궤양에 걸릴 확률은 3.6퍼센트인 반면, 비정규직일 때는 5.4퍼센트였다. 즉, 부모의 종사상 지위가 낮을수록 암·위염·만성중이염 등으로 자녀가 고통 받을 가능성이 큰 것이다.

부모의 종사상 지위가 자녀의 사회경제적 지위에 미치는 영향은 부모가 정규직일 때는 플러스(+)로, 비정규직일 때는 마이너스(−) 방향으로 함께 움직이는 양상을 보인다. 특히 부모가 정규직일 때 자녀가 청·장년기에 흡연할 확률은 28.3퍼센트인 반면, 비정규직일 때는 37.1퍼센트로 더 높았다. 부모의 지위가 정규직일 때 자녀가 청·장년기에 정규직인 비율은 40.8퍼센트이고 비정규직인 비율은 6.0퍼센트인 반면, 부모가 비정규직일 때 자녀가 정규직인 비율은 37.1퍼센트이고 비정규직

---

72 이 조사에서 직무 요구도(일에 대한 부담과 작업량)가 높은 집단은 정규직 55퍼센트·비정규직 62.9퍼센트, '직무 자율성'이 낮은 집단은 정규직 23.9퍼센트·비정규직 52.1퍼센트로 나타나 비정규직이 일에 대한 부담은 크고 업무권한은 훨씬 적다는 걸 알 수 있다. '사회적 지지'(동료와 상사의 지원)가 낮은 집단은 비정규직 63.2퍼센트·정규직 41.2퍼센트로 비정규직일수록 지지 역시 훨씬 적게 받는 것으로 조사됐다. '직무 불안정'이 높은 이들은 비정규직 81.5퍼센트, 정규직 5.3퍼센트로 비정규직일수록 극도의 고용 불안에 시달리고 있었다. 특히 직무 요구도는 높고 직무 자율성은 낮은 '고긴장 집단' 중에서 사회적 지지도가 낮은 집단(고립된 고긴장 그룹)은 정규직 42명(6.9퍼센트), 비정규직 152명(16.1퍼센트)으로 나타났다.

73 김학주(2007), 〈아동기 사회경제적 위치가 청·장년기 건강에 미치는 영향〉, 제8회 한국노동패널학술대회, 한국노동연구원.

인 비율은 13.1퍼센트로 나타났다. 즉, 부모가 비정규직이면 자녀도 비정규직이 될 가능성이, 부모가 정규직이면 자녀가 비정규직이 될 가능성보다 2배 이상 높은 것이다.

보상적 임금격차

이러한 건강 불평등을 고려할 때 비정규직에게는 정규직보다 더 높은 임금, 곧 보상적 임금을 지급하는 것이 마땅하다. 《국부론》에 따르면, 1800년대 런던에서 벽돌공과 석공mason의 보수는 보통 일꾼보다 50퍼센트 내지 2배가량 높았다. 보통 일꾼이 주당 4~5실링을 번다면 벽돌 석공은 7~8실링을 벌었다. 애덤 스미스는 훗날 '보상적 임금격차compensating wage differentials'라고 이름 붙여진 임금 불균등을 설명하면서 "푸줏간에서 하는 일은 잔혹하고 불쾌하기 때문에 대부분의 나라에서 일반 직업보다 수익이 많다. 모든 직업 중 가장 불쾌한 사형집행인은 작업량에 비해 어떤 직업보다 많은 보수를 받는다"(스미스, 2003, 119쪽)고 말했다. 애덤 스미스는 취업의 안정성에 따라 임금 차이가 발생한다고 말한다. 벽돌공과 석공이 높은 임금을 받는 것은 숙련에 대한 보상이라기보다는 취업 불안정성에 대한 보상이라는 것이다. "상이한 직업의 노동임금은 취업의 안정성과 불안정성에 따라 다르다. 벽돌공과 석공은 매우 추운 날이나 날씨가 안 좋은 날에는 일할 수 없으며, 그들의 취업은 언제나 고객의 우연한 주문에 달려 있어서, 일하지 않는 날이 자주 있다. 그러므로 그들이 취업 시에 버는 것으로 놀 때의 생활을 유지할 수 있어야 할 뿐만 아니라, 이처럼 불확실한 상태가 때때로 야기하는 불안과 초조에 대해 일정하게 보상해야 할 것이다. …… 이러한 취업의 불안정성이 작업의 어려움·불쾌함·더러움과 결합되는 경우에는, 가장 평범한 노동의 임금이 가장 숙련된 수공인의 임금보다 높아지는 경우가 가끔 있다.”(스미스, 2003, 121~123쪽)

애덤 스미스가 살아 있다면 정규직 임금의 절반에 불과한 한국의 비정규직 임금 현실에 개탄하거나 노여워하면서, “비정규직은 고용의 불안정성을 감안해 그 보상으로서 정규직보다 더 높은 임금을 받아야 한다”고 말했을 것이다.[74] 고통스럽고 유쾌하지 못한 직무와 취업 불안정이 야기하는 불안·초조에 대해 일정한 ‘보상 임금’(예컨대 위험수당)을 추가로 지급해야 하며, 반대로 정규직은 그들이 누리는 편안함과 쾌적함·고용 안정성 등을 반영하여 시장임금 수준이 더 낮아져야 마땅하다는 것이다. 존 갤브레이스John Kenneth Galbraith 는 1964년에 “세상에서 가장 불행한 사람은 같은 일을 끊임없이 반복해야 하는 사람이다. 이런 사람들은 적게 일하면서 더 많은 임금을 받아야 한다”고 말했다.

주류 노동경제학 교과서는, 스미스의 보상적 임금격차 개념을 확장하여, 산업재해를 줄이기 위한 산업안전 투자와 연결시켜 다음과 같이 설명한다. 보상적 임금격차가 존재할 경우, 열악한 노동조건과 산재 위험을 피하려는 노동자도 있고, 반대로 좀 더 높은 임금을 받는 대신 열악한 노동조건과 재해 위험을 감내하려는 노동자도 있을 것이다. 산재 위험을 기피하는 노동자를 산재 위험이 있는 작업장에 참여시키려면 그

---

74 애덤 스미스는 불쾌함과 불명예는 노동의 가격(임금)에 미치는 것과 똑같은 영향을 자본의 가격(이윤)에도 미친다고 말한다. “여관과 술집 경영자는 취객의 폭행을 직면했을 때 제대로 주인 행세를 할 수 없으며, 따라서 여관과 술집은 유쾌하거나 명예로운 사업이 못 된다. 그러나 소규모 자본으로 그처럼 큰 이윤을 낳는 일반 직종은 거의 없다.”(스미스, 2003, 119쪽)

에 따른 최소한의 보상 임금을 주어야 한다. 산재 위험이 높아질수록 노동자의 보상 요구를 충족시키기 위한 임금도 높아지므로, 기업은 '이윤 극대화를 위해' 산업안전에 투자할 것이다. 즉, 산업안전 시설을 설치하거나 산업안전 지도요원을 고용하고 노동자들을 대상으로 산업안전 강의와 교육을 실시하는 것이다.

물론 산업안전 투자를 하지 않고, 위험 수준을 반영한 높은 임금을 줄 수도 있다. 요컨대 완전경쟁 시장에서 이윤극대화를 추구하는 기업과 효용극대화를 추구하는 노동자는, '낮은 산재 위험-낮은 임금'과 '높은 산재위험-높은 임금' 중에서 선택해야 하는 상황을 맞게 된다는 것이다. 그러나 이는 순전히 이론적 설명일 뿐이다. 과연 우리나라에서 위험을 감내하고 그 대가로 더 높은 보상 임금을 받고 있는 노동자가 몇 명이나 될까? 오히려 '낮은 산재 위험-높은 임금', '높은 산재 위험-낮은 임금'이 보편적인 상황이 아닌가.

보상 임금과 관련해 흥미로운 개념이 '생명의 통계적 가치'다. 해마다 종업원 1000명 가운데 1명이 사망하는 사업장이 있고, 이곳에서 노동자들이 산업재해 위험을 견디는 대신 요구하는 보상 임금(이른바 '헤도닉 임금^{hedonic wage}' [75])이 1명당 5000달러라고 하자. 이는 곧 1년에 한 사람의 노동자를 살리려면 500만 달러(5000달러×1000명)를 포기해야 한다는 의미이며, 따라서 이 사업장에서 노동자 1명의 '생명의 통계적 가치'

---

75 1974년 시카고대학의 로젠Sherwin Rosen 교수가 처음 사용한 개념으로, 고통스럽고 불유쾌한 직무에 대해 노동자의 직무특성에 대한 보상 요구를 반영한 시장임금 수준, 혹은 편하고 쾌적한 직무에 대해서는 노동자가 누리는 직무특성에 대한 대가 지불을 반영한 시장임금 수준을 뜻한다.

는 500만 달러로 평가된다. 우리나라에서 '생명의 통계적 가치'는 1985 ~1989년 연평균 5억 4000만 원(당시 환율로 연평균 74만 달러)으로 추정된 반면, 1990년대 미국 노동자 1명의 '생명의 통계적 가치'는 약 1100만 달러로 추정되었다. 비교 시점은 다르지만, 한국과 미국 노동자의 생명의 통계적 가치가 이렇게 엄청난 차이를 보이는 것은 산업재해 사망률의 큰 차이(한국이 미국의 8배)에서 비롯된다.(조우현, 184쪽)

한편, 보상적 임금격차 개념은 애초에 직업과 직종 간 (차별적) 임금격차를 해명하기 위한 이론이었지만, 정반대로 인적자본 투자에 대한 학력별·숙련별 (정당한) 임금격차가 왜 발생하는지를 해명하는 데도 활용된다. 교육훈련을 '투자'해 인적 '자본'을 형성한다고 보는 경제학의 관점에서는, 특별한 숙련과 기술을 익히려고 많은 노동과 시간을 투입한 사람은 값비싼 기계처럼 팔린다고 본다. 남들보다 더 많은 시간과 돈(비용)을 투입한 교육훈련비 전체를, 취업 이후 평생의 노동 생애 동안 '보통 임금'을 초과하는 더 높은 임금(수익)으로 보상받는다는 것이다. 이 이론에 따르면 학력 수준에 따른 임금격차도 보상적 임금격차 개념으로 정당화된다.[76] 즉, 자신의 학력 수준을 높이는 데 투입한 비용과 수고에 대한 보상으로 고학력자에게 높은 임금을 주는 것이며, 이럴 경우 모든 직업에 걸쳐 대졸이든 고졸이든, 어떤 학력 수준에서든 그 '순이익'

---

76 여기서 좀 더 많은 교육을 요구하는 직무, 예컨대 의사는 오랜 교육 기간 동안 금전적·시간적 비용을 지출한 데 대해 보상해 주는 것이 당연하다는 논리가 성립한다. 즉, 대학 교수가 대학 수위보다 높은 임금을 받는 것은 사실이지만, 양자 사이의 교육·훈련 차이를 감안하면 두 직업 사이의 순소득은 균등하다는 주장이 나올 수 있다. 반면, 노동가치설에 따르면 교수나 정문 수위나 하루 8시간 노동을 투입했다면 그 사회적 가치는 동등한데, 다만 시장 '교환과정'에서 불균등한 배분에 의해 수위의 임금 중 일부가 교수의 임금으로 이전되고 있다고 설명한다.

은 동등한 것이 된다. 직업의 금전적 및 비금전적 이익(및 불이익)을 모두 합친 순이익은 대학 졸업 후 취업자나 고교 졸업 후 취업자나 균등화된다는 것이다. 그러나 이 역시 이론적 설명에 불과할 뿐이란 것은 현실에서의 엄청난 학력 간 임금격차가 극명하게 보여 준다.

한국 직장인 스트레스 1위

무한 시장경쟁과 미래에 대한 불안, 특히 고용 불안의 스트레스가 독버섯처럼 자라면서 노동자들을 갉아먹고 있다. 세계 최장 노동시간 속에서 한국 직장인들은 얼마나 심한 스트레스에 시달리고 있을까? 급격한 구조조정과 성과급제 등 경쟁체제 도입, 감원 공포 등 고용 불안의 일상화, 인력 감축으로 인한 노동강도 강화, '가상 족쇄'로 불리는 컴퓨터·휴대전화 등으로 업무 시간과 비업무 시간의 혼재 등이 직장인 스트레스 증가의 원인으로 꼽힌다.

《파이스턴 이코노믹 리뷰》가 1996년 아시아 10개국 직장인들의 스트레스를 조사한 결과 한국 1위, 홍콩 2위, 대만 3위로 나타났다. 삼성경제연구소는 "한국은 퇴근 후 가족과 함께 보내면서 스트레스를 푸는 것이 아니라, 오히려 퇴근 후에 실질적인 비즈니스 문화가 이뤄져 스트레스를 받는 절대시간이 연장되는 사회"라며, "한국의 40대 남성 사망률이 세계 최고인데다 남성 수명이 여성보다 8년 정도 짧아 경제협력개발기구(OECD) 국가 중 가장 큰 격차를 보이는 것도 고高스트레스형 사회구조를 보여 준다"고 지적했다.[77]

우리나라 직장인들의 직무 스트레스 실태를 체계적이고 지속적으로 조사한 연구는 아직 없다. 그러나 업무상 질병 가운데 대표적인 직무 스트레스 관련 질환으로 알려진 '뇌심혈관계 질환'을 통해 간접적으로 엿볼 수 있다.[78] (고용)노동부의 《노동백서》(2001~2011)에 따르면, 작업 관련성 뇌심혈관계 질환자는 2000년 1950명에서 2003년 2358명, 2005년 1834명, 2008년 1207명, 2010년 638명이 발생했다. 뇌심혈관계 질환으로 인한 사망자도 1998년 236명에서 2000년 658명, 2003년 820명, 2005년 608명, 2008년 482명, 2010년 354명에 이른다. 산업재해가 진폐증이나 중금속 중독 등 '직업병'에서 스트레스 등에 의한 '작업 관련성 질환'으로 빠르게 바뀌고 있는 것이다. 이미 2007년 한국타이어에서 약 1년 동안 20여 명이 심혈관계 질환 등으로 사망하면서 작업환경과 돌연사가 사회적 문제로 대두된 바 있다.

2001년 연세대 의대 장세진 교수 팀이 전국의 공단 밀집 지역에 위치한 총 245개 업체 종사자 6977명을 대상으로 조사한 결과를 보자.[79] 전체적으로 건강군이 331명(5퍼센트), 잠재적 스트레스군이 4541명(73퍼센트), 고위험 스트레스군이 1346명(22퍼센트)으로 나타났다. 또 직무 요구도가 높고 직무 자율성이 낮을수록 더 높은 스트레스를 경험하는 것으로 조사됐다. 스트레스 고위험군은 장기화될 경우 심혈관계 질환, 무기

---

77 박희정(1997), 〈스트레스로 인한 사회변화 트렌드〉, 삼성경제연구소.

78 열을 받으면 심장이 두근거리고, 이것이 지속되면 심혈관계 기능이 나빠져 심근경색이 오는 등 심혈관 기능이 스트레스에 가장 예민하게 반응하며, 스트레스가 많은 업무일수록 심혈관계 질환 발병률이 높은 것으로 알려졌다.

79 직무 스트레스를 △직무 요구도(직무의 객관적 또는 심리적 압박감이나 부담, 일의 과부하 등) △직무 자율성(노동자가 지닌 업무 관련 정책 결정 권한이나 재량권) △직무 불안정(회사가 도산하거나 일자리를 잃을 가능성)으로 나눠 측정했다. 조사 대상자는 사원이 59퍼센트, 대리·계장·주임과 과장·팀장·차·부·실장 등 중간관리자가 각각 15퍼센트, 고위관리자가 3퍼센트를 차지했으며, 고용 형태별로는 정규직 93퍼센트, 비교대 근무자가 82퍼센트였다.

력중과 직장 충성도가 떨어지는 이른바 '탈진burn-out' 경험, 나아가 과로사로 진행될 위험성이 있다.

물론 똑같은 일을 하더라도 어떤 사람은 스트레스를 덜 받고, 다른 사람은 더 받을 수도 있다. 또한 미국에서는 스트레스로 받아들이지 않는 것이 한국에서는 스트레스가 될 수 있고, 일본에서는 대수롭지 않게 생각하는 것을 한국에서는 예민하게 받아들일 수도 있다. 그렇다 해도 기업들이 '스트레스는 스스로 알아서 해결해야 한다'거나 '경제도 나쁜데 직장이 있다는 것만으로도 운이 좋은 것 아니냐'는 반응을 보이는 것은 문제가 있다. 과도한 스트레스가 생산성을 떨어뜨린다는 점에서, 기업 경쟁력 강화 차원에서도 스트레스에 대한 대처가 필요하다. 노동자 혼자 스트레스를 감당하도록 놔둘 것이 아니라 제도적으로 또는 노사 간 단체교섭을 통해 스트레스를 줄이는 방안을 찾아야 한다.

서구의 많은 기업들은 정기적인 그룹 면담이나 설문조사를 통해 종업원들의 스트레스 수준을 파악하고 있으며, 막대한 예산을 들여 사업장 내에서 직무 스트레스를 효과적으로 관리하기 위한 프로그램을 시행하고 있다. 직무 스트레스가 생산성을 떨어뜨리는 주범이라는 인식 아래, 국가와 기업이 함께 나서서 노동자 지원프로그램(EAP)Employee Assistance Program을 적극 도입해 스트레스를 관리하고 있는 것이다. 예컨대 컴퓨터 정보기술 업체인 휴렛패커드는 정기적으로 '종업원 우울증 진단Employee Depression Assessment'을 실시하여 업무 스트레스로 인한 직원들의 심리적 문제를 파악하고, 별도의 상담 팀을 정규 조직으로 편성해 운영함으로써 우울증 예방과 치료에 적극적으로 대처하고 있다.

제4부

노동, 자본 그리고 사회경제

"우리 시대에 있어 노동은 우리의 개인적, 그리고 집단적 삶
의 형식과 내용을 규정하는 가장 핵심적인 문제로 우리 앞에
나타난다."

– 최장집

자본 : 분할지배와 은폐¹

자본 : 분할지배와 은폐

자본의 지배

노동의 세기에서 자본의 시대로

지난 20세기가 '노동의 세기'였다면, 21세기는 자본의 시대다. 자본은 1980년대 이래 이윤율이 경향적으로 하락하면서 이를 돌파하기 위해 노동에 대한 공세를 펴고 있다. 노동 비용을 줄여 경쟁력을 회복하려는 것이다. 이제는 '시장'이 곧 과학이다. '만물의 상품화'를 통해 시장을 전 지구적으로 확대하면서 자본을 축적하는 과정은, 전 지구적 수준에서 분배 양극화를 초래하고 있다. 자본은 구조조정을 통해 일부 노동자들을 체제 내부로 포섭하는 한편, 또 다른 노동자들을 비정규직화 · 외주화하고 있다.

박준식은 1987년 이후 10여 년에 걸친 노동과의 투쟁 과정에서 한국의 자본가들은 노동정치labor politics의 내용을 정의하고 이를 주도하며 변화의 방향을 결정하는 가장 강력한 행위자로 등장했다고 주장했다. 국가의 역할이 퇴조하고 사용자들이 변화의 새로운 주도세력으로 등장한 것이야말로, 1987년 이후 한국의 노동정치에서 주목해야 할 가장 큰 변

화라는 것이다._(박준식, 1997, 193쪽)

경제가 지속적으로 팽창하고 이윤과 수익성이 확보될 때는 모든 사람이 물질적 이익을 함께 누릴 수 있지만, 수익성이 악화되고 경쟁이 치열해지면 착취와 희생이 따르고, 노동과 자본의 타협은 지속되기 어렵다. 이제 케인스주의적 계급 타협에 기초한 상대적 완전고용·최소한의 생활수준 보장·파트너로서의 노동조합 인정·생산성 동맹·'고생산성-고임금'의 타협·임금과 고용의 정치적 맞교환은 사라지고, 오직 노동의 일방적인 양보만 강요되고 있다.

지속적인 수익성 하락에 직면한 자본은, 노동의 가장 기본적인 불만조차 수용할 수 없는 상황에 처해 있다. 노동의 불만과 파업을 포용하지 못한 채, 오직 비용 삭감 경쟁을 통해 '인건비 따먹기'에만 몰두하고 있는 것이다. 조반니 아리기_{Giovanni Arrighi}는 "최근의 노동운동은 예전의 노동운동이 품었던 불만보다 훨씬 더 기본적인 불만을 품고 있는데, 자본은 그러한 가장 기본적인 불만조차 수용할 수 없을 만큼 역량이 제한되어 있다."고 말했다._(블랙번 외, 130쪽) 자본은 그동안 조직노동이 획득한 권리와 보호장치들을 해체시키는 것으로만 이윤을 얻을 수 있다고 믿는다.

자본은 그 전 생애에 걸쳐 끊임없이 운동해야 하는 숙명을 안고 있다. '자본의 생애'를 모르면 '노동의 생애'를 제대로 파악할 수 없다. 비정규직도 자본의 탐욕이 만들어 낸 고용 형태다. "자본은 소란과 분쟁을 피하는 겁쟁이라고 한다. 이것은 진리지만 결코 완전한 진리는 아니다. 상당한 이윤만 있다면 자본은 과감해진다. 10퍼센트의 이윤이 보장되면 자본은 장소를 가리지 않고 투자한다. 20퍼센트라면 자본은 활기를 띠며, 50퍼센트라면 대담무쌍해지고, 100퍼센트라면 인간의 법을 모두 유린할 준비가 되어 있으며, 300퍼센트라면 단두대의 위험을 무릅쓰고라도 범하지 않을 범죄가 없다. 만약 소란과 분쟁이 이윤을 가져다준다면 자본은 그 어느 것이라도 고무·사주할 것이다. 그 증거가 밀수와 노예무역이다."(더닝;마르크스,《자본론》(1권, 하), 956쪽) 멈춰 있는 건 자본이 아니다. 어떤 의미에서 자본가는 자본의 '인격적 화신'에 불과하다. 노동 생애는 자본의 생애에 빨려 들어간 채 순환하고 있다.

자본은 국가에 더 많은 특혜를 요구하면서 수익성을 유지하려고 한다. 노동자에게 투자하여 생산성을 향상하려는 노력은 뒷전이다. 실질임금 동결을 통한 노동자들의 희생과 수많은 노동자를 내쫓는 구조조정으로 이윤율을 회복한다. 고용돼 있는 노동력의 상당수, 곧 직업을 가지고 있음에도 불구하고 실업예비군이나 다름없는 거대한 '고용예비군surplus army of employed'(브레너, 2002, 287쪽)이 실업과 마찬가지로 임금에 강력한 하방 압력을 부과하고 있다. 거대한 비중을 차지하는 이 각종 저임금 노동자들은 급여가 좀 더 높은 직종의 노동자들의 협상 지위까지 지속적으로 약화시킨다.

조직노동의 압력으로 임금이 성장하고, 이에 따라 이윤과 수익성에서 자본이 압박을 받고 있는 것이 아니다. 오히려 반대로 유례없는 임금 억제 속에서 시간당 실질임금이 계속 정체되고 있다. 즉, 경제 침체는 자본의 경쟁력이 쇠퇴했기 때문이지, 조직노동이 자본의 수익성에 압력을 가했기 때문이 아니다. 우리 시대의 임금은 노동과 자본의 상호작용이 아니라 전적으로 자본의 통제력 안에 있다. 자본은 도급·하청 등을 통해 임금비용을 통제하는 능력을 갖고 있으며, 노동은 매우 저렴하고 낮은 임금을 저항 없이 수용하고 있는 형국이다.

'경영자 자본주의'의 도래

브레너에 따르면, 1980년대의 불황은 과잉 투자된 자본의 불충분한 퇴출 및 자본 구조조정 실패에서 비롯되었다. 이런 상황에서 자본은 임금동결을 통해 수익성을 결정적으로 개선하고 다운사이징을 단행했는데, 이때 수익성 개선은 노동강도 강화라는 '겉으로는 잘 드러나지 않는 노동 투입 증대'를 통한 노동생산성 성장에 의한 것이었다. 미국에서 1979~1995년에 소득 하위 40퍼센트인 노동력의 연평균 실질임금은 −12퍼센트, 소득 하위 60퍼센트의 실질임금은 −9.8퍼센트나 대폭 감소했다. 그리고 1978~1995년에 미국의 상위 100대 기업들은 노동력의 22퍼센트 이상을 해고했다.(브레너, 2001, 362·369쪽)

1990년대 '경영의 신'으로 불리며 전 세계 수많은 경영자들을 매혹시킨 제너럴일렉트릭(GE) 회장 잭 웰치 경영 교본의 핵심은 인사평가에서 하위 10퍼센트를 솎아내 조직을 슬림화하는 것이었다. 엄격한 인사평가를 거쳐 A등급에게는 인센티브를 주고, C급의 하위 10퍼센트는 퇴출시킨다. "GE의 CEO 잭 웰치의 탐욕을 만족시키기 위해, 그 돈이 훨씬 더 절실하게 필요한 수백 명의 GE 노동자들이 해고되었다. 그들의 삶은 황폐해졌다."(이스터브룩, 312쪽) 잭 웰치가 CEO로 취임한 1981년 이래 GE가 기업들의 다운사이징 붐을 일으킨 것은 우연의 일치가 아닐 것이다.[1](Lazonick & O 'Sullivan, 2000)

한국의 경영자들도 수백, 수천 명의 노동자를 길거리로 내몰았다. 이

---

1 경제학계에서는 CEO 연봉 급등 현상을, 유명 음악가와 스포츠 선수들이 거대한 수입을 얻는 논리, 곧 토너먼트 시스템으로 운영되는 경기에서 승자가 모든 것을 갖는 '토너먼트식 급료 체계Tournament−Payment'로 설명한다.

른바 '경영자 자본주의'가 한국에도 도래한 것이다. 마르크스는 "우리들의 산업제도의 혼은 산업자본가가 아니라 산업경영인이라고 이미 앤드류 유어Andrew Ure가 말한 바 있다. 자본주의적 생산 그것은 감독 노동을 자본 소유로부터 완전히 분리시켜 언제나 이용 가능하도록 만들었다. 따라서 감독 노동을 자본가가 수행할 필요는 없게 되었다. 지휘자가 그의 오케스트라에서 악기의 소유자일 필요가 전혀 없으며, 또한 악사들의 임금 지불에 관계하는 것도 지휘자로서의 그의 기능에 속하지 않는다."고 말했다.(마르크스, 《자본론》(3권, 상), 469~470쪽)

2007년 봄 이후 주식시장의 초활황세는 역설적이게도 정리해고를 통해 이뤄졌다. 당시 코피스 지수가 2000포인트에 육박한 비이성적 과열은, 수많은 노동자들을 해고하고 구조조정을 단행한 기업들에 의한, 중국 진출로 일자리 공동화를 초래한 기업들이 주도한 호황이었다. 당시 '기업들의 펀더멘털fundamental(기초체력)이 좋아졌다', '한국 기업의 주가를 재평가해야 한다'는 목소리가 높았으나, 그 실상을 들여다보면 정리해고를 통해 기업의 유연성이 커지고 인건비가 싼 중국으로 공장을 이전해서 수익성을 높인 것에 불과했다.

자본주의적 시장생산은 그 어떤 생산자도 자신이 만들어 낸 물건이 시장에서 (교환되는) 상품으로 팔릴 수 있을지에 대한 보장이 없는, 이른바 '생산의 무정부성'이 지배하는 체제다. 무릇 상품은 시장에서 팔려야 그 가치가 실현된다. "자본주의는 어떤 인격이나 제도가 아니다. 그것은 원하거나 선택하는 것이 아니다. 그것은 하나의 생산양식을 통하여 작용하는 논리, 곧 맹목적이고 집요한 축적의 논리다. 상품의 가치는 반드시 실현되어야 하며 상품은 판매되어야만 한다. 그렇지 않으면 축적이 정지되고 위기가 발생할 수도 있다."(보, 173쪽) 로자 룩셈부르크는 자본의 축적 과정에 대해 "'머리끝부터 발끝까지 모든 털구멍에서 피와 오물을 흘리며 이 세상에 나온'[2] 자본의 모습은, 자본의 탄생뿐 아니라 새로운 세계로 전진하는 각 단계마다 나타나는 특징"이라고 했다.

자본이 지배하는 경제는 이제 "노동운동, 노동자 정당, 공공 복지제도들은 이윤과 경제성장을 가로막는 자유시장 경제의 방해자 외에 아무것도 아니다."라고 선언한다. '완전고용'이라는 개념 대신 이른바 '자연스러운 실업률natural rate of unemployment'이라는 독트린까지 등장했다.(홉스봄 외, 2000) 안토니오 네그리는 "노동으로부터 영원히 자신을 분리시키고 해방시켜 노동과의 갈등적인 계급관계에서 벗어나 자율성을 획득하고자 하는 것이 자본의 오래된 꿈"이라고 말했다.(네그리·하트, 1997(I), 49쪽) 정보통신혁명을 활용해 일자리를 줄이고, 정규직을 저임금 비정규직으로 대체하는 것도 이 꿈과 관계가 있지 않을까?

세계화 이후 글로벌 경쟁에 대응하기 위해 경제 영역에서 지배와 종속관계의 봉건성이 강화되어, 중소기업에 대한 대기업의 약탈적 하도급 및 비정규직이 확대되고 있다는 주장도 있다. 비정규직은 노동유연성의 문제가 아니라 자본이 노동을 분할 통치해 교섭력을 낮추려는 것이며, 대기업과 중소기업 사이의 기업 간 거래 관계에서 원-하청 문제 역시 거대 자본의 지배와 관련이 있다는 것이다.[3]

---

2 만약 화폐가 에밀 오지에Emile Augier가 말한 바와 같이, "한쪽 볼에 핏자국을 띠고 이 세상에 나온다"고 하면, 자본은 머리에서 발끝까지 모든 털 구멍에서 피와 오물을 흘리면서 이 세상에 나온다고 말해야 할 것이다.(마르크스, 《자본론》(1권, 하), 956쪽)

경제위기는 노동조합의 사회경제적 기반을 형성하는 가장 중요한 조건이다. 경제위기 이후 사용자들은 더 이상 임금인상으로 노동조합과 노동자들을 유인하지 않는다. '배태성embeddeness'의 개념으로 유명한 사회학자 마크 그라노베터Mark Granovetter는 우리 시대를 '취약한 연합weak association의 시대'라고 불렀다. 노동과 자본의 연합은 사라지고, 자본은 폭력이 아닌 '합법'과 '제도'라는 틀을 적극 활용하고 있다. 파업에 대한 사용자의 가압류·손해배상 청구는 일종의 '재정적 폭력'으로서, 시장과 자본의 독재가 시작되는 조짐으로 해석할 수 있다. 자본은 더 이상 동의와 설득에 기초한 지배를 꾀하지 않는다. 경제위기를 빌미 삼아 타협을 배제하고 현장 통제를 강화하며, 노동조합 자체를 와해시킨다. 이런 사용자의 전방위 공세 속에서 노동은 사회적 고립을 면치 못하고 있다. 가압류·손해배상 청구로 파업권이 위축, 봉쇄당하고 있는 최근의 현실이 이를 말해 준다.

가압류·손해배상 청구라는 '채찍'

노동과정은 곧 생산요소에 대한 통제이므로, 노동과정에서 행위자인 노동자에 대한 통제 및 노동규율이 발생한다. 결국, 어떻게 통제하고 어떻게 통제를 유지시킬 것인지의 문제가 자본주의적 노동과정에서 핵심 요소로 등장하게 된다. 가압

3 김진방 교수(인하대)는 비정규직 차별이 없어져야 노동자들 간의 연대가 가능하고 사회 전체적으로 노동의 교섭력이 높아질 수 있다면서, 그렇게 되면 정규직 비율을 높이는 대신 기존 정규직이 유연성을 양보하는 해법도 있다고 제시했다. 노동의 교섭력이 커지면 유연성 양보는 상쇄될 수 있다는 것이다.(《한겨레신문》, 2012년 1월 4일)

류와 손해배상 청구의 유행은, 노동통제 양식이 작업장의 직접적인 규율 강화에서 벗어나 헤게모니적 통제의 한 형태인 법률적 대응으로 나아가고 있음을 보여 준다.

이는 이진경이 말한 바, 자본의 권력이 노동을 포섭하고 통제하는 '노동의 체제'[4](이진경, 1997, 181~182쪽)를 떠올리게 한다. 여기서 노동의 체제는 노동하는 사람을 자본의 요구에 적합한 근대적인 주체로 생산해 내는 체제다. 이진경에 따르면 노동의 체제는 작업장에서 이탈하거나 저항하는 자, 투쟁하는 자들을 배제하는 메커니즘이고, '실업화 압력'을 토대로 노동조합의 저항과 투쟁을 향한 의지를 무력화시키는 메커니즘이며, 또한 개별화하는 경쟁을 통해 충성과 복종을 유도하는 메커니즘이다.(이진경, 1997, 221~222쪽)

노동규율과 관련해, 벌금으로 노동을 통제하는 자본의 전략을 역사적으로 살펴보자. 초기 자본주의 공장에 대한 엥겔스의 묘사는 극적이다. "다음과 같은 공장 규칙은 아주 보편적이다. ①작업 시작 10분 후에 정문을 폐쇄한다. 그 뒤에 온 사람은 아침 식사 시간까지 들어갈 수 없다. 이 시간 동안 작업을 하지 못한 사람은 누구나 직기당 3펜스의 벌금을 물어야 한다. ②기계가 작동 중인 동안 자리를 비우는 직공은 한 직기당 한 시간에 3펜스의 벌금을 물어야 한다. 작업시간 중 감독자의 허가 없이 작업실을 떠나는 사람은 3펜스의 벌금을 물어야 한다. …… 또 다른 공장 규칙을 보면, 3분 늦게 온 노동자는 15분에 해당하는 임금을 벌금

---

4 이진경은 자본이 노동을 자신의 의지대로 이용하기 위해 노동 자체를 포섭하고 통제하는 것을 "자본이 노동에 자신의 흔적을 새기는 것"이라고 말했다.(이진경, 1997, 221~222쪽)

으로 물어야 하고, 20분 늦게 온 노동자는 하루 일당의 4분의 1을 벌금으로 물어야 한다."(엥겔스, 1988, 219~220쪽)

에드워드 톰슨Edward Thompson 역시 '공장'을 설명하며, 벌금으로 노동자를 통제하는 상황을 생생하게 묘사였다. "(도자기 제조 회사) 웨지우드의 에트루리아 작업장의 벌금 목록은 초기의 기업들이 당면했던 몇 가지 경영 상의 문제들을 보여 주고 있다. …… 파업을 하거나 감독관에게 욕설을 하는 노동자는 해고, 작업시간에 맥주 또는 일반 주류를 공장 안으로 들여오는 노동자는 벌금 2실링, 유리창 벽을 향해 크리켓 공놀이를 하는 자는 벌금 2실링……."(톰슨, 상권, 494쪽)

사용자가 주도하는 헤게모니적 노동통제는 생산관계들을 재생산하고 투쟁들을 규제하는 메커니즘의 재형성 과정이라고 할 수 있다. 노동자 및 노동조합에 가해지는 채찍은 시장의 '경제적 채찍'과 국가의 '정치적 채찍'(쉐보르스키, 1995, 285쪽)으로 나뉜다. 국가의 정치적 채찍은 이른바 '경제 외적 강제'이며,[5] 무노동 무임금, 가압류와 손해배상 청구, 신경영전략 등 자본의 전략은 경제적 채찍이라고 할 수 있다. 경제적 채찍의 강화는 특히 시장논리 및 자본논리의 지배적 관철이라는 점에서 자본의 노동 포섭이 확대되고 있음을 뜻한다. 실질적 포섭 단계에서는 노동이 자본에 철저히 얽매임으로써 노동에 대한 자본의 전일적인 지배가 관철된다.(황태연, 99~103쪽)

---

5 경제적 강제만으로는 직접 생산자를 자본에 종속된 관계로 붙들어 둘 수 없자, 국가와 자본은 경제 외적 강제를 행사해 왔다. 경제적 강제는 노동자가 하루라도 일하지 않으면 임금소득이 없어 굶어 죽게 된다는, 생산수단의 사적 소유에 바탕을 둔 노동에 대한 강제다. 반면 경제 외적 강제는 국가, 법, 종교적 권력 등에 의한 노동의 지배로서 대개 직접적인 폭력이 전면에 등장한다.

정운영은 이를 '실질적 소유'의 개념으로 설명하였다. "고대의 노예제 사회에서는 노동자 자신이 판매의 대상이었기 때문에 노동력과 그것을 '담고 있는' 그릇으로서의 노동자를 구분할 필요가 없었으나, 현대의 자본주의사회에서는 노동력만 판매됨으로써 노동자와 노동력의 법적 실체가 엄연히 분리되어야 한다. …… 생산과정에서 자본가에게 중요한 것은 노동력에 대한 '법적 소유'가 아니라, 바로 이 노동력을 사용하고 그 과실을 처분할 수 있는 '실질적 소유'이다."(정운영, 1993, 137쪽)

단순화·황폐화되는 노동자 의식

자본의 지배가 강화되고 노동강도가 강화될수록 노동자의 문화와 의식은 황폐화된다. 소비주의에 포섭된 노동자들의 의식은 물질적 풍요 속에 점차 단순화된다. 또한 공장에서 각자 전문화된 단순기능에 매몰되어, 노동과정을 수행할 때 인간의 창조성은 후퇴하고 무시되기 쉬우며 도전 정신도 약화된다. 물질적 빈곤이 아니라 정신적 빈곤이 초래되는 것이다. "앤드류 유어[6]는 '공장'을, 여러 가지 기계적이고 지적인 기관으로 구성되어, 하나의 공통된 물건을 생산하기 위해 쉬지 않고 협조하여 움직이며, 그 모든 기관이 자율적으로 조절되는 동력에 복종하는 거대한 자동 장치"라고 보았다.(톰슨, 상권, 495쪽)

이종영(2010)은 공장의 개념을 다음과 같이 설명했다. "공장은 상품생산을 위한 기계들이 체계를 이루어 유기적으로 배치된 장소이다. 하지

---

6 유어, 앤드류(1835), 《매뉴팩처들의 철학The Philosophy of Manufactures》.

만 중요한 것은 이곳이 자본주의적 장소라는 것이다. 더 많은 이윤을 획득하려는 자본가의 욕망이 공장의 구조적 짜임새를 규정하는 것이다. …… 노동자는 평생 동안 매뉴팩처 공장 안에서 특정한 동작만 반복하도록 요구받기 때문에 기형화·불구화된다. 이는 자본가가 노동자의 육체를 자연스런 인간적 활동에 대립해 기형적으로 '사용'하기 때문이다. 인간 활동의 본연적 상태를 생각해 보자. 오래 서 있으면 앉고 싶게 되는 것, 오래 앉아 있다 보면 다시 일어나 활동하고 싶어지는 것, 왼손에 든 짐이 무거우면 오른손으로 바꿔 드는 것, 오래 허리를 구부리면 다시 펴게 되는 것, 피곤이 몰려오면 휴식을 취하는 것, 냄새가 나는 장소를 피하는 것 등이 그것이다."

한편 황태연은 근대 자본주의 초기 매뉴팩처 공장의 등장에 대해, 가내작업장과 가내수공업의 해체와 가난한 수공업자들의 공간적 집합, 노동수단과 노동 대상의 공간적 집중은, 자본가 쪽의 행동반경을 결정적으로 높여 준 규율 공간의 창출과 상설적인 감시 시선의 설치를 포함한 역사적인 권력 전략이었다고 말한 바 있다.(황태연, 101쪽)

막스 베버는 지배구조가 경제적 계기에 큰 영향을 받으며, 대체로 경제적 결과로 파생된 것이라고 말한다. "지배는 권력의 특수한 형태이다. 물질적 재화의 처분권이나 경제적 권력은, 가장 통상적이고 조직적으로 노린 지배의 산물이자 지배의 가장 중요한 일상적 수단이다. 지배와 경제적 권력 수단은 밀접한 관계를 맺고 있다. …… 비록 노동시장에서 자유의사에 의한 평등한 조건 하에서 교환계약을 맺고 사용자가 '제시한' 조건을 수락한 것이지만, 이들(노동자)은 공장에서 국가 관청이나 심지어 군대 사령부와 본질적으로 다를 바 없는 규율 속에 살아야 한다."(베버, 1981, 10~12쪽) 베버는 노동시장에서 외양상 자유로운 거래에 기초한 노동계약 교환이 일어나지만, 이는 사실상 사용자의 권위에 예속되는 상태로 들어가는 것이라고 보았다. 시장에서의 노동계약을 '자유를 박탈당하는 과정'으로 본 것이다.

자본은 세계화 및 신자유주의 흐름 속에서 '고삐 풀린 시장unfettered markets'의 자유를 누리며 노동조합의 기반을 위협하고 있다. 자본이 주도하는 시장 과잉 현상이 빚어지고 있는 것이다. 이처럼 경제위기와 시장 논리가 득세하는 지형 속에서, 노동조합운동은 불가피하게 대립과 투쟁보다는 타협과 협상을 요구받고 있다. 미국의 노조 조직률 하락 현상에 대한 박준식의 분석은 자본의 치밀한 지배 전략을 보여 준다.

"미국의 노조 조직률 감소는 단순히 산업구조와 환경의 구조적 변화에 기인한다기보다는 미국 기업들이 유지해 온 강력하고 끈질긴 비노조 경영전략의 장기적 효과라는 측면에서 이해하는 것이 좀 더 정확할 것이다. 미국 기업들은 노조가 강력한 조직력을 유지하던 시기에도 비노조 경영전략을 포기하지 않았으며 …… 노동자들의 노조 선호를 근본적으로 약화시키는 혁신적 인적자원 경영 관행들을 도입해 왔다."(박준식, 1996a, 51쪽)

주주가치 극대화의
희생자들

우리 삶의 새로운 지배자, 거대기업

전 미국 노동부 장관 로버트 라이시가 1991년에 쓴 《국가의 일》에는 "한국의 삼성전자가 디자인하고 부품을 생산·조립해서 만드는 전자오븐에는 이 회사와는 거의 관계가 없는 제너럴일렉트릭(GE) 상표가 붙여져 가치를 더한다."^(라이시, 112쪽)라는 대목이 나온다. 불과 20여 년 전만 해도 미국 시장에서 GE 상표를 붙여 자사 상품을 판매하던 삼성이었다. 그런 삼성이 지금은 글로벌 거대기업 반열에 올랐을 뿐 아니라, '삼성공화국'으로 불릴 정도로 막강한 힘을 발휘하는 놀라운 존재로 탈바꿈했다. 대통령조차 "권력은 이제 시장으로 넘어갔다."[7]고 선언할 정도다. 우리 시대에 도대체 '기업'이란 무엇인가?

---

7 2005년 5월 16일 노무현 대통령의 '대－중소기업 상생협력 간담회' 발언.

1980년대까지만 해도 거대기업은 국가 번영과 국민의 소득·소비 향상이란 맥락 속에 자리 잡고 있었다. 더 많은 케이크를 만들어 내고 많은 일자리를 제공하여, 사람들이 더 많은 케이크를 먹을 수 있도록 하는 메커니즘의 한복판에 '거대기업'이 있었다. 기업은 위대한 번영의 시대와 풍요로운 삶으로 가는 자본주의의 기관차이자 꽃으로서, 국가경제를 이끄는 '대표선수'로 불렸다. GM 사장이었던 찰스 윌슨은 "국가에 좋은 것은 GM에도 좋은 것이고, GM에 좋은 것은 국가에도 좋은 것"이라고 간명하게 갈파했다.

그러나 이제 거대기업은 점점 더 국가 그 자체가 되어 가고 있다. 우리의 삶은 국가의 각종 정책과 제도 못지않게 거대기업의 흥망성쇠에 영향을 받으며 그에 따라 출렁거린다. 거대기업이 생산·유통·소비하는 수많은 상품 목록을 보라. 일자리·소득·소비·주거·교육·치료, 심지어 죽음까지 거대기업이 지배하고 있다. "경제개혁연구소가 분석한 자료를 보면, 2011년 30대 재벌그룹의 전체 자산은 1460조5000억 원에 이른다. 국내총생산(GDP) 1172조 원보다 300조 원 가까이 많다. 연간 매출은 1134조 원으로 GDP의 96.7퍼센트에 이른다. 1980년부터 2011년까지 30대 재벌의 자산은 70배, 매출은 48배로 불어났다. 재벌(총수)의 부가 곧 국부가 됐고, 재벌 중심의 사회체제는 더욱 굳건해지고 있다.[8]

거대기업은 어느덧 우리 삶의 지배자가 되었다. 특히 재산의 일부를

---

8 《한겨레신문》, 2012년 2월 13일.

주식·펀드에 넣어 둔 사람들은, 자신이 투자한 거대기업이 돈을 잘 벌고 있는지 시시각각 확인하며 늘 촉각을 곤두세우고 있다. 기업이 불안하고 위기에 처하면 우리 삶도 불안과 위기에 처한다.

거대 법인기업의 권력 세계

이렇게 거대한 법인기업은 대체 누가 움직이고, 어떻게 작동하는 걸까?[9] 일찍이 '경영자(또는 법인) 자본주의'를 주창한 경영학의 대가 앨프리드 챈들러Alfred Chandler는 오늘날 시장경제를 가장 효율적으로 작동시키는 메커니즘은 경영자라는 '보이는 손visible hand'이라고 말했다. 그러나 우리를 통치하고 권력을 행사하는 법인기업은 눈에 잘 드러나지 않는다. "법인기업의 권력 세계는 주의 깊게 방어된 세계다. 권력가와 정치가의 개인적인 성벽은 항상 역사와 화제의 재료가 되었지만, 거대기업 회장과 임원의 경우엔 그의 가정생활, 개인적 건강 상태, 성적 습관, 그리고 (기업가) 정신마저도 거의 연구되지 않았다."(갤브레이스, 342쪽) 갤브레이스는 "법인기업을 통제하는 지위에 있는 공적기관(정부)을 법인기업 자체가 통제하고 있다면, 그 법인기업은 도대체 어떤 방식으로 통제될 수 있을 것인가?"라고 되물으며, 법인기업이 사실상 현대 국가의 연장인지 물어야 한다고 말한다.

거대 법인기업은 위대한 인물은 없이 위대한 위원회만 존재하는 세

---

9 로널드 코스Ronald Coase는 "'기업firm'이란 개념의 경우, 경제학적 용어로서의 기업과 현실에서 쓰이는 개념은 서로 다르다. 경제학에서는 추상적인 개별 기업을 가정하지만, 현실에서 기업은 산업이란 측면에서 고려된다. 현실에 존재하는realistic 기업의 모습을 경제분석 모형으로manageable 보여 줄 수 있어야 한다."고 말했다.(Coase, 1937)

계이다. 거대 법인기업의 이사회는 마천루 사옥 꼭대기 층에 있는 임원실(지휘사령부)에서 개최되는데, 다소 비밀스런 이 사령부는 흔히 '위대한 방'으로 불린다.[10]_(갤브레이스, 351쪽) 지난 150여 년간 기업을 지배해 온 핵심 시장원리인 '수확 체감의 법칙'이 더 이상 관철되지 않는, 경이로운 '신경제' 세계가 정보기술 산업의 확산과 함께 도래한 1990년대 이후, 이 방을 중심으로 전례 없는 규모의 금융사기가 판치기 시작했다. 약삭빠른 대형 회계법인들은 고객(거대기업)과 짜고 회계 조작을 일삼았다. 그들은 수지맞는 일감을 따낼 수만 있다면 기업 쪽의 농간에 기꺼이 속아 넘어가 주었다.

'위대한 방'의 회의 테이블에 놓인 몇 장의 짤막한 보고서는 '단기간에 (더 정확히는 오늘 당장, 또는 이번 주나 이번 분기에) 주가를 올리려면 무슨 짓이든 해야 한다'는 내용이 담겨 있다. '무슨 짓'의 목록에는 회계장부 날조, 저임금 비정규직 확대, 인력 감축, 외주화를 통한 비용 감축 등이 들어 있다. 단기 수익을 내는 데 장애가 되는 '인내심 있는 장기 투자'[11]를 부르짖다가는 회의실에서 쫓겨날 거라는 사실을 누구나 알고 있다. 주가가 올라야 임원들의 자리도 보전되고 스톡옵션으로 이익을 남길 수 있다. 노동자들도 단기 주주가치 극대화가 기업의 지배 원리라는 걸 잘 알고 있다. 우리는 '나쁜 행위'에 엄청난 유인을 제공하는 거대기

---

10 "불확실성의 시대에 법인기업은 그 불확실성의 주요한 원천이다. 그것은 사람들이 어떻게, 누구에 의해서 그리고 어떠한 목적으로 지배되는지에 관해 의문을 품게 한 채 대답을 주지 않는다. 이런 불확실성에 대한 하나의 응답은 명백하다. 그것은 신화를 꿰뚫고 현대 법인기업의 실체를 바라보는 것이다."(갤브레이스, 341쪽)

11 '인내심 있는 자본'은 "높은 이동성보다는 평생에 걸친 고용관계를 만들고, 경매시장처럼 이동적인 관계보다는 장기적이고 의무를 지는 공급자 관계를 형성하고, 단기적으로 수익에 민감하게 움직이기보다는 참을성 있게 장기적으로 위탁하는 주식자본"을 일컫는다.(코우츠, 111쪽)

업 체제를 갖고 있다.

지난 번영의 시대에, 필요한 물품을 효율적으로 생산·공급하면서 국민경제의 성장과 고용을 책임지는 존재였던 거대한 '제조' 기업은 더 이상 없다. 법인기업은 '금융'이란 주술에 걸려 휘둘리고 있으며, 시장의 정직성에 대한 믿음도 깨졌다. 거대기업은 국회의사당 주변에 사무실을 내고 정치헌금을 뿌려 가며 정부를 설득하고, 때로는 정부에 지시를 내리면서 사실상 국가 통치에 참가하고 있다. 거대기업들이 다시 '번영의 불씨'로 작동할 수 있도록 유도할 수 있는 방법은 없을까?

주주가치 극대화 전략의 귀결점

시장 자유주의자인 복거일은 "기업의 가장 중요한 특질은, 그것이 재화의 생산이 효율적으로 이루어지도록 만드는 사회적 조직이란 사실이다. 이 단순하고 자명한 사실은 그러나 너무 자주 잊혀진다. …… 기업들이 생산에 전념하고 이윤을 되도록 생산에 재투자하도록 하는 것은 합리적이다. 이윤을 남기는 것은 그들의 임무이며 그들의 활동을 평가하는 유일한 기준이다. 이윤을 남김으로써 그들은 사회적 자원을 효율적으로 썼음을 증명하는 것이다. 어떤 사회도 기업들에게 더 요구할 수 없다."고 말했다.(복거일, 1994, 68~70쪽) 기업에게 돈벌이 이외에는 다른 책임과 의무를 부과하지 말라는 것이다.

미국의 어느 최고경영자의 고백은 이윤 기계에 불과한 기업의 본질을 적절하게 보여 준다. "내가 월스트리트 증권분석가들에게 현재의 수익실적과 판매계획, 기업 다운사이징 프로그램, 그리고 자본 지출 계획 등을 말하면, 그들은 내가 말한 내용과 숫자들을 컴퓨터에 아주 바쁘게 곧바로 입력해 넣었다. 그러나 내가 종업원 교육훈련 투자 계획과 작업장 노동환경 개선 등을 말하자, 그들은 의자 깊숙이 몸을 파묻고 멀리 다른 곳을 응시하곤 했다."(Osterman, p.152)

물론 증권분석가들이 기업의 인적자본 투자에 공감할 수도 있다. 그러나 이런 투자는 숫자로 측정하기 어렵다는 문제를 안고 있다. 그래서 현재 금융시스템은 '장기 투자long-term investments'에 반대하는 편향bias을 갖고 있으며, 인적자본 향상을 위한 투자활동을 의심스런 눈초리로 바라보는 경향이 있다. 투자자들 역시 증권분석가들이 외면하는 인적자본 투자를 외면하거나 적어도 지지하지 않는다. 모든 투자자가 똑같다. 이론적으로는 경험적으로든 이른바 '관계적인relationship 투자자'(단순히 재무적 성과뿐 아니라 고용 책임 등에 관심을 두는 '좀 더 책임감 있는' 투자자)라 하더라도, 이들이 주주들의 장기 수익 극대화 이외에 다른 목적을 추구한다고 믿을 근거는 없다. 예컨대 아주 현명한 관계투자자로 일컬어지는 워런 버핏Warren Buffett이 주주들의 이익 희생을 대가로 노동자들에게 이득이 되는 행동에 관심을 가졌다거나 동정심을 가지고 있다는 어떤 증거도 없다.(Osterman, p.153)

지난 20년 동안 기업 내부의 자원 및 수익 할당과 관련하여 최고경영자들의 전략적 지향은, 유보 및 (인적·물적 자본) 재투자에서 다운사이징 및 주주 배당으로 뚜렷하게 이동했다. 1980년대 이래 안정적인 고용과 높은 임금을 제공하던 일자리들을 대폭 줄이는 방식으로 노동력 구조조정이 단행됐고, 경기 침체 속에서 사라진 수십만 개의 안정적이고 보수가 높은 생산직 일자리들은 그 뒤 다시 복원되지 않았다. 기업 주식 수익률이야말로 우월한 성과를 보여 주는 대표적인 측정치가 되었고, 주주

가치 극대화는 불가침의 신념이 되었다. 주주들에게 좀 더 많은 집단적 권력이 부여됨으로써, 주주들은 자신들이 보유하고 있는 기업 주식의 시장가치와 배당에 영향력을 행사할 수 있게 되었다.(Lazonick & O'Sullivan, 2000)

미국 경제가 노동시장의 유연성을 바탕으로 1990년대 상당히 낮은 실업률을 달성했다 해도, 이는 대다수 노동인구의 낮은 임금소득을 바탕으로 저임금 경제를 만들어 냄으로써 가능한 것이었다. 1990년대 대부분의 미국 가정은 가계소득 수지를 맞추기 위해 장시간 일하는 성인 두 명의 소득에 의존했다. 1990년대 미국인의 연간 노동시간은 일본인의 노동시간을 능가했다. 사실 1970년대까지 미국의 생산직 노동자들이나 시간제 노동자들은 제대로 된 교육훈련은 받지 못했어도 상당 수준의 보수와 안정적인 고용은 보장받았다. 그러나 1990년대 들어서는 고등교육을 받은 직원들만 혁신을 위한 교육훈련 기회를 받을 수 있게 되었다.(Lazonick & O'Sullivan, 2000)

교육훈련 및 인적자본에 대한 투자는 '공공재'이다. 존 롤스John Rawls는 《정의론A Theory of Justice》에서 공공재에 대해 이렇게 말했다. "공공적이고 불가분적인 상품의 경우 '외부성'이 존재한다. 이 경우 공공선public good의 산출은 그것을 배정하고 그것을 산출하기로 결정하는 사람들이 고려하지 않는 타인들에게도 손해나 이익을 가져오게 된다. …… 전염병 예방접종을 한 사람은 자기 자신뿐만 아니라 다른 사람도 돕는다. 예방접종이 그에게는 별다른 이득이 되지 않을지 모르나 모든 이점들을 종합하면 지역사회에 그것은 값진 것이 된다. …… 사적 회계와 공적 회계 간에는 시장이 나타낼 수 없는 차이가 있다."(롤스, 360쪽)

예방접종과 마찬가지로 교육 또한 더 많은 사람들이 받을수록 사회에 큰 이익을 만들어 낸다. 그러나 현재 우리나라의 거대 법인기업은 교육훈련보다는 주주가치 극대화에 몰두하고 있다. 2000년대 한국의 주식시장을 이끈 종목은, 중국에 투자해 공장을 지었거나 중국 쪽과 사업을 많이 하는 이른바 '중국 관련주'들이다. 국내 노동자들의 일자리를 줄이고 중국으로 공장을 옮긴 기업들, 비정규직을 활용함으로써 임금을 통제할 수 있게 된 기업들, 또 인력 감축을 단행하여 인건비 비중을 낮춤으로써 이익구조를 개선한(?) 기업들이 주가 상승을 견인하고 있는 것이다.

기업이 주주들에게 주는 배당금도 해마다 급증하고 있다. 한국은행에 따르면, 제조업 등 비금융법인의 배당금액은 2003년 11조2000억 원에서 2004년 12조8000억 원, 2006년 14조800억 원으로 증가했다. 한국예탁결제원에 따르면, 12월 결산 상장법인만 하더라도 2008년 배당금 총액이 14조2661억 원에 달했다. '주주가치'라는 이름 아래 한국 기업들은 자원·수익 배분에서 투자는 뒷전이고, 안정적인 고용과 임금을 제공하던 일자리를 대폭 줄이고 있다. 이 과정에서 주주들과 최고경영자들은 막대한 자본이득을 누린다. 이처럼 구조조정과 배당 전략에 힘입어 주가를 대폭 올린 기업들이 과연 지속 가능한 성장을 할 수 있을까?

우리나라의 노동소득분배율은 1996년 62.6퍼센트를 정점으로 이후 내리막길로 들어서 2010년에는 59.2퍼센트로 하락했다. 노동생산성이 줄었기 때문일까? 2006년의 경우 노동생산성(5인 이상 사업체 상용직 기준 물적 노동생산성)은 12.9퍼센트였으나 실질임금 인상률(월 임금총액 기준)은 3.4퍼센트에 불과했고, 2000~2006년 평균 노동생산성은 8.0퍼센트인 반면 실질임금은 5.2퍼센트 인상에 그쳤다. 생산성에 크게 못 미치는 임금인상이 이뤄진 것이다.[12] 외환위기 이후 기업 이익 중 사내 유보 등으로 회사에 분배되는 몫(기업 영업잉여)이 커진 반면에 노동자들한테 급여 등으로 지급되는 몫은 별로 늘지 않아 '기업소득'과 '근로소득' 간의 양극화 추세가 나타나고 있다.

대공황 시기 자본주의 체제가 전반적인 위기를 맞았을 때 케인스는 자본에 대한 사유와 성찰을 요구했고, 이는 자본가에게 '케인스주의'라는 훌륭한 치유책을 제공했다. 자본주의 시장경제가 파국을 맞을지도 모른다는 공포를 세련된 방식으로 제거하고, 사회주의로의 혁명을 지연시키면서 자본주의를 구한 셈이다. 그렇다면 오늘날 거대 법인기업의 주주가치 극대화 추구 전략은 시장경제를 어디로 이끌고 갈 것인가?

---

12 Kim Yoo-Sun(2008), *Working Korea 2007*, Korea Labour & Society Institute.

시장의 힘과 '뱀이 삼킨 돼지'

삼성경제연구소의 '2010년 국내 10대 트렌드' 보고서에 따르면, 2010년부터 베이비 붐 세대(1955~1963년생)의 본격적인 은퇴가 시작되었다. 과거 노동력의 저수지 구실을 해 온 베이비 붐 세대는 흔히 '뱀이 삼킨 돼지'라고 한다. 거대한 뱀이 돼지를 삼켜 배가 불룩해지듯, 베이비 붐 세대가 평평한 인구분포 곡선에서 거대한 돌출부를 차지하고 있기 때문이다. 베이비붐 세대가 나이가 들면서 이 돌출부는 점차 아래쪽으로 이동한다. 돼지가 아래쪽으로 움직이면 뱀은 사회적·경제적 문제에 당면하게 된다.

21세기 들어 한국은 '저출산'과 '노인'이라는 인구통계적 위기를 맞고 있다. 생산가능인구(15~64살)는 2016년부터 감소세로 돌아서고, 2005년에 생산가능인구 7.9명당 노인 1명을 부양했다면 2020년에는 4.6명, 2050년에는 1.4명이 노인 1명을 먹여 살려야 한다.[13] 인간 삶의 모든 영역에 미세한 1단위의 수량 변화에 따르는 '한계'비용과 '한계'편익이라는 합리적 계산을 적용해 효용극대화를 추구하는 경제분석의 표준적인 틀과, 그 틀을 바탕으로 한 '경제학 제국주의'는 아이를 낳는 것도 이해타산적인 계산에 따라 결정한다고 주장한다. 아이도 하나의 '자산'이라는 뜻이다.

"첫아이는 확실히 거의 모든 사람들이 일생 동안 구입하고 싶어 하는 상품 중 가장 비싼 '경제적 재화'이다." 이른바 '지대 추구' 개념을 창안한 것으로 유명한 고든 털록Gordon Tullock은 《경제학의 새로운 세계The New World of Economics》에서 수요·공급에 따른 '자녀 생산' 곡선을 그리고 있다. 다른 조건이 모두 같다

---

13 통계청, '고령자 통계'(2009)

면 출산·양육비용이 감소할수록 공급, 곧 출산 자녀 수가 증가한다. 반면 자녀를 대신해 즐거움을 주는 자동차와 오락기구 가격이 떨어지면 출산율은 감소하게 된다. 가정에서 생산 혹은 소비되는 다른 재화들의 가격과 출산의 비용·편익을 비교해 자녀를 '생산'할지 말지 선택한다는 것이다. "사람들은 출산의 기회비용과 자녀가 제공하는 편익을 동시에 고려한다. 자녀 생산 역시 새로운 자동차나 마르티니 명품 가방을 구입하는 것과 별반 다를 게 없다." 이처럼 출산도 시장논리로 얼마든지 설명 가능하다고 보는 털록의 논의는, 가정에서 자녀의 수quantity와 교육에 의한 '자녀 품질quality', 누구와 결혼할지mating, 이혼을 할지 말지 등을 결정하는 것도 투자와 수익률, 비용과 편익의 경제학적 계산에 따른 최적화 선택에 의해 이뤄진다고 주장한 게리 베커의 논의[14]를 이어받고 있다.

시장의 힘은 대개 부유층에 유리한 쪽으로 작용하면서 종횡무진 질주하기 마련이다. 통계청의 '2008년 출생 통계'에 따르면, 서울 강남구의 합계출산율(여성 1명이 평생 낳을 것으로 예상되는 자녀 수)은 0.82명으로, 우리나라 전체 합계출산율(1.19명)보다 낮았다. 전남 강진 등 출산율 상위 10위권 시·군·구의 출산율은 1.70~2.21명이었다. 농촌 지역이나 공단이 몰려 있는 산업도시일수록 출산율이 높다. 자녀는 미래의 생산인구이자, 뱀이 직면하게 될 노인 사회보장 비용 문제를 감당할 세대이다. 그런데 노부모 부양이라는 자녀의 역할을 연금·보험 등 사회보장제도가 대체하면서 자녀는 더 이상 '좋은 투자재'로 여겨지지 않는다. 부유층일수록 더 그렇다.

---

14 G. Becker(1973), "A Theory of Marriage : Part I", *The Journal of Political Economy*, Vol.81(4) ; G.Becker & Gregg Lewis(1973), "On the Interaction between the Quantity and Quality of Children", *The Journal of Political Economy*, Vol.81(2).

국민연금제도는 근로소득자들에게 '당신들이 공동 출자해 오늘날 은퇴자들을 보살피고 있듯, 나중에 은퇴하면 미래 세대가 당신들을 보살펴 줄 것'이라고 약속하는 것이다. 지금 세대와 뒷세대가 맺는 신탁기금 협정으로, 일종의 '행운의 연쇄 편지'라고 할 수 있다. 그런데 부유층의 저출산 경향을 감안하면, 상대적으로 많이 태어나는 저소득층 자녀들이 훗날 자녀가 없는 부유층 노인들까지 부양하는 격이 된다. 더구나 부유층일수록 빈곤층보다 오래 산다는 인구통계학적 사실을 고려하면, 부자가 더 오래 사회보장기금의 수혜를 누리게 된다. 하지만 그렇다고 국민연금을 폐지하자는 주장은 경계해야 한다. 국민연금은 저소득층일수록 기금 기여분에 비해 급여액이 많아지는 '부등가교환'에 뿌리를 두고 있어서, 저임금 노동자일수록 수혜율이 유리하도록 설계돼 있기 때문이다.

어쨌든 출산율은 전 세계 국가 중 최악의 수준으로 떨어지고 있는데, 뱀의 뱃속에 있는 돼지는 이미 아래쪽으로 가 있다. 국민연금재정 위기가 닥치면 연금 급여를 대규모 삭감하든지 국가 재정으로 해결해야 한다. 그러나 '신성불가침의 시장'을 주술처럼 외는 정부는 부자의 세금을 깎아 주는 막대한 감세 정책을 줄기차게 밀어붙이고 있다. 노인 인구 증가에 대비해 재정을 마련해 놓아야 할 판에, 부유층의 소비 장려만 부르짖고 있는 셈이다. 국가가 '해야 할 일'을 거꾸로 하고 있는 격이다.

생산인구 부족으로 인해 훗날 국가 세금을 연금 지급에 사용해야 하는 상황이 닥친다고 가정해 보자. 그때 은퇴자들에게 연금으로 지급할 돈을 정부가 지금 부유층의 세금을 깎아 주는 데 사용하고 있는 셈이다. 또한 몇 년 뒤 우리가 내야 할 더 많은 세금 중 일부는, 부자 감세 때문에 쌓인 정부 부채의 이자 지급 비용을 충당하는 데 쓰이게 될 것이다. 이처럼 저출산과 베이비 붐 은퇴는 부자 감세와 얽히고설켜 있다.

'무노동 무임금'에서
손배 · 가압류로

자본의 헤게모니적 노동통제

'돈 없으면 파업하지 마라?' 21세기 노동과 자본의 관계에서 새롭게 등장한 게임의 규칙이다. "1990년대 초 …… 자본이 조직노동에 대한 공세를 시작하면서 주도적으로 들고 나온 것이 '무노동 무임금' 원칙이었다. 노조의 재정 상태가 빈약했기 때문에 …… 이는 파업에 대한 효과적인 제재로 기능했다."(구해근, 270쪽)

자본은 노사관계의 세력 국면에 따라 다양한 노동통제 전략을 구사해 왔다. 2000년대 가압류 · 손해배상 청구, 1980년대 이후의 '무노동 무임금'론, 그리고 1990년대 중반의 신경영전략[15]은 모두 자본의 세련된(?) 노동통제 양식이었다. 이 양식들은 총자본 수준에서 노동조합에 대응하는 체계적이고 장기적인 전략으로서, 작업 현장에서 서로 맞물리면서

---

15 신경영전략은 경제 침체기에 들어선 1990년대 초부터 작업 현장에 도입되기 시작했다. 신경영전략의 일환으로 급속히 확산된 성과주의 · 연봉제 등의 신인사정책과 노사 일체의 기업주의를 전파하기 위한 기업문화운동 등은 노동자들을 개별화시켜 경쟁을 가속화하고, 이를 통해 노조 활동을 약화시키는 기제로 작용했다. "새로운 노무관리 전략으로 등장한 기업문화운동은 작업장에서 노동과 자본의 대결구도를 '한 기업 한 가족'이라는 구호로 희석시키려 한 것"이었다. (김주환, 51~52쪽)

확대 재생산되고 있다.

자본의 파업 통제 방식은 세 가지 단계를 거쳐 변화되었다. 첫 번째는 1987년 이전으로, 이 시기에는 노동이 취약하여, 제도화된 '정치적 교환political exchange'[16]이 아니라 물리적 힘의 대결을 통해 각 주체의 이해가 관철되거나 좌절되었다. 이 과정에서 자본은 이른바 '자본파업capital strike'을 무기로 국가 및 노동을 위협했다.[17] 두 번째 시기는 1987년 이후부터 1990년대 초까지로, 노동의 대공세를 배경으로 '정치적 교환'이 이뤄진 시기였다. 노동의 파업과 자본의 파업이 맞부딪치면서 국가-자본-노동이 타협하는, 이른바 '분배의 정치경제학political economy of distribution'이 일부 형성된 것이다. 마지막 세 번째는 1990년대 중반 이후로, 사용자들의 적극적인 헤게모니적 공세가 날로 강화되고 있는 시기이다. 무노동 무임금과, 가압류·손해배상 청구는 이런 헤게모니적 통제의 대표적 형태다.

파업을 비롯한 작업장에서의 투쟁을 규제하고 형성하는 제도는, 생산과정에서 자본-노동-국가가 형성하는 '생산의 정치politics of production'[18] 개

---

16 정치적 교환은 노동조건 및 사회·경제 정책 등을 둘러싸고 전개되는 국가, 자본, 노동 사이의 제도화되고 조직화된 교환 및 타협 과정을 의미한다.(Korpi & Shalev, p.177)

17 자본파업을 우려한 국가가 스스로 자본의 축적 전략에 유리한 행정적·사법적 틀을 창출하기도 한다. 미국에서는 사용자에 의한 노조 파괴 흔적을 감춰 주려고 노동통계국이 파업 활동 및 (중소기업의 노조조직화 여부 등) 소기업 상태 보고와 관련된 몇몇 시계열 자료들의 작성을 중단하기도 했다.(데이비스, 184쪽)

18 생산의 정치는 작업장에서의 사회적 관계를 생산하거나 재생산하는 '공장 정치factory politics'를 의미한다. 부라보이는 '생산의 정치' 개념을 다음과 같이 설명한다. "요컨대, 우리가 작업량을 채우기 위해 기계들에 매달렸을 때, 우리는 디젤 엔진의 부품들뿐만 아니라, 협력과 지배의 관계들, 그리고 그러한 활동과 관계들에 대한 동의까지 함께 생산한 것이다."(부라보이, 20쪽) 생산의 사회적 관계와 관련해 마르크스는 "흑인은 흑인이다. 일정한 관계 하에서만 그는 노예가 된다. 면방적 기계는 면화로 실을 뽑는 기계이다. 일정한 관계 하에서만 그것은 자본이 된다. …… 자본은 사회적 생산관계다. 그것은 역사적 생산관계이다."라고 말했다.(마르크스, 《자본론》(1권, 하), 963쪽)

넘으로 파악할 수 있다. 이런 관점에서 헤게모니적 노동통제 방식으로서 가압류·손해배상 청구는, 작업장에서 노동과 자본의 새로운 사회적 관계를 만들어 내고 있다. 특히 파업 행위를 막대한 손해배상 청구를 불러오는 두려운 존재로 인식하게 만든다는 점에서, 자본의 이데올로기를 개별 노동자들에게 효과적으로 유포시키는 장치로 이용된다고 할 수 있다.

1990년대 초부터 확산되기 시작한 신경영전략은 기본적으로 노동배제적 노선을 띠면서 노동조합의 사회경제적 기반을 침식해 왔다. 동료 노동자들과의 치열한 경쟁 압력을 바탕으로, 개별 노동자들로 하여금 파업 등 노동조합의 집단행동을 외면하게 만든 신경영전략은 노조의 힘을 크게 약화시켰다. 불법파업에 대한 가압류·손해배상 청구 전략 역시 조합원들의 월급과 조합비를 압류함으로써 노동조합을 무력화시킨다는 구상에서 비롯되었으며, 무노동 무임금 또한 노동조합의 파업권을 제약하는 주요 도구로 활용되어 왔다.

무노동 무임금은 노동자가 작업을 거부하거나 파업·농성을 할 때, 또는 사용자가 이에 대항하여 직장폐쇄를 하여 작업을 하지 못할 경우, 그 기간 동안 노동자의 임금 청구권과 사용자의 임금 지급 의무가 없다는 논리에 기초하고 있다. 1987년 노동자대투쟁 이후 노사 간 첨예한 대립을 불러일으켰던 무노동 무임금 원칙은 관행으로 확산되어 오다가 1997년 초 노동법 개정으로 법제화되었다.[19] 국가는 노동쟁의를 억제하는 제

---

19 1997년 초 노동법 개정 당시 사용자 단체인 한국경총은 무노동 무임금 원칙을 강화하여 파업 기간 중 임금 지급을 노동조합의 '부당노동행위'로 규정해야 한다고 주장했다. 이 부분은 결국 "파업기간 중 임금 지급 문제는 쟁의대상이 될 수 없다"는 내용으로 법제화되었다.

도적 장치로서 무노동 무임금 원칙을 사용자에게 적극 권장했다. 무노동 무임금 철회를 요구하는 노동쟁의를 불법으로 규정하고 제재를 가했을 뿐 아니라, 전투적 노조의 압력에 굴복해서 무노동 무임금 원칙을 따르지 않는 기업에게는 은행대출을 어렵게 하는 등 각종 제재를 가했다.

무노동 무임금 논리를 주도한 것은 국가였지만, 그 논리를 애초에 고안하고 적극적으로 활용한 것은 사용자였다. 자본은 무노동 무임금 논리를 기본적인 규칙과 관행으로 제도화시키는 작업을 집요하고 치밀하게 추진했다. 박준식은 무노동 무임금 논리는 한국 자본주의의 민중적 재편의 길과 자본가적 재편의 길이 충돌하는 과정에서 국가권력과 자본이 함께 제출한 집합적 대응의 원칙들 가운데 새롭게 제기된, 최초의 전면적 공동대응이었다고 평가한다.(박준식, 1990, 228쪽)

자본은 다른 명분으로 조합 집행부에게 실리를 내주는 한이 있더라도, 무노동 무임금만은 절대 포기하지 않는 단결력을 발휘했다.(박준식, 1990, 230쪽) 자본과 국가는 무노동 무임금을 관철시킴으로써 노동조합의 파업 능력과 전투성 약화, 경제주의적 노동운동 유도, 향후 전개될 노동-자본 관계에서 자본의 주도성과 이데올로기 정당화 등을 꾀했다.[20] 무노동 무임금을 주장하는 사용자의 논리는 이렇다. 노동자와 자본가는 일대일 계약관계이므로 계약에 따른 게임의 규칙을 준수해야 하며, 선진국은 노조가 스스로 파업기금을 마련하여 파업 기간 중에는 임금을 지급받지 않으니 우리도 이런 경험을 수용하자는 것이다.

---

20 무노동 무임금 원칙이 전면적으로 관철되는 사업장도 있지만, 일정 부분 저지되거나 완강한 저항에 부닥치고 있다. 그래서 파업 기간 중 임금의 절반가량을 파업 타결 이후에 지급하는 것이 일반적이다.

그러나, 임금 없이는 먹고살 수 없는 노동자와 달리 한국의 사용자들은 파업 이전에 이미 1~2개월치 이상의 재고 물량을 쌓아 두는 등 게임의 규칙을 스스로 위반하기도 한다. 파업기금 역시 서구 자본주의국가의 노동자와 한국 노동자의 경우는 명백히 다르다. 서구에서는 그동안 (신)식민지에 대한 초과이윤 착취를 바탕으로 자국 노동자들에게 상대적인 고임금을 줄 수 있었으며, 이런 고임금을 토대로 노동자들이 조합비를 지불해 쟁의기금을 적립할 수 있었지만 한국은 사정이 전혀 다르다.(이중희, 158~160쪽)

무노동 무임금 논리는 노동조합으로 하여금 파업 '비용(임금상실) − 편익(임금인상)' 분석을 하게 만들어, 다른 조건이 동일하다면 과거에 비해 파업을 줄이고 약화시키는 효과를 낳았다.(김형기, 1997b, 228쪽) 2000년대에 횡행하는 가압류·손해배상 청구가 노동조합의 재정적 취약성을 노린 노동탄압이라면, 무노동 무임금은 1980년 노동법 개정으로 노조의 쟁의기금 적립제도가 사라진 상황을 절묘하게 이용한 전략이었다.

한 사회에서 노동조합의 정치적 기반이 노동자 정치세력화 및 노동에 대한 집권 세력의 태도에서 나타난다면, 사회경제적 기반은 파업의 권리 및 파업을 둘러싼 노동조합의 환경에서 선명하게 드러난다. 현재 한국의 노동조합은 심각한 위기를 겪고 있다고 할 만큼 사회경제적 기반의 침식을 겪고 있다. 여기에 작용하는 힘은 무엇일까?

노조 탄압의 효과적인 무기

자본의 새로운 공세가 법적·경제적으로 표현된 것이라고 할 수 있는 가압류·손해배상 청구는, 그동안 자본이 노동조합운동을 봉쇄하기 위해 생산-유통-소비시켜 온 각종 이데올로기의 결정판이다. 과도한 임금인상이 위기를 초래했다는 '경제위기 노동자 책임론'을 비롯해 노사 갈등을 봉합하는 데 이용된 기존 이데올로기와 달리, 가압류·손해배상 청구는 가난한 노조 및 노동자에게 직접적인 재정적 압박을 가한다는 점에서 차이가 있다. 노동조합 및 개별 노동자는 사회경제적 기반 확장의 중요한 도구인 파업에 돌입하기 전에 이미 위축되고 만다. 파업이란 본디 작업장에서 노동력을 철수시켜 사용자에게 경제적 타격을 입히는 수단임에도 불구하고, 그로 인해 무노동 무임금에 따른 임금상실을 넘어 개별 노동자들에게 엄청난 금전적 피해가 돌아올 수 있기 때문이다. 결국 가압류·손해배상 청구는 파업을 눈앞에 둔 노동조합을 크게 위축시키고, 전투적 노조와 개별 노동자들 사이에 갈등을 불러일으켜 서로를 효과적으로 단절시킨다.

가압류·손해배상 청구는 이른바 '87년 노동체제'[21] 이후 '노동과 자본의 변화된 관계'를 보여 주는 대표적인 현상이다. 이는 사용자들이 노동조합을 더 이상 사회적 동반자로 인식하지 않으며, 재정적 타격을 줌으로써 노동조합의 기반을 침식하고 있음을 나타내는 사례다. 특히 사용자의 민사적 대응은 "자본주의적 지배의 본질이 인신적 지배가 아니라 경제적 지배이고, 경제적 지배의 핵심은 시장법칙에 의한 것"(박승희, 183쪽)이라는 지적이 여전히 타당하다는 점을 극명하게 보여 준다.

---

21 '87년 노동체제'는 1987년 노동자대투쟁을 계기로 형성된 노동체제이다. 장홍근은 이 체제의 기본 성격을 국가와 자본이 노동운동을 제도적으로 포섭하기보다 최대한 배제하고 무력화하기 위해 다양한 형태의 물리적, 물질적, 이데올로기적 억압과 배제를 동원한 것으로 파악한다.(장홍근, 1999)

유행처럼 번지며 한층 강화되고 있는 가압류·손해배상 청구는 자본의 재정적 공세이자 '신종' 노조 탄압이다. 가압류·손해배상 청구는 과거 국가와 자본의 병영적 통제 및 권위적 노동규율이 점차 물러가는 과정에서 등장했다. 사용자들이 노사관계의 전면에 직접 나서서 본격 공세를 취하고 있는 것이다. 이는 국가의 물리적·정치적 억압이 약화되고, 대신 일대일 거래관계인 시장에서 임금노동자에 대한 자본의 경제적 강제[22]가 새로운 형태로 나타나고 있음을 뜻한다. 사용자의 전략이 파업 농성장에 구사대, 용역깡패를 투입하는 구시대적 탄압방식에서 법을 동원한 세련된 방식으로 바뀌고 있는 것이다. 수십억 원, 수백억 원에 이르는 막대한 규모의 가압류·손해배상 청구는 가뜩이나 가난한 노동자들을 재정적·심리적으로 압박한다.

1987년 이후 노동의 공세, 1990년대 초반 이후 노동운동의 침체와 좌절을 거친 뒤, 노동체제는 새로운 국면으로 이행하고 있다. 자본은 한쪽에서는 성과주의로 대표되는 '금전적 인센티브'를 제시하면서, 다른 쪽에서는 이른바 불법파업에 대한 '금전적 배상'을 요구하는 전략을 구사하고 있다. 이는 국가의 공권력에 의존해 노동을 상대해 온 기존의 전략에서 탈피해, 돈을 무기로 노동자를 직접 지배·통제하겠다는 사용자의 의도를 분명하게 보여 준다.

물론 우리나라 노동법에는 파업에 대한 민·형사상 면책 규정이 존재

---

22 노동력 상품은 다른 상품과 달리 저장이 불가능하고 수요·공급에 따라 빨리 재생산될 수도 없다. 따라서 노동력은, 안 팔려 굶는 것보다는 저임금으로라도 팔아야 하는 경제적 강제 때문에 자본과의 교환에서 불리한 위치에 처하게 된다. "자본주의사회에서 임금은 경제 외적 강제로서가 아닌 생사의 강제로 압박해 온다."(정운영, 1993, 153쪽)

한다. 노동조합 및 노동관계조정법은 제37조에서 "쟁의행위는 그 목적·방법 및 절차에 있어서 법령 기타 사회질서에 위반되어서는 안 된다."라고 기본원칙을 규정한 뒤, 제4조(정당행위)에서 "형법 제20조(정당행위)의 규정은 노동조합이 단체교섭·쟁의행위 기타의 행위로서 노동조합의 목적을 달성하기 위하여 한 정당한 행위에 대하여 적용된다."고 밝히고 있다. 또한 제3조(손해배상 청구의 제한)는 "사용자는 이 법에 의한 단체교섭 또는 쟁의행위로 인하여 손해를 입은 경우에 노동조합 또는 노동자에 대하여 그 배상을 청구할 수 없다."고 정하고 있다. 여기서 "이 법에 의한 쟁의행위"는 노동법 상의 제 규정을 준수한 이른바 '정당한' 쟁의행위를 의미한다. 물론 쟁의행위의 정당성을 판단함에 있어 단순히 법률 상 적법성 여부로 따질 것이 아니라, 각각 구체적인 파업의 내용과 양상을 고려해서 판단해야 한다는 견해도 있다. 노조가 최후의 수단으로 파업을 감행하게 된 구체적인 사정과 파업에 이르게 된 과정, 특히 파업을 유발시킨 사용자의 교섭 회피 책임 등을 살펴봐야 한다는 것이다.

사용자들은 과거 파업이 발생했을 때 형사상 고소·고발(업무방해 혐의 등)을 '전가의 보도'로 휘둘러 왔다면, 이제는 민사상 대응인 가압류·손해배상 청구까지 더해 노동조합의 파업권을 봉쇄하려 한다. 가압류·손해배상을 청구하는 과정은, 거의 모든 사업장에서 미리 정해 놓은 시나리오처럼 같은 양상으로 되풀이된다. 업무방해 혐의로 파업이 형사상 '불법'으로 규정되면, 이를 근거로 정식 손해배상 청구에 들어간다. 이때 손해배상 청구에 앞서 가압류 신청을 먼저 제기하는 것이 일반적인 절차이다. 해당 파업이 불법인지 정당한 쟁의행위인지 판단이 내려지기 전에, 일단 민사 책임부터 묻고 보는 식이다. 본안 소송인 손해배상 청구 판결이 내려지기도 전에, 그것도 파업이 진행되고 있는 와중에 가압류라는 무기를 휘두른다.

형사처벌은 확정판결이 나기까지 시간이 오래 걸리지만 가압류는 신속하게 이뤄지고, 법원이 가압류 신청을 쉽게 받아 주는 관행을 이용하는 것이다. 사용자들은 법정 다툼이 장기화하는 민사소송의 특징을 효과적으로 악용해 노조를 회유하고 협박하는 수단으로 활용하기도 한다. 법원이 가압류를 받아들이고 난 뒤, 회사 쪽에서 손해배상 소송을 제기해야 정식 재판이 시작되는데, 소송은 내지 않은 채 가압류 사건을 의도적으로 장기화시키는 사용자도 있다. 그 와중에 가압류를 당한 노동조합은 점차 무력화된다. 사용자가 일단 가압류·손해배상 소송을 제기하면 노조는 재판에서 승소할 때까지 상당 기간 재산권을 제약받고, 설사 나중에 승소하더라도 소송을 제기한 회사에 별다른 제재를 가할 수 없다. 노조로서는 일방적으로 피해를 감수할 수밖에 없고, 회사의 가압류로 재산권 행사를 박탈당한 조합원들은 엄청난 고통을 겪는다.

사용자들은 현행 노동법이 합법적인 파업권을 협소하게 해석하여 노조가 최소한의 요구만 하지 않는 한 합법파업이 사실상 불가능하다는 점을 악용하여, 가압류·손해배상 청구를 남발하고 있다. 파업에 대한 가압류·손해배상 청구는 이미 1990년 초에 등장한 바 있다. 1990년 10월 노동부는 불법 쟁의행위에 대해 사법조처와 함께 사용자로 하여금 노조에 손해배상 청구소송을 제기하도록 유도했다. 국가가 위법 행위를 자제시킨다는 취지로 민사상 손해배상 청구를 장려한 것이다.

파업에 대한 손해배상 청구의 첫 사례는, 공식적인 보고는 아니지만 대구에 있는 (주)건화로, 이 사업장은 1989년 8월 노조의 쟁의행위에 대해 1,700만 원의 손해배상 청구소송을 제기하여 이듬해 7월 540만 원의 배상 판결을 받았다.[23] 당시 정부의 지침은 노태우 정부가 선포한 '범죄와의 전쟁'과 맥락을 같이한다. 노동운동을 범죄로 다스리겠다는 발상에서 비롯된 것이다. 김금수는 "현 정권(노태우 정권)의 이런 노동정책은 노동자들의 생존권적 기본권을 짓밟고 노동운동을 '범죄행위'로 모는, 다시 말해, '강철군화'[24]의 생리에서 나온 강압책동으로밖에 달리 해석되지 않는다."고 했다.(김금수, 221쪽)

그 뒤 사용자의 민사상 대응은 크게 부각되지는 않았지만 이따금씩 지속됐다. 1994년 서울지하철공사는 파업 이후 노조 간부 40여 명에게 40억 원에 달하는 손해배상을 청구하고 조합비, 노조 간부의 퇴직금, 부동산 등을 가압류했다. 또한 1996~1997년 '노동법개악 저지' 총파업 투쟁 과정에서 한국경영자총협회 등 경제 5단체는 '파업을 주도한 노조 간부들을 고소·고발하고 손해배상을 청구하겠다'고 발표했다. 이때 파업 참가자에게 무노동 무임금 적용, 파업 주동자 및 신원 보증인에게 막대한 손해배상 청구가 많은 사업장에서 노조 탄압의 효과적인 무기로 사용됐다.(안승천, 159·195쪽)

---

23 《한겨레신문》 1990년 10월 23일, "쟁의 손실 노조에 청구하라" 기사 참조. "1991년 9월까지 18개 업체에서 약 22억 원의 손해배상 액수가 청구되었고, 일부는 쌍방의 소 취하로 종결되었지만, 다른 경우는 임금 가압류, 보증인에 대한 연대배상 청구 등으로 실행되었다."(김동춘, 173쪽)

24 《강철군화The Iron Heel》(1908)는 잭 런던Jack London의 노동소설로, 여기에서 '강철군화'는 노동자들을 탄압하는 과두지배체제를 상징한다.

최근 가압류·손배 청구의 특징

2000년대 중반 이후 가압류·손해배상 청구는 몇 가지 특징적인 경향을 보인다. 첫째, 소송 대상이 무차별적으로 확대되고 있다. 과거에는 민사상 대응이 노동조합 또는 노조 간부에 한정되었으나 점차 평조합원에게까지 책임을 묻는 것이다. 물론 손해배상 책임이 '불법파업'을 기획·지시·지도한 이들에게만 한정되는지, 아니면 개별 조합원 누구에게나 책임을 물을 수 있는지는 논란거리다. 미국의 경우 민·형사상 책임은 노동조합에만 있을 뿐 조합원 개인에게는 거의 책임을 묻지 않는다.(이승욱 외, 2000) 2002년 봄 발전산업 노조 파업 당시 5개 발전회사는 파업 단순가담자를 포함해 개별 조합원 3,407명 모두에게 가압류 책임을 물었다. 이처럼 개별 조합원에게까지 민사적 대응을 일삼는 바탕에는 노동조합을 분할지배하려는 사용자의 전략이 깔려 있다.

둘째, 가압류의 범위가 과거에는 조합비에 한정된 반면, 최근 들어 파업에 참여한 개별 노동자들의 임금·개인통장·부동산으로까지 확대되고 있다.[25] 금속노조 소속 한국시그네틱스 노동조합은 2001년 이후 장기 파업과 관련해, 조합비는 물론이고 조합원 91명 모두 임금과 집까지 가압류 당했다. 사용자들은 견디기 힘든 재정적·정신적 압박을 가함으로

---

25 개별 조합원에 대한 가압류·손해배상 청구는 경제적 약자인 노동자 개인을, '시장'에서 사용자와 사실상 동일한 위치를 갖는 존재로 취급하겠다는 자본의 전략을 반영하고 있다. 사용자들은 노사관계를 노동자 '집단'과 사용자와의 관계라기보다는 노동자 '개인'과 사용자의 관계로 변화시키고 있다. 이런 맥락에서 개인들 간의 사적 거래를 규정하는 민사상의 법 논리가 작업장에 파고들고 있는 것이다. 김동춘은 한국 노동조합의 구조적 기반과 관련해, 자본에 대항하는 집단적인 행동은 엄격하게 규제되는 반면, "노동력 판매자로서의 개별 노동자"와 사용자 간의 관계라는 개념이 한국 노사관계를 지배하고 있다고 주장한다.(김동춘, 174쪽)

써 조합원의 동요를 부추기고, 파업에서 이탈하도록 회유·압박한다. 또 가압류를 미끼로 노조 탈퇴를 유도하는 것은 물론, 조합원들에게 파업의 불법성을 자인하게 하고 앞으로 '불법파업'에 참가하지 않겠다는 서약서를 쓰도록 강요하면서 위협하기도 한다. 2002년 봄 발전산업 노조의 파업 이후 발전회사들이 복귀자들에게 서약서를 받았는데, 서약서에는 "불법파업으로 인해 회사에 발생된 손해배상 청구에 대해서도 이의 없이 이를 배상토록 하겠습니다."라는 문구까지 들어 있었다.

셋째, 파업에 참여한 조합원 중에서 특정 조합원들만 골라 가압류·손해배상 청구를 집중시키는 경우도 있다. 2002년 여름 보건의료노조 파업 당시 경희의료원은 노동조합을 상대로 총 5억6000만 원의 가압류·손해배상 청구를 제기하면서, 파업에 가담한 평조합원 가운데 43명만 따로 골라 재산을 가압류했다. 파업 동참 여부를 놓고 동요하는 조합원들만을 따로 분류한 뒤, 이들에게 가압류를 제기함으로써 파업 이탈을 부추기는 전략이다.

넷째, 사용자들이 조합원 개인은 물론 그 가족과 보증인에게까지 책임을 묻는 사례도 있다. 노동자들은 가압류가 가족 등 주변 사람들에게까지 뻗치면 노조와 가족 사이에서 고민하다 결국 노조를 포기하게 된다. 가압류 철회 등을 내걸고 싸운 광주광역시의 옛 동광주병원(현 광주병원)의 사례를 보자. 2000년 9월 파업이 벌어지자 병원 쪽은 조합원 64명에게 12억9000만 원을 가압류하면서 입사 당시 재정보증을 선 가족 및 친척의 재산까지 가압류했다. 그리고 몇몇 조합원에게 가압류를 철회해 주는 조건으로 파업 행위를 사죄하고 조합 활동에서 빠지라고 회유했다. 가압류에 시달리다 못한 조합원들은 결국 노조를 떠났고, 일부는 다른 회사로 옮겼지만 가압류가 풀리지 않아 재산권을 행사하지 못했다.

다섯째, 사용자들은 파업이 타결되더라도 파업 중에 제기한 가압류·손해배상 청구를 취하하지 않거나 일부만 취하한다. 가압류 해제를 미끼로 개별 노동자의 노조 탈퇴를 유도하려는 것이다. 2002년 봄 발전산업 노조 파업 당시, 발전회사들은 조기 복귀한 400명에 대해서만 선별적으로 가압류를 해제했다. 채찍과 당근을 함께 구사해 노동조합과 조합원 사이를 분열시키겠다는 의도가 명백한 조처였다. 과거 현대자동차, 금호타이어 등 상당수 사업장에서는 임단협 타결과 함께 민·형사상 고소·고발이 전면 취하되었다. 사용자들이 임단협 협상에서 유리한 고지에 서기 위한 방편으로 가압류·손해배상 청구를 활용했음을 보여 준다.

최근에는 가압류·손해배상 청구를 아예 노조 무력화의 수단으로 악용하면서, 부분적으로 취하하거나 선별 취하하는 사례가 늘고 있다. 이처럼 가압류·손해배상 청구는 파업으로 인한 손실을 보전 받는다는 차원보다는, 노동조합의 재정적 곤란을 무기로 쟁의행위 자체를 무력화하고, 특정한 조합원들을 순치시키려는 '불순한' 목적으로 진행된다. 서울시지하철공사는 1999년 파업 당시 15억 원을 가압류한 뒤 3년째 끌어오다가, 2002년 2월 단체교섭 때 6개월 치 조합비를 부분적으로 풀어 주겠다는 안을 협상 카드로 내놓았다. 1999년 당시 제기했던 형사고발은 취하했지만, 가압류는 3년 동안 계속 쥐고 있다가 이때 써먹으려 한 것이다. 가압류·손해배상 청구는 노동자들에게 두려움과 공포를 심어 주며, 실제 재정적 압력을 견디다 못해 '가압류 선별 해제'라는 사용자의 카드에 굴복하는 경우가 흔하다. 그만큼 노동조합 활동은 위축되고 조합은 분열된다.

가압류·손해배상 청구는 파업 과정에서 노사 협상의 가장 큰 걸림돌로 새롭게 등장하고 있다. 본래의 임금 및 단체협상의 쟁점은 뒤로 빠지고, 가압류·손해배상 소송 취하 여부가 핵심 쟁점으로 부각되는 것이다. 그만큼 파업을 더욱 악화시키고 장기화시키는 원인이 된다. 그런데 파업 장기화는 생산 차질을 초래하는 만큼 사용자로서도 원하는 바가 아닐 것이다. 이와 관련해 김동춘의 말은 시사하는 바가 크다.

"사용자의 입장에서는 …… 노조에 대한 경영권의 장악력을 잃을 경우 그 몇 배의 손실을 가져올 것으로 예상하기 때문에, 경영권의 도전을 가져올지도 모르는 노조의 활동 영역에 대해서는 단기적인 경제적 손실이 있더라도 비타협적 자세를 견지하게 된다. 즉, 사용자는 '장기적 이익'을 위해 '단기적 이익'을 양보하면서라도 노조에 대해 단호한 조치를 취하려 하는 것이다."(김동춘, 187쪽)

사용자들은 파업 때마다 가압류·손해배상 청구에 나서겠다고 공공연히 퍼뜨리면서 조합원들을 압박하여 사태를 더 악화시킨다. 게다가 사용자가 가압류·손해배상 청구를 휘두르는 사업장은 대부분 장기파업 사업장인데, 장기간 무노동 무임금 상태에서 가압류·손해배상 청구까지 당하면 노동자들은 생존권을 위협받을 수밖에 없다. 또한 그 대상이 일반 조합원 및 가족들에게까지 전방위적으로 확대되면서 물질적·정신적 압박으로 인해 조합원들의 갈등을 유발하기도 한다.

가압류·손해배상 청구는 사용자가 주도하는 헤게모니적 파업 통제 방식이다. 국가가 생산과정에서 일정하게 물러남에 따라 사용자는 공권력을 동원한 직접적인 통제 대신 간접적인 헤게모니적 통제로 이행하고 있다. 물리적·억압적 통제가 아니라 법과 제도를 통해 노동자의 집합적 권리를 축소시키고, 나아가 '민사상 통제'로써 노동자의 복종과 동의를 유도하는 전략이다.

"1990년대 이후 …… 관리자들은 자주노조를 파괴하기보다는 노조 지도자들을 길들이고 매수하려 했으며, 법적 제재를 동원하여 노조를 제약하려고 노력했다. '무노동 무임금' 원칙은 이런 점에서 효과적이었다. …… 기업주들은 불법파업을 일으켜 회사에 물질적 손해나 생산 차질을 끼친 노조 지도자들을 자주 법원에 고발하였다. 전투적인 노조들은 점차 국가의 강경노선뿐만 아니라 활동을 제약하는 법적·제도적 기제로 인해 수세에 몰리게 되었다."[26] (구해근, 272쪽)

파업기금이 부족한 노동조합으로서는 재정적·심리적 압박이 더욱 크다. 레닌은 파업기금에 대해 이렇게 썼다. "모든 파업은 근로대중에게 전쟁의 재난이나 다름없는 가혹한 고난을 의미한다. 굶주린 가족들, 임금의 상실, 빈번한 체포, 가정과 직업이 있는 도시로부터의 추방 …… 파업이 성공하려면 파업 중 노동자의 생활을 유지할 수 있는 기금이 필요한 것은 사실이다. …… 공장주들은 오히려 의도적으로 파업을 야기할 수도 있다. 왜냐하면 잠시 동안 일을 중단하여 노동자들의 기금을 고갈시키는 것이 그들에게 이익이 되기 때문이다."(레닌, 36~39쪽)

---

26 구해근은 마이클 부라보이의 용어를 빌려 "한국의 산업체제가 '전제적 공장체제'에서 '헤게모니 체제'로 바뀌었다"고 말한다. 전자가 강압에 기초한 노동체제라면 후자는 주로 노동자의 동의에 기초한 체제라는 것이다.(구해근, 302쪽) "이제 경영진은 더 이상 시장의 경제적 채찍에만 전적으로 의존할 수 없으며 또한 임의적인 전제를 행사할 수도 없다. 노동자들은 경영진과 협력하도록 '설득되어야' 한다. 노동자들의 이해관계는 자본의 이해관계와 조정되어야 한다. 강제가 동의보다 우세한 초기 자본주의의 전제 체제들은 (강제가 완전히 배제되는 것은 아니지만) 동의가 우세한 헤게모니 체제들로 대체되어야 한다."(부라보이, 165~166쪽)

2

노동 : 중심 – 주변의 분단, 그리고 노동의 시민권

무능한 자본,
특권화한 노동

'노동귀족'의 특혜

2000년 초, 현대자동차노조 정갑득 위원장은 회사 쪽과 이른바 '고용안정협약서'를 맺었다. 하청 노동자 비율(16.9퍼센트)을 유지한다는 내용의 노사 합의였다. "내 목에 칼이 들어와도 하청 노동자를 받아들이겠다. 하청 노동자는 정규직의 방패막이다." 인력 감축이 닥치면 정규직 대신 정리해고할 수 있는 충분한 하청 노동자 비율을 유지하겠다는 것으로, 비정규직은 자동차의 범퍼나 다름없었다.

2011년 4월, 금속노조 현대자동차 지부는 '정년퇴직자·25년 이상 장기근속자 자녀 우선채용'을 담은 단체교섭 요구안(제23조)을 대의원 과반수의 찬성으로 확정했다. 신규채용 때 정규직 조합원 자녀에게 가산점을 주라는 것이다.[27] 2000년, 2005년, 2011년 현대차 단체협상 테이블에 등장한 주요 쟁점은 모두 임금인상이 아닌 '고용' 조항이다. '자녀 우선채용' 단체협상안을 바라보는 사회의 시선은 '정규직 특혜', '고용세습', '집단 이기주의', '노동귀족' 같은 언어로 표출되었다. 당시 단체협상 요구안은 현대자동차 정규직 '노동조합'뿐만 아니라 4만5000여 명의 정규직 개별 '노동자들'의 정서를 보여 준다. 우리는 현대차 정규직 노조와 노동자들의 부패한 의식을 질타해야 할까, 뒤에서 웃고 있는 자본을 비판해야 할까? 아니면 '노동유연화 시대'를 살고 있는 한국 노동자들의 슬픈 풍경에 자조 섞인 한숨을 짓고 말 것인가?

미국의 제너럴모터스 린든 공장에서 명예퇴직한 노동자들을 인터뷰한 루스 밀크맨은 《공장이여 잘 있거라》에서 "대다수가 명예퇴직을 잘한 일이라고 생각했다. 많은 노동자들이 공장을 우울하고 감옥 구멍 같은 '지랄 같은 곳'이라고 표현했고, 하루빨리 공장에서 도망치고 싶어 했다."고 썼다.(밀크맨, 197쪽) 현대차 공장이라고 크게 다르지 않을 것이다. 그런데 '늙은 노동자'들은 왜 자신의 노동 생애도 모자라 '감옥 구멍' 같은 공장에 아들까지 입사시키려 하는 것일까? '노동자'가 사회적 실패와 동일시되는 사회에서 '공돌이', '공순이'라는 모욕적인 말로 불렸던 그들이 아닌가. 한국의 노동자들은 분단 이데올로기와 교육을 통해 신분 상승을 추구하는 사회 속에서 노동자로서 정체성을 형성하기 어려웠다. 자녀만큼은 비싼 과외를 시켜서라도 출세시키려 하는 이기적인 아버지이자 소시민이었던 그들이, 왜 팍팍하고 고단한 공장 세계를 자식들에게까지 대물림하려는 걸까? 공돌이·공순이가 언제부터 '기득권'으로 바뀐 것일까?

---

27 1980년대 이전까지 미국의 GM 자동차에서도 많은 노동자들이 가족의 연줄을 동원해 취업했다. 1980년대에 들어 신규 노동자의 채용을 전면 중단할 때까지 공장(GM 린든 공장)에서 오래 근무한 노동자들이 아들, 조카, 친척들을 취업시켜 주는 것이 하나의 관행이었다. "아버지 덕분에 취업할 수 있었어요. 그런데 공장에 취직한 사람들이 모두 그런 식으로 들어왔어요."(밀크맨, 67쪽)

기득권 아닌 기득권

폴 망투는 《산업혁명사》 서문에서 근대적 공장제도의 기원과 특징을 짧고 명쾌하게 드러내고 있다. "자신의 벽 안에 원료를 담고 있고 근대적 생산의 원칙 자체를 명백한 형식으로 구현하고 있는 특징적인 기념비, 이것이 공장이다. 공장 안에는 거대한 작업장들이 있고, 동력을 배급하는 컨베이어 벨트나 컨베이어 선이 그 안을 통과한다. 각 작업장에는 강력하면서도 정교한 기계가 설치되어 있다. 기계는 그곳을 소음으로 가득 차게 하고 훈련된 노동자들의 부산한 노동의 도움을 받다. 기계들은 숨 가쁜 리듬 속에서 그들과 함께 돌아가는 듯 보인다. 이 모든 일의 유일한 목표는 가능한 한 빨리 무한한 양의 상품을 생산하는 것이다. 어떤 공장에서는 직물이 여러 야드씩 풀어져 나오거나 원통형이 꾸러미가 되어 산처럼 쌓인다. 또 어떤 공장에서는 강철이 거대한 증류기에서 부글부글 끓으면서 눈부신 불꽃을 소낙비처럼 뿜어 낸다."_(망투, 상권, 8~9쪽)

포드의 컨베이어벨트 일관작업(원료에서부터 최종 제품이 완전하게 나올 때까지 한 공장 안에서 여러 과정을 완료하는 방식)은 생산성을 5배나 증가시키는 놀라운 시스템이었다. 하지만 노동자들은 똑같은 동작을 10초마다 반복해야 했다. 하루로 치면 9시간 동안 3000번 이상 같은 동작을 되풀이하는 것이다. 영화 〈모던 타임스〉 속의 찰리 채플린처럼 많은 사람들이 이에 적응하지 못하여 거부 반응을 보였고, 결근과 중도 탈락이 기록적인 수준에 달했다.

"1913년에는 1만5000명의 노동인력을 채우는데 한 해 동안 5만3000명을 모집했고, 그해 연말에는 한 공장의 종업원 100명을 증원하기 위해 포드 회사는 963명을 모집해야 했다. 디트로이트의 고용주협회 사무처장은 이렇게 우려했다. '그들 공장은 화약고와 같다. 절대적으로 모종의 조치가 필요하다.' 헨리 포드도 나름대로 생각하는 바가 있었다. 그것은 다소 대담한 생각이었다. 자동차공업의 하루 임금이 2~3달러 일 때 그는 1914년 1월 1일부터 9시간의 노동시간을 8시간으로 줄이면서 임금을 5달러로 올리기로 결정했다. 이것이 바로 '하루 5달러 임금'이다. 그 효과는 즉각 나타났다. 중도 탈락과 결근율이 줄어들었다. 포드 공장의 종업원 모집 사무소 앞에는 차례를 기다리는 행렬이 줄을 이었다. 생산도 급속히 증가하고 '모델 T'의 가격도 떨어졌다. "하루 8시간 노동의 임금을 5달러로 정한 것은 우리가 취한 가장 경제적인 조치 중 하였다. 그런데 이를 6달러로 올림으로써 나는 더욱 경제적인 결과를 얻었다." 실제로 헨리 포드는 1919년 1월 1일 일급을 6달러로 올렸고, 1929년 12월 1일에는 다시 9달러로 올렸다."(보, 233~234쪽)

일반적으로 미국인의 일생을 '자동차 위의 삶life on the wheel'이라고 부른다. 자동차는 '세상을 바꾸는 기계The machine that changed the world'이고, 자동차 공장은 자본주의사회에서 노동과 자본의 관계를 상징적으로 보여 주는 곳이다. 2차 세계대전 이후 자본주의의 황금 시절을 이끈 포드의 포드주의 시스템이 그렇고, 위대한 경영자로 불리는 GM의 앨프리드 슬론Alfred Sloan 사장의 경영철학이 그렇다.[28] 자동차산업은 외견상 보이는 것보다 훨씬 중요하다. 20세기에 자동차산업은 제조 방법에 관한 인류의 생각을 두 번이나 근본적으로 바꾸어 놓았다. 한 번은 포드식 대량생산 방식이고, 다른 한 번은 이른바 '토요타 시스템'으로 불리는 유연전문화 생산방식이다. 무엇인가를 만들어 내는 제조방법이란 '인간의 일하는 방법'뿐만 아니라 소비자 행동 및 사고, 나아가 인류의 생활방식까지 규정짓는다.

서구도 마찬가지지만 단체협약에는 대부분 '선임권seniority' 조항이 있다. 노동자의 해고·재고용 등을 정할 때 근무연한의 우선권을 인정하는 제도로, 현대차 노조의 2011년 단체협상 요구안은 선임권 조항을 자녀 채용에까지 확대한 것으로 볼 수 있다. 물론 그 우선채용 조항이 고졸 생산직(전문대 포함)에만 해당된다면, 자녀가 대학에 진학하지 않은 극소수 조합원만을 위한 협약이 되고 만다. 현대차는 자녀 2명까지 대학 등록금 전액을 지원하고 있고, 이 때문인지 울산의 대학 진학률은 93퍼센트로 전국에서 가장 높다.

정규직 일자리가 자산인 시대

현대차 대공장의 단체협상안은 달라진 세상을 극적으로 보여 준다. 지금은 노동해방보다는 일할 수 있는 '한 짝의 장갑'이 더 소중한 시대다.[29] 정규직 일자리가 곧 '자산job assets'인 것이다. 수많은 청년이 (정규직) '공장 노동'을 원하고 있고, 아버지는

---

28 "포드는 공장에서의 대량생산에는 성공하였으나, 이에 필요한 생산 공장, 기술 부문, 마케팅 부문 등 전체 시스템을 효율적으로 관리하는 조직과 경영을 만들어 내지는 못했다. 슬론은 포드가 처음 만든 대량생산 방식을 발전시켜 오늘날의 대량생산 방식 형태로 완성하였다. …… 포드식 공장에 슬론식 마케팅 및 경영 기법을 더하고 (연공서열과 고용안정을 중시하는) '직무통제 노조주의Job-control unionism'라는 노동조합의 새로운 역할을 혼합한 것이 바로 성숙한 대량생산 방식의 모습이다."(위맥 외, 71~72쪽)

29 150여 년 전인 1854년, 영국의 유리 제조공 조합원들은 총파업 대신 다른 곳에 일자리가 있으면 한 사람씩 조용히 퇴직해 버려 악질적인 고용주를 파멸시키자는 제안을 종종 제출했다. "노동자들이 한 사람, 한 사람 직장을 그만두고 그 자리에 어느 누구도 들어오지 않으면, 압제자의 오만불손한 태도가 사라지면서 어찌할 수 없는 무력감을 느낄 것이다."(웨브 부부, 상권, 209쪽) 그러나 2000년대에 일자리를 둘러싼 노사 간 역학구도의 주도권은 완전히 사용자 쪽에 넘어가 있다.

정규직, 아들은 비정규직인 상황에서 늙은 노동자들은 '나를 자르고 내 자식을 정규직으로 써 달라'고 요구한다. 현대차 공장의 내부노동시장에는 복지와 임금 등 물질적 기반이 갈수록 더 두껍게 쌓이고 있다. '입직구入職口'를 통해 그 내부에 들어가기만 하면 강고한 노동조합 울타리 속에서 상대적으로 안정된 고용과 고임금을 누릴 자격을 부여받는다. 우리 사회 독점 대기업의 사회·경제적 지위는, 국민경제에서 차지하는 비중이란 수치를 넘어 이런 구조 속에서 진정한, 현실적인 모습을 드러낸다. 물론 그 반대쪽에는 하청 노동자의 저임금과 불안이 거대한 두께로 웅크리고 있다.

회사 쪽은 속으로 크게 웃고 있을지 모른다. 장기 근속자 자녀 우선채용 조항이 체결되면 사내 하청 비정규직 문제 해결은 더욱 어려워질 수밖에 없다. 굳이 감시·감독하지 않아도 정규직 노동자는 더 오래 회사에 붙어 있으려고 열심히 일할 것이고, 정규직 일자리를 잃지 않으려고 필사적으로 노력할 것이다. 비정규직 외면은 더 심화되고, 위기 때 안전판 역할을 해 줄 비정규 고용을 오히려 더 늘리라고, 혹은 정규직으로 전환하지 말라고 요구할지도 모른다.

정규직 자녀 우선채용이 뜨거운 논란이 된 건 우리가 '비정규직 시대'에 살고 있기 때문이다. 날마다 출근하면서도 희망이 없는 850여만 명의 비정규 노동자가 있다. 최장집은 《한국의 노동운동과 국가》(1988)에서 "우리 시대에 있어 노동은 우리의 개인적, 그리고 집단적 삶의 형식과 내용을 규정하는 가장 핵심적인 문제로 우리 앞에 나타난다."고 했다. 비정규 노동은 사무실에서 학교에서 거리에서 지하철에서 식당에서 시야에 넘쳐나지만, 어떤 의미에서 '실종'되고 있다. 너무 흔해서 비정규nonstandard가 아닌 또 다른 표준적standard 고용 형태가 되고 있다. "한 사회에서 어느 수준이 적정한 '시장균형임금' 수준인지는 경제이론으로 해명되는 것이 아니라, 당시의 몇 해 동안 정상적인 경기흐름 속에서의 실제 평균임금을 준거로 할 수밖에 없다."(Solow, p.18)는 솔로 교수의 말에 기대어 보면, 비정규직의 저임금 수준이 노동시장의 균형 적정임금 수준으로 공고화되는 도상에 들어선 것일까?

여기저기서 수많은 장기투쟁과 싸움이 벌어지는데도 비정규 노동 문제는 흡사 물에 젖은 장작처럼 큰 불길로 번지지 못하고 있다. 중요한 건 노동과 자본의 '사회적 관계'다.[30] "능력에 따라 일하고 필요에 따라 분배받는" 유토피아가 아니더라도, 자율적인 노동과 자유로운 노동은 얼마든지 꿈꿀 수 있다. 그러나 '노동의 자유와 희망'을 내건 노동의 저항은 좀체 불붙지 못하고 있다. 자본이 주도하는 시대에 노동의 저항은 과로過勞한 '시시포스의 노동'[31] 그치고 마는 것일까?

비정규직 차별을 해소하려면 대기업 정규직의 임금 양보가 필요하다는 말이 나오면, 말 같지도 않은 소리 집어치우라는 고함이 터져 나온다. 현대자동차 노동자들만 그런 것이 아니다. 어쩌면 이들은 자신의 고용안정과 상대적 고임금이 수많은 비정규 노동자들의 희생에 기초한다는 사실을 스스로 너무 잘 알기 때문에 그러는 것일지도 모른다. 노동조

---

30 로널드 코스는 현실 기업에서 노동과 자본의 법률적 관계를 이렇게 말했다. "첫째, 노동자는 사용자 또는 사용자를 대신하는 다른 사람들을 위해 자신의 노동서비스를 제공해야 하는 의무를 갖는다. 이 의무가 없다면 노동거래는 일반 상품교환과 같을 뿐이다. 둘째, 사용자는 노동자의 노동과정을 통제할 권한을 갖는데 개별적으로든 다른 감독 노동자나 대리인을 통해서든 통제할 수 있다."(Coase, 1937)

31 자본주의 내에서 임금인상과 근로조건 개선은 한계가 있을 뿐 아니라 언제든지 후퇴한다. 이 때문에 독일 혁명가 로자 룩셈부르크는 이를 "시시포스의 노동"이라고 말했다.

합은 이제 '나의 이익이 다른 노동자의 이익과 충돌할 때 어떻게 해결할 것인지' 진지하게 고민해야 한다.

우리 사회에서 비정규직은 경제적 결핍과 고용 불안을 넘어, 주거·환경·교육 등 모든 영역에서의 '사회적 배제'를 의미한다. 기업은 '임금비용 통제'를 경쟁우위 전략으로 삼고 있다. 이른바 '저임금 경제'다. 인건비 따먹기에 골몰하는 '무능력한 자본'이 지배하는 세계에서 삶의 불안정과 위험은 하청·외주·용역 노동자들의 어깨에 전가된다. 자본은 '도급·하청'이란 이유로 노동에 대한 책임과 의무를 은폐하고, 일자리 불안 속에 정규직 노동자는 자녀 고용 세습에 매달리고 있다.

대공장에서는 파업이 발생하면 회사 쪽이 알아서 물질적 이익을 챙겨 주는 관행이 형성된 반면, 노조가 가장 필요한 다수의 노동자는 노동조합조차 가져 보지 못하고, 설령 노조가 있어 파업한다 해도 회사에서 얻어 낼 물적 기반 자체가 없다. 힘 있는 노동조합에서 요란한 투쟁 구호를 앞세웠으나 결과는 언제나 조합원들만의 임금·복지 향상으로 축적됐다. 이제 '어떤' 노동자를 위한 운동인지가 노동운동의 정당성을 가르는 잣대가 되었다.

1970년 11월 전태일이 죽어 가면서 "어머니, 배가 …… 고파요."라고 말했듯, 비정규 노동자는 배도 고프고, 노조도 고프다. 1000명 이상 대기업은 노조 조직률이 80퍼센트에 달하지만, 100명 이하 사업장의 비정규직 노조 조직률은 3퍼센트에 불과하다.(〈표 14〉 참조) 주변부 노동시장이 커질수록 노동조합 조직화는 어려워지고 노사관계를 통한 보호 역시 기대할 수 없다. 공정한 노동과 사회보장이 필요한 집단일수록 조직률이 낮다. 2010년 현재 저임금노동자의 조직률은 1.2퍼센트이고, 비정규

〈표 14〉 사업체 규모 및 고용 형태별 노조 가입 현황(2011년 8월) 단위 : 명, ( ) 안 %

규모	조합원 수 및 조직률		
	정규직	비정규직	전체 노동자
1~4인	2만2000(3.5)	1만2000(0.4)	3만4000(1.0)
5~9인	5만1000(4.6)	1만1000(0.6)	6만2000(2.1)
10~29인	24만7000(12.6)	3만4000(1.7)	28만1000(7.1)
30~99인	41만3000(18.8)	3만8000(3.0)	45만1000(13.0)
100~299인	39만9000(29.5)	3만(7.3)	42만9000(24.3)
300인 이상	62만8000(38.5)	2만5000(7.4)	65만3000(33.2)
전 규모	176만(19.9)	15만(1.7)	191만(10.9)

자료 : 통계청, 경제활동인구조사 부가조사(2011년 8월)
출처 : 김유선(2011b)

직 노동자의 조직률은 3.1퍼센트며 이마저도 계속 떨어지는 추세다. 기업 규모에 따른 조직률 격차도 커서 중소 영세사업장 노동자는 고용 형태를 불문하고 조직률이 매우 낮아, 전체 임금노동자의 약 60퍼센트를 차지하는 30인 미만 사업장의 조직률은 0.2퍼센트에 불과하다. 노동조합이 취약하다는 것을 넘어서 노동조합이 사실상 존재하지 않는 것이다.(은수미, 2011)

한 사회의 생산을 담당하는 직접노동자들은 '불의 연대'를 달궜던 변혁의 시대를 지나 이제 나와 가족의 고용 불안, 그리고 내 옆의 비정규직이라는 '새롭고 복잡한' 노동 세계와 대면하고 있다. 풀기 어려운 문제가 분명하지만, 그래도 대공장의 강한 노조는 아직 노동자의 이름을 걸고 집단적으로 '발언'할 기회와 물질적·조직적 권력 자원을 갖고 있다. 이 힘을 어디에 어떻게 쓸 것인가? 그저 '조합원의 정서' 뒤에 숨고 만다면 노동조합 '운동'이 아니다. 대공장 정규직 노동자들에게 지금 부족한 건 '힘'이 아니라 '현재에 대한 저항'이다.

기업복지, 그들만의 단협!

　현대·기아차 공장 조합원과 가족은 단체협약(이하 '단협')을 통해 진료비와 대학생 자녀 등록금을 상당 부분 이미 지원받고 있다. 따라서 보편적 복지, 곧 무상교육·무상의료 같은 '세상을 바꾸는' 사회적 의제에 별 관심이 없고 적극적인 행동에 나설 이유도 없다. 프랑스는 노조 조직률이 우리나라와 비슷한 10퍼센트에 불과해도, 조직화되지 못한 대다수 사업장 노동자들이 단협을 적용(전체 노동자 중 단체협약 적용자는 약 80퍼센트)받는다. 노동조합의 포괄 범위가 산업별·지역별로 돼 있고, 노사가 맺은 협약이 교섭 당사자 이외의 동종 업종과 지역으로 확장 적용되기 때문이다. 반면, 우리나라는 조직 노동자들에게만 단협이 적용된다. 대공장 노조마다 회사와 체결한 단협 내용이 복잡하고 포괄적이지만 모두 '그들만의 조항'일 뿐이다. 금속산업 대공장 노조의 2004년 단협 내용을 보면, 병원비 항목의 경우 기아차는 조합원과 가족의 입원진료비가 50만 원 초과 시 초과분 전액을 지원하고 외래진료는 월 10만 원을 초과하는 본인부담금 중 본인은 전액, 가족은 반액을 지원한다. 현대차는 입원진료비가 월 10만 원을 초과하면 본인은 초과 금액 전액을, 가족은 반액을 지원하고 외래진료는 본인은 전액, 가족은 반액을 지원한다고 규정하고 있다. 장학제도 항목을 보면 현대차는 3년 이상 근속 조합원의 자녀에게 중·고교 전 자녀, 대학교는 2명까지 재학 중 등록금 전액을 지급하고 취학 전 조합원 자녀에게는 1년간 분기별로 10만 원씩 유아교육비를 지원하기로 합의했다. 또, 조합원의 노후 안정을 위해 개인연금을 월 2만 원씩 퇴직 시까지 납부하도록 규정하고 있다. 민주노총이 무상의료와 무상교육을 핵심 사업으로 결의하더라도, 대공장 노조는 이미 단협으로 의료와 교육을 전폭적으로 보장받고 있기 때문에 이런 사회적 의제에 총력을 기울일 리 없다.

그들만의 노동운동,
노동의 분열

'공동체'를 잃어버린 노동운동

1962년, 밀턴 프리드먼은 미국 노동조합에 대해 이렇게 말했다. "1930년대 지식인 사회에서 '노동'과 '노동조합'은 동의어였다. 노동조합의 순결과 미덕에 대한 믿음은, 가정과 모성애에 대한 믿음과 동등할 정도였다. 노동조합을 옹호하고 공정한 노동관계를 촉진하는 광범위한 입법 조치가 있었다. 그리고 노동조합은 강해졌다. 그러나 1950년대에 와서는 노동조합이 하나의 좋지 못한 단어가 되어 버렸다. 그것은 이미 '노동'과 동의어도 아니었고 자동적으로 천사의 편에 선다고 인정받지도 못했다."(프리드먼, 1990, 242쪽)

"자본의 역사는 통합의 역사이고, 노동의 역사는 분열의 역사"라고 했던가. 한국 노동조합운동이 1987년 이후 노조를 민주화·자주화했지만, 노동자의 계급적 단결과 연대는 여전히 숙제로 남아 있다. 연대의 기반이 허물어질수록 개별 노동조합과 노동자들이 선택할 수 있는 길은 단기적 이익 혹은 경제적 보상밖에 없었다. 전투적 경제주의에 길들여진 운동의 관성 속에서, 노조 지도부는 조합원들의 신임을 얻고자 현실적 선택으로 더 높은 임금인상을 추구할 수밖에 없었다.

"작업장에서 처음에 지속적인 조직을 건설한다. 이 조직들은 어느 정도 독립적인 사상과 자원의 도움으로 분열을 극복한다. 노동자들은 생산과 이윤의 안정성을 볼모로 한 위협 수단을 개발하고, 작업장에서 그들의 집단적 힘을 시험해 보면서 대항력의 토대를 발전시켜 나간다. 그러나 작업장은 또한 노동자들의 잠재력과 집단적 희망이 짓밟혀지는 장소이기도 하다."(Panitch & Gindin, 2000) 한국의 비정규, 중소 영세사업장 노동자들에게 노동조합은 희망이 짓밟혀지는 장소인 것일까?

박승옥은 노동공동체가 퇴색되거나 사라져 버린 노동조합은 그야말로 노동운동의 무덤일 뿐이라고 말한다. "초기 공동체운동의 이상이 흔적도 없이 사라진 수많은 노동조합은 눈앞의 임금과 노동조건만 챙기는 이익단체일 뿐이다. …… 청계피복노조뿐만 아니라 동일방직·원풍모방·반도상사·콘트롤데이타 등 대부분의 1970년대 민주노조 조합원들이 가장 강하게 기억하고 있는 것은 공동체 정서이다.[32] 1987년 이후 울산의 노동자들이 경험한 노동공동체야말로 노동운동의 근본 동력이자 이념이다. 산업선교회에 노동자들이 그렇게 몰려들었던 것도 소모임이라는 새로운 인간관계, 새로운 공동체가 있었기 때문이다. 오늘날

---

32 동일방직·원풍모방·반도상사·콘트롤데이타 등 1970년대 노동조합운동의 대표적인 사업장의 조합원은 대부분 여성이었다. 지금은 저임금 서비스업종에 여성 노동자의 취업이 집중되고 있지만, 1970년대 중반에는 규모가 큰 사업체에 여성 노동자가 가장 많이 분포되어 있었다. 1977년 여성 취업자는 1000명 이상 사업체에 28.6퍼센트, 500~999인 사업체에 12.6퍼센트 등, 이른바 대기업 부문(300인 이상 사업체)에 전체 여성 노동자의 약 52퍼센트가 고용되어 있었다. 여성 노동자가 대기업에 많이 고용되어 있었던 이유는, 섬유를 비롯한 몇 개 부문의 대기업에 기업당 수천 명씩 취업하고 있었기 때문이다.(임종철·배무기 편, 59쪽)

한국의 노동조합은 그런 공동체 정신을 잃어버렸다. 지금 한국의 노동조합은 '임금 갈쿠리' 조직의 구렁텅이로 들어가고 있는 중이다. 빨간 띠를 두르고 무수히 많은 깃발을 들고 북을 두드리며 집회를 하고 목이 터져라 단결투쟁을 외치지만…… 오늘날 한국 노동조합이 노동운동 조직인지 되묻지 않을 수 없다. 비정규직 노동자들을 조합원에서 배제하는 노동조합을 노동운동 조직이라고 말할 수 있을까. 임금인상 몇 퍼센트를 세일하듯이 내걸고 자판기처럼 활동하는 노동조합을 노동운동 조직이라고 말할 수 있을까. 노동조합의 본령이 임금협상과 단협이라고 천명하는 순간, 노동조합은 그저 하나의 법정 조직으로서 제도화된 의제기구로 전락한다. 공동체운동 정신이 빠진 제도화는 자본의 하인 조직에 지나지 않을 뿐이다."(박승옥, 2007)

정규직·대기업·남성 중심의 노동운동

외환위기 이후 한국 경제의 고용능력이 심각하게 훼손되면서 대기업 조직 노동자들은 '기득권 노동자'라는 비난을 받고 있다. 일반적으로 개별 노동자는 노조 등 집단적 조직으로 규율을 강제하지 않는 한, 다른 노동자를 희생시켜서라도 자신의 이해를 추구하려고 한다. 따라서 노동자들 간의 경쟁을 극복하려면, 노동자는 조직돼야 하고 하나의 세력으로 행동해야 한다.[33] 그러나 노동과 자본의 관계에 비정규직 급증으로 대표되는 거대한 변화가 일

---

33 아담 쉐보르스키가 '계급 간의 투쟁' 이전에 '계급 내부의 투쟁'을 지적했듯, 임금노동자라는 유사성이 곧 정규직과 비정규직, 대기업 노동자와 중소 영세노동자의 연대를 보장하는 건 아니다. (쉐보르스키, 1995, 98쪽)

어나면서 한국 노동자들은 정규직과, 하나의 세력으로 조직되지 못한 비계급^{non-class}, 곧 다수의 미조직 비정규직으로 양분되고 있다.

이제는 노동 일반이 아니라 고용 형태, '어떤' 노동, '어떤' 노동자를 위한 운동인지 여부가 노동운동의 정당성과 힘을 가르는 잣대가 되고 있다. 노동 세계는 같은 작업장 안에서도 원청노동자와 하청노동자로 확연히 분할되고 있다. 이른바 분할지배^{divide and rule}라고 할 수 있는 바, 그 지위가 제도적으로 승인되고 유지되는, 곧 복지와 임금 외에 여러 가지 수혜 자격을 부여받는 정규직 핵심 노동자들과 그렇지 못한 비정규직 주변부 노동자를 분리하는 경계선이 그어지고 있는 것이다.(드 브뤼노프, 181쪽)

비정규직 착취에서 발생한 독점적 지대를 정규직과 자본이 나눠 갖고, 이런 노사 간 물질적 배분은 노사 담합으로 이어진다. 그러나 정규직이든 비정규직이든 자본의 분할통제 아래서 고통 받고 있는 건 마찬가지다. 즉, 마르크스의 표현을 빌리자면 정규직이든 비정규직이든 "이름은 다르지만 이것은 너 '임금노동자'를 두고 하는 말이다"

'노동조합도 일자리를 지켜줄 수 없다'는 의식이 팽배하면서 노동자들이 노동조합이라는 집단 내의 이득과 개인의 이득을 구분해 선택하는 상황도 전개되고 있다.[34] 총파업 참여율이 극히 낮은 것도 이와 무관하지 않다. 특히 그동안 기업별 교섭에서 노조 간부가 다음 선거에서 다시 당

---

34 맨커 올슨의 《집단행동의 논리The Logic of Collective Action》는 집단의 총이득과 집단에 속한 개별 구성원의 이해관계에 따른 개인들의 행동양식을 날카롭게 분석하고 있다. 올슨에 따르면, 집단과 집단 간의 이해 대립 뿐 아니라, 노동조합처럼 목적을 같이하는 집단 내부에서도 구성원들의 행동은 서로 다를 수 있다. "한 집단 내의 모든 개인들이 그들의 집단 목적을 달성하게 된다면 개인적인 이익도 얻을 수 있기 때문에, 그들이 합리적이고 이기적일지라도 그 목적을 달성하려고 행동한다는 사실은 진실이 아니다. 실제로 한 집단 내의 구성원의 숫자가 매우 적지만 않다면, 그리고 그들의 공통이익을 위해 개인들을 행동하게 만드는 강제나 어떤 고안물(집단이익의 달성과는 좀 거리가 먼 얼마간의 개인적인 유인들)이 제공되지 않는다면 합리적이고 이기적인 개인들은 그들의 공통이익이나 집단이익을 위해 행동하지는 않을 것이다."(올슨, 14쪽)

선되기 위해 보여 줄 수 있는 건 임금인상뿐이었고 어느 정도 임금인상을 이뤄 내기도 했으나, 이제는 임금인상을 따내지 못하는 노동조합이 늘어나고 있고 그래서 노조에 대한 노동자의 신뢰는 더 약화되고 있다.

"노동자는 사회개혁과 역사 발전의 주체"라는 민주노총 강령이 무색하게 노동자들은 밥그릇 싸움만 벌이는 집단이기주의 세력으로 매질당하고, '배부른 대기업 기득권 노동조합의 파업'이란 비판적 정서가 급속히 확산되고 있다. 이를 이데올로기 공세를 동원한 노동조합 때리기라고 폄하할 수만도 없다. 실제로 한국의 전투적 노동조합은 해당 대공장의 조직된 노동자들의 이익만 대변하는 '분파적 경제주의자'이며 임금인상만 추구하는 '경제주의적 전투성'을 갖고 있다는 비판에서 자유로울 수 없다.

노동조합운동이 '또 다른 가진 자의 운동'으로 지목되고 노동 내부의 분열을 확대시키는 데 일조했다는 비판은, 곳곳에서 터지고 있는 노동조합 비리와 맞물려 노동운동의 정당성 논란으로 이어지고 있다. '정규직·대기업·남성 중심의 노동운동'은 노동귀족 이데올로기와 더불어 노동운동을 사회적으로 고립시키고, 오랫동안 거리와 공장에서 싸워 온 열정적인 활동가들을 외롭게 만들고 있다. 사실 정규직 노동조합이 비정규직을 조합원으로 받아들이는 것을 꺼리는 배경에는, 비정규직 노동자들이 노동조합 조직을 장악하지 않을까 하는 우려도 작용하고 있다. 그래서 주변부 노동자들의 투쟁과 요구는 정규직과 대기업 노동자들의 지위를 위협하지 않는 한도 내에서만 인정해야 한다는 주장까지 나오고 있다.[35]

30여 년 전 에릭 홉스봄Eric Hobsbawm은, 경제적·사회적 변화와 함께 육체노동자에서 여성 노동자 및 화이트칼라 노동자의 증가로 노동인구 구성이 변화하고, 자본주의경제가 호황기를 구가하면서 풍요로운 사회가 도래했으며, 이에 따라 1960년대부터 노동의 전진이 멈췄다고 말한 바 있다. 그는 1970년대 작업장에서 거대한 투쟁이 빈발했으나 이는 노동의 전진이라기보다는 대부분 순수하게 임금인상을 위한 파업으로서 '경제주의적 전투성economic militancy'에 불과했다고 말했다.(Hobsbawm, 1981) 이러한 경제주의 노동조합 의식은 더 높은 노동자 연대로 나아가기보다는 개별 노동자들이 서로 경쟁하게 만들었고, 이런 경향은 노동조합운동의 위기를 초래하고, 이것이 자본주의의 전반적인 위기 속에서 더욱 비극적인 상황을 초래했다.

월러스틴은 2차 세계대전 직후의 사회협약(노동의 탈상품화 등 복지국가 계급 타협)에 대해 "서구의 7억 노동자들에게 몫을 나눠 줘도 자본주의체제는 아직 이윤을 남길 수 있다. 그러나 제3세계 수십억 노동자들에게까지 나눠 준다면 더 이상 자본을 축적할 여지가 없을 것이다."(실버, 45쪽)라고 말했다. 그러나 이제 자본은 제한된 역량 때문에 세계 노동자 일부에게만 임금을 양보하여 정규직에게만 큰 몫을 나눠 주고, 대신 비정규직의 저임금을 기초로 이윤을 남기고 있다.

시장의 횡포 속에서 이른바 '괜찮은 일자리decent job'가 사라지고, 노동시장 양극화에 따라 중소 영세기업 노동자와 대기업 조직 노동자, 정규

---

35 1990년 현대중공업의 골리앗투쟁을 이끌었던 오종쇄 전 금속산업연맹 부위원장은 "망해 버린 현중 노조도 현장조직(정파조직)이 10여 개나 된다. 지금 현장조직을 종파주의라고 서로 비판하지만 심하게 얘기하면 조폭보다도 못하다. 의리도 예의도 없다 (중략) 자파의 선거를 도와주면 '민주파'고 그렇지 않으면 '어용'이 된다"고 일갈했다(《매일노동뉴스》 (2005) 제3140호)

직과 비정규직, 남성과 여성, 나아가 내국인 노동자와 이주노동자 사이에 임금·복지격차가 확대되고 있다. 심지어 같은 작업장에서도 원청노동자와 사내 하청노동자, 정규직 노동자와 파견 노동자 등으로 분열되고 분할되었다. 노동시장의 경계가 남성 정규직 1차 노동시장과 주변부 2차 노동시장으로 확연히 구분되고, 특히 남성 노동자와 여성 노동자의 분할도 확대되고 있다. 점점 늘어나고 있는 여성 노동자 대부분이 비정규직이고 중소 사업장에 분포하고 있기 때문이다. 물론 노동계급은 단일한 존재가 아니다.

스웨덴의 연대임금정책 모델

쉬잔느 드 브뤼노프의 《국가와 자본》에 따르면, 자본주의 시장에서는 복지와 기타 수혜 자격을 부여받는 등 그 지위가 제도적으로 승인되는 노동자들과, 시간당 직접임금만 지불받으며 초과 착취되는 잔여 노동자를 분리하는 경계선이 생긴다.(드 브뤼노프, 181쪽) 즉, 간접임금 혹은 임금 외 여러 가지 혜택을 누리며 평생 자본주의 경제 안에 편입되는 핵심 노동자들과, 그렇지 못한 주변부 노동자들로 나뉜다는 것이다. 한국의 비정규 노동자들은 사회보장보험은 물론 단체협약에 제도화된 복리후생, 휴일휴가 등 비금전적 혜택에서 철저히 배제되어 있다.

과거에는 정규직 조직 노동자들이 임금교섭과 단체협약을 통해 확보한 조항들이 미조직 중소 영세사업장의 임금인상으로 일부 돌아가곤 했다. 대기업 노동조합의 경제주의적 전투성이 임금인상을 선도하는 역할pattern setter을 하여 중소기업 노동자의 임금인상을 견인하는 효과를 가져왔던 것이다. 그러나 이는 지속적인 경제성장이 이뤄지던 시절의 이야기일 뿐, 외환위기 이후에는 그 연결고리가 완전히 끊어졌다. 정규직 노동자가 비정규직을 자신의 고용과 임금의 안전판으로 삼을 만큼, 중소 영세사업장 노동자들과의 연대는 사라져 버렸다. 한국의 노사관계를 지배해 온 기업 수준의 임금 및 단체협상이 '연대를 통한 노동의 탈시장화'라는 노조 활동의 근본원칙과 정면충돌하기 시작한 것이다. 2011년 현재 노동조합조직률이 9.8퍼센트에 불과하고, 단체협약 적용률도 12퍼센트대에 그치고 있는 현실에서, 조직노동과 미조직노동 사이에는 심연과도 같은 균열이 존재하고 있다.

스웨덴의 연대임금정책 모델은, 노동운동의 평등주의 이상을 촉진하고 각 산업 부문에 걸쳐 '동일가치노동 동일임금'을 요구함으로써 비효율적인 기업의 합리화와 퇴출을 유도했다. 평등한 임금을 요구하는 압력이 생산성이 낮은 기업과 산업을 쥐어짜고 시장 퇴출을 강제하여 경제의 역동성이 강화된 것이다. 임금격차를 축소하려는 연대임금정책은 어느 나라에서나 한계기업 퇴출이라는 효과를 가져온다. 당장은 연대임금이 고용 문제를 유발할 수 있으나, 사회 전체적으로 보면 산업구조를 고도화시키는 것이다.

한계기업이 저임금에 의존하여 생존하는 것은, 곧 사회적 평균임금과 저임금의 차이만큼 보조금을 받는 것과 마찬가지이며, 그 부담을 해당 기업의 노동자가 떠안는 것이라고 할 수 있다. 생존을 위협하는 열악한 최저임금의 페달을 밟으며 겨우 굴러가는, 그 페달이 멈추면 금방 쓰러지고 마는 한계기업이라면, 그 기업에 고용된 노동자들을 위해서도 시장에서 퇴출되어야 한다. 한계기업 퇴출로 인해 발생하는 고용 문제는 사회복지와 '적극적 노동시장 정책active labour market policy'으로 해결하면 된다. 한계기업에 고용된 노동자들에게 적절한 교육훈련과 직업알선을 제공하여 새로운 일자리를 찾을 수 있도록 하고, 그 기간 동안의 생계비를 사회복지나 산업복지가 담당하는 방식이다. 성장하는 노동의 힘을 바탕으로 한 산업민주주의와 사회적 합의의 전통에서 탄생한 스웨덴의 연대임금정책은, 고용안정과 임금평등이 성공적으로 결합한 모델이라고 할 수 있다. 강한 노동조합이 경제성장과 성공적으로 결합한 것이다.[36]

반면 한국의 경우 대기업 노동자들은 보수화하기 쉬운 사회경제적 토대에 놓여 있다. 경제적 측면에서 대기업 노동조합들은 시장지배적 기업에 주로 속해 있으며, 당연히 독점지대의 배분에 참여할 수 있는 조건을 갖추고 있다. 그런 까닭에 조합원들의 이익 배분을 극대화하는 전략을 통해 지도력을 유지하고 강화하는 전략을 사용한 것이다. 노동조합운동이 1987년 노동자대투쟁 이후 일정하게 제도적 권력을 갖게 되자 대기업에서 노사 간 담합구조가 형성되고, 이로부터 비정규직 및 사내 하청노동자에 대한 배제 등 여러 형태의 이해관계가 형성되었다. 어떤 의미에서 한국 대기업 노조의 집단이기주의는 이러한 특정 조건 하에서 해당 노동자들이 취한 합리적 선택의 결과이기도 하다.

---

36 서비스경제에서는 연대임금정책이 유지되기 어렵다는 지적도 있다. "1970년대 이후 대다수 선진국에서는 제조업 고용이 감소하고 대부분의 고용 증가가 서비스 부문에서 이뤄진다. 그런데 서비스업은 제조업처럼 빠르고 지속적인 생산성 향상이 이뤄지기 어렵다. 따라서 임금을 올리면서 동시에 생산물 가격을 내리는 것이 어렵다. 결국 서비스 생산물에 대한 수요를 늘려 고용을 증가시키려면, 민간서비스 부문의 임금이 제조업 임금보다 낮게 유지돼야 한다. 즉, 민간서비스 부문의 고용 증가는 임금 불평등이라는 대가를 통해서만 이루어질 수 있는 것이다. 즉, 서비스경제에서 연대임금정책과 평준화된 임금은 고용 창출을 저해하는 결과를 낳는다. 한 가지 해결책은 평등한 임금을 유지하는 대신 정부가 공공 부문에서 고용을 창출하는 것인데, 이는 재정적자 문제를 초래한다. 즉, 고용 증가, 임금평준화, 그리고 재정 건전성이 서로 상충하는 '서비스경제의 트라일레마trilemma of the service economy'이다."(정이환, 84쪽)

'세계의 공장'은
왜 쇠퇴했나?

영국 노동자와 독일 노동자의 질적 차이

영국의 노동운동사가인
조지 콜은 《영국 노동운동사 A Short History of the British Working Class Movement, 1789~1947》
마지막 페이지에서 이렇게 쓰고 있다. "영국이 더 이상 '세계의 공장'
역할을 하지 못하게 되었을 때에도 잠깐 동안, 즉 1939년까지는 해외투
자에 의한 소득이 있었기에 노동자들의 소득 안정성이 유지되었다. 그
러나 2차 세계대전은 이 조건을 완전히 없애 버렸다. 영국 경제 전체는
그 자체의 생산력과, 세계가 영국의 생산물을 흡수해 줄 능력 및 호의라
는 두 가지에 의존할 수밖에 없게 되어 버렸다. 장래 영국 노동계급의
상태는 이제 영국민 전체와 마찬가지로 무엇보다도 이 두 요인에 의존
하고 있다."(콜, 하권, 317쪽)

한때 '세계의 공장'이었던 영국이 쇠퇴한 원인을 '요람에서 무덤까
지'로 대표되는 '복지병'에서 찾는 이들이 있지만, 사실 그 근본 요인은
노동자 교육·훈련의 빈곤에 있었다. 영국은 값싼 노동력과 낮은 노동

생산성이 장기간 지속되는 '저숙련 균형'에서 벗어나지 못하고 있다.[37] 영국에서 자동차·항공우주산업이 성장하지 못하는 것도, 첨단 기술기계와 정보혁명을 효율적으로 사용할 수 있는 '숙련 노동'이 절대적으로 부족하기 때문이다. 그에 비해 숙련 노동이라는 자원을 가진 독일은 고임금 경제에도 불구하고 고부가가치 상품 전략을 통해 산업경쟁력을 갖추고 있으며, 일본 역시 장기적 고용관계를 바탕으로 사용자는 교육·훈련 투자를 늘리고 노동자도 회사에 더 오래 머무르려는 강력한 유인이 상호 간에 작용하고 있다. 사실 노동자의 숙련도가 높아지면 기업이 노동자를 해고하기가 어렵다. 노동자가 회사를 그만두면 훈련에 들인 투자비가 날아가 버리기 때문이다.

독일 등 '고숙련 경제high skill economy'가 보여 주듯이, 노동자의 교육·훈련이 강화되면 노동은 고용이 안정되고 자본은 노동생산성을 높일 수 있어 서로 결속이 단단해진다. 반면, 영국 같은 '저숙련 경제low skill economy'는 사용자와 노동자가 장기적인 관계를 유지하지 못하면 교육이나 직업훈련이 이루어질 수 없다는 사실을 명확하게 보여 준다.

고부가가치 품질경쟁력을 확보해야 한다고 아무리 외쳐도, 숙련이 향상되지 않으면 혁신은 이뤄질 수 없다. 또한 단기적인 성과에 집착하는 경영관행을 고집하는 한, '장기적인' 투자 성과를 내다보는 훈련은 이루어지기 어렵다. 수익의 불확실성 때문에 훈련비용 지출에 인색해지기 때문이다. 기업마다 앞 다퉈 도입하는 성과급 체계도 마찬가지다. 자

---

37 그에 비해 강한 제조업을 바탕으로 한 독일의 노사관계와 경제는, 노동자들의 고숙련에 기초한 사회적 경제 및 코포라티즘corporatism의 '고숙련 균형' 시스템으로 일컬어진다.

신이 보상받을 수 있는 행동에 집중하는 일터에서, 고참이 신참 노동자를 교육할 유인이 생길 리 없다.

자본은 값싼 저임금 노동력을 찾아다니기도 하지만, 숙련 노동이 있는 곳으로 가기도 한다. 외국인 투자규제를 자유화하면 무조건 투자가 늘어나 경제성장에 도움이 될 것이라는 생각은 잘못이다. 아무리 개방적이라 해도 해당 국가의 경제가 매력적인 시장과 높은 품질의 노동 및 사회간접자본 등 생산자원을 제공하지 못하면 외국 기업들은 들어오지 않는다. "초국적기업들이 반드시 외국인 직접투자를 규제하는 나라를 피할 것이라는 생각은 잘못이다. 신자유주의 정통파들의 주장과는 반대로 외국인 투자의 유입 수준을 결정하는 데 있어 규제는 그다지 중요한 요소가 아니다. 기업들이 주로 관심을 가지는 것은 투자유치국의 시장 크기와 성장 같은 시장 잠재력이고 다음으로는 노동력과 사회간접자본의 우수성 같은 사항들이다. 이들은 규제에 대해서는 크게 관심을 두지 않는다."(장하준, 2007, 156쪽)

중국에 진출했던 일본 기업들이 하나둘 철수하는 가장 큰 이유도, 잘 교육받고 훈련된 노동력이 부족하기 때문이다. 이제 숙련 형성을 '성장의 엔진'으로 받아들여야 한다. '비싼 기계'가 그 기계를 만드는 데 들인 비용보다 더 많은 이윤과 생산량을 가져다주듯, 높은 숙련을 가진 노동자가 더 많은 이윤을 가져다준다.

비용 절감 위주의 저숙련 경제

그러나 한국의 대다수 기업은 숙련 형성을 위한 교육·훈련 투자를 기피하고, 필요하면 다른 기업에서 숙런 노동자들을 스카우트하면 된다고 생각하고 있다. 이른바 '숙련 무임 승차'가 횡행하고 있는 것이다. 단기 성과주의가 지배하면서 어떤 기업도 노동자의 숙련 형성을 도모하려 하지 않는다. 여기저기서 한국 경제의 '산업정신' 상실을 걱정하는 소리가 높아지고 있다. 기업들이 투자를 하지 않는다고 질책하며, 새로운 '미래 성장 동력 산업'을 발굴해야 살 길이 열린다고 외치고 있지만, 노동자에 대한 인적자본 투자를 늘려 성장 동력을 높이자는 이야기는 들리지 않는다.

노벨경제학상 수상자인 조지프 스티글리츠는 《세계화와 그 불만 Globalization and its discontents》에서 "한국의 민간 기업주들은 노동자들을 해고할 때 대단한 사회적 양심을 발휘했다. 그들은 사회적 계약이 존재한다고 느끼고 있었다. 설사 그것 때문에 자신의 돈을 잃을지라도 그 계약을 저버리기를 꺼렸다."고 말했다.(스티글리츠, 2002, 119쪽) 그러나 이는 스티글리츠가 한국을 방문했던 1990년대 초의 모습이다. 비정규직 급증과 정리해고 속에서 기업과 노동자 간의 결속, 신뢰와 장기적 관계는 깨진 지 오래다. 자연히 노동자의 교육·훈련이 줄어들고, 숙련 형성을 통해 고부가가치를 창출하기보다는 노동자의 권리를 삭감함으로써 경쟁 우위를 찾으려는 노력이 강화되고 있다. '노동 유연화'도 교육·훈련을 통해 노동자들의 숙련을 향상시키는 '기능적 유연화'가 아니라, 노동을 언제든 쉽게 갈아치울 수 있는 상품으로 취급하는 '수량적 유연화'가 판치고 있다.

단기 성과주의를 추구하는 경제는 값싼 저임금 노동력 – 저생산성 – 저숙련의 '나쁜 균형'에서 벗어나지 못하고, 결국 저숙련 경제로 빠져들 수밖에 없다. 윤윤규에 따르면 제조업의 경우 1997~1999년에 이루어진 대규모 고용감축이, 2000년 이후 기업의 생산성 및 기업성과 개선에 유의미한 효과를 미치지 못한 것으로 나타났다.[38] 또한 이 기간 중에 대규모 고용감축을 실시하지 않았던 기업일수록 교육훈련비가 높게 나타났는데, 이는 인적자본에 투자를 많이 한 기업일수록 외적 경제환경 변화에 대한 대응력이 높아서 고용조정에 의존하는 경향이 낮다는 사실을 입증해 준다.(윤윤규, 2007)

독일의 노사관계학자 볼프강 스트리크Wolfgang Streeck는 "늙은 개한테는 새로운 기술을 가르칠 수 없는데, 그 개가 늙었기 때문이 아니라 그렇게 오랫동안 성장해 온 방식대로 남아 있으려고 하기 때문"이라며, 청소년기부터 제도적으로 교육훈련이 이루어져야 한다고 했다. 영국과 미국이 독일에 비해 산업경쟁력에서 뒤처지게 된 근본 원인은, 노동자의 숙련 형성을 오직 시장논리와 기업에 맡겨 놓았기 때문이다. 반대로 독일 경제가 고비용(고임금), 짧은 노동시간, 높은 복지비용에도 불구하고 국가경쟁력이 높은 배경에는, 가격보다 노동자 교육훈련을 바탕으로 생산성을 높이는 고부가가치 품질에서 경쟁우위를 갖고 있기 때문이다. 이를 통해 높은 임금을 지탱할 수 있는 것이다. 스트리크는 "시장경쟁에서 투자비용을 회수할 수 있을지를 둘러싼 불확실성이 높은데, 이런 상황에서 숙련은 집단적인 재화(공공재)가 된다. 너무 합리적이고 단기 이익을 추구하는 비용 절감 위주의 기업들은 제 꾀에 넘어가서 손해를 보는 격이 된다."고 충고한다.[39]

숙련 형성은 특히 공장에서 '인간화된 노동'을 지향한다. 노동자에

---

38 고용보험 데이터베이스와 한국신용평가정보 기업데이터베이스의 7개년(1997~2004) 패널자료를 실증 분석한 결과이다.

대한 교육 및 훈련 투자는 사유재이면서 동시에 공공재이다. 즉, 개인의 기술을 증대시킬 뿐 아니라 동시에 경제 전체의 생산성을 증대시키는 투자이다. 고숙련의 길을 택하고 정착시키면 '고임금-고생산성-고투자'의 성장 궤도로 올라서고, 경제를 재생산할 수 있는 제도와 기업관행 그리고 신뢰 관계도 창출하게 된다. 이런 선순환은 장기적 투자와 장기적 고용관계에서 가능하다. 당장 눈앞의 실적만 추구하는 단기주의short-termism 시야로는 이런 고부가가치 혁신이 이뤄질 수 없다.[40]

한국 경제에서 조지프 슘페터가 말한 바와 같은 혁신적 기업가는 찾아보기 어렵다.[41] 우리나라 노사의 시계視界·time horizon는 외환위기 이후 더욱 짧아진 것으로 평가되며, 이에 따라 노사 모두 기회주의가 발흥할 취약성에 노출되어 있다. 사용자는 단기 수익성과 주가 중심 경영에, 노조는 고용 불안 속에서 단기 실리주의에 집착하고 있다. 한국의 CEO들은 '천재 한 사람이 수십만 명을 먹여 살린다'고 말한다. 정말 그럴까?

---

39 Streeck, W(1989). "Skills and the Limits of Neo-liberalism: The Enterprise of the Future as a Place of Learning", *Work, Employment and Society* 3(1).

40 영국의 제조업체 200여 개를 분석한 결과, 오직 해고의 자유에 매달리는 '수량적 유연성numerical flexibility'을 추구하는 기업의 성과는 낮은 반면, 다양한 직무기능을 갖춘 노동자를 육성하는 '기능적 유연성functional flexibility'과 '높은 길'을 추구하는 기업의 성과는 높은 것으로 나타났다.(Jonathan & Sheehan, 2001) 또한 노동시장 탈규제로 비정규 고용을 확대하는 수량적 유연성 추구가 혁신적 경제를 이끈다는 어떤 증거도 발견되지 않은 반면, 기능적 유연성이 높고 고용이 안정된 기업은 혁신을 이끄는 것으로 나타났다. 결국 '낮은 길'은 기업 혁신과 경제 혁신에 방해가 될 뿐이다.(Jonathan & Sheehan, 2003)

41 조지프 슘페터는《경제발전의 이론Theorie der wirtschaftlichen Entwicklung》(1912)에서, 자본가들 간 경쟁을 파멸적이라고 본 마르크스와 달리 이를 고무적인 과정으로 보았다. 즉, 한 자본가가 다른 자본가들을 죽이는 과정이 아니라, 한 혁신적 개척자가 길을 터놓으면 여러 기업들이 그 선도자를 뒤따르는 과정이다. 자본주의 경제를 움직이고 활력과 생기를 불어넣는 건 '자본가'가 아니라 돈키호테처럼 나타나 정태적 균형을 깨고 동태적 발전을 촉발시키는 '혁신기업가'이다. 주류 경제학이 상정하는 경제인은 완벽하고 객관적인 정보 하에서 치밀하게 한계비용과 한계효용을 따지는 개인인 반면, 슘페터의 혁신기업가는 불완전한 정보와 미래의 불확실성 속에서 비전과 의지를 믿고 직관과 통찰에 의존해 모험과 도전을 감행하는 영웅적 인간이다.

"두 사람의 머리가 한 사람의 머리보다 낫다. 과연 얼마나 나은지가 문제일지 모르지만 어쨌든 그렇다."(스티글리츠, 2003, 255쪽)

낮은 길로 갈 것인가, 높은 길로 갈 것인가

기업의 성과는 공동체 정신과 책임감, 동료들과의 연대감 등이 결정짓는다. 한 사람이 획기적인 수익 모델을 개발할 수 있지만, 결국 장기적이고 응집력 있는 성과를 만들어 내는 것은 숙련, 나아가 다른 노동자들과의 연대이다. 이른바 '시행을 통한 학습learning by doing'은 노동자들이 함께 참여해서 고참 노동자들이 집단적으로 신참 노동자들에게 숙련을 전파할수록 생산성이 높아지고 미래의 노동비용도 절감된다는 뜻이다.[42]

'숙련'이란 무엇인가? 톰슨은 《영국 노동계급의 형성》에서 "1830년대 (요크서나 랭커서 등) 직조공이 거주하는 모든 지역에는 직조공 시인, 직조공 생물학자, 직조공 수학자, 직조공 음악가, 직조공 지질학자, 직조공 식물학자 등이 있었다. 북부의 박물관과 박물학협회들은 직조공들이 세운 것이다. 또 외딴 촌락에서는 평평한 돌 위에 그림을 그려 기하학을 독습하던 직조공과 미적분학을 열심히 논의하던 직조공들의 이야기가 남아 있다."고 말했다.(톰슨, 상권, 405~407쪽) 일찍이 직공職工들은 그 시대 체계화된 지식을 '기술'로 갖고 있는 사람들이었는데, 그중 숙련공들은

---

42 경제성장과 생산성 증가에서 중요한 요인은 노동력의 숫자보다는 노동력의 질이다. 교육기관에서 단순히 지식을 습득하는 것보다는, 실제 산업현장에서 '경험을 통한 학습'을 강화하는 것이 기술적 변화를 추동하며, 이것이 경제성장에 기여한다. 단순히 기술적 진보만을 추구해 생산성을 높이기보다는 노동자들의 숙련학습을 증가시켜야 한다.(Arrow, 1962)

보통의 기계 설치를 맡은 이들도 대개 상당한 산술가였고 기하학 측량법에 일가견을 갖고 있었으며, 응용수학 실력도 상당했다. 직공들은 런던에서 거의 유일한 식물학자였고, 화초재배학회·역사학회·수학회·곤충학회 등도 모두 직공 노동자들이 운영했다. 직공들은 발명가였고 수학 교사이기도 했다.

기술을 '체계화된 지식'이라고 할 때 숙련은 물리적 투쟁 못지않게 강력한 힘을 가진 '노동의 기술적 힘'이었다. 그러나 역사적으로 자본은 노동과정을 통제함으로써 장인적 숙련을 박탈(탈숙련화)하고, 작업장에서 노동자들이 갖고 있던 '구상'과 '실행'을 분리해 구상 기능을 자본가의 수중에 넣었다.

기업은 생산의 장소이면서 동시에 교육훈련의 장소여야 한다. 일본과 독일 경제의 숙련 형성은 고용안정과 밀접하게 연동돼 있었다. 즉, 노동자가 회사를 떠날 가능성이 줄어들면 사용자에게는 교육훈련에 더 많이 투자할 강력한 유인이 생긴다. 고용계약을 해지하기 어려울 경우 합리적인 기업이라면 노동을 고정자본으로 간주하고 생산성 향상을 위해 교육훈련 투자를 늘릴 것이다. 즉, 고임금을 지탱할 수 있는 '수익성과 임금의 조화'가 가능하다. "숙련된 노동은, 그것이 현재 자본주의 강국이 우위를 점하고 있는 유일한 생산자원이라는 단순한 이유 때문에, 저임금 경쟁에 대항하는 핵심 보루이다. 기술적 혁신은 누구나 살 수 있고 모방할 수 있다. 대량생산의, 규격화된 생산설비는 어디에도 설치될 수 있다. 그러나 숙련된 노동에 의존하는 생산과정은 숙련된 노동이 있는 곳에서만 가능하다."(Reich ; 코우츠, 192쪽)

작업장에서 노동력 지출과 관련해, 노동계약 관계에서 수반되는 기회주의적 행동(헌신적 노동을 할 것인지 아니면 태만할 것인지)을 해결하는 두 가지 노사관계 시스템이 존재한다. 하나는 노동자와 사용자 간의 낮은 신뢰와 낮은 참여를 특징으로 하는 '낮은 길low road' 전략이고, 다른 하나는 높은 신뢰와 높은 참여로 특징되는 '높은 길high road' 전략이다. 낮은 길은 영미식, 높은 길은 스웨덴 및 독일식으로 불린다.

앨버트 허시먼Albert Hirschman의 '이탈-목소리내기exit-voice' 구분에 따르면, 낮은 길 전략에서는 불만이 생기면 이탈하여 더 나은 파트너를 찾아 떠나 버린다. 그에 비해 높은 길은 계약관계가 좀 더 안정적이고 장기적이며, 각 파트너가 계약에 더 높은 헌신을 보여 기회주의적 행동이 차단된다. 작업장에서 불만이 발생했을 때 계약을 종료하고 이탈하기보다 단체교섭, 불만 처리 절차, 노사공동위원회 등 여러 메커니즘을 통해 표출하는 것이다. 즉, "파트너를 바꿔 버리기보다는 불만과 차이를 해결하려고 서로 부둥켜안고 싸운다."(Stiglitz, p.12) 고용 불안과 단기간 계약 그리고 낮은 교육훈련을 특징으로 하는 '낮은 길' 전략과 달리, '높은 길' 전략은 높은 교육훈련 투자와 노동자의 자율적이고 자치적인 작업장 권한이 기업성과의 동력이라고 강조한다.(Blyton & Turnbull, 2004)

교육훈련의 성취도는 고부가가치 생산설비가 어디에 체류할지를 결정하는 가장 중요한 요인이다. 인적자본은 물적·금전적 자본과 달리 주어진 한계가 없으며, 자본은 숙련된 지식노동이 있는 곳으로 이동하게 마련이다. 또한 숙련이 형성되면 개별 노동자들도 상당히 오랫동안 기업에 머무를 것으로 기대된다. 주류 경제학은 노동을 언제든 자본으로 대체하고 투입할 수 있는 것으로 본다. '인적자본'으로서 노동의 가치를 믿지 않으며, 노동자들을 쉽게 갈아치울 수 있는 상품으로 취급한다. 그 결과는 노동과 자본의 결속 해체와 신뢰의 상실이다.

교육훈련을 강화하면 고용안정과 협조적 노사관계가 형성되고, 이에 따라 노동자들은 기술변화를 쉽게 수용하게 된다. 반면, 미숙련의 불안정 저임금 노동자는 새로운 기술에 대해 방어적이고 비협조적 태도를 보인다. 교육훈련은 숙련의 습득뿐만 아니라 숙련을 가르치고 배우는 과정에서 작업과 관련된 가치, 곧 작업장에서 다른 노동자들과의 연대를 이루는 바탕이 되기도 한다. 곧, 인적자본 투자와 숙련 획득은 경제성장의 중요한 엔진이다.[43]

2007년 3월 '경제활동인구조사 부가조사'에서 지난 1년 동안 교육훈련을 받은 경험이 있는 사람은 정규직(44.5퍼센트)이 비정규직(16.6퍼센트)보다 2.7배 많았다. 회사가 부담하는 교육훈련은 정규직(27.4퍼센트)이 비정규직(12.9퍼센트)의 2.1배, 소속 국가기관(국·공영 기업)이 부담하는 교육훈련은 정규직(8.3퍼센트)이 비정규직(1.0퍼센트)의 무려 8.3배, 정부 또는 정부 산하기관이 비용을 부담하는 교육훈련은 정규직(6.5퍼센트)이 비정규직(1.2퍼센트)의 5.4배로 나타났다. 정규직과 비정규직의 이러한 훈련 격차는 기업이나 국가기관이 실시하거나 지원하는 교육훈련 프로그램이 노동자 개인의 수요에 초점을 맞추기보다, 소속 회사 또는 기관을 고리로 정규직에 편중되어 있음을 보여 준다.(김유선, 2007)

---

43 롤랑 베나부Roland Benabou에 따르면, 자본시장의 불완전성(신용차입 제약)이 존재하면 특정 소득수준 이하의 개인들(가령 빈자들)은 인적자본에 투자할 돈을 조달할 수 없고, 결국 투자 기회를 얻을 수 없다. 따라서 사회 전체적으로 보면 낮은 수준의 인적자본축적이 이뤄지고 성장률을 낮추는 결과를 초래한다. 결국 불평등은 과소 인적자본 축적을 초래하여 성장에 부정적인 영향을 미친다.(Benabou, 1996) 그런데 게리 베커 시카고대 교수로 대표되는 '인적자본 이론'은 모든 생산요소를 자본으로 환원시키고 노동자도 자본가로 변신할 수 있다고 말한다. 노동자도 차입에 의해 마음껏 인적자본을 '투자'해서 자본을 '축적'할 수 있다는 것이다.

　이와 더불어 비정규직 노동자는 지속적인 지식 이전의 기회에 노출되지 못하기 때문에, 궁극적으로 하향곡선을 그리는 생애 직업 이동을 경험하게 될 것이다. 실제 비정규직 증가는, 장기 고용을 보장받으며 안정적인 직장에서 일하는 중장년층 남성 가장을 위주로 정형화된 기존의 '일'의 모습을 크게 바꾸고 있다. '대공장－정규직－남성'이라는 기존 노동의 성격은 이미 크게 흔들리고 있다.(이주희·이성균, 2003)

'노동귀족'의 탄생?

노동귀족이 파업을?

"투쟁은 조직을 필요로 하고 조직은 항상적인 기관, 곧 급료를 받는 관료를 필요로 한다. 그래서 노동계급은 그 요새(노조)를 관리하는 데 열중하게 된다."(쉐보르스키, 1995, 25쪽) 많은 나라에서 현장 평조합원이 아닌 노동조합 지도부나 상층부는 특권적 소수의 조직인 일종의 '노동귀족층' 혹은 '노동관료'로 여겨졌다. 토니 레인^{Tony Lane}은 《노동조합이 우리를 강하게 만든다^{The Union Makes Us strong}》에서 1800년대 중후반 영국 노동조합 귀족들^{the top-hatted}에 대해 다음과 같이 언급했다.

"주택을 소유하고, 주식을 갖고, 은행 잔고가 넉넉한 수천 명의 노동자들이 노동계급에 큰 영향력을 행사하고 있다. 이들은 신성불가침의 개인 재산권이 침해당하는 것을 거부하며 소득 균등을 추구하는 어떤 경향에도 반대한다. 한 마디로, 노동귀족의 전성기^{hey-day}였다. 특히 숙련공과 장인들은 면방직 노동자나 광부 등 일반 노동자들과 자신들을 분리하고, 어떤 의심이나 도전도 받지 않은 채 노동계급의 가장 윗자리를 차지했다. 숙련 장인과 미숙련 노동자들 사이에 매우 깊은 심연이 고착화되었다. 숙련 장인들은 일반 노동자들과 거리를 두려했다. 숙련 공급량의 통제 여부에 자신의 재산과 경제적 이해가 달려 있었기 때문이다.”(Lane, p.68~70)

한국의 노동운동은 외환위기 이후 등장한 ‘노동귀족’이란 말에 포위돼 사회적으로 고립되고 있다. 파업이 벌어졌다 하면 ‘배부른 노동귀족 사업장에서 파업이 웬 말이냐’는 비난이 언론보도뿐 아니라 대다수 국민들 사이에서 회자된다. 어떤 의미에서 한국 노동운동의 당면 과제는, 과거 ‘어용 콤플렉스’에서 2000년대 들어 ‘노동귀족 이데올로기’로 전환되었다. 노동운동과 노동계급은 더 이상 한국 사회에서 중요한 사회적 행위자가 아니며, 노동운동이 진보적 운동의 주체였던 역사적 시대는 이미 끝난 것일까? 시민운동 진영에서는 노동운동을 이미 기득권에 안주하는 보수적 이익집단이라고 여기는 분위기도 있다. 몇몇 진보적 지식인들도 노동은 더 이상 세상을 바꿀 수 있는 물질적·조직적 힘을 가진 세력이 아니라며 노동운동에 대한 불신과 회의를 내비친다.[44]

엥겔스는《영국 노동자계급의 상태》영어판 서문(1892)에서 이렇게 말했다. “거대한 노조들, 그것은 ‘성인 남성’ 노동자들이 지배적인 곳으로 1848년 이래 그들의 상태가 현저하게 개선된 것은 의심의 여지가 없다. 그들은 노동자계급 가운데 귀족을 형성한다. 그들은 스스로의 힘으로 상대적으로 안락한 지위를 강제하는 데 성공했으며, 그것을 최종

---

44 “대기업 정규직 노조는 현재 노동운동 전체의 조직적·물질적 토대이지만 동시에 이데올로기적 투쟁의 장에서 노동운동 전체를 곤혹스런 위치로 빠뜨리는 존재이기도 하다.”(김종엽, 2004)

적인 것으로 받아들인다. 오늘날 그들은 전체 자본가계급 일반이 다루기에 매우 손쉬운 사람들이다. 그러나 대다수 근로대중들이 살고 있는 비참과 불안정의 상태는 이전처럼 낮은 수준이다."(엥겔스, 1988, 31쪽)

　'노동귀족labour aristocracy'은 일반 노동자들보다 고액의 임금을 받고 의식구조가 부유층과 같아진 특권적 노동자층을 뜻하는데, 원래는 노동운동 내의 기회주의자를 해명하는 데 쓰인 개념이었다. 산업화 초기 영국이 세계 시장을 독점하고 식민지체제에서 초과이윤을 얻고 있을 때, 독점의 잔치에 동참해 혜택을 누린 숙련 노동자 중심의 특권적 소수가 노동귀족을 형성했다.[45] 그러나 자본주의의 발전에 따라 노동력이 탈숙련화되면서 노동귀족은 점점 축소됐고, 이후 노동귀족은 '가장 높은 보수를 받는 노동자 상층'이 아니라 '자본에 매수돼 부패한 노동자층'을 가리키는 용어로 뜻이 바뀌었다. 경쟁이 격화되고 노동귀족을 유지·배양해 온 물질적 기초인 독점 초과이윤이 감소하자 노동귀족은 갈수록 줄어들었고, 서구에서 노동귀족은 현실에서 거의 사용되지 않는 낡은 개념이 되었다. 그런데 왜 유독 한국에서만 노동귀족이란 말이 21세기에 뒤늦게 등장한 것일까? 마르크스의 말처럼 모든 사건은 두 번 반복되기 때문일까? 한 번은 비극으로 다른 한 번은 희극으로.

---

45 일찍이 1800년대 초에 숙련기술을 지닌 장인을 가리킬 때 '귀족aristocracy'이라는 용어를 사용했다. 노동귀족 현상은 흔히 1850년대와 1860년대에 활발했던 숙련공들의 노동조합주의에 수반되거나, 심지어는 제국주의의 결과로 간주되었다. 그러나 실제로는 1800~1850년 시기에 이미 노동귀족이라고 할 만한 엘리트 노동자들이 있었다.(톰슨, 상권, 332쪽)

기업별 교섭의 결과

앨리스 암스덴Alice Amsden은 《아시아의 다음 거인Asia's Next Giant : South Korea and Late Industrialization》에서 한국의 '노동귀족의 출현'을 다음과 같이 설명했다. "1970~80년대 공업화 과정에서 한국의 다각화 기업 그룹(재벌그룹)이 육체노동자들에게 전체 제조업체 평균을 상회하는 임금을 지급한 것은, '특정 회사의 특정 기술firm-specific skills'(기업특수적 훈련)이 공급 부족 현상을 빚었기 때문이다. 남성 노동자의 경우 1년간 사내 경험을 쌓으면 평균 10퍼센트의 임금이 상승하는 반면, 1년간 사외 경험을 쌓으면 평균 3.8퍼센트의 임금 상승밖에 기대하지 못했다."(암스덴, 231쪽)

'때늦은 성장, 때 이른 침체'[46]가 노동조합 내부의 위기를 표현한다면, 노동귀족론은 정의와 민주주의, 사회적 약자 대변이라는 측면에서 노동조합운동이 처한 정당성의 위기를 표현한다. 최장집 교수는 '노동 없는 민주주의'의 위험을 말했지만, '민주주의 없는 노동'도 마찬가지로 위험하다. 노동귀족론을 단지 반노동자적 시각에서 생산·유통·소비되는 과장된 용어라고 치부할 수만은 없다. 노동계급 상층 내지 고임금 노동자층으로서의 노동귀족은 어디에나 존재하기 마련이다.

---

46 앨프리드 마셜은 《경제학원리》에서 "진보는 그 자체로 경제의 세계에서 '자연은 비약하지 않는다Natura non facit saltum'는 경고를 되새기게 한다."(마셜, 2권, 334쪽)고 했다. 경제발전은 연속적이고 점진적인 과정이라는 견해다. 반면 조지프 슘페터는 《경제발전의 이론》에서 경기순환과 발전 과정을 강력한 비약과 정체의 시기, 넘쳐나는 희망과 깊은 절망이 교차하고 바뀌는 비연속적 과정으로 보았다. 이를 한국 노동조합에 적용해보면 1987년 대투쟁을 전후로 한 비약적 성장과 넘쳐나는 희망, 그리고 1990년대 후반 이후 깊은 절망의 시기로 표현할 수 있다. 그러나 마셜의 주장처럼 노동조합운동 역시 비약하지 않으며 여전히 점진적인 성장의 도상에 있다고 볼 수도 있다.

물론 우리나라의 노동귀족은 자본에 매수된 노동자층 또는 노동조합의 권력화에서 비롯되는 '노동관료'와는 거리가 멀고, 독점의 혜택을 누리는 노동귀족에 가깝다. 무엇보다 한국 노동귀족의 물적 바탕은 독점 대기업의 원·하청 관계에서 비롯된 초과이윤에서 비롯된다. 그런데 국가 차원의 복지가 빈곤한 상황에서, 노동자 자신이 불안한 처지를 극복할 유일한 방도는 당장의 임금인상뿐이다. 시장임금만으로 집도 장만하고, 자녀들도 교육하고, 몸이 아플 때 치료비도 써야 하고, 노후 대책도 마련해야 하는 것이다.

한국 노동시장이 경직적이고 임금투쟁에만 주력하는 것도, 사회안전망이 취약해 각자 스스로 모든 것을 책임져야 하기 때문이다. 노동자 의식이 부족해서가 아니라, 오직 먹고살기 위해 임금인상에 매달리고 해고에 극단적으로 저항하는 것이다. 기업을 벗어나면 어떤 보호와 보장도 받을 수 없기에, 노동조합은 회사와의 단체교섭에 매달려 무조건 현금을 많이 받아내려 한다. 상황이 이러하니 한국 대공장 노동조합이 "(독점 대기업의) 오아시스를 버리고 (전체 노동자들의 임금인상을 위한) 강을 찾아나서는 모험"을 하지 않는 것은 어쩌면 당연하다.(김동춘, 438쪽)

사실 노동귀족을 낳는 가장 큰 요인은, '기업별 교섭'이라는 한국의 노동조합 체계다. 서구의 노조가 개별 기업의 '시장임금' 자제를 받아들이는 대신 국가 차원의 복지와 '사회적 임금'을 요구하는 방식으로 사회적 타협을 추구했다면, 한국의 노조는 고립 분산적인 기업별 교섭을 통해 자기 회사 노동자들의 이익만 추구했다. 한국 노동자들의 전투성이 분파적 임금인상에 매몰되는 '경제주의 전투성'에 그쳤다는 비판이 나오는 것도 이 때문이다. 이에 따라 교섭·쟁의권이 '독점 기득권'

으로 바뀌면서 노동귀족이 화두로 등장한 것이다. 사실 대공장 이외의 중소기업 노조는 파업을 해도 회사로부터 얻어 낼 물질적 기반 자체가 없고, 노조가 가장 필요한 중소 영세·비정규 사업장은 노조 조직률이 형편없이 낮다.

물론 정규직 노동자가 비정규직의 몫을 가져간 것이 아니라, 자본과 주주들이 비정규직의 몫을 착취했고 정규직 노동자들의 몫도 일정 정도 빼앗아 간 것은 틀림없다. 그렇다고 노동귀족론이 만연한 이때에 이런 주장만 되풀이하고 있을 것인가? 한국의 노동조합은 상층 관료주의에서 탈피해 현장 조합원들의 좌절과 욕구를 귀 기울여 듣고, 이들의 열망과 분노에서 시작해야 한다. 고용 불안의 공포에 휩싸인 노동 세계의 거대한 변화는 노동운동에게 새로운 질문을 던지고 있다. 노동조합운동은 주도권을 다시 쟁취할 수 있을 것인가?

노동의 시민권

교섭하고 파업할 권리

"노동자들은 미천하고 경멸할 만한 대상으로 무시당했고, 한국 사회의 문화로부터 집단적 정체성의 언어나 조직을 전수받지 못했다. 1980년대 중반까지 한국의 공장 노동자들은 극히 냉소적인 '공순이' 혹은 '공돌이'라는 이름으로 불렸다. 정치적·이데올로기적 환경 또한 노동자들이 자신의 직업적 이해에 기초하여 동질성을 찾는 것을 가로막았다. …… 그들은 되도록 빨리 비참한 공장 세계에서 벗어나고자 했고, 공장 노동자라는 창피한 신분을 벗어 버리고자 했다. 이런 문화적·사회적 환경 속에서 그들 자신을 노동자로 혹은 노동계급의 성원으로 동일시하는 것은 지극히 어려운 일이었다."[47] (구해근, 35~36쪽)

---

47 구해근은 앨버트 허시먼의 용어를 빌려 "이러한 환경에서 한국 노동자들의 지배적 성향이 '목소리 내기 voice'보다 '이탈exit'이었던 것은 자연스러운 현상이라고 말한다.(Hirschman, 1971)

구해근의 지적은 한국에서 노동자들이 집단적 정체성collective identity을
가질 수 없었던 배경을 정확히 설명하고 있다. 이런 정체성은 '노동의
시민권' 형성의 중요한 요소다. 노사관계에서 노동의 시민권은, 노동자
및 노동조합이 사회의 주체 세력으로 참여한다는 의미를 담고 있다. 임
영일은 노동운동의 제도화 혹은 시민권의 획득이, 노동운동이 국가 및
자본으로부터 법인法認을 받는 것을 뜻하며, 이는 집단적(계급적) 주체로
서 노동운동의 자기 정립을 의미한다고 말한다.(임영일, 1997, 64쪽)

시민권은 근대 부르주아혁명 이후 형성된 시민계급이 보통선거권을
획득하는 과정에서 등장했다는 점에서 자유롭고 평등한 '인권'의 개념
이 강하며, 나아가 자신의 이해를 반영하기 위한 개인 또는 특정 계급의
각종 권리 및 저항권을 포함한다. 노동의 시민권은 문화적 측면에서
'정체성'을 형성하는 것뿐 아니라, 정치 및 사회적 자격을 제도화시켜
가는 과정이기도 하다.(박준식, 1997, 158쪽)

한편 파업권 혹은 노동의 시민권 개념은, 노동조합의 사회경제적 기
반을 진단하는 지표가 되기도 한다. 노동의 시민권 획득은 노동계급이
사회·정치 및 경제적으로 정당한 권리와 자격, 그리고 의무를 갖는 독
립적인 사회 존재로 인정받는다는 것을 뜻한다. "영국 노동조합운동은
1920년에 의회 및 정부, 법률 및 관습에 의해서 사회를 이루는 부분 요
소로서 인정받았으며, 국가의 사회적 기구의 일부로서 명확한 승인을
얻었다. 그리하여 노동조합은 영국 국교의 성직자처럼 시민으로서의
투표권뿐만 아니라 하나의 지위 혹은 신분으로서 동의를 부여할 자격
을 허락받았다."(웨브 부부, 하권, 274쪽) 집단적 주체로서 노동조합의 단체행동권,
곧 파업권은 노동 시민권의 핵심 영역으로서, 이른바 '산업에서의 시민

권'이라고 할 수 있다.

노동의 시민권은, 작업장 수준에서는 권리와 의무의 배분으로서, 제도적 수준에서는 좀 더 폭넓은 사회적 맥락에서 진행되는 제도적 지위의 인정과 확장으로 나타난다. 물론 단체교섭의 제도화뿐만 아니라 파업의 권리까지 포함한다. 임영일은 노동의 시민권 확보가 첫째, 시민사회 및 경제 영역에서 자유롭게 스스로를 조직하고 집단적 이익을 방어 및 주장할 수 있는 권리를 확보하는 것, 둘째 정치조직으로서의 정당 결성과 이를 위한 정치활동 자유의 제도화를 뜻한다고 보았다.[48](임영일, 1997, 53쪽)

노동 없는 민주주의

한국의 노·사·정勞使政 관계는 노동의 시민권을 둘러싼 각축의 역사였다. 국가와 자본은 노동자들의 요구를 가능한 한 제한적으로 수용하고, 배제적 노동정책을 유지하는 전략을 펴 왔다. 권위주의에서 민주화로의 이행이 시작된 1987년 이후에도 국가와 자본, 노동의 관계는 작업장 수준에서 제도적 차원에 이르기까지 긴장과 대립이 지속되었다. 그리고 현재 세계화와 신자유주의로 대표되는 새로운 도전이 노동의 시민권과 노동조합의 사회경제적 기반을 심각하

---

48 영국의 사회학자 토머스 험프리 마셜Thomas Humphrey Marshall은 '시민권citizens rights'의 성장과 관련해, 18세기는 '인권civil rights'의 시대로서 '개인적 자유'를 원칙으로 언론·결사의 자유 등 인간의 기본권을, 19세기는 '정치적 권리political rights'의 시대로서 '정치적 자유'를 원칙으로 보통선거권을, 20세기는 '사회적 권리social rights'의 시대로서 사회적 복지를 기본 원칙으로 복지국가를 발전시켰다고 분석한다.(박호성, 12쪽)

게 위협하고 있다. 그동안 사회적·정치적 수준에서 노동자의 이익을 대표할 수 있는 정당 체계나 노동자들에게 우호적인 입법 자원을 전혀 갖지 못한 한국 노동조합의 유일한 권력 자원은 시장에서의 직접행동 뿐이었다.[49] 그러나 불행하게도 경제위기 이후 구조조정, 노동시장 유연화, 고용 불안 등 국가와 자본의 양보를 얻어 내기 어려운 쟁점에서 전투적 동원은 별다른 성과를 거두지 못했다.(조효래, 2002, 426쪽)

경제위기를 맞아 노동자들은 경쟁에 내몰리면서 파편화되고, 노동조합의 고립화와 무력화는 더욱 심화되며, 노동자와 노동조합은 분열되는 경향을 보인다.[50] 노동의 시민권은 이제 사회적·정치적·제도적 연대성의 지지를 받지 못하는 한, 그동안 작업장 수준에서 성취한 것조차 지키기 어렵게 되었다. 박준식은 "한국의 지배계급은 노동자들을 '노동시민'이 아닌 '가격 요인'의 하나 정도로만 보았으며, 노동은 시장 중심적 유연화 논리의 대상이었을 뿐이었다."라며 "이러한 논리에 의하면 작업장의 시민권은 단번에 묵살될 수 있었다."고 말한다.(박준식, 1997, 182쪽)

노사관계는 하나의 제도이다. 국가의 권능으로 성립·이행·강제되는 '제도'가 시장에 개입할 경우, 이 제도는 따르지 않을 때 부과되는 벌칙penalty과 따를 때 주어지는 유인incentive를 통해 개인의 선호를 변화시킨

---

49 고세훈은 '노동 없는 민주주의'를 우려하며 다음과 같이 말했다. "전통적 핵심 노동의 규모가 위축되는 데 더하여 노동 세계 전반이 복합적이고도 중층적인 내부 분열을 겪는 와중에 자본과 국가는 노동시장 유연화에 더욱 매진하고 효율과 경쟁력이라는 신자유주의적 가치와 구호가 담론 세계를 평정하고 있다. 이 모두는 노동운동의 권력 자원(조직률, 결속력, 협상력, 자금력 등)을 급격히 위축시키고 그것이 전통적으로 견지해 왔던 연대와 열망, 집단적 가치와 윤리, 전투성과 변혁정신을 유실시키고 있다."(고세훈, 191쪽)

50 노동자 내부의 파편화와 관련해, 아담 쉐보르스키는 "노동자계급의 이데올로기적 투쟁은 자본가와의 계급 간 투쟁으로 들어가기 이전에 노동자계급의 형성에 관한 투쟁이다."라고 말했다.(Przeworski ; 최장집, 1993, 265쪽)

다. 결국 이러한 제도를 누가, 어떤 집단이, 어떻게 도입하고 변화시키는지가 중요한 주제로 등장한다. 국가뿐 아니라 생산현장의 자치적 관계인 노사관계 역시 이러한 제도(단체협약)를 만들고 변화시키는 힘을 갖고 있다. 비록 시장교환 영역에서 개별 노동자가 노동과 임금을 교환하지만, 작업장 생산 영역에서는 자본과 노동의 집단적 관계 및 이를 규율하는 제도를 자치적으로 형성하는 것이다. 이것이 곧 '노사관계industrial relations'이고, 이를 바탕으로 생산 영역에서 자본가 대 노동자로서 분배와 노동력상품 지출시간(노동시간), 노동지출 거부(파업) 등을 놓고 교환 게임을 벌이는 것이다.[51]

정치학자 아담 쉐보르스키는 노동조합의 단체교섭과 같은 사회세력 간 갈등의 제도화를 민주주의 개념으로 설명하였다. 그에 따르면, 노동의 시민권 획득은 노동조합운동의 투쟁의 결과일 뿐만 아니라 노동과 자본 간 '타협'의 결과이기도 하다. 그러나 한국의 자본은 역사적으로 볼 때, 진정한 타협을 시도한 적이 없다. 국가의 전면적 노동통제라는 보호 속에서 사용자는 파업 파괴자로서, 국가가 일정 정도 철수한 시기에는 아예 노동조합 파괴자로 등장했다.[52]

1987년 이후 노동의 공세 기간 동안 노동자들은 작업장 수준에서 초보적 수준의 시민권을 획득했다. 하지만 이때 '작업장 시민권'은 제도적·사회적 권리보다는 '물질적 보상'을 중심으로 신장되었다. 그리고

---

51 애덤 스미스 이래 시장주의 경제학이, 무인도에 혼자 살면서 생산·소비하는 로빈슨 크루소 경제를 통해 (타인과의 관계를 배제한) 개별 경제주체의 오직 이기심에 기초한 행동이 사회경제 전체의 공동이익을 가져온다고 주장한다면, 마르크스의 과학적 세계 인식은 경제적 세계를 노동과 자본이 맺는 (사회적) '관계'로 파악한다. 그래서 노동과 자본 사이의 갈등과 타협의 제도 역시 노사 '관계'이다.

1989년 이후 사용자들이 대대적 공세에 나서면서 수년간 각축을 벌인 끝에, 사용자들은 노사관계를 주도하고 이를 변화시킬 수 있는 능력을 지닌 주도적 행위자로 등장했다.(박준식, 1997) 이와 관련해 최장집은 한국 노동자계급은 정치 사회에서뿐만 아니라 시민사회 수준에서 계급으로 조직화된 운동으로서도 실패하였다고 본다.(최장집, 1995, 231쪽) 민주주의로 이행한 뒤에도 한국의 노동조합은 온전한 시민권을 획득하지 못하고 있다는 얘기다.

시민권과 계급 문제

노동이 시민권을 획득하고 확장하는 과정은 갈등, 투쟁, 저항, 단결, 타협을 포함한다. 이 과정은 다양한 저항 요인들에 의해 왜곡되고 재구성된다. 노동–자본–국가 간에 격렬하게 전개되는 이러한 각축의 배경에는 민주적 이행과 경제적 재구조화가 있다.

노동조합운동을 시민권의 영역에서 바라보는 것은, 계급 관점의 옹호에서 일정한 후퇴를 뜻한다. 실제로 노동조합운동에서 계급 개념을 폐기해야 한다는 목소리가 날로 커지고 있다. 이제 노동자계급에게 안녕을 말할 때라고 주장하는 이른바 '안녕Goodbye학파'가 대표적이다. 이들

---

52 19세기 말 미국의 철도 재벌 제이 굴드는 "나는 노동자의 절반을 죽이기 위해 다른 절반의 노동자들을 고용할 수 있다."라고 말했다. 미국의 사용자들은 1960년대까지는 단체교섭 무력화 및 파업 파괴를, 1970년대 들어서는 아예 노조 해체를 추진했다. 파업 과정에서 노동자들뿐 아니라 돈으로 고용한 폭력배와 고용주들도 폭력을 행사했다.(Olson, p.70) 전국적 차원의 노조파괴단을 운영한 브라운 앤드 루트 사 등 건설업종에서 거대한 무노조 기업들이 성장했다. 반면 플루오르 사처럼 노조가 조직된 대규모 건축회사들은, 무노조 자회사를 설립함으로써 노조가 조직된 기존 사업장과 무노조 사업장을 경쟁시키는 '이중 대응체제'를 구축했다.(데이비스, 176~177쪽)

은 전통적인 산업 프롤레타리아트의 절대적·상대적 감소를 지적하며, 계급 적대는 더 이상 사회를 근본적으로 분할하는 선이 아니라고 주장한다.[53]

"경제적 발전이 계급 간 경계를 흐린다는 주장이 있다. 실제로 신자유주의 시대에 '노동하는 부자'라는 새로운 계층이 등장했으며, 이들의 소득은 상당 부분 다른 노동자처럼 임금의 형태다. 또 다른 수많은 임금노동자들은 뮤추얼펀드나 연기금 같은 제도를 통해, 주주이자 이제는 생산수단 소유자의 이익을 상당 부분 나누게 된 임노동자들이다. 미국 자본은 신자유주의적 프로그램을 밀고 나가기 위해 다른 계급 분파(고임금 계급)와의 연합이 필요했다. 이 블록과 나머지 대다수 사람들의 격차는 지속적으로 벌어졌다. 신자유주의는 이러한 '이층 자본주의two-tier capitalism'가 사회적 관계의 새로운 틀로 등장하는 데 길잡이가 되었다. 이층 자본주의란 상호 결탁한 '자본가와 (주식을 소유한 노동하는 부자들로서) 고임금 계급' 대 나머지 노동자를 가리키는 표현이다."(Dumenil & Levy, 2004)

'안녕학파' 중 한 명인 앙드레 고르의 주장을 살펴보자. 고르는 후기 산업사회의 새로운 프롤레타리아트neo-proletariat는 개인들로 구성된 모호한 영역에 속하며, 그들의 목표는 권력을 잡는 것이 아니라 생산이 지배하는 시장의 구속(생존을 위한 임금노동)에서 벗어나 자신의 삶을 스스로 자유롭게 통제하는 권력을 회복시키는 데 있다고 주장한다. 여기서 새

---

53 노동자계급과 파업의 소멸을 주장하는 '안녕학파'의 대표적 인물로 에릭 홉스봄, 앙드레 고르가 꼽힌다. Eric Hobsbawm(1981) 및 Andre' Gorz(1982) 참조. 안녕학파의 주장을 반박하는 견해는 캘리니코스·하먼(2001) 참조.

로운 프롤레타리아트는 '탈계급non-class'적인 개인을 의미한다. 고르는 자본주의에 의해 생겨난 노동자계급은 그 자체로 자본의 모사품replica일 뿐이라며, "따라서 변혁의 동력은 자본주의적 생산관계의 표지insignia를 달고 있지 않은 비노동자의 비계급non-class of non-workers으로부터 나와야 한다."고 말한다.[54] (Gorz, pp.67~68)

　노동의 시민권 및 파업권 확보 여부를 따져 볼 때, 활발한 쟁의활동이 곧 노동자의 높은 영향력을 보여 주는 것은 아니라는 사실을 고려해야 한다. 노사관계학자인 코르피Walter Korpi와 살레브Walter Korpi(1979)가 날카롭게 지적했듯, 노동쟁의는 노동자의 힘이 극히 미약하거나 역으로 상당히 강해서 균형을 이룰 경우에는 오히려 발생하지 않을 가능성이 높다. 그러나 온전한 노동 시민권을 인정하지 않는, '노동에 적대적인 자본과 국가'라는 현실적 조건에서 한국의 노동조합은 파업, 특히 '불법파업'을 빈발하게 벌일 수밖에 없다.

---

54 복거일은 노동조합이 자신의 임무를 성공적으로 수행했고, 오히려 바로 그래서(!) 어느 사이엔가 대부분의 노동자들에게 필요 없는 존재가 되었다고 말한다. "현대의 시장경제체제에서는 노동자들의 권익을 위해 노동조합이 수행했던 기능들이 점점 크게 법에 의해 수행된다. 그래서 노동조합이 누리는 독점적 지위는 점점 정당화하기 어려워지고 있다. 반어적으로 그런 상황은 노동조합이 크게 성공한 데서 나온 것이다. 노동조합은 목표들을 거의 모두 이루었고, 그렇게 하는 과정에서 사회적 환경을 크게 개선했다. 그래서 이제는 그렇게 개선된 환경에 맞추어 스스로를 바꾸어야 할 때가 된 것이다."(복거일, 1990, 296쪽)

3

사회경제 :
경제성장과 사회적 대화

국가 : 노동통제의 국가인가,
파트너인가?

과대성장국가와 '불법' 파업

안토니오 그람시Antonio Gramsci는 "동양에서는 국가가 전부"라고 말했다. 그의 말처럼 노사관계 측면에서 우리나라 정부는 강력한 '개입주의 국가'였다. "한국에 노사관계는 없고, 단지 노정관계만 있다."고 할 정도다. "애덤 스미스의 '보이지 않는 손'(곧 시장의 채찍)이 국가 억압기구라는 거대한 난공불락의 '보이는 손'에 의해 주조되고 유지되며 성장하는 것이다."(임현진·김병국, 138쪽) 노동문제 연구도 '노사관계'보다는 국가의 노동통제, 노·사·정 간의 사회적 대화 및 '정치적 코포라티즘political corporatism' 등 '노정관계'를 중심으로 많이 이뤄졌다. 노동문제에서 '자본의 역할'은 상대적으로 소홀하게 취급돼 온 것이다. 일반적으로 노사관계는 노사 간 단체교섭을 중심으로 운영되는 시스템이라서, 국가는 '주도하는 주체'라고 할 수 없다. 그런데 왜 우리나라에서는 역사적으로 국가가 노사관계의 전면에 등장한 것일까?

"노사관계든, 노동시장이든, 노동정치든 우리나라에서 가장 강력하고 중요한 주체는 국가다. 직접적인 사안에서는 특히 그렇다. 또, 노사가 서로 자신의 입장을 고수하고 양보 없이 버티는 상황에서 제일 중요한 요소는 국가다."(노중기, 2007) 민주화 이행기 이전 과대 성장한 권위주의적 발전국가는 억압적·배제적 노동체제를 강고하게 유지했다. 1990년 현대중공업 파업 당시 1만8000명의 경찰병력이 페퍼포그·헬기·해상경비정까지 동원하여 진압작전(일명 '미포만 작전')을 펼치는 등, 군사작전을 방불케 하는 물리적 탄압이 이뤄졌다. 국가가 사용자들을 대신해 노사관계 관리를 떠맡아 온 것이다.

국가는 자본을 대리해 노동규율을 세우기 위한 노동 관련 법과 제도를 만든다. 총파업이나 시기 집중 연대파업 등 대규모 파업이 발생하면 정부는 흔히 관계부처 합동으로 '불법파업 자제를 촉구하는 대국민 담화문'을 발표하여, '국민의 일상생활과 국가경제를 담보로 극한투쟁을 벌이는 과격한 집단행동을 용납하지 않겠다'는 단호한 원칙을 재확인하고, 불법파업 주동자와 가담자를 강력 처벌하겠다는 방침을 세운다. 이는 한국 노동운동을 규정하는 가장 중요한 변수가 '과대성장국가over-developed state'[55]라는 주장과 밀접하게 관련된다.(최장집, 1996)

물론 사용자 못지않게 노동문제에서 국가의 전략과 태도는 중요하다. 한국에서 노동운동을 동원 혹은 탈동원하는 국가 전략은, 노동운동에 국가보안법을 적용하는 등 급속한 근대화 과정에서 폭력적인 형태

---

55 신광영은 한국의 경우 국가가 시민사회 집단들 위에 군림하는 과대성장국가의 형태를 띠면서, 노동조합을 정치적·법적 권리의 영역에서 배제하는 '배제적 억압exclusionary oppression' 정책을 구사했다고 주장한다.(신광영, 1990, 18쪽)

의 노동탄압을 불러왔다.[56] 국가는 특히 노동자들의 불법파업 투쟁이 국민경제를 위기로 몰아가고 있다는 이데올로기를 퍼뜨려 왔다. 이른바 '경제위기 노동자 책임론'이 그것이다. 쟁의가 빈발하면 파업이 물가상승 및 수출 부진의 주범이라는 논리가 어김없이 횡행했다.

취약한 집권세력이 자신들의 지지 기반을 강화하고자 국가와 사회세력 간 연합의 테크닉(정치적 조합주의)을 다양하게 발전시켰던 라틴아메리카의 사례와 반대로, 한국의 국가는 '강력한 잠재적 반체제세력'으로서의 노동자계급에 고도의 강권력을 행사할 수 있는 능력과 이를 재생산할 수 있는 제도적·물질적·이데올로기적 자원을 갖고 있었다.[57] (최장집, 1996, 347쪽) 실제로 한국의 국가는 노동자계급의 이해 표출을 이념적·법적·제도적으로 억제하면서 노동 부문을 무장 해제시켜왔고, 오히려 이로부터 노동자들은 자신들의 열악한 처지가 '공장'이 아니라 국가권력에 의해 초래되고 있다는 사실을 깨닫게 된다.

이처럼 과대 성장한 국가가 노동자들을 시장원리에 순응하도록 강요하는 가운데, 재계는 '불법파업은 공권력 투입으로 맞서야 한다'며 국가의 개입을 촉구해 왔고,[58] 일부 보수언론도 불법파업에 엄정 대처할 것

---

56 전쟁에서 적을 때려잡는 군사작전식 노동운동 탄압에는 으레 경찰과 군대라는 폭력적 국가기구가 동원되었다.

57 최장집과 김동춘(1996)은 한국에서 '강력한 국가'를 재생산해 온 토대를 분단체제라고 본다. 또한 한국 노동자들은 공장에서 높은 불만과 대립의식을 갖고 있지만, 이들이 정치적·계급적 주체로 자각하고 행동하는 것을 차단하는 교육과 경쟁 이데올로기가 작용하고 있다.

58 2001년 5월 효성 울산공장 파업 당시 회사 쪽은 기자회견을 열어 "불법파업과 폭력이 판치는데 경찰은 무얼 하느냐. 세금이 아깝다."고 말했다. 당시 효성은 1980년대의 구사대와 다름없는 '용역경비'를 대거 투입해 스스로 파업 파괴에 나섰다. 용역경비에는 조직폭력배들이 상당수 포함돼 있었다. 이들 용역깡패는 '제복을 입지 않은 공권력'이나 다름없었다.

을 요구하며 공권력 투입으로 분위기를 몰아가면서 파업을 포위했다. 대규모 사업장에서 벌어지는 쟁의는 물리력 이전에 언론에 의해 먼저 '배부른 노동자의 집단이기주의'로 규정되곤 했다. 권위주의적 노동체제에서는 파업 등 노동쟁의labor disputes는 비난받고 대신 노동규율labor discipline이 강조된다. 경제성장 및 생산성 향상을 위해 국가가 노동조합과 파업을 규제하고 자본과 노동 간의 협력을 유도해 '산업평화industrial peace'를 꾀하는 것이다.

또 다른 노동통제 기구

그동안 한국에서 역사적으로 사용자 쪽이 파업에 대한 국가의 '공안적 개입'을 원했다면, 노동계는 노사관계에 대한 국가의 '정치적 개입'을 기대했다. 산별노조가 아닌 기업별노조 체계인 데다 노조 조직률도 10퍼센트 안팎으로 노동자 대표성이 부족하며, 노사 자율로 사회적 타협을 이끌어 낼 만한 조직적·물질적 기반이 취약했기 때문에, 노동계 역시 1987년 이후 국가의 개입을 통해 '힘의 균형'을 꾀한 것이다. 그러나 임영일은 '87년 노동체제'가 본질적으로 끊임없는 재편 요구에 시달리는 유동적인 과도적 노동체제였다고 말한다.(임영일, 1998)

사실 노동과 자본 간 '갈등의 제도화'를 추구했던 '87년 노동체제'는 늘 깨지기 쉽고 상처받기 쉬운 체제였다. 1987년 6월 노동자대투쟁으로 노동운동이 성장하면서 병영적 노동체제가 해체되고, 억압적·배제적 국가도 노사관계의 전면에서 점차 철수하기 시작했다. 그 뒤 노·사·정이 힘의 각축을 벌이는 과정에서, 국가가 노동운동 세력을 인정하고 제도적으로 포섭하기보다는 여전히 배제하려 함으로써, '87년 노동체제' 는 항상적인 긴장과 대립이 지속되는 과도기적 형태를 유지할 수밖에 없었다.

2003년 집권한 참여정부는 노동과 국가의 연합을 모색할 수 있는 가 능성을 안고 있었다. 그러나 참여정부의 노사관계 개입은 대개 '대기업 노조 이기주의'를 지적하는 형태를 띠었다. 민주화 이행 이후 정부가 노 동을 직접 통제하는 대신 헤게모니적 통제로서 '경제위기론'과 '임금인 상 자제론' 등을 내세웠다면, 참여정부는 걸핏 하면 '배부른 대기업 노 조 이기주의'를 꺼내 들었다. '참여'를 말하면서도 한쪽에서는 이데올 로기적으로 노동을 고립시킨 것이다. 참여정부 출범은 노동에 우호적 인 정치세력의 집권이라는 점에서, 노동계의 큰 기대를 받았다. 대선 과 정에서도 노동운동 조직 내부에서 노무현 지지파가 하나의 세력을 형 성하면서, 정치노선을 둘러싼 갈등이 불거지기도 했다. 그러나 '노동자 에 대한 희망의 약속'이라는 대선공약이 장식품에 불과했다는 지적이 나오면서 참여정부 내내 노동계의 불신은 극에 달했다.

정성진은 시장과 국가를 대립하는 것으로 보는 구도에서, 국가를 시 장보다 진보적인 것으로 간주하는 비교자본주의론의 입장을 비판한 바 있다. 자본주의 역사 자체가 시장 우위 국면과 국가 우위 국면의 주기적 교체로 전개돼 왔는데, 국가 우위 국면이 시장 우위 국면에 비해 조금도 덜 자본주의적이거나 덜 반동적이고 덜 착취적이지 않았다는 것이다. 즉, 국가는 자본주의에서 총자본의 이익을 집행하는 기구일 뿐 시장보 다 조금도 진보적인 것이 아니라는 얘기다.(정성진, 2005, 215~216쪽) 어쨌든 2000 년대 들어 국가가 노사관계에서 점차 철수하고 대신 자본과 시장의 힘이 작업장을 지배하는 흐름이 형성된 것은 분명하다.

한국의 노동조합운동은 계급적 운동이기 전에 출발부터 민주화 과제와 인권의 과제를 함께 담당할 수밖에 없었다. 노동조합이 노동시장에서 노동력 공급을 통제하는 독점적 기구('독점의 얼굴')로서의 역할보다는, 부당한 노동통제로부터 노동자의 인간적 자존심을 지켜 주는 일종의 대항권력체 성격을 부여받았다고 할 수 있다. 한국 노동자가 전투적 성향을 갖는 것은, 노동자들이 좌파적이고 계급운동을 지향해서라기보다는, 국가와 사용자의 끊임없는 노동조합 파괴 시도에 맞서 조합을 사수하고 생존하기 위한 어쩔 수 없는 선택이었다. 분단국가인 한국에서 국가는 노동운동을 배제하고 억압하는 노동통제 기구였다. 국가 행정 부처 중 노동부는 노동자의 편인지 사용자의 편인지 정체성을 밝히라는 질문으로부터 자유로울 수 없었다.

노동통제 기구로서 한국 국가의 모습은 기업별노조 강제에서 적나라하게 드러낸다. 1960년대 박정희 정권은 국가조합주의적 노동통제를 위하여 산별노조 체제를 확립했다. 이는 국가의 노동통제를 용이하게 하고자 독점적 이해 대표권과 산하 조직의 통제권을 준 것일 뿐, 산별 체제의 핵심인 기업 울타리를 넘어 산업별로 통일행동·통일교섭을 전개하고 단일 단체협약을 체결하려는 것은 아니었다. 그 결과 원칙적으로는 본부조합이 단체교섭권을 갖고 필요에 따라서만 지부장이 위임교섭을 할 수 있게 되어 있었으나, 실제 본부조합이 단체교섭을 행한 경우는 드물고 대부분 지부장이 단체교섭을 행하였다.[59]

그리고 1973년에는 노동조합법을 개정하면서 '단체교섭에 있어서 전국적인 규모를 가진 노동조합'이라는 표현을 삭제함으로써 산별노조 체제를 부정하였다. 1972년 유신체제가 들어서고 국가보위법에 의해 단체교섭권과 단체행동권이 봉쇄되면서 산별노조가 노동쟁의 통제기구로서의 실효를 상실했기 때문이다.(양재진, 2005, 401쪽)

한편, 2010년 7월부터 시행된 노조 전임자 임금 지급 금지와 2011년 7월부터 시행된 개별 사업장 복수노조 허용[60]은, 노사관계가 본래 작업장에서 노사 두 당사자의 자율적인 자치규범 형성(단체협약 체결)[61]을 지향하는 것임에도, 현실적으로는 정부의 법·제도적 개입이 강력한 게임의 규칙으로 작용한다는 사실을 보여 준다. 노조 전임자 임금 지급 금지 조항은 1997년 노동조합법에 규정됐지만 노동계의 반발로 1999년, 2003년, 2006년 세 차례 연기된 후 2010년 7월부터 시행됐다.

이 조항 시행과 함께 노·사·정 합의로 도입된 '타임오프Time-Off'제[62]는, 사용자가 노조 전임자에게 임금을 지급하는 것을 원칙적으로 금지하되 노사교섭 및 체결·산업안전·고충 처리 등 노무관리적 성격이 있는 활동과 업무에 한해서 근무시간으로 인정하여, 이에 대한 임금을 지

59 예컨대 1965년 16개 산별노조가 892개의 조직을 산하에 두고 있었는데 단체협약 체결 건수가 산하조직 수에 맞먹는 664건에 이르렀으며, 1971년에도 마찬가지로 17개 산별조합의 3370여 개 산하조직이 2848개의 단체협약을 체결했다. 외양은 산별이지만 사실상 교섭은 기업별로 이루어진 것이다.(양재진, 2005, 400쪽)

60 복수노조와 관련해 1996년 12월, 노사관계개혁추진위원회(노개위)가 상급단체의 복수노조를 즉시 허용하는 것으로 노동법 개정안을 확정했으나, 이 법안을 국회에서 여당이 날치기 처리하면서 '허용'이 '유보'로 바뀌었다. 이에 대해 노동계는 1997년 초 총파업으로 대응했고, 결국 상급단체 복수노조가 허용돼 1999년 2월 전국민주노동조합총연맹(1995년 설립)이 합법화되었다. 그러나 한국노총과 민주노총 등 총연맹 수준의 노동조합 상급단체에서는 복수노조가 존재했지만, 개별 사업장에서는 복수노조 설립이 제한돼 왔다. 복수노조 금지 규정은 1997년 노동법 개정 때 폐지됐으나, 그 시행을 유보하는 단서를 부칙조항에 넣는 형태로 몇 차례 계속 연기되다가 2011년 7월부터 실제로 시행되었다.

61 단체협약은 사용자나 노동자들이 개별적으로 노동시장에서 '노동을 사고 팔게' 하는 것이 아니라, 미리 정해진 임금, 노동시간, 유급휴가 등 노동자와 자본 간의 각종 권리와 의무를 창출해 내고 사전에 합의된 조건에 따라 게임의 룰을 만드는 것이다. 작업장을 규율하는 헌법이자 권리장전인 셈이다.

급하는 제도다. 이와 관련해 개정법은 노조 전임자의 총 숫자는 제한을 두지 않고 유급 근로시간 면제자의 숫자 제한만 법적 기준을 두고 있다. 무급 노조 전임자는 몇 명이든 둘 수 있도록 하되, 무급 전임자에게 급여를 지급하는 것만 금지하는 것이다. 한국의 상당수 작업장에서는 2010년 이후 복수노조 교섭창구 단일화와 노조 전임자 타임오프 설정 등을 둘러싸고 갈등이 지속되고 있다.

62 고용노동부가 고시한 '타임오프 법정 한도' 지침은 다음과 같다.

사업장 규모(조합원 수 기준)	법정 한도 시간
50명 미만	최대 연간 1000시간 이내*
50~99명	최대 2000시간 이내
100~199명	최대 3000시간 이내
200~299명	최대 4000시간 이내
300~499명	최대 5000시간 이내
500~999명	최대 6000시간 이내
1000~2999명	최대 10000시간 이내
3000~4999명	최대 1만4000시간 이내
5000~9999명	최대 2만2000시간 이내
1만~1만4999명	최대 2만8000시간 이내
1만5000명 이상	2만8000시간+매 3000명마다 2000시간씩 추가한 시간 이내(2012년 6월 30일까지) 최대 3만6000시간 이내(2012년 7월 1일 이후)

* 풀타임 노조 전임자 1인의 연간 근로 2000시간 기준으로 하면 전임자 0.5명. 단, 노조 전임자를 파트타임으로 사용할 경우 그 인원은 조합원 수 300명 미만의 구간은 풀타임으로 사용할 수 있는 인원의 3배를, 조합원 수 300명 이상의 구간에서는 2배를 초과할 수 없다.
출처 : 고용노동부 웹사이트(www.moel.go.kr)

국가와 시장 : 독점자본주의

노무현 전 대통령은 "이미 권력은 시장으로 넘어갔다."라고 말했지만,[63] 사실 기업에게 시장권력을 만들어 주는 건 국가다. "기업은 국가에 법인세를 내는 대신 시장을 통하기보다는 정부의 영향력을 통해 힘을 행사한다." 국가는 과연 시장의 수많은 개별 기업을 위해 얼마나 많은 봉사를 하고 있을까? 시장에서 '국가의 역할'은 장하준이 이야기한 '산업정책' 외에도 엄청나게 많다.

일반적으로 경제학 교과서는 대부분 '국가 없는 완전한 경쟁시장'에서 분석을 시작한다. 즉, 애덤 스미스가 말한 이기심의 수리적 표현이라고 할 수 있는 개별 기업의 이윤 극대화와 개별 소비자의 효용극대화의 순수 모형에 '세금'은 등장하지 않는다. 이에 따르면, 대표적 기업과 대표적 개인의 극대화 행동을 종합하면 시장 전체의 후생은 자동 달성된다. 자원의 효율적인 최적 배분이다. 개인과 기업이 공동체·이타심·지구 환경 등 다른 건 생각하지 않고 오직 이기심에 따라 행동하면 모두 만족하는 최적의 사회가 항상 보장된다. '시장 균형가격' 외에 공동체 가치를 고려하는 경제 행위자는 합리적·효율적 인간이 더 이상 아니며, 경제분석 대상이 될 수 없다. 또한 가장 많은 비용(가격)을 지급할 용의가 있는 사람에게 희소한 자원을 배분해 주기만 하면 그 지원은 가장 효율적

---

63 갤브레이스는 "기업의 권력을 제어하지 못하면 자본주의의 미래는 없다."고 갈파했다. "현대의 법인기업은 권력을 갖는다. 국내의 법인기업은 그것을 낳은 나라의 정부를 설득하고, 혹은 정부에 대해서 지시까지 하려고 꾀한다.…… 거대한 법인기업체는 이제 정착했다. 법인기업을 해체시키거나 그 활동을 국경 내에 봉쇄하려는 자는 역사와 환경과 싸우는 셈이다."(갤브레이스, 364~365쪽) 사실 사회는 본질적으로 통합적 공동체이기 전에 여러 집단과 세력이 갈등하는 체제이다. 또 종교적, 인종적, 계급적, 성별, 지역별 갈등에는 근본적으로 빈부 갈등이 내재하고 있는 경우가 많다. 이러한 갈등이 거리에서 돌멩이로 표출되기 이전에 선거에서 표로 표출되도록 하는 것이 곧 정치이다. 이른바 '투표종이 돌멩이paper-stone'인데, "권력은 시장으로 넘어갔다"는 말은 정치 지도자로서 무책임한 발언이기도 하다. 빈곤과 양극화 심화를 제어하기 위해 정치가 시장에 대해 아무런 역할도 못한다는 것이고, 나아가 양극화를 방조하는 것이기 때문이다.

으로 사용된다.

여기에 세금이 개입되면 어떻게 될까? 경제적 측면에서 세금(징수)과 화폐(발행)는 오직 국가만 갖는 독점적 권한이다. 즉, 세금과 화폐는 국가의 시장 개입을 보여 주는 대표적 사례다. '완전경쟁 시장에 세금이 던져지면 항상(!) 비효율이 발생한다'고 경제학 원론은 가르친다. 생산자·소비자 잉여를 갉아먹고 정부의 잉여(세금)로도 포함되지 않은 채 허공으로 사라지는 이른바 '자중손실 deadweight loss'(경쟁의 제한으로 인한 시장 실패에 따라 발생하는 자원 배분의 효율성 상실)이 발생한다는 것이다. '시장의 힘에 따라 배분된 소득 격차를 세금이 재분배하고, 직접 소득세의 경우 세금을 내고 또 낼 능력이 있는 사람은 중위소득 이상의 고소득·자산가일 뿐'이라는 이야기는 교과서에 빠져 있다. 세금이 개입하면 전체 경제 후생이 줄어든다는 얘기뿐이다. 시장주의 이론은 몇 가지 간단한 그래프로, 세금이 비효율을 초래하며 그래서 국가는 나쁘다고 가르치고 증명한다.

그러나 현대 경제는 국가독점자본주의다.[64] 경제학자들은 국가 없는 '더 완전한 자유시장'을 외치지만, 시장의 민간 기업들은 국가독점자본주의 아래 막대한 이윤을 즐긴다. 자신들이 국가에 엄청난 법인세를 내고 있으니 국가가 시장에 적극 개입해(?) 이윤 활동을 보장해 달라고 아우성친다. "신자유주의란 일반적으로 국가 경제정책에 붙여진 이름이다. 신자유주의는 실제로는 비규제적 자본체제가 아니라, 오히려 자본의 전 지구적 운동과 이윤을 가장 잘 도와주는

---

64 우드로 윌슨Woodrow Wilson이 말했듯 "만약 (자본)독점체들이 앞으로도 없어지지 않고 계속 존속한다면 그들은 항상 정부의 권력 요직을 모두 독점하게 될 것이다. 나는 독점체들이 스스로 자제할 것이라고 보지 않는다. 이 나라에 미국 연방정부를 소유할 만큼 큰 권력을 가진 이들이 있다면, 그들은 어김없이 연방정부를 소유하게 될 것이 틀림없다."(하일브로너·밀버그, 243쪽) 1932년에 경제학자 멀리와 민스는 한 연구에서 당시 대기업들의 빠른 성장 추세를 미래로 투사해 볼 때, 만약 과거의 성장 추세가 아무런 통제 없이 지속된다면 실로 360년 이후에는 미국의 모든 기업 부문의 부가 하나의 거대한 기업으로 병합될 것이며, 그렇게 되면 이 기업은 실로 로마제국에 맞먹는 오랜 수명을 누리게 될 것이라고 했다.(하일브로너·밀버그, 246쪽)

국가 규제 형태이다. 다시 말하건대, 신자유주의 시대에 국가는 집합적 자본의 장기적 안녕을 보장하는 과제를 부여받은 실행위원회라고 생각하는 것이 유용하다. 이런 관점에서 신자유주의 국가의 근본적인 과제는 자본주의국가의 모든 형태들이 그렇듯 전 지구적 자본 자체의 이익을 위해 자본주의 발전을 규제하는 것이다."(네그리·하트, 2008, 335쪽)

1930년대 영국의 비주류 경제학자인 조앤 로빈슨이 말했듯이 "현실에서 시장의 일반적 모습은 독과점시장이고 완전경쟁은 부수적인 특별한 경우"다. 건설산업의 경우를 보자. 건설업은 경제의 전후방 산업 연관 효과와 고용유발계수가 매우 크다. 주택과 사무실을 지으면 철강·시멘트·건설 중장비 수요뿐 아니라 새로 지은 건물에 들어갈 냉장고·세탁기·텔레비전·선풍기 수요도 증가한다. 심지어 집과 사무실에서 쓰는 화장지·책상·의자·가위·연필·지우개·화분·손톱깎이 등 수많은 상품 소비가 발생한다.

재벌기업마다 건설회사를 거느리고 있는 이유는, 비자금 조성의 목적도 있지만 대형 TV부터 현관 열쇠까지 그룹 계열사가 생산한 온갖 상품의 안정적이고 거대한 소비처가 되기 때문이다. 완전경쟁이 아니라 독과점 내부거래이다. 그런데 부동산 시장의 역사가 말해 주듯, 주택 건설업의 수요와 공급은 국가의 부동산 정책에 크게 좌우된다. 토목 쪽도 마찬가지다. 세금을 투입하여 도로를 확충하면 찻길이 넓어지고 많아져 자동차 수요가 늘면서 자동차 제조업체가 큰 혜택을 본다. 뿐만 아니라 자동차에 들어가는 타이어·유리·내비게이션 등 수천 가지 부품을 공급하는 개별 기업들의 수익도 증가한다.

시장에서 국가로부터 독점적 이익을 보장받는 민간 기업으로는 은행이 있다. 은행업 면허는 국민들에게 합법적으로 예금을 받고 예금이자보다 더 높은 금리로 대출을 해 주어 안정적으로 이익을 내며 장사할 수 있도록 해 주는 '허가증'이다. 게다가 국가는 '예금자 보호' 제도를 두어 사람들이 믿고 은행에 돈을 맡길 수 있게 해 준다. 예금자 보호 제도 덕에, 경제위기 때마다 많은 돈이 은행으로 몰려든다. 국가는 은행업 진입 면허를 소수로 제한하여, 독과점적 수익을 보장해 준다. 국가가 은행의 수익을 보장해 주는 이유는 은행이 가진 거시 경제적 외부효과 때문이다. 즉, 은행은 산업자본에 자금을 대출해 줘 투자를 촉진하고 궁극적으로 고용 창출에 기여하는 공공재 역할을 한다.

은행이 부실로 쓰러지면 기업대출이 끊어져 대출받은 기업도 함께 흔들리고 결국 고용에서 재앙이 터진다. 한두 개 기업이 망하는 것도 문제지만, 이로 인한 실업은 표와 직접 연결돼 정치권력의 유지와 집권에 막대한 영향을 끼치므로, 정치인에게는 매우 두려운 일이다. 사실 대공장 하나가 폭삭 쓰러져 자본(설비)이 파괴되는 것쯤은, 인플레이션 고통이 좀 따르더라도 중앙은행이 종이와 잉크·물감을 들여 돈을 더 찍어 내 복원하면 그만이다. 그보다 더 큰 진짜 문제는 일자리를 잃은 노동자와 가족의 생계다. 자본주의경제에서도 핵심 원동력은 여전히 '사람'이고 '노동'인 것이다.

국가가 시장에서 기업 이윤에 봉사하는 영역은 무궁무진하다. 국가의 시장 개입은 경제학 원론이 보여 주는 세계와 정반대로, 오히려 민간 기업의 이익과 잉여를 위해 존재한다. 1980년대 말 이른바 '종속 심화, 독점 강화' 테제를 둘러싸고 벌어진 국가독점자본주의 논쟁은, 단지 이론의 문제가 아니라 지금도 계속되고 있고 오히려 심화되는 현실의 문제다.

중앙부처 공무원들이 사우디아라비아 경제 관료가 방한하면 공항 마중부터 시작해 극진히 모시는 이유가 무엇이겠는가? 국내 독점자본의 공사 수주를 성사시키려고 국가가 발 벗고 나서는 것이다. 법인카드 사용을 손금(비용)으로 인정해 법인세에서 공제해 주는 것도 마찬가지다. 직장인들이 내 돈 아닌 회사 돈으로 밥과 술을 더 많이 사 먹게 하여, 민간이 시장에서 생산하는 재화와 서비스가 더 잘 팔리도록 해 주는 셈이다. 신용카드 소득공제 또한 매출액을 투명하게 노출시키는 효과뿐 아니라, 신용카드 사용을 장려함으로써 민간 기업이 만들어 낸 제품 소비를 진작시키는 것이다. 소득공제로 인한 세수를 포기하면서까지 국가가 기업을 지원하는 것이다.

'자동차보험 가입 의무화' 제도는 민간 보험사의 수익을 보장해 주고, 투자 대비 수익이 나지 않는다는 이유로 민간자본이 참여하지 않는 화물철도 사업을 국가가 운영하면서 싼값에 컨테이너를 수출 항구까지 운송해 주는 것도 대표적인 지원 정책이다. 자본-노동관계에서 자본이 직접 수행할 수 없는 역할을 국가가 대신 수행함으로써, 자본-노동관계 재생산의 내재적 모순을 조절하는 것이 국가의 역할이다. 국가는 노동규율을 확립하기 위해, 자본가들이 직접 보상하지 않는 노동력 가치의 일부를 국가가 책임짐으로써 산업예비군을 부양하고, 그런 전제 하에서 자본의 역할을 보완하고 대체한다.[65]

"자본은 노동력 재생산을 완전히 책임지지 않고 노동자의 책임으로 돌린다. 그래서 국가가 여기에 개입한다. 국가 개입의 궁극적 목표는 노동규율이므로 개입은 항상 고용 불안정성과 값싼 노동력의 공급(노동력 가치의 저하)을 유지하는 방향으로 진행된다."(백승욱, 31쪽)

---

65 그 형태와 작동양식이 무엇이든 간에, 노동력 관리와 관련한 국가의 주요 과제는 자본가들이 직접적으로 보상하지 않는 노동력 가치의 일부를 책임지는 것이다. 자본을 위해 보완적이고 대리적인 과제를 수행하는 이러한 제도들은 이데올로기 혹은 폭력을 주된 수단으로 하여 작동하는 것이 아니다. 오히려 그 제도들은 자본주의적 착취가 발전하고 기능하는 일종의 환경을 구성한다.……노동력 관리와 관련된 제도들은 구빈제도부터 복지제도 및 사회보험제도에 이르기까지 시간적·공간적으로 방대한 영역에 걸쳐 있다.(드 브뤼노프, 34~35쪽)

사회적 대화 :
희망인가, 배반인가?

'사회적 교섭' 논쟁

2005년 초 '사회적 교섭' 안건을 놓고 민주노총 대의원대회에서 몇 차례 폭력사태가 일어났다. 이를 두고 많은 사람들이 '민주주의의 학교'로 불리는 노동조합에서 폭력사태가 일어났다는 사실에 주목하고, 민주노총 내부의 '범현장좌파'로 대표되는 강경파와 '국민파'로 대표되는 온건파가 충돌한 것이라고 분석했다. 당시 민주노총 이수호 위원장 집행부는 한국 노동운동이 '탄력적인' 사회적 교섭에 나서야 한다고 주장한 반면, 강경파는 노사정위원회 참여로 상징되는 사회적 교섭 안건을 폐기하라고 맞섰다. 이 사건은 한국 노동운동의 대전환을 둘러싼 치열한 논쟁의 서막이었다.

'사회적 교섭social corporatism'은 노동이 자발적으로 임금인상을 자제하고, 국가와 자본이 그 반대급부를 제공하는 정치적 교환의 메커니즘이다. 한마디로 계급 타협의 채널인 셈이다.[66] 임금 및 단체협상을 끝내고 나면 노동조합 1년 농사를 다 지었다고 말할 정도로, '교섭'은 노동조합의 핵심 사업이다. (사실 단체교섭이 노동조합의 제1의 목적임을 인정한다면 노동조합은 집단적 행동을 통해 임금인상 등 자신들의 경제적 이해를 추구하는 제도적 기구로서 그 의미가 설정되는 것이며, 따라서 노동조합에 대해 사회개혁 투쟁을 요구하는 건 부차적인 요구가 된다.) 그런데 개별 사업장의 노사교섭과 달리 사회적 교섭은 기업 또는 산업별 수준을 넘어, 전국적 수준에서 국가를 포함한 '노·사·정'이 함께 테이블에 앉아 교섭하는 장이다.

우리나라에서 이루어진 사회적 교섭의 첫 사례는, 1998년 2월의 노·사·정 대타협이다. 이미 1994년에 한국노총이 임금의 사회적 합의를 조직적으로 결의하고 정부와 사용자 쪽에 먼저 제기한 바 있었다. 이러한 한국노총의 사회적 합의 움직임에 민주노조운동 세력이 반발하면서, 1995년 새로운 상급단체 노조인 민주노총이 건설되는 요인으로 작용하기도 했다. 권위주의 정권 시절 노동정책을 담당하는 관료들은 노동정책을 곧 임금억제 정책으로 인식했고, 국가가 강제로 임금억제를 위한 사회적 합의를 추진하려고 자주 나섰다. 이러한 상황에서 2005년 당시 민주노총은 왜 스스로 사회적 합의 이슈를 꺼내 들었을까?

한국의 노동조합은 1987년 대투쟁 이후 노조 자주화 및 민주화 과제는 성취했지만, 전체 노동자의 계급적 과제는 여전히 풀지 못하고 있다. 그 원인 중 하나가 기업별노조에 갇혀 있는 교섭 구조이다. 노조 조직이 기업별 체제가 아니라 산업별 체제인 프랑스·네덜란드·스페인·독일

---

66 노동조합 조직률이 10퍼센트에 불과한데도, 곧 조직된 소수 노동자의 대표가 참여함에도 양대 노총의 노·사·정 대화는 총노동이 교섭에 참여한다는 의미에서 '사회적 대화'로 불린다. 사회적 대화는 농민이나 의사에게는 주어지지 않고 '노동'에만 부여된다.

등 유럽에서는 노조 조직률이 20퍼센트밖에 안 되지만, 협약 적용률은 80~90퍼센트에 이른다. 예컨대 자동차산업에 종사하는 모든 노동자는 비록 노조가 없더라도 산별노조가 체결한 단체협약 효력을 그대로 적용받는다. 그래서 대기업과 중소기업, 정규직과 비정규직 간에 임금격차가 크지 않고, 임금소득 불평등도 크지 않다.

그러나 한국에서는 노동조합이 아무리 전투적이라 해도 비정규직 문제, 일자리 창출, 제조업 공동화 등에는 전혀 손을 쓰지 못할 뿐 아니라, 오히려 노동 내부의 분열만 확대되고 있다. 대기업—공공 부문—정규직 노동자가 상대적으로 '또 다른 가진 자'가 되고 있기 때문이다. 기업별 노조의 조합 활동은 태생적으로 해당 기업의 경영 성과와 효율에 직접 연동되므로, 비정규직 철폐와 차별 해소에 적극적으로 나설 수 없다. 지역·산별 또는 전국 수준의 노조가 더 적극적이고 효율적으로 비정규직 싸움에 나설 수 있고 연대임금 정책도 추구할 수 있다. 민주노총이 사회적 교섭이란 의제를 던진 건 이 때문이다. 그런 점에서 사회적 교섭은 노사관계의 새로운 대안이자 '집단적 노동자'의 힘을 보여 주는 제도일 수 있다.

물론 국가와 자본을 상대로 실체를 담은 합의를 이끌어 낼 만큼 노조 역량이 강하지 못하면, 사회적 합의는 노동자들을 배반하는 것이 될 수도 있다. 그런 이유에서 사회적 대화가 가능하려면 교섭체제가 산별노조이고 친노동자 정당이 존재해야 한다는 조건이 붙는다. 또한 총연맹이 확고한 대표성을 갖고 단위노조들이 사회적 합의에 순응하도록 조직 내부에서 지도할 수 있어야 한다. 그러나 현실에서 상급단체인 민주노총의 영향력은 의외로 적고, 현대자동차 노조 같은 단위 사업장 노조의 힘이 훨씬 더 큰 것이 사실이다. 민주노총 위원장 선거에서 사회적 교섭을 내걸었던 이수호가 당선되었음에도, 정작 민주노총 대의원대회에서 사회적 교섭이 통과되지 못한 것은 이 때문이다.

사회적 대화에서 노조가 동반자로 기능하려면 포괄적이고 중앙집중적인 노조 조직이 구성되어 있고, '국가'와 신뢰관계가 형성돼 있어야 한다. 논란의 여지는 있지만, 한국의 노동운동사에서 국가는 항상 한복판에 자리 잡은 변수였다. 노동운동이 폭발한 1987년과 1988년에 국가는 노동의 맹렬한 공세 속에서 사용자들을 내버려 둔 채, 노사관계에서 손을 떼겠다고 선언하고 최초로 산업전선에서 후퇴하였다.[67] 이런 상황을 전혀 대비하지 못한 자본가들은 갑자기 힘을 얻은 노동자들에게 밀려 많은 양보를 해야만 했다. 1987년 당시 많은 대규모 사업장에서 노동자들은 20퍼센트 이상의 임금인상을 얻어 냈다. 다행히 1986년부터 1988년까지 한국 경제가 저금리·저유가·저달러의 이른바 '3저 호황'을 누렸기에, 기업들은 대폭적인 임금인상을 단행하여 산업 평화를 유지할 수 있었다.(구해근, 268쪽)

1987년 노동자대투쟁 이후 국가는 기업 수준의 노사관계에 직접적으로 개입하는 것을 최대한 억제하고 노사자치주의를 표방했다. 억압 정책의 한계가 명확히 드러나자 '사회적 합의' 방식을 통해 노동을 체제 내로 끌어들이려 한 것이다. 1993~1994년 한국노총-경총 임금합의,

---

67 물론 이런 상황은 오래 가지 못했다. 1989년 초부터 노태우 정권은 '민생·치안과 법질서 확립에 대한 특별지시'를 신호탄으로 공안정국을 조성하며 노동운동에 적극 개입하였다. 1987년 이후 유화적 입장에서 갑자기 강경한 탄압으로 돌변한 것이다.

1996년의 노사관계개혁위원회 그리고 1998년의 노사정위원회가 그 본격적인 시도였다. 권위주의 정권 시절 국가의 억압적 노동정책에 힘입어 노동통제에 무임승차해 왔던 자본은, 변화한 현실 속에서 노동조합의 거센 도전에 적응하지 않을 수 없었다. 신경영전략, 무노동 무임금, 가압류·손해배상 청구는 국가의 퇴조 속에서 사용자들이 노동을 상대로 취한 집합적 대응 방식이었다.

"1990년대 한국의 노동계급 투쟁은 민주화 이행과 세계화라는 커다란 두 추세의 영향을 받았다. …… 1987년 이후 …… 노동자들의 분노와 정치화의 주요 원인이었던 억압적 국가의 존재는 점차 뒤로 사라졌다. 대신 자본이 노사관계의 전면에 나서게 됐다. 둘째,…… 공세적인 노동의 도전이 노동자들에 대한 고용주들의 태도를 수정하게 만들었다. 많은 공장에서 가부장제적이고 전제적인 경영방식이 서서히 좀 더 은밀한 통제 형태로 바뀌었다."(구해근, 301~302쪽)

한국 사회의 중심 문제로

물론 본질적으로 국가는 계급적 성격을 갖고 있으며, 경제위기 상황에서 자본축적의 위기가 도래하면 국가의 개입은 새로운 형태로 강화되곤 한다. 노사관계에서 중립적인 자리로 물러나더라도 언제든 적극적인 개입과 노동배제 전략으로 돌아서는 것이다.[68] 최장집은 정치적 수준에서 노동자들의 세력화, 곧 정치적 이익 대표체제로서 노동조합이 실패한 가장 결정적인 이유는, 정치적 탄압이 법적·제도적·정치적 메커니즘을 통해 정치적 수준의 결합을 제약하는 핵심 요소였기 때문이라고 말한다. "중요한 것은 노동자들이 왜 정치적으로 조직화되지 못했는지가 아니다. 왜, 그리고 어떻게, 정치적 억압이 오랜 기간, 심지어 민주화로 이행하는 과정에서조차 지속적이고 효과적일 수 있었는지 하는 것이다. 필자의 관점에서 한국의 노동운동을 규정하는 가장 중요한 변수는 '과대성장국가'라고 표현한 강력한 국가의 존재이다. …… 이러한 국가가 재생산될 수 있는 조건은 무엇보다도 한국이 분단되어 있다는 사실에서 연유한다."(최장집, 1988, 410쪽)

이른바 노동의 '계급적 관점'을 강조하는 쪽은 사회적 교섭에 매우 비판적이다. 사실 임금노동자라는 존재 자체가 노동자 간 연대를 자동적으로 보장하지는 않는다. 꼭 국가가 참여하는 사회적 대화가 아니더라도 산업현장에서 자본가는 투자 철회 위협으로, 노동자는 전투성 위협으로, 자본과 노동은 서로 타협을 지속할 수 있다. 사회적 동반자 관계와 공동결정은, 합의에 정당성을 부여하고 구조조정 비용을 치르는 노동자들의 저항을 억제하고자 노동조합 지도자들을 포섭하는 것일 뿐이라는 주장도 있다.(정성진, 2002)

사회적 대화는 자본과 국가가 심각한 경제 불황에 대처하고자 전국적 수준의 단체교섭 기구를 복원하려는 의도에서 주도한 것이며, 결국

---

68 국가의 노동정책은 노동력의 원활한 재생산, 자본의 안정적 축적을 위한 조건 확보, 그리고 노동자계급의 정치적 성장을 억제하여 안정적인 체제 재생산 조건을 확보하는 데 있다. 니코스 풀란차스Nicos Poulantzas의 말처럼 자본주의국가의 역할은 "노동자들이 하나의 계급으로 단결하는 것을 해체시키는 것"이다.(최장집, 1995, 236쪽) 국가는 중립성의 외양을 갖추지만 정치·경제적 조건이 변화함에 따라 그 본질을 드러낸다. "잉여가치 추출을 둘러싼 노동과 자본의 관계에서 산업분쟁industrial conflict은 불가피하다. 자본주의국가는 이 생산과정에 얽혀들게 되는데, 직접적이고 공식적으로 또는 간접적이고 은폐된 채로 개입한다. 자발주의voluntarism의 특징을 보이는 영국 노사관계에서 국가는 뚜렷하게 중립성을 지키는 것으로 간주됐으나 이는 피상적인 모습에 불과했다.……국가는 '중립성의 가면the mask of neutrality'을 갑자기 벗어던져 버렸다. 개입주의interventionism의 성장은 1970년대부터 체계적으로 강화됐다."(Hyman, 1994, pp.212~215)

점진적이고 협력적 방식으로 임금과 노동권을 삭감하는 데 사용되는 교섭 시스템이라는 비판이다. 세계 시장에서의 경쟁력 강화 등 이른바 '진보적 경쟁력 강화'라는 맥락에서, 경쟁 우위를 확보하고자 협력적 길을 추구하는 생산적 공조의 틀로 국가와 자본이 사회적 교섭을 활용하는 측면도 강하다. "세계화라는 맥락 속에서 노동조합과 자본, 그리고 국가 간에 맺어지는 사회적 파트너십 전략은 자본이 요구하는 더 높은 생산성을 노동조합이 수용하는 방식으로 시도되고 있다. 이는 '공급 측면의 코포라티즘supply-side corporatism' 형태로서 이른바 '진보적 경쟁력 progressive competitiveness'으로 불려 왔다. 여기서 파트너십 전략의 핵심은 노동자 교육훈련을 통해 생산성을 높임으로써, 저임금의 저렴한 노동비용에 기반한 해외 경쟁자들을 이기는 것이다."(Panitch, 2001, p.373)

노동조합운동을 '시장' '계급' '사회'의 세 영역triangle에서 분석해 온 리처드 하이만Richard Hyman은, '경제위기'에 주목하며 노동조합운동에서 사회적 교섭의 기반이 허물어지는 대신 계급논리가 재등장하고 있다고 주장한다. "지난 반세기 동안 사회적 파트너십의 승리는 탄탄한 경제에 기초해 왔으나, 이제는 이런 기반이 무너지고 있다. 노동조합은 이제 '사회적 합의'를 넘어 시장을 규제할 수 있는 수단을 찾아야 한다. 특히 경제적 이해의 충돌이 논의의 중심에 재등장하면서 계급논리가 다시 주목받고 있다."[69](Hyman, 2001, pp.62~63) 사실 자본–임노동 관계는 크게 변화했다.

---

69 '자본의 논리'가 시장의 논리라면, '노동의 논리'는 이른바 "능력에 따라 일하고 필요에 따라 분배받는" 즉, 생산수단의 사적 소유가 철폐된 사회를 지향하는 논리다. 노동의 논리는 그런 점에서 '시장'과 '상품'을 거부한다. 자본과 노동은 이런 대립적 논리에도 불구하고 포드주의 시대의 호황을 바탕으로 사회적 파트너십을 유지할 수 있었지만 경제위기가 닥치면서 이것이 더 이상 불가능하게 됐다.

이른바 '고용 없는 성장'이 나타나고, 노동자들은 정규직 노동자들과 다수의 비정규직 임시노동자들인 이른바 '비계급$^{non-class}$'으로 양분되고 있다.

그런데 '노동 없는 민주주의'라는 말이 보여 주듯 '노동'이 사회경제적 주체로 참여하지 못하는 사회를 과연 민주주의 사회라고 할 수 있을까? 자본 및 노동은 자신의 계급적·집단적 사회경제적 지위에 따라 시장에서 자본가와 노동자로 등장해 서로 대립하기도 하고, 시장에서 서로 교환하기도 한다. 이와 달리 주류 경제학에는 계급이란 용어와 개념이 없고, 개별적인 생산자와 소비자만 존재한다. 자연히 계급 간 투쟁과 싸움이 있을 리 없고, 사회적 대화라는 것도 필요하지 않다. 자본과 노동은 항상 자신들이 생산에 기여한 몫(한계생산성)에 따라 정확히 또 정당하게(!) 분배 받으므로, 몫을 둘러싼 투쟁이 일어날 이유가 없고 사회적 대화도 필요 없다는 논리다.[70]

꼭 노·사·정 사회적 대화 틀이 아니더라도, 여러 수준에서 이와 유사한 사회적·정치적 대화와 교섭 및 합의가 이뤄질 수도 있다. 비정규직 문제를 정치적 의제로 다루는 것도 그 한 가지다. 뉴질랜드는 1980년대 중반 이후 비정규직 노동자가 급속히 증가한 국가 중 하나다. 신자유주의적 노동시장 유연화로 파트타임 비정규직이 급속히 늘었고, 뒤이어

---

70 자본주의사회가 자신 있게 창안해 낸 계약의 원리에 따르면, 생산의 주체가 처분의 주체가 되는 것은 법적 계약 이전에 당연한 사실로 받아들여진다. '사람이 모든 것을 생산한다'(노동가치설)는 관점에서는 노동자의 집단적 의지에 따라 생산의 결과가 처분되는 방향으로 분배 문제가 해결되는데, 이 규정에서 제외되는 부분이 바로 이른바 '착취'에 해당한다. 착취라는 으스스한 단어의 경제적 의미는, 이와 같이 생산자가 자신의 노동생산물을 자신의 의사에 따라 처분하지 못하는 사실을 가리킨다.(정운영, 1990, 26쪽)

비정규직의 저임금·고용 불안이 '노동문제'로 제기됐다. 뉴질랜드의 비정규직 문제는 1999년 선거를 거치면서 새로운 국면으로 접어들었다. 1999년 10월 선거에서 비정규 노동자 보호와 평등한 권리 보장이 핵심 선거쟁점으로 부상했고, 그 결과 비정규직 보호를 선거 캠페인으로 내건 연합정권이 탄생한 것이다. 이 정부는 집권 직후 공약에 따라 노동시장 개혁안을 제출했다. 2000년에 새로운 고용보호법을 제정하여 주로 비정규직에게 적용되는 최저임금을 대폭 올리고 임금·고용조건도 향상시켰다.

반면, 우리나라에서는 1997년 외환위기 이후 비정규직 문제가 사회경제적 이슈로 등장했음에도, 그 어떤 선거에서도 주요 선거 이슈로 부각되지 않았으며 쟁점으로 등장하지도 않았다. '노동자 친화적'이라고 여겨졌던 참여정부에서도 비정규직 문제를 핵심 국정과제로 특별히 언급한 적은 없다. 틈만 나면 대공장 노동자의 집단이기주의를 지적하면서도, 정작 15만 볼트의 송전탑에 올라 고공농성을 벌이는 절박한 비정규 노동자의 투쟁에는 대체로 침묵했다. '친노동' 정권이라는 딱지를 붙이고 있었지만, 애초에 "민주주의를 달성하면 한국 사회의 많은 모순이 해결될 것"이라고 믿었을 뿐 '노동의 힘'에는 큰 관심이 없는 정치세력의 한계였을까?

한국에서 '노동 없는 민주주의'의 취약함과 허구성을 갈파해 온 최장집은 "노동시장 정책이 민주화 운동보다 중요한 한국 민주주의의 중심 문제로 부각"되고 있다고 말한 바 있다. "IMF 금융위기가 가져온 가장 중요한 효과 중 하나는 노동시장 문제를 한국 사회의 중심 문제로 부각시켰다는 것이다. 금융위기 이전에 노동시장 문제가 없었다거나 중요하지 않았다는 말이 아니다. 하지만 그 이전까지 노동시장 문제는 경제생활을 하는 모든 국민들의 관심사라기보다는 산업생산 부문에서 일하는 노동자의 문제로 이해되는 정도를 크게 넘지 못했다. 그와는 대조적으로 현재 한국 사회의 노동시장 문제는 모든 국민들의 삶의 조건에 결정적인 영향을 미치는 중대사가 되었다. 한 마디로 말해 이제 한국 민주주의의 향배는 과거 민주화운동 경력이 있는 대통령과 정부를 선출하는 문제보다, 향후 한국의 경제구조와 노동시장 체제 개혁과 관련하여 어떤 비전과 대안을 갖는 대통령과 정부를 뽑을 것인지에 더 많이 달려 있다."_(최장집, 2006)

산별 교섭과 사회적 파트너십

한국의 기업별노조는 그동안 '높은 갈등, 낮은 신뢰'에서 탈피하지 못했다. 노동-자본-국가 간의 사회적 파트너십에 대해서도, 노동조합은 "노동자를 죽이려는 기회주의적이고 허구적인 파트너십"이라고 비난해 왔다. 그러나 이와 달리 대규모 조합원 등 동원할 수 있는 '권력자원'을 가진 산업별노조는, 지역 수준이나 업종별 파트너십의 조직적 토대가 될 수 있다. 대공장과 중소 사업장, 정규직과 비정규직 등 이질적 요소를 통합하는 산업별노조는, 기업별 교섭에서 다루지 못하는 산업 차원의 문제를 포괄할 수 있기 때문이다.

사실 기업별노조 체제에서는 노동조합이 자신들의 요구를 정치적 이슈나 사회적 의제로 만들 수 없다. 파업 이외에 달리 사용자를 압박할 수단이 없으므로 파업이라는 외길the only resort을 선택하게 되고, 그런 까닭에 파업이 빈발하게 된다.[71] 그러나 산별노조 체제에서는 의회 로비나 사회적 여론 동원, 정치적 쟁점화 등 다양한 정치적·사회적 수단을 동원해 노동조합의 요구를 관철시키는 것이 가능하다. 따라서 이때 파업은 '최후의 수단the last resort'이 된다. 또 '강한 중앙'과 노동 쪽 권력자원을 동원할 힘을 가진 지역·산별 또는 전국 수준의 노조만이 분파적 이익을 넘어 연대임금을 추구할 수도 있고, 원-하청 기업 간 불평등과 정규직-비정규직 간 차별을 해결하는 조직적 토대가 될 수 있다.[72]

---

71 한국 노사관계에서 기업별노조의 기원은 1950~60년대에서 찾을 수 있는데, 당시 원·하청 기업 간 관계와 독점 대기업 중심의 경제 산업구조, 국가의 기업별노조 강제 등 협력적 기업별노조를 구축하는 데 유리한 조건이 조성되어 있었다. 그럼에도 한국의 사용자들은 기업별노조로서 노동을 포섭하기보다는 노조를 파괴하려 했고, 그래서 노사협력의 노동운동이나 기업성과와 연동된 협조적 노사관계가 구축되기보다는 기업별노조에도 불구하고 매우 대립적인 노사관계가 형성되었다고 보는 견해도 있다. 물론 노사관계의 유형은 노동조합운동뿐 아니라 사용자(단체)의 선호에도 달려 있다.

기업별 노동조합체제에서는 노동운동이 기업의 울타리를 넘어 사회적 책임을 담당할 수 있는 선택의 여지가 좁다. 이는 '경제주의적 전투성'으로 대표된다.[73] 또한 기업별 '교섭' 체제에서 사용자들의 노조탄압은 더욱 거세진다. 왜 그럴까? 상품시장이 경쟁적일 때 임금은 중요한 경쟁조건 중 하나인데, 기업별 체제의 경우 임금은 기업 안에서 통제 가능한 변수이다. 따라서 사용자들은 임금인상 요구를 내세우는 파업을 한사코 법적·물리적 수단을 동원해 파괴하려 든다. 그러나 산별 교섭 체제에서는 임금협약이 '기업 바깥에서' 즉, 산업 수준에서 외적 조건으로 주어지고, 기업의 임금 자율성이 그만큼 줄어들기 때문에 노조를 없애려는 사용자의 의지도 줄어들게 된다.

노동조합운동 안에서 진행되고 있는 산별노조 건설의 흐름은 노동과 자본의 관계가 사용자 우위로 재편되고 있는 현실에 대응하고, 노동에 대한 우리 사회의 보수적인 이데올로기 지형을 극복하는 전환점이 될 수 있다. 산별 조직은 기업 수준의 공장 문을 넘어 지역 및 사회운동 세력과 연대하고 사회개혁 이슈를 의제로 제시하면서, 지역 및 업종 등의 수준에서 국가·자본 등과 사회적 교섭과 타협을 추구할 수 있기 때문이다. 지역·산별 또는 전국 수준의 노조만이 비정규직 저항에 나설 수 있고 연대임금 정책도 추구할 수 있다. 노동조합이 없는 중소기업의 대다수 노동자들과 정규직 노동조합이 있어도 노조에 가입하지 못하는 비정규직의 노동조건은 누구와 어떻게 '교섭'을 해서 쟁취할 것인

---

72 맨커 올슨은 산별노조를 '포괄 조직encompassing organization'이라고 부른다. 전국적·산업별 혹은 지역별 수준에서 교섭이 집중화되면 교섭 주체가 사회적 책임을 느끼게 되며, 이런 포괄 조직에서는 파업에 대해서도 '책임 있는 주체' 의식이 나타난다.(Olson, Mancur(1982), *The Rise and Decline of Nations : Economic growth, stagflation, and social rigidities*, Yale University Press.)

73 홉스봄은 경제주의적 노동운동이 노동자들을 광범위한 수준의 단결보다는 개별화·파편화시킨다고 주장했다. 특히 전 세계적 수준에서 자본주의의 전반적 위기가 노동운동을 한층 더 경제주의 노선으로 몰고 가고 있으며, 이것이 노동운동의 위기를 불러오고 있다고 말했다.(Hobsbawm, 1981, p.18)

가? 결국 산별노조와 노동자들의 정치적 이익대표체제가 사회적 교섭의 관건이다.

산별 중앙교섭에서는 개별 사업장의 단체교섭에서 포괄할 수 없는 조세·사회복지·노동관계법 개정을 다룰 수 있으며, 사용자는 교섭이 외부화하므로 작업장에서 노조의 영향력을 축소시킬 수 있다. 노조와 교섭이 '공장 바깥으로' 이동하기 때문에 노사갈등이 생산에 끼치는 영향이 줄어들게 된다. 물론 산업별 교섭에서는 그동안 독점기업 자본이 누려온 작업장에 대한 자의적 통제를 포기해야 한다. 결국 사용자는 "(산별 교섭이라는) 갈등보험에 들 것인가, 아니면 (기업별 교섭이라는) 자율권을 가질 것이냐"는 선택의 기로에 서게 된다.

물론 산별 체제라고 해서 '산업평화'가 보장되는 것은 아니다. 그러나 사용자와 정부는 단결되고 대표성이 강한 노조에 대해 제도적 지원을 하기 쉽고, 이는 전국 수준의 노·사·정 타협을 가능케 하는 조직적 토대가 된다. 산별노조처럼 조직적으로 단결되고 대표성이 강한 노조여야 타협의 약속이 구속력 있게 이행될 수 있기 때문이다. 그러나 불행하게도 한국의 국가와 노동 관료들은 아직 산별 체제의 긍정적인 효과를 깨닫지 못하고 있다. 산별 교섭을 서둘러 정착시키려고 하지 않고 오히려 대규모 파업 가능성, 산별과 기업별 이중교섭에 따른 교섭비용 추가 발생 등, 사용자의 우려를 그대로 수용해 산별 교섭으로의 이행을 막고 있는 형편이다.

한·미 FTA와
노동자의 삶

'노동권 보장'이 협정문에 들어간 까닭

국제노동기구(ILO)의 목적
에 관한 '필라델피아 선언'(1944)은 "노동은 상품이 아니다. 어떤 지역
에서의 빈곤은 모든 곳에서의 번영을 위협한다."고 천명하고 있다. 국제
무역 이론의 권위자인 자그디시 바그와티Jagdish Bhagwati는 "자유무역 이론
과 정책이 직면한 진정하고 거대한 위기는, 불완전경쟁 같은 전통적인
시장 실패에서 초래되는 이론적 모델의 위기로부터가 아니라, 오히려
대등하고 공정한 경쟁과 당사자들 간 이익의 조화, 공정한 무역fair trade을
추구하는 거대한 요구에서 비롯되고 있다. 이런 요구는 자유무역의 정
당성과 실행 가능성을 내부에서부터 파열시키고 있는데, 진정 모든 측
면에서 조화롭고 대등하고 공정한 경쟁을 이루는 건 사실상 불가능하
기 때문이다."라고 했다. 바그와티는 공정무역 요구를 '통제의 영역에
서 벗어난grown out of hand' 판도라 상자라고 일컬었다.(Langille, 1996)

2007년 6월 30일 한·미 양국 정부가 협정문에 공식 서명하고 4년을

끝다가, 2011년 11월 22일 국회 본회의장에서 최루탄이 터지는 가운데 여당에 의해 전격 비준 처리된 한·미 자유무역협정(FTA) 협정문의 서문은 다음과 같이 동반성장을 강조하고 있다.

"양국 영역 간 무역 및 투자를 자유화하고 확대함으로써, 양국의 영역에서 생활수준을 제고하고, 경제성장과 안정을 증진하며, 새로운 고용 기회를 창출하고, 일반적인 복지를 향상시키기를 희망하며, …… 노동 및 환경 법과 정책의 개발과 집행을 강화하고, 노동자의 기본적 권리와 지속가능한 발전을 증진하며……."

그러나 그동안 무역자유화를 비롯한 세계화의 모든 측면에서, 좋은 의도를 지닌 듯 보이는 노력들마저 종종 심각한 역효과를 초래해 왔다. 개발도상국들은 서방 전문가들에게 새 경제체제를 갖추기만 하면 이전에 경험하지 못한 번영이 찾아올 것이라는 이야기를 들었지만, 그들에게 닥친 것은 번영이 아니라 빈곤이었다. 자유화는 약속된 성장을 가져다주기는커녕 비참함만을 증대시키고, 일자리를 잃지 않은 사람들조차 불안에 시달리게 만들었다.(스티글리츠, 2003, 39·53쪽)

한·미 FTA 협정문의 '제19장 : 노동'을 보자.

제19.2조(기본노동권)

1. 각 당사국은 작업장에서의 기본원칙 및 권리에 관한 국제노동기구 선언과 그 후속조치(1998년, 국제노동기구선언)에 기술된 대로 자국의 법 및 규정, 그리고 그에 따른 관행에서 다음의 권리[74]를 채택하고 유지한다.

2. 면제 또는 이탈이 제1항에 규정된 기본권에 불합치할 경우, 어느 쪽 당사국도 양 당사국 간의 무역 또는 투자에 영향을 미치는 방식으로 제1항을 이

행하는 자국의 법 또는 규정의 적용을 면제하거나 달리 이탈하거나, 또는 적용을 면제하겠다거나 달리 이탈하겠다고 제의하지 아니 한다.

제19.3조(노동법의 적용 및 집행)

어떠한 당사국도, 이 협정의 발효일 이후, 양 당사국 간 무역 또는 투자에 영향을 미치는 방식으로, 작위 또는 부작위의 지속적 또는 반복적 과정을 통하여, 제19.2조 제1항에 따라 자국이 채택하거나 유지하는 노동법을 포함한 자국의 노동법을 효과적으로 집행하지 못하여서는 아니 된다.

한·미 FTA 협상에서 노동 분야는 그다지 이슈로 부각되지 않았고, 협정문에서도 노동은 맨 끝자리에 배치되어 있다. 자본이 주도하는 세계화 과정에서, 노동은 부차적인 당사자에 지나지 않아서일까? 앞서 보았듯 양국이 합의한 '노동' 장Labor Chapter은 흥미롭게도 '노동시장 유연화'가 아니라 오히려 '노동자 권리 보장'을 언급하고 있다. 즉, 국제적으로 인정된 노동권을 준수하도록 노력하고, 무역·투자유치와 촉진을 위해 노동기준을 저하시키는 것을 금지한다는 규정을 두고 있다.

정부는 이 조항을 내세워 "한·미 FTA 협정문의 노동 장이 보여 주듯 고용 감소·노동조건 저하·노동기본권 후퇴·양극화 심화 등은 우려하

---

74 가. 결사의 자유,
　　나. 단체교섭권의 효과적인 인정,
　　다. 모든 형태의 강제적 또는 강요에 의한 노동의 철폐,
　　라. 아동노동의 효과적인 폐지, 그리고 이 협정의 목적상 가혹한 형태의 아동노동의 금지,
　　마. 고용 및 직업상의 차별의 철폐.

지 않아도 된다"고 주장한다. 미국이 그동안 FTA를 통해 상대국의 노동기준 준수를 강하게 요구해 왔으므로, 한·미 FTA를 체결하더라도 노동조건 보호에 부정적인 영향을 미치지는 않을 거란 얘기다. 실제로 미국은 그동안 체결한 FTA에 예외 없이 '노동' 장을 포함시켰으며, 그 핵심 내용은 국제적으로 인정된 노동권[75] 준수 노력과 무역·투자유치를 위해 노동기준을 저하시키는 것은 금지하는 내용이었다. 그러나 FTA는 본질적으로 노동기본권 보장 협정이 아니다. 그런데 왜 무역·투자 촉진과 어울리지 않는(?) '노동권 보장'이 협정문에 들어가 있는 것일까?

그 이유는 미국 노동계의 이해관계 때문이다. 미국은 각국과 FTA를 추진하면서 국내 이해당사자들의 의견을 수렴하는데, 미국 노동계는 협정 때마다 당사국의 노동기본권 보장을 요구해 왔다. 국적을 불문한 모든 노동자의 기본권 보장이 노동자 국제주의 정신에 따른 것이라면, 협정 상대국에 억압적 노동환경을 금지하도록 요구한 건 미국 노동자들의 고용을 지키기 위한 안전판이라고 할 수 있다. 한국에 값싼 노동력이 넘쳐 나면 미국 자본이 지리적 재배치를 꾀하여 한국으로 이탈하게 되고, 저임금에 기반하여 한국에서 생산된 상품이 싼 가격으로 미국 시장에 다시 들어오면 미국 산업이 위축돼 미국 노동자들의 고용이 악화될 수밖에 없다. 이를 막으려는 미국 노동자들의 요구가 반영된 것이 한·미 FTA의 '노동' 장인 것이다.(차남호·이상훈, 2006) 노동계 지도부로서는, 시장에서 조합원들이 생산한 제품과 경쟁을 벌일 수입품의 유입을 막는 것

---

75 결사의 권리, 단결권·단체교섭권, 강제·의무노동 금지, 아동노동 금지, 용인할 수 있는 최저임금·근로시간·직업안전 보건.

이 곧 조합원들을 대변하는 길이다. 한·미 FTA 협정문에, '무역 자유화'라는 말과 조화를 이루기 힘들어 보이는 '노동권 보호' 조항이 들어간 배경에는 이런 사정이 깔려 있다. 그러나 한·미 FTA 협정문에 포함된 '노동' 장은 선언적 의미에 그칠 가능성이 크다. 그 이유를 살펴보자.

미국식 FTA, 미국식 주주자본주의

한·미 FTA는 단순한 자유무역협정을 넘어 '경제통합' 협정이고, 무역자유화를 넘어 한국 사회의 제도 및 관행을 미국식으로 뜯어고치기 위한 이른바 '미국식 FTA'다. 상품, 자본, 노동의 흐름에서 기존의 보호규제들을 허물어 버린다는 사실은, 한·미 FTA가 노동자들에게 미칠 영향을 살펴볼 때 반드시 고려해야 할 대목이다. 즉, 미국식 주주자본주의 확산으로 구조조정이 일상화되고, 노동시장 유연화와 노동의 협상력 저하가 초래돼 임금 등 노동조건이 악화하고, 결국 노동자들은 일상적인 삶의 불안에 노출될 가능성이 크다.

이미 노동시장에서 유연화가 크게 진전되고 노동의 교섭력도 약화되고 있는 마당에 한·미 FTA까지 체결되면 국내 노동자들과 노동조합운동은 회복할 수 없는 피해를 입게 될 것이다. 주주자본주의를 추구하는 미국식 FTA에서는 기업의 수익이 투자 확대와 고용 창출보다는 주주 배당 극대화에 주로 사용되고, 주식가치가 경영전략의 핵심을 이룬다. 자연히 기업의 장기적 성장이나 사회적 책임보다는 당장의 주주 배당을 위해 '단기 수익성'을 좇으면서, 인건비 등 비용 요소를 최대한 줄이기 위한 구조조정(인력 감축)이 대대적으로 일어나게 된다. 이것이 주주들의 요구이고, 그래야 주가가 오르기 때문이다.

모든 자유무역협정이 그렇듯 한·미 FTA가 체결되면 경제 전반에 거대한 구조조정 바람이 휘몰아칠 가능성이 크다. 정부는 '경쟁을 통한 효율화'를 내세우고 있지만 이런 명분은 기대와 억측에 불과할 뿐이다. 경쟁에서 뒤처진 분야들은 경쟁력 강화를 꾀하기도 전에 '막강한 힘을 가진 외부 경쟁자'들과의 경쟁에 노출되면서, 존립 기반을 유지하지 못하고 대규모 파멸에 처할 가능성이 크다. 한국이 그동안 미국 경제와 양국 간 또는 국제적인 '노동분업 체제'를 이뤄 온 것도 아니기 때문에, 한·미 FTA는 극소수의 국내 거대기업을 제외한 대다수 기업들에게는 생사를 가르는 극약처방이자 무모한 도박이 될 수밖에 없다.

FTA 협정 체결의 바탕에는 시장개방이라는 '외부 압력'을 동원해 국내 산업의 구조조정을 도모한다는 논리가 지배하고 있다. 그러나 한국 경제가 효율적인 경제구조로 이행하기도 전에 국내 산업이 붕괴될 위험이 크다. 물론 이 과정에서 노동자들은 대규모 실업과 고용 불안에 직면하게 될 것이다. 한·미 FTA처럼 산업 '구조조정'을 목적으로 하는 자유무역협정은, 정리해고 강화·비정규직 확산 등 구조조정 촉진을 위한 '노동시장 유연화' 정책을 수반하게 된다. 노동은 생산물시장의 '파생수요'이므로, FTA에 따라 상품 및 서비스 생산에 큰 변화가 일어나면 노동자의 삶도 직접적인 영향을 받게 된다. 특히 교역 자유화의 경우 국내에서 가장 강하게 보호받는 부문, 노동조합 조직률이 높은 부문, 공공부문 등에서 노동이 강한 타격을 받는다. 또한 자본시장 자유화는 자본의 높은 지역 이동성을 고려할 때 노동의 교섭력을 현저히 저하시킨다.

한·미 FTA는 노동자 채용과 해고의 경직성을 투자 장벽으로 규정하고, 투자자 이해를 보장한다는 명분으로 의료와 교육 부문에까지 시장 원리를 도입할 것을 요구하고 있다. 장기적으로 생산성을 높여 국가경쟁력을 갖추자는 명분을 내세우고 있으나, 국가와 노동의 규제가 없는 시장의 질주를 보장하는 것이다. 뿐만 아니라 미국과 무역이 증가하면 국내로 들어오는 수입 상품에 미국의 숙련 노동이 '구현embodied'되어 있기 때문에, 사실상 미국의 숙련 노동력이 한국에 들어오는 셈이 된다. 이럴 경우 한국의 미숙련 노동자들은 경쟁에서 밀려날 수밖에 없다.

한덕수 전 경제부총리는 한·미 FTA를 추진하면서 "토끼는 한 평의 풀밭에 만족하겠지만 사자는 넓은 초원이 필요하다"고 말했다. 이미 세계화의 선두에 '초국적 자본'으로 우뚝 선 국내 대자본에게는 적절한 비유다. 유엔무역개발회의가 펴낸 〈세계투자보고서 2005〉에 따르면, 전체 자산 대비 해외 자산, 전체 매출 대비 해외 매출, 전체 고용 대비 해외 고용 비율을 모두 더해 평균을 내 본 결과 삼성전자는 이 비율이 44.1퍼센트, LG전자는 46.8퍼센트, 현대자동차는 25.1퍼센트에 달했다. 이른바 재벌그룹의 초국적화지수(TNI)로, 국내 재벌기업들이 다국적화하고 있음을 보여 준다.[76]

그러나 노동자들에게도 초원은 살기 좋은 곳일까? 먹고살기 위해 더 힘든 노동을 하고 하루, 1년, 일생 동안 더 긴 노동시간에 매여야 하는 세상은 아닐까? 한·미 FTA는 시장이 국가의 규제·개입과 노동의 저항 같은 거추장스런 족쇄를 벗어던지고 무역·투자의 국경이 사라진 신세계에서 마음껏 활보하도록 해 주자는 것이다. 자본은 축적을 위해 항상 자신의 경계를 넘어 현관 바깥으로 모험을 떠나기 마련이다. 모든 것이 시장을 통해 거래되는 '만물의 상품화 경향'[77]은 자본주의 역사에서 집요하게 나타나는 추세다. 공적 영역인 교육·의료서비스를 대가를 주고 구매해야 하고, 지불하는 돈에 따라 품질이 차별화되는 것이 '상품화' 다. 한·미 FTA 같은 양자 간 자유무역협정은 이러한 만물의 상품화 경향(즉, '세계화')의 한 가지 방식이다.

세계화는 국제무역과 외국 직접투자, 자본 이동의 자유화 그리고 정보통신으로 대표되는 기술의 획기적 진전에 의해 촉진되는 세계 각국 경제의 급속한 통합과정이다. 노동자들조차 세계화의 신화에 빠져들고 있지만, 이러한 세계화 및 무역·투자자유화는 노동시장과 노사관계에 부정적인 영향을 미치게 마련이다. 자유무역협정은 노동자의 임금 삭감 등 노동조건을 압박하는 '밑바닥을 향한 경주'를 더욱 가속화하는 힘으로 작용한다. 세계화와 자유무역협정 하에서, 생산요소로서 자본은 자유롭게 이동하지만 노동은 상대적으로 이동성이 제한돼 있다. 이

---

76 정보통신과 운송 기술의 발전에 따른 이른바 '거리의 소멸death of distance'이 기업들을 점점 더 이동하기 쉬운, 국적이 없는 상태로 만들기 때문에 기업들은 더 이상 국적을 가지지 않는다고 말한다. 그러나 장하준은 비록 자본 자체에는 국적이 없을지라도 자본가는 국적이 있으므로 결국 '자본에는 국적이 있다'고 말한다. "오늘날에도 기업의 국적은 중요하다. 각각의 자회사들이 어느 정도 고도화된 사업에 진출할 수 있는지의 여부를 결정하는 것은 결국 해당 기업을 소유한 사람의 몫이다. 자본이 더 이상 나라라는 뿌리를 가지지 않는다는 가정에 입각해서 경제정책을 구상하는 것은 대단히 순진한 행위이다."(장하준, 2007, 153쪽) 장하준은 경제개발 시기 한국 경제의 추격 모델이 국가 주도의 산업정책 하에 밀접한 협력과 협의에서 작동한 '국가–은행–재벌 연계'였으며, 이것이 '주식회사 한국'의 전통적인 경제시스템이라고 말한다. "이 시스템의 강점은 규모의 경제와 범위의 경제를 활용함으로써 막대한 양의 금융자원 혹은 다른 자원을 동원할 수 있고, 따라서 대규모 프로젝트에서 투자 경쟁에 참여할 수 있는 능력에 있었다."(신장섭·장하준, 194쪽) 장하준은 재벌옹호론자로 비쳐지곤 하는데, 재벌에 대한 장하준의 시각에는 이처럼 국가 산업정책 및 '국적을 가진 자본가'라는 관점이 깔려 있다.

77 역사적 자본주의는 종전까지 시장을 거치지 않고 처리되어 온 여러 과정들, 비단 교환과정뿐만 아니라 생산과정, 분배과정 그리고 투자과정들의 광범한 상품화를 수반하는 것이었다. 그리고 점점 더 많은 자본축적을 추구하는 과정에서, 자본가들은 경제생활의 전 분야에 걸쳐 더 많은 사회 과정들을 상품화하고자 노력해 왔다. 자본주의의 역사적 발전 속에는 집요한 '만물의 상품화' 추세가 포함되어 있었다.(월러스틴, 1993, 16쪽) 한·미 FTA 같은 양자 간 자유무역협정이든 WTO 체제 같은 전 세계적 규모의 무역자유화협정이든 그 본질은 자본의 생산과 이윤 증식을 위해 '세계 시장'을 추구한다는 점에 있다.

런 이동의 자유를 기반으로 자본은 '노동의 힘이 약화되지 않으면 다른 곳으로 이동해 버리겠다'고 위협하면서 정부를 압박한다. 외국인 투자 확대를 위해 각국 정부는 자본에 유리한 쪽으로 임금 하향과 조세 감면을 제공해 줘야 한다.

이처럼 세계화 흐름 속에서 자본의 수익성은 증대되는 반면, 노동의 상대적 교섭력은 지속적으로 낮아진다. 결국 FTA 아래서 정부는 노동 관련 규제를 대폭 완화하고 노동시장 유연성을 높이고 직·간접적 노동 비용 감소를 추진하는 등, 노사관계를 노동시장 유연화와 신자유주의적 흐름에 맞춰 재설계하게 된다.[78](한창훈, 110쪽) 이런 맥락에서 한·미 FTA는 한국 노동세력이 1987년 이후 투쟁으로 쟁취해 온 각종 노동보호 관련 법과 제도들을 뒤흔들고 무력화시킬 가능성이 크다. 한·미 FTA는 '외부의 강력한 힘'을 빌려 우리나라 내부의 노동보호 제도와 관행을 깨 버리겠다는 것에 다름 아니다.

투자자 보호 조항의 파괴력

20세기에 노동과 자본이 상품화와 '탈상품화'를 둘러싸고 계급 타협을 했다면, 21세기에는 시장 확대에 맞서 기존 생활양식을 지켜내려는 노동의 방어적 투쟁이 여기저기서 분출하고 있다. 반세계화 저항이 대표적인데, 경제사학자 칼 폴라니Karl Polanyi의

---

78 국제자유노련(ICFTU)은 무역과 노동기준의 연계, 곧 무역협정에 국제 노동기준을 포함시켜야 한다는 입장을 취하고 있다. ICFTU의 입장은 다음과 같다. "각국 정부는 수출 증진과 외국투자 유치에 사활을 걸어야 하는 여건 상 어쩔 수 없이 다국적기업이 주도하는 시장에 의해 구속되고 있다. 이런 배경 하에서 노동계는 다자간 무역협정에 노동기준을 연계하는 사회조항(노동기본권 보호)의 삽입을 요구하고 있다. 여기서 핵심 노동기준은 다국적기업과 관련된 극단적 경쟁과 착취를 예방하려는 것이다."(한창훈, 30쪽)

개념에 빗대자면, '21세기적 이중운동'이라고 할 수 있다. 지금 노동 세계는 상시적 고용 불안이라는 깊고 폭넓은 변화를 겪고 있다. 정부는 한·미 FTA가 경제의 효율성을 높이고 성장을 확대시킬 것이라고 주장하지만, 노동 세계에서 한·미 FTA는 또 한 번의, 그러나 돌이킬 수 없는 거대한 변화를 초래할 것이다. 그 변화는 미래에 대한 불안과 빈곤이라는 지속적 공포가 될 가능성이 크다. 자유시장과 복지 삭감을 우상처럼 떠받드는 미국식 주주자본주의 모델은 노동자들에게 재앙일 뿐이다.

한·미 FTA 협정은 투자자국가소송(ISD) 등을 통해 한국의 국내 정치적·사회적 개혁을 제한할 수 있다. 한·미 FTA 협정문에 따르면, 국내의 각종 법과 제도·정책 등으로 인해 '투자의 기대 이익'을 침해당했다고 생각할 때 투자자는 상대국 정부를 국제투자분쟁조정센터(ICSID) 등 국제적 분쟁해결기구에 제소할 수 있다. 세금에 의한 재분배 정책으로 양극화를 해소하려는 국가의 정책도 투자자 이익을 침해했다는 이유로 FTA 국제소송 법정에 끌려갈 수 있다.[79]

한·미 FTA가 노동자의 구체적인 삶에 미칠 영향은 잘 언급되지 않는다. 그러나 투자자를 보호하기 위한 '이행의무부과 금지' 조항은 엄청난 폭발력을 가진 뇌관이다. 예컨대 미국계 자본이 국내 기업을 인수합

---

79 한·미 FTA 협정문에서 가장 큰 독소조항으로 지적되고 있는 '투자자국가소송' 제도는, 미국 정부가 미국에 기반을 둔 거대 다국적기업들의 직·간접적 해외투자와 관련해 20세기 내내 자국 기업을 보호하고자 군사력을 배경으로 전 세계적으로 강력한 개입을 해 온 것과 유사한 효과를 가져올 수 있다. 미국 해군대장 스메들리 D. 버틀러는 1931년에 발표한 유명한 성명에서 다음과 같이 말했다. "나는 1914년 미국 석유자본을 위해 멕시코를 안전한 장소로 만드는 데 협력했다. 아이티와 쿠바에서 내셔널시티은행이 안심하고 영업할 수 있도록 조력한 것도, 국제 금융업자인 브라운 브라더스를 위해 니카라과를 정화淨化한 것도 바로 나다. 미국 모기업의 권익을 보호하려고 온두라스에 압력을 가한 적도 있다. 지금 그와 같은 행동을 회고해 보면 나는 시카고의 갱인 알 카포네에게 몇 개의 모범을 보여 주었다고 말할 수 있을 것 같다."(박현채, 253쪽)

병할 경우 고용승계, 단체협약 승계, 내국인 일정 비율 고용 등의 의무를 지울 수 없다. 고용승계 조항이 투자자의 이해를 보장하는 '간접 수용expropriation 금지' 조항에 해당되는지를 둘러싸고 논란이 끊이지 않을 수도 있다. 또한 한국에서 여성 고용을 확대하고자 고용할당제를 실시하거나 각종 정부 보조금과 지원금을 지급하는 것도, FTA의 내국민대우 조항에 어긋나며 미국 투자자를 차별하는 것이라는 이유로 제소당할 수 있다. 이미 국내 크고 작은 20여 개 경제자유구역에 입주하는 외국인 투자 기업은 근로기준법 상 유급휴일, 월차 유급휴가 및 유급 생리휴가, 파견 노동자 보호 등에 관한 법률 상의 파견대상 업종 및 파견기간에 대해 예외적용을 받고 있으며, 장애인 고용 의무 및 고령자 고용노력 의무도 적용받지 않고 있다. 우리나라 노동운동이 산별노조로 조직을 전환해 사회적 불평등과 양극화 해소를 선언하고 나서더라도, 이런 새로운 동력마저 한·미 FTA 하에서는 무산될 수도 있다. 투자자 보호 조항에 어긋난다는 이유로 제소당할 수 있기 때문이다. 즉, 한·미 FTA는 산업별·부문별 득실을 넘어 사회 전체에 큰 재앙이 된다. 이처럼 대다수 노동자들은 큰 피해를 입을 가능성이 크지만, 국내 거대 재벌기업들은 미국의 투자자들처럼 막대한 이득을 볼 수도 있다. 이는 19세기 말 제국주의와 유사하다. 영국의 경제학자 존 홉슨John Hobson은 일찍이 제국주의자들을 애국심에 경제적으로 기생하는 자들이라고 말했다.

"과거 60년간의 제국주의가 막대한 비용을 지불하면서도 협소하고 쓸모없으며 안정성도 없는 시장의 증가밖에 가져다주지 못했고, 국부를 위태로운 지경에 빠뜨렸다는 점에서 사업상의 정책으로서도 분명하게 그 부적합함이 판명되었다는 사실을 본다면, 우리는 영국이 어떻게 해서 그처럼 건전하지 못한 사업에 나서도록 끌려들어 갔는지 물을 수 있다. 이 질문에 유일하게 가능한 대답은, 국가 자원의 관리권을 장악하고 이를 자신들의 개인적인 이익을 위해 이용하는 일부 세력에게 전체 국민의 경제적 이익이 종속돼 있기 때문이라는 설명이 될 것이다. 새로운 제국주의는 전체 국민들에게는 쓸모없는 사업이었으나, 어떤 계급이나 어떤 직업에게는 훌륭한 사업이었다. 막대한 군비 지출, 값비싼 전쟁, 대외정책에서의 심각한 위험과 곤란, 영국 국내에서의 정치적·사회적 개혁 견제 등은 영국 국민들에게 막대한 피해를 가져다주었으나, 어떤 산업이나 직업들의 사업상 당면 이익에는 커다란 도움이 되었다."(홉슨, 45쪽) 그동안 끊임없이 비자본주의 시장으로 진출해 제국주의적 시장 확장을 해 왔던 자본은, 이제 막다른 길에 들어서자 자유무역협정을 통해 자본주의 체제 내의 시장을 통합하고 있다.

대외경제정책연구원은 연산균형모델(CGE)[80] 분석을 통해 한·미 FTA 체결로 무역장벽이 사라지면 교역량, 특히 수출이 늘어나 생산증가 효과가 나타나고 고용도 늘어날 것이라고 주장한다. 즉, 한·미 FTA가 체결되면 중장기적으로(7~10년) GDP는 7.21퍼센트(326억 달러), 후생 수준

---

80 무역자유화와 자유무역협정의 경제적 효과를 예측할 때 주로 활용하는 분석이 연산균형모델(CGE)이다. 리카도David Ricardo 이래로 '비교우위이론'은 노동자들이 자유무역의 최대 수혜자가 될 것이라는 주장을 뒷받침하는 강력한 근거로 제시되어 왔다. 연산균형모델도 비교우위론에 이론적 기초를 두고 있다. 이 계량모형은 경제를 '서로 연결된 시장들의 집합'으로 정의한다. 또 기업들의 완전경쟁, 모든 생산요소의 완전한 고용 상태, 국내에서 노동과 자본의 완전한 이동, 대외무역의 항상적인 균형 상태를 가정하고 있다. 너무 많은 가정들을 전제하고 있을 뿐 아니라 그 내용이 비현실적임을 알 수 있다. 가격이 변하면 균형 회복을 위한 조정이 이뤄진다고 가정하는 등 애초부터 무역자유화가 실업, 자본도피, 무역불균형을 초래하거나 심화시킬 수 없게 돼 있는 모형이다. 이런 일련의 가정 덕분에 이 모형에서는, 무역규제를 폐지하면 '시장의 힘'에 의해 그 나라의 자본과 노동이 신속하게 더 생산적으로 이용될 수 있는 곳으로 자동 이동한다. 간단히 말해 자유무역을 뒷받침하는 정책 권고들은 일련의 매우 모호하고 의심스러운 가정들을 근거로 하고 있다.(Hart-Landsberg, 2006)

은 6.6퍼센트(263억 달러) 증가하고, 국내 생산 증가에 따라 일자리도 약 52만 개가 늘어날 것이라고 전망한다. 소득 증가에 따른 자본축적, 구조 조정에 따른 효율성 증대, 경쟁을 통한 산업경쟁력 향상이 이뤄지면 경제가 성장하고 더 많은 고용도 창출되는 효과가 나타날 것이란 얘기다.

FTA가 고용과 소득에 미칠 영향

과연 한·미 FTA 체결로 경제성장과 외국인 투자 증대를 통해 이른바 '괜찮은 일자리'가 많이 늘어날까? 외환위기 이후 한국 경제에서는 이미 '고용없는 성장jobless growth' 추세가 확산되고 있다. 과거에는 수출이 확대되고 투자가 늘어나면 신규 고용이 창출되는 경제구조였으나, 수출 증가가 고용 확대로 이어지는 선순환 경제구조는 이미 사라졌다. 수출의 부가가치 유발계수는 1993년 0.711을 정점으로 2005년 0.507로 꾸준히 줄어들고 있다. 수출이 늘더라도 국내 산업의 전후방 연관효과가 급격히 감소하고 있다는 뜻이다. 외환위기 이후 수출이 사상 최대를 기록하고 기업의 이윤은 확대되고 있지만 고용은 늘어나지 않고 있다. 오히려 구조조정을 내세운 인력 감축과 실업이 횡행하고 있다. 새로 일자리가 만들어지더라도 대부분 비정규직이다. 한·미 FTA 이후 미국 상품이 국내시장을 잠식하면 상대적으로 경쟁력이 약한 제품을 생산하는 국내 기업은 공장 문을 닫아야 하고, 노동자들은 고용 불안과 정리해고의 위협에 노출될 수밖에 없다. 무역자유화로 시장이 개방된 뒤 노동자들은 일자리를 유지하려면 '더 많은 시간'을 일하면서 '더 낮은 임금'을 감수해야 한다.

정부는 한·미 FTA의 기대 효과로 '소득 증대와 소비자 후생 증가'를 꼽고, 관세 철폐와 가격경쟁 격화에 따라 수입품과 국내 상품의 가격이 낮아져 물가가 안정되고 상품 선택 폭도 다양해짐에 따라 소비자들이 직접적으로 후생 증대 효과를 누릴 것으로 전망했다. 그동안 '제한적 경쟁' 속에서 국내 소수 독점기업이 누려온 '생산자 잉여'를 이제 한·미 FTA 개방을 통해 소비자들이 누릴 수 있게 된다는 설명이다. 그러나 '개방의 수혜자가 소비자들'이라는 논리는 경제를 단순히 생산자(기업)와 소비자(가계)로 구분할 뿐, 한·미 FTA가 가계의 '고용'과 '소득수준'에 미칠 부정적 영향은 간과하고 있다.

2006년 6월 미국 국제경제연구소(IIE)의 보고서는 쌀을 제외하고 한·미 FTA를 맺을 경우 한국의 1차 산업 분야에서 14만4000명, 기타 기계·장비 분야 종사자 9만1000명이 일자리를 잃게 될 것이라고 내다봤다. 노동자들은 한·미 FTA로 인해 실직 사태를 맞거나 고용 불안에 직면하게 되고, 자신이 다니는 국내 기업의 제품 가격이 떨어지면 해당 기업의 수익성이 나빠져 근로소득이 줄어들 가능성이 크다. 아무리 시장개방에 따라 미국산 자동차 가격이 낮아진다 해도 고용이 불안하고 소득이 떨어지면 소비자 후생은커녕 오히려 손실만 입게 되는 것이다.

'성장을 통한 평등'의 꿈은 그동안 그 성장에서 희생되는 사람들까지도 매혹시켜 왔다. 그것은 물론 환상이었다. '작은 빵을 지금 나누기보다는 빵을 더 키워 골고루 나누자'는 구호는, 이를 실제로 집행할 공권력이 없는 한 장래의 격차를 더 키울 뿐이다. FTA를 둘러싼 논란에도 자유무역과 경제성장의 신화, 세계화와 노동의 대응, '발전의 환상'과 양극화 심화 등이 함께 겹쳐서 나타난다.

1970년대 초에 "쓸모없는 경제학자들이 넘쳐나고 있으며, 경제이론은 1930년대 대공황 이후 '제2차 위기'를 맞고 있다"고 외쳤던 조앤 로 빈슨은 "경제학을 공부하는 목적은 경제와 관련된 질문에 이미 만들어 진 해답을 배우기 위해서가 아니라 경제학자들에게 속지 않기 위해서 다."라고 말했다. 우리도 이른바 '비교우위설'과 '세계화'를 외치는 경 제학자들에게 속고 있는 것은 아닐까? "현실을 보면 자본주의가 승자와 패자를 만들어 내듯 자유무역도 승자와 패자를 만들어 낸다.…… 비교 우위설에 기초한 자유무역 이론은 경제학계에 엄청난 영향력을 미치고 있어서 이론적으로 문제를 제기하려는 사람이 별로 없다. 심지어 실제 로 자유무역이 모든 나라에 이익이 되지 않는다는 사실이 증명됐는데 도 여전히 그렇게 믿는 경제학자들이 많다."(스탠포드, 312·315쪽)

세계화는 '위대한 균등자ª great equalizer'가 아니다. 즉, 전 지구적 경쟁이 국가 간 소득을 균등화시키는 역할을 하지는 않는다. 오히려 다른 조건 이 동일하다면, 국내에서의 기업 간 경쟁처럼 저비용을 가진 국가는 이 득을 얻고 고비용을 가진 국가는 벌을 받게 되는 것이 지구적 수준의 경 쟁이다.(Shaikh, 1995) 미국 뉴스쿨대 경제학과 교수인 안와르 샤이크Anwar Shaikh 는, 족쇄 풀린 자유무역은 가장 부유한 국가의 대기업 자본에게만 유리 한 전략일 뿐이라며, 서구 국가들과 일본·한국 등 아시아의 용들이 과 거 발전의 사다리에 올라탈 때 자유무역이론과 정책에 강력하게 저항 했던 것이 그 증거라고 말한다.

"자유무역의 잉여는 낮은 비용을 가진 생산자에게 돌아가고, 높은 비 용을 가진 자는 손실을 겪게 된다. 자유무역이 경제발전의 최선의 길이 라는 독트린은 국제경쟁이 강한 자를 고르게 평준화시키고 약한 자는 위로 끌어올려 준다는 잘못된 관념에 기초하고 있다. 현실에서 경쟁은 이와 전혀 반대이다. 강한 자에게 혜택과 보상을 주고 경쟁력이 약한 자를 착취하고 처벌하는 것이 현실의 국제경쟁이다. 자유무역과 자유화 개방은 운동장을 고르게 하는 것이 아니라 패배자들과 약한 자들을 더욱 어렵게 하는 것이다. 신자유주의가 전 세계 빈곤에 대해 실행한 조처들은 매우 잔인한 스포츠였다."(Shaikh, 2004)

공동시장의 창출은 경제발전 단계가 비슷하고 단위 노동비용이 유사하고 사회적·제도적 기반이 유사한 국가들이 참여할 때 가장 덜 파괴적이다. 유럽 공동시장이 대체로 그런 부류다. 고실업과 낮은 성장으로 대표되는 요즘에는 자유무역으로 달려가기보다는 국내 경제성장을 자극하는 것이 더 중요하다. 국내 산업을 보호해서 세계 시장으로 갈 수 있는 경쟁력을 키우고 국내 노동력과 교육훈련을 강화해야 한다.

반박 불가능한 진리

사실 자본주의의 경쟁과 성공 신화들은 자본주의의 피해자들까지도 매혹시켜 왔다. 북미자유무역협정(NAFTA·나프타)이나 세계무역기구(WTO) 등과 같은 국제협정들은, 경제적 불안정을 증폭시키고 노동조건과 삶의 조건을 악화시키면서 초국적 자본의 힘과 이윤을 증대시켜 왔다. 그럼에도 불구하고 무역자유화, 규제 완화, 민영화가 전례 없는 편익을 창출한다는 신자유주의의 주장이 워낙 자주 반복되다 보니 노동자 다수가 이런 주장을 '반박이 불가능한 진리'로 받아들인다.

근대 주류 경제학자들은 무역자유화와 경제통합에 따른 '이익'은 광범위한 반면 그에 따른 전체적인 임금 하락 우려는 미미하다고 주장하며, 나아가 무역자유화가 실업과 실질임금 정체, 임금격차 확대 등의 주요 요인은 아니라고 결론짓고 있다. 국제 무역이 임금과 고용 수준에 미친 영향은 없거나 무시할 정도라는 것이다. 이러한 신자유주의 독트린은 비교우위론 등 표준적 경제이론에 기초하고 있다.

WTO 사무총장을 지낸 마이크 무어Mike Moore는 세계화, 곧 시장의 글로벌화가 모든 사람들에게 편익을 가져다줄 것이라며 "우리가 전 세계 빈곤자들을 위해 더 많이 해야 할 분명한 길은 개방된 시장open markets을 지속하는 것"이라고 했다. 그의 말처럼 표준적 경제이론은 노동조합과 국가 등이 시장을 제약하고 있기 때문에 빈곤과 실업 등 주기적인 경제위기가 발생한다고 주장한다. 즉, 시장 친화적인 글로벌화가 전 세계적으로 진행되면, 노동조합의 힘이 약화되어 사용자들이 노동자를 쉽게 채용하거나 해고할 수 있게 되고, 또 국영기업을 민영화하고 국내시장을 외국자본과 상품에 개방하면 자본주의경제를 괴롭히는 주기적인 위기에서 벗어날 수 있다는 것이다. 자유무역과 자유시장에 기초한 이런 관념은 거대한 권위를 누리고 있다. 그러나 이처럼 자유무역을 외치는 부유한 국가들은, 막상 자신들이 과거에 발전의 사다리에 올라탈 때에는 스스로 보호무역주의 및 국가 개입적 산업정책에 크게 의존했다. 1800년대에서 1945년까지 수입 제조업 상품에 대한 미국의 평균 관세율은 세계 최고 수준이었다.

자본주의 역사를 다루는 정통 경제학 교과서는 영국·미국의 발전 원동력으로 자유무역과 자유방임 시장을 꼽지만, 장하준은《사다리 걷어차기》에서 미국을 '근대적 보호주의의 모국이자 철옹성'이라고 묘사했다. 강력한 보호주의를 토대로 경제성장을 이룬 뒤 자국이 최강의 산업국 자리에 오르자 이제 와서 자유무역을 선전하고 있다는 것이다.[81] 자유무역이 자본축적과 성장을 보장한 것인지, 아니면 자유무역이 '부분적으로만 되거나 덜 된 것'이 오히려 성장을 보장한 것인지 따져 볼 필요가 있다.

1994년 미국과 NAFTA를 맺은 멕시코의 사회경제를 보자. NAFTA 협정 체결 당시 카를로스 살리나스 멕시코 대통령은 '잃을 것은 없고 얻을 것은 모든 것'이라고 선전했다. 그러나 NAFTA 이후 수출과 해외 직접투자가 급증했음에도 멕시코 노동자들의 임금과 생활수준은 크게 떨어졌다. 멕시코의 마킬라도라 경제특구는 입주한 외국기업에게 관세 면제 등의 혜택을 부여했는데, 멕시코의 노동생산성이 NAFTA 발효 이후 68퍼센트나 증가했음에도 노동비용(인건비)은 68퍼센트나 감소했다. 멕시코에서 외국인 직접투자는 그린필드 투자green field investment(국외자본이 투자 대상국의 용지를 직접 매입해 공장이나 사업장을 새로 짓는 방식의 투자)가 아니라 대부분 투기적인 포트폴리오 투자였다. 멕시코는 노동생산성의 증대 속에서도 임금수준이 떨어지는 '저임금 경제'로 바뀌었다. NAFTA는 '위대한 사회' 프로젝트이기는커녕 다수의 노동빈민과 소수의 부유층이라는 분리되고 불평등한 두 개의 사회를 만들었을 뿐이다. 미국에서는 수출 증가로 대략 100만 개의 일자리가 지탱된 반면, 멕시코에서는 수입 증가에 따라 200만 개의 일자리가 구축crowding-out되었다.

---

81 프리드리히 리스트Friedrich List는 미국의 이런 행태를 '사다리를 걷어차 버리는Kicking Away the Ladder' 것이라고 했다. 정상에 오른 뒤 자신이 타고 올라온 사다리(보호무역정책)를 치워 버리고 다른 국가들에게는 자유무역의 장점을 강조한다는 것이다.(장하준, 2003)

NAFTA 체결 이후 10년, 멕시코의 실업률은 9.7퍼센트에서 15.1퍼센트로 증가했고 농업 부문에서만 무려 130만 개의 일자리가 사라졌다.[82] 우스캉가 멕시코 국립자치대 교수는 "협정 체결 당시엔 '미국처럼 잘살 수 있을 것'라는 기대를 가졌지만, (협정의 효력이 발생하자 마자) '제1세계'가 되겠다던 멕시코인의 꿈은 삽시간에 무너졌다"고 말했다.

국민의 경제적 자유와 민족적 이해

앞으로 '미국의 세기'가 저물고 미국 경제가 침체돼 상품을 팔아 먹을 미국 시장이 줄어들 수 있다는 우려도 한·미 FTA의 중·장기 효과 예측에 반영해야 한다. 늘 '대안'은 모호하지만 경제성장의 전망은 가시적이고 그 열매는 달콤한 법이다. 그러나 이제 성장의 신화에서 벗어나야 한다. 멕시코의 사파티스타 반란은 직접적으로 NAFTA가 이 지역에 만들어 놓은 체계적인 배제와 종속, 곧 자본주의적 전 지구화 기획에 동반되는 복지 삭감, 규제 완화, 민영화, 사유화에 대항하는 투쟁이기도 했다.(네그리·하트, 2002, 94쪽)

세계화 과정에서 노동조합은 초대 받지 않은 손님이거나 부차적인 당사자(하위 파트너)에 지나지 않았다. 그러나 노동은 세계화를 약화시키기도 하고 노동과 타협하게 만들기도 한다. 즉, 강력한 사회세력으로서 노동조합이 세계화에 대응하는 힘으로 작용할 수도 있다. 나아가, 자유무역과 개방화는 파업의 빈발에도 영향을 미친다. 한국무역협회에 따르

---

82 권경애(2006), 〈한미FTA 협상-공격형 개방통상 정책의 허상〉, 한미FTA 저지 교수학술단체공대위, 문화연대, 《한미 FTA, 그 새파란 거짓말》. ; 《Business Week》, December 12, 2003.

면, 한국 경제의 무역의존도는 외환위기 이전 54~68퍼센트에서 외환위기 이후 2010년 72~86퍼센트로 높아졌다. 김유선(2006)은 경제 개방과 수출 및 무역의존도가 높을수록 파업 발생이 감소한다는 유럽의 연구들이 있지만, 이와 달리 한국에서는 외환위기 이후 높은 무역의존도가 파업 발생 증가의 한 원인으로 작용했다는 실증 분석 결과를 제시하였다.

한·미 FTA는 자유시장을 우상처럼 떠받드는 미국식 주주자본주의 모델의 고착화를 초래할 것이다. 이와 관련해 다음의 경고를 음미해 볼 만 하다. "요즘 미국을 '지나치게 의식하는' 관리들에게 일러 둘 말이 있다. 최근 부총리를 지낸 어느 인사가 보내는 다음과 같은 대미 인식의 충고이다. '미국인의 감정이나 생각은 한국인의 그것과는 다르다. 우리가 한 가지를 양보하면 미국인이 우리를 점잖은 나라라고 생각하고 다음의 요구를 삼갈 것으로 기대한다면, 그것은 미국인의 사고방식이나 미국 압력의 기본 성격을 모르기 때문이다. 우리가 선선히 양보하면 할수록 상대방은 우리가 그렇게 하는 것이 우리에게 이익이 된다고 생각하기 때문이라고 여길 것이다. 불이익을 알고 있으면서도 선선히 양보하는 국민이 있으리라고 미국인들이 생각할 까닭이 없다'."(정운영, 1991, 88쪽)

박현채는 1977년에 한국의 경제개발 15년의 득과 실을 검토하며 이렇게 말했다. "경제성장에 대한 요구는 경제 제량(국내총생산, 총소비, 총투자 등 각종 경제지표)의 확대 그것만은 아니다. 그것은 경제성장이 우리의 경우 밖으로 자주 자립을 실현하는 경제적 민족주의의 기초가 되어야 하고, 안으로 국민 모두의 경제적 자유를 그것이 민족적 이해와 일치하도록 국민 일반의 생활권 실현으로 전화시키도록 하는 것이어야 한다."(박현채, 207쪽)

제5부

시장과 '노동의 힘'

"어떤 특별한 종류의 사람이 아니라, 똑똑한 사람, 강한 사람,
야심만만한 사람, 아름다운 사람, 언젠가 위대한 일을 할 사
람만이 아니라, 그냥 평범한 사람들, 별로 흥미롭지도 않고
'그저 머릿수나 채우는 사람들'이 중요하다."

—에릭 홉스봄

노동운동의 몰락? [1]

87년 노동체제와
노동의 사회적 고립

한국 노조운동의 '잃어버린 10년'

1987년에 제출된 대표적인 변혁운동 문건인 〈성격과 임무〉는 노동계급의 임무를 이렇게 표현했다. "노동자계급은 민주투쟁의 전위투사로서 자신의 임무를 실행함과 아울러 사회변혁을 위한 전면적 계급투쟁의 발전을 끊임없이 모색해 나가는 것이다. …… 노동자계급이 산업전선에서 획득하고 있는 단결력을 주축으로 하여 …… 결집한 대오가 형성될 때, 한 줌도 안 되는 억압대오는 추풍낙엽처럼 분쇄될 것이다."(벼리 편집부, 105~106쪽)

그로부터 25년 뒤, 2012년 한국 사회의 성격 및 한국 노동자와 노동조합운동이 당면한 임무는 어떻게 달라졌을까? 단순화의 위험을 무릅쓴다면, 지금 한국 노동의 성격은 '비정규 노동'이고 노동조합운동의 임무는 '고용안정'이라고 할 수 있다. 1997년 말 외환위기 이후 한국 노동조합운동이 내걸고 있는 '올해를 관통하는 사업'들은 대부분 비정규직(차별)철폐와 고용안정, 그리고 이 두 목적을 달성하기 위한 산별노조 재편과 산별 교섭 구축으로 압축된다.

시장근본주의가 지배하는 '시장의 시대'에 노동의 힘은 크게 약화됐고, 노조 조직률 지표·노동자의 정치적 대표 체제 형성·기업별 조직 체계와 교섭 등이 보여 주는 한국 노동조합운동의 사회경제적 기반도 취약하기만 하다. 예컨대 2000년대 들어 민주노총 내부에서 극심한 갈등을 겪고 있는 '사회적 대화' 참여 여부를 둘러싼 대립을 보자. 한쪽은 "노동의 힘이 없으니 사회적 대화에 참여하자"는 주장이고, 다른 한쪽은 "힘이 없으니 교섭에 참여하면 안 된다"는 주장이다. 양쪽 모두 한국 노동조합운동에 힘이 없다고 인식하고 있기는 마찬가지다. "민주주의는 힘이다.(democracy is power)" 외환위기 10년, 한국 노동운동은 사회적 대화와 사회적 조합주의, 산별노조 등을 둘러싼 수많은 논쟁과 혼돈으로 점철돼 있다.

한국 노동조합운동은 유례없는 압축적 성장을 했다. 1987년 노동자대투쟁 직후 임금은 폭발적으로 증가했고, 전노협·민주노총으로 이어지는 노동조합의 조직적 진출도 대거 이뤄졌다. 1987년 노동자대투쟁은 사회변혁운동이었다기보다는 작업장 민주화와 노동의 시민권 획득을 위한 투쟁이었다. 한국 노동운동은 개발 연대의 작업장 독재와 저임금 장시간 노동, 노동기본권 박탈에 맞서 물리력을 동원한 전투적 대중 투쟁을 통해 '민주노조 쟁취' 등 작업장 민주화와 임금 및 근로조건 향상 등 물질적 양보를 인상적인 수준에서 성취할 수 있었다. 하지만 정치적·사회적 시민권은 제대로 획득하지 못했다. 특히 투쟁의 결실은 대부분 대공장 조직 노동자들에게 돌아갔다. 이와 관련해 최영기는 한국의 노동이 공기업, 은행, 재벌 대기업의 사용자들과 담합하여 고용안정

과 높은 수준의 보상을 즐기면서 지배연합의 동조자 역할을 해 왔다고 비판했다.(최영기, 2007)

　노동조합이 자본과 국가의 노동시장 유연화 공세에 대한 도전 세력으로서 힘겹게 맞서고 있긴 하지만, 한국 노동조합운동은 외환위기 이후 재앙에 가까운 '잃어버린 10년'을 경험했다. 고삐 풀린 기세로 질주하는 시장의 횡포 속에서 '괜찮은 일자리'가 대거 사라지고, 고용 없는 성장jobless growth 속에서 노동시장은 양극화되고 있다. 새로 만들어지는 일자리조차 불안정한 저임금 비정규직뿐이다. 외환위기 이후 중소 영세기업 미조직 노동자와 대기업 조직 노동자, 정규직과 비정규직, 남성 노동자와 여성 노동자, 내국인 노동자와 이주노동자 사이의 임금·복지 격차는 갈수록 확대되고 있다. 노동해방이 아니라 "일자리를 달라"고 외치고 있는 우리 시대 노동자들은 어쩌면 '가장 최악의 나날'을 보내고 있는지도 모른다. 노동계급을 여전히 매혹적인 대상이라고 여기는 좌파 지식인과 활동가들의 고립된 책상에서조차 '해방의 무기'나 '프롤레타리아의 과학' 같은 어휘는 사라지고 있다. '과학적 이론을 달라. 그러면 변혁을 안겨다 주겠다'는 구호도 민주화운동 사료관에서나 볼 수 있을 뿐이다. 그만큼 세상은 변했고, 노동은 사회적·정치적 고립을 맞고 있다.

때늦은 개화, 때 이른 침체

　마틴 립셋Seymour Martin Lipset이 미국의 민주주의에 대해 노동자계급 정당의 부재를 일컬어 '미국 예외주의American Execptionalism'이라고 했듯이, 한국 노동운동은 '한국적 예외주의'로 불릴 정도로 '때늦은 개화'(Hochul, 1997)를 했고 유례없는 성장을 했다. 가히 노동운동의 '대폭발Big Bang'이었다. 파업은 1987년 노동자대투쟁을 거치면서 비로소 하나의 사회적·정치적 현상으로 자리 잡았다. 1990년 4월 한국 노동운동사에 한 획을 그은 골리앗 농성투쟁을 벌였던 현대중공업 노동자들의 오랜 침묵과 2000년 초 서울지하철노조의 무쟁의 선언이 있었음에도 불구하고, 1997년 초 노동법 개정 총파업과 경제위기 이후 신자유주의적 구조조정에 맞선 수많은 파업투쟁은 한국 노동이 아직 살아 있다는 것을 보여 주며 국제적으로 큰 관심을 끌었다.

1997년 초 노동법 개정 총파업 때는 서구 노동 연구자들이 인상 깊게 주목하고, 에릭 홉스봄·킴 무디 등이 한국을 브라질 등과 함께 살아 있는 노동운동의 진원지로 꼽기도 했다. 에릭 홉스봄은 "1970년대 이후에는 최소한 두 곳에서 100년 전 유럽 노동운동에 비견할 만한 대중적 노동운동이 성장한다. 브라질의 노동자당과 한국의 대중 노동조합운동이 그것이다"라고 말한 바 있다.(홉스봄 외, 2000, 35쪽) 그러나 1990년대 중반부터 한국 노동조합운동은 크게 쇠퇴하기 시작했다. 특히 1997년 말 총파업 이후 크게 약화되어, 이른바 '때늦은 개화, 때 이른 침체'를 겪고 있다는 지적도 제기됐다.(임현진·김병국, 158쪽)

1987년 노동운동의 '대폭발'과 이후의 '작업장 민주화'로 정규직 노동자들의 요구는 어느 정도 관철되었고, 최소한 조직 노동자들은 그 투쟁의 과실을 누리고 있다. 그러나 조직 노동자는 1989년 이래 꾸준히 감소해 전체 노동자의 10퍼센트에 불과하다. 노동자 10명 중 9명은 노동조합도 없는 상태에서 조직 노동자보다 훨씬 낮은 임금과 열악한 노동조건 아래 놓여 있다. 2000년 이후 비정규직 싸움에서 정규직 대공장 노동조합운동은 '전술적인 원군' 이상의 역할을 하지 않았다는 평가가 많다.

사실 주변부 노동자들의 투쟁과 요구는 사실상 정규직과 대기업 노동자들의 현재 지위를 위협하지 않는 한도 내에서만 인정된다. 정규직 대공장 노동자들은 "만일 그 수위를 넘어선다면 오히려 노동의 전체적인 하향평준화를 가져오게 될 뿐"이라는 논리로 자신들의 소극적인 행동을 변호하기도 했다. "1987년 이후 노동운동을 주도해 왔던 주요 사업장들은 대부분 시장지배적 지위를 확보하고 있었기 때문에 자신의 의도와는 상관없이 독점지대의 배분에 참여해 왔다. 더구나 기업별노조 조직과 교섭 체계 아래서 노동조합의 행동은 전체 노동자의 이해보다는 소속 조합원의 이익을 극대화하는 방향에서 결정되었다."[1] (최영기, 2001, 41쪽)

이러한 상황에서 과거 노동운동에서 희망을 찾던 지식인과 양심적 사회 세력들이 노동운동에 대한 기대를 점점 멀리하고 있다. 노동운동과 시민운동은 명확히 분리되고, 노동운동의 의제는 작업장 내부로 협소해졌다. 한국에서 노동문제는 오직 파업이 발생했을 때만 부상한다. 노동 세력이 자신의 문제를 사회적 문제로 전화시키지 못하고 있기 때문이다. 그 결과, 언제나 고립되고 외로운 투쟁을 전개할 수밖에 없다. 게다가 노동운동 내부의 여러 비리 사건들이 터지면서 노동운동에 몸담았던 활동가들의 좌절과 절망감도 깊어지고 있다. 정체된 조직률, 노

---

1 김동춘은 1987년 노동자대투쟁 이후 한국 노동조합운동이 (사회개혁적 또는 사회운동적 노동조합주의가 아니라) 기업별 교섭과 경제주의적 전투성에 기반한 임금인상 투쟁의 성격을 강하게 띠고 있었던 점을 강조하면서 "첫 단추 끼는 실천의 실패"라고 했다.(김동춘, 427쪽)

동운동 진영 내 정파 갈등, 비정규직에 대한 정규직 노조원들의 배타성 역시 운동의 위기와 고립을 자초하고 있다. 물론 '노동운동 위기'의 뿌리에는, 신자유주의 세계화 과정에서 자본의 경쟁 격화로 인한 대기업/중소기업 간 격차 심화라는 '자본의 위기'가 자리 잡고 있다.

그렇다면 시장의 힘에 맞서는 노동조합운동의 집합적 역량은 어느 정도나 될까? 흔히 노동조합운동은 그 대표성 위기에도 불구하고, 시민운동과 달리 "헌신적인 활동가들이 있고, 파업을 통해 생산을 멈추게 할 수 있는 강력한 힘을 갖고 있으며, 제도적으로 단결권과 행동권을 갖고 있는" 여전히 힘이 있는 존재라고 여겨진다. 이와 관련해 양재진은 한국의 노동이 힘이 없는 것이 아니라 매우 전투적이며 강력한 힘을 가지고 있는데, 기업별노조 체제라는 제도적 조건 때문에 노조가 그 힘을 기업 단위에서 임금과 복지를 확보하는 데 쓰려는 선호[preference]를 갖게 된다고 지적했다.(양재진, 2005)

물론 한국의 노동조합이 강력한 힘을 갖고 있기는 한 것인지, 오히려 그 기반과 권력자원이 매우 취약하지는 않은지는 논란의 여지가 있다. 노동조합운동은 여전히 조직적인 숫자에서 그리고 자본주의사회에서 사회적 가치를 생산해 내는 직접 생산을 담당하고 있다는 점에서 적어도 당위론적으로는 가장 힘 있는 세력 중 하나임이 틀림없다.

그러나 1990년 중반 이후 노사 간 힘의 균형은 무너지기 시작했다. 특히 1997년 말 경제위기 발발은 그동안 유지되어 왔던 자본과 노동 간의 힘의 균형을 허물었다. 사용자가 일방적으로 노사관계를 주도하는 형국이 심화되기 시작한 것이다. 사실 '87년 노동체제'는 매우 유동적인 과도적 노동체제였다.(임영일, 1998) IMF 경제위기 이후 이 노동 제체는 강력한 전환의 압박을 받게 된다. 경제위기와 더불어 민주노조운동이 유례 없는 위기 속으로 빠져들면서 '87년 노동체제'는 더 이상 유지될 수 없는 상황에 직면한 것이다.

당시 경제위기가 끼친 파괴적인 충격은 아직 토대가 취약했던 한국 노동조합에는 직격탄이나 마찬가지였다. 자본의 공세와 대대적인 구조조정 흐름 속에서 노동조합운동은 주도권을 빼앗기고, 자본과 '시장의 힘'이 작업장을 지배하고 있다. 물론 양극화 시대에 '삶의 불안과 공포'에 맞선 투쟁이 비정규직 노동자들을 중심으로 새롭게 분출하고 있다. 그러나 활발한 쟁의 활동이 곧 노동자의 높은 정치적·사회적 영향력을 표현해 주는 건 아니다. 노동의 힘이 과대해서가 아니라 오히려 노동의 힘이 미약하기 때문에 노동쟁의가 폭발하는 것이다. 한국 사회에서 노동의 전진과 성장은 멈추었는가?

노동운동 활동가의
우울

젊은 노동운동가의 자살

" '잘 나가던' 민주노총, 기억나십니까? 지난 1996 ~1997년 노동법 개악 철회투쟁 직후에는 한국 사회의 영향력 있는 집단 5위까지 올랐었지요. 지난 한 해(2006년) 동안 총파업만 12번, 그런데도 민주노총은 노동법(비정규직 법안) 개악 저지에 실패했습니다."[2]

민주노총 정책연구원장을 지낸 이수봉은 〈1987년 노동자대투쟁 이후 쟁점과 모색〉이란 글에서 다음과 같이 말했다.

"신자유주의 양극화는 더욱 심해지고 있는데 대중들은 왜 조용한가? 총파업을 호소하는 민주노총의 절규는 왜 메아리가 없는가? …… 1987년 이전부터 노동해방의 꿈을 안고 현장에서 민주노조운동의 한가운데

---

2 민주노총 정치위원회, 〈조합원 공통정치교안〉, 2007년 6월.

있던 사람으로서 지금 민주노조운동의 위상은 무척 당혹스럽다. 당시는 배는 고팠지만 꿈과 기대와 희망이 있었다. 그러나 지금은 배도 고프고 꿈은 더 초라해졌다. 이념에 의해서가 아니라 정의감으로 해서 현장을 떠날 수 없었던 대부분의 노동운동가에게, 총을 들고 싸울 수는 없지만 고통 받고 어려운 사람들의 곁에 있어 주는 것이 우리의 시대적 소명이라고 믿고 지금껏 노동판에 남아 있는 사람들에게 지금의 상황은 결코 인정할 수 없는 '분노와 고통의 시대'이다."(민주노총정책연구원, 2007)

지난 2004년 세밑, 37세의 한 젊은 노동운동가가 스스로 목숨을 끊었다. 무엇이 비정규 노동자의 조직과 투쟁에 헌신적이었던 한 활동가를 죽음으로 내몬 것일까? 박상윤(전 민주노총 서울본부 사무처장) 추모사업회는 "그의 죽음은 민주노총 활동가들이 안고 있는 내면적 갈등과 고충을 가장 비극적으로 드러낸 사건"이라고 말했다. 밤낮없이 이어지는 조직사업 토론에도 불구하고 노력에 비해 부족한 현실적 성과, 정파주의·줄 세우기 풍토에 물들어 가는 노동운동 내부 상황에 대한 깊은 고뇌가 삶을 마감하게 만들었다는 것이다.

활동가들은 박 씨의 죽음을 노동운동 내부에 퍼지고 있는 '우울증' 때문이라고 진단했다. 2005년 말, 민주노총은 사무총국 상근자 가운데 몇 명이 우울증 증세를 보이고 있어 직장 건강검진 때 우울증 검사 항목을 포함시켰다. 당시 공공노동조합연맹 상근자 두세 명이 건강검진에서 우울증 판정을 받았고, 민주노총 서울본부에서도 서너 명의 활동가들이 우울증 증세를 보였다. 당시 노동운동가들 사이에 확산되던 우울증은 소설가 카뮈의 말처럼 노동 '운동'이 영혼을 상실했기 때문이었을까?

노동활동가의 우울은 기업별노조라는 노동조합 체계에서 비롯되는 측면도 없지 않다. "그동안 노동운동은 수많은 해고자, 투옥자, 노조 활동 경험자가 배출되었음에도 불구하고 이들의 경험을 결집할 수 있는 제도적이고 물질적인 기반이 없었다. 이들의 경험은 노동자들 스스로의 이해집합적 지혜로 결집되지 않은 채 방치되고 있었다. 이런 현실은 기업 단위 조직 체계의 내부 역학 속에서 노동자 일반의 연대는 물론이거니와 단위노조 자체만의 안정된 지도력과 조직력을 갖추는 것도 상당히 어렵다는 것을 극명하게 보여 준다."(김동춘, 355쪽)

실제로 2005년 무렵은 민주노총 대의원대회가 폭력 사태로 얼룩지고, 민주노총 수석부위원장이 금품수수 비리로 감옥에 갇히고, 한국노총 지도부 비리 사건이 꼬리를 물고, 기아차 노조와 현대차 노조는 '취업장사'로 비난받고, 여기저기서 노조 비리에 대한 소문이 나도는 등 활동가들에겐 최악의 시기였다. 활동가들 사이에 무력감이 깊어졌다. 과거에는 노조 간부들이 주로 '노동 탄압'에 항거해 분신했고, 그래서 동료들이 '죽음을 헛되이 하지 말자'고 더 크게 분노하곤 했지만, 당시의 우울증과 자살은 노동운동가들을 깊은 침묵에 빠져들게 했다. 어느 민주노총 상근자는 "남들이 뭐라 해도 나는 민주노총에서 일한다는 것을 자랑스러워했다. 그런데 잇따라 터진 비리 사건으로 나 자신과 조직의 정체성이 흔들리면서 사적인 모임에도 얼굴을 내밀 수 없는 처지가 되고 말았다."고 긴 한숨을 내뱉었다. 잇따라 터진 노동운동 내부의 부패와 비리를 접하면서 노동조합을 보는 '대중의 눈'은 갈수록 싸늘해졌다. 저 뜨거웠던 1980년대 '불의 연대'를 온몸으로 뚫고 온 노동운동 활동가들이지만, 어느 곳이든 노동조합에서 일하는 수많은 활동가들로서는 견디기 힘든 시절이 닥쳤다.

그동안 우리나라 노동조합 활동가들한테 요구되는 건 교섭력이나 실무 능력보다는 선명성과 비타협성이었다. 억압에 맞선 '노조 사수'와 어용에 대한 오랜 투쟁은 '순수한' 진짜 활동가로서의 투쟁성을 강조했고, 해고와 구속이 진정성의 상징으로 받아들여졌다. 물질적 이익을 바라거나 사회적·정치적 지위 향상 및 출세를 위한 통로로 노조를 활용하려는 사람도 거의 없었다. 그래서 당시의 노동조합 내부 비리가 던진 충격은 더욱 컸다.[3]

정의의 칼인가, 기득권의 수호자인가

우리나라에서 노동문제는 오직 파업이 발생했을 때만 부상한다. 노동운동 세력이 노동문제를 사회적 쟁점으로 끌어올리지 못하고 있기 때문이다. 민주노총 대변인을 지낸 손낙구는 지식인들이 대거 현장에 들어가 노조를 민주화·자주화했지만, 노동자의 계급적 과제는 아직 숙제로 남아 있다고 진단했다. 비정규 노동자에 대한 대공장 정규직 노조의 배제와 무관심은 현장에 뛰어든 활동가들이 추구했던 계급적 과제의 달성이 얼마나 힘겨운 것인지를 적나라하게 보여 준다. 조직적·물질적 토대였던 대공장 노조의

3 민주노총정책연구원이 펴낸 《민주노총 상근활동가 연구》(2006년 9월, 민주노총 중앙을 포함해 산하 연맹과 지역본부에서 활동하는 상근활동가 136명 대상 조사)를 보면, '노동운동을 한다는 자부심을 느끼고'(79.9퍼센트), '현재의 조직과 운동의 가치/규범에 깊이 동의하고 있으며'(78.4퍼센트), '조직을 위해 어려운 일을 할 의사가 있다'(88.8퍼센트)는 이들이 다수였다. 그러나 동시에, '운동 내부에서 활동가들 사이의 입장 차이에 따른 갈등이 크다'는 견해에 대해 63.7퍼센트가 그렇다고 응답했다.

교섭과 쟁의권이 '독점 기득권'이 되면서, 노조가 '정의의 칼'보다는 기득권의 수호자에 그치고 있다는 비판 속에서 활동가들의 방황과 우울증은 더욱 심해진다.

개별 노동자들의 참여가 줄면서, 파업투쟁 때마다 조합원 동원력이 크게 약화되고 '파업 피로감'도 커지고 있다. 1996년 말 노동법 투쟁 이후 노동운동은 '승리의 경험'을 잊은 지 오래다. 외환위기 이후 해마다 총파업을 부르짖고 있지만, 노동시장 유연화와 구조조정 속에서 패배만 거듭하고 무력감에 빠져들고 있다. 싸움에 앞서 대화를 해보려 해도 노동의 힘이 크게 약화된 탓에 사용자와 정부가 이미 한계선을 그어 놓은 '제한된 대화'에 그치고, 타협 직후 지도부가 잘리는 일이 되풀이되고 있다. 해고나 구속이 되어도 취업과 생계가 보장되지 않고, 조합원들이 예전처럼 끝까지 복직투쟁을 지원해 주는 것도 아니어서 활동가로서의 장래는 더욱 비관적이다. 더구나 조합원들이 노조 간부를 '커피 자동판매기'와 같은 존재로 여기고 실리적 성과를 바라는 풍토에서는 운신의 폭이 좁을 수밖에 없다. '노동의 전진이 멈췄다'거나 '노동계급에게 안녕을 고할 때'라는 '안녕학파'의 주장은 활동가들의 우울증과 맥을 같이한다.

안 그래도 노동운동은 머리띠를 두르고 거리에서 공장에서 사장실에서 싸워야 하는 힘겨운 일인데, 이런저런 일에 지치고 '되는 일은 없는' 현실이 지속되면서 오랫동안 열정을 품었던 활동가들조차 '한 사람의 노동자'에 불과한 자신을 발견하고 우울증에 빠지고 하나둘씩 현장을 떠나고 있다. 이래저래 '외롭고 어려운 시절'이다.

노동운동 활동가들은 바쁘다. 수많은 회의와 토론 속에서 싸우고 조직하기에도 벅차다. "기업 단위로 분산·파편화된 노동조합 체계와 극히 번잡한 단위 노동조합의 일상사는 다소 이념 지향적인 이들 대학 출신 노동자들의 사고와 지적인 능력이 개입할 수 있는 공간을 만들어 주지 못했으며, 이러한 조건에서 이들이 계속 노동현장을 지키려면 보통의 노동자와 동일한 관심과 판단을 갖는 존재로 변화되지 않고서는 어렵다. 이러한 조건에서 노동자로서 남는 것은 사회적으로 보면 '한 사람의 노동자를 보태는 일'과 별로 다를 바 없어지는 것이다. 이들은 노동운동가가 되어야 했으나 결국 한 사람의 '노동자'가 되고 말았다. 파편화되고 분산적인 노조 조직은 이들의 생계를 해결해 주면서 적절하고 필요한 일거리가 될 수 있는 어떠한 재정적 후원조직이나 연구조사 단체, 노조 정책기구들을 만들어 내지 못했으며 이러한 운동 기반의 부재는 결국 열정적이고 순수한 청년 노동운동가들을 노동현장에서 내보내는 결과를 초래하였다."(김동춘, 376쪽)

'권력화·관료화·사회적 고립화'로 불리는 최근의 노동운동 위기와 시련을 노조 활동가들은 어떻게 바라보고 있을까? 진짜로 노동조합 간부들은 1987년 대투쟁 이후 현실과 적당히 타협해 떡고물이나 얻어먹거나, 위세를 부리면서 또 다른 권력을 탐하는 등 알량한 권력에 취해 있었는가? 잇따라 터진 노동조합 내부 비리는 수많은 노동자 및 노동운동 지지자들을 비탄과 한숨, 충격과 배신감에 빠뜨렸다. 대기업-정규직-남성 중심의 노동운동은 그들만의 이익만 대변할 뿐이고, 노동운동이 정의와 민주주의, 사회적 약자를 대변하지 못하는 정당성의 위기에 처했다는 비판도 노동운동 활동가의 무력감과 사회적 고립을 낳고 있다. 한국의 시민들은 이상하리만치 노동문제에 우호적이지 않고 둔감하다고 활동가들은 토로한다.

2008년 당시 미국산 쇠고기 수입 반대 촛불집회와 관련해, 뉴코아·이랜드 기간제 계산원의 계약 종료와 용역 전환에 반대해 434일간의 홈에버 비정규 투쟁을 이끌었던 이남신 전 이랜드일반노조 수석부위원장은 이렇게 술회했다. "촛불은 끝내 홈에버 매장으로 오지 않았다. …… 10년 후 광우병을 일으킬 수 있는 쇠고기 수입 반대에는 그렇게 열정적인 시민들이 당장 생존권을 박탈당하고 있는 비정규직 문제에는 의외로 차가웠다." 이에 대해 은수미는 "'일터의 광우병, 비정규직 철폐하자'는 전단지가 돌려지긴 했지만 촛불과 비정규직, 촛불과 노동은 여전히 거리가 멀었다. (비정규직 노동은) 촛불이 밝히지 못했던 한국 사회의 뒷면이자 촛불의 그림자"라고 지적했다.

2004년에는 민주노동당이 의회 원내 진출에 성공했지만, 그렇다고 노동조합의 힘이 크게 성장한 것도 아니다. 영국의 신노동당은 "(영국노총이 우리를) 디스코장에 데려가고 술값을 대신 내줄 수 있지만, 다른 사람이 볼 수 없도록 구석 한 켠에 자리를 잡아라"라고 말한다. 정치적 표와 유권자를 의식해 노동당조차 노동조합과 거리를 두고 있는 것이다. 한국의 노동자 중심을 표방하는 정당 내부에서도 선거 때가 되면 노동자들의 계급투표 문제보다는 오히려 민주노총 조직에 대한 부정적인 여론 때문에 부담감을 갖는다. 물론 한국의 노동조합은 노년에 접어든 영국노총에 비해 아직 젊은 축에 속한다. 어느 활동가는 10여 년 전 "우리는 왜 노동운동을 하는 걸까?"라는 물음에 "노동운동이야말로 한국 사회를 개조할 인적·물적인 힘을 가지고 있기 때문"이라고 말했다. 이 말은 지금도 유효할까?

노동조합 활동가들은 지금껏 사업장에서 민주노조를 만들고, 노조를 설립하고 조직화하는 데만 관심을 가졌다. 한국의 노동은 1987년 노동자대투쟁 이후 짧은 기간 '유례없는 분출'을 경험한 뒤 '단체교섭 중심'의 운동을 전개해 왔다. '사회'와 '해방'의 과제 대신 작업장의 문제, 즉 고용안정과 임금인상이 노동조합의 핵심 사업이 된 것이다. 이와 관련해 김창우는 전노협[4] 정신의 청산이 한국 노동운동의 후퇴를 불러왔으며, 이후 한국의 노동운동은 동요와 혼란을 거듭하다가 변혁지향성이 제거된 운동으로 전환되었다고 주장한 바 있다. 즉, 한국 노동운동이 자주성·민주성·연대성·투쟁성 등 모든 측면에서 위기에 처하게 된 근본적인 원인은, 민주노총이 전노협 정신의 핵심인 변혁지향성을 포기하고 합법·개량(개혁)주의로 갔기 때문이라는 것을 민주노총 건설의 역사가 분명하게 가르쳐 주고 있다는 것이다.(김창우, 211쪽)

변혁지향성을 둘러싼 끊임없는 논란과 회의 및 토론, 침묵하는 노동대중, '종이호랑이'라는 우스갯소리를 듣는 총파업의 잇단 패배 속에서 청춘을 노동조합에 바친 활동가들의 우울은 깊어가고 있다.

---

4 '전국노동조합협의회'. 1970,80년대 민주노조운동과 1987년 노동자대투쟁 이후 급속히 성장한 자주적이고 민주적인 노동조합운동의 조직적 성과를 모아 1990년 1월 22일 결성된 전국연대조직이다. 이후 전노협은 전국민주노동조합총연맹을 창립하는 데 주도적인 역할을 담당한 뒤 민주노총 출범과 함께 1995년 11월에 해산되었다.

산속의 고릴라

헨리 포드의 공장은 없다

2010년 12월 30일, 민주노총 대변인실이 출입기자들에게 보낸 이메일은 '깔판과 폐간 사이'라는 제목을 달고 있었다. "민주노총 기관지《노동과 세계》는 열독률 저하로 오랫동안 고민 중이다. 그럼에도 민주노총 위원장은 취임 초기 기관지에 대한 애정을 보이며 발전을 강조했다. '집회에서 기관지 깔고 앉는 민주노총 성원은 가만두지 않겠다'는 농담을 하기도 했다. 2011년 기관지 사업의 전망에 대해 폐간과 재창간 등 과감한 혁신이 필요하다는 의견이 적지 않다." 민주노총 조직을 대변하는 기관지를 둘러싼 폐간과 혁신 논의는 민주노총 조직 자체가 당면하고 있는 고민의 일단을 드러내고 있다.

에릭 홉스봄은 '잿더미로부터'라는 글에서 "헨리 포드 공장의 일관 조립라인 일은 재미는 별로 없지만 임금이 괜찮았고, 흑인과 백인 빈민들한테 끊임없이 일자리를 마련해 주었다. 이들은 한 시민이자 자동차 산업노조 조합원으로서 얼마간의 자긍심과 위엄도 맛볼 수 있었다. 그러나 오늘날 가난한 미국 흑인이 이런 종류의 자부할 만한 일자리를 얻을 수 있는 유일한 단체는 군대뿐"이라고 말했다.(블랙번 외, 296쪽)

한때 자동차 조립라인 일은 한 가정을 그럭저럭 꾸려 나갈 수 있게 해 준 '괜찮은 일자리'였다. 그러나 지금 노동자들은 무슨 유령에라도 홀린 듯 '유연화'와 싸우고 있다. 노동시장 유연화가 무슨 말인지 깨닫기도 전에 유연화는 이미 노동자들의 곁으로 다가와 삶을 파괴하고 있다. 고용안정이 깨지면서 회사에 대한 헌신이 약해지고, "노동조합도 우리를 지켜 줄 수 없다"는 인식이 팽배하면서 노조에 대한 신뢰도 사라지고 있다. 영국의 경우 취업 후 한 번도 노동조합에 가입하지 않은 (never-membership) 노동자의 비중이 1983~2001년 사이에 전체 노동자의 28퍼센트에서 48퍼센트로 증가했다. 여성과 서비스업종 노동자 증가 등 노동력 구성의 변화 또는 경제의 구조적 변화뿐 아니라, 더 중요하게는 노동자 개인들의 노동조합에 대한 선호 차이가 노조 조직률 하락에 중요한 영향을 미치고 있다.[5](Bryson & Gomez, 2005)

관리·감독자를 따로 둬서 열심히 일하는지 감시하고 통제할 필요도 없다. 일자리와 임금을 지키기 위해, 경쟁 속에서 살아남기 위해 노동자 스스로 더 많은 시간을 일해야 한다. 유연화가 곧 노동규율이다. 한 번

---

5 스웨덴의 블루칼라노동자연맹(LO)의 보고서에 의하면, 24세 이하의 청년 2명 중 1명만이 노동조합에 가입되어 있는 것으로 나타났다. 보고서는 청년들이 노동조합 가입에 소극적인 이유를 1)청년 대부분이 노동조합의 효용성에 의문을 가지고 있고, 2)노동조합비가 그들이 생각하기에 높고, 3)대다수 청년들의 취업 형태가 한시 고용이기 때문이라고 분석했다. LO의 린트퀴스트 부대표는 "청년들이 일하는 많은 사업장에 노동조합 대표가 없어서 그들에게 노동조합 가입을 권유할 기회조차 없다"고 말한다. 청년들의 노동조합 가입률이 저조한 원인은 산업구조의 변화와도 관련이 있다. 예전에는 제조업에 일자리가 많았지만 현재는 서비스산업에 일자리가 많이 생기는 추세이고, 서비스산업의 경우 임시직을 많이 채용하기 때문이다.(《해외노동동향》 2007년 8월 30일, 한국노동연구원)

실직을 경험하면 임시·계약직으로 떨어질 확률이 높아지고, 따라서 다시 해고될 가능성도 커진다. 노동 생애 내내 취업과 실업을 반복하는 함정에 빠져들지 않으려면 등골 빠지게 일해야 한다. 우리 시대 노동시장에는 두터운 노동빈곤층이 노동력 저수지를 형성하고 있다. 홉스봄 식으로 말한다면, '어떤 특별한' 층의 고임금·고용안정은 '그저 머릿수나 채우는 사람들'[6]의 저임금·고용 불안이란 희생을 안전판으로 삼는다.

20세기 헨리 포드 공장의 '높은 임금—높은 생산성—높은 투자'의 궤도는 더 이상 없다. 포드가 시장임금보다 훨씬 더 많은 임금을 줘서 노동자들의 생산성을 높였다면, 21세기의 자본은 '유연화'라는 불안과 공포를 앞세워 강제로 노동자들의 헌신을 이끌어 내고 있다. 노동자들은 자본에 경제적으로 의존할 뿐 아니라 심리적으로도 포섭된다. 어쩌면 노동조합은 노동자들의 가슴과 마음을 자본에게 이미 빼앗긴 건 아닐까? 자본의 상품·경영 전략에 따라 고용도 임금도 모두 바뀌고 있다. 상품을 많이 팔고 순이익을 많이 남기는 것도 필요하지만, 자본에 더 중요한 관심사는 '주주 배당'과 시세 차익이다. 이익을 노동자 교육훈련이나 설비에 재투자하는 건 주주의 이익을 해치는 '낭비'로 여긴다. 특히 기업마다 금융·재무 부서가 경영을 주도하면서 노동을 자산이 아니라 감축해야 할 '비용'으로 간주하고 있다.

---

6 "어떤 특별한 종류의 사람이 아니라, 똑똑한 사람, 강한 사람, 야심만만한 사람, 아름다운 사람, 언젠가 위대한 일을 할 사람만이 아니라, 누구든 희생시켜서는 안 된다는 것이다. 특히 그냥 평범한 사람들, 별로 흥미롭지도 않고, 내 친구 어머니의 말처럼 '그저 머릿수나 채우는 사람들'이 중요하다. 아서 밀러의 《어느 세일즈맨의 죽음》에 나오는 감동적인 대사처럼 바로 이런 하잘것없고 쓸모없는 축에 드는 사람에게 '관심을 기울여야 한다. 그런 사람한테 관심을 기울여야 한다.' 이들이야말로 이 책이 관계하고 대변하는 사람들이다."(홉스봄 ; 블랙번 외, 296쪽)

전투적 경제주의의 한계

150여 년 전에는 얼마나 강력하고 확신에 찼었던가. "공산주의자들은 자신의 견해와 의도를 숨기는 것을 경멸한다. …… 프롤레타리아는 사슬 이외에는 잃을 것이 아무것도 없다. 프롤레타리아가 얻을 것은 전 세계이다. 만국의 프롤레타리아여 단결하라!"

1848년에 마르크스와 엥겔스의 《공산당선언》이 채택되었을 때, 어느 누구도 정확히 100년이 지난 후에 이 책자가 그토록 어마어마한 판매 부수를 기록하리라고 예상하지 못했다. 이 소책자는 유럽에서 인쇄술이 시작된 이래로 수세기 동안 베스트셀러였던 성경조차 능가할 정도로 판매되었다.(쿠진스키, 118쪽) 1970년대 영국에서는 총리 관저가 있는 다우닝가 10번지에서, 영국 총리와 노총 위원장이 수시로 만나 경제와 노사 문제를 조율하는 '맥주와 샌드위치' 간담회가 열리기도 했다. 그러나 그 뒤 집권한 마거릿 대처 총리는 영국 노동조합 지도자들을 일컬어 "짚으로 만든 허수아비 같은 사람들"이라고 표현했다. 대처는 온순하고 겸손한 사람들이란 뜻으로 말했지만, 사실 한국에서 노동의 힘은 그야말로 '허수아비'에 그치고 있다.[7]

이와 달리, 임종철은 30여 년 전 〈권력과 노동〉이라는 글에서 권력의 경제적 기반을 언급하며 '권력의 새 원천'으로서의 노동자계급을 전망

---

7 1950년대 미국에서 월터 로이터와 존 루이스와 같은 노조 지도자는 대통령만큼이나 유명하고 영향력도 컸다. 《포춘》지의 편집자는 "새로 선출된 노조 지도자들은 새로운 상류계층의 일원이다. 노조 지도자는 임금이 높고 대중적 인사로서 사회적으로 높은 지위를 누린다"고 말했다. 대규모 노조는 또한 정치체제의 일원이 되었다. "노조 지도자들은 시 위원회, 공공모금, 애국단체에서 크게 환영받았다. …… 단체교섭 시 전국적인 노조 지도자와 기업의 최고 경영진들은 언론에서는 서로 무지막지하게 싸우는 것처럼 했지만, 막후에서는 양측 전문가들이 재무제표 등 양측의 자료를 검토하고 합의에 도달했다."(라이시, 57~58쪽)

한 바 있다. 그는 공급의 탄력성이 가장 작은, 달리 표현하면 대체탄력성이 가장 작은 생산요소, 따라서 희소성이 가장 큰 생산요소가 지배적인 생산요소로 등장하게 되며, 이 같은 생산요소를 장악한 인간 또는 인간 집단이 가장 큰 권력을 갖게 된다고 말했다.

"자본과 노동의 공급 및 대체탄력성에서 변화가 생겨 자본이 지배적 생산요소의 자리에서 물러나고 노동이 그 자리를 대신하게 되며, 기계력 등으로 쉽사리 대체될 수 있는 단순노동이 아니라 기술정보를 갖춘 기술노동이 대체의 탄력성이 가장 작은, 따라서 지배적인 생산요소가 된다. 이는 생산요소별 성장기여율에 의해 객관적으로 입증된다. 경제사회발전의 역사에서 권력의 여러 원천 중 공급 또는 대체의 탄력성이 가장 작은 원천이 지배적인 원천으로 등장하게 되고, 그 원천을 배타적으로 장악 지배한 집단이 지배계급으로 군림하여 왔다. 1974~1975년을 고비로 한국 경제도 노동의 무제한 공급 단계에서 벗어나 탄력적·제한적 공급 단계로 이행하기 시작하였고, 이에 따라 생산요소 간 권력의 경제적 원천에서 그 세력 관계의 변화가 나타나기 시작했다. 자본의 공급탄력성은 계속 높아져 자본의 권력 기반은 침하가 가속화하고 노동의 공급탄력성은 계속 작아짐으로써 권력의 원천으로서 노동의 중요성이 높아질 것이다."(임종철·배무기 편, 1980)

그러나 30년 전의 예상과 달리, 오히려 정반대로 권력은 노동이 아니라 시장으로 넘어갔다. 자본이 쥐고 있는 시장권력이다. 노동조합의 지위는 권력은커녕 취약하기만 하고, 노동조합 스스로 "임금 삭감도 감수하겠다"면서 파업 자제와 무쟁의를 선언하고 '생산성 동맹'을 맺으며, 외국 자본 앞에 달려가 "파업하지 않을 테니 투자해 달라"고 노조가 앞장서서 설명하는 시절이다. 임금과 노동조건의 '바닥을 향한 경주', 그리고 유연화의 피로감 속에서 불만이 부글부글 끓고 있지만, 싸워도 노동조합은 늘 패배하고 거창한 기대 뒤편에는 언제나 씁쓸한 분노만 남고 쓰라린 환멸로 끝나기 일쑤이다.

우리나라의 노조 조직률은 1987년 말 18.5퍼센트, 1989년 말 19.8퍼센트로 정점을 찍은 이후 내리막길로 접어들어 1992년 16.4퍼센트, 1998년 12.6퍼센트, 2001년 12.0퍼센트, 2006년 말 11.3퍼센트 대로 줄곧 하락했고, 2010년에는 9.8퍼센트 대까지 떨어졌다. 개인서비스직, 여성 노동자, 비정규 임시직이 증가하면서 조직률이 갈수록 추락하고 있다. 특히 황덕순·이병희(2011)에 따르면, 2010년 노조 조직률은 고임금(중위임금의 3분의 2 이상) 계층은 25.8퍼센트인 반면, 저임금 계층은 2.2퍼센트에 불과하다. 300인 이상 사업체 조직률은 35.9퍼센트, 10~29인 사업체는 7.3퍼센트, 5~9인 사업체는 2.5퍼센트에 그친다. 광범위한 취약 노동자들이 조직되지 못한 상태의 조직률 10퍼센트는 노동조합 '대표성의 문제'를 제기한다. 1000명 이상 대기업은 조직률이 80퍼센트 이상 되는 반면, 전체 노동인구 중 80퍼센트 이상을 차지하는 300인 이하 사업장 노동자의 노조 조직률은 불과 5퍼센트에 그치고 있다. 기존 노동조합이 다수의 중소기업과 서비스업의 미조직 노동자들, 또는 전체 노동자의 절반 이상을 차지하는 비정규직 노동자들의 이익은 대변하지 못하고 있음을 알 수 있다. 기존 정규직 노동조합에서는 비정규직의 노조 가입을 불편하게 여겨 왔으며, 어쩌면 비정규직 노동자의 열악한 고용조건과 부당한 노동조건을 외면해 왔다고도 할 수 있다.[8]

그런데 이에 못지않게 심각한 것은 대기업 사업장에서도 조합원이 급속히 줄어들고 있다는 점이다. 조성재 외(2007)에 따르면, 1000명 이상 대규모 사업체 역시 조합원 수 감소율이 -40.3퍼센트에 달하고 있다. 결국 한국의 노동조합운동은 조직화가 어려운 영세·소규모 업체의 고용량 증가를 조직으로 연결시키지 못했을 뿐 아니라, 특히 대기업 부문의 고용량 감소를 저지하지도 못한 것으로 나타났다.

이는 노동운동의 치열한 전투성에도 불구하고 민간이든 공공이든 대규모 사업체를 중심으로 구조조정이 사용자의 의도대로 이루어졌고, 영세사업체만큼 궤멸적 타격을 받지는 않았으나 대공장 노동조합도 전반적으로 조합원 보호에 그다지 성공하지 못했음을 의미한다. 대기업 자본은 구조조정 과정에서 유연성이 없다고 늘 한탄해 왔지만, 적어도 다운사이징을 위주로 하는 구조조정에서는 자본의 의도를 그대로 관철했다고 볼 수 있다.

조직률 하락이 노동조합의 성장이나 쇠퇴의 징표는 아니라도, 근본적으로 노동조합의 기능과 효과를 제약하는 것은 사실이다. 특히 정규직 노동자의 비정규직화 경향이 가속화되고 있기 때문에 정규직 노동조합도 위기의식을 느끼고 있다. 다양한 형태의 비정규직 고용 증가는 정규직 노동자들의 고용안정과 노동조합에 잠재적인 위협이 된다.[9] 또, 비정규직 확산은 노사관계가 사용자 우위로 재편되고 노동조합의 힘과 영향력이 축소되는 '노동조합 쇠퇴Union Decline'와 밀접하게 관련된다. 단체

---

8 노조를 노동시장에서의 '독점모델monopoly model'로 보는 견해를 취하는 쪽은 노조의 임금인상으로 노동시장에서 노동자 간 불평등이 강화되며, 조직 노동자가 미조직 노동자들의 희생을 바탕으로 임금인상을 쟁취하고 있다고 비판한다.(Freeman & Medoff, 1984)

행동의 파급효과는 줄어들고 이는 곧바로 노조의 교섭력 약화로 이어
지며, 사용자에 우호적인 노동시장 정책이 입법화된다.

한국 노동조합운동은 1960년대 중반부터 1990년대 중반까지 약 30년
간 노동조합 자체를 쟁취하거나 보위하고, 국가에 의한 병영적 통제에
맞서 작업장 민주주의를 획득하고, 자주적이고 민주적인 노동조합을 건
설하는 임무를 과제로 설정했다. 1980년대 말~1990년대 초에는 작업장
에서 '민주노조 쟁취'라는 작업장 민주화와 함께 저임금 극복을 위한
임금인상 투쟁도 불가피하게 벌여야 했다. 물론 임금인상과 고용안정
은 여느 노동조합이든 추구해야 하는 기본 목적이다. 그러나 1990년대
중반 이후 현장에서는 노동시장 내부가 분단되고 노동계급의 일부분이
끊임없이 '저임금' 상황으로 몰리고 있다. 최장집 교수가 주장하듯이
민주주의가 제도화된 지난 20년간은 민주화로 이행하는 과정에서 노동
이 배제되고 약화되는 과정이었다. 이른바 '노동 없는 민주주의'가 확
립돼 온 것이다.

민주노조 쟁취 이후의 노동조합의 성격은 '연대 없는 조합주의'라는
말로 그 취약성을 규정할 수 있다. 김동춘(1996)이 임금인상 위주의 투쟁
을 "첫 단추 끼는 실천의 실패"라고 규정했듯이, '전투적 경제주의'로
이름 붙여진 한국의 노동운동은 '조합주의적 경제투쟁'의 수준에 머물
렀다. 그리고 이제는 사용자와 맺은 단체협약조차 휴지 조각이 되고 있

---

9 전국불안정노동철폐연대·전국금융산업노동조합(2005)에 따르면, 정규직 노조에서 비정규직을 기존 노조에
  편입시키거나 독자노조로 조직할 수 있도록 지원한 배경에는 구조조정 과정에서 정규직 노동자들이 비정규
  직으로 전환될 수 있다는 우려도 깔려 있었다.

다. 단체교섭을 통해 노동조합이 구축해 온 각종 '노동보호제도'들이 허물어지고 있는 것이다.

고릴라가 잃어버린 영감

1980년대 이후 노동조합은 종종 '멸종 위기에 처한 공룡' 혹은 '산속의 고릴라mountain gorilla'에 비유되곤 한다. 노동조합을 둘러싼 환경이 나빠지면서 조직률이 떨어지고, 성장·생존할 수 있는 서식처를 잃어 가는 고릴라나 이미 죽고 없는 공룡처럼 되고 있다는 비관적 전망이다. 노동문제나 노동조합을 연구하는 사람도 공룡 연구자처럼 현실에서 떨어져 먼 옛날을 되짚는 사람쯤으로 취급받기도 한다. 물론 2007년 10월 한국을 방문한 해리 카츠Harry Katz 코넬대 교수(노사관계학)는 "노사관계를 무슨 공룡 연구처럼 생각하는 사람이 있는데, 아직은 전혀 그런 걱정을 할 필요가 없다"고 잘라 말했다.

그렇다면 노동조합운동을 되살릴 길은 무엇인가? 최근의 탈이념 및 신자유주의 물결 속에서 새로운 전략적 선택을 강요받고 있는 것은 우리나라 노동조합만이 아니다. 그 선택은 대체로 안타깝게도(?) 계급 논리 폐기와 노사협조로 나타나고 있다.

아무튼 한국 노동조합운동은 "노동자의 다수를 점하고 있는 비정규직을 조직화하지 않으면 미래도 없다"는 구호 아래 전환점을 맞고 있다. 조직화되지 못한 광범위한 비정규직 노동자의 증가로 노조 조직률은 더욱 낮아지고 노동조합운동은 쇠퇴하거나 약화되고 있다. 이처럼 비정규직은 한국 노동운동의 성장과 쇠퇴를 결정짓는 가장 중요한 변수다. 과연 기존 노동조합운동이 비정규직을 끌어안아 침체 국면에 빠진 노동조합의 재생을 꾀할 수 있을 것인가? 아니면, 비정규직이 독자적 조직화를 통해 한국 노동조합운동의 새로운 세력으로 등장할 것인가?

젊은 노동자들이 노동조합에 가입하는 않는 이유는, 과거처럼 탄압이 두려워서가 아니라 현실적으로 노동조합이 자신에게 해줄 일이 없기 때문이다. 이른바 '사회운동적 노동조합주의'를 주창해 온 네덜란드 사회학연구소의 피터 워터만Peter Waterman은 2007년 "대부분의 노조와 노동운동은 국제 연대와 인간의 사회적 해방을 위한 투쟁에 기여하거나 이를 이끌었던 그들의 초창기 역사적 영감을 잊어버렸다"고 말했다.(민주노총 정책연구원, 2007) 노동조합 조직은 취약 노동자, 기혼 여성, 10대 청소년에게도 개방돼야 한다. 그러려면 노조 조직 체계를 기업별노조의 울타리에서 벗어나 산별노조, 일반노조, 지역노조로 바꾸어야 한다.

"사용자들이 '언제든 해고할 수 있다'는 말을 입에 달고 다니면서 개인적인 이삿짐과 벌초까지 우리한테 시켜도 해고 위협이 두려워 끽소리 한 번 못했습니다. 하지만 노동조합이 생긴 뒤부터는 머슴 부리듯 하던 것을 싹 끊었어요. 난생 처음 노조를 만들고 당당하게 교섭도 해보면서 살아 있는 존재로 느껴요." 2002년 경기도 의정부에서 만난, 일반노조인 경기도노조 의정부지부 한 조합원의 말이다. 그는 청소용역 노동자이다.

"(노동조합운동을 하면서) 나 자신이 노동자이면서 사회의 당당한 일원이라는 자부심이 생기고, 하나의 인간 경희(본인 이름)를 느끼고 있어요."(1970년대 민주노조운동에 나섰던 한 여성 노동자의 수기)

노조가 가장 절실했던 두 노동자의 말은 30여 년의 세월을 뛰어넘어 서로 겹친다. 노동 유연화 속에서 주변부 노동자가 대거 등장하고, 이들의 노동 풍경은 1970년대 무권리 상태의 한국 노동과 비슷하다. 그러나 한국 민주노조운동의 단추를 1970년대 여공 노동자들이 끼웠듯이, "난생 처음 노조를 만들고 당당하게 교섭하면서 살아 있는 존재로 느끼는" 수많은 주변부 노동자들은 노동조합을 다시 살아 있는 공룡으로 만들어 낼 힘이기도 하다.

노동조합 선거와 정파

노동조합의 권력 다툼은 선거 과정에서 항상 극적으로 나타난다. 선거 때마다 우리 사회 각 영역에 퍼진 줄 세우기와 표를 앞세운 흥정 양상은 민주노조운동에도 그대로 침투해 들어오고 있다. 한국노총 산하 금융노조 관계자는 "노조 임원선거 때 노동조합을 장악하려고 서로 상대방에게 상처를 입히고 줄 세우는 양상이 반복되고 있다"며, "선거 몇 번 거치고 나면 자연스럽게 정파가 형성돼 조합원들이 서로 분열하고, 선거에서 진 쪽은 칼을 갈고 3년 뒤에 또다시 선거에 나오는 과정이 되풀이되고 있다"고 말했다.

물론 노동조합은 정치조직이 아닌 대중조직이기 때문에 조직 내부에 다양한 정파와 목소리가 존재하게 된다. 정파 분열과 이합집산을 꼭 부정적으로만 볼 것은 아니다. 오히려 조직의 건강함을 보여 주는 지표일 수도 있다. 문제는 그 정도와 양상이다. 노동조합 집행부 선거 때면 정파로 확연하게 갈려서 대립하고, 선거가 끝나면 흩어지고, 선거 때만 되면 다시 뭉치는 일이 되풀이되고 있다. 비공식 조직으로서의 정파는 대체로 정치 노선의 차이보다는 노조 지도부가 누구였는지에 따라 갈라지는 인맥 파벌이 그 중심이다. 이갑용 전 민주노총 위원장은 자신이 출마했던 1998년 민주노총 위원장 선거와 관련해 이렇게 증언했다.

"출마하고 나서야 나는 기성 정치판 못지않게 운동판에 존재하는 학연, 지연, 정파, 서울 중심주의 등에 의해 굴러가는 복잡한 조직의 구조를 알게 됐다. …… 민주노총의 위원장이라는 게 알 만한 사람들이 모여 작당하고 후보군을 뽑아 품평하고 자기들의 입맛에 맞는 후보를 섭외해서 '세워지는 것'임을, 보이지 않는 손은 운동판에도 있음을 미처 몰랐다. 좌파든 우파든 서울의 활동가들이 볼 때 민주노총 임원은 연맹과 지역본부 그리고 서울에서 일정 부분 인정을 받거나, 아니면 정파 조직의 결정에 따라 순서대로 가는 자리지, 나처럼 어디서 뚝딱 불거져 올라오는 자리가 아니었다."_(이갑용, 175쪽)

특히 선거 과정에서 사회적 운동으로서 노동운동이 지닌 대의는 온데간데없이 사라지고 당장의 '실리주의'만 판치게 된다. 기업별 교섭에서 노조 간부가 다음 선거에서 재집권하기 위해 보여 줄 수 있는 건 임금인상뿐이고, 이는 파업을 통해서만 가능했다. "선거에서 조합원이 후보에게 사택 조기 입주를 부탁하고 조·반장 승진까지 개입하는 일도 있다. 아들을 입사시켜 달라고 요구하기도 하는데, 대의원들은 이를 해결하기 위해 부당한 방법을 동원한다. 노동계 내부가 얼마나 썩었는지 짐작이 갈 것이다."(하부영 전 현대자동차 노조 부위원장)

노동조합 선거에서도 일반 정치와 똑같은 이전투구가 벌어지고, 똑같은 권력 나눠 먹기 관행에서 한 치도 나아가지 못하고 있다는 얘기다.

노동조합은
'유익한 제약'

노조가 소득 불평등의 원인인가

노동조합이 '법 위의 특권'을 누리고 있다고 비판한 프리드리히 하이에크는 《자유헌정론》에서 자유의 원리에 반하는 노동조합의 특권과 강제를 폐지해야 한다고 주장했다. "모든 노동자들을 조합에 가입하도록 유도하고 고임금을 확보하려고 노력하는 것이 노동조합의 당연한 목적이 되고 합법적이라는 사실은 노동조합이 이 목적을 성취하기 위해 필요한 것은 무엇이든 할 수 있는 권한을 가져야 한다는 의미로 (잘못) 이해되어 왔다."(하이에크, 1998, 130쪽)

하이에크는 노동조합을 불평등의 주요 책임자라고 규정한다. 근대 주류 경제학 교과서는 노동조합이 시장 내 노동 공급에서의 독점적 지위를 이용해 임금인상을 꾀하고, 이에 따른 시장 균형임금 상승이 장기적으로 경제 전체의 산출을 감소시키고 고용도 역시 줄어들게 만든다고 가르친다. 나아가, 이러한 노조의 임금인상 압력이 노조로 조직된 노동자와 미조직 노동자 간의 일자리와 소득을 재분배해 소득 불평등을 증가시킨다고 주장한다. 노조가 오히려 소득과 일자리의 불평등을 증가시키고 생산성과 투자를 저해하고, 혁신과 변화를 더디게 해 지속적 성장의 걸림돌이 된다는 얘기다.

그렇다면 강력한 노조가 소득 평등화와 임금 자제를 추구하는 길이 될 수는 없는가? 사실 상당한 부분 노조의 힘은 경제에 나쁜 영향을 미치는 것이 아니라 오히려 높은 생산성으로 연결된다. 실제로 노조의 노동시장 규제력이 약해질수록 소득 불평등은 더욱 커진다. 주류 경제학은 노조가 '소득 불평등의 원인'이라고 가르치지만, 산업별 최저임금을 설정해 임금격차를 축소시키는 것도 노동조합의 일반적인 기능에 속한다. 사실 한국에서 노동조합이 대기업 부문에 집중돼 있는 상황에서 기업 규모별 차이 때문에 존재하는 지불 능력 격차가 임금 불평등을 낳는 것이지, 노조가 불평등의 원인 제공자는 아니다.(〈표 15〉 참조) 대기업 노동조합에서 임금을 끌어올리면 비노조 사업체의 임금수준도 함께 끌어올리는 효과도 어느 정도는 존재한다. 노동조합의 존재가 아니라 오히려 노조의 부재가 임금 불평등을 낳는다는 얘기다.

노동조합은 사회적으로 '유익한 제약beneficial constraints'(Streeck, 1997 ; 코우츠, 426쪽)에 속한다. 노동조합은 노동시장에 존재하는 대표적인 제도적 기구다. 칼 폴라니가 갈파했듯, 만물이 상품화되는 등 무한 팽창하는 시장으로부터 사회가 자기 보호를 위해 만든 제도 가운데 하나가 노동조합이다. 이처럼 주류 시장경제학이 아닌 제도주의 경제학 관점에서 보면 노조는 전혀 다른 얼굴을 하고 나타난다. 즉, 강한 노조가 자본에 '제약'으로 작용하는 건 사실이지만, '유익한 제약'이 된다. 왜 그럴까? 강한 노조는 오직 저임금에 기초해 가격경쟁을 벌이는 '임금 따먹는 착취형 공장'을

■ 〈표 15〉 사업체 규모별 고용 형태별 월평균 임금(격차)(2011년 8월)

규모	월평균 임금(원)		임금격차 (300인 이상 정규직=100)	
	정규직	비정규직	정규직	비정규직
1~4인	194만	105만	55.4	30.0
5~9인	224만	125만	63.9	35.7
10~29	251만	139만	71.7	39.7
30~99인	274만	157만	78.1	44.8
100~299인	280만	175만	79.9	50.0
300인 이상	351만	206만	100.0	58.9
전 규모	272만	132만	77.6	37.8

* 300인 이상 사업체 정규직 163만 명(전체 노동자의 9.3퍼센트)
　자료: 통계청, 경제활동인구조사 부가조사(2011년 8월)
　출처: 김유선(2011b)

차단한다. 여기서 노동조합은, 자본이 추구하는 '임금착취형 공장'이라
는 왜곡된 경쟁력의 길을 차단하고 저임금의 기초 위에 경쟁하는 것을
어렵게 하거나 불가능하게 만들고, 사용자가 저임금 경쟁 대신 기술혁
신과 직업훈련에 나서도록 유도함으로써 장기적으로 산업자본의 역동
성에 기여하는 '유연한 경직성'이다.(코우츠, 142쪽)

　이러한 시각에서 보면, 오히려 약한 노조가 성장의 걸림돌이 된다. 노
동조합은 시장의 독재에 저항하는 보루로서, 노동현장에 산업민주주의
를 확보하는 수단이 될 수도 있다. 20세기 중반, 대표적인 제도주의 경
제학자인 존 코먼스John Commons는 노동조합 등 압력단체는 미국의 경제
정책에 영향을 미치는 가장 대표적이고 '유익한 세력beneficial forces'이라고
주장했다. 당시 압력단체는 공정하고 합리적인 경제질서를 실현하기

위한 필수불가결한 수단이었다. "오늘날 인간의 권리란 자유로운 결사의 권리이며 …… 그것은 노동조합 등 자발적 결사를 위한 시민적 자유이다. 개인적 행위의 자유라는 고전적 개인주의보다는 이들 결사야말로 공산주의, 파시즘 혹은 금융자본주의로부터 현대의 자유주의와 민주주의를 보호하는 피난처다."[10]

높은 임금수준이 유지되면 경쟁에서 이기기 위해 기업은 노동비용 외의 '비가격경쟁 전략'을 펴야 한다. 즉, 노동생산성을 높여야 한다. 높은 임금이, 기업이 노동자에 대한 교육·훈련에 더 기꺼이 투자하도록 강제하는 것이다. 노동조합에 의해 임금이 상승하면, 기업은 이에 반응해 다양한 혁신을 꾀하면서 경쟁력을 더 높이려는 유인을 갖게 된다.

또, 노동조합은 다양한 측면에서 기업의 생산성과 효율성을 증진시키는 기능을 한다. 노동조합에 의한 임금인상 부분을 상쇄하는 더 높은 생산성 향상이 기업에서 나타나는 것인데, 예컨대 노동조합이 작업장에서 개별 노동자들의 다양한 불만을 취합해 대변하는 '집단적 목소리collective voice'를 내고, 노조에 의해 모든 노동자들의 근로조건(고용안정, 작업 속도 등)이 나아지면 이것이 작업장에서의 팀워크나 협력 작업에도 영향을 미쳐 생산성 향상 효과가 나타난다. 모든 노동자의 근로조건이 함께 나아지면서 나타나는 '작업장의 공공재 효과'이다.(Hirsch & Addison, pp. 189~190)

자본주의 아래서 노동조합 조직의 성격은 모순적이다. 노동조합은 계급적 조직인 동시에 자본주의체제 내의 방어적 조직이기도 하다. 바

---

10 코먼스, 《제도 경제학 II》, pp. 901~903(M. Olson, 1971, p. 116에서 재인용).

꿔 말하면, 노동조합은 자본주의사회에서 노동자계급과 지배계급(자본) 및 지배기구(국가) 사이의 타협의 산물이다.[11] 노동조합에 대한 고전적인 정의는 웨브 부부Sidney and Beatrice Webb의 저작에서 발견된다.

"노동조합이란, 우리가 이해하는 바로는, 임금노동자들이 그들의 노동 생활 제 조건을 유지 또는 개선할 것을 목적으로 하는 항상적인 단체이다. 이러한 형태의 단체는 2세기 이상에 걸쳐 존재해 왔던 것이며, 일시에 충분히 발달된 형태로 불쑥 나타나게 되었다고 생각할 수는 없는 것이다. …… 특정 직업에서 단결의 성장에 관한 근거를 검토해 보면, 노동조합은 어떤 특별한 조직에서부터 나온 것이 아니라 동일한 일에 종사하는 임금노동자가 함께 모임을 가질 수 있는 모든 기회로부터 생겨났음을 알 수 있다. …… 현존하는 노동조합 가운데 가장 오래된 노조의 하나가 '1파인트의 흑맥주를 함께 마시는' 직인 회합에서부터 결성되었다는 생생한 증거가 있다. 격렬한 파업을 통해 영구적인 조직이 형성되는 경우도 종종 있었다. 이 밖에도 일자리를 알아보기 위해 대중 술집을 드나들면서 이러한 집회 장소가 조직의 핵심이 되기도 했고, 대규모 떠돌이 직인 단체가 전국적인 노조로 전환되기도 했다."(웨브 부부, 상권, 15·37~38쪽)

웨브 부부는 그러나 좌파 진영으로부터 '노동조합주의trade unionism'라는 비판을 받아 왔다. 웨브 부부의 노동조합주의는 경제투쟁을 통해 임금

---

11 파업은 지배계급에 대항하는 투쟁의 영역인 동시에, 지배계급이 노동자들의 투쟁을 제한하는 '관리의 영역'이기도 하다. 이로 인해 파업은 피지배계급이 벌이는 투쟁임에도 불구하고 역사상 최초로 합법의 지위를 차지하게 되었다.(고민택·남구현, 2000) 파업을 보장한 배경에는 자본주의적 착취의 '근본 원인'에 대한 투쟁은 차단하고, '분배'를 둘러싼 투쟁은 일정하게 인정하겠다는 국가와 자본의 의도가 깔려 있는 것이다.

노동자의 노동조건 유지 및 개선만 추구하는 노선이며, 자본주의 또는 임금제도의 항구적인 존속을 도모하는 노선이라는 것이 비판의 골자다.[12]

갈등의 제도화

노동조합을 바라보는 시각은 크게 계급론적 시각과 자본주의사회 내의 '제도화된 기구'로 바라보는 시각으로 나뉜다. 제도화된 기구로 보는 시각은 노동조합은 노사 갈등을 효과적으로 해소할 수 있는 장으로서 노동자계급을 자본주의사회에 통합하는 역할을 수행한다고 주장한다. 이른바 '갈등의 제도화'인데, 노조를 노동자들의 사회경제적 이익대표기구interest-representation로 보는 것이다. 여기서 노동조합은 적대적 계급투쟁과 혁명적 역할을 수행하는 것이 아니라, 제한된 이익을 추구하는 비적대적 이해단체일 뿐이다.[13] "노조는 제한적으로나마 제도화되는 순간, 기업과 국가에 무조건 저항하고 반대하는 조직이 아니라 일정하게 타협을 하면서 책임 있는 자세를 유지해야 하는 '제도권 조직'이 된다."[14](김동춘, 302쪽) 제도화된 조직으로서 노조는 경제위기 등 자본주의적 시장 조건과 정부의 노조정책에 의존한다. 특히 신자유주

---

12 마르크스주의 관점에서 보면, 노동조합은 '사회주의를 위한 학교'이다. 마르크스주의는 '좌익의 국가' 또는 '노동자들의 국가'를 지향하는 과정에서 노조의 혁명적 역할을 중시한다. 노조의 성장은 자본의 탄압에 맞선 기나긴 유혈과 투쟁의 과정이었으며, 이런 맥락에서 좌파에게는 노조의 존재 자체가 지난 수십 년 동안 자본주의의 종말을 알리는 신호로 여겨져 왔다. 한편, 조르주 소렐Georges Sorel 등 무정부주의 생디칼리스트들은 파업을 혁명의 주요 도구로 여겼다. "이러한 이론들(생디칼리슴)은 원칙적으로 의회투쟁을 거부하고, '자본을 해체시키는 과정이라고 할 수 있는 파업의 혁명적 힘'에 모든 희망을 걸었다. 이런 경향의 이론가들에 따르면, 총파업은 '가만 내버려 두어도' 구체제와 자본주의적 생산양식을 파괴하기에 충분할 것이다."(카갈리츠키, 67쪽)

의 논리가 횡행하는 시대가 되면서 노동조합이 경제적 효율성을 위협하는 범죄자로 간주되고 있는데, 이런 맥락에서 노동조합은 '투쟁'보다는 타협적인 '교환'을 강요받고 있다. '제도화의 이면'인 셈인데, 제도화는 사회적 책임을 기반으로 싫든 좋든 '강요된 협조'를 요구한다.

여기서 노동조합은 자본주의사회의 이해집단 중 하나일 뿐이지만, 오히려 갈등을 해소하고 자본주의를 존속시키는 기구가 된다. 자본주의에 내재한 모순이 폭발적 형태로 분출하기 전에 갈등을 해소해 노동자들을 체제 내로 포섭하는 전략적 기구의 하나로 인식되는 것이다. 이런 다원주의적 노사관계pluralistic industrialism 시각에서 단체교섭의 위상은 정치적 민주화에 상당하는 '산업의 민주화'로 격상된다. 노동시장에서 그룹들 간의 이해가 다를지라도 이런 차이는 각 당사자의 공존을 원칙으로, 단체교섭을 통한 '이해의 조화'에 기초해 해결된다. 그 바탕에는 생산수단의 사적 소유에 대한 합법적 인정이 깔려 있다.(Korpi & Shalev, p.165)

그람시는 "어떤 의미에서 노동조합은 자본주의사회의 보완물이라고 주장하는 것도 가능하다. …… 노동조합은 사회의 근본적 혁신의 도구

---

13 쉐보르스키는 계급 타협과 동의의 물질적 토대와 관련해 "자본주의적 민주주의로 조직화된 헤게모니 체제는 계급 타협의 형태를 이룬다. 그것이 계급 타협인 것은 개별 자본의 이익을 총합한 것도, 조직화된 임금노동자의 이익도 이 체제의 특수한 한계와 테두리를 넘어서서 추구될 수 없다는 의미에서다. 이러한 계급 타협은 오직 임금노동자가 자본주의적 사회조직에 동의하는 조건 하에서만 재생산될 수 있다. 자본주의적 관계의 재생산의 기초에 놓여 있는 동의란, 개인적인 심리적 정신 상태가 아니라 집단적·조직적·계급적 활동의 성격으로 구성된다. 임금노동자가 자본주의적 테두리에서 자신들의 물질적 조건을 향상시킬 수 있는 것처럼 행동할 때 동의하는 것이라고 할 수 있다. 따라서 자본가와 협력하는 것으로 자신의 전략을 선택할 때 임금노동자는 '동의'하는 것이다. 이 동의의 재생산은 임금노동자의 물질적 이익이 자본주의사회 '내에서' 어느 정도 만족될 것을 요구한다."(쉐보르스키, 1995, 193~195쪽)

14 밀스C. W. Mills는 노조 지도자를 '불만의 관리자manager of discontent'라고 부른 뒤, "노동조합 지도자는 그렇지 않았다면 파괴적인 것이 되었을 것을 정규적인 것으로 만든다"라고 말한다.(김동춘, 310쪽) 이는 조합원을 투쟁적 행동에 동원해야 하지만, 동시에 이런 투쟁성을 일정한 한계 내에 묶어야 할 필요도 있다는 점에서 '노조 지도자의 딜레마'라고 일컬어진다.(Hyman, 1994, p.79)

가 되는 것이 불가능하다"고 규정했다. "노동조합운동이 노동자계급의 많은 부문을 위해서 증대된 경제적 이득을 확보할지는 모르지만, 이 운동은 자본주의사회의 제도화된 부품이 되어 버림으로써 …… 자본주의적 헤게모니를 재생산하는 기능을 했을 따름이다."(보그, 101~102쪽)

한국의 노동조합은 대체로 회사와 갈등적이고 비타협적인 자세를 유지하고 있으며, 실리적이고 절충적인 교섭 활동보다는 쟁의행동 등 '대중동원' 전략과 힘의 대결을 강조한다. 사용자와 '불편하게 공존'하고 있다고 볼 수 있다.(김동춘, 360쪽) 게다가 한국 노동조합에 붙는 '전투적'이란 수식어는 이데올로기적 급진성이라기보다는 오히려 '경제주의적 전투성'을 뜻한다. 1987년 이후 10년간 민주노조운동 진영은 노동해방 이념을 모색해 왔으나, 전반적으로 '전투적·경제적 조합주의'라는 한계를 벗어나지 못했다.(심상정, 69쪽) 이러한 한국 노동조합의 전투성은 이른바 '의사疑似 제도화'에서 비롯되었다고 볼 수 있다. 자본과 국가가 작업장 수준에서 단체교섭 등을 제도화했지만, 형식적·절차적 수준의 제도화에 그쳤을 뿐 완전한 권리 보장에 기초한 실질적 제도화는 실현되지 않은 것이다. 이에 따라 노동조합은 제도의 벽을 넘어 전투성을 추구하지 않을 수 없었다.

2003년 세계은행(WB)은 높은 노조 조직률이 국가경제에 궁극적으로 도움이 된다는 보고서를 발표한 바 있다. 세계은행은 '노조와 단체교섭: 글로벌 환경 하에서의 경제적 효과'라는 제목의 보고서(Holzmann, et al. 2003)에서 "거시경제적 관점에서 볼 때 노조의 조직률이 높을수록 경제에 도움이 된다."고 밝혔다. 노동조합을 부정적으로 바라보던 세계은행 스스로 '획기적인 열린 보고서'라고 자평한 이 보고서에 따르면, 노조 조직률이 높을수록 실업률이 낮아지고 인플레이션이 억제되며 생산성을 높이고 경제적 충격에서 더 빠른 적응력을 보인다는 것이다.

보고서는 "미국의 조직된 노동자들은 노조로 조직되지 않은 노동자들보다 15퍼센트 정도 많은 임금을 받고 있으며, 여타 산업국가에서는 5~10퍼센트 높은 임금을 받고 있다. 그 결과, 노조는 중산층의 발전을 돕고 국가를 발전시키는 순기능을 하고 있다."고 지적했다. 또, 노조가 숙련공과 비숙련공, 남자와 여자 사이의 임금격차를 줄여 주는 것으로 조사됐다고 밝혔다. 보고서 작성 책임자인 로버트 홀츠만은 "노조가 좋은 매너를 가지면 변화의 중요한 역할을 담당하겠지만, 이것이 반대의 상황에 처했을 때 유해한 효과가 일어나지 않을 것임을 의미하는 것은 아니다"라며 투명한 노조 운영과 사회적 책임을 주문했다.

노조의 임금효과는?

"노조가 임금을 인상시킨다는 건 명백하다?(Everyone knows that unions increase wage)"

일부에서는 임금격차를 낳는 주범으로 노동조합을 꼽지만, 단지 노동조합 조합원이기 때문에 받는 '임금 프리미엄'(노조 임금 프리미엄)이 얼마나 되는지에 대한 정설은 없다. 현재 존재하는 노동조합의 수준 하에서, 노조가 조직된 사업장과 노조가 없는 사업장 사이의 임금과 소득의 편차만 관찰할 수 있을 따름이다. 가령 노동조합이 전혀 존재하지 않을 경우에 임금 편차가 어떨지에 대해서는 신빙성 있는 이야기를 하기 어렵다. 즉, 현실에 존재하는 임금 편차를 노조와 비노조 사업장으로 구분해서 분해할 수 있을 뿐, 순수하게 이론적으로 노동조합이 노동자들 간의 임금 분산(차이)에 어떤 영향을 미치는지는 명쾌하게 말하기 어렵다.(Hirsch & Addison, p.155)

그래도 몇 가지 실증 분석 자료를 살펴보자. 1980년대 미국의 경우, 노조가 조합원 임금을 상승시키는 효과는 대략 비조합원에 견줘 15퍼센트 정도로 알려졌다. 한국의 경우 조동훈(2008)이 통계청의 '경제활동인구조사 부가조사'(2006년 8월) 자료를 사용해 분석한 결과, 노조에 가입된 노동자는 동일한 인적 속성(교육 수준, 성별, 근속 연수 등)을 가진 비노조 노동자에 비해 시간당 임금 기준으로 8퍼센트 정도 높게 받는 것으로 나타났다. 다른 연구들도 우리나라에서 노조 임금 프리미엄은 대체로 이 정도라고 제시한다.

그러나 일반인들이 체감하는 노조 임금효과는 노조가 없는 전형적인 '중소업체'와 노조가 있는 전형적인 '대기업' 노동자들 간의 임금격차다. 류재우는 노동부의 '임금구조 기본통계조사'(1987~2002) 자료를 활용해 실증 분석한 결과, 1990년대 초 500인 이상 노조가 있는 사업체 노동자들은 비노조 중소기업에 비해 15퍼센트 안팎의 임금을 더 받고 있었으나, 그 뒤로 격차가 벌어져

2002년에는 30퍼센트에 이르렀다고 주장했다.(류재우, 2005)

김유선(2009)이 '경제활동인구조사'(2007년 8월)와 '사업체 근로실태 조사'(2007년 6월)를 분석한 결과, 노조 조합원의 임금은 비조합원에 견줘 2.5~14.1퍼센트 높고, 사업장별로 봤을 때는 노조가 있는 사업장의 비조합원은 노조가 없는 사업장의 노동자보다 월평균 임금이 6.2~6.8퍼센트 높은 것으로 나타났다. 김유선은 "노조의 임금 프리미엄이 존재하지만, 노동조합의 임금인상은 저임금 노동자들의 임금수준도 높이는 효과를 가져오면서 전반적으로 임금을 균등화하는 역할을 한다"고 분석했다. 특히 노조는 최저임금 투쟁을 통해 노동자 내부의 임금격차를 축소시키기도 한다.

그런데 사업체 규모별로 따져 보면, 노조 임금 프리미엄은 크게 달라질 수 있다. 예컨대 황덕순(2005)이 통계청의 '경제활동인구조사 부가조사'(2003년 8월) 자료를 분석한 결과, 노조 가입률과 조직률이 높을수록 사업체 간 임금격차가 적은 것으로 나타났다. 노동조합의 '존재'가 아니라 오히려 '부재'가 산업 내 임금격차의 확대로 이어지며, 노동조합이 임금 불평등에 미치는 효과는 일반적 통념과 다르다는 것이다. 황덕순은 "사용자들은 개별 노동자들의 생산성 차이에 따라 또는 개별 기업체 간의 지불 능력 차이에 따라 임금에 격차를 부여하려고 하는 반면, 노동조합은 사용자의 이런 자유로운 임금 결정권을 제한하거나 산업별 표준임금(또는 최저 수준)을 설정함으로써 임금격차를 축소시키는 효과를 나타낸다"고 말했다.

김우영·최영섭(1996)은 실증 분석 결과 노동조합의 임금효과가 나타나기는 하지만 통계적으로 유의성이 없다는 결론을 내렸다. 이는 1994년 대우경제연구소의 대우가구패널 데이터 중 정규직 봉급생활자 1211명을 대상으로 회귀분석한 내용인데, 우리나라 전체 봉급생활자를 대상으로 할 때 노조의 임금효과는 6.3~7.8퍼센트로 나타났으나 이는 통계적 유의성이 없다는 것이다. 미국과 캐나다를 대상으로 한 거의 모든 연구에서 노조 임금효과가 10~20퍼센트로 통계적으로 유의한 효과가 나타나는 것과 비교할 때, 우리나라는 상대적으로 노조 임금 프리미엄 효과가 약한 것이 분명하다.

이는 시장개방화 물결에 따라 노조의 임금인상이 제약받고, 1990년대 이후 노조 조직률의 감소로 임금인상을 추구할 교섭력이 감소한 데 따른 것이라고 볼 수도 있다. 물론 노조의 '위협효과threat effect'도 있다. 노동자들이 불만을 품고 노동조합을 조직화하는 것을 막고자 비노조 기업에서 미리 임금을 올려 주는 것인데, 이 또한 사실상 노조에 의한 임금 상승 효과에 해당한다고 간주할 수 있다.

'생활임금'을 쟁취하라!

'생활임금'을 쟁취하라!

노동빈민을
조직하라

조직화 모델 – 서비스 모델

"오늘날 월마트 계산원으로 일하는 사람들이 1950년대에 포드자동차의 생산직으로 일했던 사람들과 비슷한 수준의 급료와 기타 혜택을 누릴 수 있게 만드는 것은 불가능하지 않을 것이다. 다만 월마트 계산원과 같은 직업을 '괜찮은 일자리'로 변화시키기 위해서는 직업훈련이 필요한 것이 아니라 '집합적 조직화'가 필요하다. 한때 나쁜 일자리로 통했던 자동차산업의 생산직이 고임금이며 혜택도 많은 일자리로 바뀐 것도 바로 집합적 조식화를 통해서였다."(루스 외, 2007)

1980년대 이래 지속적인 조직률 하락에 직면한 각국의 노동조합들은 적극적으로 비정규직 및 노동빈민 조직화 전략을 채택해 실천하고 있다. 영국노총은 1998년부터 조직 아카데미Organizing Academy를 운영하고 있으며, 전미산별노조총연맹(AFL–CIO·이하 '미국노총')은 1989년에 조직가 연구원Organizing Institute을 설립하여 운영하고 있다.[15] 조직화 모델이 미국

노동운동 전체의 지배적인 대안 모델로 퍼져 나가게 된 것은, 존 스위니가 미국노총위원장으로 선출되어 '미조직 노동자 조직화'를 노조운동의 제1과제로 선포한 1995년 이후다. 이러한 조직화 전략 실천 이후 조직률이 하락세를 멈추고 상승세로 반전되면서, 미국의 경험이 주목을 받았다.

우리나라 민주노총 중앙에서는 국민파·중앙파·현장좌파 등이, 현대자동차 현장에서는 실노회·민노투·민투위 등 정파 노선이 아직도 노동운동 주변을 배회하고 있지만,[16] 국제 노동운동은 유연화 물결이 대대적으로 불어닥친 1980년대부터 '조직화 모델organizing model'과 '서비스 모델servicing model'에 대한 논의가 활발하게 전개되고 있다.(Bronfenbrenner, et. al., 1998)

미국의 시인 로버트 프로스트는 "숲 속에 갈라진 두 길이 있었다. 나는 남들이 가지 않은 길을 골랐다. 그것으로 모든 것이 달라졌다."고 노래했다. 과연 한국 노동조합은 해마다 '올해를 관통하는 사업'을 여전히 기존 정규직 조합원이 독점적 지대를 향유할 수 있도록 하는 '정규직 조합원 서비스'에 계속 배치할 것인가? 즉, 기존 조합원에 대한 보호 및 서비스에 치중하는, 낡은 실리적 비즈니스 노조business-union의 '서비스

---

15 전미산별노조총연맹('미국노총')은 1955년 미국의 2대 노동조합인 AFL(American Federation of Labor·미국노동자협회)과 CIO(Congress of Industrial Organizations·산업별노동조합회의)가 합동하여 결성한 미국의 전국적 노동조합 조직이다.

16 현대차 노조의 경우 민투위(민주노동자투쟁위원회), 동지회, 민노투(민주노동자투쟁연대), 실노회(실천하는 노동자협의회)를 비롯해 노연투(노동자연대투쟁위원회), 자주회(자주노동자회), 현장투(현장투쟁위원회), 현노투(현대차노동자투쟁위), 전진회 등 현장조직이 10여 개에 이른다. 노조 대의원 80퍼센트 정도가 현장조직에 가담해 있으며, 조직에 따라 많게는 50~300여 명 정도의 회원을 거느리고 있다. 현장조직들은 독자적인 현장 세력을 구축하고 노조 활동에 많은 영향력을 행사하고 있는데, 조직들 간에 경쟁과 협력이 공존하며 노조 권력 장악을 둘러싸고 치열한 각축이 벌어지곤 한다.

모델'을 지속할 것인가, 아니면 노동조합운동의 부활과 재생을 위해 비정규직과 노동빈민 등 미조직 노동자들을 대거 조직화하는 '조직화 모델'로 나아갈 것인가?

미국에서 '서비스 모델'이라고 불리는 기존의 관행화된 노조 활동 방식은 단체협약을 통해 노조원들에게 임금, 의료보험 등의 각종 경제적 혜택을 제공하는 것을 목적으로 해 왔다. 이는 미조직 노동자들까지 포괄한 전체 노동계급이 직면한 경제적 불평등이나 차별 등의 사회적 문제를 노동조합운동이 제기해야 할 사안으로 보지 않고, 자신들의 노조 소속 조합원들만의 경제적 이해관계를 추구하는 것을 노조 활동의 유일한 목표로 삼는다는 점에서 '비즈니스 노조주의' 혹은 '빵과 버터 노조주의bread and butter unionism'라고 일컬어지기도 한다.

미국 노조 조직률은 1981~1988년과, 1988~1995년 기간에 각각 21.5퍼센트, 11.3퍼센트 하락했는데, 특히 민간 부문 조직률이 1980년대 이후 급속히 감소했다. 1980년대 중반부터 미국 노조운동 내에서 이러한 상황에 대한 근본적 변혁과 혁신의 필요성을 제기하는 흐름이 생겨나, '미조직 노동자 조직화'가 중요한 과제로 떠올랐다. 1995년 존 스위니가 미국노총 위원장으로 선출되면서 등장한 새 전국 지도부는 노조운동 내에 '새로운 목소리New Voice'가 필요하다고 역설하면서 기존의 서비스 모델을 대체할 조직화 모델을 옹호했다. 이들은 미국 노조운동이 처한 위기의 핵심 원인을 노조가 근시안적인 시야에 갇혀 소속 노조원들의 경제적 이해만을 추구하는 데 급급한 나머지 광범위한 미조직 노동자들의 조직화 임무를 방기한 데서 찾았다. 그 후 스위니 지도부는 미국노총의 예산 중 30퍼센트를 조직화 사업에 할당하였으며, 산하 지역 지부 및 단위노조도 미조직 노동자 조직화 체제로 재편했다. 구체적으로는 조직화를 담당하는 노조 간부들과 조직가들을 대대적으로 확충하고, 예산의 30퍼센트를 조직화에 투자하도록 권고했다. 스위니 지도부는 미국노총 내에 조직국Department of Organizing을 새로 창설했다. 이 조직화 캠페인에서는 특히 기존 노조 체제에서 배제되었던 이주노동자, 유색인종, 여성들을 노조 내부로 대거 포용하여 사회정의의 관점과 조직화 캠페인을 연계하는 형태를 취했다.

한편, 1993년 영국 노동조합총연맹(TUC)Trades Union Congress 총회에서 새로 선출된 존 몽크스 사무총장은 영국 노동운동의 부흥을 위해 새로운 전략과 조직이 필요하다는 판단 아래 '새 출발relaunch' 운동이라는 새로운 프로그램을 발표했다. 새로운 전략은 기존 노동조합에 포함되지 않은 영역에서 노동자들을 조직화하는 것을 목표로 했는데, 이들은 주로 서비스산업의 여성 노동자, 파트타임 등 저임금 노동자, 다른 한편으로 전문직 화이트칼라 노동자를 대상으로 했다. 새 출발 운동의 핵심 과제는 노조 조직률 향상을 위한 조직화 사업으로, '새 노조New Unionism' 운동이라는 말로 집약된다.

새 노조 운동은 1996년 TUC 특별총회에서 채택되어 그 후 매년 총회에서 주요 사업으로 다루어지고 있다. 주요 조직 대상은 여성, 청년층이며 특히 새로운 산업 및 불안정한 직종에 종사하는 노동자들에 집중하고 있다. 미국과의 차이점은 '불만에 찬 노동자를 동원하고 사용자와 투쟁하면서' 조직하는 접근법이 아닌, 노조에 관심이 덜한 노동자들에게서 노동조합에 대한 관심을 이끌어 내는 것을 주요 목표로 한다는 것이다. 노동시장 변화에 따라 등장하는 '새로운' 노동자들의 '새로운'

요구에 노동조합이 어떻게 부응할 것인지가 주요 과제로 등장한 셈이다. 1990년대 이후 IT산업의 등장과 제조업 쇠퇴와 같은 외부 환경 변화에 따라 노조 활동도 새로운 여건을 맞게 된 것이다. TUC 역시 미국노총처럼 1998년 '조직화 아카데미'를 개설하고 조직화 사업을 담당할 조직 전문가들을 양성하기 시작하였다.

한편, 한국의 민주노총이 비정규·미조직 노동자 조직을 위해 조직가 양성 교육과정을 개설한 건 2003년부터이다. 민주노총은 산하 연맹, 지역 미조직·비정규 사업 담당자를 대상으로 '제1차 조직가 학교'를 열었다. 새로운 조직가 양성을 위한 '제1기 신규 조직활동가 학교'는 2003년 10월부터 2004년 2월까지 4개월간 진행되었다.(강연배 외, 2005)

'빌딩용역 노동자들을 위한 정의' 캠페인

그러나, 미국에서 존 스위니의 '새로운 목소리 운동'은 곧바로 비판에 직면했다. 국제서비스노조연맹(SEIU)과 전미트럭운송조합(Teamsters · '팀스터')이 "미국노총의 미조직 노동자 조직화 방침이 말뿐인 구호에 그치고 있다"고 비판하면서 2005년 7월 미국노총 탈퇴를 결정한 것이다.[17] 팀스터와 SEIU가 이탈을 선언한 데 이어 식품상업연합노조(UFCW)와 호텔·요식업노조(HERE)도 이탈에 동참했다. SEIU와 팀스터는 미국노총 산하 최대 산별

---

17 "서비스 모델에서 조직화 모델로의 전략 전환은 미국노총 내부에서 상당한 저항에 부닥쳤다. 노동조합 전임자는 기존의 서비스 모델에 익숙해져 있다. 따라서 이들은 적응하기 힘든 새로운 변화에 반대하기 마련이다. 일반 조합원들 역시 노조로부터 서비스를 받는 데 익숙해져 있으며 자신이 적극적으로 조직화 사업에 참여하는 것은 꺼리고 있다."(김호원 외, 82~83쪽)

노조로서, 양대 노조 조합원은 미국노총 전체 조합원(56개 직종 및 산별 노조·약 1300만 명)의 20퍼센트인 260만 명이다. 이 조직들의 탈퇴는 "가장 강력한 자본주의사회인 미국에서 과연 21세기 새로운 노동조합운동이 '주변부 노동계급'을 중심으로 거대한 물결을 이루며 태동할 수 있을지를 둘러싸고 큰 관심을 모았다.

SEIU와 팀스터는 이른바 '승리를 위한 개혁Coalition to Win' 그룹에 속하는데, 이 그룹이 대표하는 600만 명의 노동자는 주로 여성·흑인·이주노동자·비정규 노동자 등 주변부 노동자로 구성돼 있다. SEIU의 스턴 위원장은 "우리는 노조로 조직화되지 못한 미국 노동자의 90퍼센트에 대해 대대적인 조직화 노력을 할 것이다. 노동시장에서 파트타임·비정규직·이주노동자가 급증하는데도 미국노총은 여전히 근본적으로 변화할 의지가 없다. 대다수 노동자들은 노동조합이 변화를 꾀한다면 '미국의 꿈'을 재건할 수 있다고 믿고 있다"고 말했다. 팀스터의 호퍼 위원장도 "오늘은 역사적인 날이다. 미국노총은 지난 수십 년간 조합원 감소 흐름을 막아 내지 못했다. 우리는 미국 노동운동의 힘을 강화하는 새로운 길을 걷기 시작했다"고 말했다. 스위니가 미국노총을 이끈 1995년 이후 조직화 전략의 주창에도 불구하고 미국의 노조 조직률은 15.5퍼센트에서 2005년 12.5퍼센트로 계속 떨어졌고, 민간 부문 노조 가입률은 8퍼센트에 불과했다.

SEIU는 행동 강령으로 '승리를 위한 단결Unite to Win'을 내걸고 적극적인 미조직 노동자 조직화organizing the unorganized를 통한 노동운동 위기 극복을 표방했다. 점점 더 많아지는 지역의 노동빈민들을 조직화하는 사업에 본격적으로 나선 것이다. SEIU는 노동조합의 미래는 가난한 노동빈곤층들과 정치적 연대를 강화하고, 이들의 경제적·정치적 권리를 위해 싸우는 데 달렸다고 주장했다. 이는 공장 및 기업 내 임금노동자들의 노동조건에 초점을 맞춰 온 기존 노동조합운동의 관점과 큰 차이가 있다. 미국노총 조직활동가인 스튜어트 아쿠프는 "우리 노동조합 활동가들은 사람들의 삶을 바꾸는 잠재력을 갖고 있는 노동운동 의제를 명확하게 규정해야 한다"고 말했다.

사실 미국노총에서 이 조직들의 반란이 갑자기 터져 나온 건 아니다. SEIU를 비롯해 '승리를 위한 개혁' 그룹에 참여한 7개 노조는 "스위니 위원장이 조직화 사업을 내걸긴 했지만 뚜렷한 성과를 거두지 못했고, 지나치게 민주당에 치우친 정치적 노선을 걸어 왔다"고 불만을 터뜨려 왔다. 그래서 미국노총에 대대적인 개혁을 요구하고, "미조직 주변부 노동자에 대한 대대적인 조직화로 미국 노동운동의 미래를 건설하자" 며 스스로 별도의 개혁 그룹을 만든 것이다.

SEIU는 '생활임금living wage'을 요구하며 청소원, 경비원 등의 근로조건 향상을 위한 싸움을 지속적으로 벌여 오고 있다.[18] SEIU는 1921년에 이민자 아파트 경비원들이 결성한 조직으로, 180만 명의 조합원을 거느리고 있다. 주로 공공 부문과 병원의 비정규 노동자, 빌딩 청소 및 관리 노

---

18 미국의 노동조합 조직률은 2차 세계대전 직후 약 34퍼센트 대에서 2000년대 들어 12퍼센트 수준으로 크게 떨어졌다. 1970년대 초 이래 미국 노동계급이 처한 암울한 운명은 주변부 노동자들뿐만 아니라 조직 노동자들도 예외가 아니다. 1980년대 초에는 임금 삭감을 필두로 한 양보 교섭 물결이 미국노총 핵심 사업장에까지 파고들어 지각변동이 일어났다. 조합원 수는 격감했고, 핵심 산별노조들은 지난 40년간 쟁취한 수많은 성과물들을 하나씩 내주었다. 조직률 하락의 뒤편에서는 탈노조화, 무노조 경영이 급속히 진행됐다. 노동자 간 소득 격차는 확대되고, 사용자들은 상시적으로 노조를 파괴했다. 이따금 노동자들의 반란이 터져 나왔으나, 노동조합운동의 방향을 바꾸지는 못한 채 대부분 패배하고 말았다. 그런 점에서 SEIU와 팀스터의 반란은 미국 주변부 노동자들의 분노와 좌절, 그리고 열망을 어느 정도 대변한다고 할 수 있다.

동자, 라틴·스페인·아시아계 이주노동자, 흑인 등으로 구성돼 있다. 이 조직은 전 세계적으로 노조 조직률이 하락하는 중에도 1980년대에 50퍼센트의 조합원 증가율을 기록할 정도로 급속하게 성장하는 노동조합이다. SEIU는 1980년대 중반부터 조직활동을 본격적으로 시작했다. "모든 사람이 조직활동가다." "조직하라, 조직하라, 또 조직하라!"가 SEIU의 구호였다. 1990년대 중반에는 '100만 조합원 내부 대토론'을 열어 저임금의 비정규 고용이 증가하는 서비스 부문에서 매년 3만~4만 명의 신규 조합원을 조직하자고 결의했다. 이에 따라 SEIU는 300여 개 노조 지부 재정의 20퍼센트를 비노조 사업장 조직사업에 투입할 것과, 새로운 조직 전담 활동가 150명 채용, 중앙노조 예산의 절반을 신규 조합원 조직사업에 재배정할 것 등의 개혁 의제에 합의했다. 그리하여 단 4명이었던 SEIU 중앙노조의 조직 전담 활동가가 2005년에는 무려 5000명을 넘어섰다.

SEIU가 벌인 조직화 사업의 가장 혁신적인 실험은, 로스앤젤레스 지역에서 1991년부터 대대적으로 전개된 '빌딩 용역 노동자들을 위한 정의Justice for Janitors' 캠페인이다. 미국 비정규직 노동자운동의 극적인 성공이자 조직화 모델의 상징적 사건으로 알려진 이 캠페인으로 8000여 명의 라틴계 이주노동자들이 조직화됐다. 그 누구도 캘리포니아에서 이런 감동적인 드라마가 펼쳐질 것으로 예상하지 못했다.[19] 파업과 피케팅이라는 전통적인 방법을 넘어서 저임금 노동자들의 노동빈곤에 대한 지역의 동정적 여론을 일으키고, 지역사회가 이들을 지지하도록 연합을 구축coalition-building한 것이 이 캠페인의 중요한 성공 요인이었다.(Ericson, et al., 2002)

'미국의 꿈'이 현실에서 점점 멀어지는데도 여전히 이 꿈에 갇혀 있는 정규직 '조직노동'이 침묵하는 사이에 주변부 노동자들이 스스로 조직화에 나선 것이다. 앤디 스턴 SEIU 위원장은 "이제 미국 노동자들의 새로운 시대가 개막됐다"고 선언했다. 이 캠페인은 작업장에 초점을 맞춘 기존의 조직화 모델을 재평가하고, 지역공동체에 근거한 새로운 조직화 모델을 만들었다. 노동빈곤층 노동자들일수록 여러 작업 장소에 흩어져 있고, 높은 불확실성이 특징인 고용관계에 매여 있기 때문에 개별 작업장에서의 조직만으로는 별 효과가 없다는 점을 깨달은 것이다.

'일반노조' 운동

한국에서도 유사한 조직화 모델이 2000년대 들어 활발하게 전개되고 있다. 바로 '일반노조Gernal Labour's Union' 운동이다. 서울상용직노조, 부산상용직노조, 인천상용직노조, 부산지역일반노조, 광주전남일반노조, 경기도노조 등 여러 형태로 조직화되고 있는 일반노조들이 이미 활동하고 있다.

"더 큰 일반 노동자 조합의 숙달된 간부들은 그 직업에서 기득권을 가진 숙련 노동자와 미숙련 노동자(나아가 그들이 그렇게 불리기를 더 좋아하는 반숙련 혹은 일반 노동자) 사이에 이해가 동일하지 않음을 알게 되

---

19 2007년 미국의 노동조합 신규 가입자 수가 24년 만에 최고치를 기록했다. 《뉴욕타임스》는 2007년 미국 노동자 31만1000명이 노조에 가입해 전체 조합원 수가 1570만 명으로 증가했다고 노동통계국의 자료를 인용해 보도했다. 전체 노동자 중 노조원의 비율도 2006년보다 0.1퍼센트포인트 오른 12.1퍼센트로, 1983년(20.1퍼센트) 이후 처음으로 상승했다. 미국노총은 노동시간의 증가와 임금 정체 속에서 기업들이 의료보험과 연금 등 각종 혜택을 연이어 축소하면서 노조를 통해 목소리를 내길 원하는 노동자들이 늘어나고 있다고 분석했다. 노조 지도자들은 이번 결과가 수십 년간 퇴조를 보이던 노동운동이 전환점을 만났다는 '신호탄'이라며 반겼다.(《한겨레신문》, 2008년 1월 28일자)

었다. 그리하여 이 노조 간부들은 때때로 노동문제에 대해 숙련 직종의 조합 간부보다도 더 넓은 시야를 취한다. 그들은 별개의 단체들을 통합하여 한 개의 큰 조합으로 만드는 것, 모든 육체노동자들에 대해 더욱 평등한 보수, 능력에 대한 일자리 개방, 동일한 직종에 대해 남녀 노동자에게 평등한 임금률 적용, 최하층 노동자 생활수준 향상 등에 찬성하는 경향이 있다."(웨브 부부, 하권, 228쪽)

1999년에 설립된 서울상용직노조는 조합원 1500여 명으로 구청의 도로 보수, 하수도 준설, 공원 녹지사업, 한강 관리 등을 담당하는 노동자들로 구성돼 있다. 이들은 매년 구청장협의회 대표들과 교섭을 벌이고 있는데, 중고생 자녀 학자금 지원을 단체협상으로 얻어 내기도 했다. 경기도노조는 환경미화원 등 용역하청업체에 고용된 비정규 노동자들이 중심이다.

앞에서도 언급했다시피, 일부 노동 연구자들은 한국 노동운동을 '때늦은 개화와 때 이른 침체'라는 말로 표현한다. 조직화 모델은 이 때 이른 침체에서 탈피하는 통로를 제시할 수 있다. 특히 미조직 노동자들은 노동조합 가입 요인 중에서 중요한 요인으로 꼽히는 노조에 대한 신뢰와 충성도가 일반적으로 매우 높다. 자신이 처음 가입하는 노동조합에 대한 열정도 크다.

하버드대 경제학자 앨버트 허시먼은 기업이나 노동조합 등 조직이 쇠퇴할 때 그에 대한 조직원들의 반응과 태도를 '이탈exit', '목소리 내기voice', 그리고 '충성loyalty'이라는 관점에서 설명한 바 있다. 해당 노조의 서비스에 불만을 가진 가졌을 때 조합원들은 쉽게 노조를 이탈하는 전략을 취할 것인가, 아니면 자신들이 속한 노조를 재생시키고 활력 있게 만들려고 목소리를 내면서 노력할 것인가? 이처럼 이탈과 목소리 내기 사이의 선택권이 주어졌을 때 중요한 역할을 하는 것이 '충성'이다. 충성은 조합원들이 이탈 전략 대신 대안적인 방법으로 '목소리 내기'를 선택하도록 유도한다.(Hirschman, 1971, p.80)

김성희는 "정규직과 비정규직으로 노동자의 양극화가 이미 이루어졌다고 말할 수 없다"면서 "양극화가 아니라 아직은 이질화의 문제이며, 사회연대의 과제를 중심으로 노동운동의 축과 방향을 재편성할 기회가 남아 있다"고 말했다. 다만, 이를 추동할 능동적인 기획이 필요하다. "정치경제적 기본권 요구가 주였던 민주노조운동은 사회경제적 기본권 요구가 주축인 비정규 노동으로 이어져 노동운동의 사회운동적 과제가 제기되고 있다. …… 민주노조운동 주력인 대공장 정규직 기업별노조의 비정규 노동 연대의 지체 및 방기 현상은 민주노조운동의 역사적 정당성이 수명을 다했음을 알리는 경고음이다. 또 한편, 비정규 노동자 스스로의 조직화와 투쟁은 민주노조운동의 생성과 성장 과정과 유사하다. 비정규 노동운동은 민주노조운동의 자양분을 받고 성장하기도 했다. 비정규 노동운동은 민주노조운동 발전의 끝이자 동시에 민주노조운동의 새로운 발전 양태의 시작이다."(김성희, 302쪽)

미국노총의 새로운 조직화 모델과 '승리를 위한 단결' 모델은 미국 노동운동이 잿더미에서 부활하는 신호라고 평가받는다. 한국 노동조합운동도 이제 중점 사업을 기존 조합원에 대한 '서비스'에 둘 것인지, 아니면 주변부 노동자들을 '조직화'하는 모델에 배치할 것인지 고민해야 할 때다.

마더 존스, 가장 위험한 여성

미국 언론은 그녀를 '노동자들의 잔 다르크', '광부들의 천사', 그리고 '미국에서 가장 위험한 여성'이라고 불렀다. "그녀의 말에는 전염성이 있어서 말만으로도 수천 명의 사람이 파업에 나서게 만들고, 노동자들의 가슴에 불을 지르는 사람이다."

1910년대, 파업이 벌어지고 노동조합이 있는 곳이면 미국 어디서나 그녀를 존경하며 따르는 사람들의 찬사와 그녀를 모략하는 자들의 악담으로 떠들썩했다. 20세기 초 독일에 대중정치파업을 주창한, 과학적 사회주의의 후계자 중 가장 뛰어난 두뇌이자 혁명의 살아 있는 불꽃으로 불린 '붉은 (여성)독수리'로자 룩셈부르크가 있었다면, 대서양 건너편에는 마더 존스^{Mother Jones}가 있었다. 마더 존스가 죽은 뒤 씌어진 추도사에는 이렇게 적혀 있었다. "오늘 저 먼 도시들의 경계가 삼엄한 사무실들에는 부유한 광산주들과 자본가들이 이제야 안도의 한숨을 내쉬고 있다." 1910년대 미국 정부와 자본가들은 예순을 넘긴 노파 '마더 존스'와 전쟁을 벌이고 있었다. 그녀를 감시하려고 기병대원 150명이 투입되었고, 주지사는 그녀가 파업 지역을 영원히 떠나겠다고 약속하지 않으면 연금에서 풀어 주지 않겠다고 했다.

늘 유행이 지난 검정 드레스를 입고 다녔던 연약한 여인이 어떻게 미국 노동운동사에서 가장 위대한 노동조합 조직책이 되었을까? 아일랜드 출신의 평범한 교사였던 메어리 존스는 예순이 넘은 나이에 '마더 존스'로서 불꽃같은 삶을 살았다. 그녀는 30여 년간 미국광산노동조합(UMW)의 국제 조직책이었다. 광산 노동자들부터 대통령에 이르기까지 모든 사람이 그녀를 '마더 존스'라고 불렀다. 그녀는 때때로 전체 광산촌을 싹쓸이하다시피 노조에 가입시켰다. 조직할 노동자가 있는 곳이라면 못 오를 높은 산도, 가지 못할 만큼 험한 길도 없었다. 마더 존스는 팔순의 노구를 이끌고 자정이 넘은 시간에 20킬로미터가 넘는 산속의 좁은 길을 걸어 다음 집회 장소로 이동해 광부들을 조직했다. 산골짜기 마을에서 밤늦게 광부들을 모아 희미한 호롱불에 의지해 노조 가입 서류를 쓰게 했다.

이탈리아의 검사가 이탈리아공산당 창설자인 안토니오 그람시를 기소할 때 "이 자의 (위험한) 두뇌를 영원히 감옥에 가둬야 한다"고 말했듯, 당시 미국 정부와 자본가들이 왜 그토록 마더 존스를 두려워했는지 어렵지 않게 짐작할 수 있다. 그녀가 가서 연설한 곳이면 어디서나 사람들의 가슴에 저항의 불길이 타올랐다. 광산 소유주들은 파업 노동자들의 가슴에 불을 지르는 마더 존스를 전염병보다 더 무서워했다. "자유와 저항은 함께 가는 것"이라고 했던 마더 존스.

1992년 미국 노동부는 '노동자 명예의 전당' 내 새뮤얼 곰퍼스(AFL 초대 회장)와 존 루이스(CIO의 초대 의장) 곁에 존스를 헌액했다. 《뉴욕타임스》는 1972년 "미국 전역의 담벼락에는 인기 영화배우들의 포스터가 붙어 있지만, 여기 애팔래치아(광산촌)의 가게 앞에는 마더 존스의 포스터가 붙어 있다"고 보도했다. 우리에게도 마더 존스처럼 가난한 노동자들을 대변하고 조직화하는 '오르그'(Organizer·조직 전문가)들이 노동조합을 이끌어야 하지 않을까?

최저임금에서
생활임금으로

'생산적' 복지

"우리는 거대한 부와 확산되는 빈곤으로 특징지어지는 세계에 살고 있다. 가장 부유한 국가의 연간 1인당 GDP는 3만 달러 이상인데, 가장 가난한 나라는 1000달러 이하다. 12억 명이, 지구상 인구의 5분의 1이 하루 1달러 미만으로 살고 있다. 지난 10년간 급속한 지구화는 빈곤과 궁핍의 증가를 초래했다. 2003년 유엔인구개발계획(UNDP)에 따르면 8억 명 이상이 영양실조로 고통 받고 있다. 그러나 우리는 오래전부터 전 세계적으로 보면 풍족한 음식과 의료자원 그리고 주거를 지구상 모든 이들에게 제공할 수단을 갖고 있다."(Shaikh, 2004)

2001년 하버드대학에서 청소부, 경비원, 식당 아줌마 등 시설노동자들의 생활임금 개선을 요구하는 큰 싸움이 벌어졌다. 하버드대는 세계에서 가장 부자 대학인데도 이곳에서 일하는 노동자들은 시간당 6~7달러의 낮은 임금을 받고 있었다. 하버드대 학생들까지 가세하면서 하버드대 400년 역사상 최초로 총장실 점거투쟁이 벌어졌다. 교정에는 수백

개의 텐트가 세워졌고, 학생들이 매일 밤 동조농성을 벌였다. 학생들과 시설노동자들은 40여 일간 농성장에서 한 발짝도 나오지 않은 채 식당 노동자들이 날라 주는 밥을 먹었고, 동참한 교수들은 농성장에서 특별 수업을 했다. 결국 대학 측은 노동조합을 인정하고, 생활임금을 보장했다. 하버드대의 싸움은 저임금 빈곤층 노동자들을 조직하고 이들의 노동조건 개선을 기치로 내건 '새로운 목소리' 운동의 대표적 사례이다.

오늘날의 빈곤은 단순히 경제적 결핍의 문제만이 아닌 주거, 환경, 교육, 문화 등 다양한 영역에서의 결핍을 뜻하는 '사회적 배제social exclusion'로 인식된다. 이렇게 철저하게 배제당하는 빈곤층에게 "희망을 포기했다"고 비난하는 것은 파리의 빈민들에게 "빵이 없으면 비스킷을 먹지 그러느냐"고 했다는 마리 앙투아네트의 무지와 다를 바 없다. 특히 '생산적 복지' 또는 '참여복지'로 이름 붙여진 한국의 빈곤정책은 '노동연계복지workfare'로 변화하고 있는데, 이는 우리나라 빈곤 현실에 적합하지 않다. 노동연계복지는 빈곤층의 노동의욕 저하, 복지 의존성 심화를 막기 위한 정책적 방안으로서 서구 복지국가들에게는 적합할 수 있다. 그러나 한국 노동빈곤층은 지속적으로 노동에 종사하고 있다는 점에서 노동을 기피한다고 보기 어렵다.(남춘호 외, 299쪽)

사실 빈곤은 '저임금 경제'에서 비롯된다. 많은 사람들이 저소득층에 속하고, 그러다 보니 이들에게 상품을 팔기 위해 기업들은 경쟁적으로 값싼 물건을 만드는, 즉 임금비용 통제를 핵심 전략으로 삼는다.[20] "임금삭감은 회사와 노동자 모두를 위한 것"이라는 그럴듯한 위기론이 퍼지고, 노동자들의 머리는 혼란스럽다. 자유주의 경제학과 경영학계는 과거의 '계급투쟁이 이제 시장을 둘러싼 투쟁으로 대체되었다고 주장한다. '노동자들은 더 이상 사용자에 대항에 싸우는 것이 아니라 X기업의 노동자는 Y기업 노동자들과 싸우는 것'[21]이란 말이 대표적이다. 과연 그러한가?

자본은 불황기뿐만 아니라 호황기에도 비용 삭감을 위해 잉여 인력 감축을 단행한다. 단기 이윤 추구가 기업을 지배하기 때문이다. 임금과 인력의 감축은 수익성을 개선해 주주들의 투자를 유도하고 은행 대출을 더 많이 받을 수 있는 조건으로 활용된다. 같은 일터에서 일하는 노동자들도 하청, 파견, 아웃소싱, 프랜차이즈 등의 형태로 각기 다른 사용자들에게 고용돼 있다. 대자본은 노동자들을 직접 고용하지 않고도 아웃소싱 형태로 시장에서 강력한 지배력을 안정적으로 보장받는다. 자본의 입장에서 하청 확대는 경기 불안에 유연하게 대처하는 방편이지만, 본질적으로 더 많은 노동력을 값싸게 활용하고 기업 간의 거래 계약 해지만으로도 고용계약을 쉽게 중단할 수 있는 강력한 무기가 된다. 이러한 자본의 행동 속에서 한창 성장하는 자녀를 둔, 인생 황금기의 노동자일수록 노동 생애는 고용 불안으로 가득 차 있다.

자본은 최저임금 인상에는 인색하면서도 법인세 감면과 규제 완화 등 '더 많은 특혜'를 국가에 요구하고 있다. 국가는 시기에 따라 변화하거나 지역에 따라 상이한 형태를 취하지만, "(모든) 자본은 국가의 실존

---

20 일찍이 1817년에 영국 레스터의 편직기 편물공들은 일련의 결의문에서 자본주의의 위기에 관한 저소비 under-consumption 이론을 제시하였다. "임금 감소로 엄청나게 많은 사람들이 가난해지고 비참해진 정도만큼 제조업자들의 소비도 똑같은 비율로 감소되어야 한다. …… 해외시장에서 외국의 제조업자들보다 상품을 낮은 가격으로 팔기 위해 이 나라 숙련 직인의 임금을 그가 노동을 해서 먹고살 수 없을 만큼 낮게 낮추는 것은 해외에서 한 사람의 고객을 얻고 국내에서 두 사람의 고객을 잃는 것이다."(톰슨, 상권, 287쪽)

21 《파이낸셜타임스》, 1985년 9월 7일.

을 요청한다." [22] _(드 브뤼노프, 149쪽) 이미 국가는 민간 기업이 제품을 개발할 때 치러야 할 연구 개발 비용을 상당 부분 부담해 주고, 파산 위기에 처하면 정부가 개입해 막아 주고 손실까지 보상해 주고 있다. 자본이 집단적으로 부담해야 할 비용들, 예컨대 기초에너지, 철도 운송, 기반시설까지 국민들한테 거둬들인 세금으로 국가가 자본에 값싸게 제공해 주고 있지 않은가? 이처럼 '유리한 혜택'만 요구하고, "최저임금을 인상하면 인건비가 높아지고 노동 수요가 감소해 오히려 비숙련 노동자들의 실업을 증가시킬 것"이라는 검증되지 않은 이론을 유포하는 것이 한국의 자본이다.

'생활임금' 캠페인의 성공

1994년 12월 미국 볼티모어에서 '작지만, 의미 있는' 사건이 일어났다. 이른바 '생활임금' 캠페인이다. 미국 노총 볼티모어 지역 활동가들과 지역 교회, 소수민족 단체 등 도시의 여러 조직들이 결합해 저임금 노동자 생계임금 확보를 위한 싸움을 시작했다. 그들은 승리했고, '지방정부와 거래 관계를 맺고 있거나 재정 지원을 받는 민간 업체는 연방정부가 정한 법정 최저임금보다 50퍼센트

---

22 "정부는 이윤은 개인이 차지하지만 위험부담은 사회가 책임진다는 위험의 사회화 원칙을 이용함으로써 부유한 층에게 유리하도록 재분배를 해 왔다. 위험부담이 커질수록, 그래서 손실이 커질수록 정부가 개입하여 파산을 막아 주고, 심지어는 재정적 혼란을 피하기 위해서라는 구실만으로 그런 손실을 보상해 주기까지 하는 경향이 더욱 강해졌다."(월러스틴, 1993, 57쪽) 16세기에 기업 지배구조로서 서구에서 도입된 유한책임 제도는 '위험의 사회적 분산socialization of risk'을 가능케 하는 가장 강력한 수단 중 하나를 제공하게 되었고, 그 결과 이전에는 불가능했던 대규모 투자가 가능하게 되었다. 비록 도덕적 해이를 조장할 가능성이 있음에도 불구하고 모든 국가들이 유한책임 제도를 근대적 기업 지배구조 제도의 초석으로 삼았던 것은 이 때문이다.(장하준, 2004, 163쪽)

높은 임금을 지급해야 한다'고 명시한 생활임금 조례를 쟁취했다.

볼티모어의 선구적인 승리 이후 생활임금 캠페인은 미국 전역의 30개 이상 도시로 들불처럼 확산됐다. 노동빈민의 임금과 노동조건을 개선하기 위한 볼티모어 생활임금 캠페인이 노동운동 영역을 넘어 도시 차원의 운동으로 확산된 것이다. 특히 이 캠페인은 작업장의 노조운동과 지역공동체의 주민운동을 한데 묶으면서 노동운동과 사회운동의 연대를 형성하는 새로운 모델을 만들었다. 미국 노동운동 내부의 진보적 활동가들은 생활임금 캠페인이 최종적으로 승리로 끝나든 패배로 귀결되든, 경제정의와 민주주의를 전진시키고 노동운동과 사회운동의 연대를 형성하게 만드는 긍정적인 역할을 하고 있다고 평가한다. 노조 조합원뿐 아니라 지역의 주민운동까지 포괄하면서 사회 구성원들의 보편적 이익을 대변하는 캠페인이라는 것이다.[23]

미국의 저임금 비정규·이주노동자들이 거둔 또 다른 승리는, 전미트럭운송조합(팀스터)이 미국의 화물택배 다국적기업인 UPS 사에 맞서 벌인 파업이다. 수백 명의 노동자를 해고하고 저임금 파트타임과 비정규 하청노동으로 전락시킨 UPS에 맞서 팀스터는 1997년 8월 파업을 단행했다. 1990년대 미국에서 일어난 파업 중 최대 규모로 기록된 이 파업에

---

23 1990년대 말의 볼티모어 생계임금 캠페인과 로스앤젤레스에서 주목할 만한 승리를 거둔 SEIU 주도의 '건물 청소부를 위한 정의The Justice for Janitors' 캠페인으로 저임금 서비스노동자들의 임금과 노동조건이 개선되었다. "더욱이 이들은 미국 역사상 노동소요의 수준이 가장 낮던 시기에 노동운동의 사회적 행동주의를 폭발시켰다. 무엇이 이런 승리의 토대가 되었을까? 이 캠페인들은 작업장에 초점을 맞춘 기존 조직화 모델에서 벗어나 훨씬 더 공동체에 근거한 연합적 힘을 활용하는 방안을 전략적으로 중요하게 검토했다. 노동자들이 각양각색의 작업 장소에 흩어져 있고, 높은 불확실성과 이직률이 특징인 고용관계에 매여 있는데, 개별 작업 장을 조직하는 것은 헛고생이 될지 모른다. 이 캠페인들은 당면 문제와 직접적 이해관계가 없는 지역사회 계층들과의 동맹에 크게 의존했다."(실버, 167~168쪽)

서 UPS 노동자 18만5000명은 15일간 대대적인 파업을 벌인 끝에 1만 명의 정규직 전환과 높은 임금인상을 쟁취했다. 이 싸움은 수십 년 만에 거둔 '미국 노동계급의 대승리'이자, 노동시장 유연화와 신자유주의 공세에 대한 정면 돌파였다. 팀스터의 승리는 쇠퇴의 길을 거듭하던 미국 노동운동사에 결정적인 전환점이 되었다.

영국에서도 노동빈민들을 위한 생활임금 투쟁이 벌어졌다. 2006년, 런던의 카나리워프의 대형 금융회사 건물의 청소를 담당하는 노동자들이 빈곤임금 해결을 위한 캠페인을 벌였다. 영국의 운송일반노조는 청소 용역회사를 이용하고 있는 골드만삭스 등 금융회사 앞에서 청소노동자들의 임금인상과 병가 및 휴가수당을 요구했다. 노동조합에 따르면, 이들은 런던의 고물가에도 불구하고 법정 최저임금(시간당 5.35파운드)을 지급받고 있었다. 운송일반노조 위원장 토니 우들리는 "청소부들은 빈곤임금에 허덕이는데, 금융회사의 살찐 고양이들은 사치스런 삶을 살고 있다. 이것은 부도덕하고 부당할 뿐만 아니라 대형 금융회사들이 기업의 사회적 책임을 다하고 있다는 주장을 무색하게 한다"고 말했다. 당시 골드만삭스 직원의 평균임금은 13만4875파운드(약 2억4000만 원), 평균 보너스는 20만5332파운드(약 3억6000만 원)였다.[24]

2006년, 시카고 로건스퀘어의 스타벅스 노동자들도 임금인상을 요구하며 노조 결성에 나섰다. '바리스타'라고 불리는 커피전문점 종업원들이 세계에서 가장 많은 이익을 남기고 있는 커피 체인업체를 상대로 싸

---

24 《타임스》, 2006년 11월 29일.

움의 첫발을 내디딘 것이다. 당시 스타벅스의 노동조합 설립을 지원한 단체는 100년의 역사를 자랑하는 세계산업노동자조합(IWW)Industrial Workers of the World이었다. 한때 미국 노동운동의 주축이었던 이 단체는 굴뚝산업의 쇠퇴와 더불어 거의 유명무실화되다시피 했으나, 스타벅스와 같은 서비스산업의 노조화에서 새로운 돌파구를 찾고 있다. 스타벅스에 종업원으로 처음 일하기 시작할 경우 급여는 시간당 7.5달러로, 법정 최저임금을 약간 웃돈다. 이 임금수준은 스타벅스가 주로 위치한 도시의 높은 생활비에 견줘 상당히 열악한 수준이다. 이 일은 맥도날드를 넘어 미국의 새로운 거대 산업의 상징으로 떠오른 스타벅스에서 노동조합운동이 전개되고 있다는 점에서 특히 주목을 끈다.[25]

일본의 전국노동조합총연합全勞聯과 일본노동조합총연합회(렌고 Rengo) 역시 2001년 춘투 때 '1000엔 캠페인'을 벌였다. 당시 이들은 파트타임, 임시직 등 비정규직 노동자들을 조직하고, 생활임금 투쟁을 전국적으로 전개하기 위해 각 지역의 일반노조, 비정규 노조들을 망라하는 '파트임시연락협의회'를 설치했다. 그리고 파트타임 및 임시직 노동자들에게 '시급 1000엔 이상 보장'을 핵심 요구로 내걸고 40만 장의 전단을 전국에 배포하면서 서명운동에 돌입하고, '1000엔'이라고 쓴 피켓을 들고 도쿄의 일본 의회 앞에서 시위를 벌였다. 이와 함께 개별 기업 차원에서도 '1000엔 시급 보장'이 주요 요구로 제기되었다. 전국 일률 최저임금제도의 확립(일본은 당시 산별-지역별 최저임금제), 기업 내 최저

---

25 《시카고 트리뷴》, 2006년 9월 4일.

임금 협정 체결도 이들이 내건 요구사항 중 하나였다. 당시 최저임금 수준을 지급하던 편의점의 사용자 단체와 주로 협의가 진행되었고, 의회 차원에서도 시간제 근무자의 최저임금 문제가 다루어졌다. 그 결과, 지방자치단체 위탁노동자의 임금이 먼저 인상되고, 생활협동조합의 최저 시간급도 30엔 인상되었다. 일본에서도 2000년대 들어 저임금 비정규직과 노동빈민이 확산되는 가운데 일본 춘투의 새로운 쟁점으로 비정규직 노동자와 최저임금 인상 문제가 등장한 것이다.

흔히 "노조가 소득 불평등을 낳는 주범"이라거나 "노동의 힘을 제거하면 기업 경쟁력이 빠르게 회복될 수 있다"는 통념이 유포되지만, 엄밀히 말해 불평등은 노동조합의 산물이 아니라 '규제되지 않은 노동시장'의 산물이다. 실제로는 노동조합이 임금을 균등화시키는 역할을 더 많이 한다. 이런 맥락에서 볼티모어의 생활임금 캠페인은 "미국 노동운동이 잿더미에서 부활하는 신호"로 평가받았다.

혁명적인 '기본소득세'

생활임금과 관련해 2010년부터 한국의 진보진영 일각에서 논의되고 있는 '기본소득Basic Income' 제도라는 것이 있다. 한국 사회는 지금 노동과 복지 영역에서 중대한 기로에 서 있다. 저임금 비정규직이 오히려 정규 고용 형태처럼 보편화되고 있고, 일자리 대란에 빈곤이 갈수록 악화되고 있다. 정보기술 혁명이 주도하는 경제에서 승자 독식이 판치면서 분배 상태도 갈수록 나빠지고 있다. 기존의 20세기 경제성장 모델에 기초한 전통적 복지 시스템은 한계에 직면했다. '기본소득' 제안은 기로에 선 대한민국의 노동·복지 체계를 대전환하자는 원대한 구상으로, 기본소득제가 도입되면 단순한 복지 체계의 변화를 넘어 우리 사회 모든 영역에 대전환이 일어날 것으로 예상된다.

'기본소득을 도입하자'는 과감한 '정치·경제적 기획'을 가장 먼저 제안한 사람은, 현대적 기본소득 이론의 창시자이자 '기본소득지구네트워크'(basicincome.org·BIEN) 의장을 맡고 있는 판 파레이스Philippe Van Parijs 벨기에 루뱅대 교수와, 2004년 세계 최초로 브라질에서 시민기본소득법 제정에 앞장선 수플리시 상원의원 등이다. 기본소득은 매우 간단명료한 아이디어로, '생계를 보장할 정도로 충분한 수준의 소득 지급' 원칙에 기반하고 있다. 한 마디로, 정부가 어떠한 수급 자격이나 요구 조건 없이 무조건, 모든 국민에게, 개별적으로, 그리고 정기적으로 돈을 지급하는 것이다. 미성년자를 포함한 전체 사회 구성원에게, 최저생계비 이상 수준으로 지급하는 것이 원칙이다. 연령이 높아질수록 지급액이 증가하는 형태가 바람직하다고 할 수 있다. 지급 방식도 간단하다. 국세청 컴퓨터에 모든 국민의 예금통장 번호를 입력해 놓고 매달 걷힌 세금을 그대로 입금해 주면 그것으로 끝이다.

기본소득제의 특징은 국민기초생활보장제도 등 전통적 복지제도와 비교해 보면 쉽게 이해할 수 있다. 전통적인 선택적 복지제도는 복지 수혜가 필요한 대상자를 자격 조건 심사 등을 통해 가려 낸 뒤 이들에게만 선택적으로 차등 금액을 지원한다. 최저생계비 수준을 정해 놓고 이에 미달하는 사람들을 대상으로 최저생계비 수준에 도달하게 되는 금액만큼을 지급하는 식이다. 우리나라와 미국 등지에서 실시되는 또 다른 선택적 복지제도로 근로소득장려세제(EITC)가 있다. 이른바 '마이너스 소득세'로 불리는데, 근로를 하는 이들 가운데 일정 소득에 이르지 못하는 경우 소득을 보전해 주는 제도다. 우리나라에서 수급 자격은 부부 총소득 연간 1700만 원 이하, 가구 재산 1억 원 이하, 주택 기준시가 5000만 원 이하 등 까다롭다. 그런데 국민기초생활보장제도나 근로소득장려세제 모두 근로소득과 자산 등에 대한 조사가 뒤따르기 때문에 막대한 행정비용이 수반된다.

이에 반해 기본소득제는 아무런 조건도 없고, 소득 금액도 묻지 않고, 대한민국 시민권을 가진 사람이라면 누구에게나 동일한 금액을 지급하는 것이다. 갓 태어난 아이도 이건희 전 삼성그룹 회장도 동일한 기본소득을 받게 된다. 기존의 선별적 복지가 아니라 '보편적 복지'다. 기본소득이 도입된 사회에서는 기초생활보장제도와 근로소득장려세제 같은 제도가 더 이상 필요 없다. 즉, 기존의 모든 선별적 복지제도가 기본소득제도로 통폐합된다. 또 가입자 납부를 통해 운영되는 국민연금과 고용보험은 온전히 세금으로 운영되는 방식으로 전환되거나 점차 소멸되는 것이 마땅하다. 반면, 교육·의료·주거·보육 등 '기본복지'는 기본소득과 함께 더 확대돼야 한다.

기본소득제가 처음 논의된 곳은, 1986년 벨기에에서 구성된 '샤를 푸리에 서클'이다. 1986년 벨기에 루뱅라뇌브대학에서 열린 기본소득지구네트워크 창립 모임에 참석한 판 파레이스 교수 등은 "개인의 생활에 필요한 돈을 사회 구성원 모두에게 조건 없이 매달 지급하라"는 선언을 발표했다. 조건 없는 기본소득을 주장하는 사람들은 점점 늘어나 1988년에 '기본소득유럽네트워크'라는 이름으로, 2004년에는 '기본소득지구네트워크'라는 이름으로 확장됐다. 브라질의 경우 2001년 상원의원 수플리시가 제안해 2002년에 시민기본소득 법안이 상원에서 승인받았고, 2004년 1월 룰라 대통령이 이 법안에 서명했다. 독일에서는 2009년에 5만2000명 이상의 독일 시민이 온라인 청원으로 조건 없는 기본소득 도입을 요구했고, 총선에서 100명 이상의 후보가 기본소득을 주장했다. 한국에서는 2007년 한국사회당(현 사회당)이 기본소득 도입을 내걸었고, 2008년에 사회당·민주노총·관련 연구자 등이 참여하는 '기본소득네트워크'가 결성됐다.

기본소득 모델은 여러 가지가 있을 수 있다. 기본소득 원칙을 따르되, 수많은 형태의 모델이 존재할 수 있다. 기본소득 지급 수준은 월 10만 원이 될 수도 있고 100만 원이 될 수도 있다. 재원인 기본소득기금을 얼마나 어디서 어떻게 마련하는지에 달렸다. 물론 기본소득제를 실시하는 데에는 막대한 재원이 든다. 따라서 기존 전통적 복지제도에 들어가는 비용을 기본소득으로 모두 전환하더라도 가히 혁명적인 조세제도 개혁을 함께 논의해야 한다.

골리앗과
21세기형 파업

말뿐인 '총파업'

"현대중공업 노동자들은 아파트를 소유하고, 자가용을 굴리고, 퇴근 이후 노조 집회에 참여하기보다 자녀 과외비라도 더 벌기 위해 잔업을 하거나 서둘러 가정으로 돌아가는 이기적 안락함을 추구하는 노동자가 되어 버렸다."[26]

1990년 봄 골리앗 투사는 이미 잊혀졌고, 현대중공업 노동조합은 20여 년 가까이 무분규 사업장 신화를 이어 가고 있다. 1987년 노동자대투쟁 이후 '돈으로 산업의 평화를 산' 회사 쪽이 더 많은 임금과 복지를 제공하면서 '노동의 침묵'이 이어지고 있는 것이다. 20세기는 '노동의 세기'였다. 전 지구적으로 선진 자본주의경제든 신흥공업국이든 가리지 않고 파업의 물결이 일어났고, 노동의 전투성이 폭발했다. 그러나 미

---

26 《한겨레 21》 제590호, 2005년 12월 20일

국의 경우 1981년 항공관제사의 파업, 영국에서는 1984년 탄광노조의 파업이 결정적인 패배를 겪은 뒤 노동은 침묵으로 빠져들었다.

우리나라에서도 1987년 노동자대투쟁 당시 무려 3749건의 파업이 폭발했으나, 1995년에 100건 이하로 떨어지는 등 그 후 10여 년간 주춤했다. 그러나 2001년 235건, 2003년 320건, 2004년 462건 등 외환위기 이후 다시 늘어나는 추세로 돌아섰다. 한국에서는 21세기에도 왜 '최후의 수단the last resort'인 파업이 격렬하게 일어나고 있는 것일까? 외환위기 이후 대대적인 구조조정 속에서 고용 불안에 내몰린 노동자들이 최후의 수단인 파업으로 대응해 왔기 때문이다. 특히 노동시장 유연화에 따라 급증한 비정규직 노동자들의 파업이 빈발하고 있다. 과거의 파업이 임금뿐 아니라 작업장의 노동권 인정 등 '민주주의'를 요구하는 싸움의 성격이 컸다면, 지금은 양극화 시대 '삶의 불안'에 맞선 투쟁이 새롭게 일어나고 있다.

"파업은 일반적으로 노동자의 요구와 조직력이란 측면에서 분석된다. 사용자도 분명 쟁의행위의 당사자인데도 불구하고, 직접적으로 쟁의를 다루며 간접적으로 고용관계를 관리하는 이들의 역할은 종종 간과되었다. 1980년대 이전에도 이들의 역할이 갖는 중요성은 흔히 알려진 것보다 훨씬 더 컸다. …… 1980년대의 수많은 파업은 노동의 반란이 아니라, 완강한 사용자에 맞선 방어적 전략이었다."(Edwards & Hyman, p.251)

특히 노동자의 생존권이 위협받는 '경제위기' 속에서 파업은 더욱 빈발할 수밖에 없다. 경제위기 상황 속에서 자본은 노동조건을 악화시키는 방법으로 축적 위기를 돌파하려 하고, 이에 대해 노동은 파업 형태로 대응할 가능성이 더 크기 때문이다. 무엇보다 가족 이외에는 사회적 안

전망이 거의 존재하지 않는 사회에서 해고는 단순히 생계 수단이 아닌 삶 자체의 박탈을 뜻한다. 극단적으로 저항할 수밖에 없다. 또 기업별노조는, 다양한 정치적·사회적 협상 수단을 동원할 수 있는 산별노조와 달리 파업 이외에 사용자를 압박할 수단이 없다.

한국 노동조합운동은 '시장과 세계화의 도전'에 맞서 해마다 이른바 '총파업을 포함한 총력투쟁'으로 대응해 왔다. 미리 날짜를 박아 놓고 총파업을 조직했으나, 총파업은 '종이호랑이' 혹은 양치기 소년의 거짓말이 되고 말았다. '뻥파업'이라는 자조 섞인 말도 심심찮게 나온다. 게다가 불행하게도, 노동 소요가 빈발하고 있음에도 우리나라 노동조합은 '승리의 경험'을 잊은 지 오래다. '노동의 힘'은 1987년 대투쟁과 1996년 말 노동법 개정 총파업의 승리를 거치면서 상당히 축적됐다. 이 같은 승리에 대한 기대감은 그동안 파업을 이끈 원동력이었다. 그러나 외환위기 이후 전투적 동원에 따른 성과를 얻지 못했고, 장기화되는 투쟁에 조직적 피로가 누적되었다. '파업 피로감'도 갈수록 커지고 있다.

앞서 에드워드Edwards와 하이만Hyman이 말했듯 20세기 노동의 반란(파업)은 새로운 노사관계를 만들어 내는 공격적 형태의 '창조 행위'였으나, 지금은 '방어적 저항'에 그치고 있다. 게다가 이제는 구조조정과 세계화라는 거대한 '시장의 흐름'을 상대로 한 싸움이라서 사용자들에게서 양보를 얻어 내기도 쉽지 않다. 20세기 후반에 불어닥친 세계화는 노동통제의 강화, 노동시장의 유연화 등을 동반하면서 전 지구적인 노동의 위기를 불러왔다. 세계화는 인류의 삶 전체를 뒤흔들어 놓고 있다.[27] IMF 경제위기 이후 한국의 노동운동은 개방화·민영화를 앞세운 노동배제적인 구조조정 공세 속에서 '구조조정 반대'와 '거듭된 총파업 선언’ 이외의 종합적인 대안과 투쟁 전략을 갖추지 못하고 있다.(심상정, 2000) 과연 노동운동의 성장은 멈춘 것일까?

파업 참여율이 하락하는 이유

"민주노총은 1990년대 중반기부터 거의 한 해도 거르지 않고 총파업을 선언했다. 2006년에는 한 해에만 총파업이 10여 차례 넘게 선언되었다. 그러나 여기에 참여한 대중들은 적게는 2~3만 명 많아야 7~8만 명 정도 수준이었다. 사실 이 숫자도 허수가 섞여 있을 것이다. 민주노총은 총파업을 선언하고 가열차게 싸울 것을 요구했지만 대중들은 움직이지 않았다. 어쩌면 우리는 대중들의 마음을 독해하지 못한 눈 뜬 장님이 아니었을까?"(이수봉, 2007)

이수봉은 신자유주의라는 유령과의 투쟁은 자본주의화한 노동자 내부의 욕망 또는 시장논리에 포획된 욕망에 대한 투쟁을 동반했어야 했다며, 그러지 못했기 때문에 기존의 물리력을 동반한 동원 전략은 '힘만 쓰는 형국'이었다고 진술했다.

이와 관련해 최영기는 1998년 이후의 노동운동은 전반적으로 1987년 이후 축적된 힘을 소진하고, 1997년 총파업으로 쌓아 놓았던 정치사회적 영향력을 고갈시키는 매우 비효율적인 투쟁이었다고 평가한다.[28] 그는 1998년 이후 구조조정 반대투쟁은 기업 차원에서나 전국 차원에서

---

27 심지어 강원도 정선의 5일장에도 세계화의 파고가 직간접적으로 영향을 미치고 있다. 정선 5일장에서 칠순 노인이 좌판을 벌이고 팔고 있는 상품 목록에 중국산 고사리가 섞여 있기도 하고, 칠레산 육류와 생선 등이 알게 모르게 시골 장터에서도 팔리고 있다.

큰 성과를 내기 어려운 투쟁이었다며, 그 이유로 1998년 이후의 투쟁은 시장의 규율을 상대로 한 것이었는데도 노동운동은 1987~1997년 국가의 규율을 상대로 했던 것과 같은 대중투쟁 일변도의 전략을 구사했기 때문이라고 분석한다.

로자 룩셈부르크는 노동조합의 정치투쟁과 경제투쟁의 상호작용을 강조하면서 "러시아혁명이 우리에게 보여 준 것처럼, 대중파업은 정치투쟁과 경제투쟁의 모든 국면, 혁명의 모든 단계와 요소들을 반영하는 변화무쌍한 현실이다. …… 혁명이 이미 곤란한 형세에 빠지게 되었을 때 그리고 확실하게 무엇을 기대할 수 없게 된 바로 그곳에서 대중파업은 갑자기 새롭고 넓은 혁명 전망을 펼쳐 준다. 그것은 때로 제국 전체를 드넓은 바다와 같이 흘러가며, 때로는 수많은 실개천으로 흩어진다. 그것은 때로 신선한 샘물처럼 땅 속에서 솟아나기도 하고 땅속으로 아주 사라져 버리기도 한다."(룩셈부르크, 52~53쪽)고 했다.

오늘날 한국의 장기투쟁 사업장에서 벌어지는 비정규직 싸움은 노동 유연화 시대에 '갑자기 새롭고 넓게' 펼쳐지고 있다. 그러나 이러한 대다수 장기투쟁은 강물로 흘러가 노동의 힘으로 축적되기보다는 금세 흩어져 땅속으로 사라져 버리고 있다. "민주노총의 총파업투쟁은 조합원들에게 다가가지도 못했다. 더구나 투쟁의 주체들은 상대적으로 정

---

28 한편 김형기는 총파업 투쟁을 거치면서 통과된 1997년 3월 개정 노동법에 대해 "새 노동법은 노조활동의 자유를 추상적으로는 확대하고 있지만 구체적으로는 축소시키고 있는 것"이라며 "노동계급이 얻은 것은 추상적인 것이고 잃은 것은 구체적인 것이다. 같은 이유에서 자본가들이 얻은 것은 구체적이고 잃은 것은 추상적인 것"이라고 표현했다.(김형기, 1997a) 이 개정 법안의 핵심 내용인 정리해고 도입은 1년 유예되었다가 1998년 2월부터 시행되었다.

규직 고임금 층이었다. 보수언론이 유포하는 '전투적 조합주의' '노동 귀족론'이나 '대기업 노조 이기주의론' 등은 대부분 허상이거나 지나치게 과장한 수사에 불과하다. 그러나 답답한 것은 이러한 논리가 알게 모르게 광범위하게 퍼져 나가고 현재 고임금 정규직 노동자들은 신자유주의의 피해자이면서도 상대적 의미에서는 수혜자의 모습을 취하게 된다. 민주노총의 상대적 다수는 소위 '수혜계층'에 속하게 된다."[29] (이수봉, 2007)

한편, 우리나라 사용자들은 파업이 일어나도 정부가 신속히 개입해 공권력으로 해결해 줄 것이라고 믿고 성실한 교섭에 나서지 않는다. 파업이 장기화될 경우에는 '제복을 입지 않은 공권력'이나 다름없는 용역깡패를 동원해 파업을 파괴한다. 용역깡패는, 파업을 '공안' 차원에서 불온시하고 노동법이 아닌 형법으로 형사처벌하고 '고임금 노조의 배부른 파업'이란 이데올로기로 파업 때리기를 해 온 정부의 노동 탄압에 힘입어 더욱 횡행하게 된다. 이렇듯 파업을 무조건 깨부수려 드는 사용자에 맞서 물리적 투쟁이라도 동원하지 않으면 사용자들은 교섭 테이블에조차 나오지 않는다. 우리나라에서 대중파업은 대부분 임금인상, 노동조건 개선 등의 경제적 요구를 가지고 출발하지만, 이러한 경제적인 요구를 민주노조 건설이나 노동조합의 민주화라는 자주적인 단결권

---

29 물론 신자유주의라는 유령과의 투쟁으로 보는 시각은, 예컨대 '해적'(자본)한테 공격당해 돛이 찢기고 구명정을 빼앗긴 '선원'(노동자)이 갈증과 굶주림으로 숨졌다고 할 때 그를 단순히 '바다'(신자유주의 혹은 새로운 경제·생산체제)의 희생자라고 여기는 것이나 마찬가지라는 비판이 제기될 수 있다. 신자유주의라는 말 뒤에 숨은 자본의 의도를 전면에 폭로하려면 신자유주의 대신 '시장만능주의'라는 말을 사용해야 한다는 주장도 있다. 물론 신자유주의라는 말에서의 '자유'는 1789년 프랑스혁명에서 내건 인권적 의미에서의 '자유'가 아니라 (국가 및 제도의 개입·규제로부터 또 노동조합·계급 등 집단적 힘의 개입으로부터 벗어난) '시장의 자유'를 일컫는다.

보장 요구와 밀접하게 결합시켜 투쟁을 전개해 왔다. 이런 요인 때문에 한국에서 파업은 격렬한 양상을 띠면서 장기화되었다.(박성인, 79~80쪽)

파업의 형사처벌화

우리나라에서 파업이 빈발한 또 다른 이유는 국가가 철저히 노동배제적인 성격을 띠고 있었다는 점과 무관하지 않다. 1987년 이후 노사관계 민주화가 진행되고 권위주의적 노사문화도 상당히 줄었지만, 실질적 파업권이 보장된 것은 아니었다. 주로 파업 행위와 관련된 구속 노동자 수를 보면 업무방해, 집회 및 시위에 관한 법률, 폭력행위 등 형법에 의한 구속이 제3자 개입금지 위반 등 노동쟁의 관련법에 의한 구속보다 훨씬 많다.[30] 이는 파업의 '형사처벌화 criminalizing the strike'라고 할 수 있다. 즉, 노동을 사회적 주체로 인정하지 않은 것인데, 이는 노동문제를 이른바 '공안' 문제로 바라보는 태도와도 관련된다.

"지금까지 한국 사회에서 대중파업은 항상 권력에 의해서는 '공안적' 차원에서 탄압의 대상이거나 '질서를 파괴하는 행위'로, 자본가들로부터는 '자본의 국제경쟁력을 약화시키고 경제발전을 저해하는 행위'로, 언론이나 일부 시민운동단체에 의해서는 '자신의 집단이기주의를 힘으로 관철시키려는 행위'로 다뤄져 왔다. 따라서 대중파업은 국민

---

30 최장집은 이를 "현행 노동관계법 상으로 아무런 범법 사실이 없음에도 불구하고 일단 구속시켜 노동조합 활동에서 일정 기간 격리시킴으로써 노동조합운동을 억누르려는 정권의 노동 탄압 전술의 결과"로 해석한다.(최장집, 1995, 235쪽)

여론으로부터 고립시킨 후 경찰력을 투입하여 분쇄해야 할 공안의 문제였다. 1995년 한국통신 파업 노동자들은 당시 문민정권으로부터 '체제 전복세력'으로 규정되어 집중적인 탄압의 대상이 되기도 했으며, 심지어 1999년 조폐공사 파업유도사건에서 보듯이, 정부의 경제정책을 관철하기 위해 '공안검찰'에 의해 대중파업이 이용되기조차 했다."(박성인, 84쪽)

파업이 일어나면 시민 불편이 초래된다는 논리를 앞세운 자본과 국가 및 여론의 뭇매 외에, 파업으로 인한 사회경제적 손실 발표가 뒤따른다. 파업 손실의 지표로는 조업 차질, 대외신뢰도 추락, 외국인 투자 감소 등이 동원된다. 이런 경향은 파업을 노동기본권으로 보지 않고, 사라져야 할 대상으로 보는 사용자 편향적 시각이 지배적인 데서 비롯된다.[31]

사실 파업권은 노동과 자본의 타협의 산물이다. 즉, '분배'를 둘러싼 투쟁을 국가와 자본이 어느 정도 인정하겠다는 '갈등의 제도화'된 형태가 곧 파업인데, 노동조합이 일단 허용되면 노조는 이제 투쟁만 외치는 단체를 넘어 책임 있게 타협도 해야 하는 '제도권' 조직이 된다. 파업이 자본주의적 생산을 멈추는 것임에도 불구하고 역사적으로 합법적 지위를 차지하게 된 배경은 여기에 있다. 이런 맥락에서 노조 지도부는 역설적으로 현장 노동자들의 불만과 파업 열망을 달래고 산업의 평화를 추구하는 '불만의 관리자'가 되기도 한다.

그런데 어떤 의미에서는 노동의 힘이 과대하기 때문에 노동쟁의가

---

31 노동법 개정 등을 둘러싼 정치적 파업이나 비정규 노동자 연대 파업이 한국에서는 불법파업으로 규정되지만, 노동자의 사회경제적 지위에 직간접적으로 영향을 미친다는 점에서 쟁의 대상이 될 수 있는지의 여부는 여전히 논란거리다. ILO 결사의자유위원회는 노동자들이 파업권의 행사로 지키려고 하는 직업적·경제적인 이익에는 근로조건 외에 경제사회적 정책 문제의 해결도 포함된다고 본다.

폭발하는 것이 아니다. 오히려 노동의 힘이 강력하면 조합원들은 격렬한 쟁의 없이도 자신들의 요구를 관철할 수 있다. 그런 점에서 한국 노동조합의 힘은 여전히 취약하다고 할 수 있다. 산별노조의 강고한 힘을 기반으로 하는 독일에서는 파업이 그리 흔하지 않다.

노동력은 다른 상품과 달리 저장되는 것도 아니고, 안 팔려 굶는 것보다는 저임금으로라도 팔아야 한다. 작업장에서의 노동력 철수(파업)는 사용자뿐 아니라 노동자에게도 상당한 비용과 고통을 수반한다. 가족이 점점 더 배고픔에 내몰리면 노동자들은 다시 일을 시작할 수밖에 없다. 특히 경제위기 상황에서는 파업을 "경제와 기업에 책임감을 갖지 않는" 노조 활동이라고 죄악시하는 사회 분위기가 더욱 증폭되며, 이에 따라 노동조합은 한층 더 포위되는 형국에 몰린다. 공권력으로 대표되는 물리력 이전에 여론의 이름을 빌린 국가와 자본의 경제위기론 및 임금인상 자제론으로 파업이 봉쇄되고 마는 것이다.

마르크스주의자에게 파업은 '경험의 학교'이자 '전쟁의 학교'다. 노동자들은 파업을 겪으면서 비로소 단결과 투쟁을 배우게 된다. 그런데 경제위기라는 특수한 국면에서 일어나는 파업은 '전쟁의 학교'가 되기 이전에 노동자들에게 엄청난 고통을 요구한다. 엥겔스도 경제 공황 시기에 일어나는 파업은 대부분의 경우 노동자들에게 불리하게 끝날 수밖에 없다고 했다.

"불경기일 때는 노동조합 스스로가 임금을 인하해야만 하거나 혹은 해체될 수밖에 없다. …… 조합은 노동시장을 변화시키는 중요한 원인들에 대해서는 속수무책이다. 그러한 경우에 점점 더 배고픔에 내몰린 노동자들은 어떠한 조건에서라도 일을 다시 시작할 수밖에 없게 된다.

그리고 몇몇 사람이 다시 일을 시작하면 조합(혹은 파업)의 힘은 분쇄되고 만다. …… 조합의 기금은 많은 보조금 지급으로 금방 바닥이 나고, …… 노동자들은 궁핍 때문에 어쩔 수 없이 부르주아가 강요하는 멍에 속에 되돌아간다."[32](엥겔스, 1988, 260~261쪽)

경제위기 속에서 노동시장 유연화 및 비정규직 확대 등으로 자신들에게 유리한 국면이 조성되고 있다고 판단한 사용자들은, 정상적인 교섭보다는 이 기회에 노동조합을 길들이고 와해 또는 약화시키려 한다. 가압류나 손해배상 청구는 이런 흐름과 직접적으로 맞닿아 있다. 이에 맞서 노동조합은 노조의 존립을 위해 사활을 건 저항을 전개할 수밖에 없다. 경제위기 속에서 노동자들의 생존권 확보를 위한 파업이 일상화되는 건 이 때문이다.

더구나 노동자들의 이해를 대변할 정치적 대표 체제가 취약한 상태에서 노동자들은 파업 이외에 집단적으로 요구를 관철시킬 다른 방법을 찾지 못하는 딜레마에 빠져 있다. 자본의 신자유주의 구조조정 공세 속에 적절한 전략을 마련하지 못한 채, 이른바 '87년 노동체제'의 산물인 투쟁과 동원에만 의존하고 있는 형편이다. '87년 노동체제'라는 옛 것이 이미 사라지고 있는데도 새로운 노동체제는 아직 형성되지 않고 있는 위기적 현실 속에서 노동조합이 혼란과 동요를 되풀이하고 있는 셈이다. 이에 대해 채만수는 "자본 측이 위기에 대해 발 빠르게 대응하

---

32 엥겔스는 자본주의 초기 영국 파업 노동자들의 운명을 "오랫동안 굶주리고, 매일매일 가족이 서서히 굶어 죽어 가는 것을 보아야 하며, 자신은 결국 부르주아지의 보복을 피할 수 없으리라는 것을 알고 있다"는 말로 묘사했다.(엥겔스, 1988, 269쪽)

고 있는 데에 비해서 한국에서 노동 측은 아직껏 방황하고 있다"고 진단했다._(채만수, 1999, 47쪽)

새로운 파업의 거점

주목할 대목은 2000년대 중반 이후 급속히 늘어나는 비정규직·이주노동자·개인서비스 노동자들이 대공장에 비해 작업장 교섭력이 취약한데도 불구하고 새로운 파업의 거점으로 등장하고 있다는 점이다. 양극화 속에서 노동자의 경계가 정규직과 비정규직으로, 핵심 노동자와 주변부 노동자로 갈리고 있지만, 노동 전투성의 진원지가 전통적인 자동차·섬유·철강산업 등에서 컨베이어벨트를 따라 주변부로 이동하고 있는 것이다. 현대중공업의 조선 노동자들이 침묵하는 사이, 21세기의 새로운 파업이 터져 나오고 있는 셈이다.

엥겔스는 《영국 노동계급의 상태》 영어판 서문에서 이렇게 말했다. "런던 동부에서 엄청난 빈곤이 출몰하고 있고, 그곳은 자신의 정체된 절망을 떨치고 소생했으며, 이른바 '새로운 조합주의' 비숙련 노동자들의 엄청난 대중조직의 고향이 되었다. 이 조직은 숙련 노동자들의 '옛 조합'의 형태를 상당한 정도로 받아들이겠지만, 그것과는 성격이 본질적으로 다르다. 새로운 조합주의의 힘을 떠받치고 있는 대중들은 거칠지만, 그들의 마음은 더 나은 위치의 옛 조합주의자들의 머리를 가두어 두었던 편견으로부터 완전히 자유로운 '처녀지'라는 엄청난 장점을 지니고 있다. 따라서 우리는 이제 이러한 새로운 형태의 조합들이 노동계급운동을 전반적으로 이끌면서 점점 더 부유하고 거만한 옛 형태의 조합들을 지배하게 될 것으로 본다."

150여 년 전에 영국에서 그랬듯 한국에서도 기존의 전통적인 산업 노동계급의 전투성이 약화되는 대신, 비계급층(여성, 실업자, 학생, 비정규직 등)의 전투성이 꿈틀대며 강화되고 있는 셈이다. 1970, 80년대에 정규직 노동자들이 노동조합을 지키려고 인정認定투쟁을 벌였던 것처럼 비정규 노동자들도 노동조합을 인정받기 위한 싸움을 벌이고 있다.

'운동'이 곧 희망이다!³

자본 가는 곳에
갈등도 따라간다

바닥을 향한 경쟁

세계화는 20세기 말 이후 '노동자들이 만난 유령'이다. 현대자동차 노동조합이 회사 쪽과 맺은 2005년 단체협약 제32조(해외 현지공장)는 유령에 맞서 고용과 임금을 지키려는 싸움의 한 기록을 보여 준다.

'회사는 △해외 공장 건설과 운영을 이유로 일방적인 정리해고·희망퇴직을 실시하지 않는다 △국내 공장의 생산물량을 2003년 수준으로 유지하고 △세계 경제의 불황 등으로 공장폐쇄가 불가피할 경우 해외 공장의 우선 폐쇄를 원칙으로 한다.'

현대자동차 노조뿐 아니라 국내 자동차산업 노조들은 2003년부터 '해외 현지 공장 설립 및 합작 등에 따른 자본 이동에 관한 특별 협약안'을 마련해 주요 교섭 안건으로 제출하고 있다.[33] 해외 공장 이전이 보여 주듯, 기술의 변화뿐 아니라 자본의 높은 이동성capital flight은 노동조합의 사회경제적 기반을 침식하고 고용을 불안하게 만드는 끊임없는 압력으로 작용하고 있다.

생산 및 금융의 세계화에서 가장 두드러진 특징은 자본의 간편한 이동이다. 자본은 지역적 이동의 자유를 통해 노동에 대한 의존에서 벗어나고 있다. 자본은 언제든지 보따리를 싸서 떠날 수 있다.[34] 자본은 점차 전 지구적인 것이 되어 가고 있다. 그러나 노동은 다른 곳으로 옮겨 가려 할 경우 가족 문제, 언어 소통 등 여러 가지 제약에 부딪힌다. 다른 곳으로 이동한다 해도 대부분 이주노동자의 설움, 즉 인종과 민족에 따른 차별을 겪어야 한다. 애덤 스미스는 "비록 인간성은 변하기 쉽고 일관성이 없다고 사람들은 말하지만, 모든 종류의 물건 중에서 인간을 이동시키는 것이 가장 어렵다는 것은 경험으로 분명히 드러난다"고 말했다(스미스, 2003, 89쪽)

세계화 시대에 전 세계 모든 국가들은 '더 낮은 임금'과 '더 약한 노동조합'을 내걸고 이른바 '바닥을 향한 경쟁'을 벌이고 있다. 어느 자본 할 것 없이 노동권 보호가 가장 낮은 지역을 찾아 떠돌기 때문이다. 자본은 노조의 벽이 있는 지역에서 투자를 철수시켜 무노조 신생 공장지

---

33 민주노총은 2007년에 다음과 같은 산별 교섭 전략을 마련한 바 있다. "연맹 산하 노동조합은 '생산 입지와 고용보장을 위한 단체협약'을 요구, 체결토록 한다. 이 협약은 특히 독일 금속산별노조(IG Metall)가 지난 1990년대 초에 자동차공장 등(예:Volkswagen)의 해외 이전을 저지하기 위해 생산성 연대 등을 타협 조건으로 내세워 생산 기지의 국내 유지 및 고용을 보장하는 내용의 단체협약을 체결한 사례를 참조해 볼 수 있다."

34 반면, 자본과 노동 및 상품의 자유로운 이동에 기초한 자유무역을 주창한 고전파 경제학자 데이비드 리카도는 1821년에 자본은 국외로 나가는 모험을 싫어한다고 말했다. "경험이 보여 주는 바에 따르면, 자본이 그 소유자의 직접적 통제 아래 있지 않을 때, 자본의 상상되는 또는 실제의 불안은 각자가 자신의 출생지이며 친척들이 사는 나라를 떠나, 굳어진 관습을 그대로 간직하고 있는 자신을 낯선 정부와 새로운 법률에 맡겨야 한다는 데 대한 자연적 혐오감을 초래하고 이에 따라 자본의 국외 유출을 억제한다. …… 그것은 대부분의 자본가들로 하여금 자본의 더 유리한 사용처를 외국에서 찾기보다는 그들 자신의 나라에서 찾도록, 즉 더 낮은 이윤율에 만족하도록 한다."(리카도, 207쪽)

대(그린 필드)로 이동하겠다고 위협하고, 이런 위협 앞에 국가는 자본을 붙들려고 또 그런 자본을 끌어들이려고 임금을 낮추고 노동보호를 줄이겠다고 경쟁적으로 나서고 있다.

물론 다른 한편으로는, 생산과 판매를 통해 수익을 낼 수 있는 시장이라고 판단되면 고임금 국가든 노동조합이 강한 국가든 개의치 않고 투자하는 것이 또한 자본의 속성이다. 특히 세계화 시대에 한 장소의 노동자들과 노동운동의 운명은, 무역과 자본 이동을 매개로 다른 장소의 노동―자본 갈등이 빚어 내는 결과에 직접적으로 영향을 받게 된다.

20세기 말 세계화는 자본축적의 위기에서 등장했다. 자본은 이윤을 안겨 줄 시장과 지역을 찾아 돌아다니지만, 이윤을 방어·회복하는 방법은 오직 임금을 낮추는 것뿐이라고 여긴다. 노동비용을 줄이고 임금에 의한 이윤 압박을 피하려고 비정규직을 비롯한 불안정 고용을 늘린다. 따라서 세계화 시대에 상당수 노동자들은 더 오래, 더 많이 일해도 생활수준은 한 세대 전 그들의 부모보다 더 낮거나 아주 서서히 개선된다. 이 과정에서 전 세계 노동대중은 저임금 경쟁에 빠져든다. 노동해방이 아니라 '일자리를 달라'고 외치는 시대가 아닌가?

세계화는 또 기존의 노사관계 제도와 관행을 무너뜨리고 약화시킨다. 수익성 악화의 원인으로 과도하게 비싼 임금을 지목하고, 노조와 노동의 힘으로 형성된 '경직성'을 탓한다. 2차 세계대전 이후 자본주의 황금기가 끝나고 자본 분파들 간의 과잉 설비·과잉 생산에 따른 경쟁 격화로 수익성이 악화되자, 자본은 위기의 책임을 노동에 돌리기 시작했다. '유연한 노동시장'을 만들고, 노동의 힘을 제거하는 것만이 기업과 국가의 경쟁력을 빠르게 회복시켜 줄 것이라고 외쳤다. 이에 따라 노동

세력이 그동안 자본 및 국가와의 투쟁을 통해 쟁취한 수많은 친노동적 제도와 관행들이 축소 및 해체되고 있다. 기존의 사회협약이 깨지고 노사관계를 규율하는 단체협약과 고용보호 법률도 약화되고, 성과주의가 도입되어 '임금 유연화'도 빠르게 진행되고 있다.

자본 이동과 노동소요

제2차 세계대전 이후 노동의 권리 확보는 100여 년에 걸친 노동의 기나긴 투쟁의 산물임이 틀림없다. 그런데 이는 2차 세계대전이라는 전쟁의 반대급부로 제공된 측면도 있다. 즉, 전시에 동원돼 병사로 끌려갔다가 죽거나 군수물자 조달 공장에서 저임금으로 일한 수많은 노동자들의 분노를 달래려고 국가와 자본이 노동에 정치적 권리와 노동권을 부여한 것이다. 그러나 이제 전쟁 또한 자동화 및 '자본집약적'이 되어 자국 노동자와 군인의 희생을 최소화할 수 있게 되었다. 따라서 노동자 동원도 사라지고, 이제 노동에 양보하고 노동조합의 권리를 제도적으로 보호해 줄 이유가 없어졌다. 국가와 자본이 노동에 대한 책임과 의존으로부터 자유로워진 것일까?

지난 20세기에 노동자들은 자신들이 힘이 있다고 생각했다. 실제로 이 힘을 토대로 대중동원을 통해 작업장과 생활조건을 더 낫게 바꾸었고, 뭉쳐서 싸우면 세상을 바꿀 수 있다는 희망과 신념을 품고 있었다. 그러나 비버리 실버Beverly Silver의 《노동의 힘》에 따르면, 세계화는 한 세기나 된 이런 오랜 신념에 구멍을 냈다. 싸우려는 의지마저 꺾어 버리는 노동시장 환경을 만들어 내고 있는 것이다.(실버, 39쪽)

자본은 생산의 지리적 이동을 통해 노동비용이 싼 곳을 찾아 이동하고 있다. 비버리 실버는 《노동의 힘》에서 자본의 지리적·공간적 이동에 따라 노동의 전투성, 즉 파업을 포함한 노동소요의 물결이 계속 따라가고 있다고 지적한다. 20세기 내내 자본이 '규율 잡힌 저임금 노동'이라는 신기루를 찾아 전 세계를 떠돌았지만, 항상 새로운 장소에서도 전투적 노동소요(파업)의 물결을 재창출했을 뿐이라는 것이다. '자본이 가는 곳에 갈등이 따라간다!'

비버리 실버는 노동과 자본의 갈등을 세계적 규모에서 분석하고 역사적 과정으로 조명하는데, 20세기의 모든 노동소요 물결에 대한 거대한 지도를 그리고, 시공을 가로지르는 노동소요 경향을 밝혀낸다. 실버가 사용한 '세계노동연구집단 데이터베이스'는 영국 《타임스》와 미국 《뉴욕타임스》 신문 기사 자료를 가지고 1870년부터 1996년까지 168개 국가에서 일어난 노동소요(9만1947회)를 데이터화한 자료다. "노동자 소요와 관련한 《뉴욕 타임스》와 《타임스》 기사에 근거한 새로운 세계적 자료는 2차 세계대전 이래 노동자 소요가 오직 중심부 국가들에서만 하향 추세를 그렸다는 사실을 보여 준다. 같은 시기의 반주변부 국가와, 1970년대 이후의 주변부 국가에서는 대조적으로 노동자 소요가 증가하는 추세이다."(실버, 2005)

오늘날 조직적 노동소요에서 벗어나 안식처를 찾으려는 자본의 노력에 따라 자본과 투자의 재배치가 이뤄지고 있다. 노동운동에 맞서 자본이 활용하는 네 가지 전략적 대응이 있다. 공간 재정립(생산의 지리적 재배치), 기술·조직 재정립(노동절약 기술의 도입, 하청 및 임시고용 확대를 포함한 기업 조직 재구조화), 제품 재정립(경쟁과 갈등이 덜한 새로운 생산라인으로 자본 이동), 금융적 재정립(생산에서 이탈해 금융과 투기로 향하는 자본 이동[35])이 그것이다.

세계 자동차산업에서 일어난 노동소요와 자본 이동의 동학에 초점을 맞춰 보면, 기존 자동차 생산 자본이 철수한 지역에서 노동운동은 상당히 약화되지만, 그 뒤를 이어 새로 자동차산업이 팽창하는 장소에서 새로운 노동운동이 등장하여 힘을 얻는다. "자본이 수익성과 통제의 위기를 해결하려고 잇따른 지리적 재배치를 하고 있지만, 이런 공간 재정립은 단지 위기의 시간과 공간을 재조정하는 데 그칠 뿐이다."(실버, 76쪽) 19세기의 전형적인 섬유산업, 20세기 자동차산업, 그리고 20세기 말의 신흥 선도산업으로 생산이 재배치되면서 노동소요의 지리적 교체도 일어나고 있다. 이는 자본 쪽에는 장기적이고 안정적인 해결책이 없다는 것인데, 자본이 노동소요의 물결을 피할 수 없다면 이제 신흥 경제대국 중국이 노동 전투성의 새로운 진원지가 될 일만 남은 셈이다.

시장과 노동의 '이중운동'

대체로 노동조합 지도자들은 자본과 노동의 전통적인 갈등 관계라는 입장과 실용주의적 입장 사이에서 적절한 배합을 추구하기 마련이다. 즉, 노조는 경영자의 작업장 통제를 인정하고 사용자는 노조를 인정하는 '노동 타협labor accord'을 추구해 왔다. 그러나 1990년대 이후에는 노동이 자본권력에 다양한 형태로 저항하는 양상이 분출하고 있다. "초기에 법인기업들은 값싸고 온순한 노동력을

---

35 조반니 아리기는 "경쟁이 격렬해지면 자본은 새로운 제조업 제품에 투자하기보다는 전반적으로 교역과 생산에서 빠져나와 금융 거래와 투기에 재투자한다"고 말한다. (실버, 163쪽)

제공했던 특정한 반주변부 지역들(예를 들면, 브라질, 남아프리카공화국, 남한)에 매료되었다.[36] 이에 따른 (직·간접적인) 외국인 투자의 유입은 1970년대와 1980년대에 일어났던 일련의 반주변부적 '경제 기적'에 공헌했다. 그러나 이러한 경제 기적에 수반된 자본집약적 대량생산 산업의 확장은 강력한 파괴력을 지닌 새롭고 전투적인 노동계급을 동시에 창출시켰다. 1970년대 브라질과 남아공에서부터 1980년대 남한에 이르기까지 노동자들은 1970~80년대의 반주변부적 기적들과 함께 펼쳐진 투쟁의 물결 속에서 이와 같은 힘을 발휘했다."(Arrighi, 1996)

네그리와 하트 역시, 오늘날 자본주의가 그토록 많이 승리하고 노동에 대한 자본주의의 폭력이 자유주의라는 이름 하에 공고해진 이후에도 왜 전투성이 여전히 발생하고 왜 저항들이 심해졌으며 왜 투쟁이 새로운 활력을 지닌 채 지속적으로 재등장하는지 묻는다. "바로 여기에 오늘날 전투성의 강력한 참신함이 존재한다. 이러한 전투성은 저항을 대항권력으로 만들고 반란을 사랑의 기획으로 만든다."(네그리·하트, 2002, 518~520쪽) 제조업부터 대공업까지, 금융자본부터 초국적 재구조화와 시장의 전지구화까지, 자본주의의 발전상을 결정하는 것은 항상 조직화된 노동력의 주도권에 있다는 것이 이들의 주장이다.(네그리·하트, 2002, 279쪽)

---

36 영국 내 아스다Asda와 데스코Tesco와 같은 슈퍼마켓에서 판매되거나, 프라이마크Primark와 같은 의류 매장에서 판매되는 저가 의류 시장이 확대됨에 따라, 이를 생산하는 동남아 노동자들의 인권 문제가 제기되고 있다. 《가디언》 지의 보도에 따르면, 방글라데시의 주요 의류 생산지 중 하나인 비건바리Begunbari에 거주하는 의류 노동자들의 월수입은 약 7파운드(약 1만3000원)로, 시간당 약 2펜스(약 37원)의 임금을 받고 있다. 이들이 생산한 의류를 소비하는 영국의 2007년 최저임금은 시간당 5.35파운드(약 1만 원)로 이들 임금의 무려 267배에 달한다. 다수의 노동자들은 주 84시간을 일하고도 생계가 어렵고, 대부분의 노동자들은 하루 12시간 이상의 근로를 강요받고 있다.(《해외노동동향》 2007년 8월 2일, 한국노동연구원)

시장이 확대 심화되면 사회를 보호하기 위해 대항운동, 즉 '이중운동'이 촉발된다. "18세기 산업혁명에서 거의 기적에 가까운 생산도구의 개선이 있었지만, 그 과정에서 보통 사람들의 삶은 망가지고 뒤죽박죽되는 파국이 함께 나타난 바 있다. 그 파국, 즉 인간들을 통째로 갈아서 무차별의 떼거리로 만들어 버린 그 '사탄의 맷돌'은 무엇이었는가?"(폴라니, 163쪽)

대표적인 좌파 경제사학자인 칼 폴라니는 《거대한 전환》(1944)에서 19세기의 100년 역사는 이중적 운동이 지배했다고 지적했다. 자본에 의해 상품시장이 꾸준히 확대되는 한편, 이에 따라 다른 한편에서는 시장을 규제하고 막는 대항운동과 각종 제도 및 정책이 고안되었다. 공장법, 실업보험, 노동조합의 조직 및 교섭권 보장 등이 그 대표적인 제도인데, 시장의 확대에 맞서 기존 생활양식과 사회협약을 지켜 내고, '경제'의 횡포에 대응해 스스로를 보호하려는 '사회'의 운동 및 노동자들의 저항운동이 출현한 것이다. "19세기 100년 역사는 한편에서는 시장통합을 앞세운 상품시장 확대운동이, 다른 한편에서는 시장의 횡포에 맞서 노동계급이 자신을 보호하려는 대항운동에 나선 '이중운동Double Movement'이 지배했다."(폴라니, 248쪽)

이런 가운데 다른 한편으로 비정규직 노동운동과 같은 '새로운 노동자운동 주체'가 형성되고 있다. 임금과 노동조건의 바닥을 향한 경주에서 점점 더 임금노동자들은 하향평준화로 동질화될 것이고, 그러면 이러한 공통적인 노동조건에 기초해 파업도 확산될 것인가? "지금은 주변부와 보통 사람이 나설 때다. 경제를 원래 자리로, 주변의 자리로 묶어 두어야 한다. …… 발전은 증발했다. 근대인은 신이 되려다 결국 좌초했다. 우리는 그동안 발전이라는 말과 성장·진화·성숙·근대화처럼 발전과 뜻이 통하는 말들에 함축된 허망한 기대를 넘겨받았다. 이제는 현실감각을 되찾을 때다. 평온을 되찾을 때다. 내 발로 내 길을 걸으면서 내 꿈을 꿀 수 있다면 과학이 제공하는 목발은 없어도 된다. 빌려 온 발전의 목발은 없어도 된다."(작스 외, 70쪽)

사실 노동을 '상품'으로 다루려는 모든 시도는 강한 저항과 불만을 낳을 수밖에 없다. 사회철학자 마이클 이그나티에프^{Michael Ignatieff}가 서술한 바와 같이 "우리는 우리 자신을 인간으로 인지하는 것이 아니라 아들, 딸…… 부족민, 이웃으로 인지한다. 우리의 진정 중요한 요구를 만족시켜 주는 삶을 우리에게 주는 것은 바로 이 관계와 의미의 조밀한 연쇄이다."(라이시, 338쪽) 공동체와 관계 같은 '사회'는 하찮은 것으로 취급하고, 시장에서의 교환거래만을 강조하는 '경제'에서는 저항과 불만이 터져 나올 수밖에 없다.

노사관계학자 코르피와 살레브는 "노동쟁의와 파업은 노사 간의 힘의 관계가 현저하게 역전된 조건에서 빈발하기 마련이다. 쟁의에 호소하지 않는 것(즉, 파업을 벌이지 않고서도 자신들의 요구를 관철시키고 확보하는 것)이 오히려 노동자의 높은 정치적·사회적 영향력을 보여 주는 것일 수도 있다"고 말했다.(Korpi & Shalev, 1979)

노조 활동의 이중성

이와 관련해 이병훈·윤정향(2006)은, 한국의 노사관계 분위기^{labor relations climate}의 특수성을 고려하여 노조 투쟁성을 '노조 요구의 실현이나 노사 쟁점의 해결에 있어 온건-합리적인 타협보다는 물리적인 실력 행사에 의존하려는 노동조합의 비타협적인 태도 성향'으로 정의한 뒤 국내 624개 사업장을 대상으로 표본 회귀분석을 시도했다.

연구결과, 흥미롭게도 노조 집행부의 능력이 노조 전투성과는 유의한 음(−)의 상관관계를 드러냈다. (회사 입장에서) 강력하고 안정적인 노조 집행부가 등장하면 조합원들의 지지와 동원(조합원 투쟁성)이 강화되더라도, 노사관계 측면에서 비타협적이거나 과격한 경향을 띠기보다 오히려 회사와의 합리적인 타협을 추구하는 안정적인 지도력을 발휘한다는 것이다. 다시 말해, 강한 노조 집행부가 취약한 집행부보다 안정적인 노사관계를 형성·유지하게 된다는 흥미로운 분석 결과가 제시된 셈이다.

대공장 사업장의 개별 조합원들은 대기업 정규직이라는 1차 내부노동시장[37] 지위에 안주함으로써 투쟁 성향을 상실하는 반면, 집단적인 노조 조직 차원에서는 대기업−중소기업 간 경제 양극화 여건 위에서 안정된 수익 구조 및 시장 내 우월 지위를 이용해 비타협적 활동(임금인상을 추구하는 파업)을 전개하고 있다. 이러한 대공장 개별 조합원들의 낮은 투쟁성과 집단적 노조 조직의 높은 전투성은 서로 모순되는 듯 보이지만, 이는 한국의 대기업−중소기업 경제구조 및 노동시장 양극화에서 비롯되는 이른바 '노조 활동의 이중성'이다.

---

37 " '내부노동시장Internal Labour Market'이란 기업 내에서 성립된 노동시장이다. 되링거 및 피오레(Doeringer & Piore, 1971)에 따르면, 내부노동시장에서는 노동력에 대한 수요, 공급 그리고 노동력의 이동과 배치 전환, 승진이 외부노동시장의 작용을 거의 받지 않고 기업 내부의 미리 정해진 규칙과 절차에 따라 결정된다. 외부노동시장으로부터의 신규 노동자 채용은 최하위직에서만 이루어지며, 거의 모든 상위직은 하위직으로부터의 내부 승진으로 충원된다. 내부 승진은 직무평가제도와 선임권priority 제도의 결합에 따라 채용 입구port of entry에서 시작되는 직무사다리job ladder를 따라 이루어진다. 내부노동시장의 형성은 독점적 대기업을 중심으로 전개되는데, 노동력을 파라미드형 계층구조에 재편성해 위계적으로 통제하는 것과 밀접히 관련돼 있다."(김형기, 1988, 109쪽)

비버리 실버와 네그리·하트, 칼 폴라니의 명쾌하고 날카로운 분석과 주장에도 불구하고, 실제로 자본이 떠나겠다고 위협하는 곳에서 '노동의 힘'은 '세계화된 시장'의 힘 앞에 무기력할 뿐이다. 이윤율 저하를 타개하기 위한 자본의 재편성과 노동에 대한 대대적인 공세가 지속되고 있고, 이 과정에서 비정규직 확산 등 노동시장은 유연화되고 있다. 1987년 노동의 전투성이 분출했던 한국 노동조합운동은 외환위기 이후 비록 결정적인 패배는 없었지만 점차 침묵 속에 빠져들고 있다. 한국의 노동조합은 이 위기를 돌파하는 전략으로 산별노조 건설을 조직적으로 전개하고 있다. 이는 미지의 세계로 뛰어드는, "오직 희망에 의해 이끌어지는" 위험부담이 큰 역사적 실험일지도 모른다. 그러나 더 높은 곳으로 올라가기 위해서는 이행의 계곡valley of transition을 반드시 건너야 한다.(쉐보르스키, 1997, 203쪽)

전혀 규제받지 않는 세계 시장을 향한 자본의 운동에 맞서 방어적 투쟁과 파업이 분출하고 있으나, 아직 그 힘은 미약하기만 하다. 문제는 경제가 아니라 사람들이 사는 '사회'다. 희망 없는 빈곤을 향해 가는 노동빈곤층과 비정규 노동자들을 포함해 시장경쟁에서 뒤처진 실패한 사람들을 위해서는 '사회'가 필요하다.

'강력한 조직적 행위자'

기업별노조에서 산업별노조로

서구에서 노동조합은 일반적으로 'trade union'으로 불린다. 즉, '산업별노조'를 가리킨다. 웨브 부부는 1800년대 영국에서 특정 직업이나 특정 지역에 한정돼 조직된 협회association, 조합Union, 동직클럽trade club 등의 단체가 스스로를 '노동조합'이라고 불렀던 적은 단 한 번도 없었다고 지적했다.[38]

"우리가 어떤 비밀스런 거대한 역량에 대해 '노동조합'이라고 막연하게 표현한 것을 처음으로 접하게 되는 것은 1830년부터 1834년까지 이어진 어느 신문의 사설에서다. '동직조합'은 하나의 직업에 속하는 구성원의 단결체이며, '노동조합'은 여러 직업에 속하는 구성원의 단결체

---

38 영국에서 노동조합은 초기 형성기에 공제우애조합(friendly society, brotherhood), 직능별조합shop craft union 등 친목 우애협동조합 성격을 띠었고, 주로 여관, 선술집 등에서 모였다. 처음부터 '자본과 대립하면서' 본격적인 산업별 노동조합trade union으로 사업장 안에서 활동한 것이 아니다.

이다. 1834년 《타임》 지에 무서운 존재로 언급된 '노동조합'은 조합원들이 목표로 삼았던 이상, 즉 전국적 노조에 전국 모든 노동자를 완전히 결집시키는 것을 말한다. 개념상 'trade union'이라는 말의 독특한 함의는 '전국 단일대조합'으로, 전체 임금노동자의 완전한 단결이라는 이상이었다."(웨브 부부, 상권, 126~127쪽) 이처럼 애초부터 노동조합은 산업별노조를 일컫는 바, 이에 따라 한국의 기업별노조는 매우 전투적이지만 노동조합으로 인정하지 않는 노사관계 학자도 있다.

마이크 데이비스는 《미국의 꿈에 갇힌 사람들》에서, 1930~40년대 산별노조 쟁취투쟁을 계기로 GM의 플린트공장 앞 거리에서, 또 당시 자본의 요새이자 '멋진 신세계'로 일컬어진 포드자동차 공장 앞에서 1만여 명의 파업 노동자들이 '노동자 연대여, 영원하라'는 노래를 합창하는 광경은 후세의 교과서에 나오는 임금 결정의 역학에 관한 깔끔한 방정식으로는 도저히 이해할 수 없는 경험이었다고 말했다.(데이비스, 135쪽)

이미 1990년대 초 전노협 창립 선언문과 1995년 11월 민주노총이 출범하면서 내건 가장 큰 대의가 '산별노조 건설'과 산별 교섭 실현이었다. 민주노총은 강령에서 "우리는 미조직 노동자의 조직화 등 조직 역량을 확대 강화하고, 산업별 공동교섭, 공동투쟁 체제를 확립하여 산업별 노동조합을 건설하고 전체 노동조합운동을 통일한다"고 표방했다. 그리고 10년 후, 2006년 6월 30일 현대차, 기아차, 대우차를 포함한 완성차 대공장을 비롯해 대공장 중심의 19개 기업별노조 14만 명의 조합원들이 조합원 투표를 거쳐 거대 금속산업 노조로 전환했다.[39]

'재미없고 우울한' 노동계에 오랜만에 들려온 신선한 소식이었다. 이에 따라 '현대자동차 노동조합'은 없어지고, 거대 단일 산별노조인 전국금속노동조합의 '현대차 지부'가 성립했다. 그동안 민주노총 소속 금속노조와 보건의료노조, 한국노총 소속 금융노조가 산별노조로 존재했지만, 조립완성차 대공장 노조들이 산별 조직에 들어온 건 한국 노동조합운동 역사에 굵은 획을 긋는 대사건이었다. 통합 금속산별의 대상 사업장은 자동차, 기계, 조선, 전자, 철강 등 웬만한 제조업을 모두 포괄하고 있다. 산별 체제를 통해 금속 노동자들은 기존 대공장 임금단체협약을 넘어 산업정책과 사회개혁에 개입하는 가능성을 열었다. 이러한 산별노조 전환 시도는 우리도 마침내 정규직과 비정규직, 대기업과 중소기업의 중층적 분열을 극복하고 계급적 연대에 기반한 노동운동을 시작했다는 희망을 안겨 주었다.

민주노총의 경우, 금속사업장에서부터 산별 전환 열기가 불붙으면서 2009년 말 산별노조 전환율(기업별노조에서 산업별노조로 전환한 노조 비율)이 82.1퍼센트에 이른다. 산별노조가 지배적인 시대가 열린 것이다. 전국 규모의 대규모 산별노조는 금속·공공서비스·운수산업(철도·버스·택시·화물)·보건의료·공무원·전교조·언론·대학·화학섬유 등 9개 노조가 있고, 소규모 산별까지 합치면 총 27개 산별노조(소속 사업장은 총 1688개 지역·기업지부)에 산별 조합원은 총 56만8000명(민주노총 총 조합원 수는 75만 명)이다. 정착되기까지는 아직 시간이 필요하지만, 산별 전환 노력과 실험은 여전히 계속되고 있다. 노동부의 발표에 따르면,

---

39 2006년 가을, 예상을 뒤엎은 산별노조 전환 투표 가결과 관련해 현대자동차 노동자들이 산별 전환에 찬성표를 던진 배경에는 국내 완성자동차 기업마다 공장을 해외로 이전하는 상황에서 개별 사업장의 투쟁만으로는 고용안정을 보장받을 수 없다는 위기감이 크게 작용한 것으로 알려진다.

2009년 현재 산별노조 등 초기업별 노조(지역 및 업종 포함)의 조합원 비중은 전체의 52.9퍼센트(조합원 수 86만8467명)를 차지한다. 상급단체별로는 민주노총 80.5퍼센트, 한국노총 40.2퍼센트, 미가맹노조 31.1퍼센트가 산별노조 체제로 전환했다.

산별노조는 하나의 사업 또는 사업장 단위로 설립되는 기업별노조와 달리, 동일한 산업에 종사하는 모든 노동자를 단일 노조 깃발 아래 꾸리는 전국적 규모의 조직이다. 중앙 본조, 지역본부, 개별 기업지부(지회, 분회) 등으로 조직되는 산별노조는 지역별, 산업별 혹은 업종별 집단교섭이나 협의를 벌인다. 한 마디로 '사람과 돈의 집중'을 통해 중앙으로 힘을 결집하는 형태이다. 즉, 기업들만 인수합병을 하는 것이 아니라 노동조합도 합병을 한다. 덩치를 키워 힘을 집중하는 것이다. 노조 활동을 제한하는 보수적 정책들이 강화되고, 조합원 숫자가 줄고, 그래서 노조 재정 측면에서 위기가 닥치는 것도 노동조합들로 하여금 활발한 통합을 모색하게 하는 또 다른 요인이다.

역사를 거스르는 실험

사실 한국의 산별노조는 '역사를 거스르는 실험'이라고 할 만하다. 외국에서는 오히려 위로부터의 세계화와 노동시장 유연화, 자유시장 논리로 포장된 '시장의 독재'가 전면화하면서 상당수 국가에서 노사가 중앙 산별 교섭에서 이탈·철수하고 기업별 교섭으로 내려가는 '단체교섭 분권화'가 진행되는 추세이기 때문이다. 특히 이런 경향은 국제경쟁력 강화에 직면한 사용자들에 의해 주도되고 있다. 이른바 광범위한 '단체교섭의 구조조정'이다.[40] 이러한 거대한 흐름을 거슬러 한국에서 산별 교섭이라는 교섭 구조의 집중화가 추구되고 있는 것이다. 그동안 한국에서는 국가에 의해 산업별 또는 직종별노조가 아닌 기업별노조가 강제되어 왔다. 경제구조적으로도 독점 대기업 중심의 성장 체제와 산업화 과정 자체가 노조 조직 구조에서 산별노조 같은 포괄적 노조가 아니라 기업별노조 형태를 띠게 만들었다.

산별노조로의 전환은 그동안 기업별노조의 틀에 갇혀 자신들의 기득권을 방어하는 데 급급했던 노동자들이 노동계급 전체의 단결을 위해 교섭 구조와 체제를 재조정하겠다는 결의나 마찬가지다. 서구에서는 1990년대 이후 노동조합과 사용자단체 간의 교섭 수준이 전국 및 산별 교섭에서 기업 및 작업장 교섭으로 점차 내려가는 중인데 왜 한국에서는 거꾸로 산별노조로의 전환 압력이 강해진 것일까? 대기업 노조의 이기주의와 비정규직 외면에 대한 안팎의 비판, 노조 간부들의 부패와 분파 심화 등 노동운동의 위기도 산별노조 전환에 한몫했지만, 근본적으로는 외환위기 이후 노동시장에서 기존 노동조합운동의 대응 양식으로는 접근하기 어려운 새로운 과제들이 제기되고 있기 때문이다.

즉, 임금 및 근로조건 등 투쟁과 교섭을 통한 경제적 쟁점 위주의 노동운동만으로는 새롭게 제기되고 있는 고용안정, 비정규직 문제, 소득

---

40 네덜란드의 노사관계학자 비써J. Visser는 노사관계가 산별 교섭에서 기업별 교섭으로 점차 전환(분권화)되는 움직임에 대해 "사용자는 갈등보험에 들 것인가, 아니면 자율권을 가질 것인가의 선택의 기로에 서 있다. 노조는 집단적 연대를 선택할 것인가, 차별을 인정할 것인가 선택할 시점에 와 있다. 정부는 경쟁력 강화 전략을 취할 것인가, 사회적 응집력과 통합을 중시할 것인가 하는 기로에 서 있다"고 진단했다. 한국의 산별 교섭은 하부(지역 및 기업, 작업장) 차원의 교섭 구조를 인정하면서 전국 중앙교섭을 추구하고 있다는 점에서 '분권화된 집중화decentralized centralization'의 범주에 놓여 있다. 반면, 서구의 분권화는 '집중화된 분권화 centralized decentralization'의 과정을 밟고 있다. 이 점에서 양자는 서로 반대편의 출발점에서 중앙으로 수렴하는 경향을 보인다.(박태주, 2002)

격차 확대 등 산업과 사회 전반의 쟁점들에 올바로 대응하기가 힘들어졌다. 무엇보다 시장과 생산에 대한 '산업 차원'의 개입 없이는 해외 생산 확대, 외주·하청 증가에 따른 고용 불안에 대처할 수 없다는 현실을 노동자들이 깨닫게 되었다. 대기업의 고용흡수력이 줄어들고 기업의 공장 해외 이전이 가속화되면서 개별 기업 차원의 고용안정 협약만으로는 고용을 지켜 낼 수 없는 것이 현실이다. 또한, 기업별노조 울타리에 갇힌 노동의 조건은 기업의 성과와 자본의 이윤 성장에 점점 더 의존하게 되었다. 게다가 그동안 한국 노동운동은 거듭되는 총파업 속에 조합원들의 동원력이 떨어지고, 개별 기업 차원의 교섭과 투쟁에 의존함으로써 노동운동이 파편화되고 전 산업적·사회적 문제들에는 소홀해지는 기업별 조합주의의 폐해가 그대로 노출되었다. 결국, 한국의 사회경제적 문제들은 더 이상 기업별노조 체제와 기업별 교섭으로는 해결이 불가능해졌다. 맨커 올슨에 따르면, 이와 달리 산별노조 등 '포괄적 조직'은 사회적 책임이라는 방향으로 교섭 전략을 잡는 경향이 있다.

대공장 조직 노동자들의 산별노조 전환은 노동을 중요한 '자원'이 아니라 줄여야 할 단순한 '비용'으로 보는 세계화에 맞서 노조가 다시 '강력한 조직적 행위자'로 등장하기 위한 도전이라고 할 수 있다. 한국의 노조 조직률은 1989년 19.8퍼센트를 정점으로 계속 하락해 2011년 9.8퍼센트로 떨어졌다.[41]

---

41 윤진호는 한국에서 노조 가입 수요는 상당히 존재하지만 미조직 노동자들의 노조 접근 기회와 가입 기회의 제한이라는 공급 측 요인의 제약으로 인해 '좌절된 수요'에 빠져 있다면서, 노조를 자유롭게 조직할 수 있다면 달성 가능한 조직률(잠재적 노조 조직률)을 33.9퍼센트로 추정했다.(윤진호, 2005)

노조 조직률이 낮은 뿌리는 기업별노조 체계에 있다. 정작 노조가 가장 필요한 중소 영세·비정규 사업장은 노조 조직률이 형편없이 낮다. 2000년대 중반 전체 노동자 중 100명 미만 사업장 종사자는 76.9퍼센트인데, 민주노총만 보면 100명 미만 사업장 노동자는 전체 조합원(70여만 명)의 3.1퍼센트에 불과하다. 중소 영세기업 노동자들은 전체 노동인구 가운데 80퍼센트 이상을 차지하면서도 대부분 조직화되지 못한 채 열악한 노동조건에 놓여 있다.(〈표 16〉 참조)

■〈표 16〉 기업 규모별 고용 분포의 국제 비교   단위 : %

기업 규모(인)	한국		영국		독일		일본	
	기업 수	고용	기업 수	고용	기업 수	고용	기업 수	고용
1~9	88.6	42.9	71.7	10.1	62.1	6.7	50.9	10.8
10~49	8.3	20.7	21.0	18.8	27.3	14.5	39.2	28.4
50~249	2.9	23.2	5.9	25.8	8.4	23.7	8.5	29.9
250 이상	0.2	13.3	1.5	45.3	2.2	55.1	1.4	30.9

* 제조업, 2002년
자료 : OECD, *OECD SME and Entrepreneurship Outlook*, 2005
출처 : 고영선(2011)

기업별 체제는 노동조합운동 내부에서뿐만 아니라 노사관계에서도 사용자 주도의 노사관계를 형성시킨 주된 요인으로 작용했다. 기업별 교섭 아래서 사용자들은 개별 노동조합을 쉽게 회유·통제할 수 있었고, 기업의 지불 능력에 전적으로 의존하는 기업별노조는 각 기업의 성과에 따른 '분배 교섭'에 매달릴 수밖에 없었다.

물론 이전에는 대기업 노동조합의 경제주의적 전투성이 임금인상을 선도하는 역할pattern setter을 하면서 중소기업 노동자의 임금을 견인하는 효과를 발휘했다. 그러나 이는 지속적인 경제성장이 이뤄지던 시절에나 가능했다. 이제 '연대'는 사라지고, 대공장 노동조합은 하청기업 노동자들과 비정규직을 고용과 임금의 방패막이로 삼고 있다. 또 기업별 교섭에서는 임금인상만이 조합원을 동원하는 중심축이었고, 이에 따라 교섭 및 쟁의권은 '독점 기득권'이라는 비판도 제기됐다. 결국 기업의 굴레에 갇힌 노동조합 체계는 노동조합 내부에 균열을 낳고 노동운동을 취약하게 만드는 파열구로 작용했다.

이런 상황에서 산별노조 건설과 산별 교섭이 비정규직과 중소 영세기업 노동자 등 '또 다른 노동인구'를 위한 대안적 운동으로서 모색되었다. 중소기업 노동조합은 노조가 조직돼 있다 하더라도 사용자로부터 얻어 낼 물질적 기반 자체가 없고, 따라서 파업의 실익도 거의 없다. 파업에 돌입하면 그 즉시 가압류와 손해배상 청구서가 날아드는 등 돈 없이는 파업도 못하게 된 시대에 '재정과 사람이 집중되는' 산별노조 체제는 재정의 중앙집중화를 통해 사용자 공세에 대응할 수 있는 유일한 조직 형태라고 할 수 있다. 산별노조는 노동조합의 와해를 꾀하는 사용자 전략에 맞선 노동조합의 대안이자 노동조합운동을 재생산할 수 있는 조건인 것이다.

이러한 산별노조 체계가 성립하면서 우리의 노동운동에도 새로운 흐름이 만들어지고 있다. 2000년대 중반 이후 산별 보건의료노동조합과 산별 금속노동조합은 산별 중앙교섭을 통해 비정규직 문제를 해결하려는 시도를 전개하고 있다. 2007년 보건의료노조는 정규직 임금인상분의 30퍼센트(약 3400억 원)를 비정규직의 정규직 전환에 쓸 기금으로 바꾸기로 결정하고, 산별 중앙교섭 협약을 통해 사용자 측의 동의를 얻어냈다. 이에 따라 산별 중앙교섭에 참여한 병원 비정규직의 4퍼센트가 정규직으로 바뀐 것은 적지 않은 성과이다. 2007년 금속노조는 비정규직 고용보장, 금속산업 최저임금 월 90만 원과 시급 3840원 적용(비정규, 이주노동자 포함)을 요구했다. 보건의료노조는 산별 중앙교섭 의제로서 비정규직 임금 인상률을 정규직보다 더 높게 요구하고, 교섭 내용을 비조합원을 포함한 산업 내 전체 노동자로 확장하고자 시도하는 한편, 의료공공성 강화 등을 통해 교섭의 사회적 확장을 꾀하기도 했다. 산별 교섭을 통해 노동자들 간 사회적 연대와 공공성 확대를 위한 기초적 요소들을 제기한 것이다.(민주노총, 2007)

제2의 산별노조운동

바야흐로 미래의 노동조합 전략과 혁신 방안을 둘러싼 노동조합 논쟁이 재점화하고 있는 시기다. 글로벌 자본주의가 노동에 불편한 시선을 보내고 있지만, 이런 논쟁 속에서 산별노조 전환은 노동조합 재생rebuilding labour의 대표적인 노력이다. 사실 산별 교섭 구조는 사용자에게도 유리한 선택이다. 산별 교섭에서는 개별 경쟁 기업들이 치열한 임금 경쟁에서 벗어날 수 있다. 임금이 더 이상 경쟁 요소가 아니며, 따라서 경쟁 대상 목록에서 제거된다. 즉, 임금이 기업 내에서 통제할 수 있는 변수가 아니라, 외부에서 주어지는 조건이 되는 것이다. 사실 개별 사업장에서의 경쟁적 임금인상은 인플레이션만 유발해 실질임금을 정체시키거나 오히려 떨어뜨릴 수 있다. 산별 교섭은 개별 작업장 교섭이 아니라 동일한 산업에 종사하는 모든 사용자들이 모여 사용자단체를 구성한 뒤 중앙교섭(복수사용자교섭)을 하기 때문에 상품 및 노동시장에서의 치열한 경쟁을 피할 수 있는 장점이 있다.[42]

1970년대 스웨덴에서는 낮은 실업률 하에서 임금이 가파르게 오르자, 스웨덴 사용자들이 먼저 적극적으로 산별 교섭을 요구했다. 이를 통해 스웨덴 대기업 사용자와 중소기업 노동자들이 산별 교섭의 주요 수혜를 입었다. 반대로, 기업별 교섭이 사용자에게 매력적인 이유는 노조를 직접 통제할 수 있기 때문이다.[43]

임금이 경쟁에서 중요한 조건일 때는 임금 통제를 위해 회사가 노조를 탄압 및 회유했지만, 임금과 근로조건이 외부적 조건으로 주어지는 산별 체제에서는 기업마다 경쟁력 강화와 생산성 향상 압력에 직면하게 된다. 산별 교섭은 노사 갈등 요인을 외부화하는 것을 의미한다. 즉, 중앙교섭이 공장 바깥으로 이동하는 것인데 이에 따라 노사갈등이 생산활동에 끼치는 영향이 줄어든다. 또한 공동교섭이 이뤄지면 업종별로 사용자단체들이 해당 산업에 필요한 직업훈련 같은 이른바 '집합재

---

42 산별노조의 임금정책은 장기적으로 산업 내 임금평준화와 산업 횡단적인 임금 체계를 지향한다. 기업 간 임금격차의 중요한 원인은 원-하청 관계다. 하청기업들은 대부분 노동조합 미조직 사업체이기 때문에 스스로 근로조건을 개선할 여건이 못 된다. 그래서 산별노동조합 및 원청 사업체 노동조합이 원-하청 관계에 적극 개입하여 임금격차 축소에 일익을 담당해야 한다. 단체협약에 원-하청 불공정거래 근절 조항을 삽입하고, 단체협약 또는 노사협의를 통해 최저임금법, 근로기준법 위반 사업장에 대해서는 원-하청 관계를 맺지 않도록 하며, 단체협약 또는 노사협의를 통해 원청기업이 하도급계약을 맺거나 용역 단가를 책정할 때 일정 수준, 예컨대 산별 최저임금 이상의 임금을 반영하도록 제도화하는 방안이 있을 수 있다.(민주노총, 2007)

43 "노동조합 때문에 기업 못 해먹겠다"는 사용자들의 푸념은 기업별노조 체제에서는 일정 부분 거짓말이다. 사용자가 기업 내 노조를 통제할 수 없다면 오히려 산별노조 체제를 선호하게 될 것이기 때문이다. "기업별 교섭 체계는 노동조합의 관점에서 보면 인적·물적 자원의 분산을 가져올 뿐 아니라, 임금 등 경제적인 문제에 매달리게 만듦으로써 노동조합의 정치·사회적 영향력의 약화를 가져왔다. 이와 더불어 소규모 노사 갈등의 빈발이나 교섭비용의 증대, 조합원-비조합원 간의 임금격차 확대 등이 노동조합의 입장에서도 바람직한 것만은 아니다."(박태주, 2002)

collective goods' 재원 마련에 나설 수 있고, 이를 통해 산업 전체의 생산성이 향상된다.

조직 체계 측면에서만 보면, 산별노조로의 전환은 지속적인 발전을 보이고 있다. 기업별노조에서 산별노조로의 노동조합 조직 체계를 전환하는 목표는 어느 정도 성공했다. 그러나 산별'노조'가 지배적인 시대가 열렸다 해도 곧바로 산별 '교섭'이 지배적인 시대로 이어지는 건 아니다. 노조 조직 형태는 노동조합 내부에서 선택하면 되지만, 실질적인 산별 교섭이 이뤄지려면 사용자들도 노동조합처럼 한데 뭉쳐 산별 사용자단체를 만든 뒤 중앙교섭에 나서야 한다. 사용자들을 교섭 테이블로 끌어내는 문제가 있는 것이다. 그러나 사용자들은 "임금·근로조건에서 업종 및 기업 간 격차가 엄연하게 존재하는데도 산별노조가 통일적인 임금 및 근로조건 적용을 요구해 오면 이를 도저히 견딜 수 없는 기업들에서 노사분규가 끊이질 않을 것"이라고 우려하며 산별 교섭을 거부하고 있다.[44]

또 산별 단위의 임금단체협약 중앙교섭이 이뤄지더라도 개별 기업 차원에서 사용자나 노조가 이를 번복하거나, 거꾸로 개별 기업 차원에서는 노사문제가 잘 풀리는데 산별 차원의 정치적 갈등 때문에 전체 기업들이 흔들릴 가능성이 있다는 이유로 산별 교섭에 반대하고 있다. 이와 관련해, 한국노총 산하 섬유면방직·선박선원(전국 수준), 시내버스·

---

44 산별 중앙교섭이 이뤄지면, 예컨대 금속산업 중앙교섭의 경우 현대자동차 완성차 대표와 현대차의 중소 하청업체 대표 등이 나란히 중앙교섭 테이블에 사용자대표위원 중 한 명으로 참석하게 된다. 이에 대해 현대차 쪽은 "어떻게 중소기업 사용자와 완성차 대표가 함께 비슷한 자격으로 자리에 앉을 수 있느냐? 자존심 상하게……"라며, 그래서 산별 교섭 테이블에는 나갈 수 없다고 말하기도 한다.

부두하역(지역 수준) 업종은 1960년대 이전부터 수십 년간 산별 교섭을 하고 있는데, 이들 업종의 특징은 소규모 기업이 대부분이고 노동자 연대의식이 강하다는 것이다. 또, 대한방직협회가 미국에서 들여온 원면을 회원사에 배정하는 권한을 쥐고 있는 등 사용자단체가 강력한 힘을 갖고 있다는 점이 산별 교섭을 가능케 한 요인으로 꼽힌다. 개별 업체별로 임금과 근로조건이 유사하고, 그렇기 때문에 산별노조와 교섭에 대한 개별 노동자의 선호와 사용자의 태도 역시 비슷한 것이다. 특히 수출과 직접 관련된 산업이기 때문에 정부도 산별 교섭을 유도하면서 파업을 막고자 했다. 이처럼 유리한 특정 조건 속에서 산별 교섭이 지속적으로 유지될 수 있었다.(정주연, 2001)

물론 사용자들이 산별 교섭을 거부하거나 저항할 수도 있는데, 노사 자율주의에 기초한 유럽의 경우 법으로 산별 교섭을 강제하는 국가는 없다.(그러나 특정 산업에서 체결된 협약이 그 산업 전체 사업장과 노동자들한테 포괄적으로 적용되는 구속력 조항을 두고 있다.) 역사적으로 산별노조가 강력해지면 사용자들도 어쩔 수 없이 이에 대응해 사용자단체를 만들어 교섭 테이블에 나왔을 뿐이다. 그러나 한국에서는 개별 기업이나 사용자단체가 산별 교섭을 한사코 거부하고 있기 때문에 단체교섭을 제대로 하려면 산업별 교섭을 법제화해야 한다고 노동계에서 끊임없이 요구하고 있다. 산별노조의 목적인 원-하청, 정규직-비정규직 격차 해소 등 산업 내 노동자들 간의 임금 및 근로조건 균형을 이루려면 대공장 노조의 전향적인 자세도 필요하다. 사용자와 정부의 산별 교섭 거부도 돌파해야 하지만, 노조 내부적으로 대공장부터 비정규직에 이르는 이질적 요소의 통합과 해결 역시 이에 못지않게 복잡하고 어려운 문제이다.

특히 산별 체제에서 연대임금전략을 실현하려면 무엇보다도 고임금-대공장 조합원들의 저항을 조율할 수 있는 노동조합 중앙의 강력한 지도력이 요구된다. 일반적으로 사용자들은 노조가 온건하고 약하면 노동을 포섭하기보다 아예 파괴하려 들기 때문이다.

그대, 멸망으로 가는
완행열차에서 졸고 있는가?

대공장 정규직 노조의 위기

민주노총 강령은 노동자를 "생산의 주역이며 사회개혁과 역사 발전의 주체"라고 선언하고 있다. 한국노총 강령에서도 노동자는 "생산의 직접 담당자이고 경제발전의 원동력"이다. 한국노총은 더 나아가 강령에서 "우리는 사회정의 실현의 선구자"라고 천명하고 있다.

한국 노동운동은 1980년대 이후 전 세계가 놀랄 정도의 조직력과 전투성을 과시했다. 그러나 투쟁의 성과는 대공장 조직 노동자들만의 물질적 이익으로 축적됐고, 노동자 내부의 임금격차 등 '분단'은 더욱 심화됐다. 때로 노동자들이 승리하기도 했으나, 연대가 허물어지고 노동자층도 최상층부와 상층부, 저임금 중소 영세 노동자로 양극화되고 있다. 성장하는 핵심 산업의 대기업 정규직 중심으로 노동조합이 조직돼 있기 때문에 지표로는 노동운동이 상당한 영향력을 발휘하는 듯하지만, 거꾸로 보면 소수 대공장 노동자들만 대표하고 있는 양상이다. 물론 과거에는 조직 노동자가 임금인상을 쟁취하면 전체 노동자들의 임금소득까지 증가하는 파급효과가 나타났다. 그러나 지금은 오히려 노동조합이 분배 불평등을 확대하고 있다는 비판이 제기되고 있다. 노동조합이 소득 불평등 개선에 기여하기는커녕 오히려 소득 격차를 낳고 있다는 것인데, 대공장 조합원들이 향유하는 '독점적 지대'가 하청 노동자들에 대한 암묵적 착취로 형성되고 비정규직은 이익 배분에서 철저하게 배제되고 있는 게 현실이다.

대공장 중심의 노동운동은 우리나라 노동조합 조직 구조에서 확연하게 드러난다. 노동부의 《2004년 노동백서》를 보면 전체 노조 조합원 160만 명 중 조합원 50명 이하인 노조의 조합원은 5만2000명으로 전체 조합원의 3.3퍼센트에 불과하다. 반면, 조합원 500명 이상인 노조의 조합원은 116만 명으로 조직 노동자의 72.5퍼센트에 달한다. 통계상 숫자의 불일치가 있지만, 조합원 수와 임금노동자 수를 단순 비교할 경우 50명 미만 사업장의 조직률은 1퍼센트도 채 안 되는 반면에 500명 이상 사업장의 노동자는 거의 100퍼센트 조합원으로 가입돼 있다. 노동조합운동이 철저하게 대공장 노동자 중심으로 전개되고 있고, 교섭권과 쟁의권을 소수의 조직 노동자들이 독점하고 있는 것이다.

이렇듯 한국 노동조합운동은 '노동자 대표성'이 매우 취약하다. 민주노총 조직만 따로 봐도, 2002년 12월 5000명 이상 사업장 조합원이 38만 9000명으로 민주노총 전체 조합원의 65.6퍼센트에 달한다. 또 500명 이상 사업장 조합원은 51만7000명으로 전체 조합원의 86.7퍼센트를 차지한다. 반면, 100명 미만 사업장의 조합원은 1만8000명으로 3.1퍼센트에 불과하다. 이처럼 민주노총의 조직적·물질적 기반은 대공장 정규직 조

합원이고, 따라서 민주노총 대의원도 대부분 대기업 노조 조합원으로 구성된다.[45]

노동조합 조직률은 1989년 19.8퍼센트를 정점으로 꾸준히 하락하고 있는데, 2010년 9.8퍼센트(조합원 164만 명)로 1965년 이래 최저치를 기록했다. 전체 노동자 중 노동조합조차 없는 사업장에서 일하는 노동자가 2004년 8월 76.4퍼센트에 달한다. 정말로 노조가 필요한 다수의 주변부 노동자들은 기득권 운운하기 이전에 노동조합조차 가져 보지 못하고 있는 것이다. 비록 노조가 있더라도 중소기업은 파업이라도 한 번 하면 당장 회사가 문을 닫아야 할 판이고, 회사가 지급 능력이 없기 때문에 '투쟁'을 외치기조차 어렵다. 이렇듯 교섭권과 쟁의권이 소수 대공장 조직 노동자들에게 철저하게 독점되고, 이것이 '그들만의 기득권'으로 변질되면서 이른바 '정의의 칼'이라는 대중운동의 대의에서 어긋나고 있다. 노조가 자신의 이익만을 챙기는 싸움꾼 수준을 벗어나지 못하고 권력화되면서 노동운동이 '진정성의 위기'에 빠져들고 있는 것이다. 그래서 자본주의사회에 진정한 계급은 자본가계급만 있을 뿐 노동계급은 분열된 '다중多衆'에 불과하다는 말도 나온다. 사실 경쟁에서 파편화·원자화되는 노동 '계급'은 '추상'에 불과하다. 노동자의 숫자는 '한 줌도 안되는' 자본가에 비해 훨씬 많지만 실제로 숫자가 힘을 발휘할

---

45 김창우는 "한국 노동운동 위기의 원인이 어디에 있는가"라고 물으면서, 민주노총이 역사적으로 정당성을 인정받으려면 그동안 민주노조운동이 추구해 온 역사와 전통, 그리고 정신을 제대로 계승, 발전시켜 왔는지를 평가해야 한다고 말했다. "현재 민주노총은 노동운동의 기본이라고 할 수 있는 연대의 정신과 민주주의 정신조차 거의 무너져 있다. 이는 1987년 이후 전노협 정신으로 대표되는 민주노조운동의 핵심적인 내용들이 전혀 계승, 발전되지 못하고 오히려 후퇴했다는 것을 의미한다."(김창우, 208쪽)

때는 연대하고 결속할 때뿐이다. 노동자는 정규직–비정규직, 대기업–중소 영세기업, 학연, 지연 등으로 분할되기 쉽고 자본에 회유당하기도 쉽다. 반면 자본은 이해관계에 따라 신속하게 일치단결하고 때로는 계급적 공모를 일삼기도 한다.

"국민들이 '이게 아니다'라고 지적할 때도 노동운동은 옛날의 관성을 그대로 유지해 왔다. 국가의 탄압으로 촉발된 과거의 노동운동 위기와 달리, 지금은 노동운동 내부에서 스스로 위기가 폭발하고 있다."(하부영 전 현대자동차 노조 부위원장) 사실 대공장에서는 파업이 발생하거나 노사관계가 불편해지면 막대한 생산 차질이 발생하기 때문에 회사 쪽이 알아서 임금인상 등 물질적 이익을 챙겨 주고 노조에 양보하는 관행이 형성돼 있다. 따라서 노조에는 납품과 관련한 각종 이권 개입 등 유혹이 늘 따라붙을 수밖에 없다. "이미 여러 노조에서 부정부패와 타락의 문제가 불거졌으나 노동운동이 미봉책으로 묻어 두고 칼을 대지 못했다. 노동운동이 세상을 바꾸자고 주장하는 건 그만큼 도덕적 우월성이 있을 때 가능한데, 노조가 1987년 대투쟁 이후 또 다른 권력으로 등장했지만 사회적 책임을 지는 일은 회피해 온 것이 사실이다."

2000년대 후반, 폭력으로 얼룩졌던 민주노총 대의원대회에서 참석자들은 어느 누구 할 것 없이 '비정규직 팔아먹지 말라'는 말을 경쟁적으로 외쳐 댔다. 그런데 한 대의원이 "비정규직·중소 영세 노동자들의 차별을 해소하기 위해 대기업 노동자들의 임금 양보가 필요하다면 이를 받아들여야 한다"고 하자, 당장 여기저기서 "너, 이 자식!", "말 같지도 않은 소리 집어치워라"라는 고함이 터져 나왔다. 물론 정규직의 양보가 비정규직의 임금인상을 가져오는 건 아니라는 주장도 있지만, '비정규직 차별 해소'가 실제로는 말뿐인 구호에 그치고 있는 것도 사실이다.

하부영 전 현대자동차 노조 부위원장은 이렇게 말했다. "일부 정규직이 기득권 유지 수단으로 회사와 담합해 비정규직을 착취하는 공동 범죄를 저지르고 있다. 우리 속에는 정규직의 고용안정을 위해 여차하면 비정규직을 정리해고하자는 묵시적 합의가 숨어 있다. 노동운동이 집단적 도덕불감증에 빠져 있다." 정규직의 임금인상으로 노동비용이 증가하면 회사 측이 비정규직을 활용하여 이를 상쇄하도록 암묵적으로 허용하고, 비정규직을 고용안정의 방패막이로 활용하면서 비정규직 도입을 묵인하고 있다는 것이다.

노동운동의 정당성 논쟁

노동운동이 비정규직을 외면하고 기득권 운동으로 전락하면 이데올로기적 주도권을 놓치게 되고, 자연히 투쟁의 힘도 급속히 약화될 수밖에 없다. 흔히 노동조합을 '민주주의의 학교'라고 하지만, 과연 한국의 대공장 노동조합운동은 '진짜 진보 세력'으로서 역할을 하고 있는가? 대공장 정규직 노조가 비정규직을 외면하는 데에는 비정규직을 노조 안으로 받아들일 경우 비정규직 조합원들이 노조를 장악하고 기득권을 빼앗을 수 있다는 두려움도 작용한다. 그 결과, 노동운동의 조직적·물질적 토대였던 대공장 정규직 노조가 노조 민주화 세력에서 집단이기주의에 젖은 이익집단으로 비난받게 되었다. 이를 두고 일부에서는 "멸망으로 가는 완행열차를 탄 채 졸고 있는 노동운동"이라고 비판한다.

"비정규직 사업을 제대로 하려면 인적·물적 자원을 밀어 주고 조직화하고 싸울 수 있게 도와야 하는데, 실제로 정규직 노조 집행부는 (비정규직 지원은커녕) 명절 때 정규직 조합원들한테 선물 하나 더 주고 잘 봐달라고 아부하고 있다. 노조가 노동운동의 지향을 진보적 가치로 결합시키려는 노력을 못하고 있다."(한국노동연구원 배규식 연구위원) 이런 비판이 제기되자, 일부 노조 활동가들은 초심으로 돌아가자며 자기성찰을 하기보다는 '기득권도 투쟁으로 따낸 것'이라며 오히려 큰 소리를 치기도 한다.

한국 노동운동이 당면한 위기는 공장 울타리에 갇힌 기업별노조의 한계를 극복하지 못한 채 산별노조로의 전환이 지체되면서 더욱 가속화되고 있다. "총연맹이 운동의 기조를 비정규직 사업으로 잡고 있지만, 기업별노조 체계에서 사업장마다 회사 쪽과 유착의 고리가 만들어지고 조합원들도 자신들의 물질직 이익만 좇는 '전투적 경제주의'에 갇혀 있다."(민주노총 이수봉 교육선전실장) "대기업 노조는 특정한 동토의 영역에 웅크리고 앉아 기득권을 붙잡고 있는 노조 할거주의 양태를 보이고 있다. 외환위기 이후 노동운동이 고립의 위기를 맞아 왔지만 물리적 파괴력이 있어서 그런대로 지금껏 버텨 왔으나 이제 내부 개혁을 못하면 망하는 길로 들어설 수 있다."(한국노동연구원 배규식 연구위원)

이와 관련하여 2004년 가을, 노동운동 논쟁이 뜨겁게 불붙은 적이 있다. 당시 논쟁을 촉발시킨 도화선은 인터넷신문인 《프레시안》에 박승옥 민주화운동기념사업회 수석연구원이 쓴 〈한국 노동운동, 종말인가 재생인가〉라는 글이다. 박 씨는 이 글에서 "현재의 한국 노동운동은 '왕자병 환자'로 치부되는 경향 아래 자신을 옹호해 주는 어떠한 사회 세력도 없는 고립무원의 상태에 갇혀 있는 실정"이라며, "노동운동은

'때늦은 개화, 때 이른 침체'이라는 표현을 할 정도로 운동으로서의 정당성 위기와 존폐의 위기에 놓여 있다"고 지적했다. 노동조합운동이 조직화된 대기업 정규직 남성 조합원의 이해와 요구만을 대변하는 운동으로 국한되면서 심각한 위기를 맞고 있다는 것인데, 이런 주장 자체가 그다지 새로울 건 없었다. 이런 비판은 10년 전에도 있었고, 외환위기 이후 줄곧 제기돼 왔다. 그러나 '왕자병 환자'라는 다소 거친 표현까지 써 가며 노동운동 내부에서 운동 방식을 공개적이고 정면으로 비판한 건 처음이었다.

박 씨의 글이 발표되자, 여러 논객들이 반박하거나 옹호론을 펼치면서 논쟁은 더욱 가열되었다. 하부영은 '대기업 노조의 자기성찰과 모색 : 왕자병 걸릴 만큼 한가하지 않다'라는 글에서 "노동귀족, 배부른 투쟁, 대공장 이기주의라는 말을 벌써 몇 년째 귀가 따갑도록 들어 온다. 파업이 취미활동도 아닌 이상 해마다 투쟁을 해야 하는 우리도 버겁다"며 "대공장 노조가 임금인상을 자제하고 양보한다고 해서 그것이 중소 영세·비정규 노동자들의 임금인상 효과로 나타난다는 보장은 없다"고 반박했다. 오히려 대공장 노동자들의 임금 양보는 자본의 배만 더 불릴 것이고, 상대적 비교치가 낮아진 중소 영세기업 비정규 노동자들의 임금은 더욱 정체되거나 삭감될 뿐이라는 주장이었다.

그러나 이 논쟁이 흘러간 옛 노래를 다시 튼 것처럼 그저 그런 말싸움의 반복이었던 것은 결코 아니다. 과거의 논쟁이 "기업별노조의 울타리를 벗어나지 못하면 한국 노동운동은 망한다"는 것이었다면, 당시 논쟁의 한복판에는 '노동자 내부의 격차와 분열'이라는 새로운 상황이 걸쳐져 있었다. 단순히 노조 조직률이 떨어지고 있다거나 노동조합의 정치적·사회적 영향력이 쇠퇴하고 있다는 '위기론'이 아니라, '사회정의'라는 측면에서 정당성을 가진 운동을 하고 있느냐는 근본적인 의문이 깔려 있었던 것이다. 이는 개별 대공장 노조의 승리 혹은 패배 이전에 한국의 노동운동이 과연 무엇을 위한, 누구를 위한 '투쟁'을 하고 있느냐는 물음으로 이어졌다.

노동운동의 정당성 자체를 놓고 공방이 벌어졌다는 점에서 당시 논쟁은 주목할 만하다. 한국 노동조합운동은 왜 정당성의 위기에 빠지게 된 것일까? 노동운동은 외환위기 이후 '노동자 양극화'라는 새로운 도전에 직면해 있다. 대공장 정규직 조합원들이 임금단체협약 시기에 파업을 벌이는 동안 수많은 비정규직 중소 영세기업 노동자들은 목소리 한 번 제대로 내지 못한 채 숨죽이며 저임금 장시간 노동을 하고 있다. "외환위기 이전에 노동조합의 투쟁은 쉽사리 사회적 정당성을 확보할 수 있었고 요구를 조금 더 관철하느냐 덜 관철하느냐 식의 단순한 구조에서 교섭하고 투쟁했다. 그러나 외환위기 이후 '저성장-고실업' 시대가 도래하면서 조합원의 이익과 사회 전체의 이익이 충돌하는 경우가 자주 발생했고, 노동조합운동에서 이러한 한계가 결정적인 문제로 등장했다."(김유선 한국노동사회연구소 소장)

과거에는 노동조합의 힘이 상대적으로 강한 대기업 노조에서 임금을 올리거나 노동조건을 개선하면 곧바로 다른 기업에 영향을 미쳐 전체 노동자의 임금수준을 끌어올렸다. 그러나 지금은 대기업에서 임금인상이 이뤄지면 당장 "납품 단가를 깎아야겠다"는 말이 나오고, 결과적으로 대기업 노동자들이 하청 노동자들의 임금을 착취하는 꼴이 되고 있다. 특히 대기업 사업장의 경쟁적인 임금인상으로 물가가 오를 경우, 중소 영세 비정규직 노동자들은 실질임금 삭감이라는 이중의 경제적 손실을 입게 된다.

장시간 노동에 더 험한 일을 하면서도 정규직 조직 노동자의 절반밖에 안 되는 임금을 받고 있는 수많은 노동자들의 존재는 '배부른 파업'이라는 말이 생산·유통·소비되는 근거로 작용하고 있다. 2004년 여름 지하철 노조의 파업과 LG칼텍스정유 노조의 파업은 상대적 고임금 사업장의 배부른 파업이라는 여론의 역풍을 맞고 백기투항하듯 물러서고 말았다. 비록 LG칼텍스 노조가 비정규직 처우 개선과 지역공헌기금을 임금단체협약안에 포함시켰으나, 사회적 시선은 당장 고임금 사업장 노동자의 '10.5퍼센트 임금인상' 요구라는 점에 쏠렸고, 이들의 고임금은 잔업과 특근을 밥 먹듯 해야 받을 수 있다는 사실은 뒤편에 묻히고 말았다.

"몇 년 전부터 비정규직 철폐 및 차별 해소, 최저임금 개선이란 과제를 주요 사업으로 배치해 싸우고 있지만 실천 측면에서 기대에 못 미치고 있고, 이에 따라 보수 언론의 노동운동 비판이 국민들한테 먹혀들어가는 측면이 있다. 그렇다고 현재의 노동운동이 썩은 건 아니다. 노동운동이 망해 간다는 식의 문제 제기는 잘못된 방향이다."(김태현 민주노총 정책기획실장) "개별 전투에서 이기고 지는 싸움이 아니라, 노동시장 양극화라는 과제 앞에서 노동운동의 지향점을 놓고 대전환을 모색해야 할 시점이긴 하다. 우리가 먼저 임금인상 자제를 선언한 뒤 비정규직 해법을 내놓으라고 정부와 자본을 압박하는 극약처방이 필요하다는 주장도 있지만, 노동자들의 일방적 희생을 강요하는 사용자와 정부의 태도, 그리고 현장 조합원들의 정서를 감안할 때 결코 쉬운 선택은 아니다."

(이수봉 민주노총 교육선전실장)

물론 민주노총이 비정규직 보호를 내걸고 총파업을 결의하는가 하면 보건의료노조와 금속노조가 산별 교섭에서 산별 최저임금을 따내는 등 주변부 노동자들을 위한 사업에 나서고 있기는 하다. "노동자들이 사회의 모든 짐을 질 수도 없고 해결 능력이 있는 것도 아니다. 대공장 노조가 투쟁이라는 무기를 놓는 순간, 한국의 노동운동은 일제히 멈춰 서고 노동자들은 암흑기에 접어들 것이다. 우리가 중소 영세·비정규직 노동자들을 챙겨서 함께 가지 못한 건 인정하지만, 신자유주의 구조조정에서 원인을 찾지 않고 대공장 노조에 모든 책임을 묻는 방식은 인정할 수 없다."(하부영 전 현대자동차 노조 부위원장)

노동운동의 철학을 고민할 때

노동조합운동이 뭔가 하기는 하는 것 같은데 '대안 없는 저항'에 머물고 있다는 지적도 제기된다. 노동조합 집행부가 비정규직 사업을 부담스러워하고 귀찮아하는 것도 현실이다. 아무리 해도 끝이 나지 않는 어렵고 골치 아픈 문제이기 때문이다. 그래도 안 하면 비판받으니까 유인물을 통해서만 비정규직 투쟁을 주장하는 노동조합도 있다.

일부 활동가들은 "노동자 내부의 불평등 해소를 위해 싸우자"라고 아무리 독려해 봤자 조합원들의 정서가 이를 따라오지 못한다고 토로한다. 사회보장제도가 취약한 탓에 일자리를 잃으면 어디 의지할 데가 없는 현실에서 비정규직을 고용 안전판으로 삼고, 회사에 붙어 있을 때 최대한 벌어먹기 위해 항상 임금인상을 요구할 수밖에 없는 것이 한국 노동자들의 현실이다. 구조조정이 언제 닥칠지 모르고 노조도 방어막이 못 된다는 것을 조합원들이 경험으로 터득했기 때문에 회사가 잘 돌아갈 때 임금인상을 따내고 보자는 의식이 강화되고 있는 것이다. 그러다 보니 활동가들도 오직 임금인상 투쟁에 매몰되고 있다. 노동조합운동은 '노동운동의 대의'라는 순수한 의지만으로 되는 게 아니라 현실 노동자들의 이기적 욕구가 결합돼 있기도 하다.[46]

그러나 현장 조합원을 교육하고 조직해 노동자 연대에 나서도록 동원하는 건 활동가들의 책임이자 몫이다. 특히 노동조합운동은 예전에 사회적 약자들의 운동이었으나 지금은 상당한 영향력을 가진 사회 세력으로 성장했다. 농민이나 의사 등 다른 이익집단에는 주지 않는 노·사·정 '사회적 대화'의 지위까지 공식적으로 부여받고 있다. 노동조합이 가장 필요한 주변부 노동자들은 사회적으로 배제되고 정작 노조로부터도 철저하게 소외되고 있지만, 조직률 10퍼센트에 불과한 노동조합운동은 '사회적 교섭'의 파트너로 대접받고 있는 것이다. 조직노동이 누리는 이런 지위 때문에, 노동운동이 조직화된 소수 대기업 노동자들의 경제적 기득권 유지에만 매달릴 경우 사회적 고립을 맞게 되는 건 불을 보듯 뻔하다.

---

46 장지연은 "지난 1987년 노동자대투쟁 당시 싸움을 주도한 노동자는 제조업 블루칼라들이었다. 당시에도 화이트칼라 노동자들은 그다지 투쟁에 연대하지 않았다. 그런데 지금 2011년에 제조업 블루칼라 노동자들은 당시 화이트칼라 층의 사회경제적 지위나 임금소득 수준에 이르렀다. 이들에게 '왜 비정규직, 저임금 노동자와 진정으로 연대하지 않느냐'고 비난하는데 이들에게 지나치게 과도한 요구를 하고 있는 건 아닌지 따져 봐야 한다. 이들도 자신들의 이익을 적정하게 보호하면서 합리적 수준에서 비정규직 노동자와 연대할 것이라고 기대하는 게 현실적이다. 이들에게 무한한 연대를 요구할 것이 아니다"고 말했다.(2011년 12월 16일 한국노동연구원 주최 '노동시장 이중구조와 근로빈곤층에 대한 복지국가의 대응' 국제심포지엄 주제발표 발언에서)

노동운동을 '인간다운 삶이 보장되는 사회를 건설하는 중요한 동력'이라고 보면 노동조합의 힘은 더욱 강력해져야 한다. 대기업 노조가 그동안 강고한 투쟁 동력을 바탕으로 과거의 정치적·경제적 노동자 무권리 상태에서 노동기본권을 쟁취해 낸 것도 인정해야 한다. 노동조합의 투쟁력과 힘은 여전히 포기할 수 없는 것이다. 파업 없이 '산업평화'만 추구하는 노동운동 세력이 '노동귀족'이라고 비판받는 것도 현실이다. 문제는 과연 투쟁력과 힘을 어디에 어떻게 쓰고 있느냐다.

"끝없이 반복되는 '전투'는 노동운동을 일반 국민들뿐만 아니라 노동자들 자신에게도 납득할 수 없는 정당성의 혼란에 지치게 만들었다."(박승옥 시민사회발전대표) "노동운동에 철학이 없으면 우리는 싸움꾼밖에 되지 못할 것이다.(이주호 전국보건의료산업노조 정책국장)

비정규직 문제이든 사회적 교섭 참여를 둘러싼 논쟁이든 그 한복판에는 운동의 철학이 있어야 하며, 한국 노동운동이 과연 무엇을 단일한 깃발로 내걸고 싸움을 벌일 것이냐는 근본 질문을 던져야 한다. 그러나 현실적으로 임금 및 단체교섭투쟁 한 번 하고 나면 노조 간부들은 탈진 상태에 빠지고 만다. 그 와중에 '날짜를 미리 박는' 시기 집중 총파업을 되풀이하면서 노동운동이 무엇을 지향해야 하는지에 대한 고민은 뒷전으로 밀리고 있다.

노동의 정치적 기획

계급정치의 부재

　　이건희 삼성 회장도 1표, 현대자동차 노동자도 1표다. 1500만 명의 노동자들이 '계급투표'에 나선다면 노동자정당이 집권하는 선거혁명도 가능하다. 서구에서 근대 민주주의가 출현하기 이전에는 세금을 낸 액수에 따라 더 많거나 적은 투표권을 부여받았지만, 민주적·정치적 이익대표 체제에서는 '1인 1표'다. 이런 '1인 1표'는 의회주의 선거를 통해 노동계급이 정치적 이익대표 체제를 선택하고 '노동자 국가'를 만들 수 있을 것이라는 희망을 불러일으켰다. 물론 희망은 금세 '환상'에 불과한 것으로 드러났다. 한국의 노동자들은 왜 자신들의 정치적 이익대표 체제인 노동자정당에 투표하지 않는 것일까? 왜 계급투표를 하지 않는가?

　　한국의 '취약한 노동'이 정치적으로 표현된 것이 계급정치의 부재다. 오히려 노동자들의 정치적 계급의식과 대안의식이 더 보수적일 수도 있다. 공장에서는 높은 불만과 대립의식을 갖고 있지만, 노동자들이 정치적·계급적 주체로 자각하고 행동하는 것을 차단하는 교육과 분단 그리고 경쟁 이데올로기가 한국 사회에 작용하고 있기 때문이다.

민주노총의 '조합원 정치교육안'(2007년 6월)은 "2004년 총선 때의 원내 진출 감격을 떠올리면서 '처음에야 신선했지, 이제는 한물간 거 같아'라고 생각하지만 자본가들은 결코 따라할 수 없는, 우리 노동자의 무기가 바로 계급투표"라고 호소하고 있다. 사실상 계급투표는 노동자정당만의 고유한 득표 전략일 수 있다.

2007년 5월 민주노총 경주시협의회가 소속 조합원 1522명을 대상으로 벌인 조사를 보면, 2002년 대선 당시 권영길 후보에 투표한 조합원은 41.7퍼센트로 나타났다. 실제로 2002년 대선 때 민주노동당이 획득한 95만7000표(득표율 3.9퍼센트) 가운데 약 60만 표가 민주노총 조합원이 던진 표로 분석된다. 당시 민주노총 조합원의 약 40퍼센트(약 30만 명)가 권 후보한테 투표했고, 이들이 가족 중 한 명 이상을 설득해 민주노동당에 표를 던지게 하는 방식으로 약 60만 표를 확보했다는 것이다. 민주노총 전체 조합원(80만 명)이 이런 방식으로 계급투표에 나선다면 160만 표는 획득되는 셈이다.

1997년 대선 때도 "민주노총 조합원 50만 명이 가족 한 명만 조직해도 100만 표를 얻는다"는 구호가 나왔으나, 막상 뚜껑을 열어 보니 절반도 민주노동당에 투표하지 않았다. 계급투표는 선언에 머물렀고, 노동자들은 계급 정체성보다는 단순히 한 사람의 선거인으로서 투표하는 성향을 보였다. 노동자정당이 아직 노동자계급과 민중들로부터도 전폭적인 지지를 받지 못하고 있는 것이다.

그동안 계급투표를 가로막은 대표적인 요인으로는 분단 이데올로기,

지역주의, 사표론死票論이 지목돼 왔다.[47] 노동자들 역시 분단과 지역주의에 갇혀 보수적인 투표 행태를 보여 온 것이 사실이다. 그러나 민주화 이후 분단과 지역주의 문제는 크게 약화됐다. 사표론은 어떨까? 옛 민주노동당 진보정치연구소가 2006년 8월 '민주노동당 지지층'(현재 지지층 301명과 잠재적 지지층 210명)을 대상으로 조사한 결과, '2007년 대선 때 민주노동당 후보를 지지하겠다'가 61.8퍼센트('반드시 지지하겠다' 21.3퍼센트, '아마 지지할 것 같다' 40.5퍼센트)였다.

민주노동당의 2007년 대선 목표는 300만 표(투표율 68퍼센트 기준·득표율 12퍼센트)였다. 민주노동당에 대한 '배타적 지지'를 정치 방침으로 표방해 온 민주노총은 '계급투표에 불을 붙이자'는 구호를 전면에 내걸고 노동자들의 계급투표를 독려했다. 사실 영국 노동당과 영국노총 간의 오랜 동지 관계가 점차 약화되고 있듯이, 민주노동당이 당시 '100만 명 민중참여경선제'(민주노총이 요구한, 민주노총 전체 조합원 80만 명과 민주노동당 당원 10만 명 등 총 100만 명이 참여하는 민주노동당 대선 후보 선출 방식)를 수용하지 않은 배경에도 '표 계산'이 작용한 것으로 알려진다. 민주노총이 민주노동당의 물질적·조직적 기반이란 점이 부각될수록 표 획득에 도움이 안 된다고 판단해 당이 부담스러워한 것이다.

2008년 민주노동당과 진보신당의 분열의 배경에는 여러 이유가 깔려

---

47 OECD 국가 중 가장 높은 한국의 자영업자 비율(2011년 현재 566만 명으로 전체 취업자의 30퍼센트 이상)도 노동계급 의식 성장에 장애 요인으로 작용했다고 볼 수 있다. 한편 어슐러 휴즈는 에런라이크와 잉글리시가 쓴 《그녀를 위하여》를 인용하며 "자본가 앤드류 카네기가 1세기 전에 약삭빠르게 알아챘듯, 자기 집을 지닌 노동계급은 파업과 반란을 막는 최선의 도구이다. 자기 집을 가지고 있다는 건 현재의 상태를 유지하는 성향을 강화시킨다"고 지적했다.(휴즈, 256쪽)

있지만, 민주노동당의 주축을 이루는 이른바 '연합세력'[48]이 북한을 바라보는 시각에 대한 대립이 놓여 있었다. 정파는 노동자 정치세력화 및 노동자 진보정치에서 항상 갈등의 초점으로 등장한다. 계급적으로는 모두 노동자이지만 세계를 이해하고 지향하는 관점이 각각 다른 여러 복잡하고 어지러운 정파가 한국 노동조합운동과 노동정치에 내재해 있는 것이다.

2011년 말 민주노동당과 진보신당 윗선 탈당파, 국민참여당과의 통합진보당 출범 등 민주진보정당 통합 논의에서는 민주노총의 민주노동당에 대한 '배타적 지지'라는 정치방침을 어찌할 것인지를 둘러싼 논란이 부각되었다. 사실상 계급투표가 이뤄지지 않는 현실을 감안해 개별 노동자들의 정당 및 정치적 선택권을 공식적으로 허용할 것인지가 핵심이었다. 영국에서는 광부의 아들이 고위 공무원이 되면 그 부모가 아들한테 "네가 우리 노동자계급을 배반했다"는 말을 할 정도라지만, 한국의 노동자들은 계급도 시민도 아닌 어정쩡한 의식을 갖고 투표장에 간다는 지적도 있다.[49] 특히 민주노총이 사회적으로 고립되면서 노동자 정당이 정치적 표를 획득하는 데 오히려 민주노총이 부담이 된다는 주장이 존재한다. 민주노총이 진보정당의 물적·인적 기반임에도 불구하고 이처럼 정치조직과 대중조직의 관계는 긴장이 높아지고 있다.

---

48 경기동부연합, 울산연합, 인천연합 등 옛 '민주주의민족통일전국연합'의 대표적 지역조직들로, 이른바 '자주파'의 핵심을 이루고 있다.

49 2001년 말에 민주노총이 조합원 739명을 대상으로 벌인 정치의식 조사를 보면, '끝까지 민주노동당의 강화를 위해 함께해야 한다'는 의견은 42.6퍼센트, '당이 안정화될 때까지 (배타적 지지 방침을) 유지해야 한다'는 의견은 15.0퍼센트, '민주노총은 대중조직으로서, 특정 정당을 지지해서는 안 된다'는 의견이 20.4퍼센트에 달했다. 계급투표보다는 조합원의 정치적 선택권을 보장해야 한다는 의식도 꽤 강한 편이라고 할 수 있다.

노조와 정당의 분리 추세

역사적으로 노동조합운동의 고향이라고 할 수 있는 영국에서도 노동조합(대중조직)과 정당(정치조직)의 분리가 점점 뚜렷해지고 있다. 영국 노동당은 유권자들의 표를 의식해 의식적으로 선거 국면에서 영국노총과 거리를 두고 있고, 영국노총 역시 노동당이 아닌 다른 정당과 정책연합을 하기도 한다. 노총의 노동당 지원금이 줄어들거나, 지원은 하되 서로 독립돼 분리된 상태를 원하기도 한다. 1990년대 말 토니 블레어의 신노동당은 '새로운 노동New Labour'을 표방하면서 노동조합과 일정한 거리를 두었다. 과거에는 당의 국가집행위원회(NEC) 의석(총 32석)의 대다수를 노조가 차지했으나, 신노동당 집권 후 12석으로 크게 줄었다. 노동조합의 정치적 대표권을 제한한 것이다. 당의 재정 역시 과거에는 노동조합에 대부분을 의존했으나, 1999년에는 당 재정에서 노조가 차지하는 비중이 30퍼센트로 대폭 감소했다.

사실 영국 노동당과 노동조합은 1980년대 이후 소득정책과 재분배정책 등을 둘러싸고 갈등을 지속해 왔다. 1997년 선거에서 토니 블레어는 "노동당은 노동조합에 인질로 구속되지ransome 않을 것이고 파업에 대해서는 맞서 싸우겠다"고 선언했다. 노조와의 연합전략을 부정적으로 보는 것이 노동당의 선거 전략이었다. 영국 노동당과 노동조합은 '영국 정치사에서 가장 모순된 관계이자, 가장 논쟁적이고 갈등적인 관계'에 들어섰다.(Ludlm & Taylor, 2003)

일찍이 1871년 영국 리버풀의 토머스 라이트T. Wright는 이렇게 말했다. "일반적으로 영국 노동자들은 스스로를 정치적 주체로 인식하지 못하고 있다. 노동자들의 정치적 의식과 열망은 (국가 및 사회보다는) 오로지 자본과 노동의 관계에서 자신의 처지를 개선하는 데 집중되어 있다. 새로운 사회 시스템을 설립하여 자신들의 목적을 이루기보다는 개별 사업장에서 파업이나 노동조합의 힘을 강화시키는 방식을 통해 성취하려 하는 것이다."(Tony Lane, p.292)

미국의 경우, 마이크 데이비스는 "다른 자본주의국가에는 노동자주의 정당, 사회민주주의 정당, 공산주의 정당의 우세가 보여 주듯이 상당 규모에 달하는 노동계급의 자기 조직과 의식이 있는데 미국에는 유독 없다는 사실은 오랫동안 미국 마르크스주의를 괴롭혀 온 망령"이라면서, 이러한 '미국 예외주의'를 검토하고 '미국 노동계급과 민주당의 불임의 결혼'을 역사적으로 검토한 바 있다.[50](데이비스, 1994)

캐나다의 한 노조 활동가는 다음과 같은 극적인 표현으로 대중적 노조조직과 노동자 정치조직 간의 갈등적 관계를 표현했다. "우리의 목표는 단순히 진보정당을 선출하는 것이 아니다. 진보정당은 민중의 지도자가 되기보다는 단순히 경제의 관리자가 될 수 있기 때문이다. 세계는 우리가 그들을 선출했다는 사실만으로 바뀌지 않을 것이다. …… 우리는 친구가 집권했다고 해서 잠자리에 들 수는 없다."

---

50 쿠진스키는 미국 노동계급 출현의 역사를 검토하는 대목에서 미국을 '특별한 예'로 묘사하고 있다. 그에 따르면, "유럽의 노동자들은 (인클로저운동 및 산업혁명 이후) 노동자로 고용되거나 구걸, 즉 굶주리는 수밖에 없었다. 반면, 미국에서는 땅에 정착하여 농부가 됨으로써 노동자의 생활을 피할 수 있는 가능성이 여전히 존재하였고, 따라서 노동자로 임시 고용될 수는 있어도 노동자가 되는 것이 영원한 직업은 아니었으며 어떤 항구적인 사회적 지위나 직능을 갖는 것도 아니었다. 엥겔스도 《영국 노동계급의 상태》의 1886년 미국판 부록에서 '미국 자본주의체제의 불가피한 결과들이 진정한 모습으로 폭로되는 것을 오랫동안 막아 온 두 가지 요인이 있다. 그것은 싼 토지를 쉽게 소유할 수 있다는 것과 범람하는 이민자들이었다. 이로 인해 본토박이 미국인들은 수년 동안 일찍부터 임노동에서 은퇴하여 농부나 상인 또는 기업가가 될 수 있었던 반면, 생활에서 프롤레타리아적 지위를 가진 임노동자의 힘든 일은 대부분 이민자들에게 맡겨졌다'고 했다."(쿠진스키, 139쪽)

노동운동의 조직적 현장 진출은 이제 어느 정도 끝났다. 개별 단위 사업장에서 '단결'과 '파업'의 자유를 외쳐 왔던 노동자들은 1세대가 채 바뀌기도 전인 2000년 민주노동당 창당에서부터 이제 '정치세력화'를 도모하고 나섰다. 그러나, 이와 관련해 최장집 교수는 이렇게 말했다. "민주화운동의 발전 등을 감안한다면 1980년대 중반의 정치적 개방은 정치사회의 구조적 재편성을 가능하게 할 수도 있었다. 그러나 이러한 변화는 발생하지 않았다. 그것은 노동운동의 활성화가 1980년대 중반 이후에 이르러서야 매우 지체되어 이루어졌다는 사실과 관련된다. 이러한 지체성의 효과는 한국 사회에서 지난 한 세대 동안 고도성장의 혜택을 받은 교육받는 도시중산층을 크게 확대시킨 이후에야 노동운동이 활성화될 수 있었다는 사실을 말한다. 정치적 공간에서 노동자들이 차지할 수 있는 공간은 이미 중간계급을 비롯한 사회의 여타 세력들에 의해 선점되어 있었다."(최장집, 1997, 412쪽)

그는 이어 "선거공간이 개방된 이후 정치의 중심에 있어 사회운동세력이 중요한 역할을 수행했던 운동의 정치로부터 이들이 주변적 위치로 떨어지고, 기존의 직업적인 '정치계급political class'과 이들이 주도하는 정당들이 중심적인 행위자가 되는 변화가 발생했다. 정치가 제도권의 정치로 급격히 변화되면서, 급진적 노동운동 활동가들이 중심이 된 운동의 정치는 시간이 지날수록 그 영향력을 상실해 갔다"고 지적했다.(최장집, 1997, 416쪽)

변혁을 꿈꾸는 99퍼센트

한국에서 노동은 이른바 노동 '문제'로

인식돼 왔다. 파업이나 임금인상 등 개별 사업장의 문제로 인식되었을 뿐, 서구에서처럼 정치와 경제의 한 부분으로 노동이 참여하지 못했다. 이런 상황에서 노동자 진보정치는 2004년 총선에서 민주노동당의 의회 진출로 일단 기초를 마련했다고 볼 수 있다. 그 뒤 "노동자는 노동조합으로 급속히 조직될 것"으로 믿었고, 계급정당과 계급투표에 의한 변혁이 이뤄질 것이라고 순진하게 믿기도 했으나, 지금 분명한 건 노동계급이 더 이상 한국 사회와 경제를 변화시키는 역동적인 세력이 아니라는 회의가 노동조합 안팎에서 점점 커지고 있다는 점이다.

정치적 이해대표 체제로서의 민주주의는 시장에서의 지배세력(자본 등)에 대항해 힘의 불균형을 상쇄하는 힘countervailing power으로 작용하게 된다. 시장이 '1원 1표'의 불평등의 영역이라면 정치는 '1인 1표'로서 사회경제적 약자들이 숫자의 힘으로 평등을 구현하는 영역인데, 시장이 초래하는 문제에 대해 정치(또는 계급 간 투쟁으로써 형성된 민주주의)를 통해 도전하고 규제하는 것이다. 문제는 '시장에 맞서는 정치politics against market'인가, '시장과 함께하는 정치politics with market'인가, '시장을 위한 정치politics for market인가에 있다.

이에 대해 고세훈 교수는 지금은 여기저기 산재한 노동 자원을 규합하고 연대하는 일이 중요하다고 말한다. "민주주의는 개인의 분산된 힘에 의존하는 것이 아니라 집단이나 계급적 힘들의 상쇄력으로 국가와 시장이라는 두 영역에서 견제를 이뤄 가는 체제이다. 양극화가 심화됐다는 말은 계급적 힘의 편차가 그만큼 커졌다는 것이다. 타협과 협상은 당사자 간의 힘의 대등성을 어느 정도 전제해야 한다. 따라서 지금은 진정한 타협이 점차 힘들어지는 상황이며, 혹은 모든 타협은 가짜가 되고,

역사가 보여 주듯이 이른바 '진보적' 자유주의자들은 무의식적·의식적으로 기득권에 편입되기가 훨씬 쉬워진 상황이다. 모든 의미 있는 변화는 장기간의 인내와 준비를 필요로 한다. 어차피 계급은 사전적으로 규정되기보다는 '형성'되는 것이다. 사회가 과거 '상위 30퍼센트 : 중간층 30퍼센트 : 하위층 40퍼센트'에서 '20퍼센트 : 80퍼센트'으로 바뀌었는가 싶었는데 이제는 아예 '1퍼센트 : 99퍼센트'로 바뀌면서 (불만 속에 저항하고 변혁을 꿈꾸는) 자원들은 널려 있다. 이런 자원들을 규합하고 연대하는 일이 관건이다."[51]

---

51 고세훈 교수가 '정치, 민주주의 그리고 복지'를 주제로 한 강연 2012년 3월 14일)에서 한 말이다. 이날 고세훈 교수는 또 "양극화 심화로 하위층이 점점 대규모화하고 균질화되면서 계급적 단결과 연대의 기반이 강화되고 있다. 그러나 계급은 주체의 힘을 통해 싸워 나가면서 '형성'되는 것이지 자동적으로 결집되는 건 아니다. 그런데 한국 진보정치는 주요 산업의 국유화 등 담대한 정책을 내세우지 않고 있다. 노동자 진보정당의 성격을 분명히 할수록 선거에서 표 획득에 불리할 것이라는 생각은 잘못된 가정에 불과하다. 오히려 기존 보수정당과 분명한 선을 긋는 정책을 내놓아야 한다. 한국 진보정치는 간간이 몇몇 인물을 중심으로 대중을 흥분하게 만들었을 뿐, 단 한 번도 정교한 정책 프로그램과 이념을 제시하지 못했고, 늘 본질 이외의 문제로 분주할 뿐이었다."고 지적했다.

'마음을 얻는 싸움'
혹은 '정의의 칼'

희미해진 연대의 기억

이른바 '독점의 얼굴'로서 노동조합은 노동 공급에서의 독점력을 가지고 경쟁적인 시장에서 형성되는 균형임금보다 높은 수준의 임금 상승을 추구한다고 알려져 있다. 이를 통해 소득분배를 왜곡시키고, 고용과 생산을 감소시켜 경제적으로 해악을 끼친다는 것이다.[52] 다른 한편으로는, '집단적 목소리의 대변자'로서 노조는 노동자들의 목소리를 수렴하고 반영하는 한편, 작업장에서의 민주적 과정에 노동자들이 참여하도록 함으로써 소득분배를 평준화시키고 임금수준 격차를 줄이는 역할을 하는 제도로 받아들여진다.

---

52 "만약 노동조합이 특정 직업이나 특정 산업에서 임금률을 끌어올린다면 이것은 틀림없이 그 직업이나 산업에서의 고용을 감소시킬 것이다. 그 효과로 인해 다른 직업을 찾는 사람의 수가 증가할 것이고, 이것은 다른 직업에서의 임금률을 하락시킬 것이다. 노동조합은 일반적으로 임금이 높은 산업에서 가장 강하기 때문에 그 효과는 임금이 낮은 노동자들의 임금을 더 낮게 한 대가로 임금이 높은 노동자들의 임금을 더 높게 하는 결과를 가져올 것이다. 그러므로 노동조합은 일반대중에게 해를 끼치고, 노동고용을 왜곡시킴으로서 노동자들 전체에게도 해를 끼친다. 그리고 노동조합은 가장 불리한 노동자들에게 주어지는 기회를 감소시킴으로써 근로계층의 소득을 더 불균등하게 만든다."(프리드먼, 1990, 156쪽)

이와 관련해 노사관계학자 플랜더스A. Flanders(1970)는, 노동조합은 항상 '정의의 칼sword of justice'과 '기득권적 이해vested interest'라는 양면성을 갖는다고 했다.(Hyman, 2001, p.61) 노동조합은 정치적으로는 조합원뿐 아니라 사회적 약자의 집단적 목소리를 대변하고, 기업 내부적으로는 사용자들이 효율적인 경영을 하도록 압박하는 제도적 기구이기도 하다. 그러나 한국에서 '산업민주주의'는 민주주의의 '깨진 약속broken promises'이었다. 즉, 노동조합은 사회적 약자들의 집단적 목소리를 대변하고 임금 불평등을 줄여 '산업민주주의'를 가져오기도 하지만, 소수 조합원의 상대적 기득권을 방어하는 보수적 조직이기도 하다. 조직적·물질적 토대였던 대공장 노조의 교섭과 쟁의권도 '독점 기득권'이 되면서 한국의 노동조합은 기득권의 수호자에 그치고 있다는 비판이 커지고 있다.

지난 '20세기 노동의 시대'는, 다소 거창한 표현일 수 있으나 강철같이 단련된 선진적 활동가들과 야무진 조약돌 같은 수많은 노동자들의 광범위한 연대가 그 기반에 응축되어 있었다. 그러나 지금은 노동자들이 만들고 얻어 낸 이 시대명조차 헛된 것인 양 느껴지는 시대이다. 21세기 노동운동이 직면한 과제는, 노동인구 중 소수의 상대적인 이익(기득권적 이해)을 방어하는 데 주로 관심을 갖는 것에서 탈피해 '정의의 칼'로서의 역할을 재생시키는 것이다. 특히 노동조합이 권력자원power resource을 동원해 사람들의 마음을 사로잡는 투쟁, 즉 아이디어 전쟁a battle of idea에 나서야 한다. 여기서 권력자원은 조합원들을 행동에 나서게 끌어들일 동원능력과 광범위한 대중의 지지 또는 최소한 중립적 태도를 얻어 낼 능력을 일컫는다.

지금은 기업은 물론 노동조합에까지 끊임없는 '혁신'을 요구하는 슘페터적 경쟁의 시대다. 하이만은 노동운동의 위기에 대해 "일반적으로 인식되는 노동조합운동의 위기는 노동조합운동의 특수한 모델의 위기로 이해하는 것이 정확하다"고 말했다.[53] (Hyman, 2000) 한국의 노동조합운동의 위기도 기업별 노동조합이라는 '협소한 노동운동' 모델의 특수한 위기로 이해할 수 있을까?

'불만의 계절'에 터지는 노동파업은 즉각 사회적 관심사로 등장한다. 그러나 "노동운동의 내부 역량도 취약하고, 대공장 노조는 집단이기주의에 빠져 있고 …… 파업 대신 '합리적 대안'을 찾아야 한다!"는 주장이 대두된다. 다소 놀라운 건 진보개혁 성향의 지식인들도 심심찮게 이런 주장을 한다는 사실이다. "양극화 문제 해결에 노동조합을 주체로 세우자"는 주장에 꽤 많은 진보 엘리트들이 불신을 드러내고 있다. 한국 노동조합운동의 진정성을 믿을 수 없다는 것이다. 노동운동의 사회적 고립은, '노동의 논리'를 잘 모르는 보수적인 대중들로부터의 고립이라기보다는 진보진영 안에서조차 노동운동에 대한 거부감이 팽배해 있다는 점에 있다.

사실 예전에 노동운동에 우호적이었던 사람들도 상당수가 민주화 이

---

53 하이만은 노동 '계급'에 기초한 동원으로서의 '기계적 연대성'은 이제 신화에 불과하다며, 노동조합운동은 노조 바깥의 다양한 사회적 조직과의 연대를 형성하는 사회운동적 노동운동social movement unionism을 통해 대중적 지지를 획득해야 한다고 주장한다. 한국 노동조합운동은 기업별노조의 틀 속에서, 대기업 정규직 중심의 소수 조직 노동자의 이해만 대변하는 조직으로 협소화된 지 오래다. 노동조합이 사회적 쟁점에 대한 정책 역량을 키우기보다는 임금인상 등 단기 이익 추구에 매달리는 경향도 '협소한 노동운동'의 한 형태라고 할 수 있다. 나아가, 사내 하청 비정규직 노동자들의 투쟁에 대한 정규직 노동자들의 '느슨한 연대' 혹은 외면과 관련해, 이를 꼭 계급적 단결이라는 관점에서만 비판적으로 볼 것은 아니다. 오히려 휴머니즘의 관점에서 고통 속에 투쟁하고 있는, 가까운 주변의 인간들에 대한 사랑과 배려, 따뜻한 애정의 결핍을 지적할 수도 있을 것이다. 톨스토이의 말했듯 "보편적이고 추상적인 인류에 대한 사랑을 말하기 이전에, 가족이나 친구·이웃 등 자기 가까이에 있는 구체적인 인간들을 사랑하는 것이 진정한 휴머니즘"일 수도 있으니까 말이다.

행 이후 '시민사회운동' 쪽으로 돌아섰다. 노조가 임금인상 쟁취만을 위한 전투적 경제주의economist militancy에 빠진 채 지역운동이나 사회개혁운동을 외면하고 있다면서, 시민사회운동과 비정부기구(NGO) 쪽에서 '전망'을 찾기 시작한 것이다. 노동운동과 시민운동이 제 갈 길을 찾아 갈라선 지는 이미 오래다. 연대의 기억은 잊혀졌고, 사회운동 영역이 넓어지면서 노동운동의 의제는 더욱 협소해졌다. 인간다운 세상을 만들어 갈 주체는 더 이상 '노동계급'이 아니라 이제 '대중'이라고까지 말해진다.

분열의 역사의 딛고

노동운동에 대한 기대가 시들해진 까닭은 무엇일까? 혹시 애초부터 노동자들의 개별적 및 집단적 '선호preference' 자체가 사회개혁이란 대의와는 거리가 멀었던 것일까? 맨커 올슨은 《집단행동의 논리》에서 노동조합의 집단적 행위에 나타나는, 단체행동 참여를 둘러싼 개별 조합원의 선호와 효용극대화 선택, 그리고 무임승차 문제를 정교하게 제시했다. 집단의 규모가 커서 많은 개인들을 포함하는 경우에는 각자가 자신의 본분을 회피하고 싶은 유혹을 느끼기 마련이다. 한 사람의 참여 또는 불참이 단체행동에 따른 결과로서의 전체 산출량에 대단한 영향을 미치지는 않기 때문이다. 즉, 개인은 타인들의 집단적 행위를 이미 주어진 것으로 간주한다. 자기가 기여한 바가 없다고 해도 그 결과에 대해 자신이 향유하는 몫은 줄어들지 않을 것이고, 결과가 산출되지 않은 경우에는 비록 자신이 본분을 행했다고 해도 마찬가지일 것이라고 생각한다.

양재진(2005)에 따르면, 기업복지로 대변되는 우리나라 복지국가의 저발전 현상은 단순히 계급 간의 힘의 문제만이 아니라 기업별 노동운동이 낳은 노동의 '선호' 문제이기도 하다. 서구 복지국가의 발달사를 볼 때 '탈상품화'를 향한 노동의 밑으로부터의 압력이 복지국가 건설의 일차적인 힘이었음은 분명하다. 양재진은 "1987년 노동운동의 대폭발big bang 이후 축적한 높은 전투성이 엉뚱하게 소진되고 있는 것이 아닌가"라고 질문하면서, 한국의 뿌리 깊은 기업별 노동운동이 공공복지의 공공재적 특성에서 비롯되는 집합행동의 문제를 극복할 수 없었기 때문에 복지국가의 저발전을 가져왔다고 지적한다.

"한국 복지국가의 저발전은 맨커 올슨이 지적한 대로, 개별적 합리성의 추구가 낳은 '집합적 비합리성'의 한 사례다. 복지는 집단 내에서는 비배제성을 특징으로 하는 공공재의 성격을 가지면서도, 동시에 본질적으로 소비의 경합성을 띤 재화이기에 순수 공공재라기보다는 준집합재guasi-collective goods에 가깝다. 노조가 조직화되지 않은 경우, 합리적인 개별 노동자self-interested rational individual worker는 어떤 형태로든 남들과 과실을 나눠 가져야 하는 공공재로서의 사회복지 생산에 자기희생을 하지 않으려 할 것이며, 저축이나 사적 보험을 통해 자신의 복지수요를 충족하는 선호를 갖게 될 것이다.

기업별노조의 경우, 합리적인 행동을 한다면, 타 기업 노동자의 복지수준 향상을 위해 자기 노조의 역량을 집중하고 희생할 이유가 없다. 따라서 노조 활동의 결과 발생하는 복지 혜택이 해당 기업의 노동자에게만 돌아가게 만들려는 유인을 갖게 되는 바, 임금인상과 기업복지를 선호하게 된다. 물론 기업별노조의 지도부가 이념적 지도에 따라 노동계급의 단결을 위해 더 보편주의적인 사회복지 프로그램을 주창할 수도 있다. 그러나 이러한 계급정치 지향의 기업노조 리더십은 복지소비의 경합성을 인지하고 있는 평노조원들의 불신임을 받을 가능성이 크며, 이 때문에 지도부는 배제의 정도가 큰 복지 프로그램을 선택할 수밖에 없게 된다. 반면에 노조가 전국적 수준에서 중앙집권화되어 있는 경우에는 전체 노동계급의 연대를 위해 보편주의적인 사회보험을 선호하게 될 것이고, 노동자 개인의 근로와 보험료 기여라는 진입장벽을 내재하고 있는 사회보험의 문턱을 낮추거나 공적 조세를 기반으로 운영되는 비기여 복지 프로그램을 선호하게 될 것이다."(양재진, 2005)

결국, 대기업 노조의 복지 선호에 따른 합리적 선택이 다른 전체 노동자의 복지를 증대시키는 방식이 아니라 대기업의 안정적 고용관계를 가진 중산층 노동자에게 유리한 복지제도를 형성하도록 만들었으며, "독점지대monopoly rent를 전제로 하는 대기업의 임금인상과 기업복지는 그 배제성의 정도가 크기 때문에 다른 노동자가 향유해야 할 몫을 직접적으로 흡수해 가는 측면이 강하다."(양재진, 2009)

2005년 홍콩에서 열린 세계무역기구(WTO) 회의에 저항하며 반세계화 시위를 벌이다 홍콩 당국에 강제 억류된 한국 노동자들은 이렇게 외쳤다. "우리는 다른 목소리가 있음을 알리고 싶었다. 우리의 삶과 생명, 식량, 그리고 민중의 권리는 상품이 아니라는 울림을 만들고 싶었다." 외침은 절절한데, 왜 퍼지지 못하는 걸까? 조직노동(노동조합)은 여전히 한국 사회에서 시민운동보다 더 힘 있는 집단이다. 생산의 주체이고, 노동3권을 갖고 세상을 바꾸는 싸움에 나설 만한 정치적 힘을 지녔다. 노동자의 이름으로 집단적으로 '발언'할 기회도 있고, 물질적·조직적 권력자원도 있다. 그래서 노동조합의 '성찰'이 더욱 필요하다.

노동운동도 장기적으로 사람들의 '마음을 얻는 싸움'에 나서야 한다. 특히 주변부 노동자와 연대해야 사람들의 마음을 얻을 수 있다. 1970~80년대 노동조합을 처음 만들 때의 설렘과 동지적 연대, 그 첫마음을 회복해야 한다. 비정규직 싸움에 사람들이 관심을 갖게 만들 수는 없을까? 사용자의 공세와 경제위기 등 노동조합이 맞닥뜨리고 있는 환경적 변화는 노동조합에도 새로운 대응을 요구한다. '사회운동적 조합주의'는 사람들의 마음을 사로잡는 투쟁이자 노동조합이 이데올로기적 주도권을 다시 잡는 시도라고 할 수 있다. "사회운동적 조합주의는, 그것이 무엇이라 불리든 상관없이, 민주적 영감이 될 수 있다. 또 새로운 지도부가, 자본주의가 민중들에게 그어 놓고 있는 많은 분열선들을 가로질러 행진하고 뻗어 나갈 수 있게 하는 실천들이 될 수 있다."_(Moody, 1997)

노동조합의 문도 비정규직, 지역 노동빈곤층 등에 활짝 개방해야 한다. "수만 명의 노동자들이 모두 한 작업장에 동시에 출근해 1년 내내 일하는 대규모의 테일러화된 공장은 사라지고 있다. 노동조합은 노동자들이 있는 곳을 따라서 소도시 지역 주택가에 건물을 세우고 사람들을 만나야 한다. 더 이상 대도시와 대공장의, 사람들이 가까이하기 힘든 사무실 속에 틀어박혀서 정해진 시간만 문을 열고 있을 수는 없다. 노동조합은 사람들이 밤늦게 찾아갈 수 있는 개방센터를 만들어서 모임장소를 제공하고 민중대학이나 지역사회 센터 등을 본떠 노동자와 실업자들에게 서비스를 제공할 필요가 있다."_(고르 외, 385쪽)

새로운 노동의 언어

노동조합에 대한 사회적 담론은 급속히 퇴조

하고 있다. 노동과 노동조합에 대한 대중의 관심이 멀어지면 현실적인 노동의 힘도 약화될 수밖에 없다. 대신 '시장의 과잉' 속에 온통 자본과 시장의 언어가 사람들의 일상을 지배하고 있다. 이제 노동조합도 21세기에 걸맞은, 정의를 대변하는 새로운 노동의 언어로 말해야 한다. 찰스 다윈이 《종의 기원》에서 세대를 거듭하며 점차 성장해 가는 '생명의 나무'를 말했듯이,[54] 2004년 총선과 같은 단 한 번의 거대한 의회 진출로 '노동'이 국민들의 마음을 일거에 획득했다고 생각하는 건 무리다.

"위험한 것은 '사상'이지 기득권이 아니"라고 했던가. 20세기 노동의 시대에는 파업의 물결이 반역의 불꽃처럼 일어나고 노동의 전투성이 폭발했지만, '21세기 노동의 세기 프로젝트'는 집단적 행동 못지않게 사상과 언어를 통해서도 노동에 대한 사회적 담론을 강화해야 한다. 특히 기존의 '독점 대공장-남성-정규직'으로부터의 패러다임 전환이 필요하다.

토머스 쿤T. Kuhn은 '과학혁명'에 대해 "주변 상황에 의해 제기되는 문제들을 기존 제도가 이제 더 이상 적절하게 해결할 수 없다는 의식이 정치적 사회집단에 편재되어 팽배하면서 정치혁명이 시작되는 것과 상당히 비슷한 방식으로, 과학혁명이란 기존 패러다임이 자연현상에 대한

---

54 찰스 다윈은 자연도태와 적자생존에 의한 '점진적, 진화론적' 생물유기체를 언급하며 "오늘날에는 이미 거대한 골짜기가 패거나 내륙지방에 긴 절벽이 형성되는 원인을 하찮고 사소한 것이라고 결코 말하지 않게 되었다. 자연도태는 보존된 생물에게 모두 유리한, 극히 미미한 유전적 변화의 보존과 축적에 의해서만 작용할 수 있는 것이다. 현대의 지질학이 거대한 골짜기가 단 한 번의 큰 홍수로 패었다는 견해를 추방시킨 것처럼, 자연도태도 새로운 생물의 구조가 급격한 변화를 일으켜 왔다는 신념을 추방하고 말 것이다. …… 싹은 성장하여 새로운 싹을 낳고 이 새싹의 세력이 강하면 모든 방향으로 갈라져 나가 그보다 가냘픈 수많은 가지를 멸망시켜 나가듯이, 거대한 '생명의 나무'도 세대를 거듭하며 시들어 떨어진 가지로 지구 땅속을 채우고, 분기를 계속하는 아름다운 가지들로 지구 표면을 덮고 있다고 나는 믿는다."(다윈, 2005, 90 · 125쪽)

다각적인 탐사에서 이전에는 그 방법을 주도했으나 이제 더 이상 적절하게 제구실을 하지 못한다는 의식이 과학자 사회의 좁은 분야에 국한되어 점차로 증대되면서 시작된다. 이러한 정치적·과학적 발전의 양쪽에서 위기로 몰고 갈 수 있는 기능적 결함을 깨닫는 것이 곧 혁명의 선행 조건이다."라고 말했다.(쿤, 141~142쪽)

"과학적 탐사 작업에서 불규칙성의 구멍들이 완연히 드러나는 경우, 과학자들은 그들의 관찰 기술을 새로 정련시키거나, 그들의 이론을 더욱 명료화시켜야 하는 도전에 부닥치게 되고, 이는 어느 시대에서나 과학자들을 사로잡아 온 것들"(쿤, 73쪽)이었으나, 결국에는 패러다임 자체를 전환하지 않고서는 새로운 문제들을 설명할 수 없게 된다.

마찬가지로 여러 가지 구멍들이 드러나면서 위기를 맞고 있는 한국 노동조합운동을 혁신하려면 기존의 제도 속에서 몇 가지를 점차 수정해 가는 것으로는 불가능하고, 혁명적 수준의 패러다임적 전환이 필요하다.[55] "혁명들은 언제나 자신들의 목적이 너무나 거대하다는 것에 놀라 거듭 뒤로 물러선다. 그러다가 마침내 어떠한 반전도 있을 수 없는 상황이 창출되어 다음과 같이 외치게 되면 이러한 물러섬은 끝나게 된다. '여기가 로두스다. 여기서 뛰어라! 여기 장미가 있다. 여기서 춤춰라!'"(마르크스·엥겔스, 1991(제II권), 291쪽)

엔트로피를 연구한 독일의 과학자 막스 플랑크Max Planck는 자신의 생애

---

55 물론 "민주주의가 항상 허약하고 부패하고 비난받기 쉽고, 또 빈번히 타락했다"(보비오, 1989, 35쪽)고 보기 때문에 이를 완벽하게 해야 한다는 명분으로 민주주의를 파괴하는 것처럼, 노동조합 역시 같은 이유로 아예 파괴하려 들면 안 된다.

를 돌아보면서 서글프게 다음과 같이 술회했다고 한다. "새로운 과학적 진리는 그 반대자들을 납득시키고 그들을 이해시킴으로써 승리를 거두기보다는, 오히려 그 반대자들이 결국에 가서 죽고 그 새로운 진리에 익숙한 새로운 세대가 성장하기 때문에 승리하게 되는 것이다."(쿤, 216쪽)

그러나 노동조합 혁신은 새로운 세대가 등장할 때까지 기다릴 수도, 진화론적으로 점차 이뤄질 것이라고 기대하기 어렵다. 지금, 여기에서 곧바로 시작되어야 한다. 물론 누군가 혁신의 묘약을 가져다주는 건 아니다. 노사정위원회 위원장을 지낸 김금수 선생은 《노동의 자유와 미래》에서 '노동조합운동에 희망은 있는가?'라고 묻고, 노동 '운동'이 곧 미래라고 말했다. 운동 그 자체가 희망이라는 뜻이다. 지금은 '혁신'하려는 운동이 노동조합운동의 희망이다.

새로운 노동 세계를 위하여

2011년 김진숙 민주노총 부산본부 지도위원의 한진중공업 제85호 크레인 농성 싸움, 그리고 이 싸움에 동참한 희망버스의 감동은 리영희 선생이 언젠가 말한 '벌거벗은 임금님을 폭로한 소년의 우화'를 떠올리게 한다.

"옷을 입지 않는 임금을 보고 벌거벗었다고 말한 소년의 우화는 그 소년의 순진함이나 용기만을 말하려는 것은 아니다. 언젠가는 진실은 반드시 진실대로 밝혀지게 마련이라는 인간생활의 진리를 말하려는 것만도 아니다. 이 우화의 해석은 대체로 그 우화를 구성하는 일련의 인과적 요인들이 엮어 내는 '과정'에 대해서는 깊게 들어가지 않는 것 같다. ······ 한 소년에 의해서 온 사회의 허위가 벗겨지기까지 그 임금과 재상들과 어른들과 학자들과 백성들은 타락과 자기부정 속에서 산 셈이다. 마침내 한 어린이가 나타나서 보다 현명한 어른들을 타락에서 구하기는 했지만 그동안 이 왕국을 지배한 타락과 비인간화와 비굴과 자기모독,

그리고 지적 암흑 상태가 결과한 인간파괴와 사회적 해독은 무엇으로 측량할 것인가. …… 우화도 그렇고 현실도 그렇고 역사는 한 단계의 투쟁이 끝나면 으레 '임금님은 알몸이다'라고 폭로한 소년의 용기에 열중한 나머지 힘없는 소년에게 그런 엄청난 임무를 떠맡기게 된 그 사회의 실태에 대해서는 눈이 미치질 않는다. 문제시해야 할 중요한 것은 그 영광(또는 해결)까지의 과정에 얼마나 많은 인간적 타락과 사회적 암흑과 지적 후퇴가 강요되었느냐 하는 사실을 인식하는 일이겠다."(리영희, 9~10쪽)

김진숙 지도위원 개인의 투쟁과 용기에만 격정적인 박수를 보낼 것이 아니라 우리 사회의 수많은 노동자들의 생애를 일그러뜨리고 있는 정리해고와 비정규직 노동의 실태에 눈과 관심을 모으고, 이 고약하고 뒤틀린 현실에 대한 저항과 행동에 나서야 하지 않을까.

아담 쉐보르스키는 노동조합은 이른바 '소집하는 권력'이라고 말한 바 있다.(쉐보르스키, 1997, 248쪽) 노동조합은 조합원들이 집단적 이익에 따라 행동하도록 규율하는 능력을 갖고 있다. 사실 사회적 변동을 가져오는 힘은 동일한 정치적 기획 아래 일치단결해 행동하는 사람들의 '숫자의 힘'에 있기도 하다. 노동조합 활동가들의 좌절과 절망감이 깊어지고 있지만, 노동자와 노동조합운동은 여전히 조직적인 숫자에서, 그리고 직접 생산을 담당하는 주체로서 경제와 생산을 멈추게 할 수 있다는 점에서 잠재적으로 강력한 세력임이 틀림없다. 즉, '세상을 바꾸는 싸움'에 나설 수 있다. 노동자의 이름으로 집단적으로 '발언'할 기회도 있다. 더욱이, '때 이른 침체'라는 수사에도 불구하고 한국의 노동조합은 아직 젊은 축에 속한다. 페르낭 브로델은 자본주의에 대해 "그것은 자주 아프긴 하지만 결코 죽지는 않는다"(브로델, 2003(Ⅲ-2), 856쪽)고 했다. 마찬가지로 한국

노동운동도 침체와 위기론에 시달리고 있긴 하지만 아직 죽지 않았다.

21세기 제조업의 쇠퇴와 서비스경제의 부상, 육체노동자의 감소 등을 강조하는, 피상적이고 유행을 좇는 일부 평론가들은 1980년대부터 이미 노동자의 소멸이나 노동계급의 안녕을 주창한 바 있다. 그러나 임금노동은 전 세계에 걸쳐 엄청난 규모로 확산되었다. 그런데 임금노동자들은 전 세계 노동인구의 일부분일 뿐이다. 농민, 가난한 소시민, 빈민가의 임시고용 비공식 노동자들의 노동 생애 역시 산업 노동자들의 삶과 마찬가지로 시장에 완전히 묶여 있으며 자본의 논리에 종속돼 있다. "제조업이 상대적으로 쇠퇴하면서 조립라인이 사라지기는커녕 그것은 새로운 영역으로 옮아 갔다. 정말이지, 이제 와서 '서비스업'과 '제조업'을 구분하는 것은 수많은 부문에서 더는 의미가 없게 됐다. 기계를 이용해 컴퓨터를 조립하는 사람은 '생산직'으로 분류되는 반면, 그 컴퓨터에 소프트웨어를 설치하는 반복 작업을 하는 사람들은 '서비스직'으로 분류된다. 햄버거 고기를 캔에 넣는 사람들은 '생산직'인 반면, 그 고기를 패스트푸드 빵에 끼워 넣는 사람들은 '서비스직'이다."[1] 제조업 생산직이든 서비스 노동자이든 모두 이윤을 남기는 상품 생산에 기여하며, 그들의 가슴과 머리에 시장에서의 이윤 극대화 압력이 작용하고 있기는 마찬가지다.

사실 우리 시대에는 사람들이 일할 수 있는 수많은 공장과 기계, 도구

---

1 크리스 하먼(2004), 《민중의 세계사》, 천경록 옮김, 책갈피. 776~777쪽.

들이 이미 충분히 갖춰져 있다. 그러나 1929년 대공황처럼 경제위기가 발생하는 경우, 공장들이 문을 열면 사람들에게 일자리를 줄 수 있음에도 실제로는 그렇게 되지 않는다. 자본주의 경제체제의 제도 자체가 사람의 필요에 따른 생산이 아니라 수익과 이윤을 위한 생산을 추구하기 때문이다. 결국 무엇을 생산해서 공급할 것인지, 또 어떤 필요를 위한 시장경제인지가 중요하다. 과학기술의 경우 기술 그 자체가 아니라, 이를 어디에, 무엇을 위해, 누구를 위해 활용할 것인지가 문제이듯, 노동 역시 '인간화된 노동'이 중요한 과제이다. "인류가 해결해야 할 문제는 과학기술이나 사람 수 그 자체가 아니라 과학기술의 용도를 어떻게 결정하느냐이다. 거칠게 말하자면, 지구는 현재 인구의 2배까지도 거뜬히 지탱할 수 있다. 그러나 지구는 하루에 몇 킬로그램의 이산화탄소를 내뿜으며 오직 거대 석유기업들과 자동차회사들의 돈벌이에만 유익한 내연기관들을 더는 감당할 수 없다. 일단 인류가 현재 규모로 지구를 뒤덮게 된 이상, 인류가 계속 생존하려면 자본의 맹목적인 축적 경쟁이 아닌 인간의 진정한 필요에 부합하도록 과학기술의 활용을 계획해야만 한다."[2]

콜은《영국 노동운동사》의 마지막 장〈20세기 전반기의 노동자의 상태〉에서 "노동운동의 앞날에는 힘든 일들이 잔뜩 쌓여 있다. 그러나 누가 뭐라 해도 노동운동은 더 나쁜 사태도 헤쳐 나와 오늘에 이르고 있다"고 말했다.(콜, 하권, 315쪽) 요즘 횡행하는 '노동운동의 위기'는 단순히 정치적 수사라고 간과할 수 없을 만큼 심각한 양상을 띠고 있으며, 노동과

---

2 앞의 책, 772쪽.

자본을 둘러싼 모든 것이 변하고 있다. 이러한 상황에서 콜의 희망 섞인 말이 단순한 위안이 아니라 현실적인 힘이 될 수 있을까? 노동조합에 '미워도 다시 한 번' 식으로 기대를 걸어 보자는 뜻이 아니라, 오히려 노동의 집단적 힘이 시장의 질주를 규제하는 강력한 힘으로 재 등장해야 한다는 얘기다.

"미국 문화 내에서도 노조를 바라보는 시각이 바뀌어서, 더 이상 사회주의운동으로서가 아닌 자본주의 정치·경제체제의 일원으로서 대기업과 함께 명예를 공유하고 국가의 번영을 위한 책임도 공유하게 되었다. 1930년대는 클리포드 오데츠의 1인 풍자극 〈레프티를 기다리며〉와 같은 작품들처럼 가진 자들에 의해서 착취당하는 노동자들을 대상으로 한 프롤레타리아 드라마의 시대였다. 이 극의 마지막 장면에서, 레프티가 노조를 결성하려다가 사장에게 죽임을 당하자 노조 지도자 중 한 사람이 '우리는 노동계급을 위한 순교자이다. 우리의 죽음으로 인해서 노동자들은 우리가 만들고자 한 새로운 세계를 알게 될 것이다'라고 외친다. '파업, 파업, 파업!' 노동자들의 분노에 찬 외침 위로 막이 내린다. 그러나 1950년대에는, 이들 프롤레타리아 드라마가 1954년 브로드웨이가 히트시킨 〈파자마 게임〉과 같은 코미디물에 자리를 내주게 되었다. 이 극에서도 파업 위협 같은 것은 있었으나 그 의미가 달랐다. 일련의 희극적인 대립 후 그 회사의 보수적인 젊은 사장은 시간당 7.5센트의 임금인상 요구를 허용했다. 그리고 마지막 부분에서 사장은 즐겁게 떠들며 노는 종업원들의 파자마 마티에 참석한다."^(라이시, 59쪽)

로버트 라이시는 이렇게 20세기 초·중반, 자본과 노동의 타협을 서술하고 있다. 그러나 지금은 프롤레타리아 드라마의 시대도, 타협의 시대도 아니다. 자본과 시장이 독주하는 시대다.

1996년에 미국의 어느 연구자는 세계화라는 기차가 수백만 명의 불만에 찬 노동자들을 실은 채 불평등과 실업, 고질적인 빈곤을 만들어 내면서 플랫폼을 떠나 출발하고 있다고 표현했다. 또 《파이낸셜 타임스》 칼럼니스트인 조 로갈리는 1998년에 "옛날에는 노동자들이 노조 사무실에 가서 도움을 청할 수 있었지만 지금은 전 세계 노동자의 8분의 1만이 조직 노동자이다. 오늘날 노동자들은 거대 기업이라는 새로운 주인 (노조가 아니라) 옆에 외롭게 홀로 남겨지고 있다. 이 주인은 버리고 싶을 때면 언제든지 우리 노동자들을 떨쳐 낼 수 있다"고 말했다.[3]

그동안 노동의 생애에 심대한 타격을 가해 온 시장 세계화의 물결은 모든 국가의 자본주의경제에 '표준적인 요구 조건의 틀'을 부과해 다양한 형태의 자본주의 모델을 위한 공간을 협소화시켰다. "더 빨리 달린다고 해서 '밟아서 돌리는 제분기'로부터 벗어날 수 있는 건 아니다. 이 메커니즘을 통해서는 남들이 더 빨리 달리게 될 때까지 일시적으로 남을 추월할 수 있을 뿐이며, 장기적으로는 모두가 속력을 내게 만들고 결국엔 멈추어 서게 된다. 이런 경주에서의 승자란 달리는 자가 아니라 밟아서 돌리는 제분기(시장)이다. …… 세계화에 대한 논쟁은 이상하고 편협하게도, 노동의 지위와 역할을 대체로 도외시하고 항상 자본의 이동, 특히 금융자본의 이동에 논의를 집중하고 국한되어 왔다."(코우츠, 428쪽)

---

3 Beynon, Huw(2003), "Globalization, trade union organization and workers' rights" in P. Fairbrother and C. Yates(eds.) *Trade Unions in Renewal : A Comparative Study*, Routledge.

세계화의 물결 속에서 시장과 자본을 규율하는 국가와 노동의 능력
도 크게 훼손되었다. "파업권, 단결권, 저임금 노동에 대한 규제, 실업부
조, 연금 등 여러 가지 노동자의 권리 확보와 확장은 그동안 작업장에서
노동자와 사용자가 교섭해서 쟁취한 것이라기보다는 오히려 노동자들
의 요구에 따라 국가가 제도로서 부여한 것이었다. 이러한 권리를 노동
자들이 실제로 행사하도록 한 힘은 '자본을 규율하는to discipline capital' 국가
의 능력과 의지에 있었다. 즉, 자본가의 저항을 돌파하는 국가의 능력에
있었다. 그러나 지금은 국가의 퇴조와 함께 노동자의 권리도 퇴조하고
있다."[4]

집단으로서의 노동조합의 능력이 취약해지고 있는 상황에서, 개별 노
동자들은 이제 계급이 아닌 '소시민'이자 오직 이기심에 의해 자기 이
익 극대화만을 추구하는 개별 경제인으로 살고 있는 것이 아닐까? 마르
크스 평전을 쓴 프랜시스 윈F. Wheen은 1999년에 이렇게 말했다. "오늘날
노동계급을 묶고 있는 족쇄('오직 잃을 것이라고는 사슬밖에 없다'는 의미
에서의 사슬)는 가짜 롤렉스 시계이다. 동시에 노동자들은 전자오븐, 위
성방송수신기, 주택, 민간 기업 주식 등 잃고 싶지 않는 많은 것들을 구
입하고 소유하고 있다. 오늘날 노동자들은 더 이상 프롤레타리아가 아
니라 모두 부르주아들이다."

과연 우리 시대의 노동자들은 오직 '호모 이코노미쿠스'로서의 생애
를 살고 있는 걸까? 경제학자 맥켄지R. McKenzie와 털록은 '왜 사람들은 잔

---

4 Charlse Tilly(1995), 앞의 글에서 재인용.

디 위로 걷는가'라는 제목의 글에서, 잔디 위를 걷는 행위를 이렇게 묘사한다. "잔디 위로 걷기 전에 그는 신속히 그 행위로 발생될 편익을 생각하고 비용을 계산해야 한다. 결과적으로 계산된 편익이 비용을 초과할 때 걷게 되고, 따라서 그는 합리적으로 그렇게 하는 것이다!" 자본주의 하에서는 잔디 위로 걷는 행위조차 우리의 조화롭고 지극한 행복에 기여하는 합리적인 극대화행동이 되니 이 얼마나 편안한가! 나아가 두 사람은 결혼 상대자 선택이나 소위 '어린이 생산child production'도 이런 합리적인 효용극대화 원리에 따른 것으로 설명한다. 즉, 어린이들 역시 '경제적인 재화'이며, 어린이에 대한 매질을 포함해서 어린이 양육의 모든 행위도 효용극대화 교환이라는 것이다.[5]

"슬픈 것은 우리 사회의 소외가 너무 심각하여 맥켄지와 털록의 '이론들'이 사실상 자본주의에 살고 있는 일부 사람들의 행위를 부분적으로 묘사하고 있다는 것이다. 일부 사람들이란, 과중한 심리적 압박을 받아 거의 이해타산적인 자동장치처럼 변모되어 비인간적인 상태에서 고통 받고 있는 사람들을 말한다. …… 요컨대 문제는 어떻게 하면 모든 사람들이 자신들의 잠재력을 정서적·심미적으로 또 지적·육체적으로 완전히 발휘할 수 있는 사회를 건설할 수 있는가이다. 이 과정에서 사람들은 자신들을 비롯한 다른 사람들을 유일하고도 귀중한 인간, 즉 상품으로서가 아니라 스스로를 목적으로 간주해야 할 것이다."[6]

그레그 이스터브룩은 "오늘날의 문제들이 풀 수 없는 것처럼 보이는

---

5 McKenzie & Tullock(1985), *New World of Economics*, Irwin.
6 E. K. 헌트(1983), 《경제사상사 II》(1979), 김성구·김양화 옮김, 풀빛, 688~690쪽.

이유는 우리가 그 문제들을 해결하려는 노력을 아직 시작하지 않았기 때문"이라고 말했다._(이스터브룩, 366쪽) 이제 다시 "어떤 자본주의 시장경제인가?"라고 물어야 할 시점이다. 로버트 케네디는 1966년 남아프리카 케이프타운대학에서 한 연설에서 인류 역사를 만들어 가는 것은 용기와 신념에 찬 무수히 다양한 행동들이라고 강조했다. "한 사람이 이상理想을 옹호하거나, 다른 사람들의 운명을 개선하기 위해 행동하거나 부정과 맞서 싸울 때마다 희망이라는 작은 파문을 일으킬 것이고, 이 파문은 백만 개의 서로 다른 에너지와 용기의 중심에서 일어난 파문들과 교차될 것입니다. 그리고 이런 파문들이 모여 조류를 형성하면 마침내 어떤 억압과 저항의 높은 장벽도 휩쓸어 버릴 수 있습니다."_(삭스, 547쪽)

앞서 희망버스의 감동과 현실에 대한 저항을 언급했지만, 현실의 구체적인 운동을 통해 한 걸음 한 걸음 나아가는 것은 한 문장의 강령보다 훨씬 중요하다. 일찍이 블라디미르 일리치 레닌은 "마르크스주의적 가르침이 전능한 힘을 갖고 있는 것은 그것이 진리이기 때문"[7]이라고 말했다. 그러나 강령이나 진리 이전에 노동이 힘을 갖고 있는 것은 그것이 사회적 가치를 직접 생산하는 주체이기 때문이다. 민주노총의 강령처럼 여전히 우리 시대에 노동자가 역사의 주체이자 변혁의 주체인지는 확언하기 어렵지만, 노동이 우리가 살아가면서 소비하고 향유하면서 만족과 효용을 느끼는 모든 재화와 서비스를 생산한다는 데에는 이의가

---

7 이진경(1992),《사회구성체론과 사회과학방법론》, 아침, 21쪽.

없을 것이다. 토머스 칼라일은 《프랑스혁명사》에서 "2500만 명의 사람들을 무겁게 짓누르고 있었던 굶주림, 추위, 당면한 괴로움이, 철학을 설파하는 변호사나 풍족한 상점주나 시골 귀족의 상처받은 허영심이라든가 말 많은 철학이 아니라, 프랑스혁명의 진정한 원동력이었다"고 말했다. "역사는 그 자체로서는 아무것도 행하지 않고 막대한 부도 소유하지 않으며 전쟁도 하지 않는다. 모든 것을 행하는 것, 소유하는 것, 싸우는 것, 그것은 인간, 그것도 현실에 살고 있는 인간, 생활하는 인간이다. 따라서 이런 뜻에서 역사는 상당한 정도까지는 수數의 문제라고 말해질 수 있다. 곧, 역사는 대중이 있는 곳에서 비롯된다."(박현채, 15쪽)

이렇게 볼 때 한국 노동조합운동은 들뢰즈와 가타리가 말했듯 "현재에 대한 저항이 부족한"(네그리·하트, 2002, 498쪽) 것이 아닐까? 우리는 과연 (자본과 시장이 질주하는 우리 시대의) "흐름을 거슬러 가자against the current"는 주장을 현실화할 수 있을까? 안타까운 건 시대적 제약이다. 누구나 동시대의 제약 속에 사는 한 인간일 뿐이다.[8] 존 메이너드 케인스는 "어려움은 새로운 생각을 하는 데 있는 것이 아니라 낡은 생각에서 벗어나는 데 있다. 길러진 방식 그대로, 낡은 생각이 사람들의 정신 구석구석에까지 가지를 뻗치고 있기 때문이다"라고 했다. 현재 외환위기 이후 15년 가까이 비정규직 노동non-standard work이 고착화, 공고화되면서 이것이 오히려 노동시장의 '표준적 노동'처럼 되어 가는 현실을 우리는 점차 인정하고

---

8 고대 그리스의 가장 현명한 철인哲人이었던 아리스토텔레스조차 《정치학》에서 "노예는 재산의 한 품목"이라고 했다. "노예는 주인에게 그 소유물로서 지배를 받는 것이 그들에게 더 좋다. 그 자신이 이성이 결핍되어 있지만 타인이 이성을 갖추고 있다는 것을 알 정도의 이성이 있다면 (그 사람은) 본질적으로 노예이다. …… 노예의 용도는 길들인 짐승의 용도와 별로 다를 바 없다."(아리스토텔레스, 49쪽)

또 여기에 적응해 가고 있는 건 아닐까? 제프리 삭스Jeffrey Sachs는 《빈곤의 종말》 마지막 장인 〈우리 시대의 도전〉에서 이렇게 말했다. "미래가 우리 세대에게 이렇게 말하게 하자. 즉, 우리가 희망이라는 강력한 조류를 내보냈다고, 우리가 세계를 치유하기 위해 뜻을 모아 함께 일했다고 말이다."

노동과 휴머니즘의 관점에서 볼 때, 우리는 지금 어떤 몹쓸 시장과 자본의 작동 논리와 지배 때문에 고통을 겪고 있다. 노동자들을 움직이게 하는 데 꼭 과학적 이론이 주어져야 하는 것은 아니다. 고매한 학식을 갖춘 지도자가 필요한 것도 아니다. 노동자들 자신이 (시장 및 자본의) 시대와 불화를 빚고 있고, 이것이 어쩌면 현실을 변화시킬 수 있는 힘이다. 외환위기 이후 노동자와 노동조합이 개별 전투에서는 거의 항상 패배하고 있지만 아직 전쟁에서 진 것은 아니다. 산별노조 실험 또는 노동운동의 주도적 힘을 대공장 조직 노동자에서 비정규직으로 이동시키려는 비정규 노동운동은 노동운동의 길잡이 역할을 하는 북극성이 될 수도 있다. 다만, '노동의 힘'을 회복하려면 노동운동 내부의 더 많은 논쟁과 정치적 기획, 전복적 상상력, 그리고 무엇보다 창조적인 '영감inspiration'이 있어야 한다. 여기서 노동의 힘은 대단한 것이 아니다. 우리 시대 노동자들이 가족을 먹여 살릴 만큼 충분한 소득을 올리고, 더 짧은 노동시간, 더 많은 여가시간을 즐기면서 평온하게 노동의 생애를 보낼 수 있도록 하는 소박한 꿈을 실현하는 힘일 뿐이다.

노동조합은 정의, 존엄, 공평, 평등의 이름으로 도전하는 새로운 언어를 퍼뜨려야 한다. 우리 시대의 비정규직 등 거대한 '또 다른 노동인구'

를 위한 노동운동을 전개해야 한다. 막스 베버는 어디선가 "정치학은 단단한 벽에 힘차면서도 천천히 구멍을 뚫는 일이다. 그 일에는 열정과 전망이 모두 필요하다. 확실히 모든 역사적 경험은 다음과 같은 진리, 즉 불가능한 것을 향해 거듭 손을 뻗치지 않았더라면 인간은 가능한 것조차도 손에 넣지 못했을 것이라는 진리를 확인시켜 준다"고 말했다.[9] (월러스틴, 104쪽) 로버트 라이시는 "우리는 더 이상 과거의 노예가 아닌 것처럼 현재 '추세'의 노예도 아니다. 우리는 우리가 하고자 한다면 어떤 가치 있는 것을 주장하고 그에 따라 행동할 수 있다"고 했다. (라이시, 345쪽)

경제학 교과서가 설명하는 '시장 속의 인간'은 역사도 과거도 없이 단순히 소비자 또는 생산자로서, 효용 또는 이윤극대화의 자동적 기계로 묘사되지만, 우리는 누구나 자신이 살아오면서 경험한 가족사, 시대, 지역, 이웃, 사회경제적 지위 등 관계와 환경 속에서 어떤 사회 상태가 바람직한지에 대한 지향과 선호를 형성하기 마련이다.[10] 반면, 자유시장이론은 모든 인간 행위를 합리적인 극대화 행동으로 환원시켜서 자유시장 자본주의체제가 경제적이든 비경제적이든 모든 측면에서 최선임

---

9 이탈리아의 '자율주의autonomia' 정치철학자 안토니오 네그리와 마이클 하트는 "자유로운 개인들로서의 다중multitude에게 있어서 노동은 자본주의적 노동work이 아니라 디오니소스의 노동, 즉 '기쁨의 실천'으로서 살아 있는 노동labour이 된다"며 "세계는 노동이다. 마르크스가 노동을 인간 역사의 실체로 제시했을 때 그는 아마도 너무 멀리 나아가서가 아니라 충분히 멀리까지 나아가지 못해서 실수를 했던 것으로 보인다"고 했다.(네그리·하트, 1997(Ⅰ), 17·42쪽)

10 이른바 공리주의적 철학에 기반한 자유시장이론은 소득수준에 따른 부유층과 빈곤층 등 사회계층을 구분하지 않는다. 즉, 부자든 빈민이든 어느 한쪽의 부와 소득, 재산이 증가 혹은 감소하는 것에 차이를 두지 않는다. 오직 부자의 소득과 그 소득의 소비지출에 의한 효용만이 더 증가하더라도, 즉 부자가 더욱 부유해지더라도 전체 사회 후생은 증가하므로 더 바람직한 사회 상태가 달성된다고 주장한다.

을 입증할 수 있다고 주장한다. 이를 대표하는 보수적 자유주의 철학자 로버트 노직은 "모든 사람들이 살기에 최적인 하나의 사회가 있다는 견해는 나에게는 믿을 수 없는 것으로 생각된다"면서 "최소국가^{minimal state}는 '상상할 수 있는' 최선의 세계에 대한 유토피아적 이론가들의 꿈과 희망에 비하면 창백하고 미미하고 광채도 결하고 있는 듯이 보이지만 그것이 '가능한 최선의 세계^{the best of all possible worlds}'"라고 말했다. "나를 위한 최선의 세계는 그대를 위한 최선의 세계가 아닐 것이다. 내가 상상할 수 있는 세계들^{the best worlds imaginable} 중에서 내가 가장 살고 싶어 하는 세계는, 정확하게 그대가 선택할 세계는 아닐 것이다."(노직, 368쪽)

우리는 여기서 "현재가 항상 최선"이라는 '팡글로스 박사'의 경제학, 즉 자유주의 시장경제의 가르침을 다시 확인한다. 그러나 저임금 비정규직이 임금노동 인구의 절반을 차지하고 불안하고 지친 노동의 생애를 살고 있는 지금이 과연 '가능한 최선의 세계'일까? 나를 위한 동시에 그대를 위한, 우리들을 위한 최선의 노동 세계일까? 30여 년 전에 마거릿 대처가 "대안은 없다"(TINA)고 선언했지만, 월스트리트에서 벌어진 '1퍼센트의 탐욕에 대한 99퍼센트의 저항'처럼 "대안 세계는 가능하다"는 외침이 점점 커지고 있다. 이탈리아의 민주주의 이론가인 노르베르토 보비오^{Norberto Bobbio}는 "우리는 아직 어렴풋이나마 우리의 길을 비추고 있는 이성의 희미한 등불을 따라서 의미 있는 걸음을 내디뎌야 한다"고 말했다.(보비오, 1992, 136쪽)

로자 룩셈부르크는 《대중파업론》에서 "(1906년 당시 모스코바에서) 자유주의자의 이야기episode는 이미 과거이지만 프롤레타리아트의 이야기는 아직 시작되지 않았다. 무대는 한동안 텅 빈 채로 남아 있다"고 말했다.

우리 시대의 노동은 어떠한가? 우리 시대 노동의 무대 역시 지금 텅 빈 채로 남아 있다는 것이 나의 개인적인 생각이다. 다만 우리 시대의 노동이 뭔가 중요한 전환점에 도달해 있으며, 시야와 관점을 널리 확장해야 한다고 생각한다. 한국 노동의 생애가, 괴테가 말했듯 "먼지 속으로 소용돌이치며 사라지도록 내버려 둘" 수는 없지 않은가.

나는 이 책에서 많은 글들을 인용했다. 역사적인 내용이 많았는데, 경제역사가 페르낭 브로델은 "사회과학의 모든 이론과 개념들이라는 배는 역사라는 물결 위에 띄워 과연 물이 새거나 가라앉지 않고 작동하는지를 검증할 필요가 있다"고 말했다. 우리 시대의 노동을 역사에 비추어 조명하면 그 진면목이 더욱 명징하게 드러난다. 이와 관련해 뒤메닐과 레비는 《자본의 반격》에서 "역사는 똑같이 반복되지는 않지만 모든 역사적 사실은 선례를 가지고 있다. 현재의 문제들은 과거에 관심을 갖지 않는 사람들에게는 언제나 거대한 것처럼 보인다"고 했다. (뒤메닐·레비, 25쪽)

노벨경제학상 수상자인 로버트 솔로는 1967년에 '새로운 산업국가 또는 풍요의 아들'이란 제목의 짧은 서평에서 갤브레이스의 책 《새로운 산업국가》(1967)에 대한 경제학자들의 반응과 태도를 넌지시 꼬집은 바 있다. 그는 갤브레이스가 펴내는 책마다 대중적으로 폭넓게 읽히면서 베스트셀러 목록에 들어가는데, 갤브레이스의 책이 유독 다른 경제학자들에게 외면받는 이유는 무엇인지 묻는다. 경제학자들이 스스로 구축한 학문적 기득권 혹은 단순한 게으름 등이 한 원인일 수 있지만, 좀 더 근원적인 이유는 경제학자들의 질투심이라고 솔로는 말한다.

"갤브레이스는 톡특한 경제학자이다. 그의 책은 대중적으로 광범위하게 읽히고, 또 즐겁게 읽을 만하다. 그런 점에서 그는 중요한 대중적 인물이며, 전 세계적으로 명성도 높다. 반면, 강단의 경제학자들은 갤브레이스에게 모종의 질투심을 느끼면서 동시에 그의 책을 폄하하는 불편하고 복잡한 심사를 갖고 있다. …… 갤브레이스의 책은 책상에서 읽을 만한 경제학 전문서적이 아니라 저녁 식사 테이블에서 이야기할 만한 내용을 담은 대중적 책이다."(Solow, 1967) 일반적인 경제학자 집단이 미시적이면서 경제 영역 내부에 한정하는 '작은 생각Small Thinking'을 한다면, 갤브레이스는 역사적이고 제도적이면서 동시에 정치·사회·경제의 여러 영역에 걸쳐 '큰 생각Big Thinking을 하는 특징 때문에 경제학계보다는 그 바깥에서 훨씬 더 많은 독자를 지니고 있다는 얘기다.

갤브레이스처럼 "경제학자들의 질투와 무시"를 받으면서도 대중적

명성이 높은 또 한 명의 경제학자는 로버트 L. 하일브로너가 아닐까 싶다. 하일브로너는 자신의 최고 인기작인 《세속의 철학자들》에 이어 《자본주의, 어디서 와서 어디로 가는가》에서도 자본주의 역사에 대한 특출난 스토리텔러로서의 명성을 유감없이 입증해 보였다. 하일브로너는 "이 책은 우리의 현재가 어떻게 해서 만들어졌는가를 발견해 나가는 과정"(하일브로너, 379쪽)이라고 말했다. 나는 처음에 갤브레이스의 '큰 생각'을 배경에 놓고서 우리 시대 노동의 생애가 어떻게 만들어졌는지를 발견해 가는 글을 쓰겠다는 욕심에 사로잡혀 있었다. 그러나 역시 지나친 욕심이었다. 원고를 쓰는 내내 애초의 집필 기획과 목적에서 후퇴하거나 뭔가 다른 길로 자꾸만 새고 있는 것 같아 조바심을 쳐야 했다.

시인 김광규는 '늦깎이'라는 시에서 "…… 세상은 때로 그런 것이지/하지만 앞으로 달라질 거야/…… 세상은 참으로 알 수 없는 것이지/하지만 누구나 자기 길을 가는 거니까/오지 않는 버스를 기다리며/나는 그렇게 생각했었다/…… 이제 다시 시작할 수는 없지만/이대로 끝내서는 안 되겠다고/나는 요즘서야 생각한다"고 노래했다.

늦깎이 경제학도로서 '노동과 시장, 자본의 트라이앵글'을 통해 이 셋이 어떻게 서로 교직하면서 우리 시대 노동의 풍경을 만들어 내고 있는지 조망해 보겠다는 의도에서 이 책을 기획했으나, 되돌아보니 치밀하고 적절하게 잘 짜이기보다는 서로 자기 길을 가면서 독자들에게 허망한 느낌만 준 것 같아 안타깝기도 하고 부끄럽다. '재능이 없는 사람의 무턱댄 열정'은 자신뿐 아니라 주변의 다른 사람들에게까지 안타까움을 주게 된다! 그러나 소설가 황석영이 어디선가 "글은 자신이 살아온 꼭 그만큼만 쓸 수 있다"고 했는데, 이 책을 쓰는 내내 과연 내가 치열하게 살아왔는지 스스로 돌아보는 계기가 되었음은 분명하다.

　20세기가 노동의 세기였다면, 21세기의 노동은 퇴조와 곤경에 처해 있다. 이 책에서 노동을 둘러싼 묵시론적이고 숙명론적인 어떤 이야기를 하려고 했던 건 아니다. 우리 시대 피도 눈물도 없는 무정한 자본과 영혼을 가진 노동이 시장에서 어떻게 서로 '사회적 관계'를 맺으며 작용하고 있는지 그 풍경을 그려 보면서, 그 속에 살아가는 우리 노동의 생애를 담담하게 서술하고자 했다. 마르크스는 《자본론》(1권) 프랑스어판 서문에서 "오직 피로를 두려워하지 않고 지칠 줄 모른 채 가파른 언덕길을 기어오르는 사람만이 (학문의) 빛나는 절정에 도달할 수 있다"고 했다. 감히 그런 노력에 비할 바 못되지만, 책을 끝내고 나니 오랜 마음의 감옥에서 벗어난 듯 홀가분한 것도 사실이다. 김동춘은 《한국 사회과학의 새로운 모색》(1997) 서문에서 "이 책은 독자를 위한 것이라기보다는 우선 10년 동안 나의 활동을 반성하고 '내가 하는 것이 무엇인가를 알기 위해' 정리한 것"이라고 했다. 이 책을 처음 구상할 무렵, 여전히 크게 부족하고 모자라지만 그럼에도 불구하고 무언가를 확인하고 다음 단계로 넘어가고 싶었다. 대나무가 매듭을 하나씩 만들면서 단계적으로 성장하듯이.

　언젠가 1987년 6월 민주항쟁 당시 대학 1학년생으로 시위대에 섞여 종로와 동대문 거리를 혼자 쏘다닌 이야기를 하면서 이렇게 쓴 적 있다. "아마도 군부독재의 억압보다는 도시빈민이라는 사회경제적 지위에서 비롯된 괴로움 때문이었을 것이다. '삶은 탁한 강물 속에 빛나는 푸른 하늘처럼 괴롭고 견디기 어려운 것'(김지하)이란 노래를 되뇌던 그 시절, 어쩌면 오랫동안 서울의 달동네 단칸방에 살면서 느껴 왔던 '까닭 모를 박탈감과 분노’가 나를 거리로 내몰았는지도 모른다.” 무릇 사회과학은 객관성을 유지해야 하는데, 되돌아보니 혹시 나의 개인적 경험이 절제되지 못한 채 여기저기에 스며든 것은 아닌지 걱정된다.

책을 쓰는 내내 무언가 희망을 얘기하고 싶었다. 발터 벤야민은 “우리에게 희망이 주어지는 것은 희망이 전혀 없었던 사람들에 의해서”라고 했다. 노동하는 인구에게 어떤 희망의 물결을 일으킬 수는 없을까? 황석영이 《아우를 위하여》에서 “너에게 뭔가 네게 유익하고 힘이 될 말을 써 보내고 싶다”고 했는데, 이 글이 노동자들에게 그런 힘이 될 수 있기를 바랄 뿐이다.

돌아보니 전편에 걸쳐 노동의 ‘가을과 황혼’에 지나치게 많은 지면을 할애한 것 같다. 중세 문명이 사라져 가는 14~15세기의 조락기를 그린 호이징가의 《중세의 가을》 제1장의 제목은 ‘삶의 쓰라림’이다. “세계가 지금보다 5세기 가량 더 젊었을 때, 삶에 일어난 많은 일들은 지금과 현저히 다른 모습과 윤곽을 띠고 있었다. …… 하지만 생활의 모든 요소를 지배하고 모든 것을 고요와 질서로 감싸는 한 소리가 있었으니 곧 교회 종소리가 그것이었다. 교회 종소리는 누구나 알 수 있는 톤으로 기쁨과 슬픔, 평온과 위험을 알려 주는 영감이었다. …… 아침부터 밤까지 혹은 밤새도록 파리의 모든 성당과 수도원에서 종을 쳐 대는 것을 상상해 보라. 그리고 그 종소리가 야기시킬 일종의 도취 상태를 말이다.”_{(호이징가,} 11~13쪽) 오늘날의 노동은 자본주의 시장을 살아가는 우리 모두의 삶을 지배하는, 기쁨과 슬픔 그리고 평온과 위험을 알려 주는 ‘교회 종소리’인 것일까?

이어지는 《중세의 가을》 제2장의 제목은 ‘보다 아름다운 삶에의 열망'이다.

"시대 전체가 보다 아름다운 삶을 열망한다. 현재가 어둡고 혼란스러울수록 그 같은 열망은 더욱더 깊은 바람을 띠게 미련이다. 중세 말의 삶은 침울한 멜랑콜리로 가득 차 있다. 15세기의 프랑코-부르귀뇽 세계에서는 르네상스기를 꿰뚫고 울려 오는 저 대담한 삶의 기쁨, 인간 자신의 힘에 대한 신뢰의 기색 따위를 거의 들을 수가 없다. 그렇다면 그 시대는 다른 시대에 비해 더 불행한 시대였는가? 간혹 그렇게 믿으려는 경향이 있다. 전통적으로 역사가들, 시인들, 설교집들, 신학 논문들, 심지어는 공식 기록들까지 모두 다 증오와 분쟁, 악행과 탐욕, 야만성과 비참함만을 그리고 있다. 그러나 사실 매 시대마다 행복한 기억보다는 불행과 고통의 흔적을 더 많이 남긴다. 중세의 기쁨은 아직도 섬광을 발하고 있다." (호이징가, 40~41쪽)

이 책 전편에 걸쳐 노동의 생애가 주로 불행과 고통의 흔적, 쓰라린 환멸의 모습으로 그려진 듯하지만 노동은 그 자체로 섬광을 발하는 활동임에 틀림없다. 사실 노동 그 자체는 인간에게 즐겁고 행복한 것이고, 노동하는 인간은 그 자체로 자신이 살아 숨 쉬고 있음을 보여 준다. 노동하는 사람이면 누구나 '삶의 쓰라림'을 넘어 더 아름다운 삶에 대한 열망을 동경할 것이다.

서성이던 나날들, 불 꺼진 창가의 컴퓨터 모니터 앞에서 아득하기만 하던 날들, 느닷없이 가슴이 먹먹하고 늦가을 강물처럼 저 혼자 깊어 가고 있다는 생각이 들 때, 나를 붙잡아 일으켜 세워준 건 대학 시절 학생회관 서클룸에서 어느 선배가 공책에 큼지막하게 꾹꾹 눌러 쓴 "오직 진실만이 우리를 감동시킬 수 있다"는 한 마디였다.

참고문헌

강남훈(2001), 〈지식노동과 보통노동 : 지식기반경제에 관한 네 가지 주장에 대한 가치론적 비판〉, 《동향과전망》, 2001년 겨울호.

강석재 · 최호창 편역(1993), 《생산혁신과 노동의 변화 : 포스트 포드주의 논쟁》, 새길.

강연배 외(2005), 〈노동조합 조직가 교육훈련〉, 한국노동사회연구소.

갤브레이드, 존 케네스(1999), 《불확실성의 시대》(1977), 박현채 · 전철환 옮김, 범우사.

고르, 앙드레 외(1993), 《후기자본주의와 사회운동의 전망》, 이병천 · 박형준 편저, 의암출판사.

고민택 · 남구현(2000), 〈파업의 정치학 : 파업과 계급투쟁〉, 《진보평론》 2000년 봄호.

고세훈(2005), 〈노동 없는 민주주의?〉, 《아세아연구》 48(2), 고려대 아세아문제연구소,

고영선(2001), 〈분배구조의 변화와 2013 새정부의 사회 · 경제정책의 방향〉, 경기개발연구원 – 한겨레 사회정책연구소 공동주최 '사회통합을 위한 2013 새정부의 정책과제' 심포지엄, 2011년 11월 16일.

고온, 엘리엇(2002), 《Mother Jones》, 이건일 옮김, 녹두.

구해근(2002), 《한국 노동계급의 형성》, 신광영 옮김, 창작과비평사.

권순식(2004), 〈비정규직 고용이 기업성과에 미치는 영향에 관한 실증 연구〉, 《경영학연구》 제33권3호.

권순원(1998), 〈전자감시적 노동통제와 노동규율〉, 《정보기술과 작업장 감시》 워크샵 자료집, 1998년 11월.

김공회(2010), 〈정치경제학 진흥을 위한 국제발의(IIPPE)〉, 《사회경제평론》 제34호.

김금수(1997), 《노동의 자유와 미래》, 풀빛.

김동배 · 김주일(2002), 〈비정규직 활용의 영향요인〉, 《노동정책연구》 제2권 제4호, 한국노동연구원.

김동춘(1996), 《한국사회 노동자 연구》, 역사비평사.

김성구(1998), 《경제위기와 신자유주의》, 문화과학사.

김성희(2008), 〈비정규 노동과 민주노조운동 혁신의 과제〉, 조돈문 · 이수봉 엮음, 《민주노조운동 20 년 : 쟁점과 과제》, 후마니타스.

김세균(1995), 〈 '시민사회론'의 이데올로기적 함의 비판〉, 유팔무 · 김호기 엮음, 《시민사회와 시민운 동》, 한울.

김세균(1999),〈경제위기, 신자유주의 그리고 노동운동-'자본의 위기'를 '노동의 희망'으로 전환시키기 위하여〉,《경제위기, 신자유주의 그리고 노동운동》, 현장에서 미래를.

김승호·정경원(2007),《민주노총 상근활동가 연구》, 민주노총 정책연구원.

김영선(2004),〈현대 사회의 시간 희소성과 여가의 변동〉,《호원논집》 제12호, 고려대학교 대학원.

김용민·박기성(2006),〈정규-비정규근로자 임금격차〉,《노동경제논집》 제29권(3), 한국노동경제학회.

김우영·최영섭(1996),〈노동조합의 임금효과는 한국에서 존재하는가?〉,《노동경제논집》 제19권(1).

김유선(2004),〈비정규직 고용에 관한 여섯 가지 신화〉, 민주노총 주최 '비정규노동자 노동기본권 보장을 위한 입법방안' 토론회, 2004년 10월.

김유선(2006),〈외환위기 이후 파업발생 증가원인〉,《아세아연구》 제49권 3호, 고려대학교 아세아문제연구소.

김유선(2007),〈비정규직 규모와 실태:통계청, '경제활동인구조사 부가조사'(2007.3) 결과〉, 한국노동사회연구소.

김유선(2009),〈한국 노동시장의 임금결정요인〉,《산업관계연구》 제19권(2).

김유선(2011a),〈비정규직 규모와 실태:통계청, '경제활동인구조사 부가조사'(2011.8) 결과〉, 한국노동사회연구소.

김유선(2011b),〈노동정책 개혁과제〉, 한국노동사회연구소 제90차 노동포럼, 2011년 12월 21일.

김종엽(2004),〈노동운동의 성숙을 위해〉,《창작과비평》 2004년 가을호.

김주환(2001),〈분열된 노동과 삶의 하청화를 넘어서〉,《당대비평》 2001년 가을호, 삼인.

김준(1989),〈제6공화국의 노동통제정책〉,《경제와사회》 1989년 여름·가을 합본호.

김준(1999),〈20세기 한국의 노동:역사적 경험의 반추〉,《경제와사회》 1999년 겨울호.

김창우(2007),《전노협 청산과 한국노동운동》, 후마니타스.

김현우·한재각(2011),〈기후변화에 따른 산업구조 전환과 노동의 대응〉, 민주노총 연구보고서.

김형기(1988),《한국의 독점자본과 임노동》, 까치.

김형기(1997a),〈노동법 개정 이후의 노사관계 전망과 노동계급의 대응〉,《당대비평》 1997년 가을호.

김형기(1997b),《한국 노사관계의 정치경제학》, 한울.

김호원 외(2006),〈비정규직 노동자 조직화 방안에 관한 탐색적 연구〉,《노동정책연구》 제6권 제1호, 한국노동연구원.

까갈리츠키, 보리스(1995),《변화의 변증법》, 송충기 옮김, 창작과비평사.

남재량(2006),〈정규직-비정규직 임금격차에 관한 연구〉, 한국노동경제학회 2006 하계 학술대회.

남춘호 외(2006),〈노동 빈곤층의 사회적 배제와 빈곤화 유형 분석〉,《산업노동연구》 제12권 제1호.

네그리, 안토니오·하트, 마이클(1997),《디오니소스의 노동(Ⅰ·Ⅱ)》, 이원영 옮김, 갈무리.

네그리, 안토니오·하트, 마이클(2002),《제국》, 윤수종 옮김, 이학사.

네그리, 안토니오·하트, 마이클(2008),《다중》, 조정환 외 옮김, 세종서적.

노중기(1997),〈한국의 노동정치체제 변동, 1987~1997년〉,《경제와사회》 1997년 겨울호.

노중기(2007),〈민주화 20년, 한국사회 어디로 가나?〉 연속강연회, 민주화운동기념사업회, 2007년 7월 11일.

노직, 로버트(1986),《아나키에서 유토피아로》(1974), 남경희 옮김, 문학과지성사.

다윈, 찰스(2005),《종의 기원》(1859), 홍성표 옮김, 홍신문화사.

데이비스, 마이크(1994), 《미국의 꿈에 갇힌 사람들》, 김영희·한기욱 옮김, 창작과비평사.

데이비스·멍크 외(2011), 《자본주의, 그들만의 파라다이스》, 유강은 옮김, 아카이브.

뒤메닐·레비(2006), 《자본의 반격 : 신자유주의 혁명의 기원》, 이강국 옮김, 필맥.

드 브뤼노프, 쉬잔느(1992), 《국가와 자본》(1976), 신현준 옮김, 새길.

라이시, 로버트(1994), 《국가의 일》, 남경우 외 옮김, 까치.

라파르그, 폴(2005), 《게으를 수 있는 권리》(1883), 조형준 옮김, 새물결.

레닌, 블라드미르(1988), 《레닌저작선》, 홍승기 편역, 거름.

레빈, 로버트(2000), 《시간은 어떻게 인간을 지배하는가》, 이상돈 옮김, 황금가지.

레빗, 스티븐(2009), 《슈퍼 괴짜경제학》, 안진환 옮김, 웅진지식하우스.

로스돌스키, 로만(2003), 《마르크스의 자본론의 형성1》, 양희석 옮김, 백의.

로크, 존·밀, 존 스튜어트(1990), 《통치론/자유론》(1689/1859), 이극찬 옮김, 삼성출판사.

롤스, 존(2003), 《정의론》(1971), 황경식 옮김, 이학사.

루스, 스테파니 외(2007), 〈여성과 계급 : 지난 40년간 무슨 일이 일어났나?〉, 필맥 MR편집팀 번역,
    《Monthly Review1 : 제국의 새로운 전선》, 필맥.

룩셈부르크, 로자(1995), 《대중파업론》(1906), 최규진 옮김, 풀무질.

류장수(2005), 〈지방대학 졸업생의 노동시장 성과 분석 : 수도권대학 졸업생과의 비교〉, 《노동경제논
    집》 제28권(2).

류재우(2005), 〈노동조합의 임금과 고용효과〉, 《노동경제논집》 제28권(1), 한국노동경제학회.

리영희(1974), 《전환시대의 논리》, 창작과비평사.

리카도, 데이비드(1991), 《정치경제학 및 과세의 원리》(1817), 정윤형 옮김, 비봉출판사.

리프킨, 제러미(2005), 《노동의 종말》, 이영호 옮김, 민음사.

마셜, 앨프리드(2010), 《경제학 원리(1·2)》(1890), 백영현 옮김, 한길사.

마르크스, 칼(1991, 1993, 1994, 1999), 《자본론(1·2·3)》(1867, 1885, 1894), 김수행 옮김, 비봉출판사.

마르크스, 칼·엥겔스, 프리드리히(1989), 《독일 이데올로기》(1846), 김대웅 옮김, 두레.

마르크스, 칼·엥겔스, 프리드리히(1991), 《칼 마르크스, 프리드리히 엥겔스 저작선집(II·V)》, 최인
    호 외 번역, 박종철출판사.

망뚜, 뽈(1987), 《산업혁명사(상·하)》(1927), 정윤형·김종철 공역, 창작과비평사.

맥도프, 해리·스위지, 폴(1986), 《미국 자본주의의 위기》, 김유원 옮김, 일월서각.

맨드빌, 버나드(2010), 《꿀벌의 우화》(1724), 최윤재 옮김, 문예출판사.

문강형준(2006), 〈노동사회 비판과 문화사회의 이론적 지도〉, 《문화과학》 2006년 여름호.

문현아(2008), 〈신자유주의 시대 노동과 가족의 재구조화〉, 《여/성이론》 19집 2008년 겨울호.

민주노총정책연구원(2007), 〈노동운동의 새로운 미래를 말한다!〉, 2007년 9월 '87 노동자대투쟁 20
    주년기념 토론회.'

민주노총(2000), 《민주노조 투쟁과 탄압의 역사》, 현장에서 미래를.

민주노총(2007), 〈산별연구프로젝트 '임금/고용/복지 연대전략'〉, 2007년 9월.

밀크맨, 루스(1998), 《공장이여 잘 있거라》, 이종인 옮김, 황금가지.

박만섭(2005), 〈경제학의 벌거벗은 임금님 : 신고전파 경제학〉, 박만섭 편, 《경제학, 더 넓은 지평을 향
    하여 : 신고전파에 대한 12대안》, 이슈투데이.

박만섭(2006), 〈정의 : 경제학과 철학의 접점〉, 《한국사회》 제7집2호, 고려대 한국사회연구소.

박성인(2000), 〈민주노조운동과 대중파업〉, 《진보평론》 2000년 봄호.

박승옥(1992), 〈한국 노동운동, 과연 위기인가〉, 《창작과비평》 1992년 여름호.

박승옥(2007), 〈한국 노동조합, 과연 노동 '운동' 조직인가〉, 《노동사회》, 2007년 11월, 한국노동사회
연구소.

박승희(1992), 〈'노동의 좌절'은 '계급타협'의 좌절이 아닌가?〉, 《경제와사회》 1992년 봄호.

박종현(2002), 〈유효수요이론과 불완전고용균형〉, 박만섭 편, 《케인즈의 경제학》, 다산출판사.

박준식(1990), 〈무노동 무임금의 쟁점:노동운동의 논리와 자본의 논리〉, 《90년대 한국사회의 쟁점》,
한길사.

박준식(1996a), 〈미국에서의 비노조 사업장 노사관계의 전개와 그 함의〉, 《경제와사회》 1996년 가을호.

박준식(1996b), 《생산의 정치와 작업장 민주주의》, 1996, 한울.

박준식(1997), 〈1987년 이후의 작업장정치와 노동의 시민권〉, 《경제와 사회》 1997년 겨울호.

박태주(2002), 〈산업별 단체교섭에 대한 단상〉, 《노동사회》, 2002년 8월호.

박태주(2011), 〈장시간 노동이 일과 삶의 갈등에 미치는 효과-현대자동차 노동자들의 생활실태조사
를 중심으로〉, 《산업노동연구》 제17권 제2호,

박현채(1978), 《민족경제론》, 한길사.

박호성(1994), 《평등론》, 창작과비평사.

배은경(2007), 〈IMF 이후 10년, 한국여성 어디에 있나〉, '2007한국사회포럼' 자료집, 2007년 7월.

백승욱(2001), 《중국의 노동자와 노동정책 : '단위 체제'의 해체》, 문학과지성사.

백하우스, 로저(2005), 《지성의 흐름으로 본 경제학의 역사》, 김현구 옮김, 시아출판사.

베버, 막스(1981), 《지배의 사회학》(1956), 금종우·전남석 옮김, 한길사.

베버, 막스(1988), 《프로테스탄티즘의 윤리와 자본주의 정신》(1905), 박성수 옮김, 문예출판사.

베블런, 소스타인(2009), 《자본의 본성에 관하여 외》(1908), 홍기빈 옮김, 책세상문고.

벼리 편집부(1988), 《신식민지 국가독점자본주의 논쟁(1)》, 벼리.

변형윤·이정전(1994), 《분배의 정의》, 집문당.

보, 미셸(1987), 《자본주의의 역사》(1981), 김윤자 옮김, 창작과비평사.

보그, 칼(1992), 《다시 그람시에게로》, 강문구 옮김, 한울.

보비오, 노르베르토(1989), 《민주주의의 미래》, 윤홍근 옮김, 인간사랑.

보비오, 노르베르토(1992), 《자유주의와 민주주의》, 황주홍 옮김, 문학과지성사.

보울스·진티스(1994), 《민주주의와 자본주의》(1986), 차성수·권기돈 옮김, 백산서당.

복거일(1990), 《현실과 지향-한 자유주의자의 시각》, 문학과지성.

복거일(1994), 《진단과 처방》, 문학과지성사.

뷰러웨이, 마이클(1999), 《생산의 정치》(1985), 정범진 옮김, 박종철출판사.

브레너, 로버트(2001), 《혼돈의 기원》, 전용복·백승은 옮김, 이후.

브레너, 로버트(2002), 《붐 앤 버블》, 정성진 옮김, 아침이슬.

브레이버만, 해리(1998), 《노동과 독점자본-20세기에서의 노동의 후퇴》(1974), 이한주·강남훈 옮
김, 까치.

브로델, 페르낭(2002,2003), 《물질문명과 자본주의(Ⅰ·Ⅱ·Ⅲ)》(1979), 주경철 옮김, 까치.

블라우·퍼버(1995), 《여성과 남성 그리고 노동의 경제학》, 학지사.

블랙번, 로빈 외(1994), 《몰락 이후》, 김영희 옮김, 창작과비평사.

블로그, 마크(1994), 《위대한 경제학자들》(1985), 연태훈·옥우석 옮김, 동인.

삭스, 제프리(2006), 《빈곤의 종말》, 김현구 옮김, 21세기북스.

센, 아마르티야(1999a), 《윤리학과 경제학》(1987), 박순성·강신욱 옮김, 한울아카데미.

센, 아마르티야(1999b), 《불평등의 재검토》, 이상호·이덕재 옮김, 한울아카데미.

센, 아마르티야(2001), 《자유로서의 발전》, 박우희 옮김, 세종연구원.

셰네, 프랑수아 엮음(2002), 《금융의 세계화》, 서익진 옮김, 한울.

셰네, 프랑수아(2003), 《자본의 세계화》, 서익진 옮김, 한울.

송호근(1991), 《한국의 노동정치와 시장》, 나남.

쉐보르스키, 아담(1995), 《자본주의와 사회민주주의》(1985), 최형익 옮김, 백산서당.

쉐보르스키, 아담(1997), 《민주주의와 시장》, 임혁백·윤성학 옮김, 한울.

쉐보르스키, 아담(1999), 〈A Better Democracy, A Better Economy〉, 계간 《사상》 1999년 여름호, 사회과학원.

슘페터, 조지프(2005), 《경제발전의 이론》(1912), 박영호 옮김, 박영률출판사.

슘페터, 조지프(2011), 《자본주의·사회주의·민주주의》(1942), 변상진 옮김, 한길사.

스미스, 아담(1992), 《국부론(하)》(1776), 김수행 옮김, 동아출판사.

스미스, 아담(1996), 《도덕감정론》(1790), 박세일·민경국 옮김, 비봉출판사.

스미스, 아담(2003), 《국부론(상)》(1776), 김수행 옮김, 비봉출판사.

스키델스키, 로버트(2009), 《존 메이너드 케인즈》, 고세훈 옮김, 후마니타스.

스탠포드, 짐(2010), 《자본주의 사용설명서》, 안세민 옮김, 부키.

스티글리츠, 조지프 외(2010), 《이단의 경제학》, 노승영 옮김, 시대의창.

스티글리츠, 조지프(2002), 《세계화와 그 불만》, 송철복 옮김, 세종연구원.

스티글리츠, 조지프(2003), 《시장으로 가는 길》, 강신욱 옮김, 한울.

스티글리츠, 조지프(2008), 《인간의 얼굴을 한 세계화》, 홍민경 옮김, 21세기북스.

스티글리츠, 조지프(2010a), 《끝나지 않은 추락》, 장경덕 옮김, 21세기북스.

스티글리츠, 조지프(2010b), 《스티글리츠 보고서》, 박형준 옮김, 동녘.

시드니·베아트리스 웹(1990), 《영국노동조합운동사(상·하)》(1894), 김금수 옮김, 형성사.

신광영(1990), 〈생산의 정치와 80년대 한국의 노동조합〉, 한국사회사연구회, 《현대 한국의 노동문제와 도시정책》, 문학과지성사.

신광영(1995), 〈시민사회 개념과 시민사회 형성〉, 유팔무·김호기 엮음, 《시민사회와 시민운동》, 한울.

신장섭·장하준(2003), 〈한국 금융위기 이후 기업구조조정에 대한 비판적 평가〉, 《한국경제의 분석》 9권 3호.

신장섭·장하준(2004), 《주식회사 한국의 구조조정》, 장진호 옮김, 창작과비평.

실버, 비버리(2005), 《노동의 힘 – 1870년 이후의 노동자운동과 세계화》, 백승욱 외 옮김, 그린비.

심광현(2003), 《문화사회와 문화정치》, 문화과학.

심상정(2000), 〈'노동의 시대'를 위하여〉, 《창작과비평》 2000년 여름호.

아리기·홉킨스·월러스틴(1994), 《반체제운동》, 송철순·천지현 옮김, 창작과비평사.

아리스토텔레스(1982), 《정치학/시학》, 나종일·천병희 옮김, 삼성출판사.

안승천(2002), 《한국 노동자운동, 투쟁의 기록》, 박종철출판사.

안정옥(2002), 《현대 미국에서 시간을 둘러싼 투쟁과 소비적 현대성:노동, 시간과 일상생활》, 서울대 박사학위논문.

안주엽 외(2007), 《노동과 차별(II) : 인식과 실제》, 한국노동연구원.

암스텐, 앨리스(1990), 《아시아의 다음 거인》, 이근달 옮김, (주)시사영어사.

애스핑－앤더슨(2007), 《복지자본주의의 세 가지 세계》, 박시종 옮김, 성균관대학교출판부.

양재진(2005), 〈한국의 대기업중심 기업별 노동운동과 한국복지국가의 성격〉, 《한국정치학회보》 제
　39집(3).

양재진(2009), 〈왜 한국 대기업노동은 복지국가 건설에 나서지 않는가?〉, 《한국 복지국가 성격논쟁
　II》, 인간과복지.

에런라이크, 바바라(2002), 《빈곤의 경제》, 홍윤주 옮김, 청림출판.

엥겔스, 프리드리히(1988), 《영국노동자계급의 상태》(1845), 박준식 외 옮김, 세계.

엥겔스, 프리드리히(1991), 《가족, 사유재산, 국가의 기원》(1891), 김대웅 옮김, 아침새책.

오건호(1996), 〈영국 신보수주의 노동정책, 그리고 노동조합운동의 변화와 과제〉, 《경제와사회》 1996
　년 가을호.

오노 요시야스(2009), 《불황의 메커니즘》, 김경원 옮김, 지형.

오스트롬, 엘리너(2010), 《공유의 비극을 넘어》, 윤홍근·안도경 옮김, 랜덤하우스.

올슨, 맨커(2003), 《집단행동의 논리》(1971), 윤여덕 옮김, 한국학술정보(주).

워맥, 제임스 외(1991), 《생산방식의 혁명》, 현영석 옮김, 기아경제연구소.

월러스틴, 이매뉴얼(1993), 《역사적 자본주의/자본주의 문명》, 나종일 옮김, 창작과비평.

월러스틴, 이매뉴얼(1994), 《사회과학으로부터의 탈피》, 성백용 옮김, 창작과비평.

유종일(2007), 〈신자유주의, 세계화, 한국경제〉, 《창작과비평》 2007년 가을호.

윤수종(2000), 〈파업의 일상성〉, 《진보평론》 2000년 봄호.

윤윤규(2007), 〈고용조정이 기업성과에 미치는 효과〉, 《노동리뷰》 2007년 8월호, 한국노동연구원.

윤진호(2005), 〈노동조합존재확률의 결정요인과 대표권의 갭〉, 《사회경제평론》 제24호.

윤진호·이시균(2009), 〈한국의 저임금 고용의 결정요인과 이동성〉, 《경제발전연구》 제15권 제1호.

윤진호 외(2011), 〈산별노조 시대, 민주노총의 위상과 역할〉, 민주노총 총서.

윤희숙(2012), 〈90년대 이후 한국경제 구조변화가 빈곤구조에 미친 영향과 정책 함의〉, KDI FOCUS.
　2012년 1월 5일,

은수미(2006), 〈비정규직 노사관계 : 실태와 쟁점〉, 《노동리뷰》 2006년 5월호, 한국노동연구원.

은수미(2007), 〈효율성과 형평성의 딜레마〉, 《노동리뷰》 2007년 7월호, 한국노동연구원.

은수미(2011), 〈복지국가 무한연대〉, 한겨레사회정책연구소－한림국제대학원대 정치경영연구소 주
　최 제4회 대안담론포럼 발표집, 2011년 12월 8일.

이갑용(2009), 《길은 복잡하지 않다》, 철수와영희.

이광일(2001), 〈민주화이행, 80년대 '급진노동운동'의 위상 그리고 헤게모니〉, 《진보평론》 2001년 가
　을호.

이병훈 외(2006), 《콜센터의 고용관계와 노동문제》, 한국노동연구원.

이병훈·김유선(2003), 〈노동생활 질의 양극화에 관한 연구〉, 《경제와사회》 2003년 겨울호.

이병훈·윤정향(2001), 〈비정규 노동의 개념정의와 유형화에 관한 연구〉, 《산업노동연구》 제7권(2).

이병훈·윤정향(2006), 〈노동조합의 전투성에 관한 연구〉, 《노동정책연구》 제6권 제1호, 한국노동연
　구원.

이병희(2010), 〈사회보험 사각지대 해소를 위한 사회보험료 지원방안〉, 사회통합위원회·한국사회보장학회 정책토론회 발표문, 2010년 10월 14일.

이수봉(2007), 〈노동운동의 새로운 미래를 말한다!〉, 민주노총 정책연구원 주최 '87 노동자대투쟁 20주년기념 토론회', 2007년 9월 4일.

이스터브룩, 그레그(2007), 《진보의 역설》, 박정숙 옮김, 에코리브르.

이승욱 외(2000), 《쟁의행위 정당성의 국제비교》, 한국노동연구원.

이시균·윤진호(2007), 〈비정규직은 정규직으로 전환할 수 있는가?〉, 《경제발전연구》 제13권제2호.

이영희(1998), 〈한국의 생산체제는 변화하고 있는가〉, 《경제와사회》 1998년 겨울호.

이원덕 외(2003), 《한국의 노동1987~2002》, 한국노동연구원.

이정우(1991), 《소득분배론》, 비봉출판사.

이정우(2010), 《불평등의 경제학》, 후마니타스.

이종영(2010), 〈공장의 개념〉, 《진보평론》 2010년 여름호(제44호).

이주희(2003), 〈여성관리직 진출기업의 특성 : 인적자원관리 관행을 중심으로〉, 《한국사회학》 37집 (5).

이주희·이성균(2003), 《비정규직 노사관계》, 한국노동연구원.

이중희(1988), 〈'무노동 무임금' 논리 비판〉, 한국사회연구소, 《동향과전망 2집》, 태암.

이진경(1997), 《마르크스주의와 근대성》, 문화과학사.

이진경(2002), 《근대적 시·공간의 탄생》, 푸른숲.

임영일(1997), 〈노동운동의 제도화와 시민권〉, 《경제와사회》 1997년 여름호.

임영일(1998), 〈한국 노동체제의 전환과 노사관계〉, 《경제와 사회》 1998년 겨울호.

임종철·배무기 편(1980), 《한국의 노동경제》, 문학과지성사.

임현진·김병국(1991), 〈노동의 좌절, 배반된 민주화〉, 《계간 사상》 1991년 겨울호.

입, 그레그(2011), 《달콤한 경제학》, 정명진 옮김, 부글북스.

작스, 볼프강 외(2010), 《반(反)자본 발전사전》, 이희재 옮김, 아카이브.

장수명(2002), 〈대학교육의 경제학〉, 《노동정책연구》 제2권제1호, 한국노동연구원.

장수명(2006), 〈대학 서열의 경제적 수익 분석〉, 《한국교육》 33권 2호.

장지연(2003), 《고령화시대의 노동시장과 고용정책(Ⅰ)》, 한국노동연구원.

장지연(2011), 〈한국의 노동시장 이중구조와 사회보험 사각지대〉, 한국노동연구원 주최 '노동시장 이중구조와 근로빈곤층에 대한 복지국가의 대응' 국제심포지엄, 2011년 12월 16일.

장지연·양수경(2007), 〈사회적 배제 시각으로 본 비정규 고용〉, 《노동정책연구》 제7권 제1호, 한국노동연구원.

장하준(2004), 《사다리 걷어차기》, 형성백 옮김, 부키.

장하준(2007), 《나쁜 사마리아인들》, 이순희 옮김, 부키.

장하준(2010), 《그들이 말하지 않는 23가지》, 김희정·안세민 옮김, 부키.

장홍근(1999), 〈한국 노동체제의 전환, 1987~1997〉, 《동향과전망》 1999년 겨울호.

전국불안정노동철폐연대·전국금융산업노동조합(2005), 《2005 금융산업 비정규직 노동자 실태와 조직화 방안》.

전병유(2006), 〈한국 노동시장 : 일자리 위기와 대응전략〉, 《신진보리포트》 2006년 가을호.

전병유(2011), 〈유연안정성 논의에 대한 비판적 논의와 한국적 시사점〉, 한국노동연구원 주최 《'노동시장 이중구조와 근로빈곤층에 대한 복지국가의 대응' 국제심포지엄 자료집》, 2011년 12월 16일.

전병유·김혜원·신동균(2006),《노동시장의 양극화와 정책과제》, 한국노동연구원.

정성진(2005),《마르크스와 한국경제》, 책갈피.

정운영(1989),《광대의 경제학》, 까치.

정운영(1990),《저 낮은 경제학을 위하여》, 까치.

정운영(1991),《경제학을 위한 변명》, 까치.

정운영(1993),《노동가치이론 연구》, 까치.

정이환(2001),〈비정규 노동의 상황과 정책대안〉, 대안연대회의.

정이환(2006),《현대 노동시장의 정치사회학》, 후마니타스.

정이환(2007),〈'기업규모인가 고용형태인가', 노동시장 불평등의 요인 분석〉,《경제와 사회》2007년 봄호.

정주연(2001),〈한국 단체교섭제도의 특성과 개혁〉, 한국경영자총협회,《임금연구》2001년 봄호.

조동훈(2008),〈노동조합의 임금효과〉,《노동리뷰》2008년 1월호, 한국노동연구원.

조성재 외(2007),〈고용시스템 유형을 통해 본 노사관계 20년 평가〉, 한국노동연구원 주최 토론회, '87년 이후 노동 20년 : 지속가능한 고용시스템 구축을 위한 평가와 전망', 2007년 9월.

조순경 엮음(2000),《노동과 페미니즘》, 이화여대출판부.

조우현(1998),《노동경제학》, 법문사.

조윤제 외(2012),〈한국의 경제성장과 사회지표의 변화〉,《금융경제연구》, 한국은행.

조주은(2004),〈노동담론 뒤에 숨어 있는 가족, 그 속에서 내출혈을 앓고 있는 여성들〉,《당대비평》제26호.

조효래(1997),〈1987년 이후 노사관계의 변화〉,《동향과 전망》1997년 여름호.

조효래(2002),〈87년 이후 '민주노조운동'의 정체성〉,《창작과비평》2002년 겨울호.

차남호·이상훈(2006),〈한미FTA가 노동자에게 미치는 영향〉, 한미FTA저지범국본,《한미 FTA 국민 보고서》, 그린비.

채만수(1999),〈자본주의 경제위기의 올바른 이해〉, 한국노동이론정책연구소,《경제위기와 노동운동》, 현장에서미래를.

최영기 외(2000),《한국의 노동법 개정과 노사관계 – 자료편 : '87년 이후 노동법 개정관련》, 한국노동연구원.

최영기 외(2001),《1987년 이후 한국의 노동운동》, 한국노동연구원.

최영기(2007),〈87년 이후 20년 : 개방적인 시장경제에서의 노동운동〉,《노동리뷰》2007년 8월호, 한국노동연구원.

최장집(1988,1997),《한국의 노동운동과 국가》, 열음사 ; 나남출판.

최장집(1993),《한국 민주주의의 이론》, 한길사.

최장집(1995),〈한국 노동운동은 왜 정치조직화에 실패하고 있나〉,《한국의 국가와 시민사회》, 한울.

최장집(1996),〈민주주의 이행하에서의 한국노동운동〉,《한국민주주의의 조건과 전망》, 나남.

최장집(2004),〈한국 민주주의의 취약한 사회경제적 기반〉,《아세아연구》2004년 가을호.

최장집(2006),〈노동 없이 민주주의 발전 어렵다〉,《아세아연구》 49권 제3호.

최정규(2004),《이타적 인간의 출현》, 뿌리와이파리.

최형익(2005),《칼 마르크스의 노동과 권리의 정치이론》, 한국학술정보.

캘리니코스, 알렉스 · 하먼, 크리스(2001), 《노동자계급에게 안녕을 말할 때인가》, 이원영 옮김, 책갈피.

케인즈, 존 메이너드(1985, 2010), 《고용, 이자 및 화폐의 일반이론》(1936), 조순 옮김, 비봉출판사 ; 이주명 옮김, 필맥.

코우츠, 데이빗(2003), 《현대자본주의의 유형 : 세계 경제의 성장과 침체》, 이영철 옮김, 문학과지성사.

코울, G. D. H(1980), 《영국노동운동사(상 · 하)》(1947), 김철수 · 김천우 옮김, 광민사.

쿠즈네츠, 사이몬(1971), 《근대경제성장론》(1966), 조성환 옮김, 을유문고.

쿠진스키, 위르겐(1989), 《노동계급 등장의 역사》(1967), 박기주 옮김, 푸른산.

쿤, 토마스(1999), 《과학혁명의 구조》(1962), 김명자 옮김, 까치.

크루그먼, 폴(1998), 《경제학의 향연》, 김이수 · 오승훈 옮김, 부키.

크루그먼, 폴(1999), 《불황 경제학》, 주명건 옮김, 세종서적.

크루그먼, 폴(2003), 《대폭로》, 송철복 옮김, 세종연구원.

테일러, 프레드릭(2010), 《과학적 관리법》(1911), 방영호 옮김, 21세기북스.

톰슨, 에드워드(2000), 《영국노동계급의 형성(상 · 하)》(1963), 나종일 외 옮김, 창작과비평사.

파농, 프란츠(2004), 《대지의 저주받은 사람들》(1961), 남경태 옮김, 그린비.

파커, 마이크 · 슬로터, 제인(1996), 《팀 신화와 노동의 선택》, 강수돌 외 편역, 강.

퍼버, 마리안 · 넬슨, 줄리(1997), 《남성들의 경제학을 넘어서》, 김애실 외 공역, 한국외대출판부.

포브스, 스티브 외(2011), 《자본주의는 어떻게 우리를 구할 것인가》, 김광수 옮김, 아라크네.

포퍼, 칼(1996), 《열린사회와 그 적들 II》(1945), 이명현 옮김, 민음사.

폴라니, 칼(2009), 《거대한 전환》(1944), 홍기빈 옮김, 도서출판 길.

프루동(2003), 《소유란 무엇인가》(1840), 이용재 옮김, 아카넷.

프리드먼, 밀턴(1990), 《자본주의와 자유》(1962), 최정표 옮김, 형설출판사.

프리드먼, 밀턴(2005), 《화려한 약속, 우울한 성과》(1972), 안재욱 외 옮김, 나남출판.

프리드먼, 밀턴(2009), 《선택할 자유》(1980), 민병균 외 옮김, 자유기업원.

하이데, 홀거(2000), 《노동사회에서 벗어나기》, 강수돌 외 옮김, 박종철출판사.

하이에크 프리드리히(1998), 《자유헌정론(Ⅰ · Ⅱ)》(1959), 김균 옮김, 자유기업센터.

하이에크, 프리드리히(1999), 《노예의 길》(1944), 김영청 옮김, 자유기업원.

하일브로너, 로버트(2005), 《세속의 철학자들》, 장상환 옮김, 이마고.

하일브로너, 로버트 · 밀버그, 윌리엄(2010), 《자본주의, 어디서 와서 어디로 가는가》, 홍기빈 옮김, 미지북스.

한국노동연구원(2000s), 《해외노동동향》, 2000년대 각 년도 각 월호, 한국노동연구원 웹사이트.

한국민주노동자연합 엮음(1994), 《1970년대 이후 한국노동운동사》, 동녘.

한성신 · 조인숙(2007), 〈한국의 교육투자수익률 및 학위효과 : 남녀비교〉, 《노동경제논집》 제30권(1), 한국노동경제학회.

한신경제과학연구소 엮음(1986), 《가치이론》, 까치.

한준 · 한신갑(2006), 〈대졸자의 사회경제적 성과를 통해 본 대학간 불평등〉, 제7회 한국노동패널학술대회.

한창훈(2000), 《무역과 국제노동기준》, 한국노동연구원.

호이징가, 요한(1988), 《중세의 가을》, 최흥숙 옮김, 문학과지성사.

혹실드, 러셀(2001), 《돈 잘 버는 여자 : 밥 잘하는 남자》, 백영미 옮김, 아침이슬.

홉스봄·에릭 외(2000),《노동의 세기, 실패한 프로젝트?》, 임지현 엮음, 삼인.

홉슨, 존(1983),《제국주의론》(1902) , 신홍범·김종철 공역, 창작과비평사.

홍기빈(2001),《아리스토텔레스, 경제를 말하다》, 책세상.

홍태희(2007), 〈후자폐적 경제학운동과 비판적 실재론〉,《경제와사회》 2007년 제74호.

홍태희(2008), 〈맨큐의 경제학의 10대 기본원리와 대안적 재해석〉,《사회경제평론》 2008년 제30호.

황덕순(2005), 〈노동조합이 임금격차에 미치는 효과에 대한 시론적 분석과 연대임금 정책〉,《동향과 전망》 제63호

황덕순·이병희(2011), 〈저임금함정 위험과 정책선택〉, 한국노동연구원 주최 '노동시장 이중구조와 근로빈곤층에 대한 복지국가의 대응' 국제 심포지엄, 2011년 12월 16일, 한국프레스센터.

황수경(2003),《여성의 직업선택과 고용구조》, 한국노동연구원.

황태연(1996),《지배와 이성》, 창작과비평사.

휴버먼, 리오(2000),《자본주의 역사 바로알기》(1936), 장상환 옮김, 책벌레.

휴즈, 어슐러(2004),《싸이버타리아트》, 신기섭 옮김, 도서출판 갈무리.

Akerlof, G(1982), "Labor Contracts as Partial Gift Exchange," *Quarterly Journal of Economics*, Nov.

Arrighi, Giovanni(1996), "Workers of the World at Century's End", *Review, Fernand Braudel Center*, 19(3), Summer.

Arrow, K.(1962), "The Economic Implications of Learning by Doing", *The Review of Economic Studies*, Vol. 29. No.3.

Atkinson(1984), "Manpower strategies for flexible organizations", *Personnel Management,* 16(8).

Atkinson(1987), "Flexibility or fragmentation? The United Kingdom labour market in the eighties", *Labour and Society*, 12, No. 1.

Ben Fine(1998), *Labour Market Theory*, Routledge.

Benabou(1996), "Inequality and Growth" in B. Bernanke et al,(eds.), *NBER Macroeconomics Annuals*, Cambridge, MA., MIT Press.

Blyton, P. & Turnbull, P.(2004), *The Dynamics of Employee Relations*, Palgrave macmillan.

Brenner, R.(2004), "New Boom or New Bubble?", *New Left Review,* Jan. Feb.

Brockner, J.(1988), "The Effects of Work Layoffs on Survivors", *Research in Organizational Behavior*, Vol. 10.

Bronfenbrenner et al.(eds.)(1998), *Organizing to Win : New Research on Union Strategies*, ILR Press.

Bryson, Alex & Gomez, Rafael(2005), "Why Have Workers Stopped Joining Unions? The Rise in Never-Membership in Britain", *British Journal of Industrial Relations* 43 : 1 March 2005.

Burawoy, M..(1979), *Manufacturing Consent*, The University of Chicago Press.

Coase, R(1937), "The Nature of the Firm", *Economica*, Vol. 4, No. 16.

Coase, R(1974), "The Lighthouse in Economics", *Journal of Law and Economics*, Vol. 17. No. 2.

Dickens & Halll(1995), "The State : Labour Law and Industrial Relations", Edwards P.(ed.), *Industrial Relations*, Blackwell.

Dumenil & Levy(2004), "Neoliberal Income Trends : Wealth, Class and Ownership in the USA", *New*

Left Review, Nov. Dec.

Edwards, P. K. & Hyman, R(1994. "Strikes and Industrial Conflicts : Peace in Europe?", in Hyman, R & Ferner, A(ed.), *New Frontiers in European Industrial Relations*, Blackwell.

Ehrenreich, B. & English, D.(1978), *For Her Own Good – 150 years of the experts' Advice to Woman*, Anchor books.

Einstein, Albert(2009;1949), "Why Socialism?", *Monthly Review*, 209(1949) May.

Ericson et al.(2002), "Justice for Janitors in Los Angeles", *British Journal of Industrial Relations*, sept.

Fagan et al,(2003), "Regulatory Convergence? Nonstandard Work in the United Kingdom and the Netherlands" in Houseman & Osawa(2003), *Nonstandard Work in Developed Economies*.

Farber, H.(1997), "The Changing Face of Job Loss in the United States, 1981 – 1995", *Brookings Papers on Economic activity, Microeconomics*.

Fernie & Metcalf(1998), "(Not)hanging on the telephone : payment systems in the new sweatshops", *CEPDP*.

Flanders, A.(1970), "Management and Unions : the Theory and Reform of Industrial Relations" in Hyman, R(2001).

Freeman and Medoff(1984), *What Do Unions Do?*, Basic Books.

Gapasin & Yates(2005), "Labor Movements : Is there Hope?", *Monthly Review*, June.

Gordon, D.(1996), *Fat and Mean : The Corporate Squeeze of Working Americans and the Myth of Managerial "Downsizing"*, Martin Kessler Books.

Gorz, Andre'(1982), *Farewell to the Working Class*, South and Press.

Green, F.(1999), "It's been a hard day's night : The concentration and intensification of work in late 20th century Britain", *Department of Economics*, University of Kent.

Hall, Peter and Soskice, David(eds.)(2001), *Varieties of Capitalism : The Institutional Foundations of Comparative Advantage*, Oxford Univ. Press.

Hammermesh, D. et al.(1994), "Beauty and the Labor Market", *The American Economic Review*, Vol 84, Issue 5(Dec.1994).

Hardin, Garrett(1968), "The Tragedy of the Commons", *Science*, p. 162.

Harman, Chris(2002), "The Workers of the World", *International Socialism*, No. 96.

Hart – Landsberg, M.(2006), "Neoliberalism : Myths and Reality", *Monthly Review*, April.

Heery & Salmon(eds.)(2000), *The Insecure Workforce*, Routledge.

Hirsch. B & Addison. J.(1986), *The Economic Aanalysis of Unions*, Allen & Unwin.

Hirschman, A(1973), "The Changing Tolerance for Income Inequality in the Course of Economic Development ; With A Mathematical Appendix", *The Quarterly Journal of Economics*, 87(4).

Hirschman, A.(1971), *Exit, Voice, and Loyalty : Response to Decline in Firms, Organizations, and States*, Harvard Univ. Press.

Hobsbawm, E.(1981), "The Forward March of Labour Halted?" in Jacques, M. & Mulhern, F.(ed.), *The Forward March of Labour Halted?*, Verso.

Hochschild, Russell(1983), *The Managed Heart : Commercialization of Human Feeling*, Univ. of California Press.

Hochul, Sonn(1997), "The 'Late Blooming ' of South Korean Labor Movement", *Monthly Review*, July-August.

Holzmann R. et al.(2003), "Unions and Collective Bargaining : Economic Effects in a Global Environment", World Bank, Feb.

Hyman, R(1982)., "Pressures, Protest and Struggle : Some Problems in the Concept and Theory of Industrial Conflict" in Brown & Peterson, R.(eds.), *Conflict Management and Industrial Relations*, Boston.

Hyman, R(1997). "The Future of Employee Representation", *British Journal of Industrial Relations*, Vol. 35, No.3.

Hyman, R.(1987), "Strategy or Structure? Capital, Labour and Control", *Work, Employment and Society*, 1(1).

Hyman, R.(1988), "Flexible Specialization : Miracle or Myth?," in Hyman R. & Streeck, W. (eds), *New Technology and Industrial Relations*, Oxford : Blackwell.

Hyman, R.(1994), *Strikes*, Macmillan.

Hyman, R.(1999), "An Emerging Agenda for Trade Unions?", Conference on Organized Labour in the 21st Century, ILO's Institute for Labour Studies and the ICFTU.

Hyman, R.(2000), "Imagined Solidarities : Can Trade Union Resist Globlaization?", Leisink, P.(ed.), *Globalization and labour Relations*, Celtenham : Edward Elgar.

Hyman, R.(2001), *Understanding European Trade Unioism*, SAGE Publications.

ILO(2007), "Working Time Around The World-One in five workers worldwide are putting in 'excessive' hours : New ILO study spotlights working time in over 50 countries".

Iversen, W.(1998), "Euality, Employment, and Budgetary Restraint : The Trilemma of the Service Economy", *World Politics*, 50(4).

Iversen, W.(eds.)(2000), *Unions, employers, and central banks*, Cambridge Univ Press.

Jonathan, M. & Sheehan, M.(2001), "Labour Market Flexibility, Human Resource Management and Corporate Performance", *British Journal of Management*, 12(4).

Jonathan, M. & Sheehan, M.(2003), "Labour market deregulation, 'flexibility' and innovation", *Cambridge Journal of Economics 27*.

Kalecki, M.(1943), "Political aspects of full employment", *Political quarterly*, Vol. 14.

Kalleberg, A.(2001), "Organizing Flexiblity : The Flexible Firm in a New Century", *British Journal of Industrial Relations*, Dec.

Kalleberg, A.(2003), "Flexible Firms and Labor Market Segmentation : Effects of Workplace Restructuring on Jobs and Workers", *Work and Occupations*, May 2003, 30.

Kalleberg, et. al.(2003), "Externalizing Employment : flexible staffing arrangements in US organizations", *Social Science Research 32*.

Kim Moody(1997), "Towards an International Social-Movement Unionism", *New Left Review*, No. 225.

Kochan, Mckersie, Cappelli(1984), "Strategic Choice and Industrial Relations Theory", *Industrial Relations*, Vol. 23, No.1.

Korpi, W. & Shalev, M.(1979), "Strikes, Industrial Relations and Class Conflict in Capitalist Societies", *British Journal of Sociology*, Vol. 30, No. 2.

Krugman, P(1994), "The Myth of Asia's Miracle," *Foreign Affairs*, Vol. 73, Nov–Dec.

Langille, Alexander (1996), "General Reflections on the Relationship of Trade and Labor" in J. Bhagwati, et al(eds.)(1996), *Fair Trade and Harmonization*, The MIT Press.

Lazonick and O'Sullivan(2000), "Maximising Shareholder value: A New Ideology for Corporate Governance", *Economy and Society*, vol. 29(1), Feb.

Lee and Lee(2005), "Feasibility and Economic Effect of Kor–US FTA", KIEP.

Lewis, A.(1954), "Economic Development with Unlimited Supplies of Labour", *The Manchester School*, Vol 22.

Ludlm & Taylor(2003), "The Political Representation of the Labor Interest in Britain", *British Journal of Industrial Relations*, 41(4), Dec.

Marglin, S.(1974), "What Do Bosses Do?: The Origins and Functions of Hierarchy in Capitalist Production", *Review of Radical Political Economics*, July 1974, Vol. 6.

Meagher, G. and Nelson, J.(2004), "Survey Article: Feminism in the Dismal Science", *Journal of Political Philosophy*, 12(1), March 2004.

Olson, M.(1971), *The Logic of Collective Action*, Harvard Univ. Press.

Osterman, P.(1999), *Securing Prosperity–The American Labor Market: How It Has Changed and What To Do About It*, Princeton Univ. Press.

Panitch, L. & Gindin, S.(2000), "Transcending Pessimism: Rekindling Socialist Imagination", *Socialist Register* 2000.

Panitch, L.(1981), "Trade Unions and the Capitalist State", *New Left Review*, Jan. Feb.

Panitch, L(2001), "Reflections on Strategy for Labour", Leo Panitch et.al.(eds), *Socialist Register 2001*, Monthly Review Press.

Peterson(1987), "The Feminization of Poverty", *Journal of Economic Issues*, 21.

Piore M. & Sable, C.(1984), *The Second Industrial Divide–Possibility for Prosperity*, Basic Books.

Polivka, Anne, et al(2000), "Definition, Composition and Economic Consequences of the Nonstandard Workforce" in Carre et. al(eds.), *Nonstandard Work*, IRRA series

Przeworski, A.(1985), *Capitalism and Social Democracy*, Cambridge University Press.

Quah, Danny T.(1996), "The Invisible Hand and the Weightless Economy", *Centre for economic performance occasional paper* No. 12.

Sen, Amartya(1977), "Rational Pools: A Critique of the Behavioral Foundations of Economic Theory", *Philosophy and Public Affairs* 6.

Shaikh, A.(1995), "Free Trade, Unemployment, and Economic Policy" in J. Eatwell(ed.), *Global Unemployment: Loss of Jobs in the 90's*, M. E. Sharpe.

Shaikh, A.(2004), "The economic mythology of neoliberalism" in Saad–Filho(ed.), *Neoliberalism: A Critic Reader*, Pluto Press.

Solow, R.(1967), "The New Industrial State or Son of Affluence", *Public Interest* 9, Fall.

Solow, R.(1990), *The Labour Market as a Social Institution*, Blackwell.

Sombart, Werner(1976), "Why Is There No Socialism in the United States?", White Plains.

Stiglitz, J.(2000), "Democratic Development as the Fruits of Labor", Keynote Address in IRRA, World Bank.

Stone, K.(1975), "The origins of job structures in the steel industry" in R. Edwards et al. (eds.), *Labor Market Segmentation*, Lexington, MA.

Storrie, D.(2003), "Contingent employment in Sweden" in Storrie et.al.(eds), *Contingent Employment in Europe and the United States*.

Streeck, W.(1987), "The Uncertainty of Management in the Management of Uncertainty: Employers, Labour Relations and Industrial Adjustment in the 1980s", *Work, Employment and Society*, 1(3).

Streeck, W.(1997), "Beneficial constraints: on the economic limits of rational voluntarism" in Boyer & Hollingsworth(eds.), *Comtemporary Capitalism: The Embeddedness of Institutions*, Cambridge Univ. Press.

Stuart Mill, J.(2008), "The Subjection of Women", in *On Liberty and Other Essays*, Oxford World's Classics.

Swenson and Pontusson(2000), "The Swedish Employer Offensive against The Trilemma of the Service Economy", *World Politics*, 50(4).

Tony Lane(1974), *The Union Makes Us strong*, Arrow Books.

Towers(1997), *The Representation Gap*, Oxford Univ. Press.

Visser, J. et al.(2004), "Divergence in Part-Time Work in NewZealand, Netherlands and Denmark", *British Journal of Industrial Relations*, December.

Waldinger, Roger, et al.(1996), "Heltos no more: A case study of the 'Justice for Janitors' Campaign in Los Angeles", Lewis Center for Regional Policy Studies.

Willman, P.(2005), "Circling the Wagons: Endogeneity in union decline" in Fernie & Metcalf, *Trade Unions*, Routledge.

Womack, J. et al.(1990), *The Machine that Changed The World*, Macmillan.

Yates, M.(2008), "The Injuries of Class", *Monthly Review*, Jan.

Young, Alwyn(1994), "Tyranny of Numbers: Confronting the Statistical Realities of the East Asian Growth Experience", *NBER Working Paper*, March.

우리 시대 노동의 생애

첫판 1쇄 펴낸날 2012년 4월 30일

지은이 | 조계완
펴낸이 | 박남희
편집 | 박남주, 노경인, 김주영
디자인 | 이은주
마케팅 | 구본건
제작 | 이희수

종이 | 화인페이퍼
인쇄 | 청아문화사
제본 | 정민제본

펴낸곳 | 도서출판 앨피
출판등록 | 2004년 11월 23일 제2011-000087호
주소 | 서울시 영등포구 양평동 2가 37-2 양평빌딩 301호
전화 | (02)2676-2727 팩스 | (02)2676-5261
E-mail | nomio22@hanmail.net

ⓒ 조계완, 2012

ISBN 978-89-92151-42-9 93300

* 이 책은 관훈클럽신영연구기금의 도움을 받아 저술, 출판되었습니다.
* 잘못된 책은 교환해드립니다.